Eheverfahren und Eheprozesse in Staat und Kirche

Adnotationes In Ius Canonicum

Herausgegeben von Elmar Güthoff und Karl-Heinz Selge

Band 52

PL ACADEMIC RESEARCH

Vitus Kapfelsperger

Eheverfahren und Eheprozesse in Staat und Kirche

Eine rechtsvergleichende Betrachtung

PL ACADEMIC RESEARCH

Bibliografische Information der Deutschen Nationalbibliothek
Die Deutsche Nationalbibliothek verzeichnet diese Publikation in der Deutschen Nationalbibliografie; detaillierte bibliografische Daten sind im Internet über http://dnb.d-nb.de abrufbar.

Zugl.: Augsburg, Univ., Diss., 2014

D 384
ISSN 0946-9176
ISBN 978-3-631-65938-0 (Print)
E-ISBN 978-3-653-05356-2 (E-Book)
DOI 10.3726/978-3-653-05356-2

PL Academic Research ist ein Imprint der Peter Lang GmbH.

Peter Lang – Frankfurt am Main · Bern · Bruxelles · New York · Oxford · Warszawa · Wien

Diese Publikation wurde begutachtet.

www.peterlang.com

Vorwort

Die vorliegende Arbeit wurde im Wintersemester 2014/2015 von der Juristischen Fakultät der Universität Augsburg als Dissertation zur Erlangung des akademischen Grades eines Doktors beider Rechte (Doctor iuris utriusque – Dr. iur. utr.) angenommen.

Mein herzlicher Dank gilt Herrn Prof. DDr. Elmar Güthoff für die kontinuierliche Begleitung und Unterstützung meiner Arbeit und die vielen praktischen Anregungen, schwerpunktmäßig zu Fragen des kanonischen Rechts. Auch danke ich für die Mühe der Erstellung des Erstgutachtens.

Ein ebenso herzliches Wort des Dankes richte ich an Herrn Prof. Dr. Christoph Becker, der mit wertvollen Anmerkungen, insbesondere zum staatlichen Recht, meine Arbeit betreut und einen wichtigen Beitrag zum Promotionsverfahren geleistet hat. Ebenso danke ich für die Zweitbegutachtung meiner Arbeit.

Für die Aufnahme meiner Arbeit in die Reihe „Adnotationes in Ius Canonicum“ danke ich den Herausgebern Herrn Prof. DDr. Elmar Güthoff sowie Herrn PD Dr. Karl-Heinz Selge.

Vor allem gilt mein Dank meinen lieben Eltern und meinem Bruder für die familiäre Unterstützung und stete Motivation.

München im November 2014

Inhaltsverzeichnis

Abkürzungsverzeichnis

aA	andere Ansicht.
AAS	Acta Apostolicae Sedis.
ABl.	Amtsblatt.
Abs.	Absatz.
a. E.	am Ende.
AEUV	Vertrag über die Arbeitsweise der Europäischen Union.
a. F.	alte Fassung.
AG	Amtsgericht.
AGGVG	Gesetz zur Ausführung des Gerichtsverfassungsgesetzes und von Verfahrensgesetzen des Bundes in Bayern.
AGPStG	Bayerisches Gesetzes zur Ausführung des Personenstandsgesetzes.
AfkKR	Archiv für katholisches Kirchenrecht.
Anm.	Anmerkung.
Art.	Artikel.
AufenthG	Aufenthaltsgesetz.
AVAG	Gesetz zur Ausführung zwischenstaatlicher Verträge und zur Durchführung von Verordnungen und Abkommen der Europäischen Gemeinschaft auf dem Gebiet der Anerkennung und Vollstreckung in Zivil- und Handelssachen.
AVPStG	Verordnung zur Ausführung des Personenstandsgesetzes.
BAnz	Bundesanzeiger.
BayBeamtVG	Bayerisches Beamtenversorgungsgesetz.
BayGnO	Bayerische Gnadenordnung.
BayMeldeG	Bayerisches Gesetz über das Meldewesen.
BayRiG	Bayerisches Richtergesetz.
BayRS	Gesetz über die Sammlung des bayerischen Landesrechts (Bayerisches Rechtssammlungsgesetz).
BayVwVfG	Bayerisches Verwaltungsverfahrensgesetz.
BeamtVG	Beamtenversorgungsgesetz.
BGB	Bürgerliches Gesetzbuch.
BGBl	Bundesgesetzblatt.
BGH	Bundesgerichtshof.
BORA	Berufsordnung der Rechtsanwälte.
BRAK	Bundesrechtsanwaltskammer.
BRAO	Bundesrechtsanwaltsordnung.
BRD	Bundesrepublik Deutschland.
BV	Verfassung des Freistaates Bayern.
BVerfG	Bundesverfassungsgericht.
BzMK	Beiheft zum Münsterischen Kommentar.
bzw.	beziehungsweise.
CCEO	Codex Canonum Ecclesiarum Orientalium.
c., cc.	Canon, Canones.

CIC/1983	Codex Iuris Canonici von 1983.
CIC/1917	Codex Iuris Canonici von 1917.
Const. Ap.	Apostolische Konstitution.
DC.	Dignitas connubii (2005).
d. h.	das heißt.
DBK	Deutsche Bischofskonferenz.
DPM	De Processibus Matrimonialibus.
DRiG	Deutsches Richtergesetz.
EG	Europäische Gemeinschaft.
EGZPO	Gesetz betreffend die Einführung der ZPO.
EUV	Vertrag über die Europäische Union.
ErgLfg.	Ergänzungslieferung.
etc.	et cetera.
EuBewVO	Verordnung (EG) Nr. 1206/2001.
EuEheVO	Verordnung (EG) Nr. 2201/2003 (Brüssel IIa-Verordnung).
EuZustVO	Verordnung (EG) Nr. 1393/2007.
e. V.	eingetragener Verein.
f., ff.	folgend, folgende.
FachV-nVD	Verordnung über den fachlichen Schwerpunkt im nichttechnischen Verwaltungsdienst in der Fachrichtung Verwaltung und Finanzen.
FamFG	Gesetz über das Verfahren in Familiensachen und in den Angelegenheiten der freiwilligen Gerichtsbarkeit.
FamGKG	Gesetz über Gerichtskosten in Familiensachen.
FamRZ	Zeitschrift für das gesamte Familienrecht.
FPR	Zeitschrift Familie, Partnerschaft und Recht – Zeitschrift für die anwaltliche Praxis.
FuR	Zeitschrift Familie und Recht – Zeitschrift für die anwaltliche und gerichtliche Praxis.
gem.	gemäß.
GerOrgG	Gesetz über die Organisation der ordentlichen Gerichte im Freistaat Bayern.
GG	Grundgesetz.
Gnadenordnung Bund	Anordnung des Bundespräsidenten über die Ausübung des Begnadigungsrechts des Bundes.
GrO	Grundordnung des kirchlichen Dienstes im Rahmen kirchlicher Arbeitsverhältnisse.
GeschStVO	Geschäftsstellenverordnung in Bayern.
GVBl	Bayerisches Gesetz- und Verordnungsblatt.
GKG	Gesetz über die Gerichtskosten.
GVG	Gerichtsverfassungsgesetz.
HBÜ	Haager Übereinkommen über die Beweisaufnahme im Ausland.
Hrsg.	Herausgeber, herausgegeben.
HS.	Halbsatz.

HZÜ	Haager Übereinkommen über die Zustellung.
idF.	in der Fassung.
idR.	in der Regel.
IntFamVG	Gesetz zur Aus- und Durchführung bestimmter Rechtsinstrumente auf dem Gebiet des internationalen Familienrechts.
i. V.	in Vertretung.
iVm.	in Verbindung mit.
JAPO/1993	Ausbildungs- und Prüfungsordnung für Juristen aus 1993.
JAPO/2003	Ausbildungs- und Prüfungsordnung für Juristen aus 2003.
JMBl	Bayerisches Justizministerialblatt.
KABl.	Kirchliches Amtsblatt.
KAGO	Kirchliche Arbeitsgerichtsordnung.
KWMBl	Amtsblatt der Bayerischen Staatsministerien für Unterricht und Kultus und Wissenschaft, Forschung und Kunst.
KonsularG	Konsulargesetz.
KRABl	Amtsblatt des Alliierten Kontrollrates.
KV	Kostenverzeichnis zum FamGKG.
LpSig/2008	Lex propria Supremi Tribunalis Signaturae Apostolicae Antiqua Ordinatione (Apostolische Signatur).
Litterae Circulares	Litterae Circulares „De processu super matrimonio rato et non consumato“ (Kongregation für den Gottesdienst und die Sakramentenordnung).
Mitt.	Mitteilungen.
MP.	Motu proprio.
m. w. N.	mit weiteren Nachweisen.
n. F.	neue Fassung.
Nr.	Nummer.
NJW	Neue Juristische Wochenschrift.
Normae in favorem fidei	Normae de conficiendo processu pro solutione vinculi matrimonialis in favorem fidei (Kongregation für die Glaubenslehre).
Note zu Normae in favorem fidei	Note regarding the documentary and procedural aspects of favour of the faith cases (Kongregation für die Glaubenslehre).
NRR/1994	Normae Romanae Rotae Rotalis Quammaxime decet (Römische Rota).
o.	oder.
ÖAKR	Österreichisches Archiv für Recht und Kirche.
ÖBK	Österreichische Bischofskonferenz.
OLG	Oberlandesgericht.
PB	Apostolische Konstitution Pastor Bonus über die Kurie.
PostG	Postgesetz.
Prot. N.	Protokollnummer.
PStG	Personenstandsgesetz.
PStV	Verordnung zur Ausführung des Personenstandsgesetzes (Personenstandsverordnung).

PStG-VwV	Allgemeine Verwaltungsvorschrift zum Personenstandsgesetz.
RGBl.	Reichsgesetzblatt.
RGCR/1992	Regolamento Generale della Curia Romana vom 04.02.1992.
RGCR/1999	Regolamento Generale della Curia Romana vom 30.04.1999.
Rn.	Randnummer.
RPflG	Rechtspflegergesetz.
RVG	Rechtsanwaltsvergütungsgesetz.
Schema Novissimum	Pontificia Commissio Iuris Canonici Recognoscendo, Codex Iuris Canonici, Schema Novissimum von 1982.
SGB VI	Sechstes Buch, Sozialgesetzbuch – Gesetzliche Rentenversicherung.
StGB	Strafgesetzbuch.
u.	und.
usw.	und so weiter.
vgl.	vergleiche.
VO	Verordnung.
VwGO	Verwaltungsgerichtsordnung.
VwVfG	Verwaltungsverfahrensgesetz.
ZAPO/gVD	Zulassungs-, Ausbildungs- und Prüfungsordnung für den gehobenen nichttechnischen Verwaltungsdienst.
ZAPO/JFW	Zulassungs-, Ausbildungs- und Prüfungsordnung für die Justizfachwirte.
ZAPO/RPfl	Zulassungs-, Ausbildungs- und Prüfungsordnung für die Rechtspfleger.
ZPO	Zivilprozessordnung.
ZRHO	Neufassung der Rechtshilfeordnung für Zivilsachen.
ZZP	Zeitschrift für Zivilprozeß.

Quellenverzeichnis

I. Staatliches Recht

1. Europäische Union

Verordnung (EG) Nr. 1206/2001 des Rates über die Zusammenarbeit zwischen den Gerichten der Mitgliedstaaten auf dem Gebiet der Beweisaufnahme in Zivil-oder Handelssachen vom 28. Mai 2001 (ABl. L 174 vom 27. Juni 2001, 1) [EUBeweisVO].

Verordnung (EG) Nr. 2201/2003 des Rates über die Zuständigkeit und die Anerkennung und Vollstreckung von Entscheidungen in Ehesachen und in Verfahren betreffend die elterliche Verantwortung und zur Aufhebung der Verordnung (EG) Nr. 1347/2000 vom 27. November 2003 (ABl. L 338 vom 23. Dezember 2003, 1) [EuEheVO].

Verordnung (EG) Nr. 1393/2007 des Europäischen Parlaments und des Rates vom über die Zustellung gerichtlicher und außergerichtlicher Schriftstücke in Zivil- oder Handelssachen in den Mitgliedstaaten und zur Aufhebung der Verordnung (EG) Nr. 1348/2000 des Rates 13. November 2007 (ABl. L 324 vom 10. Dezember 2007, 79) [EuZustVO].

Vertrag über die Europäische Union (konsolidierte Fassung) vom 26. Oktober 2012 (ABl. C 326 vom 26. Oktober 2012, 13).

Vertrag über die Arbeitsweise der Europäische Union (konsolidierte Fassung) vom 26. Oktober 2012 (ABl. C 326 vom 26. Oktober 2012, 47).

2. Internationale Abkommen

Haager Übereinkommen über die Zustellung im Ausland in Zivil- oder Handelssachen vom 15. November 1965 (BGBl 1977 II, 1452).

Haager Übereinkommen über die Beweisaufnahme im Ausland in Zivil- oder Handelssachen vom 18. März 1970 (BGBl 1977 II, 1472).

3. Bundesrepublik Deutschland

a) Verfassung

Verfassung des Deutschen Reiches (Weimarer Reichsverfassung) vom 11. August 1919 (RGBl, 1383).

Grundgesetz für die Bundesrepublik Deutschland in der im Bundesgesetzblatt Teil III, Gliederungsnummer 100-1, veröffentlichten bereinigten Fassung, das zuletzt geändert durch Art. 1 des Gesetzes vom 11. Juli 2012 (BGBl I, 1478).

b) Gesetze

Bürgerliches Gesetzbuch vom 18. August 1896 idF. der Bekanntmachung vom 2. Januar 2002 (BGBl I, 42, 2909; 2003 I, 738), zuletzt geändert durch Art. 4 Abs. 5 des Gesetzes vom 1. Oktober 2013 (BGBl I, 3719) [Schönfelder I Nr. 20].

Ehegesetz (Gesetz Nr. 16 des Kontrollrats) vom 20. Februar 1946 (KRABl 77, 294).

Gerichtsverfassungsgesetz vom 12. September 1950 idF. der Bekanntmachung vom 9. Mai 1975 (BGBl I, 1077), zuletzt geändert durch Art. 2 des Gesetzes vom 23. April 2014 (BGBl I, 410).

Anordnung des Bundespräsidenten über die Ausübung des Begnadigungsrechts des Bundes vom 5. Oktober 1965 (BGBl I, 1573), geändert durch die Anordnung vom 3. November 1970 (BGBl I, 1513).

Deutsches Richtergesetz idF. der Bekanntmachung vom 19. April 1972 (BGBl I, 713), zuletzt geändert durch Art. 17 des Gesetzes vom 6. Dezember 2011 (BGBl I, 2515).

Konsulargesetz vom 11. September 1974 (BGBl I, 2317), zuletzt geändert durch Art. 4 Abs. 42 des Gesetzes vom 7. August 2013 (BGBl I, 3154).

Sechstes Buch Sozialgesetzbuch – Gesetzliche Rentenversicherung (Art. 1 des Gesetzes vom 18. Dezember 1989, BGBl I, 2261, 1990 I, 1337) idF. der Bekanntmachung vom 19. Februar 2002 (BGBl I, 754, 1404, 3384), zuletzt geändert durch Art. 12 des Gesetzes vom 19. Oktober 2013 (BGBl I, 3836).

Verwaltungsgerichtsordnung idF. der Bekanntmachung vom 19. März 1991 (BGBl I, 686), zuletzt geändert durch Art. 5 des Gesetzes vom 10. Oktober 2013 (BGBl I, 3786).

Postgesetz vom 22. Dezember 1997 (BGBl I, 3294), zuletzt geändert durch Art. 4 Abs. 106 des Gesetzes vom 7. August 2013 (BGBl I, 3154).

Strafgesetzbuch idF. der Bekanntmachung vom 13. November 1998 (BGBl I, 3322), zuletzt geändert durch Art. 1 Gesetzes vom 23. April 2014 (BGBl I, 410).

Gesetz zur Reform des Zivilprozesses (Zivilprozessreformgesetz – ZPO-RG) vom 27. Juli 2001 (BGBl I, 1887).

Verwaltungsverfahrensgesetz idF. der Bekanntmachung vom 23. Januar 2003 (BGBl I, 102), zuletzt geändert durch Art. 3 des Gesetzes vom 25. Juli 2013 (BGBl I, 2749).

Rechtsanwaltsvergütungsgesetz vom 5. Mai 2004 (BGBl I, 718, 788), zuletzt geändert durch Art. 5 Abs. 7 des Gesetzes vom 10. Oktober 2013 (BGBl I, 3799).

Zivilprozessordnung idF. der Bekanntmachung vom 5. Dezember 2005 (BGBl I, 3202; 2006 I, 431; 2007 I, 1781), zuletzt geändert durch Art. 1 des Gesetzes vom 10. Oktober 2013 (BGBl I, 3786) [Schönfelder Nr. 100].

Personenstandsgesetz vom 19. Februar 2007 (BGBl I, 122), zuletzt geändert durch Art. 3 des Gesetzes vom 28. August 2013 (BGBl I, 3458).

Aufenthaltsgesetz idF. der Bekanntmachung vom 25. Februar 2008 (BGBl I, 162), zuletzt geändert durch Art. 3 des Gesetzes vom 6. September 2013 (BGBl I, 3556).

Gesetz über das Verfahren in Familiensachen und in den Angelegenheiten der Freiwilligen Gerichtsbarkeit vom 17. Dezember 2008 (BGBl I, 2586, 2587), zuletzt geändert durch Art. 2 des Gesetzes vom 10. Oktober 2013 (BGBl I, 3786) [Schönfelder I Nr. 112].

Gesetz über Gerichtskosten in Familiensachen vom 17. Dezember 2008 (BGBl I, 2586, 2666), zuletzt geändert durch Art. 21 des Gesetzes vom 10. Oktober 2013 (BGBl I, 3786) [Schönfelder I Nr. 118].

Beamtenversorgungsgesetz idF. der Bekanntmachung vom 24. Februar 2010 (BGBl I, 150), zuletzt geändert durch Art. 3 des Gesetzes vom 28. August 2013 (BGBl I, 3386).

Zweites Gesetz zur Modernisierung des Kostenrechts (2. KostRMoG) vom 23. Juli 2013 (BGBl I, 2586).

Gesetz, betreffend die Einführung der Zivilprozeßordnung in der im Bundesgesetzblatt Teil III, Gliederungsnummer 310-2, veröffentlichten bereinigten Fassung, zuletzt geändert durch Art. 5 des Gesetzes vom 31. August 2013 (BGBl I, 3533).

Bundesrechtsanwaltsordnung in der im Bundesgesetzblatt Teil III, Gliederungsnummer 303-8, veröffentlichten bereinigten Fassung, zuletzt geändert durch Art. 7 des Gesetzes vom 10. Oktober 2013 (BGBl I, 3786).

Gerichtskostengesetz idF. der Bekanntmachung vom 27. Februar 2014 (BGBl I, 154).

c) Verordnungen

ReNoPat-Ausbildungsverordnung vom 23. November 1987 (BGBl I, 2392), zuletzt geändert durch Art. 35 des Gesetzes vom 23. Juli 2013 (BGBl I, 2586).

Verordnung über die Prüfung zum anerkannten Abschluss Geprüfter Rechtsfachwirt/Geprüfte Rechtsfachwirtin vom 23. August 2001 (BGBl I, 2250), zuletzt geändert durch Art. 13 des Gesetzes vom 26. März 2014 (BGBl I, 274).

Personenstandsverordnung vom 22. November 2008 (BGBl I, 2263), zuletzt geändert durch Art. 6 des Gesetzes vom 28. August 2013 (BGBl I, 3474).

d) Sonstiges

Kostenverfügung vom 26. August 2009 (BAnz, 3245) idF der Bekanntmachung vom 6. März 2014 (BAnz AT 07.04.2014 B1).

Allgemeine Verwaltungsvorschrift zum Personenstandsgesetz (PStG-VwV) vom 29. März 2010 (BAnz, Nr. 57 a).

4. Landesgesetzgeber

a) Verfassung

Verfassung des Freistaates Bayern idF. der Bekanntmachung vom 15. Dezember 1998 (GVBl, 991), zuletzt geändert durch Gesetz vom 11. November 2013 (GVBl, 642).

b) Gesetze

Gesetz über die Organisation der ordentlichen Gerichte im Freistaat Bayern vom 25. April 1973 (GVBl, 189; BayRS 300-2-2-J, 498), zuletzt geändert durch Art. 30 Abs. 5 des Gesetzes vom 23. November 2010 (GVBl, 738).

Gesetz zur Ausführung des Gerichtsverfassungsgesetzes und von Verfahrensgesetzen des Bundes – AGGVG – (BayRS 300-1-1-J) vom 23. Juni 1981 (BayRS IV, 483), zuletzt geändert durch § 3 des Gesetz vom 24. Juni 2013 (GVBl, 382).

Gesetz über die Sammlung des bayerischen Landesrechts vom 10. November 1983 (Bayerisches Rechtssammlungsgesetz – BayRS) (GVBl, 1013), zuletzt geändert durch § 2 des Gesetzes vom 8. April 2014 (GVBl, 117).

Bayerische Gnadenordnung (BayGnO) vom 29. Mai 2006 (GVBl, 321).

Bayerisches Gesetz über das Meldewesen vom 8. Dezember 2006 (GVBl, 990), zuletzt geändert durch Art. 31 des Gesetz vom 22. Mai 2013 (GVBl, 307).

Bayerisches Gesetz zur Ausführung des Personenstandsgesetzes vom 8. Juli 2008 (GVBl, 344), zuletzt geändert durch § 1 des Gesetzes vom 20. Dezember 2011 (GVBl, 710), § 1 Nr. 3 bereinigt (GVBl 2012, 44).

Bayerisches Beamtenversorgungsgesetz idF. der Bekanntmachung vom 5. August 2010 (GVBl, 410, 528, berichtigt 764), zuletzt geändert durch § 3 des Gesetzes vom 24. Juli 2013 (GVBl, 450).

Bayerisches Richtergesetz in der in BayRS IV, 524 veröffentlichten bereinigten Fassung, zuletzt geändert durch § 8 des Gesetzes vom 20. Dezember 2011 (GVBl, 689).

Bayerisches Verwaltungsverfahrensgesetz in der in BayRS II, 213 veröffentlichten bereinigten Fassung, zuletzt geändert durch § 4 des Gesetzes vom 22. Dezember 2012 (GVBl, 628).

c) Verordnungen

Zulassungs-, Ausbildungs- und Prüfungsordnung für die Rechtspfleger (ZAPO/RPfl) vom 6. Dezember 1976 (BayRS III, 91), zuletzt geändert durch § 6 V der Verordnung vom 28. Januar 2011 (GVBl, 65).

Ausbildung- und Prüfungsordnung für Juristen (JAPO) idF. der Bekanntmachung vom 16. April 1993 (GVBl, 335), zuletzt geändert durch Verordnung vom 23. Juni 2000 (GVBl, 401).

Zulassungs-, Ausbildungs- und Prüfungsordnung für den gehobenen nichttechnischen Verwaltungsdienst (ZAPOgvD) vom 12. August 2003 (GVBl, 646), zuletzt geändert durch § 1 der Verordnung vom 23. Juni 2009 (GVBl, 229).

Ausbildung- und Prüfungsordnung für Juristen (JAPO) vom 13. Oktober 2003, (GVBl, 758), zuletzt geändert durch Verordnung vom 10. September 2013 (GVBl, 606).

Verordnung über die Geschäftsstellen der Gerichte und der Staatsanwaltschaften (Geschäftsstellenverordnung – GeschStVO) vom 1. Februar 2005 (GVBl, 40), zuletzt geändert durch § 9 der Verordnung vom 28. Januar 2011 (GVBl, 65).

Zulassungs-, Ausbildungs- und Prüfungsordnung für die Justizfachwirte (ZAPO/JFW) vom 2. August 2005 (GVBl, 358), zuletzt geändert durch § 15 V der Verordnung vom 22. Februar 2012 (GVBl, 51).

Verordnung über die Bestimmung der zuständigen Behörde im Vaterschaftsanfechtungsverfahren und im Eheaufhebungsverfahren vom 03. Juni 2008 (GVBl, 326).

Verordnung über den fachlichen Schwerpunkt nichttechnischer Verwaltungsdienst in der Fachlaufbahn Verwaltung und Finanzen vom 25. Oktober 2011 (GVBl, 553).

Zulassungs-, Ausbildungs- und Prüfungsordnung für die Rechtspfleger (ZAPO/RPfl) vom 19. November 2012 (GVBl, 595).

Verordnung zur Ausführung des Personenstandsgesetzes (BayRS III, 361), zuletzt geändert durch Verordnung vom 28. November 2012 (GVBl, 673).

d) Sonstige

Neufassung der Rechtshilfeordnung für Zivilsachen (ZRHO): Allgemeiner Teil. Bekanntmachung des Bayerischen Staatsministeriums der Justiz vom 26. Februar 1976 (JMBl, 63), letzte Änderung gemäß BAnz Nr. 38 a vom 7. März 2012.

Neufassung der Kostenverfügung (KostVfG) und der Ergänzungsbestimmungen zur KostVfG (ErgKostVfG) vom 26. März 2014 (JMBl, 46).

5. Sonstige

Akademische Prüfungsordnung zur Erlangung des Grades eines Lizentiaten und eines Doktors des kanonischen Rechtes der Ludwig-Maximilians-Universität München für die katholisch-theologische Fakultät vom 27. April 1982 (KWMBl. II, 579) einschließlich der Satzung zur Änderung der Akademischen Prüfungsordnung zur Erlangung des Grades eines Lizentiaten des kanonischen Rechtes der Ludwig-Maximilians-Universität für die Katholisch-Theologische Fakultät vom 3. März 2003 (KWMBl. II, 1846).

Prüfungsordnung für das Weiterbildungsstudium im Kanonischen Recht der Katholisch-Theologischen Fakultät der Westfälischen Wilhelms-Universität Münster vom 20. April 2009 (Amtliche Bekanntmachungen der Westfälischen Wilhelms-Universität Münster 2009, Nr. 17, 1235–1246).

Berufsordnung der Rechtsanwälte idF. vom 1. September 2009 (BRAK-Mitt. 2009, 120), zuletzt geändert durch Beschluss der Satzungsversammlung vom 15. April 2013 (BRAK-Mitt., 173 f).

Gesetz zur Vereinheitlichung des Rechts der Eheschließung und der Ehescheidung im Lande Österreich und im übrigen Rechtsgebiet vom 6. Juli 1938 (dRGBl. I, 807), zuletzt geändert durch Gesetz vom 11. Januar 2013 (BGBl I Nr. 15/2013).

II. Kirchliches Recht

1. Universales Kirchenrecht

a) Päpste

Papst Pius X., Codex Iuris Canonici 1917, Pii X. Pontificis Maximi iussu digestus Benedicti Papae XV. auctoritate promulgatus am 27. Mai 1917, in: AAS 9 II (1917) [CIC/1917].

Papst Pius XI., Motu proprio, De ordinandis tribunalibus ecclesiasticis Italiae pro causis nullitate matrimonii decidendis vom 8. Dezember 1936, in: AAS 30 (1938), 410–413.

Papst Paul VI, Motu proprio De episcoporum muneribus vom 15. Juni 1966, in: AAS 58 (1966), 467–472.

Papst Paul VI, Motu proprio Episcopalis vom 2. Mai 1967, in: AAS 59 (1967), 385–390.

Papst Johannes Paul II., Apostolische Konstitution Sapientia christiana vom 15. April 1979, in: AAS 71 (1979), 469–499, in deutscher Sprache, in: AfkKR 148 (1979), 107–127.

Papst Johannes Paul II., Codex Iuris Canonici 1983, Joannis Pauli PP II. auctoritate promulgatus am 25. Januar 1983, in: AAS 75 II (1983), 1–324. Gesetzbuch der Lateinischen Kirche. Lateinisch-deutsche Ausgabe, herausgegeben im Auftrag der Deutschen Bischofskonferenz vom Verband der Diözesen Deutschlands, 5. Auflage, Kevelaer 2001, sowie unveränderter Nachdruck der 5. Auflage in 6. und 7. Auflage, Kevelaer 2009 und 2012 [CIC/1983].

Papst Johannes Paul II. Motu proprio Quo civium iura über die Anpassung des kirchlichen Gerichtswesens im Vatikanstaat an die erneuten Gesetze des kanonischen Rechts vom 21. November 1987, in: AAS 79 (1987), 1353–1355.

Papst Johannes Paul II. Motu proprio Sollicita cura über die Errichtung eines Berufungsgerichts beim Vikariat der Stadt Rom vom 26. Dezember 1987, in: AAS 89 (1988), 121–124.

Papst Johannes Paul II., Apostolisches Schreiben Motu Proprio Iusti Iudicis vom 28. Juni 1988, in: AAS 80 (1988), 1258–1261, abgedruckt, in: ÖAKR 38 (1989), 413–415.

Papst Johannes Paul II., Apostolische Konstitution Ex corde Ecclesiae vom 15. August 1990, in: AAS 82 (1990), 1475–1509, in deutscher Sprache, in: AfkKR 159 (1990), 471–492.

Papst Johannes Paul II., Codex Canonum Ecclesiarum Orientalium, Joannis Pauli PP II. auctoritate promulgatus am 18. Oktober 1990, in: AAS 82, 2 (1990), 1045–1363. Gesetzbuch der katholischen Ostkirchen. Lateinisch-deutsche Ausgabe. Hrsg. v. Gerosa, Libero – Krämer, Peter, Paderborn 2000 [CCEO].

Papst Benedikt XVI., Apostolisches Schreiben in Form eines Motu proprio „Omnium in mentem“ vom 26. Oktober 2009, in: AAS 102 (2010), 8–10, in deutscher Sprache, in: AfkKR 178 (2009), 544–546, ORdt. 40 (2010) Nr. 25, 9.

Papst Benedikt XVI., Rescriptum ex Audientia SS.mi quoad art. 126 bis Ordinationem Generalem Romanae Curiae vom 17. Januar 2011 und vom 7. Februar 2011, in: AAS 103 (2011), 127–128, Communicationes XLIII (2011), 50, Ius Ecclesiae 23 (2011), 789, deutschsprachige Übersetzung, in: AfkKR 180 (2011), 157–159.

Papst Benedikt XVI., Apostolisches Schreiben in Form eines Motu proprio „Quaerit semper“ vom 30. August 2011, in: AAS 103 (2011), 569–571, abgedruckt in: L’Osservatore Romano vom 28. September 2011, 7 und in: L’Osservatore Romano Wochenausgabe in deutscher Sprache vom 14. Oktober 2011, 9 und in: AfkKR 180 (2011), 551–553.

Papst Franziskus, Chirographum quo institutur Consilium Cardinalium adiuvandum Romanum Pontificium in Universali Ecclesia gubernanda adque suscipiendum consilium emendationis Constitutionis Apostolicae „Pastor Bonus“ de Curai Romana vom 28. September 2013, in: AAS 105 (2013), 875–876.

b) Römische Kurie

Kongregation für die Sakramentenordnung (Sacra Congregatio de disciplina sacramentorum), De processibus in causis dispensationis super matrimonio rato et non consummato vom 7. Mai 1923, in: AAS 15 (1912), 389–436.

Kongregation für die Sakramentenordnung (Sacra Congregatio de disciplina sacramentorum), Normae pro tractandis causis matrimonialibus super rato et non consummato ex parte consultorum S. Congregationis Sacramentorum vom 28. Oktober 1927, amtlich nicht veröffentlicht, abgedruckt, in: Zarzuelo, El proceso canonico, 499–502.

Päpstlicher Rat für die Interpretation von Gesetzestexten (Pontificia Commissio Codicis Iuris Canonici Authenice Interpretando), Responsa ad proposita dubia, II., vom 11. Juni 1931, in: AAS 23 (1931), 353, 354, n. 4.

Römische Rota (Sacra Romana Rota), Procuratorum et advocatorum proventus pro causis actis coram tribunali sacrae Romanae Rotae vom 26. Mai 1939, in: AAS 31 (1939), 622–625.

Kongregation für die Sakramentenordnung (Sacra Congregatio de disciplina sacramentorum), Normae pro exsequendis litteris apostolicis „Qua cura" die 8. Dec. 1938 Motu proprio datis vom 10. Juli 1940, in: AAS 32 (1940), 304–308.

Römische Rota (Sacra Romana Rota), Decretum, De ordinando Studio Sacrae Romanae Rotae vom 8. Juni 1945, in: AAS 37 (1945), 193–196.

Kongregation für die Sakramentenordnung (Sacra Congregatio de disciplina sacramentorum), Rescritto di dispensa super rato vom 19. November 1971, amtlich nicht veröffentlicht, abgedruckt, in: Marchetta, Sciogliento del matrimonio, 196, 244.

Apostolische Signatur (Supremum Tribunal Signaturae Apostolicae), Normae pro Tribunalibus interdioecesanis vel regionalibus aut interregionalibus vom 28. Dezember 1970, in: AAS 63 (1971), 486–492.

Staatssekretariat (Secretaria Status), Reskript über die Alleinzuständigkeit der Sakramentenkongregation für Nichtvollzugssachen vom 15. Juli 1973, in: AAS 65 (1973), 602 sowie in: AfkKR 142 (1973), 472.

Kongregation für die Glaubenslehre (Congregatio de Doctrina Fidei), Instruktion über die Lösung der Ehe zugunsten des Glaubens (Petrinisches Privileg) sowie Normen zur Durchführung des vorbereitenden Prozesses vom 6. Dezember 1973, amtlich nicht veröffentlicht, abgedruckt, in: AfkKR 142 (1973), 474–479.

Kongregation für die Glaubenslehre (Congregatio de Doctrina Fidei), Decretum circa impotentiam quae matrimonium dirimit vom 13. Mai 1977, in: AAS 69 (1977), 426.

Apostolische Signatur (Supremum Tribunal Signaturae Apostolicae), Schreiben zur Bestätigung der Errichtung interdiözesaner Gerichte in Erfurt und Bautzen vom 6. Dezember 1978, in: AfkKR 146 (1979), 151.

Kongregation für die Glaubenslehre (Congregatio de Doctrina Fidei) zur Auslegung der Instruktion für die Lösung der Ehe zugunsten des Glaubens vom 21. Dezember 1978, in: AfkKR 147 (1978), 479.

Kongregation für das katholische Bildungswesen (Congregatio de Seminariis atquae Studiorum Institutis), Ordinationes zur richtigen Anwendung der Apostolischen Konstitution Sapientia christiana vom 29. April 1979, in: AAS 71 (1979), 500–521, in deutscher Sprache, in: AfkKR 148 (1979), 128–142.

Römische Rota (Sacra Romana Rota), Normae S. Romanae Rotae Tribunalis vom 16. Januar 1982, in: AAS 74 (1982), 490–512, AfkKR 151 (1982), 520–542.

Römische Rota (Sacra Romana Rota), Decretum de ordinario Studio Sacrae Romanae Rotae vom 16. Januar 1982, in: AAS 74 (1982), 512–515.

Kongregation für die Sakramentenordnung (Sacra Congregatio de disciplina sacramentorum), Instructio de quibusdam emendationibus circa normas in processu super matrimonio rato et non consumato servandas vom 7. März 1982, in: AAS 64 (1972), 244–252.

Päpstlicher Rat für die Interpretation von Gesetzestexten (Pontificia Commissio Codici Iuris Canonici Recognoscendo), Codex Iuris Canonici, Schema Novissimum vom 25. März 1982, Citta del Vaticano 1982.

Kongregation für das katholische Bildungswesen (Congregatio de Seminariis atquae Studiorum Institutis), Akkomodationsdekret vom 1. Januar 1983, in: AAS 75 (1983), 336–342, in deutscher Sprache, in: AfkKR 152 (1983), 178–182.

Kongregation für die Glaubenslehre (Congregatio de Doctrina Fidei), Reskript über die Aufösung einer Ehe zugunsten des Glaubens vom 14. Dezember 1983, amtlich nicht veröffentlicht, abgedruckt, in: AfkKR 152 (1983), 534.

Päpstlicher Rat für die Interpretation von Gesetzestexten (Pontificia Commissio Codicis Iuris Canonici Authenice Interpretando), Responsa ad proposita dubia, II., vom 11. Juli 1984, in: AAS 76 (1984), 746, 747, n. 2.

Kongregation für den Gottesdienst und die Sakramentenordnung (Congregatio de Cultu Divino et Disciplina Sacramentorum), Litterae circulares „De processu super matrimonio rato et non consumato“ vom 20. Dezember 1986, Prot. N. 1400/86, amtlich nicht veröffentlicht, abgedruckt, in: Communicationes 20 (1988), 78–84 und in: Monitor Ecclesiasticus 112 (1987), 423–439.

Apostolische Signatur (Supremum Tribunal Signaturae Apostolicae), Erklärung zur Gerichtszuständigkeit aufgrund der Beweislage vom 27. April 1989, in: AAS 81 (1989), 892–894.

Apostolische Signatur (Supremum Tribunal Signaturae Apostolicae), Erklärung zum zuständigen Gericht in Ehenichtigkeitsprozessen nach negativem Urteil in der ersten Instanz vom 3. Juni 1989, in: AAS 81 (1989), 988–990.

Staatssekretariat (Secretaria Status), Durchführungsverordnung „Qui in Album" vom 23. Juli 1990 zu dem Apostolischen Schreiben „Iusti Iudicis", in: AAS 82 (1990), 1630–1634, abgedruckt, in: ÖAKR 39 (1990), 452–455.

Kongregation für die Glaubenslehre (Congregatio de Doctrina Fidei), Rescriptum dissolutionis matrimonii in favorem fidei vom 24. Mai 1991, amtlich nicht veröffentlicht, abgedruckt, in: Labelle, Les incidences pastorales de la dissolucion du mariage non sacramentel en faveur de la foi, in: Studia canonica 33 (1999), 69, 70.

Staatssekretariat (Secretaria Status), Curia Romana, Regolamento generale (RGCR) vom 4. Februar 1992, in: AAS 84 (1992), 201–253.

Römische Rota (Tribunal Rotae Romanae), Normae Rotales in forma specifica vom 18. April 1994, Quammaxime decet, in: AAS 86 (1994), 508–540 und Rescriptum ex Audientia SS. Mi, in: AAS 87 (1995), 366, sowie in nichtoffizieller spanischer Übersetzung veröffentlicht, in: REDC 52 (1995), 231–279.

Staatssekretariat (Secretaria Status), Curia Romana, Regolamento generale (RGCR) vom 30. April 1999, in: AAS 91 (1999), 630–687.

Kongregation für die Glaubenslehre (Congregatio de Doctrina Fidei), Normae de conficiendo processu pro solutione vinculi matrimonialis in favorem fidei vom 30. April 2001, in den AAS nicht veröffentlicht, abgedruckt, in: DPM 9 (2002), 356–377 und in: AfkKR 171 (2002), 161–168.

Kongregation für die Glaubenslehre (Congregatio de Doctrina Fidei), Note regarding the documentary and procedural aspects of favour of the faith cases vom 30. April 2001, amtlich nicht veröffentlicht, abgedruckt, in: Kowal – Woestman, Special Marriage Cases, 219–224, sowie in: Periodica 93 (2004), 320–325.

Päpstlicher Rat für die Interpretation von Gesetzestexten (Pontificium Consilium de Legum Textibus Interpretandis), Instructio Dignitas Connubii vom 25. Januar 2005, Citta del Vaticano 2005 [Dignitas connubii].

Apostolische Signatur (Supremum Tribunal Signaturae Apostolicae), Responsum vom 3. Januar 2007, Prot. N. 38964/06 VT, amtlich nicht veröffentlicht, abgedruckt, in: Periodica 97 (2008), 45–46.

Kongregation für die Glaubenslehre (Congregatio de Doctrina Fidei), Responsa ad proposita dubia de validitate baptismatis vom 1. Februar 2008, in: AAS 100 (2008), 200 und Apollinaris LXXXII (2009), 31.

Apostolische Signatur (Supremum Tribunal Signaturae Apostolicae), Lex propria Supremi Tribunalis Signaturae Apostolicae, Antiqua ordinatione vom 21. Juni 2008, in: AAS 100 (2008), 513–53 sowie in spanischer nichtoffizieller

Übersetzung veröffentlicht, in: REDC 67 (2010), 367–390 und in: Ius Canonicum 53 (2013), 227–262.

Päpstlicher Rat für die Interpretation von Gesetzestexten (Pontificium Consilium de Legum Textibus Interpretandis, Schreiben mit lehrmäßiger Note zu Anfragen bezüglich des norwegischen Gesetzes über Ehen zwischen Personen gleichen Geschlechts vom 17. Januar 2009 (mit deutschsprachiger Übersetzung), in: AfkKR 178 (2009), 190–203.

Apostolische Signatur (Supremum Tribunal Signaturae Apostolicae), Dekret über die Ausweitung der Kompetenz des Erzbischöflichen Offizialates Köln für den Bereich des Bistums Essen vom 30. Januar 2009 mit Erläuterungen zum Dekret, in: ABl. Köln 149 (2009), 121, 131, ABl. Essen 52 (2009), 113–115, AfkKR 178 (2009), 206.

Staatssekretariat (Secretaria Status), Accomodatio ad novas neccesitas mansionarii respiecientis Ordinationem Generalem Curia Romanae vom 10. Juli 2009, in: Communicationaes XLII (2010), 41–54.

Päpstlicher Rat für die Interpretation von Gesetzestexten (Pontificium Consilium de Legum Textibus Interpretandis), Schreiben an den Kardinalerzbischof von Wien vom 14. April 2010, in: AfkKR 179 (2010), 494–495.

Apostolische Signatur (Supremum Tribunal Signaturae Apostolicae), Decretum generale exsecutorium de actis iudicialibus conservandis vom 13. August 2011, in: AAS 103 (2011), 626–628.

Kongregation für die Glaubenslehre (Congregatio de Doctrina Fidei), Lettera Circolare per aiutare le Conferenze Episcopali nel preparare Linee guida per il trattamento dei casi di abuso sessuale nei confronti di minori da parte di chierici vom 3. März 2011, in: AAS 103 (2011), 406–412.

2. Partikular- und Eigenrecht

a) Bischofskonferenzen

Berliner Bischofskonferenz, Errichtungsdekrete der Interdiözesanen Offizialate Erfurt / Bautzen vom 18. September 1978 mit Exekutionsdekret, in: ABl. der Ordinariate und Bischöflichen Ämter in der Deutschen demokratischen Republik, Ausgabe des Bistums Meißen, 39–40.

Berliner Bischofskonferenz, Statuten für die interdiözesanen Gerichte in Erfurt und Bautzen vom 18. September 1978, amtlich nicht veröffentlicht, aber abgedruckt, in: AfkKR 146 (1979), 152–160.

Berliner Bischofskonferenz, Statuten der Berliner Bischofskonferenz vom 18. September 1978 für die Interdiözesanen Gerichte in Erfurt und Bautzen, amtlich nicht veröffentlicht, aber abgedruckt, in: AfkKR 148 (1979), 152–160.

Berliner Bischofskonferenz, Verlegung des Interdiözesanen Offizialates II. Instanz vom 1. September 1988, in: ABl. der Ordinariate und Bischöflichen Ämter in der Deutschen demokratischen Republik, Ausgabe des Bistums Dresden – Meißen, 36.

Österreichische Bischofskonferenz, Partikularnormen vom 15. April 1989 zum CIC, in: AfkKR 158 (1989), 138–160, ABl. ÖBK 1989, 25–48.

Deutsche Bischofskonferenz, Partikularnormen zur Ehevorbereitung, Eheschließung und Registrierung von Eheschließungen vom 24. September 2002 mit Wirkung vom 1. November 2005, in: ABl. München und Freising 2005, 490–503 sowie in: AfkKR 174 (1995), 511–513.

Deutsche Bischofskonferenz, Anordnung über das kirchliche Meldewesen (Kirchenmeldewesenanordnung – KMAO) vom 17. Oktober 2005, in: ABl. Berlin 77 (2005), 129f. sowie in: AfkKR 174 (2005), 514–516.

Deutsche Bischofskonferenz, Ordnung für kirchliche Trauungen bei fehlender Zivileheschließung vom 15. November 2008, in: ABl. Köln 2008, 305–311.

Deutsche Bischofskonferenz, Kirchliche Arbeitsgerichtsordnung in der Fassung des Beschlusses der Vollversammlung der Deutschen Bischofskonferenz vom 25. Februar 2010, in: AfkKR 179 (2010), 509–529, ABl. Freiburg 2010, 315–326.

Österreichische Bischofskonferenz, Erklärende Ausführungen nach c. 34 CIC, beschlossen in der Bischofskonferenz vom 21.–23. Juni 2010, in: ABl. ÖBK 2010, 9–10.

Österreichische Bischofskonferenz, Feststellung der Österreichischen Bischofskonferenz in der Angelegenheit der Nichtbestandserklärung standesamtlicher Ehen ab dem Zeitpunkt des Inkrafttretens des CIC/1983 beschlossen in der Bischofskonferenz vom 21.–23. Juni 2010, in: ABl. ÖBK 2010 Nr. 52, 10, AfkKR 179 (2010), 529.

Österreichische Bischofskonferenz, Regelung der Österreichischen Bischofskonferenz zum Kirchenaustritt, beschlossen in der Bischofskonferenz vom 21.–23. Juni 2010, in: ABl. ÖBK 2010 Nr. 52, 7, 8.

Österreichische Bischofskonferenz, Hinweise für die Durchführung der Regelung der Bischofskonferenz zum Kirchenaustritt, beschlossen in der Bischofskonferenz vom 21.–23. Juni 2010, in: ABl. ÖBK 2010 Nr. 52, 8, 9.

Deutsche Bischofskonferenz, Erklärung der Deutschen Bischofskonferenz, Neue Bestimmungen zur kirchlichen Eheschließung – Motu proprio „Omnium in mentem" mit Veränderungen des Ehevorbereitungsprotokolls und im Formblatt „Antrag auf Feststellung der Nichtigkeit der Ehe wegen Formmangels" vom 28. Januar 2011, in: ABl. Freiburg 2011, 13, sowie in: ABl. Köln 2011, 28, ABl. Bistum Limburg 2011, 25, 26.

b) *Bistümer*

Erzbistum München und Freising, Verordnung über die Behandlung von Kirchenaustritten mit Zusätzen vom 22. Juni 1971, in: ABl. 1971, 224 ff. sowie in: AfkKR 140 (1971), 557.

Erzbistum Freiburg, Erlass über die Eintragung von Eheschließungen, die mit Dispens von der kanonischen Formpflicht geschlossen wurden vom 26. Juli 1971, in: ABl. 1971, 72 sowie in: AfkKR 140 (1971), 556, 557.

Erzbistum München und Freising, Bestimmungen zur Ehevorbereitung, Eheschließung und Registrierung von Eheschließungen vom 15. November 1989, promulgiert am 11. Dezember 1989 (ABl. 1989, 401 ff.), nochmals veröffentlicht, in: ABl. 2005, 501–503.

Erzbistum München und Freising, Grundordnung des kirchlichen Dienstes im Rahmen kirchlicher Arbeitsverhältnisse für die Erzdiözese München und Freising vom 3. November 1993 (ABl. 1993, 398–404), geändert durch Artikel 1 KAGOAnpG vom 1. Juli 2005 (ABl. Nr. 14/2005, 331, 333) und durch Änderung vom 2. November 2011 (ABl. Nr. 15/2011, 362, 363).

Erzbistum München und Freising, Grundordnung des kirchlichen Dienstes im Rahmen kirchlicher Arbeitsverhältnisse vom 3. November 1993, in: ABl. 1993, 398–404.

Bistum Eichstätt, Ordnung für die Zweite Dienstprüfung von Priestern vom 10. Januar 1995, in: Pastoralblatt 143 (1996), 10–15.

Erzbischof von Hamburg und Bischof von Osnabrück, Dekret zur Errichtung des interdiözesanen Offizialates für das Erzbistum Hamburg und das Bistum Osnabrück sowie zur Regelung des Instanenweges auf Metropolieebene vom 11. März 1996, in: ABl. Hamburg 2 (1996), 103, AfkKR 165 (1996), 191–192, ABl. Osnabrück 1996, 91–92.

Bistum Limburg, Änderung der Gerichtskosten für Eheverfahren vom 16. Dezember 1997, in: ABl. 1998, 152.

Erzbistum Freiburg, Neuordnung der Gerichtskosten beim Erzbischöflichen Offizialat vom 16. Dezember 1997 in: KABl. 1998, 272.

Bistum Hildesheim, Neuordnung der Gerichtskosten in den deutschen Bistümern vom 23. Januar 1998, in: ABl. 1998, 23 f.

Bistum Speyer, Ordnung für die Gerichtskosten beim Bischöflichen Offizialat Speyer vom 19. April 2000, in: Oberhirtliches Verordnungsblatt 2000, 280.

Bistum Speyer, Ordnung für Anwaltsgebühren in Gerichtsverfahren beim Bischöflichen Offizialat Speyer vom 19. April 2000, in: Oberhirtliches Verordnungsblatt 2000, 281.

Erzbistum Berlin, Neuordnung der Gerichtskosten für kirchliche Eheverfahren vom 9. Januar 2001, in: ABl. Berlin 2001, 35.

Bistum Augsburg, Ordnung für die Gerichtsgebühren beim Bischöflichen Konsistorium Augsburg vom 18. Januar 2001, in: ABl. 2001, 101.

Erzbistum Köln, Gebührenordnung für das Erzbischöfliche Offizialat vom 31. Januar 2001, in: ABl. 2001, 101.

Bistum Rottenburg-Stuttgart, Neuordnung der Gerichtskosten beim Bischöflichen Offizialat Rottenburg vom 14. Februar 2001, in: KABl. 2001, 372 sowie mit Datum vom 01. Oktober 2011 überarbeitet, in: KABl. 2011, 454.

Erzbistum München und Freising, Gebührenordnung des Konsistoriums und Metropolitangerichtes München vom 1. März 2001, in: ABl. 2001, 156.

Bistum Würzburg, Neuordnung der Gerichtskosten für kirchliche Eheverfahren vom 1. März 2001, in: KABl. 2001, 95.

Bistum Erfurt, Gerichtskostenordnung des Interdiözesanen Offizialates Erfurt vom 6. März 2001, in: ABl. 2001, 15.

Bistum Passau, Ordnung für die Gerichtskosten vom 29. Mai 2001, in: ABl. 2001, 75.

Erzbistum Bamberg, Kaplansstatut der Erzdiözese Bamberg vom 2. Juni 2003, in: ABl. 2003, 255–267.

Erzbistum München und Freising, Partikularnormen der Deutschen Bischofskonferenz zur Ehevorbereitung, Eheschließung und Registrierung von Eheschließungen sowie Neufassung des Ehevorbereitungsprotokolls vom 24. September 2002, in: ABl. 2005, 490–500.

Erzbistum München und Freising, Ordnung für kirchliche Trauungen bei fehlender Zivileheschließung vom 24. November 2008 mit Anmerkungstafel zum Ehevorbereitungsprotokoll der Deutschen Bischofskonferenz vom 25. September 1998, in: ABl. 2008, 427–439.

Bischöfliches Konsistorium Regensburg, Bischöflicher Erlass zur „Ordnung der Gerichtskosten und des unentgeltlichen Rechtsschutzes" beim Bischöflichen Konsistorium Regensburg vom 18. Dezember 2008, in: ABl. 2009, 9.

Bistum Rottenburg-Stuttgart, Ordnung der Zweiten Dienstprüfung für Priester vom 22. April 2010, in: KABl. 2010, 142–145.

Erzbistum Hamburg, Motu proprio „Omnium in mentem" – Neue Bestimmungen zur kirchlichen Eheschließung vom 10. Januar 2011, in: ABl. 2011, 10–11.

Erzbistum München und Freising, Richtlinien für die Erteilung der Vorläufigen Unterrichtserlaubnis und für die Verleihung der Missio canonica für Lehrkräfte mit Staatsexamen im Fach „Katholische Religionslehre" in den bayerischen (Erz-)Diözesen vom 18. Januar 2011, in: ABl. 2011, 126–129.

Erzbistum München und Freising, Motu proprio „Omnium in mentem“ - Neue Bestimmungen zur kirchlichen Eheschließung vom 27. Januar 2011, in: ABl. 2011, 22–23.

Erzbistum München und Freising, Nachweis des kirchlichen Ledigenstandes bei Geschiedenen, deren erste Ehe wegen Formmangels nichtig ist vom 27. Januar 2011, in: ABl. 2011, 23–24.

Erzbistum München und Freising, Änderung der Grundordnung des kirchlichen Dienstes im Rahmen kirchlicher Arbeitsverhältnisse vom 2. November 2011, in: ABl. 2011, 362, 363.

Erzbistum München und Freising, Errichtung der Missio Kommission vom 1. Februar 2012, in: ABl. 2012, 223, 224.

III. Staatskirchenrechtliche Verträge

Vertrag vom 11. Februar 1929 zwischen Italien und dem Heiligen Stuhl, in: AAS 21 (1929), 209–222, geändert durch den Vertrag vom 18. Februar 1984 zwischen Italien und dem Heiligen Stuhl mit Zusatzprotokoll, in: AAS 77 (1985), 521–578.

Konkordat vom 7. Mai 1940 zwischen dem Heiligen Stuhl und Portugal, in: AAS 32 (1940), 217–245.

Vereinbarung vom 3. Januar 1979 über Rechtsangelegenheiten zwischen dem Heiligen Stuhl und Spanien, in: AAS 72 (1980), 29–62.

Vereinbarung vom 3. Februar 1993 zwischen dem Heiligen Stuhl und Malta über die Anerkennung der zivilrechtlichen Wirkungen von Ehen, die nach kanonischem Recht geschlossen wurden, sowie von diese Ehen betreffenden Entscheidungen der Kirchenbehörden und -gerichte, in: AAS 89 (1997), 679–688, einschließlich des Anwendungsprotokolls vom selben Tag, in: AAS 89 (1997), 688–692, zusammen mit dem zweiten Zusatzprotokoll vom 6. Januar 1995, in: AAS 89 (1997), 692–694.

Literaturverzeichnis

1. Zivilrecht

Arntzen, Friedrich, *Psychologie der Zeugenaussage.* System der Glaubhaftigkeitsmerkmale, 4. Auflage, München 2007.

Bahrenfuss, Dirk, *FamFG.* Gesetz über das Verfahren in Familiensachen und in den Angelegenheiten der freiwilligen Gerichtsbarkeit. Kommentar, Berlin 2009 (zitiert als: Bahrenfuss – Bearbeiter).

Bamberger, Heinz Georg – **Roth**, Herbert, *BGB*, 2. Auflage, München 2008 (zitiert als: Bamberger – Roth – Bearbeiter).

Bassenge, Peter – **Roth**, Herbert, *Gesetz über das Verfahren* in Familiensachen und in Angelegenheiten der freiwilligen Gerichtsbarkeit / Rechtspflegergesetz. Kommentar, 12. Auflage, Heidelberg 2009 (zitiert als: Bassenge – Roth – Bearbeiter).

Bender, Rolf – **Nack**, Armin – **Treuer**, Wolf-Dieter, *Tatsachenfeststellung vor Gericht*, 3. Auflage, München 2007.

Bergmann, Jan – **Dienelt**, Klaus – **Röseler**, Sybille, Ausländerrecht, München 2011 (zitiert als: Bergmann – Dienelt – Röseler, *Ausländerrecht / AufenthG*).

Binz, Karl Josef – **Dörndorfer**, Josef – **Petzold**, Rainer – **Zimmermann**, Walter, Gerichtskostengesetz / *Gesetz über Gerichtskosten in Familiensachen* / Justizvergütungs- und -entschädigungsgesetz, 2. Auflage, München 2009 (zitiert als: Binz – Bearbeiter).

Bischof, Hans Helmut – **Jungbauer**, Sabine – **Bräuer**, Antje – **Curkovic**, Jaka – **Mathias**, Wolfgang – **Uher**, Jochen D., *RVG*, Kommentar, 3. Auflage, Köln 2009 (zitiert als: Bischof – Bearbeiter).

Böttcher, Reinhard, Die Strafprozessordnung und das Gerichtsverfassungsgesetz, Band 7, §§ 1–198 GVG; EGGVG; GVGVO, 25. Auflage, Berlin 2003 (zitiert als: Böttcher, *Strafprozessordnung / GVG*).

Böttcher, Wolfhard – **Ehmann**, Eugen, *Pass-, Ausweis- und Melderecht* in Bayern, 46. Aktualisierung, Stand: April 2011, München 2011.

Bork, Reinhard – **Jacoby**, Florian – **Schwab**, Dieter, *FamFG.* Kommentar zum Gesetz über das Verfahren in Familiensachen und in den Angelegenheiten der freiwilligen Gerichtsbarkeit, Bielefeld 2009 (zitiert als: Bork – Jacoby – Schwab – Bearbeiter).

Borth, Helmut – **Grandel**, Mathias – **Musielak**, Hans-Joachim, *Familiengerichtliches Verfahren*, 1. und 2. Buch, München 2009.

Büte, Dieter, *Materielle Ehescheidungsvoraussetzungen* (§§ 1566 bis 1568 BGB) und Aufhebungsgründe, in: FPR 13 (2007), 231–235.

Bumiller, Ursula – **Harders**, Dirk, FamFG. *Freiwillige Gerichtsbarkeit.* Gesetz über das Verfahren in Familiensachen und in den Angelegenheiten der freiwilligen Gerichtsbarkeit, 9. Auflage, München 2009.

Calliess, Christian – **Ruffert**, Matthias – **Blanke**, Hermann-Josef, EUV/AEUV. Kommentar. Das Verfassungsrecht der Europäischen Union mit Europäischer Grundrechtecharta, 4. Auflage, München 2011 (zitiert als: Calliess – Ruffert – Blanke – Bearbeiter, *EUV, AEUV*).

Coester-Waltjen, Dagmar, *Familienrecht*, 6. Auflage, München 2010.

Dallmayer, Peter – **Eickmann**, Dieter, *Rechtspflegergesetz.* Kommentar, München 1996.

Dreier, Horst (Hrsg.), *Grundgesetz* Kommentar, Band II, Art. 20–82, Tübingen 1998 (zitiert als: Dreier – Bearbeiter).

Drolshagen, Julia, *Der Willensmangel* bei Eingehung der Ehe und Begründung der Lebenspartnerschaft, Frankfurt am Main 2007.

Eckebrecht, Marc – **Große-Boymann**, Tamara – **Gutjahr**, Jens – **Paul**, Viola – **Schael**, Wolfgang – **von Swieykowski**, Trzaska – **Weidemann**, Ines, *Verfahrenshandbuch* Familiensachen, 2. Auflage, München 2010 (zitiert als: Eckebrecht – Bearbeiter).

Engelhardt, Helmut – **Sternal**, Werner (Hrsg.), *FamFG.* Kommentar zum Gesetz über das Verfahren in Familiensachen und die Angelegenheiten der freiwilligen Gerichtsbarkeit, 16. Auflage, München 2009 (zitiert als: Engelhardt – Sternal – Bearbeiter).

Feuerich, Wilhelm E. – **Weyland**, Dag – **Vossebürger**, Albert, *Bundesrechtsanwaltsordnung.* Berufsordnung, Fachanwaltsordnung, Partnerschaftsgesellschaftsgesetz, Recht für Anwälte aus dem Gebiet der Europäischen Union, Patentanwaltsordnung. Kommmentar, 7. Auflage, München 2008 (zitiert als: Feuerich – Weyland – Vossebürger – Bearbeiter).

Fischer, Thomas, *Strafgesetzbuch* und Nebengesetze, 57. Auflage, München 2010.

Fölsch, Peter, *Das neue FamFG* in Familiensachen, 1. Auflage, Bonn 2009.

Gaaz, Berthold – **Bornhofen**, Heinrich, *Personenstandsgesetz.* Handkommentar, 2. Auflage, Berlin 2010.

Garbe, Roland – **Ullrich**, Christoph (Hrsg.), *Verfahren in Familiensachen.* FamFG / ZPO / BGB, 2. Auflage, Baden-Baden 2009 (zitiert als: Garbe – Ullrich – Bearbeiter).

Grunsky, Wolfgang, *Zivilprozessrecht*, 13. Auflage, Köln 2008.

Hahne, Meo Michaela – **Munzig**, Jörg, *FamFG*, 1. Auflage, München 2010.

Hartmann, Peter, Beck'sche Kurzkommentare. Band 1. Zivilprozessordnung mit FamFG, GVG und anderen Nebengesetzen, 68. Auflage, München 2010 (zitiert als: Hartmann, *ZPO, ZPO/GVG, ZPO/FamFG*).

Hartung, Wolfgang – **Schons**, Herbert P. – **Enders**, Horst-Reiner, *Rechtsanwaltsvergütungsgesetz*, München 2011 (zitiert als: Hartung – Schons – Enders – Bearbeiter).

Haußleitner, Martin (Hrsg.), *FamFG*. Gesetz über das Verfahren in Familiensachen und in den Angelegenheiten der freiwilligen Gerichtsbarkeit, Kommentar, München 2011 (zitiert als: Haußleitner – Bearbeiter).

Heiderhoff, Bettina, *Alternativen zur Eheauflösung durch gerichtliches Gestaltungsurteil*, in: StAZ 2011, 262–270.

Henssler, Martin – **Prütting**, Hanns, *Bundesrechtsanwaltsordnung*, 3. Auflage München 2010 (zitiert als: Henssler – Prütting – Bearbeiter).

Hoffmann, Edgar – **Stephan**, Walter, *Ehegesetz* nebst Durchführungsverordnungen, 2. Auflage, München 1968.

Holzer, Johannes, *FamFG*. Kommentar zu dem Gesetz über das Verfahren in Familiensachen und in den Angelegenheiten der freiwilligen Gerichtsbarkeit, Köln 2011 (zitiert als: Holzer – Bearbeiter).

Hoppenz, Rainer (Hrsg.), *Familiensachen*, 9. Auflage, Baden-Baden 2009 (zitiert als: Hoppenz – Bearbeiter).

Huber, Bertold (Hrsg.), Aufenthaltsgesetz, München 2010 (zitiert als: Huber – Bearbeiter, *AufenthG*).

Jäckel, Holger, Das *Beweisrecht der ZPO*. Ein Praxishandbuch für Richter und Staatsanwälte, 7. Auflage, Stuttgart 2009.

Jarass, Hans D. – **Pieroth**, Bodo, *Grundgesetz* für die Bundesrepublik Deutschland, Kommentar, 5. Auflage, München 2000.

Jungbauer, Sabine, *Abrechnung in Familiensachen*, 2. Auflage, Heidelberg 2009.

Jungbauer, Sabine, *Rechtsanwaltsvergütung*, 5. Auflage, Heidelberg 2010.

Kissel, Otto Rudolf – **Mayer**, Herbert, *Gerichtsverfassungsgesetz*. Kommentar, 6. Auflage, München 2010.

Kleine-Cosack, Michael, *Bundesrechtsanwaltsordnung*, 6. Auflage, München 2009.

Kopp, Ferdind O. – **Ramsauer**, Ulrich, Verwaltungsverfahrensgesetz, 13. Auflage, München 2012 (zitiert als: Kopp – Ramsauer, *VwVfG*).

Kopp, Ferdind O. – **Schenke**, Wolfgang-Rüdiger, Verwaltungsgerichtsordnung, 16. Auflage, München 2009 (zitiert als: Kopp – Schenke, *VwGO*).

Kranz, Stefan R., Beschluss – *„Im Namen des Volkes"*, in: FamRZ 57 (2010), 85–86.

Krenzler, Michael – **Borth**, Helmut (Hrsg.), Anwaltshandbuch *Familienrecht*, Köln 2010 (zitiert als: Krenzler – Borth – Bearbeiter).

Kriewald, Jessica, *Statusrelevante Erklärungen des Familienrechts*, Frankfurt am Main 2009.

Lüke, Wolfgang, *Zivilprozessrecht*. Erkenntnisverfahren / Zwangsvollstreckung, 9. Auflage, München 2006.

Maunz, Theodor – **Dürig**, Günter, *Grundgesetz* Kommentar, 60. Lieferung, München 2010 (zitiert als: Maunz – Dürig – Bearbeiter).

Mayer, Hans-Joachem – **Kroiß**, Ludwig (Hrsg.), *Rechtsanwaltsvergütungsgesetz*. Handkommentar, 4. Auflage, Baden-Baden 2010 (zitiert als: Mayer – Kroiß – Bearbeiter).

Meller-Hannich, Caroline, *Zivilprozessrecht*. Erkenntnisverfahren, Stuttgart 2011.

Merten, Detlef – **Papier**, Hans-Jürgen (Hrsg.), Handbuch der Grundrechte in Deutschland und Europa, Heidelberg 2013 (zitiert als: Merten – Papier – Bearbeiter, *HGR V*).

Meyer-Stolte, Klaus – **Herrmann**, Karl-Otto – **Hansens**, Heinz – **Rellermeyer**, Klaus, *Rechtspflegergesetz*, 6. Auflage, Bielefeld 2002 (zitiert als: Meyer-Stolte – Herrmann – Hansens – Rellermeyer – Bearbeiter).

Meysen, Thomas, *Das Familienverfahrensrecht* – FamFG. Praxiskommentar mit Einführung, Erläuterungen, Arbeitshilfen, Köln 2009 (zitiert als: Meysen – Bearbeiter).

Musielak, Hans-Joachim, *Grundkurs ZPO*, München 2009.

Musielak, Hans-Joachim (Hrsg.), Kommentar zur Zivilprozessordnung mit Gerichtsverfassungsgesetz, 7. Auflage, München 2009 (zitiert als: Musielak – Bearbeiter, *ZPO*, *ZPO/FamFG*).

Palandt, Otto, Bürgerliches Gesetzbuch, 67. Auflage, München 2007 (zitiert als: Palandt – Bearbeiter, *BGB*).

Pantle, Norbert – **Kreissl**, Stephan, *Die Praxis des Zivilprozesses*, 4. Auflage, Stuttgart 2007.

Prütting, Hanns – **Gehrlein**, Markus, ZPO Kommentar, 3. Auflage, Köln 2011 (zitiert als: Prütting – Gehrlein – Bearbeiter, *ZPO*, *ZPO/GVG*).

Prütting, Hanns – **Wegen**, Gerhard – **Weinreich**, Gerd, *BGB* Kommentar, 6. Auflage, Köln 2011 (zitiert als: Prütting – Wegen – Weinreich – Bearbeiter).

Prütting, Hanns – **Helms**, Tobias, *FamFG.* Gesetz über das Verfahren in Familiensachen und in den Angelegenheiten der freiwilligen Gerichtsbarkeit mit Gesetz über die Gerichtskosten in Familiensachen, 2. Auflage, Köln 2011 (zitiert als: Prütting – Helms – Bearbeiter).

Rauscher, Thomas (Hrsg.), Europäisches Zivilprozess- und Kollisionsrecht, EuZPR / EuIPR, Kommentar, Bearbeitung 2010, München 2010 (zitiert als: Rauscher – Bearbeiter, *EuZPR/EuIPR/EuBewVO, EuZPR/EuIPR/EuEheVO*).

Rauscher, Thomas (Hrsg.), Münchner Kommentar zum FamFG. Gesetz über das Verfahren in Familiensachen und in den Angelegenheiten der freiwilligen Gerichtsbarkeit (FamFG) mit Internationalem und Europäischem Zivilverfahrensrecht in Familiensachen (IZVR, EuZVR), 2. Auflage, München 2013 (zitiert als: Rauscher – Bearbeiter, *FamFG, FamFG/EuEheVO*).

Rauscher, Thomas – **Wax**, Peter – **Wenzel**, Joachim (Hrsg.), Münchner Kommentar zur Zivilprozessordnung mit Gerichtsverfassungsgesetz und Nebengesetzen, Band 1–3, 3. Auflage, München 2007 / 2008 (zitiert als: Rauscher – Wax – Wenzel – Bearbeiter, *ZPO, ZPO/GVG*).

Rauscher, Thomas (Hrsg.), Münchner Kommentar zur Zivilprozessordnung mit Gerichtsverfassungsgesetz und Nebengesetzen, Band 4. Gesetz über das Verfahren in Familiensachen und in den Angelegenheiten der freiwilligen Gerichtsbarkeit (FamFG), zur 3. Auflage des Münchener Kommentars, München 2010 (zitiert als: Rauscher – Bearbeiter, *ZPO/FamFG*).

Rebmann, Kurt – **Säcker**, Franz Jürgen – **Rixecker**, Roland, Münchener Kommentar zum Bürgerlichen Gesetzbuch. *BGB*, 5. Auflage, München 2007 (zitiert als: Rebmann – Säcker – Rixecker – Bearbeiter).

Riedel, Fritz – **Sußbauer**, Heinrich – **Fraunholz**, Karljosef – **Schneider**, Horst – **Keller**, Hans-Ludwig – **Schmahl**, Diethard, *Rechtsanwaltsvergütungsgesetz*, Kommentar, 9. Auflage, München 2005 (zitiert als: Riedel – Sußbauer – Bearbeiter).

Rosenberg, Leo – **Schwab** – Karl-Heinz – **Gottwald**, Peter, *Zivilprozessrecht*, München 2010.

Sachs, Michael, *Grundgesetz*. Kommentar, 5. Auflage, München 2009 (zitiert als: Sachs – Bearbeiter).

Sänger, Ingo (Hrsg.), Zivilprozessordnung, FamFG. Europäisches Verfahrensrecht, Handkommentar, 4. Auflage, Baden-Baden 2011 (zitiert als: Sänger – Bearbeiter, *ZPO, ZPO/GVG, ZPO/FamFG, ZPO/EuEheVO*).

Schellhammer, Kurt, *Zivilprozess*, 14. Auflage, Heidelberg 2012.

Schilken, Eberhard, *Zivilprozessrecht*, 6. Auflage, München 2010.

Schmid, Jürgen, *Familienrecht* 1. Halbband: Familiensachen, 7. Auflage, München 2010.

Schmidt-Räntsch, Jürgen, Deutsches Richtergesetz, 6. Auflage, München 2009 (zitiert als: Schmidt-Räntsch, *DRiG*).

Schneider, Norbert, *Gebühren in Familiensachen*, München 2010.

Schneider, Norbert – **Wolf**, Hans-Joachim – **Volpert**, Joachim (Hrsg.), *Familiengerichtskostengesetz.* Handkommentar, Baden-Baden 2009 (zitiert als: Schneider – Wolf – Volpert – Bearbeiter).

Schürmann, Heinrich, *Rechtsmittel* in Familiensachen nach dem FamFG, in: Familie und Recht 21 (2010), 425–432, 493–497.

Schulte-Bunert, Kai – **Weinreich**, Gerd, FamFG. Kommentar, Köln 2009 (zitiert als: Schulte-Bunert – Weinreich – Bearbeiter, *FamFG, FamFG/FamGKG*).

Schwab, Dieter, *Familienrecht*, 17. Auflage, München 2009.

Schwab, Dieter, *Handbuch des Scheidungsrechts*, 6. Auflage, München 2010.

Schwab, Martin, *Zivilprozessrecht*, 3. Auflage, Heidelberg 2010.

Seifert, Karl-Heinz – **Hömig**, Dieter, *Grundgesetz* für die Bundesrepublik Deutschland, 5. Auflage, Baden-Baden 1995.

Stein, Friedrich – **Jonas**, Martin, Kommentar zur Zivilprozessordnung, 22. Auflage, Tübingen 2004 (zitiert als: Stein – Jonas – Bearbeiter, *ZPO*).

Steinert, Karl-Friedrich – **Theede**, Kai-Uwe, Handbuch der Rechtspraxis (HRP). *Zivilprozess*, 8. Auflage, München 2004.

Stelkens, Paul – **Bonk**, Heinz Joachim – **Sachs**, Michael, *Verwaltungsverfahrensgesetz*, Kommentar, 7. Auflage, München 2008 (zitiert als: Stelkens – Bonk – Sachs, VwVfG).

Thomas, Heinz – **Putzo**, Hans, Zivilprozessordnung, 30. Auflage, München 2009 (zitiert als: Thomas – Putzo – Bearbeiter, *ZPO, ZPO/FamFG, ZPO/GVG, ZPO/EuEheVO*).

Unger, Elisabeth, *Anwaltshandbuch* Familienverfahrensrecht, Köln 2009.

Von Heintschel-Heinegg, Bernd – **Gerhardt**, Peter, *Materielles Scheidungsrecht*, 8. Auflage, München 2006.

Von König, Renate, *Zivilprozess- und Kostenrecht.* Praxiskurzlehrbuch, 2. Auflage, Bielefeld 2008.

Weinreich, Gerd – **Klein**, Michael, Fachanwaltskommentar *Familienrecht*, 4. Auflage, München 2011 (zitiert als: Weinreich – Klein – Bearbeiter).

Zimmermann, Walter, *Zivilprozessordnung* mit FamFG (Allgemeiner Teil sowie Verfahren in Familiensachen). GVG. EGGVG. EGZPO. EU-Zivilverfahrensrecht, 9. Auflage, Passau 2011.

Zöller, Richard, Zivilprozessordnung mit FamFG (§ 1–185, 200–270, 433–484) und Gerichtsverfassungsgesetz, den Einführungsgesetzen, mit Internationalem Zivilprozessrecht, EG-Verordnungen, Kostenanmerkungen. Kommentar, 28. Auflage, München 2010 (zitiert als: Zöller – Bearbeiter, *ZPO, ZPO/FamFG, ZPO/GVG, ZPO/EuEheVO*).

2. Kirchenrecht

Acebal Lujan, Juan Luis, *Normas de Tribunal de la Rota Romana.* Texto y commentario, in: Revista espanola de derecho canonico 52 (1995), 231–279.

Altuna, Jose Maria Iglesias, *Procesos matrioniales canonicos*, Madrid 1991.

Amann, Thomas, *Der Verwaltungsakt für Einzelfälle*, St. Ottilien 1997.

Amenta, Piero, *Le procedure amministrativa* in materia di matrimonio canonico: Storia, Legislazione e prassi, Citta del Vaticano 2008.

Aral, Guillaume, *Le notariat en droit ecclesiastique* etude historique et juridique, in: Studia canonica 36 (2002), 169–187.

Arrieta, Juan Ignacio, *Codice di diritto canonico* e leggi complementari commentato, 1. Auflage, Rom 2004.

Arrieta, Juan Ignacio, *Cost. Ap. Pastor Bonus*, in: Arrieta, Juan Ignacio – Canosa, Javier, Minambres, Jesus, Legislazione sull'organizzazione centrale della chiesa, Mailand 1997.

Arroba Conde, Manuel Jesus, *Diritto processuale canonico*, 5. Auflage, Rom 2006.

Arroba Conde, Manuel Jesus, *La competenza di grazia in materia giudiziaria*, in: Bonnet, Piero Antonio – Gullo, Carlo, La Lex propria del S. T. della Segnatura Apostolica, Citta del Vaticano, 2010, 315–335.

Assenmacher, Günter, *Die Eheverfahren*, in: Listl, Josef – Schmitz, Heribert (Hrsg.), Handbuch des katholischen Kirchenrechts, 2. Auflage, Regensburg 1999, 1187–1208.

Assenmacher, Günter, *Nichtigerklärung, Auflösung und Trennung der Ehe*, in: Listl, Josef – Schmitz, Heribert (Hrsg.), Handbuch des katholischen Kirchenrechts, 2. Auflage, Regensburg 1999, 988–1000.

Auria, *Il matrimonio* nel diritto della chiesa, Citta del Vaticano 2007.

Aymans, Winfried, Kanonisches Recht, Lehrbuch aufgrund des Codes Iuris Canonici, Band 1, Einleitende Grundfragen und Allgemeine Normen, Paderborn 1991 (zitiert als: Aymans, *KanR 1*).

Aymans, Winfried, Kanonisches Recht, Lehrbuch aufgrund des Codes Iuris Canonici, Band 2, Verfassungs- und Vereinigungsrecht, Paderborn 1997 (zitiert als: Aymans, *KanR 2*).

Aymans, Winfried, Kanonisches Recht, Lehrbuch aufgrund des Codes Iuris Canonici, Band 3, Verkündigungsdienst und Heiligungsdienst, Paderborn 2007 (zitiert als: Aymans, *KanR 3*).

Aymans, Winfried, Kanonisches Recht, Lehrbuch aufgrund des Codes Iuris Canonici, Band 4, Vermögensrecht, Sanktionsrecht und Prozeßrecht, Paderborn 2013 (zitiert als: Aymans, *KanR 4*).

Aznar Gil, Federico R., *La Carta apostolica* M. Pr. „Omnium in mentem" (2009): Recepcion y valoracion por la doctrina, in: REDC 69 (2012), 739–756.

Bamberg, Anne, *Procedures matrimoniales en droit canonique*, Paris 2011.

Barolo, Luigi, *Dove sta la Sacra Rota?*, Mailand 2008.

Baura, Eduardo, *Le sanzioni disciplinari, i ricorsi gerarchici*, le dichiarazioni di nullita del matrimonio, in: Bonnet, Piero Antonio – Gullo, Carlo, La lex propria del S.T. della Segnatura apostolica, Citta del Vaticano 2010, 337–371.

Benz, Michael, *Aufgabe, Stellung und Kosten eines kirchlichen Anwalts* in Eheverfahren, in: AfkKR 165 (1996), 437–456.

Berkmann, Burkhard Josef, *Die Ehen von / mit Nichtkatholiken* vor der Lateinischen Kirche, Frankfurt am Main 2008.

Berlingo, Salvatore, *La competenza* di legittimita e di merito della segnatura apostolica secondo la „lex propria", in: Kowal, Janusz – Llobell, Joaquin, „Iustitia et Iudicium", Studi di diritto canonico matrimoniale e processuale canonico in onore di Antoni Stankiewicz, Citta del Vaticano 2010, 2279–2299.

Bischöfliches Offizialat Münster (Hrsg.), *Ratgeber Kirchliches Ehegericht*, Münster 2001.

Bolchi, Elena Lucia, *Lo scioglimento* del matrimonio non sacramentale in favorem fidei, in: Quaderni di diritto ecclesiale 20 (2007), 299–319.

Breitsching, Konrad, *Erwägungen zu Rechtsnatur* und Verbindlichkeit von Dignitas connubii, in: DPM 14 (2007), 181–204.

Bustos, Carlos Manuel Moran, *De partibus in causis*, in: Rodriguez, J. – Ocana, Rafael – Sedano, Joaquin (Hrsg.), Procesos de Nulidad Matrimonial. La instruccion Dignitas connubii, Navarra 2006, 121–170.

Caberletti, Giordano, *Il tribunale della Rota Romana*: procedure e giurisprudenza, in: Quaderni di diritto ecclesiale 24 (2011), 473–499.

Canonico, Marco, *Note di Commento* All'Istruzione Dignitas connubii sul processo matrimoniale canonico, Turin 2008.

Canosa, Javier, *Regolamento generale della Curia romana*, in: Arrieta, Juan Ignacio – Canosa, Javier, Minambres, Jesus, Legislazione sull'organizzazione centrale della chiesa, Mailand 1997.

Castell, Ernst Freiherr von, *Bis zum bittern Ende?* Über die Unmöglichkeit, offenkundig aussichtslose Annullierungsverfahren von Amts wegen einzustellen, in: DPM 13 (2006), 107–117.

Castell, Ernst Freiherr von, *Die eherechtlichen Implikationen* des Motu proprio Omnium in mentem, in: AfkKR 181 (2012), 25–38.

Chacon, Rafael Rodriguez, *Quaerit semper.* Una interessante posibilidad de cambio de optica desde la reorganizacion de las competencias, in: REDC 69 (2012), 115–148.

Colagiovanni, Emilio, „*De re iudicata* et restitutione in integrum" nel nuovo codice, in: Grocholewski, Zenon – Orti, Carcel, Dilexit iustitiam, Studia in honorem Aurelii Card. Sabattani, Citta del Vaticano 1994, 293–302.

Coppola, Raffaele, *Gli avvocati*, in: Pinto, Pio Vito, Commento alla Pastor Bonus e alle norme sussidiarie della Curia Romana, Citta del Vaticano 2003, 253–267.

Cormack, Alan R. A., A *Commentary* on the Norms for favour of the faith cases, in: The Jurist 65 (2005), 268–337.

Costalunga, Marcello, *La Congregazione per i vescovi*, in: Bonnet, Piero Antonio – Gullo, Carlo, La Curia Romana nella Cost. Ap. „Pastor Bonus", Citta del Vaticano 1990, 281–292.

Daneels, Frans, *Die Apostolische Signatur* und die korrekte Ausübung der Rechtspflege in der Kirche, in: ÖARR 2010, 273–283.

Daneels, Frans, *Il diritto di impugnare il matrimonio* (cann. 1674, 1675), in: Bonnet, Piero Antonio – Gullo, Carlo, Il processo matrimoniale canonico, Citta del Vaticano 1994.

Daneels, Frans, *La vigilanza sui tribunali*: Introduzione al titolo V della Lex propria, in: Bonnet, Piero Antonio – Gullo, Carlo, La Lex propria del S. T. della Segnatura Apostolica, Citta del Vaticano 2010, 199–211.

Daniel, William L., *The power of governance* enjoyed by the supreme tribunal of the apostolic signatura within historical antecendents, in: Ius Ecclesiae 21 (2009), 631–652.

Dennemarck, Bernd, *Eheschließung trotz Kirchenaustritt*, in: AfkKR 180 (2011), 92–117.

De Paolis, Velasio, *Amministrazione* della giustizia e situazione dei tribunali ecclesiastici, in: Revista espanola de derecho canonico 64 (2007), 339–377.

De Paolis, Velasio, *Le procedure amministrative matrimoniali*: annotazioni generali, in: Ius Missionale 4 (2010), 165–169.

Erlebach, Grzegorz, *Nuove competenze della Rota Romana* in seguito al motu proprio „Quaerit semper", in: Apollinaris LXXXV (2012), 587–602.

Ewers, Heinz, *Die Nichtigkeitsbeschwerde* in dem kanonischen Prozessrecht, München 1952.

Fahrnberger, Gerhard, *Das Verfahren aufgrund von Urkunden* im neuen kirchlichen Gesetzbuch (cann. 1686–1688 CIC/1983), in: Lüdicke, Klaus – Mussinghoff, Heinrich – Schwendenwein, Hugo (Hrsg.), Iustus Iudex. Festgabe für Paul Wesemann zum 75. Geburtstag von seinen Freunden und Schülern, Essen 1980, 433–453.

Feldhans, Verena, *Die Berufung* im Ehenichtigkeitsprozess. Ein Vergleich von Codex Iuris Canonici und Dignitas Connubii, in: DPM 14 (2007), 217–240.

Ferrante, Mario, *Nullita matrimoniale e dispensa „super rato"*: tra pregiudizialita e possibile coesistenza, in: Kowal, Janusz – Llobell, Joaquin, „Iustitia et Iudicium", Studi di diritto canonico matrimoniale e processuale canonico in onore di Antoni Stankiewicz, Citta del Vaticano 2010, 2067–2087.

Flatten, Heinrich, *Die Eheverfahren*, in: Listl, Joseph – Müller, Hubert – Schmitz, Heribert (Hrsg.), Grundriß des nachkonziliaren Kirchenrechts, Regensburg 1980, 803–815.

Flatten, Heinrich, *Die freie Beweiswürdigung* im kanonischen Prozess, in: TThQ 139 (1959), 427–460.

Gallen, Francisco Pone, *El proceso documental*, la ejecucion de la sentencia y las costas procesales, in: Rodriguez-Ocana, Rafael – Seano, Joaquin (Hrsg.), Procesos de nulidad matrimonial. La Instruccion Dignitas connubii, Pamplona 2006, 303–345.

Garcia Failde, Juan Jose, *La Instruccion „Dignitas connubii"* a examen. Texto castellano y comentario de sus articulos, Salamanca 2006.

Garcia Failde, Juan Jose, *La nulidad matrimonial*, hoy, 2. Auflage, Barcelona 1999.

Geringer, Karl – Theodor, *Die Ehenichtigkeitsklage*, in: AfkKR 156 (1986), 412–431.

Geringer, Karl – Theodor, *Die Konvalidation der Ehe*, in: Listl, Josef – Schmitz, Heribert (Hrsg.), Grundriß des nachkonziliaren Kirchenrechts, Regensburg 1979, 596–603.

Ghisoni, Linda, *Lo scioglimento* del matrimonio rato e non consumato: dalla Congregazione per il Culto Divino e la Disciplina Sacramenti al Tribunale della Rota Romana, in: Moneta, Paolo – Cito, Davide – Gargano, Dario, Lo scioglimento del matrimonio canonico, Citta del Vaticano 2013, 161–178.

Graulich, Markus, *Nichtvollzugsverfahren*, in: Von Campenhausen, Axel – Riedel-Spangenberger, Ilona – Sebott, Reinhold (Hrsg.), Lexikon für Kirchen- und Staatskirchenrecht, Band 3, N – Z, 20–22.

Grocholewski, Zenon, *Die moralische Gewißheit* als Schlüssel zum Verständnis der prozessrechtlichen Normen, in: DPM 4 (1997), 11–44.

Grocholewski, Zenon, *Il ministero* del Supremo tribunale della Segnatura Apostolica nell' amministrazione della giustizia nella chiesa, in: Folia Canonica 3 (2000), 193–213.

Grocholewski, Zenon, *I tribunali*, in: Bonnet, Piero Antonio – Gullo, Carlo, La Curia Romana nella Cost. Ap. „Pastor Bonus", Citta del Vaticano 1990, 395–418.

Grocholewski, Zenon, *Linee generali* della giurisprudenza della Segnatura Apostolica relativamente alla procedura nelle cause matrimoniali, in: Monitor 42 (1982), 233–267.

Gruber, Gerald, *Actu formali* ab ecclesia catholica deficere, Wien 2009.

Gruber, Gerald, *Iudex est iudex peritorum*, in: DPM 15/16 (2008/2009), 353–383.

Güthoff, Elmar, *Das Privilegium Petrinum*. Die Auflösung einer nichtsakramentalen Ehe durch päpstlichen Gnadenakt, in: DPM 9 (2002), 245–257.

Güthoff, Elmar, *Der Gerichtsvikar als Stellvertreter* des Bischofs bei der Ausübung der richterlichen Gewalt in den Kodifikationen des kanonischen Rechts, in: Güthoff, Elmar – Selge, Karl-Heinz, Adnotationes in iure canonico, Festgabe Franz X. Walter zur Vollendung des 65. Lebensjahres, Fredersdorf 1994, 64–80.

Güthoff, Elmar, *Der Leiter der Gerichtskanzlei* und die sonstigen Notare in der Eheprozessordnung „Dignitas connubii", in: Rees, Wilhelm – Demel, Sabine – Müller, Ludger (Hrsg.), Im Dienst von Kirche und Wissenschaft, Berlin 2007, 757–769.

Güttler, Markus, *Die Ehe ist unauflöslich!*, Essen 2002.

Gullo, Carlo, *Questioni sulla liceita delle prove* nelle cause matrimoniali, in: Zapp, H. – Weiß, A. – Korta, S. (Hrsg.), Ius Canonicum in Oriente et Occidente, Festschrift Carl Gerold Fürst, Frankfurt a. M. 2003, 865–877.

Gullo, Carlo – **Gullo**, Alessia, *Prassi processuale* nelle cause canoniche di nullita del matrimonio, 3. Auflage, Citta del Vaticano 2009.

Gunkel, Heinz, *Vor-Geschichte des Interdiözesanen Offizialates Erfurt I. Instanz*, in: Althaus, Rüdiger – Kalde, Franz – Selge, Karl–Heinz (Hrsg.), Saluti hominum providendo. Festschrift für Offizial und Domprobst Dr. Wilhelm Hentze, Essen 2008, 95–109.

Haering, Stephan, *Die neue Ordnung der Römischen Rota*, in: DPM 3 (1995), 89–116.

Hallermann, Heribert, *Die „approbatio in forma specifica"*, in: ÖAKR 45 (1998), 160–171.

Heimerl, Hans, *Die Bindung der Verwaltung* an das Gesetz im CIC 1983, in: Pototschnig, Franz – Rinnerthaler, Alfred (Hrsg.), Im Dienst von Kirche und Staat, Wien 1985, 421–443.

Heimerl, Hans – **Pree**, Helmuth, *Kirchenrecht.* Allgemeine Normen und Eherecht, Wien – New York 1983.

Heinemann, Heribert, *Der Pfarrer*, in: Listl, Josef – Schmitz, Heribert, Das Handbuch des katholischen Kirchenrechts, 2. Auflage, Regensburg 1999, 364–385.

Hierold, Alfred E., *Vorgehen auf dem Verwaltungs- oder auf dem Gerichtsweg?*, in: Ludger, Müller (Hrsg.), Rechtsschutz in der Kirche, Wien 2011, 25–38.

Hopfenbeck, Albert, *Das Verfahren zur Auflösung einer nichtsakramentalen Ehe* zugunsten des Glaubens nach der Neuregelung durch die Glaubenskongregation vom 6. Dezember 1973, in: AfkKR 147 (1978), 99–123.

Huels, John M., *A Theory* of Juridical Documents based on Canons 29–34, in: Studia Canonica 32 (1998), 337–370.

Huels, John M., *Interpreting* an Instruction approved in forma specifica, in: Studia Canonica 32 (1998), 5–46.

Hülskamp, Martin, *„Der Gerichtsvikar bildet mit dem Bischof ein Gericht"*, in: Althaus, Rüdiger – Kalde, Franz – Selge, Karl-Heinz (Hrsg.), Saluti hominum providendo. Festschrift für Offizial und Domprobst Dr. Wilhelm Hentze, Essen 2008, 141–153.

Jaeger, David A., *Der Personalstatus* der zivilen Rechtsprechung der kirchlichen Gerichte in Israel, in: DPM 10 (2003), 13–24.

Jenkins, Ronny E., *Safeguarding the administration* of justice : Judicial abstention and recusal in canonical perspective, in: Periodica 93 (2004), 389–434.

Jone, Heribert, Gesetzbuch der lateinischen Kirche, Erklärung der Kanones 3. Band, Prozess- und Strafrecht, Kanones 1552 bis Kanones 2414, Paderborn 1940 (zitiert als: Jone, *Band 3*).

Kaiser, Matthäus, *Können Ehen aufgelöst werden*, in: DPM 2 (1995), 37–67.

Kennedy, John J., *Prassi ed orientamenti* della Congregazione per la dottrina fede, in: Moneta, Paolo – Cito, Davide – Gargano, Dario, Lo scioglimento del matrimonio canonico, Citta del Vaticano 2013, 95–104.

Kowal, Janusz, *La inconsumazione* del matrimonio tra la tradizione e il positivismo giuridico, in: Periodica 101 (2012), 441–462.

Kowal, Janusz, *Le norme per lo scioglimento* del matrimonio in favorem fidei parte procedurale, in: Periodica 93 (2004), 265–325.

Kowal, Janusz, *Lo scioglimento* del matrimonio in favorem fidei, in: Bonnet, Piero Antonio – Gullo, Carlo, Diritti matrimoniale canonico, Vol. III, Citta del Vaticano 2005, 447–492.

Kowal, Janusz, *Nuove „Norme* per lo scioglimento del matrimonio in favorem fidei", in: Periodica 91 (2002), 459–506.

Kowal, Wojciech, *Norms* for preparing the process for the dissolution of the matrimonial bond in favour of the faith, in: Folia Canonica 8 (2005), 89–118.

Kowal, Wojciech, *Quelques remarques sur la discipline* de la dissolution de mariages en faveur de la foi, in: Studia canonica 43 (2009), 161–181.

Kowal, Wojciech, *The power* of the church to dissolve the matrimonial bond in favour of the faith, in: Studia canonica 38 (2004), 411–438.

Kowal, Wojciech – **Woestman**, William H., *Special Marriages Cases* and Procedures, Ottawa 2008.

Labelle, Jean-Paul, *Les incidences pastorales de la dissolution* du mariage non sacramental en faveur de la foi, in: Studia canonica 33 (1999), 27–70.

Lagomarsino, Guido, *Le spese giudiziarie ed il gratuito patrocinio* (art. 302–308), in: Bonnet, Piero Antonio – Gullo, Carlo, Il giudizio matrimoniale dopo l'istruzione „Dignitas connubii", Parte Terza: la parte dinamica del processo, Citta del Vaticano 2008, 787–800.

Listl, Joseph, *Die Rechtsnormen*, in: Listl, Joseph – Schmitz, Heribert (Hrsg.), Handbuch des katholischen Kirchenrechts, 2. Auflage, Regensburg 1999, 102–118.

Listl, Joseph, *Plenarkonzil und Bischofskonferenz*, in: Listl, Joseph – Schmitz, Heribert (Hrsg.), Handbuch des katholischen Kirchenrechts, 2. Auflage, Regensburg 1999, 396–415.

Llobell, Joaquin, *La competenza e la procedura* per la dispensa „super quolibet matrimonio non consummato" nel m.p. „Quaerit semper", in: Ius Ecclesiae 24 (2012), 461–481.

Llobell, Joaquin, *Los procesos matrimoniales* en la iglesia, Madrid 2014.

Lüdicke, Klaus, *Der kirchliche Ehenichtigkeitsprozess* nach dem Codex Iuris Canonici von 1983. Normen und Kommentar, Essen 1996.

Lüdicke, Klaus, *Die Nichtigerklärung der Ehe*, Essen 2012.

Lüdicke, Klaus, *„Dignitas connubii"*. Die Eheprozessordnung der katholischen Kirche. Text und Kommentar, Essen 2005 (BzMK 42).

Lüdicke, Klaus (Hrsg.), *Münsterischer Kommentar*, Bände 1–6 (cann. 1–1752), Essen 1984 ff. mit Ergänzungslieferungen (bei Bearbeiter zitiert als: Lüdicke – Bearbeiter).

Lüdicke, Klaus, *Zum Berufungssystem* im kirchlichen Ehenichtigkeitsprozeß, in: Lüdicke, Klaus – Mussinghoff, Heinrich – Schwendenwein, Hugo (Hrsg.), Iustus Iudex. Festgabe für Paul Wesemann zum 75. Geburtstag von seinen Freunden und Schülern, Essen 1980, 507–551.

Madey, *Quellen und Grundzüge* des Codex Canonum Ecclesiarum Orientalium, Essen 1999.

Malecha, Pawel, *Commissioni pontificie e proroghe di competenza* nelle cause di nullita nel matrimonio alla luce della recente giurisprudenza dalla Segnatura Apostolica, in: Ius Ecclesiae 23 (2011), 216–228.

Malecha, Pawel, *Le dispense* dalle leggi processuali alla luce di recenti documenti della Segnatura Apostolica. Alcune considerazioni pratiche, in: Ius Ecclesiae XXV (2013), 239–260.

Marchetta, Benedetto, *Scioglimento del matrimonio canonico* per inconsumazione e clausole proibitive di nuove nozze, Padua 1981.

Mathias, Dietrich M., *Die Zurückweisung* der Klageschrift, in: DPM 3 (1996), 225–265.

May, Georg, *Grundfragen kirchlicher Gerichtsbarkeit*, in: Listl, Josef – Schmitz, Heribert (Hrsg.), Handbuch des katholischen Kirchenrechts, 2. Auflage, Regensburg 1999, 1153–1162.

Meier, Dominicus M., *Der Curator* im kanonischen Prozeßrecht, Essen 1998.

Meier, Dominicus M., *Die Streitfestlegung* als prozessleitendes Instrument, in: DPM 4 (1997), 251–270.

Melli, Raffaele, *Breve Commentarium ad litteras circulares* „De Processu super matrimonio rato et non consumato" missas a Congregatione pro sacramentis diie 20 Decembris 1986, in: Monitor ecclesiasticus CXII (1987), 430–434.

Melli, Raffaele, *Il processo di dispensa* dal matrimonio rato et non consumato: La fase davanti alla Congregazione, in: Funghini, Raffaello, I procedimenti speciali nel diritto canonico, Citta del Vaticano 1991, 125–134.

Melli, Raffaele, *La Congregazione del Culto Divino* e della Disciplina dei Sacramenti, in: Bonnet, Piero Antonio – Gullo, Carlo, La Curia Romana nella Cost. Ap. „Pastor Bonus", Citta del Vaticano 1990, 269–280.

Migliavacca, Andrea, *Procedimenti amministrativi* per lo scioglimento del vincolo coniugale, in: Gruppo Italiano docenti di diritto canonico, I giudizi nella Chiesa. Processi e procedure speciali, Mailand 1999, 149–190.

Mörsdorf, Klaus, Die *Rechtssprache* des Codex Iuris Canonici, Paderborn 1937.

Mörsdorf, Klaus, Lehrbuch des Kirchenrechts, I. Band, Einleitung, Allgemeiner Teil, Personenrecht, 11. Auflage, Paderborn 1964 (zitiert als: Mörsdorf, *KanR I*).

Mörsdorf, Klaus, Lehrbuch des Kirchenrechts, II. Band, Sachenrecht, 12. Auflage, Paderborn 1967 (zitiert als: Mörsdorf, *KanR II*).

Mörsdorf, Klaus, Lehrbuch des Kirchenrechts, III. Band, Prozess- und Strafrecht, 11. Auflage, Paderborn 1979 (zitiert als: Mörsdorf, *KanR III*).

Mörsdorf, Klaus, *Rechtsprechung und Verwaltung* im kanonischen Recht, Freiburg. Br. 1941.

Montini, G. Paolo, *Il matrimonio inconsumato* (can. 1061), in: Bonnet, Piero Antonio – Gullo, Carlo, Diritto matrimoniale canonico, 397–422.

Montini, G. Paolo, *La nuovo legge della Segnatura Apostolica* a servizio della rette e spedita trattazione delle cause matrimoniali, in: Quaderni di diritto ecclesiale 23 (2010), 479–498.

Montini, G. Paolo, *La prassi delle dispense da leggi processuali* del supremo tribunale della Segnatura Apostolica, in: Periodica 94 (2005), 43–117.

Montini, G. Paolo, *La procedura di investigazione prematrimoniale* e idonea alla comprovazione dello stato libero di fedeli ortodossi che hanno attentato il matrimonio civile, in: Periodica 97 (2008), 47–98.

Montini, G. Paolo, *La trasmissione degli atti da parte* del dicasteria nel processo amministrativa presso il supremo tribunale della Segnatura Apostolica, in: Ius Ecclesiae 13 (2001), 421–448.

Morhard, Anton, *Die gerichtliche Berufung* im kanonischen Recht, Frankfurt a. M. 1995.

Offizialat Münster, *Ratgeber Kirchliches Ehegericht*, Münster 2001.

Ordenana, Juan Goti, *El proceso para la disolucion* del vincolo matrimonial en favor de la fe, in: REDC 62 (2005), 425–457.

Orlandi, Giacomo, *Recenti innovazioni* nella procedura. Super matrimonio rato et non consumato, in: Bonnet, Piero Antonio, Il processo matrimoniale canonico, Citta del Vaticano 1988, 447–474.

Palazzini, Pietro, *Le Congregazione Romane*, in: Bonnet, Piero Antonio – Gullo, Carlo, La Curia Romana nella Cost. Ap. „Pastor Bonus“, Citta del Vaticano 1990, 189–205.

Papez, Viktor, *Lo scioglimento* del matrimonio non sacramentale in favorem fidei, in Folia Canonica 6 (2003), 41–56.

Pinto, Pio Vito, *Commento al codice dei canonici delle chiese orientali*, Citta del Vaticano 2001.

Pinto, Pio Vito, *Commento alla Pastor Bonus* e alle norme sussidiarie della Curia Romana, Citta del Vaticano 2003.

Pinto, Pio Vito, Art. 23–146 Regolamento generale della Curia Romana, in: Pinto, Pio Vito, Commento alla Pastor Bonus e alle norme sussidiarie della Curia Romana, Citta del Vaticano 2003, 395–455 (zitiert als: Pinto, *RGCR/1999*).

Pirson, Dietrich, *Staatliches und kirchliches Eherecht*, in: Listl, Joseph – Pirson, Dietrich, Handbuch des Staatskirchenrechts der Bundesrepublik Deutschland, 2. Auflage, Berlin 1994, 787–825.

Platen, Peter, *Die Bedeutung der Parteierklärungen* im kanonischen Prozess, in: DPM 8/1 (2001), 313–372.

Pötter, Mechthild, *Die Beschwerde* im kirchlichen Prozessrecht, Essen 2007.

Pompedda, Mario F., *L'amministrazione* della giustizia nella chiesa, in: Ius Ecclesiae 13 (2001), 675–691.

Prader, Joseph, *Das Personalstatusrecht* der christlichen Religionsgemeinschaften in den Ländern des Vorderen Orients, in: Fürst, Carl G. – Potz, Richard, Kanon X, Wien 1991, 195–223.

Prader, Joseph – **Reinhardt**, Heinrich J. F., *Das kirchliche Eherecht* in der seelsorglichen Praxis. Orientierungshilfen für die Ehevorbereitung und Krisenberatung. Hinweise auf die Rechtsordnungen der Ostkirchen und auf das islamische Eherecht, 4. Auflage, Essen 2001.

Pree, Helmuth, *Die Ausübung der Leitungsvollmacht*, in: Listl, Josef – Schmitz, Heribert (Hrsg.), Handbuch des katholischen Kirchenrechts, 2. Auflage, Regensburg 1999, 156–175.

Pree, Helmuth, *Die Rechtsstellung des advocatus und des procurator* im kanonischen Prozessrecht, in: Aymans, Winfried – Geringer, Karl-Theodor (Hrsg.), Iuri canonico promovendo. Festschrift für Heribert Schmitz zum 65. Geburtstag, Regensburg 1994, 303–339.

Pree, Helmuth, *Kompatibilität von Klagegründen* im kirchlichen Ehenichtigkeitsprozess, in: DPM 6 (1999), 71–91.

Primetshofer, Bruno, *Approbatio in forma specifica*, in: AfkKR 169 (2000), 408–432.

Primetshofer, Bruno, *Der Ehekonsens*, in: Listl, Josef – Schmitz, Heribert (Hrsg.), Handbuch des katholischen Kirchenrechts, 2. Auflage, Regensburg 1999, 927–947.

Primetshofer, Bruno, *Die Eheschließung*, in: Listl, Josef – Schmitz, Heribert (Hrsg.), Handbuch des katholischen Kirchenrechts, 2. Auflage, Regensburg 1999, 948–965.

Primetshofer, Bruno, *Umfang und Grenzen der Unauflöslichkeit* von Ehen, in: ThPQ 160 (2012), 284–290.

Pulte, Matthias, *Trifft der Strukturwandel* in den deutschen Diözesen *auch die kirchliche Gerichtsbarkeit*, in: DPM 17/18 (2010/11), 223–239.

Puza, Richard, *Die Wahrheitsfindung* im kanonischen Prozess, in: DPM 15/16 (2008/2009), 193–217.

Ramos, Francisco J., *Il difensore del vincolo*, in: Angelicum 85 (2008), 301–319.

Rehak, Martin, *Gleichgeschlechtliche Partnerschaften* im kirchlichen Matrikelwesen, in: AfkKR 178 (2009), 459–482.

Reinhardt, Heinrich J. F., *Das kirchliche Begräbnis*, in: Listl, Josef - Schmitz, Heribert (Hrsg.), Handbuch des katholischen Kirchenrechts, 2. Auflage, Regensburg, 1016–1020.

Reinhardt, Heinrich J. F., *Die kirchliche Trauung*, 2. Auflage, Essen 2006.

Rossi, Giovanni, *La Congregazione per i vescovi*, Art. 75–82 PB, in: Pinto, Pio Vito, Commento alla Pastor Bonus e alle norme sussidiarie della Curia Romana, Citta del Vaticano 2003, 109–116.

Ruiz, Jose Maria Serrano, *Persone e uffici maggiori nel Tribunale*: i Prelati Uditori, il Promotore di Giustizia ed il Difensore del vincolo, in: Bonnet, Piero Antonio – Gullo, Carlo, Le „normae" del tribunale della Rota Romana, Citta del Vaticano 1997, 113–138.

Sabbarese, Luigi, *Lo scioglimento dei matrimoni* non sacramentali in favorem fidei, Rom 2005.

Sabbarese, Luigi, *Lo scioglimento del matrimonio in favore della fede*: la fase diocesana della procedura, in: Moneta, Paolo - Cito, Davide - Gargano, Dario, Lo scioglimento del matrimonio canonico, Citta del Vaticano 2013, 71–93.

Sabbarese, Luigi, *Lo scioglimento* del vincolo matrimoniale in favore della fede, in: Angelicum 82 (2005), 673–713.

Sabbarese, Luigi, *Lo scioglimento in favorem fidei*: questioni di diritto sostantivo e procedurale, in: Ius Missionale 3 (2009), 181–189.

Sabbarese, Luigi, *Sciogliere il matrimonio* in favore della fede Quaestiones quaedam, in: Kowal, Janusz – Llobell, Joaquin, „Iustitia et Iudicium", Studi di diritto canonico matrimoniale e processuale canonico in onore di Antoni Stankiewicz, Citta del Vaticano 2010, 1129–1155.

Sanchez, Raul Roman, *El recurso* contencioso administrativo segun las nuevas normas del supremo tribunal de la signatura apostolica, in: REDC 68 (2011), 575–637.

Sanchez, Raul Roman, *Notas fundamentales* de la nueva ley de la signatura apostolica, in: Revista espanola de derecho canonico 168 (2010), 221–253.

Schick, Ludwig, *Die Diözesankurie*, in: Listl, Josef – Schmitz, Heribert (Hrsg.), Handbuch des katholischen Kirchenrechts, 2. Auflage, Regensburg 1999, 463–474.

Schmitz, Heribert, *Die Römische Kurie*, in: Listl, Josef - Schmitz, Heribert, Das Handbuch des katholischen Kirchenrechts, 2. Auflage, Regensburg 1999, 364–385.

Schmitz, Heribert, *Die pfarrlichen Kirchenbücher*, Speyer 1992.

Schmitz, Heribert, *Rescriptum* SS.mi, in: MThZ 42 (1991), 370–394.

Schmitz, Heribert – **Kalde**, Franz, *Partikularnormen* der Deutschen Bischofskonferenz, München 1996.

Schmitz, Heribert – **Kalde**, Franz, *Partikularnormen der deutschsprachigen Bischofskonferenzen*, Metten 1990.

Schöch, Nikolaus, *Bestätigung durch Dekret*, ordentliches Verfahren oder Nichtigkeitsbeschwerde, in: DPM 7 (2000), 99–148.

Schöch, Nikolaus, *Das Bestätigungsdekret* in zweiter Instanz bei mehreren Klagegründen, in: Aymans, Winfried – Haering, Stephan – Schmitz, Heribert (Hrsg.), Iudicare inter fideles. Festschrift für Karl-Theodor Geringer zum 65. Geburtstag, Sankt Ottilien 2002, 461–503.

Schöch, Nikolaus, *Die Befangenheitseinrede* gegen eine Gerichtsperson unter Berücksichtigung der Instruktion Dignitas connubii, in: DPM 14 (2007), 75–106.

Schöch, Nikolaus, *Die kirchenrechtliche Interpretation* der Grundprinzipien der christlichen Anthropologie als Voraussetzung für die eheprozessrechtliche Beurteilung der psychischen Ehekonsensunfähigkeit, Frankfurt am Main 1999.

Schöch, Nikolaus, *Die Wiederaufnahme* des Personenstandsverfahren gemäß der Rotajudikatur, in: DPM 8/II (2001), 63–110.

Schöch, Nikolaus, *Festlegung*, Änderung und Konformität *von Klagegründen* im kanonischen Eheprozess, Frankfurt a. M. 2003.

Schöch, Nikolaus, *Ungültige Konvalidation* standesamtlich geschlossener Ehen, in: Althaus, Rüdiger – Kalde, Franz – Selge, Karl-Heinz (Hrsg.), Saluti hominum providendo. Festschrift für Offizial und Domprobst Dr. Wilhelm Hentze, Essen 2008, 279–299.

Schöch, Nikolaus, Vorstellung des *Lex propria*, der neuen Verfahrensordnung des Höchstgerichts der Apostolischen Signatur, in: DPM 15/16 (2008/09), 531–553 (Presentazione della Lex propria del Supremo Tribunale della Segnatura Apostolica, in: Anuario Argentino de Derecho canonico 15 (2008), 203–227).

Schwendenwein, Hugo, *Das neue Kirchenrecht*, Graz 1983.

Schwendenwein, Hugo, *Der Papst*, in: Listl, Josef – Schmitz, Heribert (Hrsg.), Das Handbuch des katholischen Kirchenrechts, 2. Auflage, Regensburg 1999, 331–346.

Schwermer, Josef, Einige Anmerkungen zur psychologischen *Gutachtertätigkeit*, in: DPM 4 (1997), 181–197.

Sebott, Reinhold, Das neue kirchliche *Eherecht*, 3. Auflage, Freiburg 2005.

Silvestrelli, Antonio, *La Congregazione della dottrina della fede*, in: Bonnet, Piero Antonio – Gullo, Carlo, La Curia Romana nella Cost. Ap. „Pastor Bonus", Citta del Vaticano 1990, 225–237.

Silvestrelli, Antonio, *Scioglimento* di matrimonio in favorem fidei, in: Funghini, Raffaelo, I procedimenti speciali nel diritto canonico, Citta del Vaticano 1992, 179–204.

Silvestri, Pasquale, *I ministri di giustizia in specie*: Il vicario giudiziali aggiunti e gli altri giudici (art. 38–49), in: Bonnet, Piero Antonio – Gullo, Carlo, Il giudizio di nullita matrimoniale dopo l'istruzione „Dignitas connubii", Citta del Vaticano 2007, 131–156.

Stamm, Heinz-Heinolf, *Das Verfahren zur Erlangung der Dispens* von der nichtvollzogenen Ehe, in: DPM 5 (1998), 77–85.

Stankiewicz, Antoni, Norme del Tribunale della Rota Romana, Art. 42–120, in: Pinto, Pio Vito, Commento alla Pastor Bonus e alle norme sussidiarie della Curia Romana, Citta del Vaticano 2003, 514–552 (zitiert als: Stankiewicz, *NRRR/1994*).

Stankiewicz, Antoni, *Rilievi procedurali nel nuovo „Ordo iudiciarius"* della Rota Romana, in: Ius Ecclesiae 7 (1995), 65–87.

Stockmann, Peter, *Ehevorbereitung* zwischen kirchenrechtlichem Anspruch und pastoraler Wirklichkeit, DPM 8/2 (2001), 111–135.

Stockmann, Peter, *Pro vinculo, salva semper veritate.* Die Rechtsstellung des Ehebandverteidigers und seine Berücksichtigung in den päpstlichen Rota-Ansprachen, in: DPM 8/1 (2001), 483–500.

Strigl, Richard, *Verwaltungsakt und Verwaltungsverfahren*, in: Listl, Josef – Müller, Hubert, Handbuch des katholischen Kirchenrechts, Regensburg 1983, 929–941.

Trevisan, Gianni, *Il privilegio paolino*, in: Quaderni di diritto ecclesiale 20 (2007), 343–349.

Ugge, Bassiano, *Scioglimento del matrimonio non sacramentale*, in: Quaderni di diritto ecclesiale 22 (2009), 38–54.

Uhrmann, Johann, *Die Bewertung von Gutachten* im kanonischen Prozeß, in: Siepen, Karl – Weitzel, Joseph – Wirth, Paul (Hrsg.), Ecclesia et ius, Festgabe für Audomar Scheuermann zum 60. Geburtstag, München 1968, 631–644.

Vanzetto, Tiziano, *La fase istruttoria* di una causa di nullita, in: Quaderni di diritto ecclesiale 20 (2007), 279–298.

Vasil, Cyril, *Der Ritus sacer* und die priesterliche Segnung – Elemente der Form der Feier der Eheschließung gemäß c. 828 CCEO: interekklesiale und ökumenische Implikationen, in: DPM 12 (2005), 49–67.

Viana, Antonio, *„Approbatio in forma specifica"*. El regolamento general de la Curia Romana de 1999, in: Ius Canonicum 40 (2000), 209–228.

Villeggiante, Sebastiano, *Il diritto* di difesa delle parti nel processo matrimoniale canonico, Rom 1984.

Vitali, Enrico – **Berlingo**, Salvatore, *Il matrimonio canonico*, 3. Auflage, Mailand 2007.

Von Campenhausen, Axel Freiherr – **Riedel-Spangenberger**, Ilona – **Sebott**, Reinhold (Hrsg.), *Lexikon für Kirchen- und Staatskirchenrecht*, Band 1–3, Paderborn 2000–2004.

Wächter, Lothar, *Gesetz* im kanonischen Recht, St. Ottilien 1989.

Walser, Markus, *Die Parteierklärungen* gem. Art. 177–182 Dignitas Connubii, insbesondere die Präzisierungen zum gerichtlichen Geständnis in Art. 179 § 2 Dignitas Connubii, in: DPM 15/16 (2008/2009), 335–351.

Wegan, Martha, *Ehescheidung möglich?*, Graz 1993.

Wegan, Martha, *Kosten und Dauer* der Ehenichtigkeitsverfahren an der Rota Romana, in: DPM 10 (2003), 77–98.

Wegan, Martha, *„Reiectio libelli"* und „ius defensionis" der klagenden Partei, in: Lüdicke, Klaus – Mussinghoff, Heinrich – Schwendenwein, Hugo (Hrsg.), Iustus Iudex. Festgabe für Paul Wesemann zum 75. Geburtstag von seinen Freunden und Schülern, Essen 1980, 613–630.

Weier, Joseph, *Die Einrede der Befangenheit* im kanonischen Recht, in: AfkKR 123 (1948), 29–54.

Weiß, Andreas, *Beweismittelverbote* im Ehenichtigkeitsverfahren? Bemerkungen zur Auslegung von c. 1527 CIC/1983 in Art. 157 § 1 der Instruktion Dignitas Connubii, in: DPM 17/18 (2010/11), 275–304.

Weiß, Andreas, *Freie oder gebundene Beweiswürdigung*, in: Weiß, Andreas – Ihli, Stefan (Hrsg.), Flexibilitas iuris canonici, Festschrift für Richard Puza zum 60. Geburtstag, Frankfurt am Main 2003, 515–537.

Wenner, Reinhard, Beschlüsse der Deutschen Bischofskonferenz, Sankt Augustin 1999, mit Ergänzungen, Stand: 2009 (zitiert als: Wenner, *Beschlüsse DBK*).

Wirth, Paul, *Anmerkungen zum Beweisrecht* des CIC/1983, in: Gabriels, Andre – Reinhardt, Heinrich J. F. (Hrsg.), Ministerium iustitiae, Festschrift für Heribert Heinemann zur Vollendung des 60. Lebensjahres, Essen 1985, 393–402.

Wirth, Paul, *Das Streitverfahren*, in: Listl, Josef – Schmitz, Heribert (Hrsg.), Handbuch des katholischen Kirchenrechts, 2. Auflage, Regensburg 1999, 1174–1186.

Wirth, Paul, *Die Würdigung der Partei- und Zeugenaussagen* im kirchlichen Ehenichtigkeitsverfahren, in: AfkKR 156 (1986), 95–120.

Wirth, Paul, *Der Sachverständige* im kirchlichen Eheprozess, in: Aymans, W. – Egler, A. – Listl, J. (Hrsg.), Fides et ius. Festschrift für G. May zum 65. Geburtstag, Regensburg 1991, 211–235.

Wirth, Paul, Der *Urkundenbeweis* im Ehenichtigkeitsverfahren, in: AfkKR 161 (1992), 86–102.

Wirth, Paul, *Gebührenordnung*. Vorschläge für eine gemeinsame Kostenregelung der kirchlichen Gerichte in der Bundesrepublik Deutschland, in: ÖAKR 22 (1971), 28–41.

Wirth, Paul, *Gerichtsverfassung und Gerichtsordnung*, in: Listl, Josef – Schmitz, Heribert (Hrsg.), Handbuch des katholischen Kirchenrechts, 2. Auflage, Regensburg 1999, 1163–1173.

Woestman, William H., *Special Marriage Cases*, Ottawa 1992.

Zapp, Hartmut, *Kanonisches Eherecht*, 7. Auflage, Freiburg 1988.

Zarzuelo, Felix Lopez, *El proceso canonico* de matrimonio rato y no consumado, Valladolid 1991.

Zarzuelo, Felix Lopez, La carta circular „*De processu super matrimonio rato et non consummato*". Texto y commentario, in: Revista espanola de derecho canonico 45 (1988), 535–579.

Zirkel, Adam, *Das Dekret der Kongregation für die Glaubenslehre* über das trennende Ehehindernis der Impotenz vom 13. Mai 1977, in: AfkKR 147 (1978), 50–70.

A. Einleitung

Unabhängig voneinander werden auf dem Gebiet der Bundesrepublik Deutschland mit der staatlichen Gebietskörperschaft und mit der lateinischen Kirche zwei Institutionen tätig, die getrennt voneinander existieren. Zwischen beiden bestehen gegenseitige Beziehungen und Verflechtungen; beide haben es mit den gleichen Menschen zu tun. Hier überschneiden sich also zwei Rechtskreise. Es liegt nahe, die einschlägigen Normen miteinander zu vergleichen.

In der nachfolgenden Arbeit sollen für den Teilbereich der Regelungen für das Eheprozessrecht die Gemeinsamkeiten und Unterschiede aufgezeigt werden. Dabei werden auch die Unterschiede hinterfragt. Der jeweilige Gesetzgeber könnte sich aus dieser Betrachtung zu möglichen Reformen und Rechtsänderungen inspirieren lassen.

B. Thema und Aufbau der Arbeit

Das Thema dieser Untersuchung ist „Das staatliche Eheprozessrecht und das kirchliche Eheprozessrecht nach dem CIC/1983 – eine rechtsvergleichende Betrachtung".

In einem ersten Teil wird das staatliche Verfahren in Ehesachen (also Verfahren auf Scheidung der Ehe, Aufhebung der Ehe und auf Feststellung des Bestehens oder Nichtbestehens einer Ehe zwischen den Beteiligten nach § 121 Nr. 1–3 FamFG) dargestellt, beginnend mit der Einreichung der Antragsschrift über den Termin zur mündlichen Verhandlung mit möglicher Beweisaufnahme bis zur Endentscheidung (der Eheaufhebung, der Ehescheidung oder der Feststellung des Bestehens oder Nichtbestehens einer Ehe zwischen den Beteiligten). Die Beschreibung der möglichen Rechtsmittel gegen einen getroffenen Gerichtsbeschluss sowie der entstehenden Kosten des Verfahrens und der Mitteilung an das Standesamt und entsprechender Beurkundung in den Personenstandsregistern schließt sich an. In einem Exkurs wird zudem auf die Besonderheiten des Scheidungsverbundes eingegangen (§ 137 FamFG).

In einem zweiten Teil wird dann das kirchliche Eheprozessrecht beschrieben mit den beiden grundsätzlichen Möglichkeiten der Feststellung der Nichtigkeit einer Ehe und der Auflösung des Ehebandes. Für die Feststellung der Nichtigkeit einer Ehe werden zunächst das ordentliche Verfahren und das Verfahren aufgrund von Urkunden aufgezeigt. Zudem wird die kirchliche Besonderheit des Antrags auf Feststellung der Nichtigkeit einer Ehe wegen Formmangels im Verwaltungsweg erläutert. Unter der Auflösung des Ehebandes werden die zwei glaubensmäßigen Gründe des Privilegium Paulinum in favorem fidei (cc. 1143–1150 CIC/1983) und der Solutio in favorem fidei (nach den Normae in favorem fidei) sowie die Solutio matrimonii rato et non consumato (c. 1142 CIC/1983) dargestellt.

In dem anschließenden Teil werden die kirchlichen Eheprozesse und das staatliche Verfahren in Ehesachen – in entsprechende Verfahrensabschnitte unterteilt – in einer rechtsvergleichenden Betrachtung auf Gemeinsamkeiten und Unterschiede untersucht, beginnend mit der Einleitung eines Verfahrens beim zuständigen Entscheidungsorgan, der Bekanntgabe der „Initiative" an die Gegenseite, über die Beweiserhebung für die jeweilige Eheangelegenheit bis zur Diskussion und der abschließenden Entscheidung in der Eheangelegenheit und etwaigen Rechtsbehelfen. Dabei wird auch auf die Vor- und Nachteile der jeweiligen Regelung in einem Rechtskreis gegenüber den Bestimmungen und Abläufen im anderen Rechtskreis eingegangen. Auch werden die sich daraus ergebenden Erkenntnisse über die vorherrschenden verfahrensrechtlichen Grundsätze aufgezeigt.

In der abschließenden Betrachtung wird ein Ausblick gewagt, ob und inwieweit beide Seiten voneinander lernen und sich bei zukünftigen Rechtsentwicklungen fortentwickeln könnten.

C. Staatliches Eheprozessrecht / Verfahren in Ehesachen

Im staatlichen Rechtsbereich gibt es drei verschiedene Verfahren in Ehesachen (§§ 111 Nr. 1, 121 Nr. 1–3 FamFG). Ehesachen sind „der Antrag auf Scheidung (§§ 1564 ff. BGB), der Antrag auf Aufhebung einer Ehe (§§ 1313 ff. BGB) und der Antrag auf Feststellung des Bestehens oder Nichtbestehens einer Ehe“[1] (§ 121 Nr. 1–3 FamFG); sie betreffen also den Bestand der Ehe[2], nicht aber Ansprüche aus der Ehe selbst. Gründe für ein Verfahren in Ehesachen sind das Scheitern einer Ehe (§ 1565 Abs. 1 Sätze 1, 2 BGB), Mängel bei der Eheschließung (§ 1314 BGB), Nichterfüllung der Ehevoraussetzungen und Verstöße gegen Eheverbote[3] sowie Zweifel über eine erfolgte Eheschließung oder die Wirksamkeit eines Scheidungs- oder Aufhebungsbeschlusses zwischen vermeintlichen Ehegatten oder bei einem fehlenden Nachweis über die Eheauflösung[4]. Mängel iSd. § 1314 BGB sind Mängel der Ehefähigkeit, Verstöße gegen Eheverbote und Willensmängel.

I. Einreichung einer Antragsschrift in Ehesachen

Eingeleitet wird ein Verfahren in Ehesachen durch Einreichung einer Antragsschrift beim zuständigen Gericht[5], dem Amtsgericht[6] (§ 23 a Abs. 1 Nr. 1 GVG), durch einen Rechtsanwalt des Antragsstellers, da bei Verfahren in Ehesachen Anwaltszwang herrscht[7]. Hierzu bedarf der Rechtsanwalt einer besonderen auf das Verfahren gerichteten Vollmacht (§ 114 Abs. 5 FamFG)[8]. Mit Einreichung der Antragsschrift wird das Verfahren bei Gericht anhängig (§ 124 S. 1 FamFG). Entscheidender Inhalt ist ein Scheidungsantrag (§ 1564 S. 1 BGB), ein Eheaufhebungsantrag (§ 1313 BGB) oder ein Antrag gemäß § 121 Nr. 3 FamFG auf Feststellung des

---

1 Bassenge – Roth – Walter, Gesetz über das Verfahren, § 121, Rn. 1; vgl. Rauscher – Hilbig-Lugani, FamFG, § 121, Rn. 3.

2 Vgl. Rauscher – Hilbig-Lugani, FamFG, § 121, Rn. 3.

3 Vgl. Coester-Waltjen, Familienrecht, 95.

4 Vgl. Borth – Grandel – Musielak, Familiengerichtliches Verfahren, § 121, Rn. 10.

5 Vgl. Thomas – Putzo – Hüßtege, ZPO/FamFG, § 124, Rn. 1; Eckebrecht – Schael, Verfahrenshandbuch, § 5 Ehesachen, Rn. 71.

6 Bei den Amtsgerichten werden Abteilungen für Familiensachen (Familiengerichte) gebildet (§ 23 b Abs. 1 GVG). Diese Abteilungen für Familiensachen werden mit Familienrichtern besetzt (§ 23 b Abs. 3 S. 1 GVG).

7 Vgl. Eckebrecht – Schael, Verfahrenshandbuch, § 5 Ehesachen, Rn. 82; Unger, Anwaltshandbuch, 129.

8 Vgl. Krenzler – Borth – Kühner, Familienrecht, 1246, Rn. 183; Eckebrecht – Schael, Verfahrenshandbuch, § 5 Ehesachen, Rn. 82; Unger, Anwaltshandbuch, 129.

Bestehens oder Nichtbestehen der Ehe zwischen den Beteiligten (§ 124 S. 2 FamFG[9] iVm. §§ 253 ff. ZPO). Zusätzlich muss eine Antragsschrift in Scheidungssachen die in § 133 Abs. 1 Nr. 1 FamFG aufgeführten Angaben enthalten, das sind die Namen und Geburtsdaten der gemeinschaftlichen minderjährigen Kinder sowie ihres gewöhnlichen Aufenthalts. Nach § 133 Abs. 1 Nr. 2 FamFG muß zudem eine Erklärung abgegeben werden, ob die Eheleute Einvernehmen über die elterliche Sorge, das Umgangsrecht und den Kindesunterhalt sowie über den Ehegattenunterhalt und die Rechtsverhältnisse an Ehewohnung und an Hausrat erzielt haben. Weiterhin sind nach § 133 Abs. 1 Nr. 3 FamFG anderweitig anhängige Familiensachen anzugeben, an denen beide Ehegatten beteiligt sind[10].

Nach Eingang der Antragsschrift bei Gericht wird diese gemäß dem Geschäftsverteilungsplan (§ 21 e Abs. 1 GVG) dem im Einzelfall zuständigen Familienrichter unverbindlich zugeleitet[11]. Dieser Richter hat im jeweiligen Einzelfall „über die Einhaltung der geschäftsplanmäßigen Zuständigkeit zu wachen. Verneint [er] diese, hat [er] die Sache [...] an den zuständigen Spruchkörper weiterzuleiten. Dabei hat [er] [...] den Grund für die Abgabe festzustellen“[12]. Bei Streitigkeiten über die Frage der Zuständigkeit nach dem Geschäftsverteilungsplan, die unter den befassten Spruchkörpern nicht geklärt werden können, hat derjenige Richter, bei dem die Sache anhängig ist, die Entscheidung des Präsidiums zu beantragen[13]. Die Entscheidung des Präsidiums ist für den Spruchkörper verbindlich[14].

II. Zustellung der Antragsschrift

Sofern der mit dem Eingang der Antragsschrift befasste Familienrichter seine Zuständigkeit bejaht hat und die Gebühr für das Verfahren im Allgemeinen entrichtet wurde (§§ 9, 14 Abs. 1 S. 1 FamGKG)[15] bzw. der Antragsteller von der Vorschusspflicht befreit worden ist (§ 15 FamGKG)[16], erfolgt die Zustellung der Antragsschrift nach §§ 113 Abs. 1 S. 2, 124 S. 2 FamFG iVm. §§ 270 S. 1, 271 ZPO[17].

---

9 § 124 S. 2 FamFG verweist über § 113 Abs. 1 S. 2 FamFG auf die Vorschriften der ZPO über das Verfahren vor dem Landgericht.

10 Vgl. Fölsch, Das neue FamFG, 128, 129, Rn. 48–50.

11 Vgl. Thomas – Putzo – Hüßtege, ZPO/GVG, § 21 e, Rn. 38.

12 Zöller – Lückemann, ZPO/GVG, § 21 e, Rn. 37.

13 Vgl. Thomas – Putzo – Hüßtege, ZPO/GVG, § 21 e, Rn. 40.

14 Vgl. Zöller – Lückemann, ZPO/GVG, § 21 e, Rn. 38.

15 Nach § 14 Abs. 1 S. 1 FamGKG soll die Antragsschrift in Ehesachen erst nach Zahlung der Gebühr für das Verfahren im Allgemeinen zugestellt werden. Hierbei handelt es sich um eine Soll-Bestimmung, d. h. das Gericht kann nach eigenem Ermessen die Zustellung auch ohne die Entrichtung der Verfahrensgebühr anordnen (vgl. Binz – Dörndorfer, Gesetz über Gerichtskosten in Familiensachen, § 14, Rn. 2).

16 Bei Verfahren in Ehesachen erfolgt nach § 15 FamGKG keine Abhängigmachung, wenn dem Antragsteller Verfahrens- oder Prozesskostenhilfe bewilligt ist.

17 Vgl. Eckebrecht – Schael, Verfahrenshandbuch, § 5 Ehesachen, Rn. 85.

Zugestellt wird eine beglaubigte Abschrift an den Antragsgegner von Amts wegen (§§ 113 Abs. 1 S. 2, 124 S. 2 FamFG, § 166 Abs. 2 ZPO)[18]. Durch die Zustellung der Antragsschrift wird das Verfahren in der Ehesache rechtshängig iSd. § 261 Abs. 1 ZPO iVm. § 124 S. 2 FamFG[19]. Zudem wird der Antragsgegner aufgefordert, einen Rechtsanwalt zu bestellen, wenn er eine Verteidigung gegen den Antrag beabsichtigt (§ 113 Abs. 1 S. 2 FamFG, § 271 Abs. 2 ZPO)[20], da vor dem Familiengericht nach § 114 Abs. 1 FamFG Anwaltszwang besteht[21].

III. Termin zur mündlichen Verhandlung

1. Vorbereitung des Termins

a) Terminsbestimmung und vorbereitende Anordnungen

Nach § 113 Abs. 1 S. 2 FamFG iVm. § 216 Abs. 2 ZPO bestimmt der Familienrichter unverzüglich den Termin zur mündlichen Verhandlung durch Verfügung, „in der Tag, Uhrzeit, Ort und Zweck des Termins angegeben sind"[22]. Daneben sind die vorbereitenden Anordnungen gemäß § 113 Abs. 1 S. 2 FamFG iVm. § 273 Abs. 2 ZPO, § 128 Abs. 1 S. 1 FamFG mit in die Verfügung aufzunehmen. Damit kann das Gericht „das persönliche Erscheinen der Beteiligten zur Anhörung anordnen [...], und die etwa – noch – erforderliche Ladung von Zeugen unter Angabe des Beweisthemas verfügen, ebenso die Ladung von Sachverständigen zur Erläuterung ihres Gutachtens"[23].

b) Ladung

Nach erfolgter Terminsbestimmung veranlasst der Urkundsbeamte der Geschäftsstelle (§ 153 GVG) von Amts wegen die Ladung der Parteien (§§ 214, 274 Abs. 1 ZPO) sowie etwaiger Zeugen (§ 377 ZPO) und Sachverständiger (§ 402 ZPO iVm. § 377 ZPO)[24]. Eine Ladung ist die Bekanntgabe des angesetzten Termins[25] und enthält die „Aufforderung in einem gerichtlich bestimmten Termin"[26] zu erscheinen. Hierzu hat der Urkundsbeamte die Ladung auszufertigen[27] und bekanntzugeben.

---

18 Vgl. Garbe – Ullrich – Garbe, Verfahren in Familiensachen, § 2 Ehescheidung, Rn. 64, 66.
19 Vgl. Thomas – Putzo – Hüßtege, ZPO/FamFG, § 124, Rn. 2.
20 Vgl. Eckebrecht – Schael, Verfahrenshandbuch, § 5 Ehesachen, Rn. 85.
21 Vgl. Thomas – Putzo – Hüßtege, ZPO/FamFG, § 114, Rn. 1.
22 Thomas – Putzo – Hüßtege, ZPO, § 216, Rn. 10.
23 Eckebrecht – Schael, Verfahrenshandbuch, § 5 Ehesachen, Rn. 100.
24 Vgl. Stein – Jonas – Roth, ZPO, § 214, Rn. 4; Rauscher – Wax – Wenzel – Gehrlein, ZPO, § 214, Rn. 1; Zöller – Stöber, ZPO, § 214, Rn. 2.
25 Vgl. Zöller – Stöber, ZPO, § 214, Rn. 1.
26 Hartmann, ZPO, Vorbemerkungen § 214, Rn. 5.
27 Vgl. Zöller – Stöber, ZPO, § 214, Rn. 2.

Die Bekanntgabe erfolgt in unterschiedlicher Form, entweder durch förmliche Zustellung (§§ 166, 168 ZPO)[28] oder durch formlose Mitteilung[29]. Förmlich zugestellt gegen Empfangsbekenntnis wird die Ladung zusammen mit den vorbereitenden Anordnungen an die bestellten Prozessbevollmächtigten, also die Rechtsanwälte der Parteien (§§ 172, 174, 329 ZPO). Dagegen werden die anwaltlich vertretenen Beteiligten, die Zeugen und die Sachverständigen nur formlos geladen (§ 113 Abs. 1 S. 2 FamFG iVm. §§ 141 Abs. 2 S. 2, 377 Abs. 1 S. 2, 402 ZPO)[30]. Ein anwaltlich nicht vertretener Antragsgegner ist hingegen immer förmlich zu laden[31]. Die Frist zwischen Zustellung der Ladung und Terminstag muss mindestens eine Woche betragen (§ 217 ZPO).

2. Durchführung der mündlichen Verhandlung

a) Aufruf der Sache und Eröffnung der mündlichen Verhandlung

Die mündliche Verhandlung eines Rechtsstreits wird mit Aufruf der Sache beim Amtsgericht durch den Einzelrichter, beim OLG und beim BGH durch den Vorsitzenden des Kollegialgerichts eröffnet (§§ 136 Abs. 1, 220 Abs. 1 ZPO)[32]; es erfolgt damit der Eintritt in die Verhandlung der Rechtssache[33].

Die Anwesenheit der erschienenen Beteiligten, ihrer Rechtsanwälte, sowie eventuell geladener Zeugen und Sachverständiger (§ 160 Abs. 1 Nr. 4 ZPO) wird festgestellt[34]. Damit wird sichergestellt, dass alle für das Verfahren erforderlichen Personen erschienen sind. Hieran schließt sich in der alltäglichen Gerichtspraxis die Einführung in den Sach- und Streitstand an[35].

---

28 Zustellung ist nach § 166 Abs. 1 ZPO die Bekanntgabe eines Dokuments an eine Person in der in den §§ 166–195 ZPO bestimmten Form. Die Zustellung soll „garantieren, dass eine Prozeßpartei die für sie bestimmten Schriftstücke des Gegners oder des Gerichts in einem formalisierten Verfahren übergeben erhält“ (Stein – Jonas – Roth, ZPO, Vorbemerkungen § 166, Rn. 2). Auch erfolgt eine Beurkundung zum Nachweis der Zustellung (vgl. Stein – Jonas – Roth, ZPO, Vorbemerkungen § 166, Rn. 1).

29 Die formlosen Mitteilungen werden nicht in einem solchen formalisierten Verfahren, also ohne Beurkundung des Zugangs als Nachweis vorgenommen (vgl. Stein – Jonas – Roth, ZPO, Vorbemerkungen § 166, Rn. 7).

30 Vgl. Zöller – Stöber, ZPO, § 214, Rn. 2.

31 Vgl. Eckebrecht – Schael, Verfahrenshandbuch, § 5 Ehesachen, Rn. 100.

32 Vgl. Rauscher – Wax – Wenzel – Wagner, ZPO, § 136, Rn. 1; Zöller – Greger, ZPO, § 137, Rn. 1; Eckebrecht – Schael, Verfahrenshandbuch, § 5 Ehesachen, Rn. 101; Hartmann, ZPO, § 279, Rn. 7.

33 Vgl. Musielak – Stadler, ZPO, § 220, Rn. 2; Thomas – Putzo – Hüßtege, ZPO, § 220, Rn. 2.

34 Vgl. Steinert – Theede, Zivilprozess, 4. Kapitel. Güteverhandlung und mündliche Verhandlung, Rn. 5.

35 Nach § 278 Abs. 1 S. 1 ZPO a. F. führt im Haupttermin das Gericht in den Sach- und Streitstand ein (vgl. Musielak, Grundkurs ZPO, 62, Rn. 91; Schellhammer,

b) *Antragstellung, Vortrag und Erörterung*

Die mündliche Verhandlung wird durch die Antragstellung der Parteien eingeleitet (§ 137 Abs. 1 ZPO)[36]. Die Anträge werden durch Verlesung, durch Bezugnahme auf Schriftsätze oder mit Zustimmung des Vorsitzenden auch mündlich zu Protokoll gestellt[37]. Die Antragstellung ist eine konkludente Bezugnahme auf den gesamten Inhalt der Verfahrensakten und damit Verhandlung in Rede und Gegenwart im Sinne von § 137 Abs. 2 ZPO[38].

Regelmäßig schließt sich eine Erörterung des Gerichts mit den Parteien in tatsächlicher und rechtlicher Hinsicht an (§§ 136 Abs. 3, 139 Abs. 1 ZPO)[39] sowie zwingend der Parteivortrag des Prozessstoffes (§ 137 Abs. 2 ZPO), wobei eine Bezugnahme auf Dokumente zulässig ist (§ 137 Abs. 3 ZPO). Dies dient der erschöpfenden Erörterung zwischen den Parteien und zwischen Parteien und dem Gericht[40].

Auch können Zweifelsfragen durch Fragen an die Anwälte (§ 139 ZPO) und durch Beteiligtenanhörung (§§ 128 Abs. 1, 113 Abs. 1 S. 2 FamFG, § 141 Abs. 1 ZPO) geklärt werden. Hierzu wird das Gericht idR. bereits bei der Ladung das persönliche Erscheinen der Beteiligten, also der beiden Ehegatten anordnen (§ 128 Abs. 1 FamFG iVm. § 141 Abs. 1 ZPO) und die Ehegatten zum Termin der mündlichen Verhandlung laden (§§ 273 Abs. 2 Nr. 3, 141 Abs. 2 ZPO iVm. § 113 Abs. 1 S. 2 FamFG). Hierdurch sollen „Unklarheiten und Lücken im Parteivortrag beseitigt und geklärt werden, welche Behauptungen aufgestellt und bestritten werden wollen“[41]. Das Erscheinen kann nach § 128 Abs. 4 FamFG erzwungen werden[42]. Das Mittel des Zwangs ist die Festsetzung von Ordnungsgeld (§ 128 Abs. 4 HS. 1 FamFG, § 380 Abs. 1 ZPO) sowie bei wiederholtem Ausbleiben auch die zwangsweise Vorführung (§ 128 Abs. 4 HS. 1 FamFG, § 380 Abs. 2 ZPO) des nicht erschienenen Ehegatten[43].

Zivilprozess, 232, Rn. 499). Zwar wurde diese Vorschrift zum 1. Januar 2002 durch das Gesetz zur Reform des Zivilprozesses (Gesetz zur Reform des Zivilprozesses vom 27. Juli 2001, BGBl. I, 1887) aufgehoben. Jedoch wird diese Einführung in der Gerichtspraxis weiterhin vor der Antragstellung durch die Parteien weitergeführt; vgl. Beschluss des BGH vom 12. Oktober 1989, VII ZB 4/89, in: BGHZ 109, 41 (NJW 1990, 840).

36 Vgl. Rauscher – Wax – Wenzel – Gehrlein, ZPO, § 220, Rn. 2; Garbe – Ullrich, Verfahren in Familiensachen, § 2 Ehescheidung, Rn. 108.

37 Vgl. Zöller – Greger, ZPO, § 137, Rn. 2; Thomas – Putzo – Hüßtege, ZPO, § 297, Rn. 3; Steinert – Theede, Zivilprozess, 4. Kapitel, Rn. 6.

38 Vgl. Eckebrecht – Schael, Verfahrenshandbuch, § 5 Ehesachen, Rn. 103; Zöller – Greger, ZPO, § 137, Rn. 1.

39 Vgl. Steinert – Theede, Zivilprozess, 4. Kapitel, Rn. 9.

40 Vgl. Thomas – Putzo – Reichold, ZPO, § 137, Rn. 2.

41 Thomas – Putzo – Reichold, ZPO, Vorbemerkung § 445, Rn. 2.

42 Vgl. Eckebrecht – Schael, Verfahrenshandbuch, § 5 Ehesachen, Rn. 102.

43 Vgl. Rauscher – Hilbig-Lugani, FamFG, § 128, Rn. 27; Thomas – Putzo – Hüßtege, ZPO/FamFG, § 128, Rn. 8.

c) *Beweisaufnahme*

aa) Allgemeines

Im Anschluss an die Verhandlung sollen nach § 113 Abs. 1 S. 2 FamFG iVm. § 279 Abs. 2 ZPO durch das erkennende, d. h. entscheidende Gericht (§ 355 Abs. 1 ZPO) unmittelbar die Beweise erhoben werden[44]. Hierzu kommt es jedoch nur, wenn sich das Gericht über einen erheblichen, entweder bestrittenen oder nach § 127 FamFG von Amts wegen aufzuklärenden Umstand Gewissheit verschaffen will[45]. Damit sind alle aus Sicht des Gerichts benötigten Beweismittel zu beschaffen; dies wird sich regelmäßig in vorbereitenden Verfügungen des Vorsitzenden (§ 273 Abs. 2 ZPO), entsprechenden Beschlüssen des Gerichts oder einem Beweisbeschluss niedergeschlagen haben[46]. Im Rahmen der Beweisaufnahme hat das Gericht nach § 127 Abs. 1 FamFG von Amts wegen die zur Feststellung der entscheidungserheblichen Tatsachen erforderlichen Ermittlungen durchzuführen[47].

Aufgrund der den Ehesachen als Statussachen zukommenden besonderen Relevanz sowie der weitreichenden Auswirkungen einer Entscheidung in Ehesachen auch für Dritte und dem öffentlichen Interesse am Schutz der Ehe gilt der Untersuchungsgrundsatz[48]. Eine Einschränkung erfährt nach § 127 Abs. 2 FamFG dieser Grundsatz in Scheidungs- und Aufhebungsverfahren dahin gehend, dass „von den Beteiligten nicht vorgebrachte Tatsachen nur berücksichtigt werden [dürfen], wenn sie geeignet sind, der Aufrechterhaltung der Ehe zu dienen (ehefreundliche Tatsachen) oder wenn der Antragsteller einer Berücksichtigung nicht widerspricht“[49]. Nicht berücksichtigt werden dürfen ehefeindliche Tatsachen (§ 127 Abs. 2 FamFG), sofern der Antragsteller widersprochen hat, d. h. hierüber darf dann kein Beweis von Amts wegen erhoben werden[50]; dies dient dem Schutz vor staatlichem Eindringen in die Privatsphäre[51].

bb) Beweismittel

In Ehesachen gelten nach §§ 113 Abs. 1 S. 2 FamFG iVm. § 284 S. 1 ZPO die Vorschriften über den Strengbeweis[52]. Hierzu stehen nur die „gesetzlich normierten Beweismittel zur Verfügung. Es handelt sich um den Augenschein (§§ 371 ff. [ZPO]), den Zeugen (§§ 373 ff. [ZPO]), das Sachverständigengutachten (§§ 402 ff. [ZPO]), die Urkunde (§§ 415 ff. [ZPO]) und die Parteivernehmung (§§ 445 ff. [ZPO]). Die

---

44 Vgl. Steinert – Theede, Zivilprozess, 4. Kapitel, Rn. 11.
45 Vgl. Eckebrecht – Schael, Verfahrenshandbuch, § 5 Ehesachen, Rn. 103.
46 Vgl. Zöller – Greger, ZPO, § 279, Rn. 3.
47 Vgl. Garbe – Ulrich, Verfahren in Familiensachen, § 2 Ehescheidung, Rn. 108.
48 Vgl. Rauscher – Hilbig, ZPO/FamFG, § 127, Rn. 1, 2; Thomas – Putzo – Hüßtege, ZPO/FamFG, § 127, Rn. 5.
49 Rauscher – Hilbig, ZPO/FamFG, § 127, Rn. 15.
50 Vgl. Thomas – Putzo – Hüßtege, ZPO/FamFG, § 127, Rn. 5.
51 Vgl. Rauscher – Hilbig, ZPO/FamFG, § 127, Rn. 2.
52 Vgl. Thomas – Putzo – Reichold, ZPO/FamFG, § 29, Rn. 1.

amtliche Auskunft ist ein Substitut. Für die Sachverhaltsermittlung kann sich das Gericht demnach der eigenen Wahrnehmung (Augenschein und Urkunden), der Übernahme fremder Wahrnehmung (Zeugen- und Parteivernehmung) sowie der Übernahme fremder Fachkunde (Sachverständiger) bedienen. Hinzu kommt das Erschließen von Tatsachen aufgrund feststehender oder ermittelter Hilfstatsachen (Indizien)“[53]. Eine Sonderform des Zeugen ist der sachverständige Zeuge (§ 414 ZPO), der zur Wahrnehmung von Tatsachen und Umständen einer besonderen Sachkunde bedarf[54]. Nur subsidiäres Beweismittel ist die Beteiligtenvernehmung[55] eines oder beider Ehegatten[56] (§§ 445, 448 ZPO). „Unter diesen Strengbeweismitteln hat der Beweisführer grundsätzlich die freie Wahl“[57]. Gleiches gilt auch für das von Amts wegen ermittelnde Familiengericht.

cc) Beweiserhebung

Die Erhebung folgt beim Beteiligten-, Zeugen- und Sachverständigenbeweis durch Vernehmung (§§ 394–396, 402, 451 ZPO iVm. § 113 Abs. 1 S. 2 FamFG). Der Urkundenbeweis wird durch Vorlage bei Gericht erhoben (§§ 420–435 ZPO iVm. § 113 Abs. 1 S. 2 FamFG). Die Zeugen und Sachverständigen werden gemäß § 273 Abs. 2 Nr. 4 ZPO bereits in den vorbereitenden Anordnungen oder aufgrund eines gesonderten Beweisbeschlusses geladen. Die Vernehmung der Beteiligten bedarf nach § 450 ZPO iVm. §§ 113 Abs. 1 S. 2, 128 Abs. 1 S. 3 FamFG eines Beweisbeschlusses, um die Abgrenzung zur bloßen Anhörung klarzustellen[58].

d) Erörterung des Sach- und Streitstandes

Nach durchgeführter Beweisaufnahme im Strengbeweisverfahren[59] wird der Sach- und Streitstand, und soweit bereits möglich, das Ergebnis der Beweisaufnahme, mit den Parteien (§ 279 Abs. 3 ZPO) erneut erörtert[60]. Dabei hat das

53 Jäckel, Beweisrecht der ZPO, 89, Rn. 430.

54 Vgl. Thomas – Putzo – Reichold, ZPO, § 414, Rn. 1; Musielak – Huber, ZPO, § 414, Rn. 1.

55 Dabei handelt es sich um die Parteienvernehmung, die im Geltungsbereich des FamFG aufgrund § 113 Abs. 5 Nr. 5 FamFG Beteiligtenvernehmung genannt wird.

56 Vgl. Thomas – Putzo – Hüßtege, ZPO/FamFG, § 128, Rn. 5.

57 Jäckel, Beweisrecht der ZPO, 89, Rn. 431.

58 Vgl. Thomas – Putzo – Reichold, ZPO, § 450, Rn. 1.

59 Strengbeweis ist die „Beweiserhebung in dem von der ZPO geregelten Verfahren (§§ 355 ff.) mit den von der Prozessordnung vorgesehenen Beweismitteln“ (Stein – Jonas – Leipold, ZPO, § 284, Rn. 24; vgl. Jäckel, Beweisrecht der ZPO, 74, Rn. 365; Meller-Hannich, Zivilprozessrecht, 123, Rn. 480); Freibeweis ist hingegen Beweiserhebung ohne Einhaltung der für den Strengbeweis vorgesehenen gesetzlichen Regeln (vgl. Stein – Jonas – Leipold, ZPO, § 284, Rn. 124).

60 Vgl. Garbe – Ullrich – Garbe, Verfahren in Familiensachen, § 2 Ehescheidung, Rn. 121–123.

Gericht darzulegen, „ob das Gericht die unter Beweis gestellte Behauptung für bewiesen hält oder nicht“[61]. Das Gericht muss zwar nicht seine eigene Würdigung der Beweiserhebung kundtun; jedoch muss eine „aus Sicht des Gerichts mögliche Würdigung erörtert werden, um eine unzulässige Überraschungsentscheidung (§ 139 Abs. 2 ZPO) zu vermeiden“[62]. Schließlich haben die Parteien über das Ergebnis der Beweisaufname zu verhandeln (§ 285 Abs. 1 ZPO)[63].

e) Schluss und Verkündung

Sofern das Verfahren in der Ehesache aus Sicht des Gerichts vollständig erörtert ist, schließt das Gericht die mündliche Verhandlung (§ 136 Abs. 4 ZPO). Anschließend beraten bei einem Kollegialgericht[64] die einzelnen Richter über das Verfahren in der Ehesache und stimmen über die von den Beteiligten gestellten Anträge in der Ehesache ab (§§ 192 ff. GVG)[65]. Beim Amtsgericht entscheidet hingegen nur der Einzelrichter (§ 22 Abs. 1, 4 GVG).

Die Endentscheidung wird sofort verkündet (§ 310 Abs. 1 S. 1 Alt. 1 ZPO iVm. § 113 Abs. 1 S. 2 FamFG) oder es wird ein Termin zur Verkündung anberaumt (§ 113 Abs. 1 S. 2 FamFG iVm. § 310 Abs. 1 S. 1 Alt. 2 ZPO)[66]. Die Verkündung der Endentscheidung geschieht „durch Verlesen der Urteilsformel, ausnahmsweise durch Bezugnahme auf die Urteilsformel (§ 311 Abs. 2 S. 1, 2 ZPO iVm. § 113 Abs. 1 S. 2 FamFG)“[67].

IV. Endentscheidung in Ehesachen

Nach erfolgter Verhandlung und ggf. erforderlicher Beweisaufnahme ergeht die Endentscheidung in der Ehesache durch Beschluss (§§ 38 Abs. 1 S. 1, 116 Abs. 1 FamFG)[68], der zu begründen und mit einer Rechtsbehelfsbelehrung zu versehen ist. Dieser Beschluss in Ehesachen wird nach §§ 113 Abs. 1 S. 2 FamFG iVm. § 317 Abs. 1 S. 1 ZPO den Beteiligten von Amts wegen zugestellt[69], also bekanntgegeben.

---

61 Zöller – Greger, ZPO, § 279, Rn. 5.
62 Stein – Jonas – Leipold, ZPO, § 279, Rn. 11.
63 Vgl. Steinert – Theede, Zivilprozess, 7. Kapitel, Rn. 92.
64 Kollegialgerichte treten bei Verfahren in Ehesachen nur beim OLG (§ 115 GVG) und beim BGH (§ 139 GVG) auf, niemals aber vor dem Amtsgericht – Abteilung für Familiensachen (§ 22 Abs. 1 GVG).
65 Vgl. Hartmann, ZPO, § 279, Rn. 7.
66 Vgl. Thomas – Putzo – Hüßtege, ZPO, § 220, Rn. 2.
67 Steinert – Theede, Zivilprozess, 7. Kapitel, Rn. 102.
68 Vgl. Garbe – Ullrich – Garbe, Verfahren in Familiensachen, § 2 Ehescheidung, Rn. 208; Rauscher –Fischer, FamFG, § 116, Rn. 4.
69 Vgl. Eckebrecht – Gutjahr, Verfahrenshandbuch, § 5 Ehesachen, Rn. 148.

1. Inhalt

Je nach dem in der Antragsschrift gestellten Antrag ergeht ein Ausspruch über die Aufhebung oder Scheidung der Ehe, die Feststellung des Bestehens oder Nichtbestehens einer Ehe zwischen den Beteiligten oder die Ablehnung des Antrags.

a) Aufhebungsausspruch

Durch den Aufhebungsausspruch wird die fehlerhaft geschlossene Ehe durch rechtsgestaltende richterliche Entscheidung (§ 1313 BGB) beendet[70]. Die Aufhebungswirkung tritt gestaltend mit Rechtskraft ex nunc und erga omnes ein[71].

b) Scheidungsausspruch

Durch den Scheidungsausspruch wird die gescheiterte Ehe durch rechtsgestaltende richterliche Entscheidung (§ 1564 BGB) beendet[72]. Der Ausspruch wirkt mit Rechtskraft ex nunc[73] und erga omnes. Es ist aber auch möglich, eine fehlerhaft geschlossene Ehe, die an sich aufgehoben werden könnte, zu scheiden, etwa wenn eine Scheinehe (§ 1314 Abs. 2 Nr. 5 BGB) zum Zwecke der Erlangung eines Aufenthaltstitels eingegangen wurde, was eine Strafbarkeit nach § 95 Abs. 2 Nr. 2 AufenthG nach sich ziehen könnte[74].

c) Feststellungsausspruch

Ein Feststellungsausspruch hat nur feststellende Wirkung und kann nur erfolgen, wenn Zweifel bestehen, ob eine Eheschließung stattgefunden hat (Nichtehe, § 1310 BGB) oder ob eine Ehe wirksam aufgelöst ist[75], d. h. wenn es um den Bestand der Ehe als Institution geht[76]. Der Ausspruch wirkt nur zwischen den Ehegatten und ändert, da nicht gestaltend, die materielle Rechtslage nicht[77]. Eine Nichtehe liegt vor, wenn Verstöße gegen Regelungen des Eheschließungsrechts

70 Vgl. Rauscher – Hilbig, ZPO/FamFG, § 121, Rn. 5, 7; die materiell-rechtlichen Regelungen über die Aufhebung ergeben sich aus §§ 1313–1318 BGB.

71 Vgl. Musielak – Borth, ZPO/FamFG, § 121, Rn. 4; Rauscher – Hilbig, ZPO/FamFG, § 121, Rn. 9.

72 Die materiell-rechtlichen Regelungen über die Scheidung ergeben sich aus §§ 1564–1568 BGB.

73 Vgl. Rauscher – Hilbig, ZPO/FamFG, § 121, Rn. 4.

74 Vgl. Huber – Stoppa, AufenthG, § 95, Rn. 313; Bergmann – Dienelt – Röseler, Ausländerrecht / AufenthG, § 95, Rn. 64.

75 Vgl. Rauscher – Hilbig, ZPO/FamFG, § 121, Rn. 12, 14.

76 Vgl. Musielak – Borth, ZPO/FamFG, § 121, Rn. 6; Rauscher – Hilbig, ZPO/FamFG, § 121, Rn. 14; Borth – Grandel – Musielak, Familiengerichtliches Verfahren, § 121, Rn. 10.

77 Vgl. Rauscher – Hilbig, ZPO/FamFG, § 121, Rn. 12, 14.

offensichtlich und für jedermann erkennbar sind. Dies ist vor allem der Fall, wenn die Erklärungen der Eheschließenden entgegen § 1310 Abs. 1 S. 1 BGB nicht vor einem Standesbeamten abgegeben wurden[78]. Dieser Ausspruch kann nur bei entsprechendem Feststellungsinteresse ergehen, also bei Zweifel über eine erfolgte Eheschließung oder über die Tatsache einer Eheauflösung[79]. Der Ausspruch kann sowohl auf das Bestehen als auch das Nichtbestehen einer Ehe zwischen den Beteiligten gerichtet sein.

d) Ablehnung des Antrags

Lehnt das Gericht mit seinem Beschluss den gestellten Antrag auf Aufhebung oder Scheidung der Ehe ab, so besteht die Ehe unverändert fort. Weist das Gericht einen Antrag auf Feststellung des Bestehens oder Nichtbestehens einer Ehe zurück, tritt keine Wirkung ein.

2. Begründung

Nach § 38 Abs. 3 S. 1 FamFG ist der Beschluss, mit dem in einer Ehesache entschieden wird, zu begründen[80]. Um die Überprüfbarkeit zu ermöglichen, soll „die Begründung eine kurze Darstellung des Sachverhalts, des Vorbringens der Beteiligten, [...] die Wiedergabe der Anträge und die wesentlichen rechtlichen Ergebnisse einschließlich der beweiswürdigenden Überlegungen, auf denen das Ergebnis beruht, enthalten“[81].

3. Belehrung

Nach § 39 FamFG muss jeder Beschluss zudem eine Rechtsbehelfsbelehrung enthalten. Hierdurch ist zu belehren über die Art des statthaften Rechtsbehelfes, über das Gericht, bei dem der Rechtsbehelf einzulegen ist, sowie über die Form und Frist des Rechtsbehelfs[82].

---

78 Vgl. Coester-Waltjen, Familienrecht, 95, 96, Rn. 6; Weinreich – Klein – Klein, Familienrecht, 45, Rn. 6, 7.

79 Vgl. Rauscher – Hilbig-Lugani, FamFG, § 121, Rn. 14; Thomas – Putzo – Reichold, ZPO/FamFG, § 121, Rn. 4.

80 Vgl. Eckebrecht – Gutjahr, Verfahrenshandbuch, § 5 Ehesachen, Rn. 145; Thomas – Putzo – Reichold, ZPO/FamFG, § 38, Rn. 14; Rauscher – Ulrici, FamFG, § 38, Rn. 16.

81 Thomas – Putzo – Reichold, ZPO/FamFG, § 38, Rn. 14; vgl. Rauscher – Ulrici, FamFG, § 38, Rn. 16.

82 Vgl. Eckebrecht – Gutjahr, Verfahrenshandbuch, § 5 Ehesachen, Rn. 147; Thomas – Putzo – Reichold, ZPO/FamFG, § 39, Rn. 4; Rauscher – Ulrici, FamFG, § 39, Rn. 8–10.

V. Rechtsmittel

1. Beschwerde

a) Einlegung und Begründung

Eine erstinstanzlich ergangene Endentscheidung in Ehesachen durch das Amtsgericht (§ 121 Nr. 1–3 FamFG) kann nach § 58 Abs. 1 FamFG mit der Beschwerde angegriffen werden. Eingelegt wird die Beschwerde nach § 64 Abs. 1, 2 Sätze 1, 2 FamFG bei demjenigen Gericht, dessen Beschluss angefochten wird[83], also beim Amtsgericht. Die Frist zur Einreichung der Beschwerdeschrift beträgt einen Monat ab schriftlicher Bekanntgabe des angefochtenen Beschlusses (§ 63 Abs. 1, 3 S. 1 FamFG). Die beim Amtsgericht eingegangene Beschwerde ist – ohne Möglichkeit einer Abhilfeentscheidung – unverzüglich nach § 119 Abs. 1 Nr. 1 a GVG dem Beschwerdegericht, dem OLG, vorzulegen (§ 68 Abs. 1 S. 2 FamFG)[84].

Innerhalb einer Frist von zwei Monaten, beginnend mit schriftlicher Bekanntgabe des Beschlusses, ist zu der Beschwerde eine Begründung beim Beschwerdegericht einzureichen (§ 117 Abs. 1, 2 FamFG). In dieser Begründung sollte insbesondere die Beeinträchtigung des Beschwerdeführers durch den angefochtenen Beschluss dargelegt werden (§ 59 FamFG). Die Begründung ist Zulässigkeitsvoraussetzung für die Beschwerde. Die Begründungsfrist kann auf Antrag verlängert werden[85].

b) Verfahren und Entscheidung

Das Beschwerdeverfahren selbst wird nach den für das erstinstanzliche Verfahren geltenden Vorschriften durchgeführt (§ 68 Abs. 3 S. 1 FamFG)[86]. Sofern durch eine wiederholte Durchführung bestimmter Verfahrenabschnitte keine neuen Erkenntnisse zu erwarten sind, kann nach vorherigem Hinweis hiervon abgesehen werden (§§ 68 Abs. 1 S. 2, 117 Abs. 3 FamFG)[87]. „Dem Beschwerdeführer wird mit dem Hinweis die Möglichkeit eröffnet, dem Beschwerdegericht weitere Gesichtspunkte zu unterbreiten, die eine erneute Durchführung der mündlichen Verhandlung oder der nicht für erforderlich erachteteten Verfahrenshandlungen rechtfertigen“[88].

Über die Beschwerde entscheidet der zuständige Senat des Beschwerdegerichts als Kollegialgericht. In einfacheren Fällen kann die Entscheidung durch Beschluss

---

83 Vgl. Garbe – Ullrich – Garbe, Verfahren in Familiensachen, § 2 Ehescheidung, Rn. 229; Eckebrecht – Große-Boymann, Verfahrenshandbuch, § 5 Ehesachen, Rn. 154, 155, 198, 199.

84 Vgl. Schürmann, Rechtsmittel, 431.

85 Vgl. Schürmann, Rechtsmittel, 432.

86 Vgl. Schürmann, Rechtsmittel, 495.

87 Vgl. Thomas – Putzo – Hüßtege, ZPO/FamFG, § 117, Rn. 16; Schürmann, Rechtsmittel, 495.

88 Fölsch, Das neue FamFG, 228, Rn. 87.

des Senates auch einem Einzelrichter übertragen werden (§ 68 Abs. 4 FamFG iVm. § 526 ZPO)[89].

Das Beschwerdegericht hat die Sache durch einen zu begründenden Beschluss selbst zu entscheiden, sofern die Sache nicht ausnahmsweise zur erneuten Entscheidung an das Gericht erster Instanz zurückzuverweisen ist (§ 69 Abs. 1, 2 FamFG)[90].

2. Rechtsbeschwerde

Ein vom Beschwerdegericht ergangener Beschluss kann nach § 70 Abs. 1 FamFG nur dann mit der Rechtsbeschwerde angegriffen werden, wenn die Rechtsbeschwerde „vom Beschwerdegericht [...] im Beschluss ausdrücklich zugelassen wurde“[91]. Nur ausnahmsweise bedarf es keiner Zulassung der Rechtsbeschwerde, nämlich dann, wenn die Beschwerde als unzulässig verworfen worden ist (§ 117 Abs. 1 S. 4 FamFG iVm. § 522 Abs. 1 S. 4 ZPO)[92]. Ist die Rechtsbeschwerde vom OLG in seiner Entscheidung nach § 70 Abs. 1, 2 FamFG nicht zugelassen, „so kann die Entscheidung des OLG weder angefochten noch vom BGH nachgeprüft werden“[93]. Eine zulässige Rechtsbeschwerde kann binnen einer Frist von einem Monat nach der schriftlichen Bekanntgabe des Beschlusses durch Einreichen einer Beschwerdeschrift beim Rechtsbeschwerdegericht, dem BGH nach § 133 GVG, eingelegt werden (§ 71 Abs. 1 S. FamFG). Sie ist innerhalb eines Monats zu begründen (§ 71 Abs. 2 S. 2 FamFG).

VI. Rechtskraft

Nach § 116 Abs. 2 FamFG werden die ergangenen Endentscheidungen in Ehesachen (§ 121 Nr. 1–3 FamFG) erst mit Rechtskraft wirksam[94]. Nach § 113 Abs. 1 S. 2 FamFG iVm. § 705 ZPO tritt die formelle Rechtskraft ein, „wenn ein Rechtsmittel gegen den Beschluss nicht statthaft ist, die Beteiligten wirksam auf Rechtsmittel [...] verzichten oder die Rechtsmittelfrist verstrichen ist, ohne dass ein Rechtsmittel eingelegt worden ist“[95]. Grund für die Wirksamkeit einer Endentscheidung in

---

89 Vgl. Thomas – Putzo – Hüßtege, ZPO/FamFG, § 117, Rn. 16: Wegen der Tragweite der Beschwerdeentscheidungen und der höheren Akzeptanz von Senatsentscheidungen sollte jedoch hiervon nur zurückhaltend Gebrauch gemacht werden.

90 Vgl. Thomas – Putzo – Reichold, ZPO/FamFG, § 69, Rn. 4; eine Zurückverweisung ist auf Antrag eines Beteiligten möglich bei einem wesentlichen Mangel des Verfahrens in erster Instanz, umfangreichen oder aufwendigen Beweisaufnahmen (vgl. Thomas-Putzo-Reichold, ZPO/FamFG, § 69, Rn. 7).

91 Thomas – Putzo – Reichold, ZPO/FamFG, § 70, Rn. 4.

92 Vgl. Schürmann, Rechtsmittel, 497.

93 Eckebrecht – Große-Boymann, Verfahrenshandbuch, § 5 Ehesachen, Rn. 200.

94 Vgl. Rauscher – Fischer, FamFG, § 116, Rn. 8.

95 Hoppenz – Walter, Familiensachen, § 116, Rn. 3.

Ehesachen erst mit Rechtskraft ist der regelmäßig rechtsgestaltende Charakter bei Eheaufhebung und Ehescheidung (§ 121 Nr. 1, 2 FamFG). Auch hat die feststellende Endentscheidung über das Bestehen oder Nichtbestehen einer Ehe (§ 121 Nr. 3 FamFG) erst mit Rechtskraft Wirksamkeit für das Personenstandsregister[96]. Im Übrigen bedarf die Endentscheidung keines Vollstreckungsaktes[97].

Mit Eintritt der formellen Rechtskraft tritt auch die materielle Rechtskraft nach § 322 Abs. 1 ZPO iVm. § 113 Abs. 1 S. 2 FamFG ein, d. h. die inhaltliche Bindungswirkung der Gestaltungsentscheidung. Es ist jede abweichende Entscheidung verboten und jede neue Verhandlung und Entscheidung über die rechtskräftig festgestellte Rechtsfolge ausgeschlossen[98] (abgesehen von der Wiederaufnahmemöglichkeit). Damit tritt die Auflösung der Ehe aufgrund der entschiedenen Ehescheidung oder Eheaufhebung mit Wirkung ex nunc ein. Diese Entscheidung über die Aufhebung oder die Scheidung einer Ehe (§ 121 Nr. 1, 2 FamFG) hat „gestaltenden Charakter und wirkt für und gegen alle“[99]. Ein feststellender Beschluss über das Bestehen oder Nichtbestehen einer Ehe hingegen „wirkt nur zwischen den Beteiligten des Verfahrens, da er keine Gestaltungswirkung hat, also die materielle Rechtslage sich nicht ändert“[100].

Über die eingetretene Rechtskraft wird nach § 46 S. 3 FamFG in Ehesachen den Beteiligten von Amts wegen ein Rechtskraftzeugnis auf einer Ausfertigung ohne Begründung erteilt.

VII. Wiederaufnahme nach eingetretener Rechtskraft

Gegen rechtskräftige Endentscheidungen in Ehesachen (§ 121 Nr. 1–3 FamFG) kann nach den Vorschriften der ZPO über die Wiederaufnahme (§§ 578–591 ZPO) Nichtigkeitsklage oder Restitutionsklage erhoben werden[101] (§ 118 FamFG). Mit der Nichtigkeitsklage (§ 579 ZPO) können schwerste Verfahrensfehler gerügt werden, mit der Restitutionsklage (§ 580 ZPO) hingegen schwerste Mängel der Entscheidungsgrundlage[102]. Diese können auf strafbaren Handlungen beruhen (§ 580 Abs. 1 Nr. 1–5 ZPO), die für das Urteil ursächlich waren sowie auf neuem Vorbringen,

---

96 Vgl. Thomas – Putzo – Hüßtege, ZPO/FamFG, § 116, Rn. 7.

97 Vgl. Hoppenz – Walter, Familiensachen, § 116, Rn. 3; Bork – Jacoby – Schwab – Löhnig, FamFG, § 116, Rn. 2; Hartmann, ZPO/FamFG, § 116, Rn. 3; Meysen – Rakete-Dombek, Das Familienverfahrensrecht, § 116, Rn. 2; Engelhardt – Sternal – Weber, FamFG, § 116, Rn. 7.

98 Vgl. Thomas – Putzo – Reichold, ZPO, § 322, Rn. 7.

99 Bassenge – Roth – Walter, Gesetz über das Verfahren, § 121 FamFG, Rn. 5; vgl. Rauscher – Hilbig, ZPO/FamFG, § 121, Rn. 9.

100 Borth – Grandel – Musielak, Familiengerichtliches Verfahren, § 121 FamFG, Rn. 13; vgl. Rauscher – Hilbig, ZPO/FamFG, § 121, Rn. 12, 13.

101 Vgl. Meysen – Rakete-Dombek, Das Familienverfahrensrecht, § 118, Rn. 1.

102 Vgl. Bork – Jacoby – Schwab – Löhnig, FamFG, § 118, Rn. 5.

das die Urteilsgrundlage entweder beseitigt oder vervollständigt[103] (§ 580 Abs.1 Nr. 6–8 ZPO).

Nach § 118 FamFG iVm. § 584 Abs. 1 ZPO ist das Gericht zuständig, das die letztinstanzliche zuvor rechtskräftige Entscheidung erlassen hat, d. h. je nach Stand des Rechtsstreits das Gericht erster Instanz, das Berufungsgericht oder das Revisionsgericht[104]. Für das Verfahren gelten nach § 118 FamFG iVm. § 585 ZPO die allgemeinen Verfahrensvorschriften. Bei bewiesenem Wiederaufnahmegrund wird dem rechtskräftigen Urteil die Grundlage genommen und es „wird das alte Verfahren fortgesetzt. Dieses Verfahren wird [...] neu aufgerollt, soweit der Wiederaufnahmegrund reicht (§ 590 Abs. 1 ZPO). Dazu werden die alten Anträge gestellt und es wird über den alten Verfahrensgegenstand verhandelt, wobei aber neue Tatsachen vorgetragen werden und Beweise erhoben werden können“[105].

„Weicht das neue Ergebnis vom früheren ab, ist das frühere Urteil aufzuheben und anderweitig zu entscheiden“[106]. „Das Gericht entscheidet erneut durch einen Beschluss, der den alten Beschluss aufhebt und neu über das Verfahren entscheidet“[107]. Besonderheiten ergeben sich bei Aufhebung eines rechtskräftigen Gestaltungsurteils über eine Ehescheidung oder Eheaufhebung; es tritt die umgekehrte Gestaltungswirkung ein: Die aufgelöste Ehe wird rückwirkend wiederhergestellt (eine inzwischen eingegangene neue Ehe wird zur Doppelehe)[108], die aufhebbar ist (§§ 1306, 1314 Abs. 1 BGB).

Gegen einen Beschluss des Amtsgerichts oder des OLG mit dem ein Gestaltungsurteil aufgehoben wird, sind nach § 591 ZPO erneut Rechtsmittel möglich.

VIII. Kosten

1. Kostenentscheidung

a) Erfolgreicher Scheidungs- oder Aufhebungsantrag

In der Endentscheidung in Ehesachen wird auch die Kostenentscheidung[109] getroffen. Bei Verfahren mit erfolgtem Ausspruch der Scheidung oder der Aufhebung einer Ehe werden die Kosten gegeneinander aufgehoben (§§ 132 Abs. 1 S. 1, 150 Abs. 1 FamFG). Damit trägt jeder Beteiligte nach §§ 113 Abs. 1 S. 2 FamFG iVm. 92

103 Vgl. Thomas – Putzo – Reichold, ZPO, § 580, Rn. 4.
104 Vgl. Thomas – Putzo – Reichold, ZPO, § 584, Rn. 1–4.
105 Bork – Jacoby – Schwab – Löhnig, FamFG, § 118, Rn. 8–10.
106 Thomas – Putzo – Reichold, ZPO, § 590, Rn. 5.
107 Bork – Jacoby – Schwab – Löhnig, FamFG, § 118, Rn. 8–10.
108 Vgl. Zöller – Greger, ZPO, Vorbemerkungen § 578, Rn. 26.
109 Dies ist „der gerichtliche Ausspruch darüber, wer die Kosten zu tragen hat“ (Thomas – Putzo – Hüßtege, ZPO, Vorbemerkung § 91, Rn. 18).

Abs. 1 S. 2 ZPO seine außergerichtlichen Kosten, also insbesondere seine Anwaltskosten selbst, sowie die Hälfte der Gerichtskosten[110].

b) *Erfolgloser Scheidungsantrag*

Bei Abweisung des Scheidungsantrages werden dem Antragsteller nach § 150 Abs. 2 S. 1 FamFG die Kosten auferlegt[111]. Sofern jedoch die Beteiligten eine Vereinbarung über die Kosten getroffen haben, soll das Gericht sie ganz oder teilweise der Entscheidung entgegen den kostenrechtlichen Grundsätzen zugrunde legen (§ 150 Abs. 4 S. 3 FamFG)[112].

c) *Erfolgloser Aufhebungsantrag*

Wird der Antrag auf Eheaufhebung abgewiesen, so „gelten über § 113 Abs. 1 FamFG die Kostenvorschriften der §§ 91 ff. ZPO“[113], also die allgemeinen Regeln. Damit fallen nach § 91 Abs. 1 S. 1 ZPO der unterliegenden Partei die Kosten des Rechtsstreits zu.

d) *Feststellungsantrag*

Bei Verfahren auf Feststellung des Bestehens oder Nichtbestehens einer Ehe zwischen den Beteiligten bleibt es – mangels besonderer Regelungen im FamFG – „bei der Anwendung der allgemeinen Vorschriften, also insbesondere des § 91 Abs. 1 ZPO“[114]. Damit hat grundsätzlich die unterliegende Partei die Kosten des Rechtsstreits zu tragen.

2. Kostenfestsetzung

Auf der Grundlage der Kostenentscheidung in der Endentscheidung in Ehesachen erfolgt die Kostenfestsetzung[115]. Die Kosten richten sich gemäß § 3 Abs. 1 FamGKG nach dem Wert des Verfahrensgegenstandes (Verfahrenswert). In Ehesachen sind

---

110 Vgl. Schneider – Wolf – Volpert – Türck-Brocker, Familiengerichtskostengesetz, § 43, Rn. 21, 23, 31; Rauscher – Hilbig-Lugani, FamFG, § 132, Rn. 4, Rauscher – Henjes, FamFG, § 150, Rn. 4.

111 Vgl. Eckebrecht – Gutjahr, Verfahrenshandbuch, § 5 Ehesachen, Rn. 135; Rauscher – Hilbig-Lugani, FamFG, § 150, Rn. 9.

112 Vgl. Eckebrecht – Gutjahr, Verfahrenshandbuch, § 5 Ehesachen, Rn. 140; Rauscher – Henjes, FamFG, § 150, Rn. 22.

113 Eckebrecht – Gutjahr, Verfahrenshandbuch, § 5 Ehesachen, Rn. 141; vgl. Rauscher – Hilbig-Lugani, FamFG, § 132, Rn. 5.

114 Eckebrecht – Gutjahr, Verfahrenshandbuch, § 5 Ehesachen, Rn. 142.

115 Kostenfestsetzung ist „das gerichtliche Verfahren, durch das der Betrag der Kosten festgesetzt wird, den die eine Partei der anderen zu erstatten hat“ (Thomas – Putzo – Hüßtege, ZPO, Vorbemerkung, § 91, Rn. 20).

nach § 43 Abs. 1 FamGKG für den Verfahrenswert „Umfang und Bedeutung der Sache sowie Vermögens- und Einkommensverhältnisse der Parteien“[116] maßgeblich. „Im Rahmen der Bewertung des Gegenstandes der Ehesache bilden die Einkommensverhältnisse [dabei] den praktisch bedeutsamsten Faktor“[117]. Für die Ermittlung des Einkommens der Eheleute sind nach § 43 Abs. 2 FamGKG die letzten drei Monate vor Antragsstellung maßgeblich[118]. Daneben sind ca. 50 %–10 % des Vermögens der Ehegatten ebenfalls verfahrenswerterhöhend anzusetzen[119]. Nach § 28 Abs. 1 S. 3 FamGKG iVm. Anlage 2 belaufen sich die Gebühren je nach Verfahrenswert auf 35,00 € bis 3.121,00 €[120]. Die Kosten im jeweiligen Verfahren ergeben sich durch Anwendung des Faktors 2,0 aus dem Kostenverzeichnis Nr. 1110 (Anlage 1 iVm. § 3 Abs. 2 FamGKG) auf die ermittelten Gebühren. Sie betragen damit zwischen 70,00 € und 6.242,00 € für ein erstinstanzliches Verfahren. Für ein zweitinstanzliches Verfahren steigen die Kosten bei Faktor 3,0 aus dem Kostenverzeichnis Nr. 1120 (Anlage 1 iVm. § 3 Abs. 2 FamGKG) auf 105,00 € bis 9.363,00 €. Für ein drittinstanzliches Verfahren betragen die Kosten bei Faktor 4,0 aus dem Kostenverzeichnis Nr. 1130 (Anlage 1 iVm. § 3 Abs. 2 FamGKG zwischen 140,00 € und 12.484,00 €.

Der Gegenstandswert für die Anwaltsvergütung bestimmt sich nach § 23 Abs. 1 S. 1 RVG iVm. § 43 Abs. 1 FamGKG, also im Wesentlichen nach den Einkommens- und Vermögensverhältnissen der Parteien. Nach § 13 Abs. 1 S. 3 RVG iVm. Anlage 2 ergeben sich je nach Gegenstandswert Gebühren zwischen 40,00 € und 3.208,00 €. Die Anwaltsvergütung im jeweiligen Verfahren ergibt sich durch Anwendung des Faktors 2,5 aus dem Vergütungsverzeichnis Nr. 3100, 3104 (Anlage 1 iVm. § 2 Abs. 2 RVG). Sie betragen damit für ein erstinstanzliches Verfahren zwischen 100,00 € und 8.020,00 €. Für ein zweitinstanzliches Verfahren erhöht sich die Anwaltsvergütung bei Faktor 2,8 aus dem Kostenverzeichnis Nr. 3200, 3202 (Anlage 1 iVm. § 2 Abs. 2 RVG) auf 112,00 € bis 8982,40 €. Für ein drittinstanzliches Verfahren beträgt die Anwaltsvergütung bei Faktor 3,8 aus dem Kostenverzeichnis Nr. 3206, 3208, 3210 (Anlage 1 iVm. § 2 Abs. 2 RVG) zwischen 152,00 € und 12.190,40 €. Anstelle der gesetzlichen Vergütungsregelung können mit den Anwälten auch Stundensätze vereinbart werden.

IX. Mitteilung an das Standesamt und Folgebeurkundung

Das Amtsgericht teilt nach §§ 5 Abs. 4 S. 2, 73 Nr. 8, 20 PStG iVm. § 56 Abs. 1 Nr. 2 a, b PStV eine rechtskräftige Endentscheidung in Ehesachen (§ 121 Nr. 1–3 FamFG)

---

116 Binz – Dörndorfer, Gesetz über Gerichtskosten in Familiensachen, § 43, Rn. 2.
117 Binz – Dörndorfer, Gesetz über Gerichtskosten in Familiensachen, § 43, Rn. 6.
118 Vgl. Schneider – Wolf – Volpert – Türck-Brocker, Familiengerichtskostengesetz, § 43, Rn. 5.
119 Vgl. Schneider – Wolf – Volpert – Türck-Brocker, Familiengerichtskostengesetz, § 43, Rn. 21, 23, 31.
120 Die genannten Beträge gelten nach Art. 5 des Zweiten Gesetzes zur Modernisierung des Kostenrechts vom 23. Juli 2013 (BGBl. I, 2586) ab 01.08.2013.

dem Standesamt mit, das das Eheregister führt[121]. Nach §§ 5 Abs. 2, 16 Abs. 1 Nr. 2, 3 PStG ist die Aufhebung oder Scheidung der Ehe oder die Feststellung des Nichtbestehens der Ehe zum Eheeintrag im Eheregister als Folgebeurkundung aufzunehmen. Diese Folgebeurkundung erfolgt „auf Grund einer abgekürzten Ausfertigung der rechtskräftigen gerichtlichen Entscheidung. Die Eintragung ist auch zulässig, wenn ein Beteiligter die rechtskräftige Entscheidung vorlegt"[122]. Einzutragen ist der Sachverhalt der Endentscheidung „mit dem Datum des Eintritts der Rechtskraft (Datum der Wirksamkeit), Angaben über das entscheidende Gericht und das Aktenzeichen der Entscheidung sind in einem besonderen Hinweis aufzunehmen"[123].

Das Standesamt, das eine solche Folgebeurkundung iSd. § 5 Abs. 2 PStG (über die Aufhebung, Scheidung oder die Feststellung des Nichtbestehens der Ehe) im Eheregister eingetragen hat, hat dies nach § 58 Abs. 3 Nr. 1 PStV an das Standesamt mitzuteilen, das den Geburtseintrag für die Ehegatten führt, zur Eintragung eines Hinweises iSd. § 5 Abs. 3 PStG auf die Auflösung der Ehe gemäß § 27 Abs. 4 S. 2 Nr. 1 PStG[124].

X. Scheidungsverbund

1. Inhalt

Eine Besonderheit bei Scheidungssachen stellt der Verbund von Scheidung und Folgesachen dar. Über alle im Scheidungsverbund stehenden Folgesachen „muss das Familiengericht [...] gleichzeitig und zusammen mit der Scheidung verhandeln und bei einer Scheidung entscheiden"[125] (§ 137 Abs. 1 FamFG). „Verbundfähig sind nur Regelungen, die für den Fall der Scheidung getroffen werden sollen, die also Rechtswirkung erst mit Rechtskraft der Scheidung entfalten"[126]. Dies „dient dem Schutz des wirtschaftlich schwächeren Ehegatten und soll übereilten Scheidungsentschlüssen entgegenwirken"[127]. Folgesachen können nur Versorgungsausgleichs-, Unterhalts-, Ehewohnungs- und Haushalts-, Güterrechts- und Kindschaftssachen sein (§§ 137 Abs. 2, 3 iVm. 151, 200, 217, 231, 261 FamFG). Folgesachen können entweder von Amts wegen bei einem Versorgungsausgleich (§ 137 Abs. 2 S. 2 FamFG) in den Verbund gelangen, sog. Amtsverbund[128],

---

121 Vgl. Gaaz – Bornhofen, Personenstandsgesetz, § 16, Rn. 15.
122 Gaaz – Bornhofen, Personenstandsgesetz, § 16, Rn. 15.
123 Gaaz – Bornhofen, Personenstandsgesetz, § 16, Rn. 15.
124 Vgl. Gaaz – Bornhofen, Personenstandsgesetz, § 16, Rn. 20.
125 Hartmann, ZPO/FamFG, § 137, Rn. 7.
126 Krenzler – Borth – Kühner, Familienrecht, 1254, Rn. 204; vgl. Thomas – Putzo – Hüßtege, ZPO/FamFG, § 137, Rn. 6.
127 Garbe – Ullrich – Garbe, Verfahren im Familiensachen, § 2 Ehescheidung, Rn. 125.
128 Bei Versorgungsausgleichssachen bezüglich dem auf §§ 6–19 und 28 VersAusglG beruhendem Versorgungsausgleich.

oder auf rechtzeitig gestellten Antrag hin (§ 137 Abs. 2 S. 1, Abs. 3 FamFG), sog. Antragsverbund[129].

2. Verbundentscheidung

Nach § 142 Abs. 1 FamFG ergeht ein einheitlicher Beschluss gemäß §§ 38, 116 Abs. 1 FamFG, der die Scheidung und alle Folgesachen umfasst[130]. Ausnahmsweise können die in § 140 Abs. 2 S. 2 FamFG genannten Folgesachen abgetrennt werden[131]. Mit der Scheidung sind alle Scheidungsfolgen zwischen Ehegatten zu regeln, um die Auswirkungen vor Durchführung vor Augen zu führen[132]. Nach § 148 ZPO werden die Entscheidungen in Folgesachen nicht vor Rechtskraft des Scheidungsausspruchs wirksam.

3. Kosten bei Verbundentscheidung

Nach § 44 Abs. 1 FamGKG gelten die Scheidungssache und die Folgesachen als ein Verfahren. Daher sind „im Verbundverfahren die Gegenstände der einzelnen miteinander verbundenen Verfahren grundsätzlich zu addieren [...]. Die Bewertung der Gegenstände der Folgesachen regelt §§ 45 bis 52 FamGKG“[133], mit fest bestimmten Beträgen als Verfahrenswerten bzw. Regelungen zur Bestimmung des Verfahrenswertes.

129 Vgl. Krenzler – Borth – Kühner, Familienrecht, 1254, Rn. 204; Thomas – Putzo – Hüßtege, ZPO/FamFG, § 137, Rn. 6.

130 Vgl. Thomas – Putzo – Hüßtege, ZPO/FamFG, § 142, Rn. 1.

131 Beispielsweise kann bei einem Amtsverbund die Versorgungsausgleichssache abgetrennt werden, wenn beide Ehegatten die hierfür erforderlichen Mitwirkungshandlungen vorgenommen haben (§ 140 Abs. 2 Nr. 4 FamFG).

132 Vgl. Unger, Anwaltshandbuch, 144.

133 Binz – Dörndorfer, Gesetz über Gerichtskosten in Familiensachen, § 44, Rn. 4.

D. Kirchliches Eheprozessrecht

In der Kirche gibt es verschiedene Eheprozesse (De processibus matrimonialibus). Sie lassen sich aufteilen in die Verfahren zur Feststellung der Nichtigkeit einer Ehe[134] und in die Verfahren zur Erlangung der Auflösung des Ehebandes[135]. Daher gibt es zum einem die Feststellung der Nichtigkeit (declaratio nullitatis) (Art. 7 § 1 DC), zum anderen die Auflösung der Ehe (solutio matrimonii) (Art. 7 § 2 DC)[136].

I. Feststellung der Nichtigkeit der Ehe

Die Feststellung der Nichtigkeit einer Ehe kann auf unterschiedliche Weise erfolgen. Ein ordentliches Ehenichtigkeitsverfahren (als förmlicher Ehenichtigkeitsprozess) kann grundsätzlich immer durchgeführt werden. Hingegen kann die Nichtigkeit im Rahmen eines Verfahrens aufgrund von Urkunden oder auf dem Verwaltungsweg nur in bestimmten Fällen festgestellt werden. Als Gründe für die Nichtigkeit können trennende Ehehindernisse (cc. 1083–1094 CIC/1983), Erkenntnis- und Willensmängel (cc. 1095–1107 CIC/1983) sowie Fehler in der Eheschließungsform (cc. 1108–1123 CIC/1983) in Frage kommen.

1. Ordentliches Verfahren

Die Rechtsgrundlagen für das ordentliche Verfahren zur Feststellung der Nichtigkeit einer Ehe sind die cc. 1400–1655, 1671–1685 CIC/1983 sowie die Instruktion Dignitas connubii.

a) Einreichung einer Klageschrift

Eingeleitet wird ein Ehenichtigkeitsverfahren nach c. 1502 CIC/1983, Art. 115 § 1 DC durch eine Klageschrift (libellus), die bei dem nach c. 1673 CIC/1983, Art. 10 § 1 DC

---

134 De causis ad matrimonii nullitatem declarandam (Überschrift zu Kapitel I im Titel I Eheprozesse, Teil III Besondere Arten von Verfahren im Buch 7 des CIC/1983); De processu ad nullitatem declarandam (Art. 7 § 1 DC); vgl. Vitali – Berlingo, Il matrimonio canonico, 148.

135 De processibus ad dissolutionem vinculi matrimonialis (Art. 7 § 2 DC); vgl. Vitali – Berlingo, Il matrimonio canonico, 148.

136 Vgl. Ugge, Scioglimento del matrimonio non sacramentale, 48.

zuständigen Gericht[137] eingereicht werden muss[138]. Einem mündlichen Klagevortrag kommt nach c. 1503 § 2 CIC/1983, Art. 115 § 2 DC die gleiche Rechtswirkung zu, wenn der mündliche Klagevortrag vom kirchlichen Notar schriftlich aufgenommen, dem Kläger vorgelesen und von ihm bestätigt worden ist. Die Befugnis zur Klage gegen die Gültigkeit der Ehe haben nach c. 1674, 1° CIC/1983, Art. 92, 1° DC ohne Einschränkungen die Ehegatten, unabhängig davon, ob sie der katholischen Kirche angehören oder nicht[139]. Daneben kann unter zusätzlichen Voraussetzungen nach c. 1674, 2° CIC/1983, Art. 92, 2° DC der Kirchenanwalt Klage erheben, wenn die Nichtigkeit einer Ehe bereits bekannt ist, deren Gültigmachung aber nicht möglich oder nicht zweckmäßig ist[140]. Andere Personen können eine Klage gegen die Gültigkeit der Ehe nicht erheben[141]. Beide Ehegatten können aber nach Art. 102 DC auch gemeinsam die Erklärung der Nichtigkeit einer Ehe erbitten[142].

b) Dekret über die Einsetzung des Gerichts

Der Gerichtsvikar[143] hat nach Eingang der Klageschrift so schnell wie möglich mit Dekret das Gericht für die Rechtssache einzusetzen[144] (c. 1425 § 3 CIC/1983, Art. 118

---

137 Ordentlich zuständiges Gericht ist das für den Wohnsitz der nichtklagenden Partei zuständige Gericht oder das für den Eheschließungsort zuständige Gericht (vgl. Aymans, KanR 4, 536). Außerordentlich zuständiges Gericht mit Zustimmung des Gerichtsvikars des ordentlich zuständigen Gerichts ist das für den Wohnsitz des Klägers zuständige Gericht oder dasjenige Gericht, in dessen Zuständigkeit voraussichtlich die meisten Beweise zu erheben sind (vgl. Aymans, KanR 4, 537).

138 Vgl. Arroba, Diritto processuale canonico, 609; Wirth, Das Streitverfahren, 1176; Assenmacher, Die Eheverfahren, 1192; Geringer, Die Ehenichtigkeitsklage, 419; Wegan, Ehescheidung möglich, 222, 223; Lüdicke, Münsterischer Kommentar, c. 1502, Rn. 4; Lüdicke, „Dignitas connubii“, Art. 115, Rn. 2.

139 Vgl. Bustos, De partibus in causis, 142; Lüdicke, „Dignitas connubii“, Art. 92, Rn. 3, 4; Aymans, KanR 4, 538.

140 Vgl. Bustos, De partibus in causis, 159; Lüdicke, Münsterischer Kommentar, c. 1674, Rn. 7–9; Lüdicke, „Dignitas connubii“, Art. 92, Rn. 6, 7; Aymans, KanR 4, 538.

141 Vgl. Arroba, Diritto processuale canonico, 605; Aymans, KanR 4, 538.

142 Vgl. Arroba, Diritto processuale canonico, 609, 610.

143 Zur Begrifflichkeit des Gerichtsvikars und des Offizials: vgl. Güthoff, Der Gerichtsvikar als Stellvertreter, 64: „Durch die Bezeichnung Vicarius iudicialis soll sprachlich deutlicher als durch die allgemeine und unbestimmte Bezeichnung Offizial zum Ausdruck kommen, dass die so bezeichnete Person der Stellvertreter des Bischofs bei der Ausübung der richterlichen Gewalt ist“; vgl. Hülskamp, „Der Gerichtsvikar bildet mit dem Bischof ein Gericht“, 149: „Das Wort ‚Officialis‘ im CIC/1917 wurde durch das Wort ‚Vicarius iudicialis‘ im CIC/1983 ersetzt,“ da nach c. 1420 § 2 CIC/1983 der Gerichtsvikar mit dem Bischof ein Gericht bildet und dieses Zuordnungsverhältnis durch „vicarius“ (stellvertretend für den Bischof) zum Ausdruck gebracht werden kann; so ist dies z. B. in c. 1573 CIC/1917 gegenüber c. 1420 CIC/1983 erfolgt; vgl. Schick, Die Diözesankurie, 465.

144 Vgl. Gullo – Gullo, Prassi processuale, 85.

§ 1 DC), d. h. er hat die turnusgemäß für die Behandlung des einzelnen Falles zuständigen Richter zu berufen[145] oder ggf. den Einzelrichter gemäß der festgelegten Ordnung, dem Geschäftsverteilungsplan[146], (c. 1425 § 3 CIC/1983, Art. 48 § 1 DC) zu bestimmen. Nach Art. 118 § 2 DC sind die Namen der Richter und des Bandverteidigers[147] dem Kläger mit Einsetzung des Gerichts mitzuteilen, um ihm die Möglichkeit zu geben, eventuelle Einwendungen gegen die mit der Bearbeitung des Falles befassten Personen in Form von Ablehnung iSd. Art. 68 DC vorbringen zu können[148]. Der nichtklagenden Partei werden sie dagegen mit der später erfolgenden Ladung bekanntgegeben (Art. 127 § 4 DC)[149].

c) *Annahmedekret sowie Ladungsdekret mit Vorschlag für Streitformel*

Nach c. 1505 § 1 CIC/1983, Art. 46 § 1, 7°, Art. 119 § 1 DC kommt dem Vorsitzenden die Aufgabe zu, die Klageschrift zu prüfen – d. h. die Zuständigkeit seines Gerichts und die prozessuale Rollenfähigkeit des Klägers – und das Dekret der Annahme oder der Ablehnung zu erlassen[150]. Das Annahmedekret wird regelmäßig ergehen, wenn das Gericht der Auffassung ist, dass die erforderlichen Elemente des c. 1505 § 2, 1°–4° CIC/1983 / Art. 121 § 1, 1°–4° DC vorhanden sind[151]. Wenn das Gericht hingegen der Auffassung ist, dass die Klage offensichtlich unbegründet ist und es die Beweise auch nicht im Prozess erlangen kann, dann lehnt das Gericht die Klageschrift durch Dekret ab[152].

Zuvor soll der Richter mit seelsorglichen Mitteln versuchen, die Gatten zu bewegen, ihre Ehe, falls möglich, gültig zu machen und die eheliche Lebensgemeinschaft wieder herzustellen[153], was allerdings wohl in den meisten Fällen aussichtslos sein dürfte. Gegen eine Ablehnung der Klageschrift durch den Vorsitzenden des Gerichts besteht innerhalb von zehn Tagen die Möglichkeit des Rekurses mit Begründung zum Kollegialgericht (Art. 124 § 1 Hs. 1 DC). Lehnt das Gericht erster Instanz hingegen als Kollegialgericht die Klageschrift ab, ist der

---

145 Vgl. Arroba, Diritto processuale canonico, 610; Wegan, Ehescheidung möglich, 226; Lüdicke, „Dignitas connubii", Art. 118, Rn. 1.

146 Vgl. Lüdicke, „Dignitas connubii", Art. 118, Rn. 3.

147 Aufgabe des Bandverteidigers ist es, von Amts wegen, all das vorzurbringen und darzulegen, was vernünftigerweise gegen die Nichtigkeit oder Auflösung einer Ehe ins Feld geführt werden kann (vgl. c. 1432 CIC/1983).

148 Vgl. Canonico, Note di Commento, 41.

149 Vgl. Canonico, Note di Commento, 41; Lüdicke, „Dignitas connubii", Art. 118, Rn. 2.

150 Vgl. Arroba, Diritto processuale canonico, 610; Geringer, Die Ehenichtigkeitsklage, 425–427; Assenmacher, Die Eheverfahren, 1192; Lüdicke, Münsterischer Kommentar, c. 1505, Rn. 2, 3, c. 1677, Rn. 2.

151 Vgl. Gullo – Gullo, Prassi processuale, 102; Meier, Die Streitfestlegung, 255; Aymans, KanR 4, 407, 408.

152 Vgl. Gullo – Gullo, Prassi processuale, 98; Mathias, Die Zurückweisung, 236–243; Wegan, „Reiectio libelli", 621.

153 Vgl. c. 1676 CIC/1983, Art. 65 § 1 DC.

Rekurs an das Berufungsgericht zu richten. Das Dekret des Kollegiums, mit dem die Klageschrift abgelehnt wurde, muss „expeditissime“ ausgestellt werden; es ist nicht berufungsfähig. Es kann nur mit anderen Rechtsmitteln, wie der Beschwerde der Nichtigkeit oder der Restitutio in integrum angegriffen werden (c. 1505 § 4 CIC/1983, Art. 124 § 1 HS. 2 DC)[154].

Nach c. 1507 § 1 CIC/1983, Art. 46 § 2, 7°, Art. 126 § 1 DC muss der Vorsitzende des Kollegialgerichts die nicht klagende Partei laden. Die Ladung besteht aus drei Elementen, zum einen aus der Aufforderung, vor Gericht zu erscheinen oder in schriftlicher Weise bis zu einem bestimmten Zeitpunkt Stellung zu nehmen, zum anderen aus der Übermittlung der Klageschrift sowie zum dritten der Bekanntgabe der Namen der Richter, des nach Art. 62 § 1 DC erforderlichen Notars und des Ehebandverteidigers, um das Recht der eventuellen Ablehnung ausüben zu können[155]. Der entscheidende Punkt der Ladung ist aber die Aufforderung an die beklagte Partei, sich zum Gegenstand des Verfahrens zu äußern[156]. Art. 127 § 2 DC sieht zudem vor, dass zusammen mit der Ladung die Formel der Prozessfrage den Parteien vorgeschlagen werden soll, damit sie dazu Stellung nehmen können[157]. Die Bekanntgabe des Ladungsdekrets obliegt nach c. 1677 § 1 CIC/1983, Art. 46 § 2, 8°, Art. 47 § 2 DC dem Vorsitzenden oder dem Berichterstatter des Verfahrens. Wie in anderen Prozessen bewirkt die Ladung den Beginn der Instanz mit allen damit verbundenen Folgen (Art. 129 DC)[158].

d) Dekret über Formel des Streitpunktes

Innerhalb von 15 Tagen nach Bekanntgabe des Ladungsdekrets hat der Vorsitzende oder der Berichterstatter des Verfahrens nach c. 1677 § 2 CIC/1983, Art. 46 § 2, 10°, Art. 47 § 2, Art. 135 § 1 DC die Streitformel festzulegen, sofern keine Sitzung zur Streitpunktfestlegung beantragt wird[159]. Die Streitfestlegung ist definiert als „der vor Gericht erfolgende Widerspruch des Beklagten gegen das Begehren des Klägers und zugleich die Kundgabe der Absicht, den Streit zum gerichtlichen Austrag zu bringen“[160]. Die Streitpunkte werden vom Richter so festgelegt, wie sie sich aus

---

154 Vgl. Arroba, Diritto processuale canonico, 609, 610; Geringer, Die Ehenichtigkeitsklage, 428; Aymans KanR 4, 408.

155 Vgl. Gullo – Gullo, Prassi processuale, 107.

156 Vgl. Arroba, Diritto processuale canonico, 610; Lüdicke, Münsterischer Kommentar, c. 1507, Rn. 4.

157 Vgl. Canonico, Note di Commento, 43; Assenmacher, Die Eheverfahren, 1193; Lüdicke, „Dignitas connubii“, Art. 127, Rn. 3.

158 Vgl. Arroba, Diritto processuale canonico, 611.

159 Vgl. cc. 1513 § 1, 1677 CIC/1983; Schöch, Festlegung von Klagegründen, 37, 38; Meier, Die Streitfestlegung, 263, 265; Assenmacher, Die Eheverfahren, 1193; Lüdicke, Münsterischer Kommentar, c. 1677, Rn. 4.

160 Mörsdorf, KanR III, 126; vgl. Wirth, Das Streitverfahren, 1176, 1177; Assenmacher, Die Eheverfahren, 1193.

den Anträgen und Erwiderungen der Parteien ergeben[161] (c. 1513 § 1 CIC/1983, Art. 135 § 2 DC). Dabei umfasst die Streitfestlegung eine prozessuale Handlung, durch welche der Richter in einem kontradiktorischen Verfahren zwischen den Parteien mit seinem Dekret die Streitpunkte des Rechtsstreits in einer dauerhaften und grundsätzlich irreversiblen Weise bestimmt[162]. Mit der Formulierung der Streitpunkte muss festgelegt werden, aus welchen Ehenichtigkeitsgründen die Gültigkeit der Ehe angefochten wird (c. 1677 § 3 CIC/1983, Art. 135 § 3 DC)[163]. Dieses Dekret über die Formel des Streitpunktes ist innerhalb eines Zeitraum von weiteren zehn Tagen von Amts wegen zu erlassen und den Parteien bekannt zu geben (c. 1677 § 2 CIC/1983, Art. 135 § 1 DC)[164].

e) Dekret über Fortgang des Verfahrens

Nach c. 1677 § 4 CIC/1983, Art. 46 § 2, 10°, Art. 47 § 2, Art. 137 DC hat der Vorsitzende oder der Berichterstatter des Verfahrens, sofern die Parteien keine Einwendungen erheben, innerhalb von 10 weiteren Tagen den Beginn der Untersuchung zu verfügen[165], also den Fortgang des Verfahrens (c. 1516 CIC/1983). Es wird damit den Parteien die Möglichkeit gegeben, Beweise vorzutragen und zu ergänzen[166], also die Beweismittel anzugeben und die in der Klageschrift angebotenen Beweise zu konkretisieren.

f) Beweisaufnahme

aa) Zuständigkeit zur Beweisaufnahme

Die Beweisaufnahme obliegt dem Vorsitzenden und dem Berichterstatter[167] (Art. 46 § 2, 11°, Art. 47 § 2 DC). Jeder von ihnen kann nach c. 1428 § 1 CIC/1983, Art. 50 § 1 DC zur prozessualen Beweiserhebung einen Vernehmungsrichter bestimmen[168], der nicht zwingend dem entscheidenden Diözesangericht angehören muss. Ihm kommt nach c. 1428 § 3 CIC/1983, Art. 50 § 3 DC die Aufgabe zu, entsprechend dem richterlichen Auftrag Beweise zu erheben und diese dem Richter zuzuleiten.

---

161 Vgl. Schöch, Festlegung von Klagegründen, 35; Meier, Die Streitfestlegung, 259; Wegan, Ehescheidung möglich, 226; Lüdicke, „Dignitas connubii", Art. 135, Rn. 4; Aymans, KanR 4, 415.

162 Vgl. Gullo – Gullo, Prassi processuale, 123; Schöch, Festlegung von Klagegründen, 35, 37; Pree, Kompatibilität von Klagegründen, 71.

163 Vgl. Schwendenwein, Das neue Kirchenrecht, 507; Aymans, KanR 4, 539.

164 Vgl. cc. 1513 § 1, 1677 CIC/1983.

165 Vgl. Arroba, Diritto processuale canonico, 611; Meier, Die Streitfestlegung, 266; Aymans, KanR 4, 539.

166 Vgl. Gullo – Gullo, Prassi processuale, 127; Meier, Die Streitfestlegung, 266; Lüdicke, Münsterischer Kommentar, c. 1677, Rn. 7; Lüdicke, „Dignitas connubii", Art. 137, Rn. 2.

167 Vgl. Canonico, Note di Commento, 48.

168 Vgl. Canonico, Note di Commento, 48.

Weiterhin kann nach c. 1561 CIC/1983, Art. 51 DC ein Vernehmungsrichter für den Einzelfall zur Vernehmung von Zeugen aus gerechtem Grund bestellt werden.

bb) Beweisarten

Der Beweis ist „das prozessuale Mittel, um die Wahrheit oder Unwahrheit behaupteter Tatsachen festzustellen"[169]. Er beinhaltet die zur Klärung der Zweifelsfrage oder des Streitgegenstandes geeigneten Tatsachen[170]. Erhoben werden können Beweise aller Art, die zur Erkenntnis in der Sache geeignet scheinen und erlaubt sind[171]. Damit sind die einzelnen im CIC/1983 und in DC aufgezählten Beweismittel der Parteierklärungen, der Urkunden, der Zeugenaussage und des Sachverständigengutachtens nicht abschließend[172]. So können „in der Regel jene unbenannten Beweismittel herangezogen werden, die von einer staatlichen Rechtsordnung anerkannt sind"[173].

Grundsätzlich muss der Richter die Beweise nach seinem Gewissen würdigen (c. 1608 § 3 CIC/1983, Art. 247 § 4 DC), unbeschadet der gesetzlichen Vorschriften über die Wirksamkeit bestimmter Beweismittel[174], d. h. es gilt im „kirchlichen Prozessrecht der Grundsatz der freien Beweiswürdigung [...], soweit nicht eine Bindung an eine gesetzliche Beweisregel besteht"[175]. Das Gesetz beschränkt die freie richterliche Beweiswürdigung in den Fällen, in denen der Gesetzgeber den Beweiswert im negativen oder positiven Sinn festgelegt hat[176]. So verbietet das Gesetz im negativen Sinne einer unter Angst, Gewalt oder Irrtum abgegebenen Aussage (c. 1538 CIC/1983, Art. 182 DC) einen Beweiswert zu geben, genauso wie grundsätzlich einer von einem einzelnen Zeugen gemachten Aussage (c. 1573 CIC/1983, Art. 202 DC). Im positiven Sinn hält das Gesetz Tatsachen für bewiesen, die sich direkt und unmittelbar aus einer öffentlichen Urkunde ergeben (c. 1541 CIC/1983, Art. 185 § 1 DC)[177].

(1) Parteierklärungen

Parteierklärungen sind die Gesamtheit aller Erklärungen, die die klagende und die nichtklagende Partei (nicht hingegen die amtlichen Parteien) im Rahmen der Rechtshängigkeit eines Verfahrens auf die verschiedenen möglichen Weisen abgeben[178], und durch die klagende und nichtklagende Parteien die relevanten Fakten

---

169 Mörsdorf, KanR III, 134.
170 Vgl. Gullo – Gullo, Prassi processuale, 127.
171 Vgl. c. 1527 § 1 CIC/1983, Art. 157 § 2 DC.
172 Vgl. Wirth, Anmerkungen zum Beweisrecht, 394.
173 Wirth, Anmerkungen zum Beweisrecht, 394.
174 Vgl. Lüdicke, „Dignitas connubii", Art. 247, Rn. 9.
175 Wirth, Der Sachverständige, 227.
176 Vgl. Weiß, Freie oder gebundene Beweiswürdigung, 531, 532; Flatten, Die freie Beweiswürdigung, 427, 441–449.
177 Vgl. Arroba, Diritto processuale canonico, 407; Aymans, KanR 4, 442, 450, 455.
178 Vgl. Platen, Die Bedeutung der Parteierklärungen, 316.

des Falls vor Gericht bringen[179]. Die Parteierklärung wird unterschieden in das gerichtliche Geständnis (c. 1535 CIC/1983, Art. 179 DC), die Parteierklärung, die nicht Geständnis ist (c. 1536 § 2 CIC/1983, Art. 180 § 2 DC), sowie das außergerichtliche Geständnis (c. 1537 CIC/1983, Art. 181 DC). Die Parteierklärungen unterliegen grundsätzlich der freien Beweiswürdigung des Gerichts, außer Aussagen, die unter Irrtum, Furcht und Angst gemacht wurden (c. 1538 CIC/1983, Art. 182 DC)[180]. Gerichtliche Geständnisse und andere gerichtliche Parteienerklärungen bringen keinen vollen Beweis, wenn nicht weitere Beweiselemente hinzukommen, die sie ganz und gar bekräftigen[181] (Art. 180 DC). Außergerichtliche Geständnisse hingegen unterliegen allein der freien Würdigung des Gerichts (Art. 181 DC) und erbringen keinen vollen Beweis[182].

(2) Urkundenbeweis

Urkunde ist „eine hand- oder maschinenschriftlich festgehaltene gedankliche Äußerung"[183]; sie ist „im engeren technischen Sinn das schriftliche Beweismittel"[184], also „jede schriftliche Aufzeichnung"[185]. Urkunden können je nach Aussteller öffentliche (kirchliche oder staatliche) (c. 1540 §§ 1, 2 CIC/1983, Art. 184 §§ 1, 2 DC) und private Urkunden sein (sonstige) (c. 1540 § 3 CIC/1983, Art. 184 § 3 DC)[186]. So haben öffentliche Urkunden den vollen Beweiswert über das, was direkt und hauptsächlich ihr Inhalt ist (c. 1541 CIC/1983, Art. 185 § 1 DC), wobei es sich um eine gesetzliche Regel handelt, die die freie Beweiswürdigung des Gerichts einschränkt. Private Urkunden haben hingegen nur den Beweiswert, wie er einem außergerichtlichen Geständnis oder einer außergerichtlich abgegebenen Erklärung einer Partei zukommt (c. 1542 CIC/1983, Art. 187 DC)[187].

(3) Zeugenaussagen

Zeuge ist „eine an dem Verfahren unbeteiligte Person [, die] über [die] festzustellenden Tatsachen vor dem Richter aussagt"[188]. Der Zeugenbeweis ist eine prozessuale Handlung, bestehend aus der Aussage vor Gericht über das Wissen oder die Kenntnis

---

179 Vgl. Arroba, Diritto processuale canonico, 402.

180 Vgl. Arroba, Diritto processuale canonico, 433; Walser, Die Parteierklärungen, 344; Platen, Die Bedeutung der Parteierklärungen, 317–323.

181 Vgl. Wirth, Die Würdigung der Partei- und Zeugenaussagen, 115; Walser, Die Parteierklärungen, 345–347; Platen, Die Bedeutung der Parteierklärungen, 342–352.

182 Vgl. Walser, Die Parteierklärungen, 347–348; Platen, Die Bedeutung der Parteierklärungen, 361–368.

183 Wirth, Urkundenbeweis, 86.

184 Mörsdorf, Rechtssprache, 339.

185 Mörsdorf, KanR III, 153.

186 Vgl. Gullo – Gullo, Prassi processuale, 170; Lüdicke, Münsterischer Kommentar, c. 1540, Rn. 3.

187 Vgl. Arroba, Diritto processuale canonico, 447, 449.

188 Mörsdorf, KanR III, 138.

über ein Ereignis der Vergangenheit (vor der Eheschließung) durch eine Person außerhalb der Streitsache, Zeuge genannt[189]. Ebenfalls als Zeuge zu sehen ist der sachverständige Zeuge, der „bereits vor Prozessbeginn über einen konkreten Fall [sein] Wissen [...] gewonnen hat, allerdings in [...] beruflicher Eigenschaft“[190]. Die Zeugen sind zu unterscheiden in qualifizierte Zeugen, die über von ihnen amtlich erledigte Sachen aussagen, und sonstige Zeugen (c. 1573 CIC/1983; Art. 202 DC)[191]. Die Aussage eines Zeugen unterliegt der freien Beweiswürdigung des Gerichts unter Berücksichtigung bestimmter Kriterien nach c. 1572 CIC/1983, Art. 201 DC. Die Aussage eines einzigen Zeugen kann keinen vollen Beweiswert bringen, außer es handelt sich um die Aussage eines qualifizierten Zeugen, der Auskunft über Vorgänge aus seinem amtlichen Aufgabenbereich gibt[192], oder die sachlichen und persönlichen Umstände legen etwas anderes nahe (c. 1573 CIC/1983, Art. 202)[193].

(4) Sachverständige

Sachverständiger ist, „wer in einer Wissenschaft, in einer Kunst oder in sonstiger Beziehung besondere Fachkenntnisse besitzt und diese auf richterliches Ersuchen hin in den Dienst der richterlichen Wahrheitsermittlung stellt. Die Aussage des Sachverständigen heißt Gutachten“[194]. Hierbei erfolgt die fachliche Beurteilung eines Sachverhalts mit wissenschaftlicher Unterstützung von einem in der Materie kompetenten Menschen[195]. Üblicherweise wird das Gericht nach cc. 1574, 1680 CIC/1983, Art. 203 § 1, Art. 208, Art. 209 DC einen oder mehrere Sachverständige bestellen, wenn es sich um medizinische Nichtigkeitsgründe handelt, wie Impotenz, Geisteskrankheit[196] oder Eheunfähigkeit in Fällen des c. 1095 CIC/1983[197], sofern dies nicht aufgrund der Umstände offenkundig zwecklos erscheint. Eine solche Zwecklosigkeit liegt vor, wenn „das erhobene Beweismaterial derart evident unergiebig ist, dass bei vorurteilsfreier Betrachtung kein seriöser Gutachter

---

189 Vgl. Arroba, Diritto processuale canonico, 452.

190 Wirth, Der Sachverständige, 213.

191 Vgl. Arroba, Diritto processuale canonico, 452.

192 Vgl. Lüdicke, „Dignitas connubii“, Art. 202, Rn. 2.

193 Vgl. Arroba, Diritto processuale canonico, 463, 464; Wirth, Die Würdigung der Partei- und Zeugenaussagen, 116; Gullo – Gullo, Prassi processuale, 195.

194 Mörsdorf, KanR III, 148, 149.

195 Vgl. Arroba, Diritto processuale canonico, 468; Gruber, Iudex est iudex peritorum, 354, 355; Lüdicke, Münsterischer Kommentar, c. 1574, Rn. 2.

196 Vgl. Wegan, Ehescheidung möglich, 228.

197 Durch Art. 203 § 1 DC wird gegenüber c. 1680 CIC/1983 eine Neuerung bezüglich Sachverständigen in Ehenichtigkeitsverfahren hinzugefügt, wonach zusätzlich wegen Unfähigkeiten nach c. 1095 CIC/1983 ein Sachverständiger bestellt werden soll, während hingegen nach c. 1680 CIC/1983 nur bei Impotenz und Geisteskrankheit ein Sachverständiger zu bestellen ist (vgl. Garcia Failde, La Instruccion „Dignitas connubii“, Art. 203, 181; Gruber, Iudex est iudexperitorum, 365, 379).

zu einem klagegünstigen Ergebnis gelangen kann“[198] oder im Gegenteil genügend Unterlagen vorliegen, die die Nichtigkeit der Ehe hervorheben[199], etwa bereits erbrachte Gutachten. Aufgabe des Sachverständigen ist es, aus „fachlicher Sicht überzeugend darzutun, ob ein rechtserheblicher Tatbestand [bereits] im Zeitpunkt der Eheschließung vorgelegen hat“[200]. Hierzu legt das Gericht im Begutachtungsauftrag die Punkte fest, die durch den Sachverständigen begutachtet werden sollen (c. 1577 § 1 CIC/1983, Art. 207 § 1 DC)[201]. Sofern es zweckdienlich erscheint und sich die betroffene Person einer Begutachung nicht verweigert, kann eine persönliche Untersuchung eines Partners erfolgen[202]. Die überwiegende Anzahl der Gutachten wird nur auf der Grundlage der durch das Gericht zur Verfügung gestellten Sachakten (c. 1577 § 2 CIC/1983, Art. 207 § 2 DC) erstellt. Der Sachverständige muss sein Gutachten im Eheverfahren schriftlich abfassen, kann aber dann auch vor Gericht geladen werden, um seine Schlussfolgerungen mündlich zu bestätigen und eventuelle Fragen aufzuklären (c. 1578 § 3 CIC/1983, Art. 211 DC)[203]. Daneben soll das Gericht nach cc. 1680, 1574 CIC/1983, Art. 203 § 2 DC einen Sachverständigen beiziehen, so oft dies erforderlich ist, um eine Tatsache zu beweisen oder die wahre Natur eines Sachverhalts zu erkennen, oder wenn die Echtheit irgendeines Schriftstückes zu untersuchen ist[204]. Entscheidend für die Urteilsfindung ist daher, dass „der Richter die Bedeutung einer bewiesenen Tatsache für die rechtliche Bewertung nicht selbst bestimmen kann“[205]. Das Sachverständigengutachten unterliegt der freien Beweiswürdigung durch das Gericht, weshalb es nicht an die Schlussfolgerungen des Sachverständigen allein gebunden ist, sondern auch die übrigen Umstände der Ehesache zu berücksichtigen hat[206] (c. 1579 § 1 CIC/1983, Art. 212 § 1 DC). Daher ist das Sachverständigengutachten zusammen mit den anderen Beweisen zu sehen, um dessen Überbewertung zu vermeiden[207]. Der Sachverständige ist nur Berater des Gerichts[208]; das Gericht und nicht der Sachverständige fällt das Urteil.

---

198 Wirth, Der Sachverständige, 219; vgl. Lüdicke, Münsterischer Kommentar, c. 1680/2, Rn. 3.
199 Vgl. Garcia Failde, La Instruccion „Dignitas connubii“, Art. 203, 182; Lüdicke, Münsterischer Kommentar, c. 1680, Rn. 3.
200 Wirth, Der Sachverständige, 215.
201 Vgl. Wirth, Der Sachverständige, 222.
202 Vgl. Wirth, Der Sachverständige, 223.
203 Vgl. Wegan, Ehescheidung möglich, 228; Wirth, Der Sachverständige, 224.
204 Vgl. Gruber, Iudex est iudex peritorum, 362.
205 Lüdicke, „Dignitas connubbi“, Art. 203, Rn. 4.
206 Vgl. Uhrmann, Die Bewertung von Gutachten, 631–633.
207 Vgl. Wirth, Der Sachverständige, 227, 228; Gullo – Gullo, Prassi processuale, 212.
208 Vgl. Wirth, Der Sachverständige, 215; Schöch, Die kirchenrechtliche Interpretation, 268.

(5) Weitere Mittel des Beweises
Nach c. 1679 CIC/1983, Art. 180 § 2 DC soll der Richter zur Würdigung der Parteiaussagen nach c. 1536 CIC/1983 außer sonstigen Indizien und Beweisstützen nach Möglichkeit Zeugen zur Bestätigung der Glaubwürdigkeit der Parteien beiziehen. Hierdurch kann der volle Beweis erbracht und die moralische Gewissheit im Sinne des c. 1608 CIC/1983 darauf gestützt werden[209].

Einzubeziehen ist auch die Vermutung nach c. 1584 CIC/1983, Art. 214 DC, „wenn auf Grund einer feststehenden Tatsache das Vorliegen einer anderen Tatsache als wahr oder unwahr angenommen wird. Es gibt Vermutungen, die das Gesetz aufgestellt hat, so dass bei Vorliegen eines bestimmten Sachverhalts ein weiterer [...] Sachverhalt anzunehmen ist (Rechtsvermutung [c. 1585 CIC/1983]) und Vermutungen, die der Richter anstellt [c. 1586 CIC/1983], indem er aus einem bestimmten Sachverhalt einen weiteren Sachverhalt folgert (Indizienbeweis)“[210] (c. 1584 CIC/1983, Art. 214 DC). Derartige Rechtsvermutungen befreien die klagende Partei von der Beweislast, die der Gegenseite zufällt (c. 1585 CIC/1983, Art. 215 DC). Die Indizienbeweise sind selbständige Beweismittel[211] und können den vollen Beweis erbringen. Der richterliche Augenschein spielt in Ehenichtigkeitsverfahren nur eine untergeordnete Rolle.

cc) Beweiserhebung
Die Beweiserhebung bei Personen erfolgt nach cc. 1534, 1561, 1578 § 3 CIC/1983, Art. 166 DC durch gerichtliche Befragung der Parteien und durch die Vernehmung der Zeugen die nach cc. 1556, 1578 § 3 CIC/1983, Art. 163 § 1, Art. 211 DC zu laden sind[212]. Dabei wird grundsätzlich jede zu vernehmende Person einzeln vom Richter befragt. Neben der befragten Person und dem Richter ist zusätzlich nur ein Notar anwesend[213]. In gleicher Weise werden auch beauftragte Sachverständige befragt.

Die Beweiserhebung bei Urkunden erfolgt nach c. 1544 CIC/1983, Art. 190 DC durch Vorlage in Urschrift oder in authentischer Abschrift, damit sie vom Richter, vom Bandverteidiger und von den Parteien sowie ihren Anwälten geprüft werden können[214].

g) Aktenoffenlegung, Akteneinsicht und Aktenschluss

Nach Erhebung aller für das Verfahren erforderlichen Beweise verfügt der Richter von Amts wegen durch Dekret die Aktenoffenlegung (c. 1598 § 1 CIC/1983,

---

209 Vgl. Gullo – Gullo, Prassi processuale, 166; Lüdicke, Münsterischer Kommentar, c. 1679, Rn. 3, 4; Aymans, KanR 4, 540, 541.
210 Mörsdorf, KanR III, 158; vgl. Lüdicke, „Dignitas connubii“, Art. 214, Rn. 4.
211 Vgl. Wirth, Das Streitverfahren, 1180; Lüdicke, „Dignitas connubii“, Art. 214, Rn. 4, 5.
212 Vgl. Wegan, Ehescheidung möglich, 227.
213 Vgl. Lüdicke, „Dignitas connubii“, Art. 165, Rn. 1.
214 Vgl. Wegan, Ehescheidung möglich, 227.

Art. 229 §§ 1, 2 DC)[215]. Damit wird die Möglichkeit zur Einsichtnahme und zur Prüfung der erhobenen Beweise durch die Parteien und ihre Anwälte eröffnet (Art. 229 §§ 2, 3 DC). Diese Einsicht oder vielmehr die Prüfung der Unterlagen muss innerhalb einer gerichtlich bestimmten Frist erfolgen (Art. 233 § 1 DC). Die Anwälte können Kopien der Akten erhalten (c. 1598 § 1 CIC/1983, Art. 235 § 1 DC), unter der schwerwiegenden Pflicht sie nicht weiterzugeben, auch nicht an die Parteien (Art. 235 § 2 DC)[216]. Der Hauptzweck der Offenlegung der Akten wird im Respekt des fundamentalen Rechts auf Verteidigung gesehen: es kann kein Urteil ohne ein streitiges Verfahren geben; es kann kein streitiges Verfahren ohne Kenntnis der vorhandenen Beweise geben (cc. 1598 § 1, 1620, 7°, 1622, 5° CIC/1983, Art. 230, Art. 231 DC). Mit dem primären Zweck eng verbundenes sekundäres Ziel ist es, Anträge auf weitere Untersuchungen stellen zu können, um die Beweise zu vervollständigen (c. 1598 § 2 CIC/1983, Art. 236 DC)[217]. Die vollständige Kenntnis der Akten ist Prämisse, damit die Parteien die Lücken in ihrem Fall bewerten und dann das Gericht bitten können, neue Beweise zu erheben, um die eigene prozessuale Stellung zu verbessern[218]. Eine fehlende Aktenoffenlegung bewirkt die heilbare Nichtigkeit des nachfolgenden Urteils, jedoch die unheilbare Nichtigkeit, sofern damit das Recht verweigert wird, sich zu verteidigen[219] (cc. 1598, 1620, 7°, 1622, 5° CIC/1983, Art. 231, Art. 270, 7°, Art. 272, 5° DC).

Nach Beweiserhebung und eventuellen Beweisergänzungen wird durch Dekret der Aktenschluss verfügt (cc. 1599, 1600 CIC/1983, Art. 237–239 DC). Der Aktenschluss (conclusio in causa) ist eine prozessuale Handlung, die die Beweisaufnahme endgültig abschließt und die Phase der Diskussion eröffnet[220]. Von diesem Zeitpunkt an können nach c. 1600 § 3 CIC/1983, Art. 239 § 3 DC neue Beweismittel nur unter erschwerten Umständen eingeführt werden. Üblicherweise setzt der Richter im gleichen Dekret des Aktenschlusses die Frist zur Vorlage der Verteidigungsschriften oder zum Vorbringen von Einwendungen (c. 1601 CIC/1983, Art. 240 DC)[221].

h) Sacherörterung sowie Möglichkeit mündlicher Erörterung

Der Phase der Entscheidung vorgelagert ist die Diskussion. Sie ist eine prozessuale Handlung bestehend aus der Beurteilung der Fakten durch die Parteien bezüglich

215 Vgl. Vanzetto, La fase istruttoria, 296; Lüdicke, „Dignitas connubii", Art. 229, Rn. 3; Aymans, KanR 4, 472.
216 Vgl. Vanzetto, La fase istruttoria, 296.
217 Vgl. Vanzetto, La fase istruttoria, 297.
218 Vgl. Gullo – Gullo, Prassi processuale, 221.
219 Vgl. Canonico, Note di Commento, 58.
220 Vgl. Arroba, Diritto processuale canonico, 501; Lüdicke, „Dignitas connubii", Art. 237, Rn. 2–4.
221 Vgl. Vanzetto, La fase istruttoria, 297.

der Ergebnisse der Untersuchung[222]. Hierzu haben bzw. können nach c. 1602 § 1 CIC/1983, Art. 240 § 1 DC die klagende und nichtklagende Partei ihre Stellungnahmen zum Beweismaterial (defensiones) und der Bandverteidiger seine Einwendungen (animadversiones) vorlegen. Nach Austausch der Schriftsätze steht jeder Partei das Recht zur einmaligen Erwiderung zu (c. 1603 § 1 CIC/1983, Art. 242 § 1 DC). Als letztes ist aber jeweils nach c. 1603 § 3 CIC/1983, Art. 243 § 1 DC immer der Bandverteidiger zu hören. Zudem kann auf Anordnung des Richters eine maßvolle mündliche Erörterung zur Klärung noch offener Fragen nach c. 1604 § 2 CIC/1983, Art. 244 § 1 DC stattfinden[223].

i) Richterliche Entscheidung

Nach c. 1607 CIC/1983, Art. 246 DC entscheidet das Gericht durch ein Endurteil über die Klage. Voraussetzung für die Urteilsfällung ist die Gewissheitsbildung. Der Richter muss bezüglich der Richtigkeit seiner Entscheidung moralische Gewissheit erlangt haben, d. h. eine jeden vernünftigen Zweifel ausschließende Gewissheit (c. 1608 § 1 CIC/1983, Art. 247 § 1 DC)[224]. Die moralische Gewissheit ist ein „mittleres Maß der Sicherheit zwischen der jeden Zweifel ausschließenden, absoluten Gewißheit und der bloßen Wahrscheinlichkeit“[225]. Absolute Gewissheit ist „jene, in der jeder mögliche Zweifel bezüglich der Wahrheit der Tatsache und der Grundlosigkeit des Gegenteils vollständig ausgeschlossen ist“[226]. Hingegen schließt die Wahrscheinlichkeit nicht jeden vernünftigen Zweifel aus[227] und bietet „keine genügende Grundlage für ein gerichtliches Urteil bezüglich der objektiven Wahrheit der Tatsachen“[228]. In den Fällen, in denen der Richter nicht die hinreichende moralische Gewissheit erlangt, muss der Richter für die vom Recht begünstigte Sache entscheiden (cc. 1060, 1608 § 4 CIC/1983, Art. 247 § 5 DC)[229]. Das Urteil wird von den erkennenden Richtern in einer Urteilssitzung gefällt (cc. 1609, 1610 CIC/1983, Art. 248 DC)[230]. Nach Art. 248 § 6 DC soll der Vorsitzende die gefallene Entscheidung in der Form einer affirmativen oder negativen Antwort auf die vorgeschlagene Prozessfrage niederschreiben und sie zusammen mit den anderen Richtern unterschreiben.

---

222 Vgl. Arroba, Diritto processuale canonico, 506; Lüdicke, „Dignitas connubii“, Art. 240, Rn. 1.

223 Vgl. Arroba, Diritto processuale canonico, 507, 508; Wegan, Ehescheidung möglich, 229.

224 Vgl. Arroba, Diritto processuale canonico, 613; Puza, Die Wahrheitsfindung, 195; Lüdicke, „Dignitas connubii“, Art. 247, Rn. 3.

225 Mörsdorf, KanR III, 177.

226 Grocholewski, Die moralische Gewißheit, 23.

227 Vgl. Grocholewski, Die moralische Gewißheit, 23.

228 Grocholewski, Die moralische Gewißheit, 23.

229 Vgl. Arroba, Diritto processuale canonico, 516; Lüdicke, Münsterischer Kommentar, c. 1608, Rn. 11.

230 Vgl. Schwendenwein, Das neue Kirchenrecht, 497.

Die Ausarbeitung der Urteilsausfertigung obliegt dem Vorsitzenden oder dem Berichterstatter, wobei die Ausarbeitung den einzelnen Richtern zur Genehmigung vorzulegen ist, da im Rahmen der Urteilssitzung lediglich über den Urteilstenor entschieden wird (c. 1610 § 2 CIC/1983, Art. 249 §§ 1–3 DC).

Nach c. 1614 CIC/1983, Art. 249 § 5 DC ist das Urteil innerhalb eines Monats gerechnet vom Tag der Urteilsfällung an, bekannt zu geben. Die Verkündung erfolgt regelmäßig durch Zusendung einer Ausfertigung des Urteils an die Parteien oder ihre Prozessbevollmächtigten (c. 1614 CIC/1983, Art. 258 DC)[231]. Die Urteilsausfertigung muss das Gericht, die Parteien und deren Vertreter benennen sowie den Tatbestand und die Urteilsbegründung in rechtlicher und tatsächlicher Hinsicht darstellen. Sie muss die Unterschrift der erkennenden Richter und des Notars enthalten (c. 1612 CIC/1983, Art. 253 § 4 DC). Die Urteilsverkündigung muss zudem eine Belehrung über die Rechtsmittel enthalten (c. 1614 CIC/1983, Art. 257 § 2 DC)[232].

j) Anfechtung eines Urteils

Mit der Anfechtung eines Urteils kann auf mögliche Fehler und Ungerechtigkeiten, die nie ausgeschlossen sind, reagiert werden[233]. Die Rechtsmittel sind ordentliche oder außerordentliche Mittel gegen das angebliche Unrecht oder gegen formale Mängel der Entscheidung; sie werden den Parteien (öffentlich oder privat) zugestanden, die sich durch den Ausspruch des Gerichts beschwert fühlen. Die Rechtsmittel sind an das Gericht, das das Endurteil erlassen hat, oder an das übergeordnete Gericht zu richten mit dem Antrag auf Aufhebung oder Abänderung des Ausspruchs des Gerichts erster Instanz[234]. Als Anfechtungsformen kommen die Nichtigkeitsbeschwerde und die Berufung in Frage. Mit diesen beiden Rechtsmitteln stehen Anfechtungsformen mit unterschiedlichen Zielrichtungen zur Verfügung.

Die Nichtigkeitsbeschwerde (cc. 1620, 1622 CIC/1983, Art. 270, 272 DC) ist ein Rechtsmittel der Anfechtung gegen ein ergangenes Urteil, das nach Auffassung des Rechtsmittelführers einen Fehler enthält, der die Nichtigkeit bewirkt hat, die nicht nach den Normen des Rechts geheilt worden ist[235]. Ziel ist „die Feststellung der Nichtigkeit des Urteils“[236]. Es kann ein Urteil wegen Verstoßes gegen eine wesentliche Verfahrensvorschrift angegriffen werden[237]. Der angegriffene Fehler kann auf einer Pflichtverletzung des Richters oder des Gerichts beruhen[238].

231 Vgl. Arroba, Diritto processuale canonico, 520.
232 Vgl. Schwendenwein, Das neue Kirchenrecht, 497.
233 Vgl. Arroba, Diritto processuale canonico, 529.
234 Vgl. Gullo – Gullo, Prassi processuale, 263.
235 Vgl. Arroba, Diritto processuale canonico, 534.
236 Mörsdorf, KanR III, 196; vgl. Feldhans, Die Berufung, 219.
237 Vgl. Wirth, Das Streitverfahren, 1182, 1183; Ewers, Die Nichtigkeitsbeschwerde, 15; Lüdicke, „Dignitas connubii“, Art. 270, Rn. 1.
238 Vgl. Lüdicke, „Dignitas connubii“, Art. 270, Rn. 2.

Die Berufung (c. 1628 CIC/1983, Art. 279 DC) ist ein Rechtsmittel gegen eine gültige Entscheidung, die aber im Ganzen oder in Teilen durch die Parteien als ungerecht betrachtet wird. Sie besteht im Antrag auf Überprüfung der ersten Entscheidung und der Anerkennung des Ausspruchs, der in erster Instanz nicht erreicht wurde[239]. Es ist die typische Form des Berufungsverfahrens und bewirkt die uneingeschränkte Prüfung der Entscheidung aus der ersten Instanz[240]. Es kann also die inhaltliche Überprüfung des Endurteils durch das Berufungsgericht erreicht werden[241].

Die Wiedereinsetzung in den vorigen Stand (c. 1645 CIC/1983) hingegen kommt in Ehenichtigkeitsverfahren nicht in Frage, da „sich hierfür ein rechtskräftig gewordenes und formal gültiges Urteil als offensichtlich ungerecht"[242] erweisen muss. Da Urteile in Personenstandsverfahren nach c. 1643 CIC/1983, Art. 289 § 1 DC nie in Rechtskraft erwachsen, scheidet die Wiedereinsetzung in den vorigen Stand aus[243].

k) Weiterleitung an Berufungsgericht

Unabhängig von der Anfechtung durch die Parteien wird ein Endurteil, das erstmals eine Ehe für nichtig erklärt hat, nach c. 1682 § 1 CIC/1983, Art. 264 DC von Amts wegen innerhalb von 20 Tagen seit der Urteilsverkündigung an das Berufungsgericht übermittelt[244]. Das Berufungsgericht hat in Würdigung der Stellungnahme seines Bandverteidigers und – soweit vorliegend – der Parteien das Urteil der ersten Instanz unverzüglich entweder durch Dekret unmittelbar zu bestätigen oder die Sache zur ordentlichen Untersuchung in weiterer Instanz anzunehmen, wobei in diesem Fall danach durch Urteil zu entscheiden ist (c. 1682 § 2 CIC/1983, Art. 265 § 1 DC)[245]. In beiden Fällen müssen in der Entscheidung zumindest summarisch – unter der Sanktion der Nichtigkeit – kurz die Gründe dargelegt werden. Wird die Sache zur ordentlichen Verhandlung angenommen, muss ferner angegeben werden, welche

---

239 Vgl. Arroba, Diritto processuale canonico, 546; Mörsdorf, KanR III, 191; Morhard, Die gerichtliche Berufung, 162; Feldhans, Die Berufung, 218, 225; Lüdicke, „Dignitas connubii", Art. 279, Rn. 1.

240 Vgl. Arroba, Diritto processuale canonico, 546.

241 Vgl. Wirth, Das Streitverfahren, 1182, 1183.

242 Mörsdorf, KanR III, 191.

243 Vgl. Canonico, Note di Commento, 72; Colagiovanni, De re iudicata, 300; Lüdicke, „Dignitas connubii", Art. 289, Rn. 1, 2.

244 Vgl. Feldhans, Die Berufung, 219, 224; Schöch, Bestätigung durch Dekret, 100, 101; Lüdicke, Zum Berufungssystem, 522, Assenmacher, Die Eheverfahren, 1197; Schöch, Das Bestätigungsdekret, 468, 469.

245 Vgl. Arroba, Diritto processuale canonico, 530, 531; Gullo – Gullo, Prassi processuale, 296; Feldhans, Die Berufung, 231, 233; Schöch, Bestätigung durch Dekret, 107; Lüdicke, Zum Berufungssystem, 523; Wegan, Ehescheidung möglich, 228.

Ergänzungen der Untersuchung für notwendig erachtet werden (c. 1617 CIC/1983, Art. 265 §§ 4, 5 DC)[246].

Eine ordentliche Untersuchung in zweiter Instanz ist wie ein Verfahren in erster Instanz durchzuführen (c. 1640 CIC/1983, Art. 267 § 1 DC)[247]. Im Rahmen der ordentlichen Verhandlung erfolgt erneut die Ladung, die Streitfestlegung sowie - sofern nach c. 1640 CIC/1983, Art. 267 § 2 DC erforderlich - ein neues Beweisverfahren mit Aktenoffenlegung, ansonsten unmittelbar die Sacherörterung mit anschließender Urteilsfällung.

l) Rechtskraft und Umsetzung

Nach c. 1643 CIC/1983, Art. 289 § 1 DC erwachsen Endurteile in Ehenichtigkeitsverfahren niemals in Rechtskraft[248]. Nachdem das Urteil, das die Nichtigkeit einer Ehe zum ersten Mal festgestellt hat, in der Berufungsinstanz entweder durch Dekret oder durch ein zweites Urteil bestätigt worden ist, haben die Parteien, deren Ehe für ungültig erklärt worden ist, das Recht zu einer neuen Eheschließung, sobald ihnen das Dekret oder das zweite bestätigende Urteil bekanntgegeben worden ist (c. 1684 CIC/1983, Art. 301 DC)[249]. Damit kann das Urteil umgesetzt werden, d. h. die Ehepartner sind wieder frei vom Band der Ehe, die für nichtig erklärte Ehe stellt kein Hindernis mehr dar und die ehemaligen Ehepartner können eine neue Ehe eingehen.

Nach c. 1644 § 1 CIC/1983, Art. 290 § 1 DC kann in Personenstandsverfahren auch nach zwei gleichlautenden Urteil (c. 1641, 1° CIC/1983, Art. 291 §§ 1, 2 DC), durch die eine Ehe für nichtig erklärt wurde, von den Parteien jederzeit das Berufungsgericht angerufen werden. Berufungsgericht ist die nächsthöhere Instanz desjenigen Gerichts, von dem das zweite gleichlautende Urteile ergangen ist[250]. Ziel einer Anrufung dieser nächsthöheren Instanz ist die Durchbrechung der ohnehin eingeschränkten Rechtskraft nach vorherigen zwei gleichlautenden Urteilen. Nach Vorlage neuer Beweise und Begründungen beim Berufungsgericht hat dieses innerhalb eines Monats durch Dekret festzustellen, ob der Antrag auf Wiederaufnahme des Verfahres zugelassen oder abgelehnt wird[251].

Sollte die Wiederaufnahmeinstanz, idR ist die genannte nächsthöhere Instanz das Gericht der Römischen Rota[252], zu der Auffassung gelangen, dass die von der Vorinstanz ursprünglich erklärte Nichtigkeit einer Ehe nicht erwiesen ist, so ist

---

246 Vgl. Gullo – Gullo, Prassi processuale, 296; Arroba, Diritto processuale canonico, 557; Schöch, Das Bestätigungsdekret, 471–474.

247 Vgl. Arroba, Diritto processuale canonico, 555; Lüdicke, „Dignitas connubii“, Art. 289, Rn. 2.

248 Vgl. Schöch, Die Wiederaufnahme, 64; Aymans, KanR 4, 493.

249 Vgl. Lüdicke, „Dignitas connubii“, Art. 301, Rn. 2.

250 Vgl. Aymans, KanR 4, 518; Lüdicke, „Dignitas connubii“, Art. 290, Rn. 4.

251 Vgl. Schöch, Die Wiederaufnahme, 73, 74.

252 Vgl. Lüdicke, „Dignitas connubii“, Art. 290, Rn. 5.

eine eventuell inzwischen neu eingegangene Ehe aufgrund fortbestehendem Ehebandes (c. 1085 § 1 CIC/1983) nichtig.

m) Gerichts- und Anwaltskosten

Nach c. 1649 § 1 CIC/1983, Art. 303 § 1 DC sind Bestimmungen für die Gerichtskosten an den Diözesangerichten durch die Diözesanbischöfe zu erlassen. Daher haben die Diözesanbischöfe in der Bundesrepublik Deutschland im Prinzip ähnlich lautende Gerichtskostenordnungen in Kraft gesetzt. Hiernach betragen die Gebühren für ein ordentliches Ehenichtigkeitsverfahren für die 1. Instanz 200 Euro sowie für ein ordentliches Ehenichtigkeitsverfahren in 2. Instanz 100 Euro[253]. Hingegen nur empfehlenden Charakter hat die von den Diözesanbischöfen erlassene Gebührenordnung für Anwälte mit Maximalbeträgen für die bei einem Ehenichtigkeitsverfahren typischerweise anfallenden Tätigkeiten[254].

n) Eintragung im Ehe- und Taufbuch

Nach c. 1685 CIC/1983, Art. 300 § 1 DC muss der Gerichtsvikar das vollstreckbare Urteil über die Nichtigkeit einer Ehe unverzüglich dem Ordinarius des Eheschließungsortes bekanntgeben. Dieser muss veranlassen, dass die ausgesprochene Ehenichtigkeit im Ehe- und Taufbuch eingetragen wird. Hierzu muss nach c. 1123 CIC/1983 der Pfarrer des Eheschließungsortes informiert werden, damit die Eintragung im Ehe- und Taufbuch berichtigt wird.

2. Verfahren aufgrund von Urkunden

Die Rechtsgrundlagen für das Verfahren zur Feststellung der Nichtigkeit einer Ehe aufgrund von Urkunden sind die cc. 1686–1688 CIC/1983, Art. 295–299 DC, sowie ergänzend die cc. 1400–1655, 1671–1685 CIC/1983. Das Verfahren aufgrund von Urkunden ist – wie das ordentliche Ehenichtigkeitsverfahren – ein Gerichtsverfahren, wenn auch auf wenige Verfahrensschritte reduziert: Ladung der Parteien, Handeln des Ehebandverteidigers, Entscheidung. Es wird deshalb Verfahren aufgrund von Urkunden genannt, weil die Beweise auf unbestrittenen Dokumenten basieren[255].

---

253 Die Veröffentlichung erfolgte in den Amtsblättern der einzelnen Diözesen, z. B. ABl. München und Freising 2001, 156; ABl. Rottenburg-Stuttgart 2001, 372; ABl. Speyer 2000, 280; im übrigen zur Fundstelle in den jeweiligen Amtsblättern vgl. Wenner, Beschlüsse DBK, Nr. 600 Ehenichtigs- verfahren.

254 Vgl. Wenner, Beschlüsse DBK, Nr. 603 Ordnung für Anwaltsgebühren in kirchlichen Ehenichtigkeitsverfahren, nur veröffentlicht im ABl. Speyer 2001, 281, während auf diese Ordnung nur hingewiesen wird im ABl. Freiburg 2001, 41, ABl. Limburg 2001, 205, ABl. Magdeburg 2001, 30, ABl. Mainz 2001, 33, ABl. Rottenburg-Stuttgart 2001, 372.

255 Vgl. Pinto, Commento al codice dei canonici delle chiese orientali, 1088.

a) Einreichung einer Klageschrift mit entsprechendem Hinweis

Eingeleitet wird das Verfahren aufgrund von Urkunden – in gleicher Weise wie im ordentlichen Verfahren zur Feststellung der Nichtigkeit einer Ehe – durch Einreichung einer Klageschrift gemäß Art. 114–117 DC an den nach Art. 10 DC zuständigen Gerichtsvikar (Art. 295, Art. 296 § 1 DC)[256].

b) Ladung der Parteien und Beteiligung des Bandverteidigers

Die Ladung der Parteien wird durch einen Einzelrichter, also durch den Gerichtsvikar oder einen von ihm bestimmten Richter[257] unter Außerachtlassung der Förmlichkeiten des ordentlichen Gerichtsverfahrens (Art. 295 DC) vorgenommen. Außerdem ist der Bandverteidiger zu beteiligen, damit dieser seine Pflichten wahrnehmen kann, Urkundenbeweise, Einsprüche und Einreden vorzubringen, welche zum Schutz des Ehebandes beitragen[258].

c) Beweiserhebung

Das Verfahren aufgrund von Urkunden kann nur Anwendung finden, „wenn sich die Nichtigkeit der Ehe durch einen Urkundenbeweis feststellen lässt“[259], also bei urkundlich beweisbaren trennenden Ehehindernissen und Fehlern bei der Eheschließungsform[260]. Im Rahmen der Beweiserhebung können nur Urkunden herangezogen werden, gegen die ein Widerspruch oder eine Einrede nicht erhoben wurde. Auch muss feststehen, dass von dem Ehehindernis – sofern dispensabel – keine Dispens erteilt wurde[261] (cc. 1686 CIC/1983, Art. 295 § 1 DC). Durch die Reduzierung auf zwei Argumente im Rahmen der Beweisaufnahme wird eine Beschleunigung erreicht: ein Dokument, das die Existenz der Nichtigkeit einer Ehe wegen eines Hindernisses oder eines Formfehlers beweist und der andere Beweis, der die fehlende Dispens belegt[262]. Die fehlende Dispens kann regelmäßig nicht durch Vorlage von Urkunden nachgewiesen werden; der Nachweis kann aber „auf jede andere rechtmäßige

256 Vgl. Arroba, Diritto processuale canonico, 616; Fahrnberger, Das Verfahren aufgrund von Urkunden, 447, 449; Aymans, KanR 4, 549.

257 Vgl. Arroba, Diritto processuale canonico, 615; Fahrnberger, Das Verfahren aufgrund von Urkunden, 445, 446, 450.

258 C. 1432 CIC/1983, Art. 56 § 3 DC; vgl. Fahrnberger, Das Verfahren aufgrund von Urkunden, 450.

259 Assenmacher, Die Eheverfahren, 1200.

260 Vgl. Assenmacher, Die Eheverfahren, 1200; Fahrnberger, Das Verfahren aufgrund von Urkunden, 438, 440–445; Lüdicke, „Dignitas connubii“, Art. 295, Rn. 2.

261 Vgl. Assenmacher, Die Eheverfahren, 1200; Aymans, KanR 4, 547.

262 Vgl. Arroba, Diritto processuale canonico, 616.

Weise"[263] erfolgen. So kann im Einzelfall eine Nachfrage bei den für die Erteilung der Dispens zuständigen Autoritäten den Nachweis der fehlenden Dispens in der Weise erbringen, als keine Eintragungen in den Kirchenbüchern bestehen[264].

d) Richterliche Entscheidung durch Urteil

Nach c. 1686 CIC/1983, Art. 295 DC erfolgt die richterliche Entscheidung durch Urteil eines Einzelrichters[265]. Bei Zweifel an einem Vorgehen im Verfahren aufgrund von Urkunden kann ein Urteil über die Feststellung der Nichtigkeit nicht ergehen; durch Dekret der Verweisung der Sache muss entschieden werden, dass die Sache in einem ordentlichen Ehenichtigkeitsverfahren weiterzuführen ist (Art. 296 § 2 DC). Dieses Dekret ist nicht rekursfähig[266].

e) Berufungsrecht des Bandverteidigers sowie der Parteien

Bei begründetem Zweifel, ob die Mängel nach c. 1686 CIC/1983 oder die Nichterteilung der Dispens sicher feststehen, muss der Bandverteidiger nach c. 1687 § 1 CIC/1983, Art. 298 § 1 DC Berufung an den Richter der zweiten Instanz einlegen[267]. Nach eingelegter Berufung muss nach Anhörung der Parteien und unter Berücksichtigung der Stellungnahme des Bandverteidigers entschieden werden, ob das Urteil erster Instanz durch Urteil bestätigt werden kann oder ob die Sache zur ordentlichen Prüfung an das Gericht erster Instanz zurückverwiesen werden muss (c. 1688 CIC/1983, Art. 299 DC)[268]. Nach c. 1687 § 2 CIC/1983, Art. 298 § 1 DC kann eine ergangene Entscheidung aber auch von einer beschwerten Partei mit der Berufung angegriffen werden[269]. Die Entscheidung über die Berufung ergeht durch einen Einzelrichter (c. 1688 CIC/1983, Art. 299 DC)[270].

---

263 Diese Auslegung wurde für die Vorgängernorm (c. 1990 CIC/1917) durch die Pontificio Commissio ad codicis canones authentice interpretandos 1931 so entschieden; vgl. Mörsdorf, KanR III, 253; vgl. Jone, Band 3, 339.

264 Vgl. Lüdicke, Der kirchliche Ehenichtigkeitsprozeß, 323, c. 1686, Rn. 7.

265 Vgl. Fahrnberger, Das Verfahren aufgrund von Urkunden, 450.

266 Vgl. Arroba, Diritto processuale canonico, 616; Fahrnberger, Das Verfahren aufgrund von Urkunden, 451.

267 Vgl. Fahrnberger, Das Verfahren aufgrund von Urkunden, 451; Aymans, KanR 4, 549.

268 Vgl. Arroba, Diritto processuale canonico, 616.

269 Vgl. Arroba, Diritto processuale canonico, 616; Fahrnberger, Das Verfahren aufgrund von Urkunden, 447.

270 Vgl. Arroba, Diritto processuale canonico, 615; Fahrnberger, Das Verfahren aufgrund von Urkunden, 452.

f) Vollziehbarkeit

Nach Art. 301 § 2 DC besteht das Recht zur erneuten Eheschließung, wenn die Ehe im Urkundenverfahren durch ein Urteil, gegen das keine Berufung eingelegt wurde, für nichtig erklärt wurde[271]. Die grundsätzliche Regelung zweier gleichlautender Urteile in c. 1682 § 2 CIC/1983 als Voraussetzung für die Vollziehbarkeit nach c. 1684 CIC/1983 ist insoweit eingeschränkt[272].

g) Kosten

Zu Gerichts- und Anwaltskosten wird auf die Ausführungen in Abschnitt D. I. 1. m) verwiesen. Abweichend von der dort genannten Höhe fallen aber beim Verfahren aufgrund von Urkunden nur 50 €[273].

h) Eintragung im Ehe- und Taufbuch

Es gilt das unter D. I. 1. n) beschriebene Verfahren analog.

3. Antrag auf Feststellung der Nichtigkeit einer Ehe wegen Formmangels

Die rechtlichen Grundlagen für den Antrag auf Feststellung der Nichtigkeit einer Ehe wegen Nichteinhaltung der kanonischen Eheschließungsform bilden die cc. 1066, 1067 CIC/1983, Art. 5 § 3, Art. 297 § 2 DC, c. 6 § 2 CIC/1983 iVm. c. 1372 § 2 CCEO[274] sowie c. 16 §§ 1, 2 CIC/1983 iVm. dem Responsum ad proposita dubia der Pontificia Commissio Codici iuris canonici authenice interpretando vom 11. Juli 1984.

a) Antrag über den Pfarrer an den Ortsordinarius

Im Rahmen des pfarramtlichen Ermittlungsverfahrens (Brautexamen) nach cc. 1066, 1067 CIC/1983, muss sichergestellt werden, dass einer gültigen und erlaubten

---

271 Vgl. Fahrnberger, Das Verfahren aufgrund von Urkunden, 451; Aymans, KanR 4, 549.

272 Vgl. Fahrnberger, Das Verfahren aufgrund von Urkunden, 451.

273 Vgl. Veröffentlichung der Gerichtskostenordnungen in den Amtsblättern der einzelnen Diözesen, vgl. Wenner, Beschlüsse DBK, Nr. 600, 603 Ehenichtigsverfahren.

274 „Wenn es sich aber um jemanden handelt, der die im Recht vorgeschriebene Eheschließungsform hätte wahren müssen, aber die Eheschließung vor einem weltlichen Beamten oder vor einem nicht-katholischen Amtsträger versucht hat, reicht die in c. 784 CCEO [vorgesehen] voreheliche Nachforschung, seinen Ledigenstand nachzuweisen" (Übersetzung nach Gerosa – Krämer – Ludwig – Budin, Gesetzbuch der katholischen Ostkirche, c. 1372, 661).

Eheschließung nichts im Wege steht[275]. Zur Durchführung des Brautexamens hat die Deutsche Bischofskonferenz die Normen zur Ehevorbereitung, Eheschließung und Registrierung von Eheschließungen sowie das Ehevorbereitungsprotokoll beschlossen[276]; diese Normen besitzen den Charakter von Partikulargesetzen[277]. Sofern sich bei der pfarramtlichen Prüfung herausstellt, dass auf Seiten eines Partners eine Vorehe besteht, die wegen „Nichtbeachtung der kanonischen Eheschließungsform durch Katholiken des lateinischen Ritus nicht gültig zustande gekommen sein könnte, [...] ist [von Amts wegen] beim zuständigen Ortsordinarius die Feststellung der Nichtigkeit dieser Vorehe auf dem Verwaltungswege und das Nihil obstat für die bevorstehende Ehe zu erbitten“[278]. Dieser Antrag auf Feststellung der Nichtigkeit der Vorehe ist dem Ehevorbereitungsprotokoll beizufügen.

b) Erforderliche Ermittlungen bei Prüfung des Ledigenstandes

Die Ehenichtigkeitserklärung im Verwaltungsverfahren kann nach Art. 5 § 3, Art. 297 § 2 DC nur zur Anwendung kommen, wenn ein formpflichtiger Katholik mit einem Nichtkatholiken oder mit einem ebenfalls formpflichtigen Katholiken seine Ehe ohne die eventuell mögliche Dispens (c. 1121 § 3 CIC/1983) unter Missachtung der kanonischen Form iSd. c. 1108 CIC/1983 nur standesamtlich oder in einer nicht katholischen Trauung geschlossen hat[279]. Nachzuweisen ist, dass „für die betreffende Eheschließung die kanonische Formpflicht bestand, jedoch die Formpflicht tatsächlich nicht erfüllt wurde, also keine katholische Trauung erfolgte und bei [der Ehe mit einem Nichtkatholiken] auch keine Dispens von der Formpflicht vorlag, keine nachträgliche Konvalidation vorgenommen wurde“[280].

aa) Formpflicht

Zunächst gilt es, durch einen Taufschein die Zugehörigkeit zur Katholischen Kirche[281] und damit die Bindung an die Formvorschrift des c. 1117 CIC/1983 festzustellen, wonach die kanonische Eheschließungsform eingehalten werden muss,

---

275 Vgl. Sebott, Eherecht, 49; Stockmann, Ehevorbereitung, 120.

276 Die Veröffentlichung erfolgte in den Amtsblättern der einzelnen Diözesen, z. B. ABl. Freiburg 1989, 245–253; zur Fundstelle in den jeweiligen Amtsblättern vgl. Schmitz – Kalde, Partikularnormen der deutschsprachigen Bischofskonferenzen, 109.

277 Vgl. Prader – Reinhardt, Das kirchliche Eherecht, 98.

278 Reinhardt, Die kirchliche Trauung, 58, Rn. 91; 123, Rn. 333. Der Antrag richtet sich nach Buchstabe C. 23. h und i des Ehevorbereitungsprotokolls iVm. Antrag gemäß Anmerkung 8 a zum Ehevorbereitungsprotokoll.

279 Vgl. Assenmacher, Die Eheverfahren, 1201, 1202.

280 Reinhardt, Die kirchliche Trauung, 126, 127; vgl. Assenmacher, Die Eheverfahren, 1201, 1202.

281 Vgl. Anmerkung 8 a zum Ehevorbereitungsprotokoll.

wenn wenigstens einer der Eheschließenden in der katholischen Kirche getauft oder in sie aufgenommen wurde[282].

bb) Nichterfüllung der Formpflicht / Dispens von Formpflicht

Schließlich ist weiter zu prüfen, ob eine katholische Trauung stattgefunden hat und ob bei dieser Trauung die kanonische Form iSd. c. 1108 CIC/1983 beachtet wurde, d. h. ob der Konsens beider Brautleute zur Eingehung einer durch einen traubefugten Kleriker vor zwei Zeugen erfragt und von diesem auch entgegengenommen wurde[283]. Sofern die kanonische Eheschließungsform nicht eingehalten wurde, ist weiter zu fragen, ob vor der geschlossenen Zivilehe oder der nichtkatholisch religiös geschlossenen Ehe eine derartige Dispens von der Formpflicht beantragt und wann, wo und durch wen sie gewährt wurde[284] (c. 1121 § 3 CIC/1983).

cc) Eheschließung in orthodoxer Kirche

Wenn eine Ehe zwischen einem Katholiken und einem Nichtkatholiken nach einem orientalischen Ritus geschlossen wurde, ist eine solche Ehe auch ohne Formdispens gültig; sie muss unter Einhaltung der sonstigen Rechtsvorschriften vor einem Kleriker des orientalischen Ritus geschlossen worden sein. Es ist zu fragen, ob, wann und wo ggf. diese Ehe nach orientalischem Ritus geschlossen wurde, weil eine nur zivil geschlossene Ehe nach c. 1127 § 1 CIC/1983, cc. 828, 834 CCEO wegen fehlender Benediktion eines Priesters im heiligen Ritus[285] nicht gültig ist[286].

dd) Noteheschließung

Bei Todesgefahr der Braut oder des Bräutigams ist nach c. 1116 § 1, 1° CIC/1983 eine Noteheschließung möglich, wenn ein trauungsberechtigter Amtsträger nicht herbeigeholt oder angegangen werden kann. Gleiches gilt nach c. 1116 § 1, 2° CIC/1983, wenn außerhalb von Todesgefahr vernünftigerweise vorauszusehen ist, dass der Zustand dieser Verhältnisse einen Monat andauern wird[287]. Bei der vorliegenden

---

282 Vgl. Reinhardt, Die kirchliche Trauung, 124, Rn. 339.

283 Vgl. Reinhardt, Die kirchliche Trauung, 126, Rn. 354.

284 Vgl. Reinhardt, Die kirchliche Trauung, 126, Rn. 356; Offizialat Münster, Ratgeber Kirchliches Ehegericht, 81; Schöch, Ungültige Konvalidation, 281.

285 Vgl. Vasil, Der Ritus sacer, 50; Schöch, Ungültige Konvalidation, 299; die Ungültigkeit in solchen Fällen kann ebenfalls auf dem Verwaltungsweg festgestellt werden, sofern nicht Zweifel bestehen, ob die Ehe nicht ohne schwerwiegenden Nachteil im Ritus sacer gefeiert werden konnte, ob eine unkatholische Partei nach der Ehe in der orientalischen Kirche getauft wurde oder andere Zweifel bestehen; dann ist die Sache dem zuständigen Gericht zuzuweisen (vgl. Responsum der Apostolischen Signatur vom 3. Januar 2007, Prot. N. 38964/06 VT sowie weitergehend hierzu Montini, La procedura di investigazione prematrimoniale, 74–79).

286 Vgl. Reinhardt, Die kirchliche Trauung, 126, Rn. 357.

287 Vgl. Sebott, Eherecht, 166, 167; Prader – Reinhardt, Das kirchliche Eherecht, 163; Primetshofer, Die Eheschließung, 954.

Situation einer solchen Noteheschließung schließen die betreffenden Personen die Ehe gültig und erlaubt, sofern sie ihren Ehewillen vor mindestens zwei Zeugen erklären[288]. Damit kann eine standesamtliche Trauung oder eine Trauung durch einen nichtkatholischen Religionsdiener eine gültige Ehe sein, sofern die Voraussetzungen der Noteheschließung vorliegen (c. 1116 § 1 CIC/1983)[289], d. h. wenn mindestens zwei Zeugen anwesend sind[290]. Bei Anhaltspunkten für eine solche möglicherweise vorliegende Noteheschließung ist eine eventuelle Entscheidung über die Nichtigkeit der Ehe auf dem Gerichtsweg, also in einem ordentlichen Verfahren zu treffen[291].

ee) Konvalidation

Zum Abschluss der Prüfung des Antrags auf Feststellung der Nichtigkeit einer Ehe wegen Formmangels ist darüber Gewissheit zu erlangen, ob die Zivilehe bzw. nichtkatholisch-kirchlich geschlossene Ehe durch Sanatio in radice nach c. 1161 CIC/1983 ohne Wissen eines oder beider Partner erbeten und erreicht worden sein könnte, d. h. auch für den kirchlichen Rechtsbereich gültig gemacht worden sein könnte[292].

ff) Abfall vom Glauben

Die Formpflicht besteht nach c. 1117 CIC/1983, wenn zumindest ein Partner formpflichtig ist. Sofern der formpflichtige Partner durch einen formalen Akt zwischen dem 27. November 1983 und dem Inkrafttreten des Motu proprio Omnium in mentem, also vor dem 08. April 2010[293], von der katholischen Kirche abgefallen ist, bestand jedoch keine Formpflicht. Seit dem 08. April 2010 besteht jedoch die Formpflicht[294] aufgrund der Änderung von c. 1117 CIC/1983 durch das Motu proprio Omnium in mentem, womit in c. 1117 CIC/1983 die Klausel „nicht durch einen formalen Akt von ihr abgefallen ist" gestrichen wurde.

288 Vgl. Sebott, Eherecht, 166, 167; Prader – Reinhardt, Das kirchliche Eherecht, 164; Primetshofer, Die Eheschließung, 954.

289 Vgl. Sebott, Eherecht, 168; Reinhardt, Die kirchliche Trauung, 127, Rn. 358; Schöch, Ungültige Konvalidation, 281.

290 Bei einer staatlichen Eheschließung sind nach § 1312 BGB fakultativ bis zu zwei Zeugen möglich, während bei einer Noteheschließung nach kanonischem Recht diese zwei Zeugen zwingend sind.

291 Vgl. Reinhardt, Die kirchliche Trauung, 127, Rn. 358.

292 Vgl. Reinhardt, Die kirchliche Trauung, 126, Rn. 355.

293 Vgl. hierzu z. B. ABl. Köln 2011, 28 und ABl. Hamburg 2011, 11.

294 Vgl. Dennemarck, Eheschließung trotz Kirchenaustritt, 116; Aznar Gil, La Carta apostolica, 752; Castell, Die eherechtlichen Implikationen, 26.

gg) Nachweis

Als Nachweise für eine nicht kirchlich geschlossene Ehe eignen sich aktuelle Taufzeugnisse der beiden Partner mit Ledigenvermerk[295], die nicht älter als sechs Monate sein dürfen[296]. Zudem sind die „Bestätigungen der Pfarreien der Wohnsitze [erforderlich], dass in deren Ehebüchern eine kirchliche Eheschließung [,eine Dispens] oder eine Sanatio in radice der betreffenden Ehe nicht eingetragen ist"[297]. Weiterhin können Indizien oder Umstände vorliegen, die für die Nichtbeachtung der Formpflicht sprechen[298]; es können z. B. Aussagen von glaubwürdigen und unverdächtigen Zeugen eingeholt werden; sofern ein Taufschein nicht vorgelegt werden kann oder es sich um den Ledigenstand von Nichtkatholiken handelt, kann von der jeweiligen Person der Ledigeneid abgenommen werden[299].

c) Feststellung der Nichtigkeit einer Ehe durch Dekret

Die Entscheidung über die Feststellung der Nichtigkeit einer Ehe wegen Formmangels trifft der Ortsordinarius oder sein Beauftragter[300] durch Dekret mit Wirkung ex tunc. Hierzu muss die Überprüfung der vorgelegten Unterlagen im Rahmen des Ehevorbereitungsprotokolls moralische Gewissheit für die Nichteinhaltung der vorgeschriebenen Eheschließungsform und damit die Nichtigkeit ergeben. Bestehen hingegen Zweifel, „ist die Sache [zur Verhandlung] auf den ordentlichen Gerichtsweg zu verweisen"[301].

II. Auflösung des Ehebandes

Die Auflösung des ehelichen Bandes kann aus unterschiedlichen Gründen erfolgen. Es handelt sich dabei um glaubensmäßige Gründe und zwar um die Solutio ex privilegio paulino (cc. 1143–1150 CIC/1983) und um die Solutio in favorem fidei (Normae in favorem fidei), sowie um einen nicht glaubensmäßigen Grund, um die Solutio matrimonii rati et non consummati (c. 1142 CIC/1983).

---

295 Vgl. Assenmacher, Die Eheverfahren, 1202.

296 Vgl. Reinhardt, Die kirchliche Trauung, 127, Rn. 360.

297 Reinhardt, Die kirchliche Trauung, 128, Rn. 360.

298 Vgl. Reinhardt, Die kirchliche Trauung, 128, Rn. 361.

299 Vgl. Anmerkungstafel zum Ehevorbereitungsprotokoll Nr. 7.

300 Beauftragt wird idR ein Verwaltungskanonist, der je nach Diözese organisatorisch entweder in der Verwaltung der Diözese oder am bischöflichen Gericht angesiedelt ist. Dies obliegt dem Ortsordinarius oder dem Beauftragten nach Buchstabe C. 25 des Ehevorbereitungsprotokoll; vgl. Schöch, Ungültige Konvalidation, 299.

301 Assenmacher, Die Eheverfahren, 1201, 1202; vgl. Reinhardt, Die kirchliche Trauung, 58, Rn. 91.

1. Auflösung aufgrund des Privilegium Paulinum

Die Rechtsgrundlagen für das Privilegium Paulinum bilden die cc. 1143–1150 CIC/1983.

a) Durchführung

Bei einer zwischen zwei Ungetauften geschlossenen Ehe kann nach c. 1143 § 1 CIC/1983 das Paulinische Privileg zur Anwendung kommen, d. h. das eheliche Band kann aufgelöst werden, wenn einer der beiden Partner nach der Heirat die Taufe empfangen hat und sich der ungetaufte Partner vom getauften Partner trennt oder sich weigert, mit dem christlichen Partner friedlich zusammenzuleben (c. 1143 § 2 CIC/1983)[302]. Es ist hierfür der Nachweis zu erbringen, dass „bei der Eheschließung beide Partner ungetauft waren, nur einer von ihnen inzwischen die Taufe empfangen hat und die Interpellation [Befragung] mit negativem Ausgang vorgenommen wurde bzw. von ihr dispensiert wurde“[303]. Inhalt der Befragung ist der mögliche Empfang der Taufe durch den bislang ungetauften Partner oder zumindest das friedliche Zusammenleben mit dem christlichen Partner.

Zum Nachweis der erfolgten Befragung und ihres Ergebnisses (c. 1145 § 3 CIC/1983) kann entweder ein gerichtliches oder ein außergerichtliches Verfahren durchgeführt werden[304], also eine Befragung in öffentlicher Form (c. 1145 § 1 CIC/1983), oder eine Befragung in privater Form (c. 1145 § 2 CIC/1983)[305].

Eine Dispens von der Befragung kann vor oder nach der Taufe erfolgen bei Unmöglichkeit oder Zwecklosigkeit der Befragung (c. 1144 § 2 CIC/1983). Unmöglichkeit der Befragung zeigt sich in den erfolglosen Versuchen der Kontaktaufnahme z. B. wegen Unauffindbarkeit des zu Befragenden oder bei Schwierigkeiten der Befragung, weil sich der andere Partner an einem Ort befindet, wo er nicht erreicht werden kann, oder bei vorliegender Unfähigkeit zur Befragung bei psychischer Erkrankung oder einer schweren Krankheit. Zwecklosigkeit wird in der Regel bei Verweigerung der Befragung vorliegen, wobei sich diese Verweigerung bereits zuvor aus Urkunden oder Zeugenaussagen ergeben hat[306].

---

302 Vgl. Sebott, Eherecht, 223; Prader – Reinhardt, Das kirchliche Eherecht, 196, 197; Assenmacher, Die Eheverfahren, 1204, 1205; Güttler, Die Ehe ist unauflöslich, 24; Migliavacca, Procedimenti amministrativi, 188.

303 Sebott, Eherecht, 223, 224; vgl. Assenmacher, Eheverfahren, 1204, 1205; Wegan, Ehescheidung möglich, 247, 248; Lüdicke, Münsterischer Kommentar, c. 1143, Rn. 2.

304 Vgl. Sebott, Eherecht, 226.

305 Vgl. Güttler, Die Ehe ist unauflöslich, 25, 26; Lüdicke, Münsterischer Kommentar, c. 1145, Rn. 1, 3.

306 Vgl. Sabbarese, Lo scioglimento dei matrimoni, 14; Trevisan, Il privilegio paolino, 348.

b) *Zuständigkeit zur Durchführung*

Für das Verfahren zur Auflösung des Ehebandes nach dem „Privilegium Paulinum“[307] wird ein Antrag an den zuständigen Ortsordinarius gerichtet. Zuständig ist nach c. 1145 § 1 CIC/1983 der Ortsordinarius des Ehepartners, der die Taufe empfangen hat[308]. Die Befragung in privater Form (c. 1145 § 2 CIC/1983) kann auch durch den Ehepartner erfolgen, der die Taufe empfangen hat.

c) *Bescheinigung*

Da sowohl bei der öffentlichen als auch bei der privaten Form der Befragung nach c. 1145 § 3 CIC/1983 „die Befragung und ihr Ausgang im äußeren Bereich feststehen müssen“[309], wird das Ergebnis der Befragung in einer Urkunde festgehalten. Damit wird das Recht dokumentiert, eine neue Ehe eingehen zu dürfen (c. 1146 CIC/1983)[310]. Sofern von der Befragung dispensiert wurde, wird eine Bescheinigung in Form eines Dekrets (c. 48 CIC/1983) ausgestellt, dass alle erforderlichen Voraussetzungen für die Anwendung des Privilegium Paulinum erfüllt sind[311].

d) *Auflösung*

Die Auflösung der früheren Ehe kraft Paulinischen Privilegs erfolgt von Rechts wegen im Moment der neuen Eheschließung (c. 1143 § 1 CIC/1983)[312]. Hiervon ist der andere Gatte der früheren Ehe zu unterrichten, damit er selbst später ggf. eine gültige Ehe eingehen kann.

e) *Kosten*

Für Verfahren zur Auflösung des Ehebandes nach dem „Privilegium Paulinum“ werden grundsätzlich keine Gebühren verlangt[313]. Lediglich das Bistum Regensburg erhebt nach seiner Ordnung der Gerichtskosten eine Gebühr von 100 Euro für Verfahren zu Auflösung des Ehebandes nach dem „Privilegium Paulinum“ durch

---

307 Der Ursprung des Privilegiums geht auf die Weisung des Apostels Paulus (1 Kor 7, 12–15) für Ehen zurück, die im Unglauben geschlossen wurden (vgl. Prader – Reinhardt, Das kirchliche Eherecht, 196; Sebott, Eherecht, 222, 223).

308 Vgl. Reinhardt, Die kirchliche Trauung, 62, Rn. 104; Sabbarese, Lo scioglimento dei matrimoni, 14; Trevisan, Il privilegio paolino, 347.

309 Sebott, Eherecht, 226.

310 Vgl. Sebott, Eherecht, 224; Assenmacher, Die Eheverfahren, 1205.

311 Vgl. Assenmacher, Die Eheverfahren, 1204, 1205; Sebott, Eherecht, 224.

312 Vgl. Sebott, Eherecht, 224; Prader – Reinhardt, Das kirchliche Eherecht, 199.

313 Vgl. hierzu die Amtsblätter der einzelnen Diözesen, z. B. ABl. München und Freising 2001, 156; ABl. Rottenburg-Stuttgart 2001, 372; ABl. Speyer 2000, 280; im übrigen zu den weiteren Fundstellen in den jeweiligen Amtsblätter vgl. Wenner, Beschlüsse DBK, Nr. 600 Ehenichtigkeitsverfahren.

den Diözesanbischof gemäß can. 1143 ff. CIC/1983[314]; dies gilt damit sowohl für die Durchführung in öffentlicher Form als auch bei Dispens von der Befragung.

2. Solutio in favorem fidei / Auflösung zugunsten des Glaubens

Die Rechtsgrundlage für Verfahren zur Auflösung zugunsten des Glaubens bilden die „Normae de conficiendo processu pro solutione vinculi matrimonialis in favorem fidei“[315] der Kongregation für die Glaubenslehre vom 30. April 2001, die zuvor am 16. Februar 2001 von Papst Johannes Paul II. besonders approbiert („specialiter approbatis“) wurden[316] sowie die Anmerkungen der Kongregation für die Glaubenslehre betreffend die Dokumentation und verfahrensrechtliche Aspekte[317].

a) Einreichung der Bitte um Durchführung des Verfahrens

Eingeleitet wird das Verfahren zur Auflösung des Ehebandes zugunsten des Glaubens durch die an den Papst gerichtete Bitte[318] von einem oder von beiden Ehegatten (sog. Bittsteller). Der Bittsteller kann katholisch, nichtkatholisch (Protestant) oder ungetauft sein[319] oder aber auch einer orientalischen katholischen oder orthodoxen Kirche angehören[320]. Das Verfahren kann auch von einem Ehepartner gegen den Willen des anderen Ehepartners eingeleitet werden[321]. Nach Art. 3 der Normae in favorem fidei obliegt es dem Diözesanbischof und dem von Rechts wegen Gleichgestellten, das Gesuch entgegenzunehmen und die Untersuchung des Verfahrens in der bischöflichen Phase durchzuführen[322]. Daher ist die Bitte beim zuständigen Diözesanbischof einzureichen (Art. 2, 3 Normae in favorem fidei). In Art. 3 Normae in favorem fidei ist diese Zuständigkeit nicht genau definiert.

---

314 Vgl. ABl. Regensburg 2009, 9.

315 Amtlich nicht veröffentlicht, aber abgedruckt in: DPM 9 (2002), 356–377.

316 Bei den zuvor geltenden Instruktionen handelt es sich um die Instructio Connubia inita – Normae pro conficiendo processu in casibus solutionis vinculi matrimonialis in favorem fidei per supremam Summi Pontificis auctoritatem vom 1. Mai 1934, erlassen durch die Kongregation des Heiligen Offiziums, und um die Instructio Ut notum est pro solutione matrimonii in favorem fidei mit den Normae procedurales pro conficiendo processu dissolutionis vinculi in favorem fidei vom 6. Dezember 1973, erlassen durch die Kongregation für die Glaubenslehre.

317 Kongregation für die Glaubenslehre, Note regarding the documentary and procedural aspects of the faith cases, nur in englischer Fassung veröffentlicht.

318 Art. 2 Normae in favorem fidei: „Congregationis pro Doctrina Fide est singulos casus examinare et, si expedit, Summo Pontifici petitionem ad gratiam impetrandam subicere“; vgl. Sabbarese, Lo scioglimento, 689.

319 Vgl. Sabbarese, Lo scioglimento in favorem fidei, 182; Cormack, Commentary, 271.

320 Vgl. c. 1384 CCEO.

321 Vgl. Bolchi, Lo scioglimento, 310.

322 Vgl. Cormack, Commentary, 278; Bolchi, Lo scioglimento, 311.

Daher muss nicht unbedingt ausschließlich die Zuständigkeit des Diözesanbischofs des Wohnsitzes oder des Quasiwohnsitzes des Bittstellers nach dem gewöhnlichen Aufenthaltsort gegeben sein; der Antrag kann auch bei dem Diözesanbischof eingereicht werden, in dessen Diözese die Ehegatten gelebt haben oder in der die meisten Beweise gesammelt werden können. Das Verfahren muss daher hinsichtlich der Zuständigkeit nicht so streng gehandhabt werden wie die verfahrensrechtliche Zuständigkeit im Fall der gültigen und nichtvollzogenen Ehe, die auf den Wohnsitz oder Quasiwohnsitz des Bittstellers nach c. 1699 § 1 CIC/1983 beschränkt ist[323]. In der Praxis werden hierzu die meisten Antragsteller den Diözesanbischof ihres Wohnortes, eher seltener der Eheschließung[324] oder des Wohnsitzes des neuen Partners kontaktieren. Sofern beide Partner ungetauft sind, besteht die Möglichkeit, dass sich einer von ihnen an irgendein Diözesangericht wendet, zu dem ihm eine Verbindung hergestellt wird. Es kommt allein dem Diözesanbischof zu, das Dekret über die Annahme des Gesuchs auszufertigen und das Verfahren dem Untersuchungsrichter anzuvertrauen[325].

b) Beweiserhebung auf diözesaner Ebene

aa) Untersuchungsrichter

Zuständig zur Durchführung der Untersuchung ist nach Art. 11 § 1 Normae in favorem fidei der Bischof. Dieser kann die Untersuchung selbst ausführen oder sie einem Untersuchungsrichter anvertrauen, der aus den Richtern ausgewählt werden kann[326]. Im Einzelfall kann auch eine Person beauftragt werden, die vom zuständigen Ordinarius selbst zu diesem Dienst ermächtigt worden ist. Die Übertragung der Untersuchung muss in Schriftform erfolgen und in der Akte enthalten sein (Art. 11 § 2 Normae in favorem fidei)[327]. Die Einsetzung des Gerichts zur Untersuchung erfolgt mit dem Dekret, mit dem der Bischof einen Untersuchungsrichter beauftragt, mit oder ohne Möglichkeit der Subdelegation. Im Dekret der Beauftragung kann der Bischof dem Untersuchungsrichter die Erstellung des Votums übertragen oder sich dies vorbehalten (Art. 23, 24 Normae in favorem fidei). Im Dekret der Einsetzung des Gerichts muss der Bischof auch den Bandverteidiger und den Notar angeben, die an dem Fall zu beteiligen sind[328], da das Verfahren mit Hilfe des Notars und unter Berücksichtigung der Stellungnahme des Bandverteidigers nach Art. 11 § 1 Normae in favorem fidei durchzuführen ist[329].

---

323 Vgl. Sabbarese, Lo scioglimento in favorem fidei, 182.
324 Vgl. Cormack, Commentary, 278.
325 Vgl. Cormack, Commentary, 279.
326 Vgl. Sabbarese, Lo scioglimento, 690; Kowal, Quelques remarques sur la discipline, 172; Aymans, KanR 4, 561.
327 Vgl. Art. 11 § 2 Normae in favorem fidei.
328 Vgl. Sabbarese, Lo scioglimento, 690; Wegan, Ehescheidung möglich, 256.
329 Vgl. Cormack, Commentary, 287.

bb) Voraussetzungen für Gewährung der Auflösung

(1) Gültigkeit der Auflösung

Nach Art. 1 Normae in favorem fidei werden zwei wesentliche konstitutive Bedingungen für die gültige Gewährung der Auflösung zugunsten des Glaubens verlangt[330]: zum einen das Fehlen der Taufe bei mindestens einer der Parteien zum Zeitpunkt der Eheschließung, zum anderen das Fehlen des Vollzugs der Ehe nach einer eventuellen Taufe des Ehegatten, der zum Zeitpunkt der Eheschließung noch nicht getauft war[331]. In der Instruktion Ut notum von 1973 war noch eine dritte Bedingung sine qua non für die Auflösung vorgesehen[332]: Der Ehegatte, der nie getauft wurde, oder außerhalb der katholischen Kirche steht, lässt seinem katholischen Partner die Freiheit und Möglichkeit, seine eigene Religion zu bekennen und sich taufen zu lassen und die Kinder in der Religion zu erziehen, und garantiert diese Bedingungen in Form von schriftlichen Versprechungen[333]. Diese dritte Bedingung der Instruktion von 1973 ist nach Normae in favorem fidei aus dem Jahr 2001 aber keine Voraussetzung der Gültigkeit zur Auflösung der Ehe in favorem fidei[334], wie dies teilweise noch vertreten wird[335]. Wenn beide Ehegatten, von denen wenigstens einer vor der Eheschließung nicht getauft war, nach der Eheschließung die Taufe empfangen hat, darf die Ehe aber nicht mehr vollzogen worden sein (Art. 1 Normae in favorem fidei). Durch den Vollzug der Ehe zwischen Getauften wird die gültige Ehe absolut unauflöslich (c. 1141 CIC/1983)[336].

330 Da die Normae in favorem fidei „a Summo Pontefice specialiter approbatis et a Congregatione pro Doctrina Fidei" erlassen wurde (vgl. Praefatio zu Normae in favorem fidei), also aufgrund päpstlicher Autorität approbiert wurden, können in den Normae in favorem fidei Gültigkeitsvoraussetzungen aufgestellt werden (vgl. Güthoff, Das Privilegium Petrinum, 252; Sebott, Eherecht, 236).

331 Vgl. Art. I c) der Instruktion „Ut notum" der Glaubenskongregation; vgl. Kowal, Quelques remarques sur la discipline, 164; Sabbarese, Lo scioglimento, 682; Kowal, The power, 425, Sebott, Eherecht, 236.

332 Da Papst Paul VI. „dignatus est approbare has novas normas quibus enuntiantur condiciones pro concessione solutionis matrimonii in favorem fidei", also die neuen Normen approbiert hat, mit denen die Bedingungen für die Gewährung der Auflösung der Ehe zugunsten des Glaubens festgelegt werden, sind sie Ausdruck päpstlicher Autorität; damit können darin auch Gültigkeitsbedingungen aufgestellt werden (vgl. Güthoff, Das Privilegium Petrinum, 251).

333 Vgl. Kowal, Quelques remarques sur la discipline, 164; Hopfenbeck, Das Verfahren zur Auflösung einer nichtsakramentalen Ehe, 111.

334 Vgl. Sebott, Eherecht, 236; Kowal, Quelques remarques sur la discipline, 169; Kowal, Norms, 99; Kowal, The power, 426, 427; Kowal, Nuove Norme, 488; Sabbarese, Lo scioglimento, 682.

335 Vgl. Papez, Lo scioglimento, 51; Auria, Il matrimonio, 363; Aymans, KanR 3, 523.

336 Vgl. Amenta, Le procedure amministrativa, 91.

(2) Erlaubtheit der Auflösung

Nach Art. 4 Normae in favorem fidei ist es erforderlich, dass im Moment der Gewährung keine Möglichkeit besteht, die eheliche Lebensgemeinschaft wieder herzustellen (1°) und der bittstellende Partner nicht schuldhaft den Untergang des Ehelebens als einziger oder überwiegend verursacht hat (2°). Darüber hinaus schließt die Norm eine Situation ein, in der der künftige Ehepartner des Bittstellers schuldig für die Trennung sein würde[337].

Art. 5 Normae in favorem fidei fordert zur Erlaubtheit der Auflösung weiterhin: die „declarationes", die von der katholischen und der nichtkatholischen Seite unterzeichnet werden müssen. Inhalt der Erklärung des katholischen Partners ist die Bereitschaft zur Abwehr von Gefahren des Glaubensabfalls sowie die Bereitschaft zur katholischen Taufe und Erziehung seiner Kinder (Art. 5 § 1 S. 1 Normae in favorem fidei)[338]. Inhalt der Erklärung der nichtkatholischen Seite ist die Bereitschaft, der katholischen Seite die Freiheit zu lassen, die eigene Religion zu bekennen sowie die Kinder katholisch zu taufen und zu erziehen (Art. 5 § 1 S. 2 Normae in favorem fidei)[339]. Obwohl diese förmlichen Erklärungen von beiden Parteien abgegeben werden müssen, sind sie nicht mehr für die Gültigkeit der Auflösung erforderlich[340]. Vielmehr sind sie nur noch zur Erlaubtheit gefordert[341].

Bei fehlenden Erklärungen und der damit nicht gegebenen Erlaubtheit wird es zur Gewährung der Gunst durch den Papst nicht kommen, weil die Kongregation für die Glaubenslehre bei der Prüfung wegen fehlender Voraussetzungen keine Empfehlung zur Vorlage an den Papst aussprechen wird.

cc) Beweismittel und Beweisziele

Für die Beweiserhebung hinsichtlich des Fehlens der Taufe und des Nichtvollzugs der Ehe bekräftigt Art. 12 § 1 Normae in favorem fidei das grundlegende Prinzip, dass Behauptungen nach Maßgabe des Rechts durch Urkunden oder durch glaubwürdige Zeugenaussagen nachgewiesen werden müssen[342]. Auch sollen nach Art. 12 § 2 Normae in favorem fidei die Parteien gehört werden. Jedes Zeugnis sollte von Zeugen, dem Untersuchungsrichter und dem kirchlichen Notar unterzeichnet werden. Die Akte des Falles sollte Originaldokumente oder beglaubigte Kopien der Originale enthalten (Art. 13 § 1 Normae in favorem fidei)[343].

---

337 Vgl. Kowal, Quelques remarques sur la discipline, 166; Sabbarese, Sciogliere il matrimonio, 1132, 1133.

338 Vgl. Kowal, Quelques remarques sur la discipline, 167.

339 Vgl. Kowal, Quelques remarques sur la discipline, 167, 168.

340 Vgl. Sabbarese, Sciogliere il matrimonio, 1134; Kowal, Lo scioglimento, 454; Sabbarese, Lo scioglimento, 685.

341 Vgl. Kowal, Quelques remarques sur la discipline, 169; Kowal, Norms, 98.

342 Vgl. Kowal, Quelques remarques sur la discipline, 174.

343 Vgl. Kowal, Quelques remarques sur la discipline, 75.

(1) Fehlen der Taufe und sein Beweis

Nach Art. 16 § 1 Normae in favorem fidei ist das Fehlen der Taufe bei einem der beiden Gatten zum Zeitpunkt der Eheschließung so nachzuweisen, dass jeder vernünftige Zweifel beseitigt wird. Insoweit besteht das Problem, etwas zu belegen, was nicht vorhanden ist. Das Fehlen der Taufe des einen oder des anderen Ehegatten müssen daher mit moralischer Gewissheit nachgewiesen werden, so dass jeder Zweifel des Gegenteils ausgeschlossen werden kann[344]. Das Fehlen der Taufe kann direkt oder indirekt bewiesen werden. Der Beweis kann direkt erbracht werden durch Erklärungen beider Parteien, Aussagen der Zeugen und der Einsicht in die Taufbücher[345], sowie indirekt aus Umständen und Indizien, aus denen hervorgeht, dass die Taufe nicht gespendet wurde[346]. Der indirekte Beweis wird im Wesentlichen durch Vermutungen gebildet, die den direkten Beweis bekräftigen oder ergänzen[347]. So wird eine Taufe als nicht erfolgt vermutet, wenn die Partei Eltern hatte, die sich zu keiner Religion bekannten oder Mitglieder einer Gemeinschaft waren, die nicht tauften oder nur Erwachsene tauften. Die Taufe wird vermutet werden, wenn die Partei Eltern hatte, die zu einer Kirche oder Gemeinschaft gehören, die die Taufe als Notwendigkeit für das Heil sehen und sie Kindern gespendet werden kann[348]. Diese Vermutungen können allerdings widerlegt werden.

(2) Nichtvollzug der aufzulösenden Ehe

Nach Art. 17 § 1 Normae in favorem fidei sind Nachforschungen hinsichtlich eines möglicherweise stattgefundenen Zusammenwohnens nach der Taufe durchzuführen. Sofern die Ehegatten nach der Eheschließung zusammengewohnt haben, wird der Vollzug der Ehe so lange vermutet, bis das Gegenteil bewiesen wird (c. 1061 § 2 CIC/1983). Über das Zusammenleben und den Vollzug der Ehe müssen sowohl die Parteien als auch die Zeugen befragt werden, gemäß den von Art. 17 Normae in favorem fidei vorgegeben Kriterien[349], also über Umstände hinsichtlich eines möglicherweise stattgefundenen Zusammenwohnens nach der Taufe, über einen möglichen Vollzug des ehelichen Aktes nach der Trennung.

(3) Mögliches Ärgernis als Hinderungsgrund

Die Kongregation für die Glaubenslehre ist zu befragen, wenn aufgrund der Gnade des Zugeständnisses (der Eheauflösung) ein Ärgernis zu befürchten ist (Art. 9 Normae in favorem fidei)[350]. Dies gilt sowohl, wenn solche Situationen vor Beginn der

---

344 Vgl. Sabbarese, Lo scioglimento, 698.

345 Vgl. Sabbarese, Sciogliere il matrimonio, 1145; Cormack, Commentary, 296, 297.

346 Vgl. Art. 16 § 3 Normae in favorem fidei.

347 Vgl. Sabbarese, Sciogliere il matrimonio, 1145.

348 Vgl. Cormack, Commentary, 296, 297.

349 Vgl. Sabbarese, Lo scioglimento, 700; Sabbarese, Sciogliere il matrimonio, 1147.

350 Vgl. Bolchi, Lo scioglimento, 309; Cormack, Commentary, 313; Papez, Lo scioglimento, 52; Kowal, Quelques remarques sur la discipline, 171; Kowal – Woestman, Special Marriage Cases, 109.

diözesanen Phase als auch nach eingeleitetem Verfahren und im Anschluss daran bei der Weiterleitung an die Kongregation auftreten[351]. Das kann z. B. der Fall sein, wenn „jemand irrtümlich auf den Gedanken [kommt], es gäbe in der katholischen Kirche eine regelrechte Ehescheidung, oder er könnte meinen, dass nun mehr bald jede Ehe auflösbar wäre“[352]. Ein der Eheauflösung zuwider laufendes Ärgernis würde auch vorliegen, wenn der Bittsteller oder sein neuer namentlich bekannter Partner hauptsächlich oder überwiegend Schuld am Scheitern der Ehe trägt (Art. 4, 2° Normae in favorem fidei).

c) *Bericht des Untersuchungsrichters und Votum des Bischofs*

Ohne Aktenoffenlegung[353] erstellt der Untersuchungsrichter nach Abschluss der Beweiserhebung gemäß Art. 23 Normae in favorem fidei seinen Bericht über die Entwicklung des Prozesses, insbesondere über die Erklärungen, die Qualität der Beweismittel, die Gründe, warum manche Zeugen kein Zeugnis ablegen und über die Gründe, die für das Scheitern der Ehe vorliegen[354]. Alle Unterlagen werden mit dem Bericht des Untersuchungsrichters dem Bandverteidiger vorgelegt. Seine Aufgabe ist es, Gründe gegen die Auflösung des Bandes zu finden[355] (Art. 23 Normae in favorem fidei); damit hat hat er alles vorzubringen, was vernünftigerweise gegen die Auflösung vorgebracht werden kann (c. 1432 CIC/1983)[356].

Nach Art. 24 Normae in favorem fidei muss der Bischof persönlich sein Votum über die Wahrheit für die Gewährung der Gunst der Auflösung abgeben[357], also eine Stellungnahme über den gerechten Grund (iusta causa) und über die Möglichkeit, die Gunst der Auflösung durch den Papst zu gewähren. Hierzu wird regelmäßig der Untersuchungsrichter für den Bischof ein schriftliches Votum vorbereiten, d. h. eine Stellungnahme abfassen, ob die Voraussetzungen vorliegen, dass die Akten an den Apostolischen Stuhl übermittelt werden können und dass der Papst die Gunst gewähren kann. Der Bischof kann das Votum selbst verfassen, er kann aber auch jemand anderen damit beauftragen. In diesem Fall muss sich der Bischof dessen Votum durch seine Unterschrift zu eigen machen[358]. Inhalt des positiven Votums ist die Erfüllung aller Bedingungen für die Gunst, vor allem das Fehlen der Taufe. Auch soll dargelegt werden, dass keine positiven Zweifel an der Gültigkeit

---

351 Vgl. Sabbarese, Lo scioglimento, 687.
352 Wegan, Ehescheidung möglich, 255.
353 Vgl. Cormack, Commentary, 312; Aymans, KanR 4, 562.
354 Vgl. Kongregation für die Glaubenslehre, Note, n. 4; vgl. Kowal, Le norme per lo scioglimento, 321; Kowal, Quelques remarques sur la discipline, 178.
355 Vgl. Kowal, Quelques remarques sur la discipline, 179; Aymans, KanR 4, 562.
356 Vgl. Kowal, Le norme per lo scioglimento, 306; Cormack, Commentary, 311, 312.
357 Vgl. Sabbarese, Lo scioglimento, 708.
358 Vgl. Kongregation für die Glaubenslehre, n. 3.

der Ehe bestehen (Art. 10 Normae in favorem fidei)[359], da ansonsten keine gültige Ehe zustande gekommen ist, die aufgelöst werden könnte. In der Praxis wird aber der Eheauflösung der Vorzug vor dem Nichtigkeitsverfahren gegeben. Dies ist systematisch, weil zugunsten der Gültigkeit einer Ehe entschieden werden muss und erst danach eine Auflösung in Betracht kommen kann.

d) Übermittlung an Apostolischen Stuhl

aa) Zuständigkeit

Nach Art. 25 § 1 Normae in favorem fidei hat der Bischof drei Exemplare aller Akten in Druckabschriften zusammen mit seinem Votum und den Einwendungen des Ehebandverteidigers an den Apostolischen Stuhl zu übermitteln. Die übersandten Akten müssen nach Art. 13 § 2 Normae in favorem fidei alle Dokumente des Prozesses enthalten; eine Erklärung, dass die Dokumente in der Kanzlei aufbewahrt werden, ist nicht ausreichend[360]. Nach Art. 53 Pastor Bonus (PB)[361], Art. 2 Normae in favorem fidei obliegt es der Kongregation für die Glaubenslehre (Congregatio de Doctrina Fidei), die einzelnen Fälle zu überprüfen und, wenn es ratsam ist, dem Papst zu unterbreiten, die Gnade zu erweisen.

bb) Vorgehen

Nach Eingang der Akten aus der bischöflichen Untersuchungsphase prüft die Ehesektion[362] der Kongregation für die Glaubenslehre zunächst, ob die vom Bischof eingereichten Unterlagen vollständig sind; bei Fehlen von Unterlagen fordert sie vom Bischof eine Ergänzung[363]. In der zweiten Phase wird der Bandverteidiger der Kongregation beteiligt. Ihm kommt es zu, festzustellen, ob es Indizien gibt, die der Gewährung der Gunst entgegenstehen[364]. Anschließend wird der Fall an drei Kommissare zur Prüfung übergeben, ausgewählt aus einer Spezialkommission[365],

---

359 Vgl. Kowal, Quelques remarques sur la discipline, 179; Kowal, Le norme per lo scioglimento, 307.

360 Vgl. Kowal, Quelques remarques sur la discipline, 180.

361 Vgl. Silvestrelli, La Congregazione della dottrina della fede, 234; Güthoff, Das Privilegium Petrinum, 252; Sebott, Eherecht, 236; Sabbarese, Sciogliere il matrimonio, 1134; Kowal, Quelques remarques sur la discipline, 165.

362 Vgl. Attivita della Santa Sede nel 2003, 707, 708; vgl. Kowal, Le norme per lo scioglimento, 311; Kowal, Quelques remarques sur la discipline, 165; Llobell, Los procesos matrimoniales, 428.

363 Vgl. Sabbarese, Lo scioglimento, 711; Kowal, Le norme per lo scioglimento, 311; Llobell, Los procesos matrimoniales, 428.

364 Vgl. Sabbarese, Lo scioglimento, 711; Kowal, Le norme per lo scioglimento, 311; Kennedy, Prassi ed orientamenti, 102.

365 Vgl. Annuario Pontificio per l'anno 1995, 1175, wonach bei der Kongregation für die Glaubenslehre die „Commissioni speciali per la trattazione delle cause di scioglimento di matrimonio in favorem fidei" bestehen; vgl. Kennedy, Prassi ed orientamenti, 102.

die hierzu bei der Kongregation eingerichtet ist; die Kommissare werden vom Kardinalspräfekten ernannt[366]; sie haben den Fall zu untersuchen und müssen ihr eigenes Votum erstellen, das sie in einer Sitzung den anderen Kommissaren vortragen. Die Kommission kann dann nach Beratung drei mögliche Entscheidungen treffen. Sie entscheidet mit Mehrheit über die Nichtgewährung der Gunst, eine eventuell notwendige Ergänzung der Untersuchungen oder – im positiven Fall – die Vorlage an den Papst zur Gewährung der Gunst[367].

e) Empfehlung an Papst und Auflösung der Ehe

Wenn der untersuchte Fall mit moralischer Gewissheit sämtliche notwendigen Anforderungen aufweist, so dass die Kommission ihn mit Mehrheit positiv befürwortet, wird die Kongregation dem Papst die Gewährung des Reskripts über die Auflösung der Ehe empfehlen. Hierzu sendet sie ihm eine Zusammenfassung des Verfahrens[368]. Es obliegt nur dem Papst mit seiner suprema potestas, die Gunst der Auflösung zu gewähren, in der Regel bei der Gelegenheit der Audienz für den Präfekten oder den Sekretär der Kongregation[369]. Bei der Gewährung der Auflösung zugunsten des Glaubens handelt es sich um eine persönliche Gnade des Papstes[370]. Das Reskript, verfasst von der Ehesektion, mit dem Inhalt der Gewährung der Gnade wird an den einreichenden Bischof übermittelt, der es an die Parteien mitteilt[371].

f) Eintragung im Ehe- und Taufbuch

Der zuständige Diözesanbischof hat dafür Sorge zu tragen, dass die Auflösung des Bandes der Ehe im Ehe- und Taufbuch eingetragen wird[372]. Hierfür ist nach c. 1123 CIC/1983 der Pfarrer des Eheschließungsortes in Kenntnis zu setzen, damit die Eintragung im Ehe- und Taufbuch ordnungsgemäß erfolgen kann.

---

366 Vgl. Silvestrelli, Scioglimento, 200; Kowal, Le norme per lo scioglimento, 311.

367 Vgl. Sabbarese, Lo scioglimento, 711; Kowal, Le norme per lo scioglimento, 311; Kennedy, Prassi ed orientamenti, 102.

368 Vgl. Kennedy, Prassi ed orientamenti, 102; Ordenana, El proceso para la disolucion, 456; Llobell, Los procesos matrimoniales, 429.

369 Vgl. Sabbarese, Lo scioglimento, 712.

370 Vgl. Kowal, Quelques remarques sur la discipline, 165; Sabbarese, Lo scioglimento in favorem fidei, 182.

371 Vgl. Sabbarese, Lo scioglimento, 712; Kowal, Le norme per lo scioglimento, 311, 312; Ordenana, El proceso para la disolucion, 456; Altuna, Procesos matrimoniales canonicos, 266.

372 Vgl. Wegan, Ehescheidung möglich, 257.

g) *Kosten*

Für Verfahren zur Auflösung einer Ehe zugunsten des Glaubens (in favorem fidei) werden grundsätzlich nur die Gebühren durch die Römische Kurie[373], aber keine diözesanen Gebühren erhoben[374]. Sie betragen rund 375 Euro. Soweit hingegen das interdiözesane Gericht Erfurt zuständig ist, hat der Antragsteller „am Beginn des Verfahrens und nach Erteilung der Dispens jeweils 50 Euro zu entrichten. Der Restbetrag wird vom jeweiligen Bistum getragen. Der Antragsteller wird [aber] gebeten, durch einen freiwilligen Beitrag für die Tilgung der Restsumme zu sorgen“[375].

3. Nichtvollzugsverfahren / Inkonsummationsverfahren

Die Rechtsgrundlagen für das Verfahren zur Auflösung der nichtvollzogenen Ehe stellen die cc. 1142 iVm. 1697–1706 CIC/1983, Art. 153, 154 DC sowie die Litterae Circulares „De processu super matrimonio rato et non consummato“[376] von 1986 dar.

a) *Einreichung der Bitte um Durchführung des Verfahrens*

Eingeleitet wird das Verfahren zur Auflösung des Ehebandes aufgrund Nichtvollzugs durch die an den Papst gerichtete Bitte um Auflösung der Ehe wegen Nichtvollzugs (c. 1697 CIC/1983)[377]. Einzureichen ist die Bitte beim Diözesanbischof des Wohnsitzes oder Nebenwohnsitzes des Antragsstellers nach c. 1699 § 1 CIC/1983. Um den Prozess bei dem Gericht des Ortes führen zu können, an dem die meisten Beweise zu erheben sind, kann nach Nr. 1 des Litterae Circulares von 1986[378] die beim Gericht

---

373 Vgl. Assenmacher, Die Eheverfahren, 1206.

374 Die Veröffentlichung erfolgte in den Amtsblättern der einzelnen Diözesen, z. B. ABl. München und Freising 2001, 156; ABl. Rottenburg-Stuttgart 2001, 372; ABl. Speyer 2000, 280; ABl. Regensburg 2009, 9; im übrigen zur Fundstelle in den jeweiligen Amtsblättern vgl. Wenner, Beschlüsse DBK, Nr. 600 Ehenichtigkeitsverfahren.

375 Art. 5 der Gerichtskostenordnung des interdiözesanen Gerichts Erfurt, ABl. Erfurt 2001, 15.

376 Amtlich nicht veröffentlicht, aber in: Communicationes 20 (1988), 78–84.

377 Vgl. Sebott, Eherecht, 221, Güttler, Die Ehe ist unauflöslich, 57; Stamm, Das Verfahren zur Erlangung der Dispens, 80, 82; Prader – Reinhardt, Das kirchliche Eherecht, 195; Assenmacher, Die Eheverfahren, 1202; Kaiser, Können Ehen aufgelöst werden, 51.

378 „Außer der ordentlichen Zuständigkeit, die im Recht festgelegt ist, kann in einzelnen Fällen von der Sakramentenkongregation die Zuweisung einer Zuständigkeit erbeten werden, so dass der Prozess an dem Ort geführt werden kann, an dem tatsächlich die meisten Beweise zu erheben sind, sofern die Zustimmung des Bischofs des Wohnsitzes oder Nebenwohnsitzes des Antragsstellers vorliegt.“ (Übersetzung nach Güttler, Die Ehe ist unauflöslich, 59, Anm. 170).

der Römischen Rota eingerichtete Abteilung für Nichtvollzugsverfahren und Weihenichtigkeitsverfahren[379] gebeten werden, diesem Diözesangericht eine Zuständigkeit zuzuweisen. Das sich anschließende Verfahren teilt sich in zwei Phasen: die erste findet in der Diözese (ggf. der Diözese gleichgestellte Teilkirche) statt und besteht im Sammeln der erforderlichen Nachweise über den Nichtvollzug, der Feststellung eines gerechten Grundes für die Auflösung und einer positiven Empfehlung des Diözesanbischofs; die zweite besteht in der Bewertung der Akten durch die beim Gericht der Römischen Rota eingerichtete Abteilung für Nichtvollzugs- und Weihenichtigkeitsverfahren für eine etwaige positive Empfehlung an den Papst[380].

b) Beweiserhebung auf diözesaner Ebene

Ziel des Nichtvollzugsverfahrens ist die Feststellung von Tatsachen, ob „eine zwischen Getauften gültig geschlossene Ehe auf menschliche Weise geschlechtlich vollzogen wurde oder nicht“[381] sowie die Abwägung, „ob ein gerechter Grund für die dem Papst vorbehaltene gnadenweise Auflösung besteht“[382]. Eine Ehe gilt nicht als vollzogen (c. 1061 § 1 CIC/1983), wenn „nach gültigem Eheschluss zwischen den Ehegatten jener Akt nicht auf menschenwürdige Weise stattgefunden hat, der seiner Natur nach auf die Zeugung der Nachkommenschaft hingeordnet ist und durch den die Ehegatten ein Fleisch werden“[383]. Der Vollzugsakt besteht aus einem physiologischen und einem psychologischen Element. Für das physiologische Element erforderlich ist die Erektion des männlichen Gliedes, das Eindringen des männlichen Gliedes in die weibliche Vagina sowie der Erguss von Samenflüssigkeit aus der männlichen Prostata in das weibliche Organ[384]. Für das psychologische Element bedarf es eines actus humanus, d. h. der Ehevollzug „muss mit Verstand und Wille durchgeführt werden. Der Wille, die Ehe zu vollziehen, kann auch weiter zurückliegen, muss aber bis zum tatsächlichen Vollzug der Ehe (virtualiter)

---

379 Mit dem Apostolischen Schreiben in Form eines Motu proprio Quaerit semper wurde nach Art. 1 die bisherige Zuständigkeit der Kongregation für den Gottesdienst und die Sakramentenordnung nach Art. 67, 68 PB aufgehoben. Diese Zuständigkeit wurde durch Art. 2 dieses Motu proprio einer am Gericht der Römischen Rota eingerichteten Abteilung für Nichtvollzugs- und Weihenichtigkeitsverfahren zugewiesen (Art. 126 §§ 2, 3 PB). Zudem werden nach Art. 4 dieses Motu proprio alle bei der Kongregation für den Gottesdienst und die Sakramentenordnung noch anhängigen Nichtvollzugs- und Weihenichtigkeitsverfahren an die neue Abteilung am Gericht der Römischen Rota übertragen.

380 Vgl. Woestman, Special Marriage Cases, 22, 23; Wegan, Ehescheidung möglich, 265.

381 Graulich, Nichtvollzugsverfahren, 20.

382 Graulich, Nichtvollzugsverfahren, 20.

383 Prader – Reinhardt, Das kirchliche Eherecht, 195.

384 Vgl. Amenta, Le procedure amministrativa, 122; Montini, Il matrimonio inconsumato, 407; Güttler, Die Ehe ist unauflöslich, 54; Kowal, La inconsumazione, 447, 448.

andauern"[385]. Deshalb liegt kein actus humanus vor, wenn die Ehe unter physischer Gewaltanwendung, unter den Vernunftgebrauch ausschließenden Mitteln oder im Zustand der Volltrunkenheit vollzogen wurde[386]. Haben die Ehegatten zum Zeitpunkt der Eheschließung einen Vorbehalt gesetzt, die Nachkommenschaft auszuschließen, und betreiben sie deshalb Verhütung, so widerspricht dies der Hinordnung der Ehe auf die Zeugung und Erziehung von Kindern und macht sie deshalb ungültig (cc. 1055 § 2, 1101 § 2 CIC/1983)[387].

aa) Untersuchungsrichter

Nach c. 1700 § 1 CIC/1983 soll die Erhebung für ständig oder für Einzelfälle dem Gericht des für den Bittsteller zuständigen Bischofs oder einer fremden Diözese oder einem geeigneten Kleriker übertragen werden, dem Untersuchungsrichter[388]. In der Regel wird zweckmäßigerweise das Gericht des örtlich zuständigen Bischofs beauftragt werden[389].

bb) Voraussetzungen für Gewährung der Auflösung

Nach c. 1142 CIC/1983 kann die nicht vollzogene Ehe zwischen Getauften oder zwischen einem getauften und einem ungetauften Partner vom Papst aus gerechtem Grund aufgelöst werden. Ein gerechter Grund (iusta causa) kann schon darin gelegen sein, dass die antragsstellende Partei eine andere Ehe schließen und eine Familie gründen möchte. Hierzu muss der neue Partner namentlich benannt werden. Praktisch wird jeder Grund als gerecht angenommen, der dem Wohl der antragsstellenden Partei dient[390]. Genauso kann eine zwischen zwei Ungetauften geschlossene Ehe wegen Nichtvollzugs aus gerechtem Grund aufgelöst werden, sofern einer der Ungetauften eine Ehe mit einem Katholiken anstrebt[391].

cc) Beweismittel

Nach c. 1702 HS. 1 CIC/1983 ist bei der Durchführung der Beweiserhebung jeder Gatte separat zu vernehmen. Im übrigen sind gemäß c. 1702 HS. 2 CIC/1983 nach Möglichkeit die Vorschriften über die Beweiserhebung im ordentlichen Streitverfahren und im Ehenichtigkeitsverfahren einzuhalten, soweit sie mit der besonde-

---

385 Wegan, Ehescheidung möglich, 261; Kowal, La inconsumazione, 449, 450.

386 Vgl. Wegan, Ehescheidung möglich, 261. Der Zusatz „humano modo" war im CIC/1917 noch nicht vorhanden und wurde erst im CIC/1983 eingefügt, womit die beiderseitige Zustimmung beim Geschlechtsverkehr damit rechtlich verankert ist. Kein Ehevollzug im Rechtssinn ist eine Vergewaltigung (vgl. Sebott, Eherecht, 38, 39).

387 Vgl. Heimerl – Pree, Kirchenrecht, 225; Prader – Reinhardt, Das kirchliche Eherecht, 139, 140.

388 Vgl. c. 1704 §§ 1, 2 CIC/1983.

389 Vgl. Sebott, Eherecht, 221; Prader – Reinhardt, Das kirchliche Eherecht, 195.

390 Vgl. Wegan, Ehescheidung möglich, 259.

391 Vgl. Prader – Reinhardt, Das kirchliche Eherecht, 199, 200.

ren Art dieser Verfahren in Einklang gebracht werden können[392]. Konkretisiert wird diese allgemeine Regelung über die Beweisaufnahme durch Nr. 8–14 „Litterae Circulares De processu super matrimonio rato et non consumato“ hinsichtlich der Beweisregeln für das nicht-physische Argument und durch Nr. 15–20 des „Litterae Circulares De processu super matrimonio rato et non consumato“ hinsichtlich der Beweisregeln für das physische Argument. „Der Nichtvollzug der Ehe und das Vorliegen entsprechender Dispensgründe muss rechtmäßig und sicher bewiesen werden“[393]. Zur Beweiserleichterung des Vollzugs einer Ehe legt der CIC/1983 eine Rechtsvermutung aufgrund menschlichen Verhaltens, des Zusammenwohnens nach der Eheschließung, fest (c. 1061 § 2 CIC/1983). Der Nichtvollzug muss durch überzeugende Argumente nachgewiesen werden, die die moralische Gewissheit schaffen, dass der Vollzug nicht wahrscheinlich war. Es gibt drei verschiedene Möglichkeiten des Beweises: das nicht-physische Argument, das physische Argument und das Fehlen der Gelegenheit.

1) Beweisregeln für das argumentum morale (nicht-physisches Argument)
Nach c. 1702 HS. 1 CIC/1983, Nr. 11 „Litterae Circulares De processu super matrimonio rato et non consumato“ sind die Parteien und die Zeugen regelmäßig unter Eid über die zu sagende Wahrheit zu vernehmen[394]. Zur Erlangung der moralischen Gewissheit können auch Glaubwürdigkeitszeugen über eine oder beide Parteien nach c. 1679 CIC/1983 herangezogen werden[395]. Inhalt der Aussage dieser Zeugen ist die Bestätigung der Glaubwürdigkeit der Parteien[396]. Neben den Glaubwürdigkeitszeugen werden nach Nr. 8 „Litterae Circulares De processu super matrimonio rato et non consumato“ auch pfarramtliche Zeugnisse über die Glaubwürdigkeit für jede vernommene Person angefordert[397]. In der Praxis werden die vernommenen Personen in den jeweiligen Pfarreien kaum bekannt sein, weshalb die pfarramtlichen Glaubwürdigkeitszeugnisse kaum Aussagekraft besitzen[398]. Mehr Aussagekraft bezüglich des Wahrheitsgehalts einer Aussage besitzen die im Anschluss an eine Vernehmung einer Partei oder eines Zeugen entstandenen Eindruckszeugnisse[399].

Das „argumentum morale“ ist das Hauptargument; es besteht in der beeideten Aussage der Parteien und Zeugen. Es ist zu beachten, dass das moralische Argument für sich allein ausreicht, um moralische Gewissheit zu schaffen, wenn die

392 Vgl. Sebott, Eherecht, 221.
393 Sebott, Eherecht, 221.
394 Vgl. Güttler, Die Ehe ist unauflöslich, 70.
395 Vgl. Assenmacher, Die Eheverfahren, 1203; Stamm, Das Verfahren zur Erlangung der Dispens, 83.
396 Vgl. Güttler, Die Ehe ist unauflöslich, 71.
397 Vgl. Stamm, Das Verfahren zur Erlangung der Dispens, 83; Graulich, Nichtvollzugsverfahren, 21.
398 Vgl. Nr. 8 des Litterae Circulares; vgl. Güttler, Die Ehe ist unauflöslich, 70.
399 Vgl. Güttler, Die Ehe ist unauflöslich, 70.

folgenden Elemente vorhanden sind: 1) die übereinstimmenden Aussagen der beiden Parteien; 2) Glaubwürdigkeitszeugen, die die Parteien kennen; insbesondere solche mit Wissen über den Nichtvollzug; 3) Zeugen, die Informationen haben, wenn ein Nichtvollzugsfall nicht in Betracht gezogen werden kann, insbesondere zu unverdächtiger Zeit. Wenn die Parteien im Wesentlichen nicht übereinstimmen und wenn dem Antragsteller Glaubwürdigkeit fehlt, kann das moralische Argument keinen vollen Beweis bringen[400].

2) Beweisregeln für das argumentum physicum (physisches Argument)
Nach Nr. 18 „Litterae Circulares De processu super matrimonio rato et non consumato“ kann aufgrund körperlicher Untersuchung durch einen medizinischen Sachverständigen nachgewiesen werden, dass die Ehefrau körperlich (physisch) intakt ist, oder dass sich aus dem Zustand der Geschlechtsorgane des Mannes oder der Frau ergibt, dass sie keinen Geschlechtsverkehr gehabt haben können[401]. „Die die Ehe ungültigmachende Impotenz [besteht] in der Unfähigkeit, den ehelichen Verkehr zu vollziehen. Dazu ist der Erguß eines in den Hoden gebildeten Samens nicht notwendig“[402]. Damit kommt es bei der Impotenz nur auf die Unfähigkeit zum Beischlaf (impotentia coeundi), nicht auch auf die Unfähigkeit zur Zeugung (impotentia generandi) an[403]. Eine bestehende Impotenz des Ehemannes im Zeitpunkt der Eheschließung kann durch einen medizinischen Sachverständigen festgestellt werden. Bei irgendwelchen (rechtlichen oder tatsächlichen) Zweifeln hinsichtlich der Impotenz im Zeitpunkt der Eheschließung ist die geschlossene Ehe nach c. 1084 § 2 CIC/1983 nicht für ungültig zu erklären, solange die Zweifel bestehen[404].

3) Fehlende Gelegenheit
Nach c. 1061 § 2 CIC/1983 wird der Vollzug der Ehe solange vermutet, bis das Gegenteil bewiesen wird. Dieser Beweis besteht darin, zu zeigen, dass das Paar nach der Heirat weder die Zeit noch die Gelegenheit hatte, um Geschlechtsverkehr zu haben. Dies ist beispielsweise der Fall, wenn ein Ehepartner unmittelbar nach der Hochzeit als Soldat einberufen wurde oder aus anderen Gründen langfristig vom Partner örtlich getrennt gelebt hat. Wenn dies bewiesen ist, können alle anderen Argumente oder Beweise, z. B. eine körperliche Untersuchung als überflüssig weggelassen werden. In diesem Fall wird die Rechtsvermutung für den Vollzug aufgrund des fehlenden Zusammenlebens der Eheleute widerlegt[405].

---

400 Vgl. Woestman, Special Marriage Cases, 21.
401 Vgl. Woestman, Special Marriage Cases, 20.
402 Vgl. Kongregation für die Glaubenslehre, Decretum circa impotentiam quae matrimonium dirimit; vgl. Zirkel, Das Dekret der Kongregation für die Glaubenslehre, 61; vgl Heimerl – Pree, Kirchenrecht, 201.
403 Vgl. Heimerl – Pree, Kirchenrecht, 201.
404 Vgl. Ayman, KanR 3, 445; Wegan, Ehescheidung möglich, 169; Sebott, Eherecht, 84.
405 Vgl. Stamm, Das Verfahren zur Erlangung der Dispens, 78.

c) Bericht des Untersuchungsrichters und Votum des Bischofs

Nach Abschluss der Beweiserhebungen leitet der Untersuchungsrichter gem. c. 1704 § 1 CIC/1983 ohne Offenlegung iSd. c. 1703 § 1 CIC/1983 die Akten mit eigenem Bericht und der Stellungnahme des Ehebandverteidigers an den Bischof weiter. Der Bischof soll nach Erhalt der Akten ein eigenes Votum bezüglich Tatsachenlage des Nichtvollzuges der Ehe, eines gerechten Grundes für die Lösung der Ehe und der Angemessenheit der Lösung der Ehe[406] verfassen. Ein gerechter Grund (iusta causa) kann schon darin gelegen sein, dass die antragsstellende Partei eine andere Ehe schließen und eine Familie gründen möchte. Hierzu muss der neue Partner namentlich benannt werden. Praktisch wird jeder Grund als gerecht angenommen, der dem Wohl der antragsstellenden Partei dient[407]. Weiterhin hat der Bischof zu prüfen, ob die Auflösung der Ehe angemessen ist. Dies scheidet aus, wenn sie eine harte Ungerechtigkeit darstellen würde oder ein Skandal unter den Gläubigen entstehen würde[408]. Nach Nr. 23 c „Litterae Circulares De processu super matrimonio rato et non consumato“[409] kann auch Ärgernis oder die Verwunderung unter Gläubigen berücksichtigt werden.

d) Übermittlung an Apostolischen Stuhl

aa) Zuständigkeit

Nach c. 1705 § 1 CIC/1983 sind sämtliche Akten zusammen mit dem Gutachten des Bischofs und den Bemerkungen des Bandverteidigers dem Apostolischen Stuhl zu übersenden. Innerhalb des Apostolischen Stuhles befindet nach Art. 126 §§ 2, 3 PB die beim Gericht der Römischen Rota eingerichtete Abteilung für Nichtvollzugs- und Weihenichtigkeitsverfahren[410] über die Tatsache des Nichtvollzugs der Ehe und das Vorliegen eines iusta causa für die Dispens (c. 1698 § 1 CIC/1983)[411].

---

406 Vgl. Lüdicke, Münsterischer Kommentar, c. 1704, Rn. 1, 3; Güttler, Die Ehe ist unauflöslich, 85–89; Stamm, Das Verfahren zur Erlangung der Dispens, 81.

407 Vgl. Wegan, Ehescheidung möglich, 259.

408 Vgl. Wegan, Ehescheidung möglich, 259.

409 Comm. XX (1988), 83: „Bei der Anfertigung der Stellungnahme zur Wahrheit der Sache erwäge der Bischof die Tatsache der behaupteten Inkonsummation und den gerechten Grund zur Dispens. Von pastoralen Motiven geleitet bedenke er auch die Angemessenheit der Gnade, die Abwesenheit von Ärgernis, die Verwunderung bei den Gläubigen und den Schaden jedweder Art, die aus der Gewährung der Gnade entstehen könnten in Beziehung zum Wohl der Seelen in der Wiederherstellung des Friedens der Gewissen, und er soll ausdrücklich darüber in der Stellungnahme berichten“ (vgl. Güttler, Die Ehe ist unauflöslich, 87, Anm. 267).

410 Vgl. Primetshofer, Umfang und Grenzen der Unauflöslichkeit, 287, Fn. 7, Erlebach, Nuove competenze della Rota Romana, 587; sowie zur Rechtslage vor Erlass des Motu proprio Quaerit semper, vgl. Schmitz, Die Römische Kurie, 372; Lüdicke, Münsterischer Kommentar, c. 1698, Rn. 2, c. 1705, Rn. 4; Assenmacher, Die Eheverfahren, 1204.

411 Vgl. Melli, La Congregazione del Culto Divino, 272; Erlebach, Nuove competenze della Rota Romana, 596; Sebott, Eherecht, 221; Güttler, Die Ehe ist unauflöslich,

bb) Verfahren

Nach dem Eingang der Akten einschließlich des bischöflichen Votums und der Bemerkungen des Bandverteidigers erfolgt die Überprüfung durch die beim Gericht der Römischen Rota eingerichtete Abteilung für Nichtvollzugs- und Weihenichtigkeitsverfahren [412] hinsichtlich der Vollständigkeit der Sachakten als auch der Prozessakten[413]. Von dieser Prüfung hängt der Weg für die weitere Entscheidung ab; bei Bedarf wird eine Ergänzung der Untersuchung oder der Akten erforderlich (c. 1705 § 2 CIC/1983)[414]. Anschließend werden die Akten dem zuständigen Bandverteidiger übergeben, damit dieser alle Mängel aufzeigen kann, die gegen die Gewährung der Gnade sprechen. Zusätzlich werden vorab Voten von Konsultoren über die Tatsache des Nichtvollzugs und über den gerechten Grund zur Dispenserteilung erstellt[415].

Ergibt die vorab vorgenommene Prüfung durch die Konsultoren klare für den Nichtvollzug sprechende nicht-physische oder physische Argumente, wird auf dem direkten Weg vorgegangen, also dem Dekan der Römischen Rota vorgeschlagen, die Sache zur Gewährung der Dispens direkt an den Papst vorzulegen, sofern kein Aufsehen erregt wird. Der Dekan der Römischen Rota berichtet mündlich in der Audienz dem Papst den Fall und die Sache wird mit der Gewährung der Gunst „ex Audientia SS. Mi." entschieden.

Ergibt diese vorab vorgenommen Prüfung hingegen, dass der angebliche Nichtvollzug nicht bewiesen werden kann, wird die Sache zurückgewiesen und dem Diözesanbischof mitgeteilt, dass die Sache nicht dem Papst vorgelegt wird, da keine hinreichenden Gründe vorhanden sind (c. 1705 § 3 CIC/1983)[416].

Kann die Sache nicht so einfach im Rahmen der Vorprüfung entschieden werden, wird sie an eine Spezialkommission[417] übergeben, die bei der Abteilung für

---

89; Prader – Reinhardt, Das kirchliche Eherecht, 195; Assenmacher, Die Eheverfahren, 1204; Altuna, Procesos matrimoniales canonicos, 247, 248; Orlandi, Recenti innovazioni, 455.

412 Vgl. Güttler, Die Ehe ist unauflöslich, 92; L'attivita della Santa Sede nel 2003, 714: Innerhalb der Kongregation für den Gottesdienst und die Sakramentenordnung war die vierte Sektion für Nichtvollzugsverfahren zuständig; vgl. Zarzuelo, El proceso canonico, 255.

413 Vgl. Ghisoni, Lo scioglimento, 173.

414 Vgl. Melli, Il processo di dispensa, 126.

415 Vgl. Melli, Il processo di dispensa, 427; Ghisoni, Lo scioglimento, 173.

416 Vgl. Melli, Il processo di dispensa, 129, 130; Altuna, Procesos matrimoniales canonicos, 248, 249; Orlandi, Recenti innovazioni, 455; Zarzuelo, El proceso canonico, 256, 257; Ghisoni, Lo scioglimento, 176.

417 Vgl. Annuario Pontificio per l'anno 1995, 117, wonach bei der Kongregation für Gottesdienst und Sakramentenordnung die „Commissioni speciali per la trattazione delle cause di dispensa dal matrimonio rato e non consumato" eingerichtet ist; vgl. Altuna, Procesos matrimoniales canonicos, 249; Chacon, Quaerit semper, 128; Llobell, La competenza e la procedura, 476; Orlandi, Recenti innovazioni, 455; Zarzuelo, El proceso canonico, 257, 258.

Nichtvollzugs- und Weihenichtigkeitsverfahren eingerichtet ist. Für jeden Einzelfall werden drei Kommissare vom Dekan der Römischen Rota ernannt, die ein Votum zu erstellen haben[418]. Wenn die drei Voten oder zumindestens eine Mehrheit der Voten die Gewährung der Dispens bejaht, ist die Sache als entschieden anzusehen. Sind die Voten hingegen übereinstimmend oder mehrheitlich negativ, also lehnen sie die Gewährung der Dispens ab, gilt der Antrag als abgelehnt, es sei denn die Kommissare fordern eine Ergänzung der Untersuchungen[419].

e) Empfehlung an Papst und Auflösung der Ehe

Bei Anerkennung der Grundlage des Antrags durch die bei der Römischen Rota eingerichteten Abteilung für Nichtvollzugs- und Weihenichtigkeitsverfahren, d. h. bei positiver Beurteilung wird die Sache dem Papst mit der Empfehlung vorgelegt, die Lösung des Bandes der Ehe zu gewähren[420]; dies ist nach c. 1698 § 2 CIC/1983 dem Papst vorbehalten[421]. Das Reskript wird dann von der genannten Abteilung am Gericht der Römischen Rota ausgefertigt, die es an den die Akten einreichenden Bischof übersendet (c. 1706 HS. 1 CIC/1983)[422]. Der Diözesanbischof gibt die gewährte Dispens nach c. 1706 HS. 2 CIC/1983 den Parteien bekannt.

f) Eintragung in Ehe- und Taufbuch

Der Diözesanbischof hat nach c. 1706 HS. 2 CIC/1983 dafür Sorge zu tragen, dass die gewährte Dispens dem Pfarrer sowohl des Eheschließungs- wie des Taufortes bekanntgegeben wird, damit diese in das Ehe- und Taufbuch eingetragen werden kann[423].

g) Kosten

Für Nichtvollzugsverfahren werden grundsätzlich nur die Gebühren durch die Römische Kurie[424] und keine diözesanen Gebühren erhoben[425]. Sie betragen rund

---

418 Vgl. Ghisoni, Lo scioglimento, 173, 174; Llobell, Los procesos matrimoniales, 415.

419 Vgl. Melli, Il processo di dispensa, 129–131; Llobell, La competenza e la procedura, 477; Altuna, Procesos matrimoniales canonicos, 249, 250.

420 Vgl. Ghisoni, Lo scioglimento, 175.

421 Vgl. Güttler, Die Ehe ist unauflöslich, 90–91; Kaiser, Können Ehen aufgelöst werden, 51; Assenmacher, Die Eheverfahren, 1204.

422 Vgl. Güttler, Die Ehe ist unauflöslich, 92; Wegan, Ehescheidung möglich, 267; Lüdicke, Münsterischer Kommentar, c. 1706, Rn. 2; Altuna, Procesos matrimoniales canonicos, 250; Llobell, Los procesos matrimoniales, 416.

423 Vgl. Wegan, Ehescheidung möglich, 266, Stamm, Das Verfahren zur Erlangung der Dispens, 82; Assenmacher, Die Eheverfahren, 1204; Lüdicke, Münsterischer Kommentar, c. 1706, Rn. 3; Llobell, Los procesos matrimoniales, 416.

424 Vgl. Assenmacher, Die Eheverfahren, 1204.

425 Die Veröffentlichung erfolgte in den Amtsblättern der einzelnen Diözesen, z. B. ABl. München und Freising 2001, 156; ABl. Rottenburg-Stuttgart 2001, 372; ABl.

975 Euro. Soweit hingegen das interdiözesane Gericht Erfurt zuständig ist hat der Antragsteller „am Beginn des Verfahrens und nach Erteilung der Dispens jeweils 50 Euro zu entrichten. Der Restbetrag wird vom jeweiligen Bistum getragen. Der Antragsteller wird [aber] gebeten, durch einen freiwilligen Beitrag für die Tilgung der Restsumme zu sorgen“[426].

Speyer 2000, 280; im übrigen zur Fundstelle in den jeweiligen Amtsblättern vgl. Wenner, Beschlüsse DBK, Nr. 600 Ehenichtigkeitsverfahren.

426 Art. 5 der Gerichtskostenordnung des interdiözesanen Gerichts Erfurt, ABl. Erfurt 2001, 15.

E. Rechtsvergleichende Betrachtung

I. Rechtsgrundlagen

Sowohl für staatliche Verfahren in Ehesachen[427] als auch für kirchliche Eheprozesse[428] bedarf es zur Umsetzung der materiell-rechtlichen Regelungen verfahrensrechtlicher Normen, die das jeweilige Verfahren in der Eheangelegenheit regeln. Die entsprechenden staatlichen und kirchlichen Regelungen werden von Gesetzgebern auf unterschiedener Autoritätsebene erlassen.

1. Staat

a) Verfahrensrechtliche Regelungen

Das staatliche Verfahren in Ehesachen wird in verfahrensrechtlicher Hinsicht durch zwei Bundesgesetze geregelt, durch das FamFG im Ersten und Zweiten Buch sowie ergänzend durch die ZPO. Beide Normen beruhen in der Kompetenzverteilung zwischen Bund und Ländern auf der Gesetzgebungskompetenz für das „gerichtliche Verfahren"[429] nach Art. 74 Abs. 1 Nr. 1 GG. Sowohl im FamFG als auch ergänzend hierzu in der ZPO werden die Familiensachen[430], wozu auch die Ehesachen gehören, hinsichtlich des Verfahrens vor Gericht, von der Einleitung bis zur Beendigung, geregelt.

Sowohl beim FamFG als auch bei der ZPO handelt die Bundesrepublik Deutschland im Rahmen der konkurrierenden Gesetzgebungskompetenz. Danach haben grundsätzlich an sich „die Länder die Befugnis zur Gesetzgebung, solange und soweit der Bund von seiner Gesetzgebungszuständigkeit nicht durch Gesetz Gebrauch gemacht hat"[431]. Mit dem Erlass des FamFG und der ZPO hat der Bundesgesetzgeber aber selbst das gerichtliche Verfahren umfassend geregelt. Damit bleibt für den Landesgesetzgeber kein weiterer Raum für gesetzliche Regelungen zu Gerichtsverfahren in Ehesachen; er ist von der Gesetzgebungsbefugnis ausgeschlossen[432].

---

427 §§ 111 Nr. 1, 121 Nr. 1–3 FamFG.

428 Art. 7 § 2 DC.

429 Gerichtliches Verfahren ist „die verfahrensmäßige Behandlung von Angelegenheiten durch die Gerichte" (Sachs – Degenhart, Grundgesetz, Art. 74, Rn. 25; vgl. Maunz – Dürig – Uhle, Grundgesetz, Art. 74, Rn. 79; Jarass – Pieroth, Grundgesetz, Art. 74, Rn. 8).

430 § 111 Nr. 1–11 FamFG.

431 Art. 72 Abs. 1 GG.

432 Vgl. Dreier – Stettner, Grundgesetz, Art. 72, Rn. 22, 24, 27; Sachs – Degenhart, Grundgesetz, Art. 72, Rn. 27, 38.

b) *Kostenrechtliche Regelungen*

Die Regelungen über die Kosten des Verfahrens[433] finden sich ebenfalls in zwei Bundesgesetzen, dem FamGKG und dem RVG. Das FamGKG hat seine Grundlage in der Gesetzgebungskompetenz des Bundes für das „gerichtliche Verfahren" nach Art. 74 Abs. 1 Nr. 1 GG im Rahmen der konkurrierenden Gesetzgebungskompetenz des Bundes nach Art. 72 Abs. 1 GG[434]. Das RVG beruht auf der konkurrierenden Gesetzgebungskompetenz des Art. 74 Abs. 1 Nr. 1 GG für „die Rechtsanwaltschaft"[435]. Das FamGKG regelt Höhe und Kostentragung für die in Ehesachen entstehenden Verfahrenskosten bei Gericht. Mit dem RVG wird der Rahmen für die Entlohnung anwaltschaftlicher Tätigkeit geregelt.

c) *Gerichtsverfassungsrechtliche Regelungen*

Gerichtsverfassungsrechtliche Regelungen haben sowohl der Bund als auch die Bundesländer erlassen.

aa) Bundeskompetenz

Die Regelungen über die Gerichtsverfassung finden sich in drei Bundesgesetzen, im GVG, in der ZPO[436] und im FamFG[437]. Das GVG, die ZPO und das FamFG – soweit die Gerichtsverfassung betreffend – beruhen auf der konkurrierenden Gesetzgebungskompetenz der Bundesrepublik Deutschland für die „Gerichtsverfassung" nach Art. 74 Abs. 1 Nr. 1 GG. Gerichtsverfassung ist „die äußere Organisation der Rechtsprechung, also vor allem der Aufbau der Gerichte, ihre Bildung und Organisation, ihre Besetzung und die Aufgabenverteilung zwischen ihnen"[438], also die örtliche, sachliche und funktionelle Zuständigkeit der Gerichte[439]. Es handelt sich damit um „die Verfassung der Organe der rechtsprechenden Gewalt"[440].

bb) Landeskompetenz

Soweit dem Bund zur Regelung der Gerichtsverfassung nicht nach Art. 74 Abs. 1 Nr. 1 GG die konkurrierende Gesetzgebungskompetenz zugewiesen ist, steht

---

433 Kosten des Verfahrens sind die Gerichtskosten und die Anwaltskosten.

434 Das gerichtliche Kostenwesen wird als Teil des gerichtlichen Verfahrens vom Kompetenztitel des Art. 74 Abs. 1 Nr. 1 GG erfasst (vgl. Maunz – Dürig – Uhle, Grundgesetz, Art. 74, Rn. 79).

435 Vgl. Seifert – Hömig, Grundgesetz, Art. 74, Rn. 1.

436 In § 1 ZPO wird auf die sachliche Zuständigkeit nach dem GVG verwiesen.

437 § 122 ZPO trifft eine Regelung hinsichtlich der örtlichen Zuständigkeit.

438 Sachs – Degenhart, Grundgesetz, Art. 74, Rn. 22; vgl. Dreier – Stettner, Grundgesetz, Art. 74, Rn. 14; Jarass – Pieroth, Grundgesetz, Art. 74, Rn. 7.

439 Vgl. Dreier – Stettner, Grundgesetz, Art. 74, Rn. 23; Sachs – Degenhart, Grundgesetz, Art. 74, Rn. 23. Hiernach gehört die generelle Regelung der örtlichen, sachlichen und funktionellen Zuständigkeit zur Kompetenz der Gerichtsverfassung.

440 Maunz – Dürig – Uhle, Grundgesetz, Art. 74, Rn. 72.

nach Art. 70 Abs. 1 GG den Ländern das Recht zur Gesetzgebung zu[441]. Damit können die Länder die nicht durch die Bundesrepublik Deutschland geregelten Aspekte selbst durch eigene Landesgesetze regeln[442]. Damit errichten die einzelnen Bundesländer durch ein Landesgesetz „die einzelnen Gerichte [...] auf Grund Organisationszuständigkeit“[443], bestimmen den Sitz und Zuständigkeitsbereich der einzelnen Gerichte“[444] und die Einrichtung der Gerichte als Behörden der Länder mit nichtrichterlichem Personal[445].

d) Richter

Die Anforderungen an die Tätigkeit von Richtern (in Ehesachen) an den Gerichten ist auf der Grundlage von Art. 98 Abs. 1 GG für die Bundesrichter in einem besonderen Bundesgesetz[446] sowie auf der Grundlage von Art. 98 Abs. 3 GG für die Richter in den Ländern in einem besonderen Landesgesetz geregelt[447].

e) Personenstandsregister

Die Regelung über das Personenstandswesen finden sich im Personenstandsgesetz (PStG), einem Bundesgesetz auf der Grundlage von Art. 74 Abs. 1 Nr. 2 GG[448]. Zur Einrichtung der Behörden der Standesämter steht – soweit nicht durch das PStG

---

441 Vgl. Sachs – Degenhart, Grundgesetz, Art. 70, Rn. 3. Bei Art. 70 Abs. 1 GG handelt es sich zwar um eine Generalklausel für die Länderkompetenz, jedoch kann sie durch Verfassungsauslegung konkretisiert werden (vgl. Maunz – Dürig – Uhle, Grundgesetz, Art. 74, Rn. 84).

442 So hat beispielsweise Bayern hiervon durch das Gesetz zur Ausführung des Gerichts-verfassungsgesetzes und von Verfahrensgesetzen des Bundes (AGGVG) Gebrauch gemacht. Nach § 153 Abs. 3 GVG, Art. 15 Abs. 1 AGGVG iVm. Verordnung über die Geschäftsstellen der Gerichte und der Staatsanwaltschaften wird z. B. die Ausstattung der Geschäftsstellen der Gerichte und der Staatsanwaltschaft geregelt.

443 Sachs – Degenhart, Grundgesetz, Art. 74, Rn. 23; vgl. Jarass – Pieroth, Grundgesetz, Art. 74, Rn. 7.

444 Vgl. Dreier – Stettner, Grundgesetz, Art. 74, Rn. 23; z. B. hat Bayern von dieser Befugnis durch das Gesetz über die Organisation der ordentlichen Gerichte im Freistaat Bayern Gebrauch gemacht.

445 Vgl. Seifert – Hömig, Grundgesetz, Art. 84, Rn. 3.

446 Deutsches Richtergesetz.

447 In Ausführung der grundgesetzlichen Kompetenz sind die Länder verpflichtet, die Rechtsstellung der Landesrichter durch Landesgesetz zu regeln (vgl. Seifert – Hömig, Grundgesetz, Art. 98, Rn. 4). Beispielsweise hat Bayern das Bayerische Richtergesetz erlassen.

448 „Erfasst werden die öffentlich-rechtlichen Aspekte des Personenstandswesens, d. h. die Beurkundung des Personenstands sowie die Tätigkeit, die Organisation und das Verfahren der Standesämter“ (Jarass – Pieroth, Grundgesetz, Art. 74, Rn. 11).

geregelt – in erster Linie hinsichtlich der Zuständigkeiten und der Besetzung mit entsprechend qualifiziertem Personal den Ländern eine Kompetenz zu[449].

f) Materiell-rechtliche Regelungen

Die im Rahmen der Verfahren in Ehesachen behandelten materiell-rechtlichen Rechtsprobleme im Zusammenhang mit der Ehe werden in den §§ 1303–1318, 1564–1568 des Abschnittes 1 über die Bürgerliche Ehe des 4. Buches des Bürgerlichen Gesetzbuches über das Familienrecht geregelt. Das Bürgerliche Gesetzbuch beruht auf der Grundlage des Kompetenztitels des Art. 74 Abs. 1 Nr. 1 GG für das „bürgerliche Recht". Bürgerliches Recht ist „die Gesamtheit aller Normen, die herkömmlicherweise dem Zivilrecht zugeordnet werden; materiell bestimmend ist die Ordnung der Privatrechtsverhältnisse, also der rechtlichen Stellung und der rechtlichen Beziehungen Privater in ihrem Verhältnis zueinander"[450]. Bürgerliches Recht sind diejenigen Normen, „welche die den Personen als Privatpersonen zukommende rechtliche Stellung und die Verhältnisse, in welchem die Personen untereinander stehen"[451], regeln. Die Regelungen über Eheaufhebung und Ehescheidung betreffen das Verhältnis zwischen Privatpersonen durch den Aspekt der Beendigung einer Ehe.

2. Kirche

a) Verfahrensrechtliche Regelungen

Grundlage für verfahrensrechtliche Regelungen in Eheprozessen ist der CIC/1983[452]. Dieser wurde mit der Apostolischen Konstitution „Sacrae Disciplinae Leges" promulgiert. Damit beruht der CIC/1983 auf einem „Erlass des Papstes von besonderer Wichtigkeit"[453], einer Apostolischen Konstitution und ist Ausdruck päpstlicher Autorität und Vollmacht und gleichsam das vorrangige gesetzgeberische Dokument der Kirche[454].

Die Eheprozesse werden in verfahrensrechtlicher Hinsicht im Titel 1 des Teiles 3 vüber „Besondere Arten von Verfahren" im 7. Buch des CIC/1983 über Prozesse geregelt. Für die Eheprozesse sind weiterhin die Regelungen des Teiles 1 „Gerichtswesen im allgemeinen" und des Teiles 2 „Streitverfahren" Sektion 1 „Ordentliches Streitverfahren" im 7. Buch des CIC/1983 über Prozesse heranzuziehen.

---

449 Art. 70 Abs. 1 GG, Art. 84 Abs. 1 GG.
450 Sachs – Degenhart, Grundgesetz, Art. 74, Rn. 4.
451 Maunz – Dürig – Uhle, Grundgesetz, Art. 74, Rn. 53; vgl. Dreier – Stettner, Grundgesetz, Art. 74, Rn. 23; Sachs – Degenhart, Grundgesetz, Art. 74, Rn. 4; Seifert – Hömig, Grundgesetz, Art. 74, Rn. 1.
452 Nicht geregelt sind im CIC/1983 die Normae in favorem fidei.
453 Aymans, KanR 1, 47.
454 Vgl. Sacrae Disciplinae Leges.

b) Sonderfall der „Lex propria" der Gerichte des Apostolischen Stuhles

Außerkodikarisch geregelt sind die Normen für die Gerichte des Apostolischen Stuhles. Diese Lex propria der päpstlichen Gerichte[455] sowohl für den Obersten Gerichtshof der Apostolischen Signatur[456] als auch für das Gericht der Römischen Rota[457] sind als päpstliche Gesetze ergangen.

c) Ergänzende verfahrensrechtliche Regelungen

aa) Dignitas Connubii

Ergänzend ist für die ordentlichen Ehenichtigkeitsverfahren und das Verfahren aufgrund von Urkunden die Instruktion „Dignitas connubii" heranzuziehen. Es handelt sich hierbei primär um eine Instruktion nach c. 34 CIC/1983[458].

bb) Litterae Circulares

Für das Nichtvollzugsverfahren gelten zusätzlich die „Litterae Circulares" der Kongregation für den Gottesdienst und die Sakramentenordnung von 1986. Diese „Litterae Circulares" haben den Rechtscharakter einer Instruktion nach c. 34 CIC/1983[459].

---

455 Die Rechtsgrundlagen für die Lex propria der päpstlichen Gerichte sind c. 1402 CIC/1983 sowie Art. 125 PB für die Apostolische Signatur und Art. 130 PB für die Römische Rota.

456 Die Lex propria für die Apostolische Signatur ist als Motu proprio des Papstes ergangen; vgl. Motu proprio „Antiqua Ordinatione"; vgl. Schöch, Lex propria, 532; Sanchez, Notas fundamentales, 222. Weitergehend zum Motu proprio als solches vgl. Aymans, KanR 1, 48; Heimerl – Pree, Kirchenrecht, 32.

457 Die Normae Rotales hat der Papst „in forma specifica approbiert" und sich damit gleichsam zu eigen gemacht. Sie sind zu einem päpstlichen Gesetz geworden; vgl. Huels, Interpreting, 10; Primetshofer, Approbatio in forma specifica, 415, 416.

458 Zur weiterführenden Diskussion bezüglich des Rechtscharakters der Instruktion „Dignitas connubii" vgl. Breitsching, Erwägungen zu Rechtsnatur, 189–197; Berkmann, Die Ehe von / mit Nichtkatholiken, 17–26; Aymans, KanR 4, 533.

459 Vgl. Litterae Circulares „De Processu super matrimonio rato et non consummato", 423 sowie Zarzuelo, De Processu super matrimonio rato et non consummato, 537; Cormack, Commentary, 270, Anmerkung 11: Der Zweck des Rundschreibens ist es, den Bischöfen die konkreten Normen zur schnellen Durchführung der Verfahren zu entfalten; vgl. Melli, Breve Commentarium ad litteras circulares, 430; zum einen wurden die „Litterae Circulares vom Kardinalspräfekt der Sakramentenkongregation und dessen Sekretär unterschrieben (vgl. Litterae Circulares). Damit handelt die Kongregation für die Sakramente innerhalb der Grenzen ihrer Zuständigkeit mit ausführender Gewalt (vgl. c. 34 § 1 a. E.). Auch wurde die Litterae Circulares vom Papst nur „in forma commune" approbiert (vgl. Praefatio zu Litterae Circulares : « a Summo Pontifici probatas »). Zudem sind sie an die mit der Gesetzesanwendung befassten Organe gerichtet. Auch ist keine Promulgation erfolgt.

d) *Sonderfall der „Solutio in favorem fidei“*

aa) Normae in favorem fidei

Außerkodikarisch geregelt wird die Auflösung eines Ehebandes zugunsten des Glaubens in den „Normae in favorem fidei“[460]. Die von der Kongregation für die Glaubenslehre kraft delegierter Gesetzgebungsvollmacht des Papstes[461] aufgrund cc. 30, 135 § 2 HS. 1 CIC/1983[462] erlassenen „Normae in favorem fidei“ haben den Rechtscharakter eines allgemeinen Dekretes, eines Gesetzes im eigentlichen Sinne (c. 29 CIC/1983)[463]. Zusätzlich wurden die „Normae in favorem fidei“ unabhängig von der bereits delegierten Gesetzgebungsvollmacht vom Papst nach Art. 18 Abs. 2 PB, Art. 126 § 2 S. 1 RGCR/1999 besonders genehmigt (specifica approbatione)[464], da durch den Erlass der „Normae in favorem fidei“ neues Recht geschaffen und

---

460 Ursprünglich war mit cc. 1150, 1707–1710 im Schema Novissimum von 1982 eine Aufnahme in den CIC/1983 geplant, wurde aber in der Endredaktion wieder gestrichen, da erst die notwendige Sicherheit erforderlich war für die Anforderungen an die Gültigkeit, wenn der Papst im Einzelfall von seiner suprema potestas Gebrauch macht (vgl. Sabbarese, Lo scioglimento dei matrimoni, 36, 40).

461 Vgl. Praefatio zu Normae „Attamen Auctoritati competenti opportunius visum est ut haec delicata materia non includeretur in Codice, sed pergeret ordinari normis particularibus a Summo Pontifice specialiter approbatis et ***a Congregatione pro Doctrina Fidei latis***“ (Hervorhebung durch Verfasser) sowie Vollzug des Erlasses durch Unterschriften des Präfektes und Sekretärs.

462 Vgl. Primetshofer, Approbatio in forma specifica, 420; Heimerl, Die Bindung der Verwaltung, 430, 431; Pinto, Commento alla Pastor Bonus, Art. 18; Lüdicke – Socha, Münsterischer Kommentar, c. 30, Rn. 4.

463 Die „Normae in favorem fidei“ können hingegen nicht den Rechtscharakter eines Gesetzes iSd. c. 7 CIC/1983 haben, da der Kongregation für die Glaubenslehre als Verwaltungsbehörde keine Gesetzgebungsbefugnis zukommt (vgl. Pree, Die Ausübung der Leitungsvollmacht, 170, 171; Aymans, KanR 1, 153, 154). Auch wurden die „Normae in favorem fidei“ nicht durch „Approbatio in forma specifica“ zu einem päpstlichen Gesetz (vgl. Normae in favorem fidei, worin es heißt, dass der Papst diese Normen „approbavit et fideliter observari iussit“. Nicht erwähnt wird aber, wie dies nach Art. 126 § 4 RGCR/1999 erforderlich ist, dass ein Akt vom Papst „in forma specifica“ approbiert wurde; vgl. Hallermann, Die „approbatio in forma specifica“, 170; Huels, Interpreting, 10; Cormack, Commentary, 269). Auch kann durch die „Normae in favorem fidei“ kein allgemeines Ausführungsdekret oder eine Instruktion erlassen worden sein, da neue – bislang noch nicht geltende – Regelungen geschaffen werden (cc. 33 § 1, 34 § 2 CIC/1983), womit aber der Bezug auf ein bereits geltendes Gesetz fehlt (vgl. Cormack, Commentary, 270; Huels, A Theory, 348–350; Aymans, KanR I, 222).

464 Vgl. Praefatio zu Normae „Attamen Auctoritati competenti opportunius visum est ut haec delicata materia non includeretur in Codice, sed pergeret ordinari normis particularibus a Summo Pontifice ***specialiter approbatis***“(Hervorhebung durch Verfasser); vgl. Primetshofer, Approbatio in forma specifica, 420; Pinto, Commento alla Pastor Bonus, Art. 18; Hallermann, „Die approbatio in forma specifica“, 167.

zugleich altes Recht, die Instructio Ut notum[465] abgeschafft wurde. Die aufgrund der Delegation erlassenen „Normae in favorem fidei" werden aber nicht zu einem päpstlichen Gesetzgebungsakt, sondern bleiben weiterhin in der Verantwortung des zuvor tätigenden Römischen Dikasteriums[466], da sie nur besonders genehmigt wurden. Dies allein kann nach Art. 126 § 2 S. 2 RGCR/1999 den Rechtscharakter nicht verändern[467], da sie nicht zusätzlich in forma specifica, sondern nur „in forma commune" approbiert wurden[468].

bb) Note bezüglich Normae und verfahrensrechtlicher Aspekte

Ergänzend für die Auflösung einer Ehe in favorem fidei ist die Note der Kongregation für die Glaubenslehre zu den „Normae in favorem fidei" heranzuziehen. Diese Note hat den Rechtscharakter einer Instruktion nach c. 34 CIC/1983[469].

e) Kostenrechtliche Regelung

Den Diözesanbischöfen verbleibt auf der Grundlage von c. 1649 § 1, 2° CIC/1983, Art. 303 § 1, 2° DC die Kompetenz zum Erlass von Gerichtskostenordnungen als Gesetzen für ihre Diözese[470]. Von dieser Ermächtigung haben die Diözesanbischöfe in der Bundesrepublik auch Gebrauch gemacht. Weiterhin kommt den Diözesanbischöfen die Kompetenz zur Regelung der Honorare der kirchlichen Prozessvertreter und kirchlichen Anwälte zu. Eine zur Regelung dieser Materie verbindliche Anordnung haben die Diözesanbischöfe nicht erlassen, da ein tatsächlicher Einfluss auf die Honorare der Prozessvertreter und Anwälte bezweifelt wurde angesichts der nicht gegebenen zivilrechtlichen Durchsetzbarkeit. Es wurde lediglich eine Empfehlung herausgegeben[471].

---

465 Vgl. Primetshofer, Approbatio in forma specifica, 416.

466 Vgl. Primetshofer, Approbatio in forma specifica, 421, 422, 430; Lüdicke – Socha, Münsterischer Kommentar, c. 30, Rn. 15.

467 Vgl. Canosa, Regolamento generale della Curia romana, Art. 110, 439, 440 (Anmerkung des Verfassers: Art. 110 RGCR/1992 ist die Vorgängernorm zum wortgleichen Art. 126 RGCR/1999); Arrieta, Cost. Ap. Pastor Bonus, Art. 18, 21, 22.

468 Vgl. Huels, A Theory, 359; Hallermann, Die „approbatio in forma specifica", 167, 170; Viana, „Approbatio in forma specifica", 213, 217; Cormack, Commentary, 269; Pinto, Commento alla Pastor Bonus, Art. 18; Primetshofer, Approbatio in forma specifica, 415, 416.

469 Nach einer Anmerkung zur Note soll diese zur Unterstützung der Diözesankurie in Prozessen in favorem fidei dienen; sie wurde durch die Ehesektion der Glaubenskongregation vorbereitet (vgl. Kowal, Le norme per lo scioglimento, 320, Anmerkung 136).

470 Vgl. Wirth, Das Streitverfahren, 1184; Canonico, Note di Commento, 82, 83; Lüdicke, „Dignitas connubii", Art. 303, Rn. 1; Lüdicke, Münsterischer Kommentar, c. 1649, Rn. 2.

471 Vgl. Lüdicke, „Dignitas connubii", Art. 303, Rn. 3, 9; Lüdicke, Münsterischer Kommentar, c. 1649, Rn. 4.

f) Personenstandsregister

Die grundlegenden gesetzlichen Regelungen über die Personenstandsregister finden sich in c. 535 §§ 1–3 CIC/1983, wonach in jeder Pfarrei pfarrliche Bücher vorhanden sein müssen. Zugleich werden das Tauf-, Trauungs- und Totenbuch als die drei wichtigsten Pfarrbücher festgelegt. Nach c. 535 § 1 HS. 1 CIC/1983 besteht aber für die Bischofskonferenz oder den Diözesanbischof die Möglichkeit, andere Bücher festzulegen.

g) Materiell-rechtliche Regelungen

Grundlage für die materiell-rechtlichen Bestimmungen, also die eine Ehe betreffenden Nichtigkeits- und Auflösungsgründe, ist mit Ausnahme der Auflösung in favorem fidei (Solutio in favorem fidei) der CIC/1983, promulgiert mit der Apostolischen Konstitution „Sacrae Disciplinae Leges" promulgiert. Der CIC/1983 ist das vorrangige gesetzgeberische Dokument der Kirche[472], die auf einem „Erlass des Papstes von besonderer Wichtigkeit"[473], einer Apostolischen Konstitution, beruht.

Die materiell-rechtlichen Regelungen, also die eine Ehe betreffenden Nichtigkeits- und Auflösungsgründe finden sich in Artikel 1 des Kapitels 9 des Titels 7 über die Ehe im Buch 4 über den Heiligungsdienst der Kirche (cc. 1073–1123 CIC/1983, 1141–1150 CIC/1983). Nur die Voraussetzungen für die Auflösung eines Ehebandes zugunsten des Glaubens (Solutio in favorem fidei) wurden kraft delegierter Gesetzgebungsvollmacht durch die Kongregation für die Glaubenslehre außerkodikarisch in einem Gesetz geregelt[474].

Jedoch lässt sich zumindest feststellen, dass die relevanten eherechtlichen Nichtigkeits- und Auflösungsgründe als Universalrecht geregelt wurden, also als für die Gesamtkirche verbindlich (c. 12 § 1 CIC/1983).

---

472 Vgl. Sacrae Disciplinae Leges; vgl. Aymans, KanR 1, 47.

473 Aymans, KanR 1, 47.

474 Ursprünglich sollte aber das gesamte Verfahrensrecht im CIC/1983 geregelt werden; noch im Schema Novissimum von 1982 (cc. 1707–1710) war dies so geplant worden. In der Endredaktion wurde dieses Vorhaben bezüglich des „De Processu ad matrimonii solutionem in favorem fidei" aber wieder aufgegeben, da erst eine Klärung der Anforderungen an die Gültigkeit erforderlich war, wann der Papst im Einzelfall von seiner suprema potestas Gebrauch machen kann (vgl. Sabbarese, Lo scioglimento dei matrimoni, 36, 40).

3. Vergleich

a) Eine Gesetzeskodifikation oder mehrere einzelne Gesetze

aa) Anzahl der relevanten Gesetze zur Regelung des Verfahrens

Die Rechtsgrundlagen für staatliche Verfahren in Ehesachen finden sich in zwei (durch den Deutschen Bundestag erlassenen) formellen Bundesgesetzen[475], welche das gerichtliche Verfahren umfassend für die gesamte Bundesrepublik Deutschland regeln. Die Rechtsgrundlagen für die kirchlichen Verfahren in Eheangelegenheit sind grundsätzlich in einer einzigen Gesetzeskodifikation zusammengefasst, dem CIC/1983, dem vorrangigen gesetzgeberischen Dokument[476] als Ausdruck päpstlicher Autorität und Vollmacht. Lediglich die Bestimmungen für die Auflösung eines Ehebandes zugunsten des Glaubens (Solutio in favorem fidei) wurden außerkodikarisch in den „Normae in favorem fidei" kraft durch den Papst delegierter Gesetzgebungsgewalt durch die Kongregation für die Glaubenslehre erlassen.

Betrachtet man die kirchlichen Regelungen in Eheangelegenheit aber genauer, so stellt man fest, dass sie zwar in einer einzigen Gesetzeskodifikation geregelt sind – abgesehen von den Normae in favorem fidei –, aber keineswegs in einem zusammenhängenden Abschnitt. Für ordentliche Ehenichtigkeitsverfahren und Verfahren aufgrund von Urkunden werden die wesentlichen Regelungen nur in zwanzig Kanones[477] getroffen, im übrigen aber bezüglich des sonstigen Vorgehens darauf verwiesen, die Canones über das Gerichtswesen im allgemeinen und über das ordentliche Streitverfahren anzuwenden, wobei die besonderen Normen für Personenstandssachen und Sachen des öffentlichen Wohls zu beachten sind[478]. Damit sind der Aufbau der wichtigsten Bestimmungen und die Einordnung in den CIC/1983 als übersichtlich und transparent anzusehen. Ähnlich ist dies im staatlichen Verfahren; dort sind die Regelungen schwerpunktmäßig im FamFG getroffen, aber andere ergänzende Regelungen der ZPO sind heranzuziehen. Sowohl im kirchlichen als auch im staatlichen Verfahren gibt es schwerpunktmäßig anzuwendende Normen, die aber durch weitere Regelungen ergänzt werden. Im staatlichen Bereich finden sich diese außerhalb des Gesetzes über die schwerpunktmäßigen Regelungen (FamFG) in der ZPO, im Fall der Kirche außerhalb der schwerpunktmäßig getroffenen Regelungen (cc. 1671–1691 CIC/1983), wenn auch in der gleichen Gesetzeskodifikation (CIC/1983; cc. 1400–1649 CIC/1983).

Die weiteren kirchlichen Bestimmungen zur Eheauflösung stehen auch nur teilweise in Zusammenhang mit den Regelungen über die Eheprozesse. Lediglich das Nichtvollzugsverfahren findet sich hier in cc. 1697–1707 CIC/1983. An anderer Stelle geregelt sind die Eheauflösung aufgrund der Anwendung des Privilegium Paulinum in cc. 1143–1150 CIC/1983 und die Feststellung der Nichtigkeit

---

475 Diese formellen Bundesgesetze sind das FamFG und die ZPO.

476 Sacrae Disciplinae Leges.

477 Cc. 1671–1691 CIC/1983.

478 Vgl. C. 1691 CIC/1983; vgl. Lüdicke, Münsterischer Kommentar, c. 1691, Rn. 2.

im Verwaltungsweg (cc. 1066, 1067 CIC/1983). Gänzlich außerkodikarisch finden sich die Bestimmungen zur Auflösung eines Ehebandes zugunsten des Glaubens.

bb) Umfang der kostenrechtlichen Regelungen durch unterschiedliche Gesetzgeber

Während in staatlichen Eheverfahren die Regelungen über entstehende Gerichts- und Anwaltskosten durch zwei formelle Bundesgesetze geregelt sind[479], werden in kirchlichen Eheprozessen die kostenrechtlichen Regelungen durch unterschiedliche Gesetzgeber getroffen. Der Papst als oberster Gesetzgeber hat für die ordentlichen Ehenichtigkeitsverfahren und das Verfahren aufgrund von Urkunden lediglich eine Ermächtigung für die Diözesanbischöfe zum Erlass von Gerichtskostenordnungen und Ordnungen hinsichtlich der Honorare für Prozessbevollmächtigte und Anwälte ausgesprochen, die aber dem jeweiligen Diözesanbischof überlassen bleiben. Durch die Festlegung der Gerichtskostenordnungen durch die Diözesanbischöfe wird ermöglicht, den unterschiedlichsten (auch finanziellen) Verhältnissen der jeweiligen Teilkirchen auf der gesamten Welt gerecht zu werden.

Aufgrund dieser Ermächtigung zum Erlass von Gerichtskostenordnungen würde aber die Gefahr bestehen, dass in der Bundesrepublik Deutschland die Gerichtskosten durch die Diözesanbischöfe in unterschiedlicher Höhe festgelegt werden. Durch – wenn auch nicht verbindliche – Absprache der Diözesanbischöfe[480] in einem Land wird dieser Gefahr begegnet und sie somit letztlich beseitigt. Hinsichtlich der Kosten für Prozessbevollmächtigte und Anwälte haben die deutschen Bischöfe aber davon abgesehen, anders als in staatlichen Verfahren mit dem RVG, verbindliche Regelungen zu treffen; sie haben sich auf eine Empfehlung beschränkt, da ein tatsächlicher Einfluss auf die Honorare der Prozessbevollmächtigten und Anwälte bezweifelt wurde[481]. In staatlichen Eheverfahren wurde mit dem RVG zwar eine verbindliche Gebührenordnung für Anwälte erlassen[482]. Da aber kein Anwalt verpflichtet ist, seine Dienstleistungen nach den Pauschalen des RVG vergüten zu lassen, und stattdessen eine Vergütungsvereinbarung über ein Zeithonorar treffen

---

479 FamGKG, RVG.

480 Die Gerichtskosten für Ehenichtigkeitsverfahren werden durch die jeweiligen Diözesanbischöfe aufgrund Empfehlung des Ständigen Rates der Deutschen Bischofskonferenz erlassen. Die Empfehlung ist nach Art. 14 I a des Statuts der Deutschen Bischofskonferenz ein nicht rechtsverbindlicher Beschluss. Nach c. 455 § 4 CIC/1983 steht der Deutschen Bischofskonferenz keine Kompetenz zur verbindlichen Regelung der Gerichtskosten zu; weder räumt das allgemeine Gesetz (vgl. Listl, Plenarkonzil und Bischofskonferenz, 407–411) noch eine besondere Anordnung des Apostolischen Stuhls der Bischofskonferenz eine Vollmacht zum Erlass von allgemeinen Dekreten (mit dem Inhalt der Gerichtskostenordnung) ein.

481 Vgl. Lüdicke, „Dignitas connubii", Art. 303, Rn. 3, 9; Lüdicke, Münsterischer Kommentar, c. 1649, Rn. 4.

482 Vgl. § 2 RVG.

kann[483], relativiert sich die Verbindlichkeit des RVG; es spielt lediglich im Rahmen der Erstattung eventueller Kosten des Gegners eine Rolle. Diese Erkenntnis, dass für Prozessbevollmächtigte und Anwälte kein Einfluss auf die Honorarhöhe durch diözesane Gebührenordnungen genommen werden kann, hat der kirchliche Gesetzgeber bereits dadurch gewonnen, dass er nur eine Empfehlung über eine Gebührenordnung für Prozessbevollmächtigte und Anwälte ausgesprochen hat.

Die Gebühren für die Verwaltungsverfahren hinsichtlich des Antrags auf Feststellung der Nichtigkeit einer Ehe wegen Formmangels sowie der Eheauflösung werden gesetzlich nicht geregelt, sondern obliegen der Entscheidung der jeweiligen Verwaltungsbehörde (Diözesanbischof und Kongregation für die Glaubenslehre sowie dem am Gericht der Römischen Rota eingerichteten Amt für die Prozesse zur Gewährung von Dispens bei einer gültigen, aber nicht vollzogenen Ehe und für die Weihenichtigkeitssachen) im jeweiligen Einzelfall.

cc) Gerichtsverfassungsrechtliche Regelungen

Die gerichtsverfassungsrechtlichen Aspekte der kirchlichen Eheprozesse sind – wie die grundsätzlichen Verfahrensregelungen – im CIC/1983 enthalten[484]. Hingegen werden die diesbezüglichen Regelungen zur äußeren Gerichtsorganisation in staatlichen Verfahren in drei gesonderten formellen Bundesgesetzen (überwiegend im GVG, sowie ergänzend in der ZPO und im FamFG) getroffen. Zusätzlich ist die Errichtung der einzelnen Gerichte, ihres Sitzes und ihrer Zuständigkeitsbereiches in gesonderten Landesgesetzen geregelt.

Die Errichtung der jeweiligen Diözesangerichte durch den Diözesanbischof ist aber –anders als die Errichtung der staatlichen Gerichte – überhaupt nicht möglich, da in jeder Diözese kraft Gesetzes (cc. 1419, 1420 CIC/1983) ein entsprechendes Diözesangericht besteht, weshalb überhaupt diesbezüglich kein zusätzlicher Regelungsbedarf besteht.

Regelungsbedarf und – möglichkeit durch den jeweiligen Landesgesetzgeber bzw. den Diözesanbischof besteht hingegen hinsichtlich der Geschäftsstelle des Gerichtes[485] und ihrer Besetzung mit staatlichen Urkundsbeamten bzw. kirchlichen Notaren[486]. Der Bundesgesetzgeber hat die Aufgaben und die Besetzung der Geschäftsstellen mit der erforderlichen Anzahl von Urkundsbeamten festgelegt, während er die detaillierte Ausgestaltung der Organisation der Geschäftsstelle und die Qualifikation der Urkundsbeamten dem Landesgesetzgeber überlässt (§ 153 Abs. 4 GVG). Von dieser Kompetenz hat der Landesgesetzgeber für Bayern durch Landesgesetz[487] Gebrauch gemacht, womit er die diesbezügliche Kompetenz zur Organisation der Geschäftsstellen und der Qualifikation der Urkundsbeamten

483 Vgl. § 3 a RVG.
484 Vgl. Regelungen über das Gerichtswesen im allgemeinen, cc. 1400–1500 CIC/1983.
485 Vgl. § 153 Abs. 1 GVG, c. 482 CIC/1983, Art. 61 § 1 DC.
486 Vgl. § 153 Abs. 1–4 GVG, c. 482 CIC/1983, Art. 61 § 1 DC.
487 Vgl. Art. 15 Abs. 1 AGGVG Bayern.

an das Bayerische Staatsministerium für Justiz und Verbraucherschutz abgegeben hat. Er hat dabei das Staatsministerium ermächtigt, durch Rechtsverordnung die Ausgestaltung der Organisation vorzunehmen und die Anforderungen an das nichtrichterliche Personal der Geschäftsstelle zu bestimmen. Nach der ergangenen Rechtsverordnung besteht die Geschäftsstelle aus dem Geschäftsleiter[488] und den Urkundsbeamten[489]. Auch werden die diesbezüglichen laufbahnrechtlichen Befähigungen festgelegt[490]. Im kirchlichen Bereich hingegen hat der Papst als oberster Gesetzgeber die Ausgestaltung der Geschäftsstelle, bestehend aus dem Moderator der Gerichtskanzlei und Notaren (c. 482 CIC/1983, Art. 61 § 1 DC), und ihre Aufgaben (Art. 61 § 2, Art. 62 DC) geregelt. Die Anforderungen an die Befähigung der Moderatoren und Notare sind aber nur relativ allgemein gehalten; sie sollen über einen „guten Ruf" verfügen und „über jeden Verdacht erhaben" sein. Zur Erleichterung in der Praxis hinsichtlich der Befähigung der Moderatoren der Gerichtskanzlei und der Notare wären diözesane Ausführungsbestimmungen wünschenswert, um – wie im staatlichen Rechtsbereich – eine Mindestqualifikation der an einem Eheprozess beteiligten Notare sicherzustellen.

In kirchlichen Ehenichtigkeitsverfahren ist im Interesse des streitgegenständlichen Ehebandes neben dem Gericht ein Bandverteidiger beteiligt. Dagegen ist in staatlichen Eheverfahren heute ein Vertreter des öffentlichen Interesses für das Eheband nicht vorgesehen und wirkt daher auch nicht mit[491].

dd) Regelungen hinsichtlich Richter

Sowohl beim Staat als auch in der Kirche werden die Anforderungen an die im Verfahren tätig werdenden Richter durch den obersten Gesetzgeber, den Deutschen Bundestag[492] bzw. den Papst[493] getroffen. Sie lassen sich sowohl in der Kirche als auch im Staat als die Voraussetzungen für die „Befähigung zum Richteramt" beschreiben. In beiden Bereichen wird für das Richteramt ein abgeschlossenes Studium des entsprechenden Rechts verlangt. In der Kirche kommt aber noch der zusätzlich erforderliche Klerikerstatus der Richter hinzu (c. 1421 § 1 CIC/1983)[494]. Regelungsspielraum für den Landesgesetzgeber bzw. den diözesanen Gesetzgeber bezüglich der Anforderungen an die Richter bleibt hingegen nicht.

---

488 Vgl. § 2 Abs. 1 GeschStV Bayern.

489 Vgl. § 5 GeschStV Bayern.

490 Vgl. §§ 2, 4 GeschStV Bayern.

491 Vgl. §§ 7 Abs. 1, 2 Nr. 1, 113 Abs. 5 Nr. 3, 4 FamFG, wonach als Verfahrensbeteiligte nur der Antragsteller und der Antragsgegner beteiligt sind, nicht aber ein zusätzlicher Vertreter des öffentlichen Interesses für das Eheband.

492 Vgl. §§ 5, 5a, 5 b DRiG.

493 Vgl. c. 1420 § 4 CIC/1983, Art. 42 § 1 DC.

494 In bestimmten Fällen kann in einem Kollegialgericht ein Laie als Richter mitwirken (c. 1421 § 2 CIC/1983).

ee) Regelungen hinsichtlich Personenstandsregister

Während das Ehe-, Geburten- und Sterberegister abschließend als staatliche Personenstandsregister festgelegt[495] und detaillierte Regelungen über ihren Inhalt getroffen worden sind[496], legt die Kirche zwar mit dem Tauf-, Ehe- und Totenbuch[497] drei Register fest, lässt aber die Möglichkeit offen, weitere Bücher bzw. Verzeichnisse vorzusehen. Hierdurch kann die Kirche den unterschiedlichen (auch organisatorisch weit differierenden) Verhältnissen in den einzelnen Teilen der Welt gerecht werden. Bei den durch den CIC/1983 vorgesehenen Pfarrbüchern werden ebenfalls detaillierte Regelungen über den Inhalt für das Tauf- und Ehebuch getroffen[498]. Lediglich hinsichtlich des Totenbuchs wird dem Partikularrecht die Möglichkeit eröffnet, den Inhalt der Eintragung zu bestimmen[499].

ff) Regelungen hinsichtlich der Obersten Gerichte

Die staatlichen Regelungen für das Verfahren und die Organisation gelten auch für den Bundesgerichtshof als dem obersten Gericht (in Ehesachen)[500]. Im kirchlichen Bereich liegt die richterliche Gewalt – soweit Oberste Gerichte betreffend – originär beim Papst. Nach c. 1442 S. 2 CIC/1983 wird sie aber durch Gerichte ausgeübt. Im Gegensatz zum staatlichen Bereich bestehen für diese Obersten Gerichte, die Römische Rota[501] und die Apostolische Signatur[502], Regelungen, welche sowohl das Verfahren an sich, aber auch die Gerichtsverfassung und die interne Gerichtsorganisation festlegen, sowie auch die Mitwirkung von Anwälten und Prozessbevollmächtigten regeln.

gg) Materiell-rechtliche Regelungen

Die in den jeweiligen Eheprozessen heranzuziehenden materiell-rechtlichen Bestimmungen finden sich in Gesetzen der obersten Autorität, im CIC/1983 (erlassen durch den Papst), und im Bereich des Staates in einem formellen (durch den Deutschen Bundestag) erlassenen Bundesgesetz, dem BGB. Die materiell-rechtlichen Normen befinden sich im BGB nicht im Zusammenhang stehend, sondern getrennt nach Eheaufhebung (§§ 1303–1318 BGB) und Ehescheidung (§§ 1564–1568 BGB). Dagegen sind die materiell-rechtlichen Regelungen in der Kirche – von einer Ausnahme abgesehen[503] – zusammenhängend geregelt (cc. 1073–1123, 1141–1150 CIC/1983).

---

495 Vgl. § 3 Abs. 1 S. 1 PStG.

496 Vgl. §§ 15, 16, 21, 27, 31, 32 PStG.

497 Vgl. c. 535 § 1 CIC/1983.

498 Vgl. cc. 535 § 2, 877, 1121 CIC/1983.

499 Vgl. c. 1182 CIC/1983; vgl. Lüdicke – Reinhardt, Münsterischer Kommentar, c. 1182, Rn. 1, 2; Reinhardt, Das kirchliche Begräbnis, 1020.

500 Das FamFG und die ZPO gelten für alle Rechtszüge.

501 Vgl. NRR/1994 Quammaxime.

502 Vgl. LpSig/2008 Antiqua Ordinatione.

503 Vgl. Schema novissimum von 1982, c. 1150, 203–204, wonach geplant gewesen war, die materiell-rechtlichen Anforderungen an die „Solutio in favorem fidei“

hh) Ergebnis

Der Vorteil der kirchenrechtlichen Weise zur Regelung der verfahrensrechtlichen und materiell-rechtlichen Bestimmungen in einer Gesetzeskodifikation – von geringen Ausnahmen abgesehen – bietet eine Übersichtlichkeit und Transparenz in der Rechtsanwendung und für die Anwender des Rechts, wenn auch die materiellrechtlichen und verfahrensrechtlichen Bestimmungen in dieser Gesetzeskodifikation nicht im unmittelbaren Zusammenhang geregelt sind. Das Gesetz sollte „Mittel zur Verwirklichung des Gemeinwohls der Kirche und ihres Heilsauftrages für die Menschen sein“[504], also das Zusammenleben zwischen den Menschen vereinfachen und damit den Menschen dienen. Dagegen besteht bei der Vielzahl der unterschiedlichen in staatlichen Verfahren heranzuziehenden und anzuwendenden einzelnen Gesetze[505] die Gefahr der Unübersichtlichkeit für den einzelnen betroffenen Bürger, insbesondere für die Personen, die von Streitigkeiten bzw. Verfahren in Ehesachen betroffen sind. Durch die Verteilung der einschlägigen Normen auf verschiedene Gesetze kann aber auch oft für des Rechtes Kundige der Blick für das Wesentliche verloren gehen.

b) Konkretisierung der verfahrensrechtlichen Bestimmungen

Zur Vereinfachung der Rechtsanwendung in der alltäglichen Praxis wurden im kirchlichen Rechtsbereich für fast alle verfahrensrechtlichen Bestimmungen[506] Instruktionen erlassen[507]. Sie erklären die „Bestimmungen des Gesetzes, dem sie zugeordnet sind [und] zeigen Gesichtspunkte auf, die bei der Anwendung des Gesetzes zu berücksichtigen sind (Vollzugsanweisungen)“[508]. Diese Instruktionen[509]

---

ebenfalls im Zusammenhang mit den anderen materiell-rechtlichen Anforderungen zu treffen. Erst in der Endredaktion des CIC/1983 wurde dieses Vorhaben aber wieder aufgegeben, da erst eine Klärung der Anforderungen an die Gültigkeit erforderlich war, wann der Papst im Einzelfall von seiner suprema potestas Gebrauch machen kann (vgl. Sabbarese, Lo scioglimento dei matrimoni, 36, 40).

504 Listl, Die Rechtsnormen, 107.

505 Insgesamt sind – wenn auch nicht in jedem Verfahren – neun verschiedene Gesetze heranzuziehen (FamFG, ZPO, FamGKG, RVG, GVG, AGVG eines Bundeslandes, DRiG, PStG, BGB).

506 Verfahrensrechtliche Bestimmungen sind enthalten im CIC/1983, als vorrangigem gesetzgeberischen Dokument, sowie in den kraft delegierter Gesetzgebungsgewalt erlassenen „Normae in favorem fidei“.

507 Vgl. c. 34 § 1 CIC/1983.

508 Lüdicke – Socha, Münsterischer Kommentar, c. 34, Rn. 5.

509 Solche Instruktionen sind „Dignitas connubii“ für das ordentliche Ehenichtigkeitsverfahren und das Verfahren aufgrund von Urkunden, die „Litterae Circulares“ zum Nichtvollzugsverfahren, die Note zu den „Normae in favorem fidei“; keine Instruktion gibt es zur Durchführung des Antrages auf Feststellung der Nichtigkeit einer Ehe im Verwaltungsweg sowie der Anwendung des Privilegium Paulinum.

richten sich an diejenigen, die die Gesetze ausführen müssen, also an die Rechtsanwender. Für den staatlichen Rechtsbereich fehlen hingegen für die Verfahren in Ehesachen solche „Hilfestellungen" für die Rechtsanwender, sog. Verwaltungsvorschriften. Verwaltungsvorschriften sind „generelle und abstrakte Regelungen zur Gesetzesauslegung, Ermessensausübung, die [...] die einheitliche Ausführung des Bundesrecht[s] [und des Landesrechts] gewährleisten sollen"[510]. Damit sind die staatlichen Verwaltungsvorschriften nach ihrem Sinn und Zweck mit den kirchlichen Instruktionen vergleichbar[511]. Durch die gesonderten Regelungen für die Rechtsanwender wird die alltägliche Gerichtspraxis in der Kirche erleichtert, während im Staat die Rechtsanwendung und Durchführung von Verfahren dem Rechtsanwender selbst überlassen bleibt, wodurch sich in der alltäglichen Gerichtspraxis immer wieder Probleme und Auslegungsstreitigkeiten ergeben können, die zu vermeiden wären. Einzig hinsichtlich der kostenrechtlichen Regelungen im Staat wurde die Kostenverfügung als bundeseinheitliche Verwaltungsvorschrift des Bundes und der Länder herausgegeben; hierdurch soll die Arbeit mit der Kostenberechnung erleichtert werden. Im staatlichen Rechtsbereich wäre es durchaus wünschenswert neben der Kostenverfügung als Verwaltungsvorschrift für das Kostenrecht, auch für das Verfahren als solches Verwaltungsvorschriften herauszugeben; dies ist allerdings zumindestens hinsichtlich der am Verfahren beteiligten Richter problematisch, da diese nach Art. 97 Abs. 1 GG eine grundgesetzlich garantierte Unabhängigkeit besitzen und nur dem Gesetz unterworfen sind; einfachgesetzlich wurde dies durch § 25 DRiG geregelt. Gesetz iSv. Art. 97 Abs. 1 GG und auch dann iSd. § 25 Abs. 1 DRiG ist ein Gesetz aber nur im formellen und materiellen Sinne, auch ungeschriebenes Recht (z. B. Gewohnheitsrecht). Die nur intern für die Verwaltung verbindlichen Verwaltungsvorschriften würden dagegen die Richter nicht zur Anwendung verpflichten[512].

Die grundgesetzlich garantierte richterliche Unabhängigkeit erstreckt sich „über den Bereich der rechtsprechenden Gewalt [iSv.] Art. 92 GG hinaus"[513] auf die richterliche Tätigkeit[514]. Rechtsprechung meint nur „die eigentliche Spruchtätigkeit,

510 Seifert – Hömig, Grundgesetz, Art. 84, Rn. 8; vgl. Sachs – Dittmann, Grundgesetz, Art. 84, Rn. 29; Dreier – Hermes, Grundgesetz, Art. 84, Rn. 56, 57.

511 Die Instruktionen werden auch als Verwaltungsvorschriften bezeichnet (vgl. Lüdicke – Socha, Münsterischer Kommentar, c. 34, Rn. 11; Wächter, Gesetz, 199, 200, 359–361). An Stelle der staatlichen Verwaltungsvorschriften wird auch von „Verwaltungsverordnungen" gesprochen (vgl. Wächter, Gesetz, 359). Die kirchlichen Instruktionen werden oft auch als Verwaltungsverordnungen bezeichnet (vgl. Art. 8 I a des Statuts der Deutschen Bischofskonferenz; Lüdicke – Socha, Münsterischer Kommentar, c. 34, Rn. 11).

512 Vgl. Seifert – Hömig, Grundgesetz, Art. 97, Rn. 5; Schmidt-Räntsch, DRiG, § 25, Rn. 14, 15; Sachs – Detterbeck, Grundgesetz, Art. 97, Rn. 13; Dreier – Schulze-Fielitz, Grundgesetz, Art. 94, Rn. 25.

513 Merten – Papiert – Papier, HGR V, 1165, Rn. 12.

514 Vgl. Merten – Papiert – Papier, HGR V, 1165, Rn. 12.

und alle Tätigkeiten, die mit der Rechtsprechung im unmittelbaren Zusammenhang stehen"[515]. Die richterliche Tätigkeit umfasst zusätzlich noch „die Wahrnehmung solcher Aufgaben, die dem Richter gerade mit Rücksicht auf seine Unabhängigkeit übertragen sind"[516]. So handelt es sich bei den Familien- (und Ehesachen) als Teil der freiwilligen Gerichtsbarkeit nicht um Rechtsprechung, aber um die Wahrnehmung richterlicher Geschäfte[517], die ebenfalls von der grundgesetzlich garantierten richterlichen Unabhängigkeit umfasst ist[518]. Nicht beinhaltet in der Unabhängigkeit sind Aufgaben der Justiz- und Gerichtsverwaltung. Zur Justizverwaltung gehören „alle zur Rechtspflege gehörenden Angelegenheiten mit Ausnahme der Rechtsprechung"[519]. Teil der Gerichtsverwaltung sind „nur die Geschäfte, die entweder der Bereitstellung der persönlichen und sachlichen Mittel für die Tätigkeit der Gerichte dienen oder die den Gerichten [...] als Verwaltungsaufgabe übertragen sind"[520].

II. Exkurs: Materiell-rechtliche Gründe der Verfahren

Die in einem staatlichen oder einem kirchlichen Eheverfahren ergehende Entscheidung kann sowohl auf Gründen basieren, die im Zeitpunkt der Eheschließung vorlagen, als auch auf Gründen, die erst nach der Eheschließung entstanden sind.

1. „Fehlerhaftigkeit" einer Ehe

a) „Fehlerhaftigkeit" einer staatlichen Ehe

Eine staatliche Ehe kann wegen fehlender Ehefähigkeit, bestehenden Eheverboten, einer von Willensmängeln beeinflussten Erklärung zur Eheschließung oder aufgrund von Formfehlern „fehlerhaft", d. h. nichtig (also von vornherein ungültig) oder aufhebbar[521], sein; sie kann daher aufgehoben und damit aufgelöst werden.

aa) Fehlende Ehefähigkeit

Fehlende Ehefähigkeit (§ 1314 Abs. 1 BGB) ist die nicht bestehende Ehemündigkeit (§ 1303) und die Geschäftsunfähigkeit (§ 1304 BGB)[522]. Ehemündigkeit liegt mit Volljährigkeit, also Vollendung des 18. Lebensjahres vor[523]. Nach § 151 Nr. 1

---

515 Schmidt-Räntsch, DRiG, § 25, Rn. 10.
516 Merten – Papiert – Papier, HGR V, 1165, Rn. 12.
517 Vgl. Schmidt-Räntsch, DRiG, § 25, Rn. 10; Merten – Papiert – Papier, HGR V, 1165, Rn. 12.
518 Vgl. Seifert – Hömig, Grundgesetz, Art. 97, Rn. 3.
519 Schmidt-Räntsch, DRiG, § 25, Rn. 11.
520 Schmidt-Räntsch, DRiG, § 25, Rn. 11.
521 Vgl. Palandt – Brudermüller, BGB, Einführung § 1313, Rn. 1.
522 Vgl. Palandt – Brudermüller, BGB, § 1314, Rn. 2, 3.
523 Vgl. Palandt – Brudermüller, BGB, § 1303, Rn. 2; Palandt – Ellenberger, BGB, § 2, Rn. 1.

FamFG, § 1303 Abs. 2 BGB kann von der vorgeschriebenen Ehemündigkeit befreit werden, wenn der Antragsteller das 16. Lebensjahr vollendet hat und sein künftiger Ehegatte volljährig ist[524]. Geschäftsunfähigkeit ist ein „die freie Willensbestimmung ausschließende[r] Zustand krankhafter Störung der Geistestätigkeit [...], sofern nicht der Zustand seiner Natur nach ein vorübergehender ist"[525].

bb) Bestehende Eheverbote

Bestehende Verbote für eine Eheschließung sind eine bestehende Ehe oder Lebenspartnerschaft (§ 1306 BGB), eine Verwandtschaft (§ 1307 BGB) sowie eine Annahme als Kind (§ 1308 BGB). Das Eheverbot einer bestehenden Ehe oder Lebenspartnerschaft dient dem Schutz der Einehe[526]. Das Eheverbot der blutsmäßigen / natürlichen[527] und der rechtlichen Verwandtschaft[528] dient dem Schutz vor Inzest[529], wobei für die rechtliche Verwandtschaft kraft Adoption eine Sonderregelung (§1308 BGB) getroffen worden ist. Hiernach ist eine diesem Verbot widersprechende Ehe gültig, hebt aber kraft Gesetzes nach § 1766 BGB das Adoptionsverhältnis auf[530].

cc) Durch Willensmängel beeinflusste Willenserklärungen zur Eheschließung

Der erklärte Eheschließungswille kann von einer Vielzahl von Willensmängeln betroffen und damit fehlerhaft sein.

Damit überhaupt eine Ehe geschlossen werden kann, müssen nach § 1310 Abs. 1 S. 1 BGB zunächst entsprechende, auf die Eheschließung gerichtete Erklärungen abgegeben worden sein; ansonsten liegt schon keine Ehe (eine Nichtehe), nicht einmal eine fehlerhafte Ehe vor[531].

Aus den in § 1314 Abs. 2 Nr. 1–4 BGB genannten Gründen kann es zu einer „fehlerhaften Willensbildung bei der Eheschließung"[532] gekommen sein. Sofern ein Ehegatte bewusstlos oder vorübergehend in seiner Geistestätigkeit gestört war, handelt es sich nach § 1314 Abs. 2 Nr. 1 BGB um einen Aufhebungsgrund[533]. Wenn ein Ehegatte bei der Eheschließung nicht gewusst hat, dass es sich um eine Eheschließung handelt, liegt nach § 1314 Abs. 2 Nr. 2 BGB eine fehlerhafte

---

524 Vgl. Coester – Waltjen, Familienrecht, 67, Rn. 11, 12.
525 § 104 Nr. 2 BGB.
526 Vgl. Palandt – Brudermüller, BGB, § 1306, Rn. 1.
527 Vgl. Bamberger – Roth – Hahn, BGB, § 1307, Rn. 2.
528 Vgl. Bamberger – Roth – Hahn, BGB, § 1307, Rn. 3.
529 Vgl. Palandt – Brudermüller, BGB, § 1307, Rn. 1.
530 Vgl. Palandt – Diederichsen, BGB, § 1766, Rn. 1; Palandt – Brudermüller, BGB, § 1308, Rn. 4; Schmid, Familienrecht, 19, Rn. 66.
531 Vgl. Coester-Waltjen, Familienrecht, 97, Rn. 1.
532 Eckebrecht – Schael, Verfahrenshandbuch, § 5 Ehesachen, Rn. 120.
533 Vgl. Palandt – Brudermüller, BGB, § 1314, Rn. 7; sowie weiterführend zu Willensmängeln, Drolshagen, Der Willensmangel, 62–64.

Willensbildung vor[534]. Weiterhin ist von einer fehlerhaften Willensbildung auszugehen, wenn „ein Ehegatte zur Eingehung der Ehe durch arglistige Täuschung“[535] oder „widerrechtlich durch Drohung bestimmt worden ist“[536]. Einen weiteren Aufhebungsgrund stellt die Missbilligung des Eheschließungsmotivs[537] durch Eingehung einer Scheinehe nach § 1314 Abs. 2 Nr. 5 BGB dar[538].

Ebenfalls einen Aufhebungsgrund ist nach § 1311 S. 2 BGB die einer Willenserklärung zur Eheschließung beigefügte Bedingung oder Zeitbestimmung[539].

dd) Formfehler

Eine geschlossene Ehe ist fehlerhaft, wenn sie nicht vor einem Standesbeamten oder wenn sie vor einem nicht mitwirkungsbereiten Standesbeamten geschlossen wurde (§ 1310 Abs. 1 S. 1 BGB)[540] sowie wenn die Eheschließenden die Erklärung nicht persönlich und bei gleichzeitiger Anwesenheit abgegeben haben (§ 1311 S. 1 BGB)[541].

ee) Rechtsfolge einer „fehlerhaften“ Ehe

Eine „fehlerhafte“ Ehe kann entweder nichtig (weil dem Grunde nach nicht zustande gekommen) oder aufhebbar sein. Eine Nichtehe liegt vor, wenn die „Verlobten während der Trauung keine auf die Eheschließung gerichteten Erklärungen abgegeben“[542] haben. Ebenso ist eine Ehe nichtig, wenn sie ohne Beteiligung eines Standesbeamten oder bei Beteiligung eines nicht mitwirkungsbereiten Standesbeamten zustande gekommen ist[543]. Die Tatsache einer solchen Nichtehe, „kann von jedermann jederzeit geltend gemacht werden; es bedarf keines gerichtlichen Gestaltungs- oder Feststellungsentscheides“[544].

---

534 Vgl. Palandt – Brudermüller, BGB, § 1314, Rn. 8; sowie weiterführend zu Willensmängeln, Drolshagen, Der Willensmangel, 65–69.

535 § 1314 Abs. 2 Nr. 3 BGB; vgl. Palandt – Brudermüller, BGB, § 1314, Rn. 9; sowie weiterführend zu Willensmängeln, Drolshagen, Der Willensmangel, 69–86.

536 § 1314 Abs. 2 Nr. 4 BGB; vgl. Palandt – Brudermüller, BGB, § 1314, Rn. 13; sowie weiterführend zu Willensmängeln, Drolshagen, Der Willensmangel, 87–99.

537 Vgl. Eckebrecht – Schael, Verfahrenshandbuch, § 5 Ehesachen, Rn. 120.

538 Vgl. Palandt – Brudermüller, BGB, § 1314, Rn. 14.

539 Vgl. Palandt – Brudermüller, BGB, § 1311, Rn. 4.

540 Vgl. Coester-Waltjen, Familienrecht, 97, Rn. 1.

541 Vgl. Palandt – Brudermüller, BGB, § 1314, Rn. 6; Hoppenz – Burandt, Familiensachen, 17, Rn. 3.

542 Palandt – Brudermüller, BGB, Einführung vor § 1313, Rn. 6; vgl. Coester-Waltjen, Familienrecht, 97, Rn. 1.

543 Vgl. Palandt – Brudermüller, BGB, Einführung vor § 1313, Rn. 6; Coester-Waltjen, Familienrecht, 97, Rn. 1.

544 Palandt – Brudermüller, BGB, Einführung vor § 1313, Rn. 5; vgl. Bamberger – Roth – Hahn, BGB, § 1310, Rn. 1; Schmid, Familienrecht, 23, Rn. 75.

Sofern es sich aber bei einer „fehlerhaften" Eheschließung nicht um eine Nichtehe handelt, ist die „fehlerhafte" Ehe nach § 1314 Abs. 1, 2 BGB wegen eines trennenden Eheverbotes, wegen fehlender Ehefähigkeit, wegen einer mangelhaften Willenserklärung oder wegen eines Formmangels nur aufhebbar[545]. Eine solche aufhebbare Ehe ist zunächst bis zur Rechtskraft einer Aufhebungsentscheidung voll gültig[546].

ff) Heilung einer Nichtehe oder Ausschluss der Aufhebbarkeit

Eine „fehlerhafte" Ehe kann geheilt oder endgültig wirksam werden.

(1) Heilung einer Nichtehe

Eine wegen fehlender Mitwirkung eines Standesbeamten nichtige Ehe (Nichtehe) gilt nach § 1310 Abs. 3 BGB als gültig geschlossen, wenn die Ehegatten entsprechende Willenserklärungen zur Eheschließung abgegeben haben[547] und sie „10 Jahre oder bis zum Tod eines Partners, mindestens jedoch 5 Jahre, wie Ehegatten miteinander gelebt haben"[548]. Zusätzlich muss noch eine Handlung mit Bezug auf die Nichtehe im Personenstandsregister vorgenommen worden sein[549]. Diese Handlung kann die Eintragung der Nichtehe ins Eheregister[550] oder die Eintragung eines gemeinsamen Kindes der Ehegatten unter Hinweis auf die Eheschließung sein[551]. Nimmt ein Standesbeamter eine familienrechtliche Erklärung, die eine bestehende Ehe voraussetzt, entgegen und erteilt hierüber den Ehegatten die im Recht vorgesehene Bescheinigung, gilt dies als entsprechende Handlung im Personenstandsregister[552].

(2) Ausschluss der Aufhebbarkeit

Eine aufhebbare Ehe kann durch Ablauf der Frist zur Stellung des Aufhebungsantrages (§ 1317 Abs. 1 S. 1 BGB), durch Bestätigung (§ 1315 Abs. 1 S. 1 Nr. 1–5 BGB) oder durch tatsächliches Zusammenleben (§ 1315 Abs. 2 Nr. 2 BGB) bei Formmangel nach § 1311 BGB endgültig wirksam und damit unaufhebbar werden.

Für einen Antrag auf Aufhebung besteht bei Vorliegen der Gründe des § 1314 Abs. 2 Nr. 2–4 BGB (Unkenntnis der Eheschließung, arglistige Täuschung sowie widerrechtliche Drohung) eine Antragsfrist von einem bzw. drei Jahren ab Kenntnis der Gründe (§ 1317 Abs. 1 S. 1 BGB)[553]. Nach Ablauf dieser Frist ist

---

545 Vgl. Coester-Waltjen, Familienrecht, 100, Rn. 1.

546 Vgl. Palandt – Brudermüller, BGB, § 1313, Rn. 7; Coester–Waltjen, Familienrecht, 101, Rn. 2.

547 Vgl. Palandt – Brudermüller, BGB, § 1310, Rn. 11.

548 Palandt – Brudermüller, BGB, § 1310, Rn. 13.

549 Vgl. Palandt – Brudermüller, BGB, § 1310, Rn. 12.

550 Vgl. § 1310 Abs. 3 Nr. 1 BGB.

551 Vgl. § 1310 Abs. 3 Nr. 2 BGB.

552 Vgl. § 1310 Abs. 3 Nr. 3 BGB.

553 Vgl. Palandt – Brudermüller, BGB, § 1317, Rn. 3.

die Aufhebung wegen dieser Gründe ausgeschlossen[554]. Für alle anderen Aufhebungsgründe hingegen besteht keine Frist zur Antragstellung[555]. Damit kann bei Vorliegen dieser Gründe eine aufhebbare Ehe niemals endgültig wirksam werden.

Zudem kann durch eine Bestätigung, also den Willen zur Fortsetzung der Ehe, die Aufhebbarkeit ausgeschlossen werden (§ 1315 Abs. 1 S. 1 Nr. 1–5 BGB)[556].

b) „Fehlerhaftigkeit" einer kirchlichen Ehe

Eine kirchliche Ehe kann aufgrund trennender Ehehindernisse, wegen Konsensmängel oder wegen unrichtiger Form ungültig sein[557], wobei teilweise von trennenden Ehehindernissen oder von der vorgeschriebener Form nach c. 1078 § 1 CIC/1983 durch den Ortsordinarius dispensiert werden kann.

aa) Trennende Ehehindernisse

Die trennenden Ehehindernisse beruhen auf natürlichen Mängeln[558] (nicht erreichtes Eheschließungsalter des 14. bzw. 16. Lebensjahres[559] oder geschlechtliches Unvermögen[560]), glaubensrelevanten Bindungen[561] (der Religionsverschiedenheit[562], des Ehebandes[563], der Weihe[564] oder des öffentlichen ewigen Gelübdes[565]),

554 Vgl. Palandt – Brudermüller, BGB, § 1317, Rn. 2; Bamberger – Roth – Hahn, BGB, § 1317, Rn. 1.

555 Vgl. Prütting – Wegen – Weinreich – Pieper/Friederici, BGB, § 1317, Rn. 1.

556 Vgl. Palandt – Brudermüller, BGB, § 1317, Rn. 3.

557 Vgl. Aymans, KanR 3, 524.

558 Vgl. Aymans, KanR 3, 427.

559 Vgl. c. 1083 CIC/1983, sowie zum Nichtigkeitsgrund im Einzelnen: vgl. Prader – Reinhardt, Das kirchliche Eherecht, 112–114; Aymans, KanR 3, 443–444; Heimerl – Pree, Kirchenrecht, 200–201.

560 Vgl. c. 1084 CIC/1983, sowie zum Nichtigkeitsgrund im Einzelnen: vgl. Prader – Reinhardt, Das kirchliche Eherecht, 114–117; Aymans, KanR 3, 444–446; Heimerl – Pree, Kirchenrecht, 201–202; Lüdicke, Die Nichtigerklärung der Ehe, 77–95.

561 Vgl. Aymans, KanR 3, 427; Bamberg, Procedures matrimoniales en droit canonique, 36.

562 Vgl. c. 1086 CIC/1983, sowie zum Nichtigkeitsgrund im Einzelnen: vgl. Prader – Reinhardt, Das kirchliche Eherecht, 118–119; Aymans, KanR 3, 437–439; Heimerl – Pree, Kirchenrecht, 204.

563 Vgl. c. 1085 CIC/1983, sowie zum Nichtigkeitsgrund im Einzelnen: vgl. Prader – Reinhardt, Das kirchliche Eherecht, 117–118; Aymans, KanR 3, 440; Heimerl – Pree, Kirchenrecht, 203–204.

564 Vgl. c. 1087 CIC/1983, sowie zum Nichtigkeitsgrund im Einzelnen: vgl. Prader – Reinhardt, Das kirchliche Eherecht, 119; Aymans, KanR 3, 441; Heimerl – Pree, Kirchenrecht, 204–205.

565 Vgl. c. 1088 CIC/1983, sowie zum Nichtigkeitsgrund im Einzelnen: vgl. Prader – Reinhardt, Das kirchliche Eherecht, 119–120; Aymans, KanR 3, 442; Heimerl – Pree, Kirchenrecht, 205.

tatbedingten Gründen (der Entführung[566] oder des Gattenmordes[567]) oder auf einem persönlichen Nahverhältnis[568] (der Blutsverwandtschaft[569], Schwägerschaft[570], der öffentlichen Ehrbarkeit[571] oder der gesetzlichen Verwandtschaft[572]).

bb) Willensmängel

Die Ehe setzt zunächst den ehebegründenden Willen, also die auf die Eheschließung gerichteten Willenserklärungen voraus (c. 1057 § 2 CIC/1983)[573]. Ehewillensmängel können Mängel in der Erkenntnis (Mängel der psychischen Ehefähigkeit[574], des fehlenden Mindestwissens über die Ehe[575], ein Irrtum in der Person oder eine diese kennzeichnende Eigenschaft[576], Irrtum über Inhalte der Ehe[577], arglistige

---

566 Vgl. c. 1089 CIC/1983, sowie zum Nichtigkeitsgrund im Einzelnen: vgl. Prader - Reinhardt, Das kirchliche Eherecht, 120; Aymans, KanR 3, 449–450; Heimerl - Pree, Kirchenrecht, 205.

567 Vgl. c. 1090 CIC/1983, sowie zum Nichtigkeitsgrund im Einzelnen: vgl. Prader - Reinhardt, Das kirchliche Eherecht, 120; Aymans, KanR 3, 450–451; Heimerl - Pree, Kirchenrecht, 206.

568 Vgl. Aymans, KanR 3, 426.

569 Vgl. c. 1091 CIC/1983, sowie zum Nichtigkeitsgrund im Einzelnen: vgl. Prader - Reinhardt, Das kirchliche Eherecht, 121–123; Aymans, KanR 3, 430–431; Heimerl - Pree, Kirchenrecht, 206–207.

570 Vgl. c. 1092 CIC/1983, sowie zum Nichtigkeitsgrund im Einzelnen: vgl. Prader - Reinhardt, Das kirchliche Eherecht, 123–124; Aymans, KanR 3, 434–436; Heimerl - Pree, Kirchenrecht, 207.

571 Vgl. c. 1093 CIC/1983, sowie zum Nichtigkeitsgrund im Einzelnen: vgl. Prader - Reinhardt, Das kirchliche Eherecht, 124; Aymans, KanR 3, 436–437; Heimerl - Pree, Kirchenrecht, 207–208.

572 Vgl. c. 1094 CIC/1983, sowie zum Nichtigkeitsgrund im Einzelnen: vgl. Prader - Reinhardt, Das kirchliche Eherecht, 124–128; Aymans, KanR 3, 431–434; Heimerl - Pree, Kirchenrecht, 208–209.

573 Vgl. Aymans, KanR 3, 463, 464.

574 Vgl. c. 1095 CIC/1983, sowie zum Nichtigkeitsgrund im Einzelnen: vgl. Prader - Reinhardt, Das kirchliche Eherecht, 129–132; Aymans, KanR 3, 446–449, 467–469; Heimerl - Pree, Kirchenrecht, 216–220; Primetshofer, Der Ehekonsens, 929–931, 943–945; Lüdicke, Die Nichtigerklärung der Ehe, 44–77; Bamberg, Procedures matrimoniales en droit canonique, 36.

575 Vgl. c. 1096 CIC/1983, sowie zum Nichtigkeitsgrund im Einzelnen: vgl. Prader - Reinhardt, Das kirchliche Eherecht, 132–134; Aymans, KanR 3, 467; Heimerl - Pree, Kirchenrecht, 220–221; Primetshofer, Der Ehekonsens, 931; Lüdicke, Die Nichtigerklärung der Ehe, 174–179.

576 Vgl. c. 1097 CIC/1983, sowie zum Nichtigkeitsgrund im Einzelnen: vgl. Prader - Reinhardt, Das kirchliche Eherecht, 134–135; Aymans, KanR 3, 470–471; Heimerl - Pree, Kirchenrecht, 221–222; Primetshofer, Der Ehekonsens, 932; Lüdicke, Die Nichtigerklärung der Ehe, 195–211.

577 Vgl. c. 1099 CIC/1983, sowie zum Nichtigkeitsgrund im Einzelnen: vgl. Prader - Reinhardt, Das kirchliche Eherecht, 137; Aymans, KanR 3, 473–474; Heimerl - Pree,

Täuschung[578]), Mängel im Willen (die Simulation[579] oder Furcht und Zwang[580]) oder eine beigefügte Bedingung (c. 1102 CIC/1983) sein.

cc) Formmangel

Eine kirchlich geschlossene Ehe kann ungültig sein, wenn die Willenserklärungen zur Eheschließung nicht vor einem Priester (c. 1108 CIC/1983)[581] oder nicht bei persönlicher und gleichzeitiger Anwesenheit beider Ehegatten (c. 1104 CIC/1983)[582] abgegeben wurden. Ausnahmsweise kann sich nach c. 1105 CIC/1983 der Nupturient mit Mandat bei der Eheschließung durch eine andere Person vertreten lassen.

dd) Rechtsfolge

Eine aus einem dieser drei genannten Gründe ungültige Ehe erfreut sich nach cc. 1060, 1085 § 2 CIC/1983 der Rechtsgunst[583]; d. h. im Zweifelsfall wird an der Gültigkeit der Ehe so lange festgehalten, bis das Gegenteil bewiesen wird[584].

ee) Gültigmachung / Heilung in der Wurzel

Eine kanonisch ungültige Ehe kann durch „Erneuerung des Konsenses oder durch einen kirchlichen Hoheitsakt"[585] gültig werden. „Die einfache Gültigmachung [cc. 1156–1160 CIC/1983] – also die Gültigmachung durch Konsenserneuerung – kann in allen drei Fällen in Frage kommen, also bei Mangel in der Ehefähigkeit, im Ehekonsens und in der Eheschließungsform"[586]. Eine aufgrund eines trennenden Ehehindernisses nichtige Ehe kann gültig gemacht werden, sofern das Hindernis

Kirchenrecht, 222; Primetshofer, Der Ehekonsens, 932–933; Lüdicke, Die Nichtigerklärung der Ehe, 180–194.

578 Vgl. c. 1098 CIC/1983, sowie zum Nichtigkeitsgrund im Einzelnen: vgl. Prader – Reinhardt, Das kirchliche Eherecht, 135–137; Aymans, KanR 3, 472–473; Heimerl – Pree, Kirchenrecht, 222–223; Primetshofer, Der Ehekonsens, 933–934; Lüdicke, Die Nichtigerklärung der Ehe, 239–257.

579 Vgl. c. 1101 CIC/1983, sowie zum Nichtigkeitsgrund im Einzelnen: vgl. Prader – Reinhardt, Das kirchliche Eherecht, 137–142; Aymans, KanR 3, 475–479; Heimerl – Pree, Kirchenrecht, 223–227; Primetshofer, Der Ehekonsens, 935–941; Lüdicke, Die Nichtigerklärung der Ehe, 97–154.

580 Vgl. c. 1103 CIC/1983, sowie zum Nichtigkeitsgrund im Einzelnen: vgl. Prader – Reinhardt, Das kirchliche Eherecht, 144–146; Aymans, KanR 3, 479–480; Heimerl – Pree, Kirchenrecht, 228–231; Primetshofer, Der Ehekonsens, 941–942; Lüdicke, Die Nichtigerklärung der Ehe, 212–238.

581 Vgl. Prader – Reinhardt, Das kirchliche Eherecht, 152, 153.

582 Vgl. Prader – Reinhardt, Das kirchliche Eherecht, 147.

583 Vgl. Prader – Reinhardt, Das kirchliche Eherecht, 71.

584 Vgl. Aymans, KanR 3, 440.

585 Aymans, KanR 3, 525; vgl. Prader – Reinhardt, Das kirchliche Eherecht, 205; Geringer, Die Konvalidation der Ehe, 983, 985.

586 Aymans, KanR 3, 525.

entfällt oder durch Dispens behoben wird und in Kenntnis des Hindernisses der Konsens erneuert wird (c. 1156 § 1 CIC/1983). Ein mangelhafter Konsens oder ein in mangelnder Form ausgetauschter Konsens muss ebenfalls entsprechend erneuert werden (cc. 1158–1160 CIC/1983). Durch die Möglichkeit der Konsenserneuerung zur Gültigmachung liegt es somit auch in den Händen der Ehegatten, die ungültige Ehe gültig zu machen. Die Heilung in der Wurzel setzt den Ehewillen voraus und kann damit nur bei bestehendem Ehehindernis oder wegen Formmangels vorgenommen werden[587].

c) Ergebnis

aa) Fehlerhafte Ehe

Anders als im kirchlichen Eherecht mit umfangreichen Regelungen[588] – sieht das staatliche Eherecht für die Aufhebungsgründe mit § 1314 BGB nur einen Paragraphen vor, der allerdings teilweise auf weitere Regelungen der §§ 1303, 1304, 1306, 1307, 1311 BGB Bezug nimmt. Für die Nichtehe hingegen ergibt sich diese Tatsache der Nichtigkeit nur mittelbar durch Auslegung von § 1310 BGB und durch die ungeschriebenen Merkmale einer Ehe.

(1) Hindernisse / Verbote

In beiden Rechtsbereichen kann für die Ehepartner ein Ehehindernis / Eheverbot aufgrund einer bereits bestehenden Ehe (c. 1085 CIC/1983, § 1306 BGB), einer Verwandtschaft (c. 1091 CIC/1983, § 1307 BGB) oder einer Adoption bestehen (c. 1094 CIC/1983, § 1308 BGB). Diese drei Tatbestände haben ihre Begründung im Verbot von Inzest sowie von Polygamie, also von mehreren Ehen nebeneinander[589]. Ein Verstoß gegen diese beiden Verbote ist im staatlichen Recht mit §§ 172, 173 StGB sogar strafbewehrt[590]. Anders als im staatlichen Rechtsbereich (§ 1307 BGB) sieht die Kirche für das Hindernis der Blutsverwandtschaft eine Dispensmöglichkeit ab dem dritten Grad in der Seitenlinie vor (c. 1078 § 3 CIC/1983). Grund hierfür ist der weit entfernte Verwandtschaftsgrad, bei dem die Grundüberlegung des Verbots nicht mehr zwingend zur Geltung gelangen muß.

Die Doppelehe und die Verwandtschaft hat jeweils die Fehlerhaftigkeit der nachfolgend eingegangenen Ehe zur Folge. Während im staatlichen Eherecht das Eheverbot der Doppelehe auch vorherige eingetragene Lebenspartnerschaften zum Eheverbot erhebt[591], ist im kirchlichen Eherecht eine gleichgeschlechtliche

587 Vgl. Aymans, KanR 3, 528; Prader – Reinhardt, Das kirchliche Eherecht, 207.
588 Vgl. cc. 1073–1123 CIC/1983.
589 Vgl. Palandt – Brudermüller, BGB, § 1306, Rn. 1, § 1307, Rn. 1.
590 Vgl. Prütting – Wegen – Weinreich – Friederici, BGB, § 1306, Rn. 1, § 1307, Rn. 2; Schmid, Familienrecht, 19, Rn. 64; Fischer, Strafgesetzbuch, § 172, Rn. 3, 6, § 173, Rn. 8: zur Doppelehe und zum Beischlaf zwischen Verwandten.
591 Vgl. § 1306 BGB.

Partnerschaft für die Gültigkeit einer nachfolgenden Ehe ohne Relevanz, da die Lebenspartnerschaft der Ehe nicht gleichgestellt ist und für den kirchlichen Ehebereich keine Relevanz hat; es handelt sich um sog rechtlichen Nichtakt handelt[592]. Der Ordinarius kann jedoch bei vorheriger Lebenspartnerschaft ein Eheverbot aussprechen[593], das allerdings nur die Erlaubtheit der zukünftigen Ehe betrifft.

Die Ehemündigkeit ist in beiden Rechtsbereichen Voraussetzung für eine fehlerfreie Eheschließung, wenn auch das Alter für die Ehefähigkeit in Staat und Kirche unterschiedlich festgesetzt sind.

Anders als im kirchlichen Rechtsbereich[594] ist im staatlichen Eherecht das Eheverbot der Schwägerschaft[595] (damals geregelt in §§ 4, 21 EheG) durch das EheschlRG zum 1. Juli 1998 abgeschafft worden[596]. Jedoch war bereits nach damaligem § 21 Abs. 2 EheG die „rückwirkende Heilung der Nichtigkeit durch nachträgliche Befreiung“[597] vorgesehen.

Bei Personen, die aufgrund Adoption rechtlich miteinander verwandt sind, besteht in beiden Rechtsbereichen ein Hindernis für die Eheschließung (c. 1094 CIC/1983, § 1308 BGB). Während im staatlichen Eherecht eine hiergegen verbotswidrig eingegangene Ehe das Erlöschen des Adoptionsverhältnisses zur Folge hat[598], zieht es im kirchlichen Eherecht die Ungültigkeit der Ehe nach sich.

Weiterhin sieht das kirchliche Eherecht zusätzliche Ungültigkeitsgründe vor, für die es keine Entsprechung im staatlichen Recht gibt: das Hindernis der fehlenden öffentlichen Ehrbarkeit (c. 1093 CIC/1983), die Impotenz (c. 1084 CIC/1983) sowie tatbedingte Gründe (Entführung, c. 1089 CIC/1983, Gattenmord, c. 1090 CIC/1983) und glaubensrelevante Gründe (Religionsverschiedenheit, c. 1086 CIC/1983, Weihe, c. 1087 CIC/1983, und Gelübde, c. 1088 CIC/1983) vor.

(2) Form

In beiden Rechtsbereichen ist zur vollen Gültigkeit eine Ehe bei gleichzeitiger und persönlicher Anwesenheit vor einem Hoheitsträger (Standesbeamten/Priester) zu schließen (cc. 1104, 1108 CIC/1983, §§ 1310 Abs. 1 S. 1, 1311 S. 1 BGB). Anders als der Staat[599] ermöglicht das kirchliche Eherecht aber auch die Eheschließung durch Stellvertreter (c. 1105 CIC/1983)[600]. Während die zur kirchlichen Eheschließung

592 Vgl. Päpstlicher Rat für die Gesetzestexte, Schreiben mit lehrmäßiger Note, 192, 198, 199; Rehak, Gleichgeschlechtliche Partnerschaften, 468, Fn. 15.
593 Vgl. Päpstlicher Rat für die Gesetzestexte, Schreiben mit lehrmäßiger Note, 200.
594 Vgl. c. 1092 CIC/1983.
595 Nach § 1590 Abs. 1 S. 1 BGB sind die Verwandten eines Ehegatten mit dem anderen Ehegatten verschwägert.
596 Vgl. Palandt – Brudermüller, BGB, Vorbemerkungen vor § 1306, Rn. 1.
597 Hoffmann – Stephan, Ehegesetz, § 21, Rn. 3.
598 Vgl. § 1766 S. 1 BGB.
599 Vgl. Palandt – Brudermüller, BGB, § 1311, Rn. 5.
600 Vgl. Aymans, KanR 3, 465, 466.

vorgeschriebenen zwei Zeugen zwingend sind[601], handelt es sich bei den zwei Zeugen bei einer staatlichen Eheschließung lediglich um eine freiwillige Möglichkeit auf Wunsch der Ehegatten[602].

Das kirchliche Eherecht sieht nach § 1116 § 1 CIC/1983 zudem die Eheschließung ohne trauungsbefugte Person nur in Anwesenheit von Zeugen vor; dies ist hingegen im staatlichen Recht niemals möglich[603].

(3) Willensmängel

Ohne eine auf die Eheschließung gerichtete Willenserklärung kann in beiden Rechtsbereichen keine Ehe zustande kommen[604], nicht einmal eine fehlerhafte Ehe.

In beiden Rechtsbereichen kann eine aufgrund arglistiger Täuschung und widerrechtlicher Drohung bzw. aufgrund von Furcht und Zwang eingegangene Ehe fehlerhaft sein (cc. 1098, 1103 CIC/1983, §§ 1314 Abs. 2 Nr. 3, 4 BGB). Ebenfalls fehlerhaft ist eine Eheschließungswillenserklärung, der eine Bedingung beigefügt worden ist (c. 1102 CIC/1983, § 1311 S. 2 BGB). Auch ist eine Ehe, die unter Ausschluss der für sie wesentlichen Elemente geschlossen wurde, fehlerhaft (c. 1101 CIC/1983, § 1314 Abs. 2 Nr. 5 BGB). Außerdem ist eine Ehe wegen fehlendem Vernunftgebrauch / dauerhafter oder vorübergehender Störung der Geistestätigkeit bzw. Bewusstlosigkeit fehlerhaft (cc. 99, 1095, 1° CIC/1983, §§ 1304, 1314 Abs. 2 Nr. 1 BGB).

Anders als im kirchlichen Rechtsbereich stellt ein Irrtum in der Person oder der sie kennzeichnenden Eigenschaften (c. 1097 CIC/1983) seit dem 1. Juli 1998 durch das EheschlRG (zuvor §§ 31 Abs. 1 S. 2, 32 EheG[605]) staatlicherseits keinen Willensmangel mehr dar.

Im Gegensatz zum kirchlichen Rechtsbereich ist staatlicherseits eine Eheschließung fehlerhaft, wenn ein Ehegatte nicht gewusst hat, dass es sich um eine Eheschließung handelt.

(4) Fazit

Durch den geringen Umfang staatlicher Vorschriften über eine fehlerhafte Ehe soll die in Art. 6 GG gewährleistete Eheschließungsfreiheit ermöglicht werden[606]. Da es sich bei der kirchlichen Eheschließung im Idealfall um ein Sakrament zwischen

---

601 Vgl. c. 1108 CIC/1983.

602 Vgl. § 1312 S. 2 BGB; Palandt – Brudermüller, BGB, § 1312, Rn. 2.

603 Vgl. § 1310 BGB.

604 Vgl. c. 1057 § 2 CIC/1983, § 1310 Abs. 1 S. 1 BGB.

605 Vgl. Hoffmann – Stephan, Ehegesetz, § 31, Rn. 7, § 32, Rn. 2, 9, 18, sowie weiterführend zu den 1998 abgeschafften Willensmängeln, Drolshagen, Der Willensmangel, 100–103; Kriewald, Statusrelevante Erklärungen des Familienrechts, 169, 175, 178, 180.

606 Vgl. Pirson, Staatliches und kirchliches Eherecht, 801.

zwei Getauften handelt, müssen hierfür umfangreichere Regelungen getroffen werden[607].

bb) Rechtsfolge

Die Rechtsfolge eines „Fehlers" bei der Eheschließung hat im staatlichen Rechtsbereich grundsätzlich die Aufhebbarkeit für die Zukunft zur Folge[608], während ein „Fehler" im kirchlichen Rechtsbereich immer zur Ungültigkeit[609], d. h. zur rückwirkenden Beseitigung[610] führt. Zur Aufhebung des jeweiligen „Fehlers" bedarf es immer einer hoheitlichen Entscheidung. Bis zu einer solchen Entscheidung ist eine staatlicherseits aufhebbare Ehe voll gültig[611]. Kirchlicherseits ist eine fehlerhafte Ehe von Anfang an ungültig, genießt jedoch bis zur gerichtlichen Entscheidung die Rechtsgunst der Gültigkeit[612].

Anders als die kirchliche Ungültigkeit einer Ehe kann die Nichtehe im staatlichen Rechtsbereich von jedermann jederzeit geltend gemacht werden[613]; zur Vermeidung von Streitigkeiten zwischen den Ehegatten kann aber auch dennoch gerichtlich hierüber entschieden werden[614].

cc) Heilung / Gültigmachung

Eine von einem Fehler betroffene Ehe kann geheilt bzw. gültig gemacht werden.

Eine von einem Willensmangel betroffene Ehe kann jeweils gültig gemacht werden, sofern der Wille besteht, die Ehe trotz des Mangels bei der Eheschließung fortsetzen zu wollen (durch die Bestätigung nach § 1315 Abs. 1 S. 1 BGB bzw. durch die Konsenserneuerung nach cc. 1157, 1159 CIC/1983).

Eine aufgrund eines Formfehlers fehlerhafte Ehe kann wirksam werden durch tatsächliches Zusammenleben (§ 1315 Abs. 2 Nr. 2 BGB) bzw. durch Konsenserneuerung in entsprechender Form (c. 1160 CIC/1983) oder sie kann hoheitlich durch die Autorität geheilt werden (c. 1163 CIC/1983).

In beiden Rechtsbereichen kann eine aufgrund eines Ehehindernisses ungültige Ehe und ein Verstoß gegen das Verbot der Doppelehe nicht geheilt werden. Anders als im staatlichen Rechtsbereich kann kirchlicherseits eine aufgrund des Ehehindernisses der Verwandtschaft ungültige Ehe ausnahmsweise ab dem dritten Grad in der Seitenlinie durch Konsenserneuerung und nachträgliche Erteilung der entsprechenden Dispens geheilt oder durch die zuständige Autorität in der Wurzel

---

607 Vgl. Pirson, Staatliches und kirchliches Eherecht, 800.

608 Vgl. Palandt – Brudermüller, BGB, § 1313, Rn. 7; Pirson, Staatliches und kirchliches Eherecht, 817.

609 Vgl. cc. 1073–1123 CIC/1983.

610 Vgl. Pirson, Staatliches und kirchliches Eherecht, 817.

611 Vgl. Palandt – Brudermüller, BGB, § 1313, Rn. 7.

612 Vgl. c. 1060 CIC/1983.

613 Vgl. Palandt – Brudermüller, BGB, § 1313, Rn. 5.

614 Vgl. Palandt – Brudermüller, BGB, § 1313, Rn. 7.

saniert werden. Für die im kirchlichen Eherecht weiteren Ehehindernisse besteht bei entsprechendem Dispensgrund ebenfalls die gleiche Möglichkeit.

Das staatliche Eherecht sieht zur Gültigmachung – anders als das kirchliche Eherecht – zusätzlich vor, dass eine Frist zur Stellung des Aufhebungsantrages wegen Unkenntnis der Eheschließung, arglistiger Täuschung und widerrechtlicher Drohung noch nicht abgelaufen ist (§ 1317 Abs. 1 BGB). Für alle anderen Gründe hingegen ist in beiden Rechtsbereichen keine Frist zur Geltendmachung vorgeschrieben. Es stellt sich nach Ablauf eines längeren Zeitraums dann allerdings die Frage der Beweisbarkeit.

2. Auflösung aufgrund später entstandener Gründe

a) Scheitern einer staatlichen Ehe

Eine staatliche Ehe kann allein wegen Scheiterns (§ 1565 Abs. 1 S. 1 BGB) geschieden[615] und damit aufgelöst werden. Scheitern ist nach § 1565 Abs. 1 S. 2 BGB die Aufhebung der ehelichen Lebensgemeinschaft (Diagnose) und die Prognose der nicht zu erwartenden Wiederherstellung[616]. Scheitern der Ehe meint also die voraussichtlich unheilbare Zerstörung (Zerrüttung) des inneren Verhältnisses der Ehegatten zueinander[617]. Hieraus folgt, eine „sozial funktionslos gewordene Ehe [...] nicht aufrecht erhalten werden [muss]“[618].

Der Beweis des Scheiterns kann durch drei verschiedene Arten[619] unmittelbar oder mittelbar geführt werden. Gegenstand des unmittelbaren Nachweises ist, „dass die Lebensgemeinschaft der Ehegatten nicht mehr besteht und nicht erwartet werden kann, dass die Ehegatten sie wiederherstellen“[620] und die Ehegatten seit einem Jahr getrennt leben (§ 1565 Abs. 2 BGB)[621].

Inhalt des mittelbaren Beweises ist die widerlegbare Zerrüttungsvermutung des § 1566 Abs. 1, 2 BGB[622]. Nach § 1566 Abs. 1 BGB wird das Scheitern einer Ehe unwiderlegbar vermutet, wenn die Ehegatten seit einem Jahr getrennt leben und beide Ehegatten die Scheidung beantragen oder der Antragsgegner der Scheidung zustimmt[623]. Das Scheitern wird ebenfalls unwiderlegbar vermutet, wenn die

615 Vgl. Büte, Materielle Ehescheidungsvoraussetzungen, 231.
616 Vgl. Büte, Materielle Ehescheidungsvoraussetzungen, 231; Bamberger – Roth – Neumann, BGB, § 1565, Rn. 5; Schwab, Handbuch des Scheidungsrechts, Teil II, 470, Rn. 20; Schmid, Familienrecht, 83, Rn. 269.
617 Vgl. Schwab, Familienrecht, 142, Rn. 300.
618 Pirson, Staatliches und kirchliches Eherecht, 814.
619 Vgl. Schwab, Handbuch des Scheidungsrechts, Teil II, 470, Rn. 8.
620 Von Heintschel-Heinegg – Gerhardt, Materielles Scheidungsrecht, 7, Rn. 22; vgl. Bamberger – Roth – Neumann, BGB, § 1565, Rn. 32.
621 Vgl. Coester-Waltjen, Familienrecht, 256, 257, Rn. 19, 20.
622 Vgl. von Heintschel-Heinegg – Gerhardt, Materielles Scheidungsrecht, 7, Rn. 22.
623 Vgl. Palandt – Brudermüller, BGB, § 1566, Rn. 2.

Ehegatten seit drei Jahren getrennt leben[624]. Nach § 1567 Abs. 1 BGB leben die Ehegatten getrennt, wenn zwischen ihnen keine häusliche Gemeinschaft besteht und ein Ehegatte sie erkennbar nicht herstellen will, weil er die eheliche Lebensgemeinschaft ablehnt.

b) „Scheitern" einer kirchlichen Ehe

Eine kirchliche Ehe kann durch den Papst wegen Nichtvollzugs oder zu Gunsten des Glaubens (cc. 1142, 1698 § 2 CIC/1983, Art. 1 Normae in favorem fidei) oder kraft Gesetzes nach Durchführung des Privilegium Paulinum (cc. 1143, 1146 CIC/1983) aufgelöst werden[625]. Bei diesen drei Sachverhalten liegt aber mittelbar meistens ein Scheitern der kirchlichen Ehe zugrunde.

aa) Privilegium Paulinum

Durch die Trennung des ungetauften Partners vom jetzt neu getauften Partner[626] kommt es beim Privilegium Paulinum zur Zerrüttung der ehelichen Lebensverhältnisse. Nach c. 1143 § 2 CIC/1983 wird von einer Trennung bei physischer Trennung des ungetauften Partners vom getauften Partner bzw. bei nicht friedlichem Zusammenleben ohne Schmähung des Schöpfers auszugehen sein[627]. Die Taufe wird somit zum Anlass eines Missverhältnisses zwischen den Ehepartnern.

bb) Auflösung zugunsten des Glaubens

Bei der Auflösung zugunsten des Glaubens liegt die Zerrüttung der Lebensgemeinschaft in der fehlenden Möglichkeit, die eheliche Lebensgemeinschaft wiederherzustellen (Art. 4, 1° Normae in favorem fidei). Hinzu kommt außerdem ein Schuldelement für das Scheitern des ehelichen Zusammenlebens (Art. 4, 2° Normae in favorem fidei). Zudem ist das Fehlen der Taufe vor der Eheschließung weitere Voraussetzung (Art. 1 Normae in favorem fidei).

cc) Auflösung wegen Nichtvollzugs

Bei der Auflösung der nichtvollzogenen Ehe wird nicht an den Lebensstand der Ehepartner angeknüpft, sondern an den Nichtvollzug einer Ehe, sofern zusätzlich ein gerechter Grund vorliegt. Die Zerrüttung findet sich im gerechten Grund für die Gewährung der Auflösung des Ehebandes wieder. Ein gerechter Grund kann eine neue Eheschließung des bittstellenden Partners, eine Familiengründung, ein Ausschluss der Versöhnung oder unheilbarer Hass zwischen den Eheleuten sein oder eine bereits erfolgte Scheidung[628]. Sofern eine kirchlich geschlossene Ehe aus diesem Grund scheitert, kann sie aufgelöst werden, wenn sie nicht vollzogen

---

624 Vgl. Palandt – Brudermüller, BGB, § 1566, Rn. 3.
625 Vgl. Wegan, Ehescheidung möglich, 244; Sebott, Eherecht, 217, 218.
626 Vgl. c. 1143 § 1 a. E. CIC/1983.
627 Vgl. Sebott, Eherecht, 224.
628 Vgl. Wegan, Ehescheidung möglich, 259.

worden ist. Damit ist der Nichtvollzug ein Teil des Auflösungsgrundes neben dem gerechten Grund.

c) *Ergebnis*

Während es im staatlichen Eherecht nur einen einzigen Grund des Scheiterns für die Auflösung der Ehe gibt[629], sieht das kirchliche Eherecht drei Gründe für eine mögliche Auflösung des Ehebandes vor. Diesen drei kanonischen Gründen liegt das „Scheitern" einer kanonischen Ehe (c. 1143 CIC/1983) zugrunde, die auf Sakramentalität und geschlechtliche Vereinigung zur Erzeugung von Nachkommenschaft ausgerichtet ist. Die Sakramentalität einer Ehe kommt nur zwischen zwei Getauften (c. 1055 § 2 CIC/1983) zustande. Hieraus ergibt sich der Ansatz für die Durchführung des Privilegium Paulinum und die Auflösung zugunsten des Glaubens. Da die Ehe auf Nachkommenschaft angelegt ist, müssen die Ehegatten auf menschliche Weise miteinander einen ehelichen Akt vollzogen haben, der aus sich heraus zur Zeugung von Nachkommenschaft geeignet ist, auf den die Ehe ihrer Natur nach hingeordnet ist und durch den die Ehegatten ein Fleisch werden (c. 1061 § 1 CIC/1983). Zudem muss bei allen Gründen zur Auflösung des Ehebandes die Aufhebung bzw. die Trennung der ehelichen Lebensgemeinschaft und die nicht mögliche Wiederherstellbarkeit hinzukommen (cc. 1061 § 2, 1143 § 2 CIC/1983, Art. 4, 1° Normae in favorem fidei). Somit setzen sich die kirchlichen Auflösungsgründe des Ehebandes aus zwei Voraussetzungen zusammen, der Trennung der Ehepartner und dem Scheitern der idealtypischen kanonischen sakramentalen und vollzogenen Ehe.

III. Rechtscharakter der Eheprozesse

1. Ehebeendigung wegen einer fehlerhaft eingegangenen Ehe

a) *Staat*

Die staatlichen Eheaufhebungs- und Ehebestandsfeststellungsverfahren[630] werden eingeleitet durch die Einreichung einer Antragsschrift[631] bei dem sachlich[632] und örtlich[633] zuständigen Gericht, dem Amtsgericht – Abteilung für Familiensachen (Familiengericht)[634]. Hier wird eine formalisierte mündliche Verhandlung[635]

629 Vgl. Büte, Materielle Ehescheidungsvoraussetzungen, 231.
630 Vgl. § 121 Nr. 2, 3 FamFG.
631 Vgl. § 124 S. 1 FamFG.
632 Die sachliche Zuständigkeit richtet sich nach § 23 a Abs. 1 Nr. 1 GVG.
633 Die örtliche Zuständigkeit richtet sich nach § 122 FamFG.
634 Vgl. § 23 b Abs. 1 GVG.
635 Vgl. oben 2. Durchführung der mündlichen Verhandlung: Aufruf der Sache, Eröffnung der mündlichen Verhandlung, Antragstellung, Vortrag und Erörterung, Beweiserhebung und abschließender Entscheidung.

vor einem Familienrichter durchgeführt. Diese Formalisierung zeigt sich hauptsächlich bei der Erhebung der für die Entscheidung erforderlichen Beweise; hierfür gelten nach § 113 Abs. 1 S. 2 FamFG iVm. § 284 S. 1 ZPO die Vorschriften über den Strengbeweis[636], womit nur die gesetzlich abschließend normierten Beweismittel des Augenscheins, des Zeugen, des Sachverständigen und der Parteivernehmung zur Verfügung stehen[637]. Die das Verfahren abschließende Endentscheidung ergeht immer durch gerichtlichen Beschluss (§§ 38 Abs. 1 S. 1, 116 Abs. 1 FamFG)[638], der zu begründen[639] und mit einer Rechtsbehelfsbelehrung zu versehen ist[640]. Diese Entscheidung wird nach § 113 Abs. 1 S. 2 FamFG iVm. § 317 Abs. 1 S. 1 ZPO den Beteiligten von Amts wegen zugestellt[641], also in formalisierter Weise bekanntgegeben[642]. Der Inhalt des Beschlusses ist – je nach gestelltem Antrag – der rechtsgestaltende Ausspruch der Eheaufhebung[643] oder nur der lediglich feststellende Ausspruch des Bestehens bzw. Nichtbestehens einer Ehe[644]. Kurz zusammengefasst lässt sich sagen, dass diese Verfahren vor einem Gericht durch (unabhängige) Richter durchgeführt und in gerichtlicher Entscheidungsform entschieden werden.

b) Kirche

aa) Gerichtsverfahren

Das ordentliche Ehenichtigkeitsverfahren und das Verfahren aufgrund von Urkunden wird eingeleitet durch die Vorlage einer Klageschrift[645] vor dem zuständigen Diözesangericht[646]. Hieran schließt sich eine formalisierte prozessuale Vorgehensweise an[647]. Die Formalisierung zeigt sich auch bei der Beweiserhebung

636 Vgl. Thomas – Putzo – Reichold, ZPO/FamFG, § 29, Rn. 1.
637 Vgl. Jäckel, Beweisrecht der ZPO, 89, Rn. 430.
638 Vgl. Garbe – Ullrich, Verfahren in Familiensachen, § 2 Ehescheidung, Rn. 208.
639 Vgl. § 38 Abs. 3 S. 1 FamFG.
640 Vgl. § 39 FamFG.
641 Vgl. Eckebrecht – Gutjahr, Verfahrenshandbuch, § 5 Ehesachen, Rn. 148.
642 Vgl. Thomas – Putzo – Hüßtege, ZPO, § 166, Rn. 1, wonach Zustellung die formgerechte Bekanntgabe des zuzustellenden Dokuments ist.
643 Vgl. Musielak – Borth, ZPO/FamFG, § 121, Rn. 4; Rauscher – Hilbig, ZPO/FamFG, § 121, Rn. 9.
644 Vgl. Rauscher – Hilbig, ZPO/FamFG, § 121, Rn. 12, 14.
645 Vgl. cc. 1502, 1686 CIC/1983, Art. 115, 295 DC.
646 Die Zuständigkeit des Diözesangerichts ergibt sich aus c. 1673 CIC/1983, Art. 10 § 1 DC, wobei sich der Papst die Ehenichtigkeitssachen von Staatsoberhäuptern vorbehalten hat.
647 Die Formalisierung besteht beim ordentlichen Ehenichtigkeitsverfahren in den Schritten des Annahme-, Ladungs-, Streitfestlegungsdekrets sowie der Beweiserhebung, Sachdiskussion und des abschließenden Urteils. Beim Verfahren aufgrund von Urkunden sind als formalisierte Schritte nur die Ladung und dann im Idealfall das abschließende Urteil vorgesehen, also „unter Übergehung der

in den ordentlichen Ehenichtigkeitsverfahren, wofür die gesetzlich festgelegten Beweismittel der Partei, des Zeugen, des Sachverständigen, der Urkunde sowie des Augenscheins zur Verfügung stehen. Zusätzlich können „auch atypische Beweismittel wie z. B. Bild- oder Tagebücher [vorgelegt werden], die über die in Titel IV des kodikarischen Prozessrechts bzw. in Titel VII von DC genannten hinausgehen“[648]. Im Verfahren aufgrund von Urkunden hingegen zeigt sich diese Formalisierung durch die lediglich vorhandene Möglichkeit des Urkundenbeweises nicht so deutlich. Die das Nichtigkeitsverfahren abschließende Endentscheidung ergeht durch gerichtliches Endurteil[649], das zu begründen[650] und mit einer Rechtsbehelfsbelehrung zu versehen ist[651]. Diese Entscheidung ist nach Art. 258 § 1 DC durch Aushändigung bekanntzugeben oder durch Zusendung nach Art. 130 DC zuzustellen[652]. Kurz zusammengefasst lässt sich sagen, dass diese Verfahren vor einem Gericht durch (unabhängige) Richter durchgeführt und in gerichtlicher Entscheidungsform entschieden werden.

bb) Einfaches Verwaltungsverfahren

Nur einen sehr begrenzten Anwendungsbereich besitzt die Möglichkeit, eine kirchliche Ehe auf Antrag im Verwaltungsweg für nichtig zu erklären[653], wenn ein nach c. 1117 CIC/1983 formpflichtiger Ehepartner versucht hat, die Ehe lediglich vor dem Staat oder einem nichtkatholischen Amtsträger zu schließen. Dieses Verfahren wird durch Antrag an den Ortsordinarius im Rahmen der Ehevorbereitung eingeleitet. Die erforderlichen Angaben und Urkundenbeweise sind dem Antrag regelmäßig beigefügt. Entschieden wird über den Antrag durch ein die Nichtigkeit feststellendes Dekret[654] des Ortsordinarius bzw. seines hierzu Beauftragten mit stellvertretender Verwaltungsgewalt[655]. Kurz zusammengefasst wird in einem

---

Formalitäten des ordentlichen Verfahrens“ (Art. 295 DC; vgl. Lüdicke, „Dignitas connubii“, Art. 295, Rn. 1).

648 Weiß, Beweismittelverbote, 281; vgl. Gullo, Questioni sulla liceita delle prove, 866; Lüdicke, „Dignitas connubii“, Art. 157, Rn. 2.

649 Vgl. cc. 1607, 1686 CIC/1983, Art. 246, 295 DC.

650 Vgl. Art. 250, 2° DC, Art. 253 § 3 DC.

651 Vgl. Art. 253 § 5 DC.

652 Entscheidend bei der Bekanntgabe oder Zustellung ist aber, dass der Zeitpunkt der Entgegennahme durch die Parteien wegen des Fristenlaufs aktenkundig gemacht wird (vgl. Lüdicke, „Dignitas connubii“, Art. 258, Rn. 2).

653 Vgl. Art. 5 § 3, 297 § 2 DC iVm. cc. 1066–1071 CIC/1983 iVm. Antrag gemäß Anmerkung 8 a zum Ehevorbereitungsprotokoll.

654 Vgl. Amann, Der Verwaltungsakt für Einzelfälle, 48; Heimerl, Die Bindung der Verwaltung, 438; Reinhardt, Die kirchliche Trauung, 123.

655 Beauftragt wird idR ein Verwaltungskanonist, der je nach Diözese organisatorisch entweder in der Verwaltung der Diözese oder am bischöflichen Gericht angesiedelt ist. Dies obliegt dem Ortsordinarius oder dem Beauftragten nach Buchstabe C. 25 des Ehevorbereitungsprotokolls; vgl. Schöch, Ungültige Konvalidation, 299.

Verwaltungsverfahren[656] über den Antrag auf Nichtigkeit durch Dekret als Handlungsform entschieden.

c) *Fazit*

In beiden Rechtsbereichen werden Verfahren wegen einer fehlerhaft eingegangenen Ehe[657] vor dem hierfür jeweils zuständigen staatlichen oder kirchlichen Gericht durch einen Richter durchgeführt und in gerichtlicher Entscheidungsform[658] entschieden. Zudem sind diese Verfahren durch bestimmte Gerichtsakte formalisiert. Auch bedarf es jeweils einer einleitenden Klage- bzw. Antragsschrift[659]. Ebenso werden die für die Entscheidung erforderlichen Beweise in der Form der gesetzlich vorgesehenen Beweismittel erhoben[660]. Die gerichtliche Endentscheidung muss immer begründet werden[661], mit einer Rechtsbehelfsbelehrung versehen sein[662] und den Parteien in nachweisbarer Weise bekanntgegeben werden[663]. In kirchlichen Verfahren kommen als weitere formalisierte Akte das Annahmedekret[664] und das Dekret über die Streitpunktfestlegung[665] hinzu. Die Endentscheidung beinhaltet – je nach Rechtsbereich – entweder die regelmäßig rechtsgestaltende Eheaufhebung oder lediglich die Feststellung des Bestehens/Nichtbestehens einer Ehe bzw. der Nichtigkeit einer Ehe.

Während im staatlichen Rechtsbereich bei einer fehlerhaft eingegangenen Ehe immer ein Gerichtsverfahren durchgeführt werden muss, sieht das kirchliche Recht ausnahmsweise die Möglichkeit vor, eine wegen Verletzung der nach c. 1117 CIC/1983 vorgesehenen kanonischen Eheschließungsform ungültige Ehe auf dem Verwaltungsweg zu behandeln und die Ungültigkeit der kirchlichen Ehe festzustellen[666]. Hier wäre es im staatlichen Rechtsbereich zur Entlastung der Gerichte vorstellbar, dass zumindestens eine ohne Einhaltung der nach § 1310 Abs. 1 S. 1 BGB gesetzlich vorgeschriebenen Beteiligung eines Standesbeamten vorgenommene Eheschließung – wie bei Verletzung der kanonischen Eheschließungsform – im

---

656 Vgl. Gruber, Actu formali, 306.

657 Im kirchlichen Rechtsbereich sind dies das ordentliche Ehenichtigkeitsverfahren und das Verfahren aufgrund von Urkunden. Im staatlichen Rechtsbereich sind dies das Eheaufhebungs- und Ehebestandsfeststellungsverfahren.

658 Vgl. cc. 1607, 1686 CIC/1983, Art. 246, 295 DC, § 116 Abs. 1 FamFG.

659 Vgl. cc. 1502, 1686 CIC/1983, Art. 115, 295 DC, § 124 S. 1 FamFG.

660 Vgl. § 113 Abs. 1 S. 2 FamFG iVm. § 284 S. 1 ZPO, cc. 1526–1586, 1678–1680 CIC/1983, Art. 155–216 DC; vgl. Assenmacher, Die Eheverfahren, 1194.

661 Vgl. § 38 Abs. 3 S. 1 FamFG, Art. 250, 2° DC, Art. 253 § 3 DC.

662 Vgl. § 39 FamFG, Art. 253 § 5 DC.

663 Vgl. § 113 Abs. 1 S. 2 FamFG iVm. § 317 Abs. 1 S. 1 ZPO, Eckebrecht – Gutjahr, Verfahrenshandbuch, § 5 Ehesachen, Rn. 148.

664 Vgl. Art. 119 § 1 DC.

665 Vgl. Art. 135 § 1 DC.

666 Vgl. Art. 5 § 3, 297 § 2 DC iVm. cc. 1066–1071 CIC/1983 iVm. Antrag gemäß Anmerkung 8 a zum Ehevorbereitungsprotokoll.

Rahmen der Anmeldung zu einer neuen Eheschließung durch die Standesbeamten – statt des Gerichts – und damit durch die Verwaltung aufgehoben werden kann[667].

2. Verfahren zur Auflösung des Ehebandes

a) Staat

Die staatliche Ehescheidung wird – wie staatliche Verfahren wegen einer fehlerhaft eingegangenen Ehe – vor dem sachlich und örtlich zuständigen Amtsgericht[668]-Abteilung für Familiensachen (Familiengericht)[669] in einer formalisierten mündlichen Verhandlung[670] durch einen Familienrichter durchgeführt; auch die Beweiserhebung wird im Strengbeweisverfahren vorgenommen[671], womit nur die gesetzlich abschließend normierten Beweismittel des Augenscheins, des Zeugen, des Sachverständigen und der Parteivernehmung zur Verfügung[672] stehen. Abgeschlossen wird das Verfahren durch den rechtsgestaltenden Ausspruch der Ehescheidung in Form eines gerichtlichen Beschlusses (§§ 38 Abs. 1 S. 1, 116 Abs. 1 FamFG)[673], der zu begründen[674] und mit einer Rechtsbehelfsbelehrung[675] zu versehen ist. Dieser Beschluss wird nach §§ 113 Abs. 1 S. 2 FamFG iVm. § 317 Abs. 1 S. 1 ZPO den Beteiligten von Amts wegen zugestellt[676], also in formalisierter Weise bekanntgegeben. Kurz zusammengefasst werden die Scheidungsverfahren vor einem Gericht durch (unabhängige) Richter durchgeführt und in gerichtlicher Form entschieden.

b) Kirche

Die kirchlichen Verfahren zur Auflösung des Ehebandes können als gerichtsähnliche Verwaltungsverfahren oder als einfache Verwaltungsverfahren durchgeführt werden.

---

667 Vgl. Heiderhoff, Alternativen zur Eheauflösung durch gerichtliches Gestaltungsurteil, 263, wobei aufgrund der grundgesetzlichen Aufgabenzuweisung an die Gerichtsbarkeit zur Zeit diese Möglichkeit faktisch letztlich nicht besteht.

668 Vgl. § 23 a Abs. 1 Nr. 1 GVG, § 122 FamFG.

669 Vgl. § 23 b Abs. 1 GVG.

670 Vgl. oben 2. Durchführung der mündlichen Verhandlung: Aufruf der Sache, Eröffnung der mündlichen Verhandlung, Antragstellung, Vortrag und Erörterung, Beweiserhebung und abschließender Entscheidung.

671 Vgl. Thomas – Putzo – Reichold, ZPO / FamFG, § 29, Rn. 1.

672 Vgl. Jäckel, Beweisrecht der ZPO, 89, Rn. 430.

673 Vgl. Garbe – Ullrich, Verfahren in Familiensachen, § 2 Ehescheidung, Rn. 208.

674 Vgl. § 38 Abs. 3 S. 1 FamFG.

675 Vgl. § 39 FamFG.

676 Vgl. Eckebrecht – Gutjahr, Verfahrenshandbuch, § 5 Ehesachen, Rn. 148.

aa) Gerichtsähnliche Verwaltungsverfahren

Die zwei gerichtsähnlichen Verwaltungsverfahren zur Auflösung des Ehebandes wegen Nichtvollzugs und in favorem fidei werden eingeleitet durch eine an den Papst[677] gerichtete Bittschrift[678] auf Gewährung eines Gnadenerweises, der Auflösung des Ehebandes. Einzureichen ist diese Bittschrift beim Diözesanbischof am Wohnsitz des Bittstellers[679]. Hieran schließt sich die Bestellung eines Untersuchungsrichters an[680], dem es zukommt, die für die Beurteilung der Bittschrift erforderlichen Beweise zu erheben[681]. Die Beweiserhebung vollzieht sich nach den für das kirchliche Nichtigkeitsverfahren geltenden Regelungen[682], als „quasi"-gerichtliche Untersuchung[683] und ist somit stark formalisiert – anders als im einfachen Verwaltungsverfahren. Abgeschlossen wird die Beweiserhebung – anders als im Gerichtsverfahren – nicht durch Urteil, sondern durch ein Votum[684] des Diözesanbischofs bzw. eines von ihm hierzu Beauftragten auf der Grundlage des Berichts des Untersuchungsrichters[685]. Fortgeführt werden diese Verfahren dann durch die hierfür zuständigen Dikasterien der Römischen Kurie[686] in Ausübung stellvertretender Verwaltungsgewalt für den Papst[687]. Aufgabe der Römischen Kurie ist die Prüfung der Voraussetzungen für die Gewährung der Auflösung des Ehebandes; im positiven Falle hat sie eine entsprechende Empfehlung an den Papst auszusprechen[688]. Über die gewährte Auflösung des Ehebandes wird dann ein Reskript als Akt der freiwilligen Verwaltung (cc. 35, 59 CIC/1983) angefertigt[689]. Sowohl bei der Einleitung dieser Verfahren durch Gesuch als auch bei Abschluss dieser Verfahren durch Reskript zeigt sich der Charakter dieser Verfahren als Verwaltungsverfahren. Abgesehen von der Beweiserhebung nach den streng formalisierten Regeln des kirchlichen Gerichtsverfahrens werden diese Verfahren – anders als in

---

677 Vgl. c. 1699 § 2 CIC/1983, Art. 1 Normae in favorem fidei.

678 Vgl. c. 1699 § 1 CIC/1983, cc. 1710 iVm. 1703 Schema Novissimum von 1982, Art. 2 Normae in favorem fidei.

679 Vgl. c. 1699 § 1 CIC/1983, Art. 3 Normae in favorem fidei.

680 Vgl. c. 1700 § 1 CIC/1983, Art. 11 Normae in favorem fidei.

681 Vgl. Amenta, Le procedure amministrativa, 147; Sabbaresse, Lo scioglimento, 688.

682 Vgl. c. 1702 CIC/1983, Art. 12 §§ 1, 2 Normae in favorem fidei.

683 Vgl. Arroba, Diritto processuale canonico, 618.

684 Vgl. c. 1704 § 1 CIC/1983, Art. 24 Normae in favorem fidei.

685 Vgl. c. 1704 § 1 CIC/1983, Art. 23 Normae in favorem fidei.

686 Zuständig ist für das Verfahren zur Auflösung in favorem fidei nach Art. 53 PB die Kongregation für die Glaubenslehre sowie für das Verfahren wegen Nichtvollzugs nach Art. 126 § 2 PB das Amt bei der Römischen Rota für die Prozesse zur Gewährung von Dispens bei einer gültigen, aber nicht vollzogenen Ehe.

687 Vgl. Art. 1 PB, c. 360 CIC/1983; Aymans, KanR 2, 242, 243, 248.

688 Vgl. Art. 53, 126 § 2 PB, Art. 2 Normae in favorem fidei.

689 Vgl. Amann, Der Verwaltungsakt für Einzelfälle, 162, 163; Zapp, Kanonisches Eherecht, 220; Wegan, Ehescheidung möglich, 257; Garcia Failde, La nulidad matrimonial, 302; Vitali – Berlingo, Il matrimonio canonico, 207, 208.

Gerichtsverfahren – nicht in einer formalisierten prozessualen Vorgehensweise[690] durchgeführt. Daher handelt es sich bei den Verfahren zur Auflösung wegen Nichtvollzugs und in favorem fidei lediglich um in Teilbereichen, vor allem bei der Beweiserhebung stark formalisierte Verwaltungsverfahren. Diese Formalisierung vor allem im Bereich der Beweiserhebung macht aber aus den Verwaltungsverfahren noch keine Gerichtsverfahren. Die Auflösung des Ehebandes durch den Papst in Form des Reskripts erfolgt daher eindeutig auf dem Verwaltungsweg und nicht auf dem Gerichtsweg. Zukünftig werden diese Verfahren zur Auflösung des Ehebandes wegen Nichtvollzugs und in favorem fidei gerichtsähnliche Verwaltungsverfahren genannt. Kurz zusammengefasst lässt sich sagen, dass diese als Verwaltungsverfahren[691] durch einen beauftragten Richter, einen Untersuchungsrichter, durchgeführt und durch rechtsgestaltendes Reskript des Papstes, als einer Handlungsform der Verwaltung, abgeschlossen und entschieden werden.

bb) Einfaches Verwaltungsverfahren

Das Verfahren zur Anwendung und Durchführung des Privilegium Paulinum kann durch den gläubig gewordenen Ehepartner durch privat vorgenommene Befragung eigenständig eingeleitet werden oder durch Antrag an einen Diözesanbischof auf öffentliche Befragung bzw. Dispens von der Befragung. Abgesehen von der regelmäßig erforderlichen Befragung des ungetauften Ehepartners[692] gibt es – anders als in kirchlichen Gerichtsverfahren – keine detaillierten und umfangreichen Regelungen für das Verwaltungsverfahren. Die abschließende durch Dekret ergehende Entscheidung enthält lediglich die amtliche Feststellung[693] über das Vorliegen der erforderlichen Voraussetzungen für die Anwendbarkeit des Privilegium Paulinum, also der Auflösung der alten Ehe durch eine neue Ehe kraft Gesetzes gemäß c. 1143 § 1 CIC/1983 oder ggfs. vorab die Dispens von der Befragung. Es wird – anders als bei allen anderen kirchlichen Eheverfahren – kein Eheband für ungültig erklärt oder rechtsgestaltend aufgelöst. Die Rechtswirkung auf die Ehe tritt erst mit Eingehung einer neuen Ehe kraft Gesetzes ein. Kurz zusammengefasst kann über den Antrag auf Feststellung des Vorliegens der Voraussetzungen für die

---

690 Die Formalisierung besteht beim ordentlichen Ehenichtigkeitsverfahren in den Schritten des Annahme-, Ladungs-, Streitfestlegungsdekrets sowie der Beweiserhebung, Sachdiskussion und des abschließenden Urteils. Beim Verfahren aufgrund von Urkunden sind als formalisierte Schritte nur die Ladung und dann im Idealfall das abschließende Urteil vorgesehen, also „unter Übergehung der Formalitäten des ordentlichen Verfahrens" (Art. 295 DC; vgl. Lüdicke, „Dignitas connubii", Art. 295, Rn. 1).

691 Vgl. De Paolis, Le procedure amministrative matrimoniali, 166, 167; Migliavacca, Procedimenti amministrativi, 158, 159; Hierold, Vorgehen auf dem Verwaltungs- oder auf dem Gerichtsweg, 36, 37.

692 Vgl. cc. 1144, 1145 CIC/1983.

693 Vgl. Amann, Der Verwaltungsakt für Einzelfälle, 163; Reinhardt, Die kirchliche Trauung, 123, Rn. 335.

Anwendbarkeit des Privilegium Paulinum durch Dekret als Handlungsform der Verwaltung[694] entschieden werden bzw. vorab von der Befragung durch Reskript dispensiert werden. Sofern jedoch eine private Befragung vorgenommen wird und alle Voraussetzungen für das Privilegium Paulinum vorliegen, bedarf es ausnahmsweise keinerlei Handlungen durch die Verwaltung; es kann durch den gläubig gewordenen Partner allein durchgeführt werden.

c) Fazit

Während in staatlichen Verfahren zur Auflösung der Ehe, also in staatlichen Scheidungsverfahren, eine Antragsschrift beim zuständigen Amtsgericht – Abteilung für Familiensachen (Familiengericht) und damit vor der Gerichtsbarkeit eingebracht werden muss, ist in kirchlichen Verfahren zur Auflösung des Ehebandes[695] die vorgesehene einleitende „Initiative", sei es die Bittschrift um Gewährung der Auflösung des Ehebandes, sei es der mögliche aber bei privater Befragung nicht zwingende Antrag auf Durchführung des Privilegium Paulinum beim Diözesanbischof des gläubig gewordenen Ehepartners und nicht – wie in gerichtlichen Verfahren – beim Diözesangericht. Die erforderlichen Beweise hingegen werden sowohl im staatlichen Scheidungsverfahren als auch in den Verfahren zur Auflösung des Ehebandes in favorem fidei und wegen Nichtvollzugs immer nach den hierfür vorgesehenen gerichtlichen Regelungen erhoben[696].

Während staatliche Scheidungsverfahren durch gerichtlichen Beschluss abgeschlossen und entschieden werden, werden kirchliche Verfahren zur Auflösung des Ehebandes durch einen Verwaltungsakt für Einzelfälle als Handlungsform der Verwaltung (c. 35 CIC/1983) abgeschlossen und entschieden, also durch Reskript über den Gnadenerweis der Auflösung des Ehebandes durch den Papst bzw. durch Dekret des Bischofs über die Feststellung des Vorliegens der erforderlichen Voraussetzungen für die Anwendbarkeit des Privilegium Paulinum, abgesehen von der durch den gläubig gewordenen Ehepartner vorgenommenen privaten Befragung.

Damit handelt es sich bei den staatlichen Scheidungsverfahren – genauso wie bei den staatlichen Eheaufhebungs- und Ehebestandsfeststellungsverfahren – um Gerichtsverfahren. Die kirchlichen Verfahren zur Auflösung des Ehebandes hingegen werden immer als (gerichtsähnliches oder einfache) Verwaltungsverfahren durchgeführt[697].

---

694 Vgl. Hierold, Vorgehen auf dem Verwaltungs- oder auf dem Gerichtsweg, 36.

695 Kirchliche Verfahren zur Auflösung des Ehebandes sind die gerichtsähnlichen Verwaltungsverfahren in favorem fidei und wegen Nichtvollzugs, sowie das einfache Verwaltungsverfahren des Privilegium Paulinum.

696 Vgl. § 113 Abs. 1 S. 2 FamFG iVm. § 284 S. 1 ZPO, cc. 1526–1586 CIC/1983, Art. 155–216 DC.

697 Vgl. De Paolis, Le procedure amministrative matrimoniali, 166, 167; Migliavacca, Procedimenti amministrativi, 158, 159; Gruber, Actu formali, 306; Hierold, Vorgehen auf dem Verwaltungs- oder auf dem Gerichtsweg, 36, 37.

IV. Zuständigkeit der angegangenen Entscheidungsorgane

Bevor ein Verfahren in Eheangelegenheit im staatlichen oder im kirchlichen Bereich eingeleitet werden kann, muss zunächst erst Klarheit darüber bestehen, wer für die Durchführung und Entscheidung der Eheangelegenheit zuständig ist.

1. Gerichtsverfahren

Sowohl im staatlichen Verfahren zur Eheaufhebung sowie zur Feststellung der Nichtigkeit einer Ehe als auch in kirchlichen Verfahren zur Feststellung der Nichtigkeit einer Ehe besteht die Zuständigkeit eines Gerichts. Unterschiedlich ist jedoch die Regelung über die konkrete Bestimmung der Zuständigkeit und den sich daran anschließenden Instanzenzug.

a) Erste Instanz

aa) Staatliche Verfahren

Für staatliche Ehegerichtsverfahren gilt im Extremfall eine vierfache Zuständigkeitsregelung zur Bestimmung des für den konkreten Einzelfall zuständigen Gerichts für die strittige Eheangelegenheit.

(1) Internationale Zuständigkeit

Sofern eine Ehesache vor Gericht gelangt, an der zwei Personen aus zwei verschiedenen Ländern beteiligt sind, muss die internationale Zuständigkeit[698] des angerufenen Gerichts bestehen. Diese internationale Zuständigkeit ergibt sich aus den Regeln der ZPO über die örtliche Zuständigkeit, so dass grundsätzlich ein örtlich zuständiges deutsches Gericht auch international zuständig sein kann. Im Anwendungsbereich der EuEheVO[699], also in jedem Mitgliedstaat der EU gelten vorrangig die Zuständigkeitsregelungen der EuEheVO. Hiernach wird für die internationale Zuständigkeit entweder an den Aufenthalt eines oder beider Ehegatten (Art. 3 Abs. Abs. 1 Buchst. a) EuEheVO) oder an eine gemeinsame Staatsangehörigkeit beider Ehegatten (Art. 3 Abs. 1 Buchst. b) EuEheVO) angeknüpft[700]. Soweit nicht die nach § 97 Abs. 1 S. 2 FamFG vorrangige EuEheVO zur Anwendung kommt, gelten die nationalen Zuständigkeitsregelungen des § 98

---

698 Diese internationale Zuständigkeit „betrifft die Grenzziehung der Zuständigkeit der Gerichte eines Staates zu derjenigen anderer Staaten und fragt, ob inländische Gerichte in ihrer Gesamtheit für die Entscheidung zuständig sind“ (Thomas – Putzo – Hüßtege, ZPO, Vorbemerkungen zu § 1, Rn. 5).

699 Nach Art. 1 Abs. 1 EuEheVO werden europaweite Regelungen über die Ehescheidung, die Trennung ohne Auflösung des Ehebandes und die Ungültigerklärung einer Ehe getroffen.

700 Vgl. Thomas – Putzo – Hüßtege, ZPO/EuEheVO, Art. 3, Rn. 2–11.

FamFG. Diese Zuständigkeitsregelungen knüpfen ebenfalls wie die EuEheVO an die Staatsangehörigkeit oder den Aufenthalt im Inland an[701].

(2) Sachliche Zuständigkeit

Während es auf die internationale Zuständigkeit nur in Ausnahmefällen ankommt, ist die sachliche Zuständigkeit[702] für das Ehegerichtsverfahren immer relevant für das Verfahren. Für Familiensachen (§ 111 FamFG) und damit auch für die Ehesachen als Teil der Familiensachen (§§ 111 Nr. 1, 121 Nr. 1–3 FamFG) wird nach § 23 a Abs. 1 Nr. 1 GVG die sachliche Zuständigkeit der Amtsgerichte als erste Instanz vorgeschrieben[703]. Die jeweiligen Amtsgerichte selbst werden durch Landesrecht errichtet.

(3) Örtliche Zuständigkeit

Nach Art. 5 GerOrgG wird für den Freistaat Bayern die örtliche Zuständigkeit der Amtsgerichte mit einem Gebietsumfang festgelegt, der sich nach Städten, Landkreisen und Gemeinden richtet. Da es in der Bundesrepublik Deutschland sehr viele[704] Amtsgerichte gibt, muss eine Regelung über die örtliche Zuständigkeit[705] des erstinstanzlichen Gerichts getroffen werden. Hierfür wird zunächst an den gewöhnlichen Aufenthalt eines der Ehegatten mit allen gemeinschaftlichen oder zumindest mit einem Teil der gemeinschaftlichen Kinder, dann den gemeinsamen gewöhnlichen Aufenthalt der Ehegatten, den gewöhnlichen Aufenthalt des Antragsgegners und des Antragstellers angeknüpft sowie als Auffangzuständigkeit das Amtsgericht Schöneberg in Berlin festgelegt[706].

(4) Funktionelle Zuständigkeit

Innerhalb des nach diesen Regelungen ermittelten sachlich und örtlich zuständigen Amtsgerichts gibt es zusätzlich die funktionelle Zuständigkeit[707]. Diese funktionelle

---

701 Vgl. Thomas – Putzo – Hüßtege, ZPO/FamFG, § 98, Rn. 7–10.

702 Die sachliche Zuständigkeit bezieht sich darauf, welches „Gericht in erster Instanz die Sache (den Rechtsstreit) wegen deren Art zu erledigen hat. Das kann [...] das Landgericht oder Amtsgericht sein" (Thomas – Putzo – Hüßtege, ZPO, Vorbemerkungen zu § 1, Rn. 3).

703 Vgl. Thomas – Putzo – Hüßtege, ZPO/GVG, § 23 a, Rn. 2.

704 Nach dem Statistischen Bundesamt aus dem Jahr 2009 gab es in der BRD 661 Amtsgerichte.

705 Die örtliche Zuständigkeit bezieht sich auf die Frage, welches „Gericht erster Instanz (Amtsgericht oder Landgericht) wegen seines örtlichen Sitzes die Sache (insbesondere einen Rechtsstreit zu erledigen hat)" (Thomas – Putzo – Hüßtege, ZPO, Vorbemerkungen zu § 1, Rn. 4).

706 Vgl. § 122 Nr. 1–6 FamFG.

707 Die funktionelle Zuständigkeit „bezieht sich darauf, welches Rechtspflegeorgan in ein und derselben Sache (dem Rechtsstreit) tätig zu werden hat" (Thomas – Putzo – Hüßtege, ZPO, Vorbemerkungen zu § 1, Rn. 2).

Zuständigkeit für Familiensachen wird nach § 23 b Abs. 1 GVG den Abteilungen für Familiensachen zugewiesen[708]. Durch Geschäftsverteilungsplan kann nur noch geregelt werden, wie viele Abteilungen gebildet und mit welchen Richtern diese besetzt werden[709].

bb) Kirchliche Verfahren

Für kirchliche Ehenichtigkeitsverfahren besteht nur eine zweifache Zuständigkeitsregelung, also die Zuständigkeit in sachlicher und örtlicher Hinsicht.

(1) Sachliche Zuständigkeit

Für die sachliche Zuständigkeit bei kirchlichen Ehenichtigkeitsverfahren gibt es zwei Möglichkeiten. Grundsätzlich obliegt die Zuständigkeit erster Instanz dem Diözesan-bischof jeder Diözese, der seine richterliche Gewalt persönlich oder durch andere, d. h. den Gerichtsvikar, rechtmäßig ausüben kann (c. 1419 § 1 CIC/1983, Art. 22 § 1 DC)[710]. Ausnahmsweise besteht für Staatsoberhäupter und diejenigen Nichtigkeitssachen, die der Papst an sich zieht, eine sachliche und damit zugleich örtliche Zuständigkeit beim Papst (nach c. 1405 § 1, 1°, 4° CIC/1983, Art. 8 § 1 DC)[711]. Diese Aufgabe der richterlichen Gewalt übt der Papst in der Regel nicht selbst aus, sondern sie wird nach c. 1442 CIC/1983 den ordentlichen Gerichten des Apostolischen Stuhles anvertraut, in Ehesachen dem Gericht der Römischen Rota, indem ihr der Papst die Streitsache überweist (c. 1444 § 2 CIC/1983, Art. 129 § 1, 4° Pastor Bonus)[712]. Somit besteht faktisch regelmäßig ein Sondergerichtsstand bei dem Gericht der Römischen Rota, sofern nicht ein abweichender Zuweisungsauftrag ergeht.

(2) Örtliche Zuständigkeit

Sofern nicht eine absolute gerichtliche Zuständigkeit beim Papst besteht, kommt die Kompetenz zur Behandlung der Ehenichtigkeitsangelegenheiten den nach c. 1673 CIC/1983, Art. 10 § 1 DC örtlich zuständigen Diözesangerichten zu. Hiernach besteht eine vorrangig wahlweise örtliche Zuständigkeit beim Gericht des Eheschließungsortes oder beim Gericht des Wohnortes der nichtklagenden Partei[713]. Nachrangig kann unter zusätzlichen Voraussetzungen eine Zuständigkeit

---

708 Vgl. Thomas – Putzo – Hüßtege, ZPO/GVG, § 23 b, Rn. 3, 4.

709 Vgl. Thomas – Putzo – Hüßtege, ZPO/GVG, § 23 b, Rn. 6.

710 Vgl. Arroba, Diritto processuale canonico, 154–155.

711 Vgl. Arroba, Diritto processuale canonico, 107–110, 171, 172; Lüdicke, „Dignitas connubii“, Art. 8, Rn. 2, 3; Wirth, Gerichtsverfassung und Gerichtsordnung, 1164; Garcia Failde, La Instruccion „Dignitas Connubii“, Art. 8, 37, 38.

712 Vgl. Mörsdorf, KanR III, 226.

713 Vgl. Arroba, Diritto processuale canonico, 126–128; Lüdicke, „Dignitas connubii“, Art. 10, Rn. 4–8; Assenmacher, Die Eheverfahren, 1188; Aymans, KanR 4, 536.

beim Gericht des Wohnortes der klagenden Partei oder des Ortes der meisten Beweise begründet werden[714].

cc) Vergleich

Während in kirchlichen Ehenichtigkeitsverfahren nur eine zweifache Zuständigkeitsregelung besteht, sind staatliche Verfahren sowohl zur Eheaufhebung als auch zur Feststellung der Nichtigkeit einer Ehe im Extremfall einer vierfachen Zuständigkeitsregelung unterworfen.

(1) Sachliche Zuständigkeit

Sowohl für kirchliche Ehenichtigkeitsverfahren als auch für staatliche Verfahren zur Eheaufhebung bzw. Feststellung der Nichtigkeit einer Ehe obliegt die sachliche Zuständigkeit einem erstinstanzlichen Gericht[715]. Während in staatlichen Eheverfahren alle eingehenden Antragsschriften vom Gericht erster Instanz behandelt und entschieden werden, wird in kirchlichen Ehenichtigkeitsverfahren dem Papst die Zuständigkeit für Staatsoberhäupter vorbehalten und für diejenigen Nichtigkeitssachen, die der Papst an sich zieht[716]; der Papst wird diese Eheangelegenheiten jedoch regelmäßig nicht selbst behandeln, sondern vorrangig ein lokales Diözesangericht als delegiertes Gericht beauftragen oder die Sache an die Römische Rota zur Behandlung in erster Instanz überweisen[717]. Entscheidend ist im Bezug auf die sachliche Zuständigkeit, dass sowohl im Staat als auch in der Kirche entsprechende Eheangelegenheiten gerichtlich behandelt werden, unabhängig von Rang und Ansehen einer Person. Anders als im staatlichen Rechtsbereich besteht in der Kirche jedoch ein Sondergerichtsstand für Staatsoberhäupter beim Papst, wenn auch der Papst dann in der Rechtspraxis diese Verfahren nicht selbst durchführt, sondern ein Diözesangericht als delegierten Richter beauftragt oder das Verfahren dem Gericht der Römischen Rota zuweist.

(2) Örtliche Zuständigkeit

Verschieden geregelt ist die Bestimmung der örtlichen Zuständigkeit des erstinstanzlichen Gerichts. Während in staatlichen Eheverfahren nur auf den Aufenthalt eines oder beider Ehegatten abgestellt wird und die gesetzlich vorgesehene Rangfolge der anzuwendenden Zuständigkeiten des § 122 FamFG zwingend ist[718],

---

714 Vgl. Lüdicke, „Dignitas connubii", Art. 10, Rn. 7, 8; Aymans, KanR 4, 537.

715 Das erstinstanzliche Gericht ist im Staat das Amtsgericht – Abteilung für Familiensachen (§ 23 b GVG), in der Kirche das Diözesangericht oder ein interdiözesanes Gericht erster Instanz (cc. 1419 § 1, 1423 CIC/1983, Art. 22, 23 DC).

716 Vgl. Lüdicke, „Dignitas connubii", Art. 8, Rn. 2, 3; Arroba, Diritto processuale canonico, 128–134.

717 Vgl. Wirth, Gerichtsverfassung und Gerichtsordnung, 1169; Aymans, KanR 2, 261; Arroba, Diritto processuale canonico, 128–134.

718 Vgl. Thomas – Putzo – Hüßtege, ZPO/FamFG, § 122, Rn. 2–9.

besteht bei kirchlichen Ehenichtigkeitsverfahren bei Erfüllung aller gesetzlichen Voraussetzungen des c. 1673 CIC/1983, Art. 10 § 1 DC ein Wahlrecht unter vier zuständigen Gerichten[719]. Die kirchliche Zuständigkeitsregelung fasst dabei alle Orte in den Blick, zu denen im jeweiligen Ehenichtigkeitsverfahren eine besondere Beziehung besteht, dem Streitgegenstand, der streitgegenständlichen Ehe[720] sowie den Partnern der streitgegenständlichen Ehe als Beteiligten des Ehenichtigkeitsverfahrens[721]. Die staatliche Zuständigkeitsregelung dagegen beschränkt die zuständigen Gerichte auf die Orte, zu denen die Beteiligten des gerichtlichen Eheverfahrens eine Beziehung in Form ihres Wohnsitzes oder ihres Aufenthalts haben[722]. Dieser Ort kann, muss aber nicht zwingend der Ort der früheren Eheschließung sein. Sofern es sich aber um ein Verfahren im Verbund mit einer Folgesache (§ 137 FamFG) handelt, spielt das für die Ehesache angegangene Gericht eine herausgehobene Rolle. Wird nämlich eine Ehesache rechtshängig, während eine Folgesache bereits bei einem anderen Gericht im ersten Rechtszug anhängig ist, ist diese von Amts wegen an das Gericht der Ehesache abzugeben[723]. Damit wird das Gericht der Ehesache, das zuvor bestimmt worden ist, für die Folgesache im Verbund relevant. Folglich spielt die streitgegenständliche Ehe mittelbar doch eine zuständigkeitsrelevante Rolle, jedoch nicht in derselben Form wie bei der kirchlichen Zuständigkeit. Eine Zuständigkeit der kirchlichen und staatlichen Gerichte außerhalb dieser Regelungen ist aber in beiden Fällen nicht möglich.

(3) Flexibilität der Zuständigkeitsregelungen

Die Flexibilität der jeweiligen Zuständigkeitsregelungen und damit die Errichtung der entsprechenden staatlichen und kirchlichen Gerichte in Ehesachen ist völlig verschieden. Die staatlichen Amtsgerichte werden durch den jeweiligen Landesgesetzgeber[724] ohne Beteiligung des Bundesgesetzgebers errichtet. Sie umfassen in ihrer örtlichen Zuständigkeit bestimmte kreisfreie Städte, Landkreise und Gemeinden in ihrem jeweiligen Gebietsumfang[725]. Mit der Errichtung durch den jeweiligen Landesgesetzgeber können landesspezifische Besonderheiten und Bedürfnisse hinsichtlich der Bezirke eines Amtsgerichtes und der damit zusammenhängenden richterlichen Tätigkeit berücksichtigt werden. Theoretisch könnte der Landesgesetzgeber für jede Stadt, jeden Landkreis oder jede Gemeinde ein eigenes Amtsgericht errichten; richtigerweise werden aber die Gebiete mehrerer Städte und Gemeinden für ein Amtsgericht zusammengefasst. Dem Landesgesetzgeber

719 Vgl. Lüdicke, „Dignitas connubii", Art. 10, Rn. 4; Assenmacher, Die Eheverfahren, 1188.

720 Vgl. c. 1673, 1°, 4° CIC/1983, Art. 10 § 1, 1°, 4° DC.

721 Vgl. c. 1673, 2°, 3° CIC/1983, Art. 10 § 1, 2°, 3° DC.

722 Vgl. § 122 FamFG.

723 Vgl. §§ 153, 202, 233, 263, 268 FamFG.

724 In Bayern: GerOrg.

725 Vgl. Art. 5 Abs. 2 GerOrg.

bleibt es aber unbenommen, diese Gebietsumfänge zu vergrößern oder zu verkleinern und damit die Zahl der Amtsgerichte zu verändern, sofern ein höherer oder geringerer Bedarf besteht. Die kirchlichen Gerichte hingegen sind in jeder Diözese zu errichten (c. 1419 § 1 CIC/1983, Art. 22 § 1 DC)[726]. Die einzelne Diözese hat damit keine Möglichkeit, eigenständig von der Errichtung eines eigenen Diözesangerichts abzusehen. Um landesspezifische Besonderheiten und Bedürfnisse der einzelnen Gerichte – abweichend vom Normalfall eines Diözesangerichts für jede Diözese – zu berücksichtigen, ist im kirchlichen Bereich immer die Beteiligung der Apostolischen Signatur als dem für die Gerichtsverwaltung zuständigen obersten Organ erforderlich (Art. 124, 2°–4° PB, Art. 115 LpSig/2008).

(a) Errichtung eines interdiözesanen Gerichts
Anstelle eines Diözesangerichts für jede einzelne Diözese kann mit Genehmigung der Apostolischen Signatur nach Art. 124, 4° PB, Art. 117 LpSig/2008 ein einziges Gericht erster Instanz für mehrere Diözesen nach c. 1423 CIC/1983, Art. 23 § 1 DC errichtet werden[727]. Diese Möglichkeit wurde in der Bundesrepublik Deutschland mit zwei interdiözesanen Gerichten in Erfurt[728] (zuständig für die Bistümer Erfurt, Dresden-Meißen, Magdeburg und Görlitz) und Osnabrück / Hamburg[729] (zuständig für diese beiden Bistümer) gewählt. Sie sind „zuständig für die Untersuchung und Entscheidung in I. Instanz für Streitsachen jeglicher Art, das heißt für Ehenichtigkeitsverfahren – mögen sie in einem ordentlichen Verfahren oder gemäß cc. 1686–1688 zu untersuchen sein –, für Fälle der Trennung von Ehegatten sowie andere Streit- und Strafverfahren“[730].

(b) Kompetenzverlängerung
Sofern weder ein Diözesangericht noch ein Interdiözesangericht errichtet werden kann, soll nach Art. 124, 3° PB, Art. 10 § 4, 24 § 1 DC, Art. 35, 3°, Art. 115 § 1

726 Vgl. Wirth, Gerichtsverfassung und Gerichtsordnung, 1165; Lüdicke, „Dignitas connubii“, Art. 22, Rn. 1.

727 Vgl. Daneels, La vigilanza sui tribunali, 208; Grocholewski, I tribunali, 413; Arroba, La competenza di grazia in materia giudiziaria, 332; Daneels, Die Apostolische Signatur, 284; Pulte, Trifft der Strukturwandel auch die kirchliche Gerichtsbarkeit, 229, 230.

728 Vgl. Errichtungsdekret über den überdiözesanen Gerichtshof I. Instanz vom 18.09.1978 mit Sitz in Erfurt sowie Exekutionsdekret vom 27.6.1979, in: KABl. Ordinariate und Bischöfliche Ämter in der Deutschen Demokratischen Republik, Ausgabe des Bistums Meißen 1979, 39, 40.

729 Dekret des Erzbischofs von Hamburg und des Bischofs von Osnabrück zur Errichtung des interdiözesanen Offizialats für das Erzbistum Hamburg und Bistum Osnabrück, ABl. Hamburg 1996, 103.

730 Dekret des Erzbischofs von Hamburg und des Bischofs von Osnabrück, ABl. Hamburg 1996, 103; vgl. KABl. Ordinariate und Bischöfliche Ämter in der Deutschen Demokratischen Republik, Ausgabe des Bistums Meißen 1979, 39, 40.

LpSig/2008 durch den jeweiligen Diözesanbischof von der Apostolischen Signatur die Erteilung einer Zuständigkeit für ein benachbartes Gericht erbeten werden, mit Zustimmung von dessen bischöflichem Gerichtsherrn[731]. Diese Möglichkeit wurde für das Bischöfliche Offizialat Essen gewählt, wo die Kompetenz des Erzbischöflichen Offiziales Köln durch Dekret[732] der Apostolischen Signatur auf den Bereich des Offizialats Essen erweitert wurde.

(c) Einsetzung eines benachbarten Gerichtsvikars
Sofern ein Diözesangericht oder ein interdiözesanes Gericht besteht und mit hinreichendem Gerichtspersonal ausgestattet ist, jedoch ein geeignet qualifizierter Leiter, ein Gerichtsvikar, fehlt, kann auch ein Gerichtsvikar einer benachbarten Diözese ernannt werden. Diese Möglichkeit ist im CIC/1983 und DC zwar nicht ausdrücklich vorgesehen, wird aber unter Bezugnahme auf Art. 124, 2° PB, Art. 115 LpSig/2008 sowie auf Art. 36 § 1 DC als zulässig erachtet[733]. So wurde der Erzbischöfliche Offizial von Köln auf dieser Grundlage zum Offizial des Bischofs von Limburg ernannt[734].

(d) Zwischenergebnis
Während die staatliche Gerichtsorganisation durch entsprechendes Landesgesetz geändert werden kann, wenn sich die Situation im jeweiligen Bundesland verändert hat, bedarf es in der kirchlichen Gerichtsorganisation immer der Mitwirkung der Apostolischen Signatur, um Gerichte zusammenzulegen oder bestimmte Gerichte von ihren Aufgaben entlasten zu können.

(4) Aufgabenverlagerung
Soll nach dem Willen des Landesgesetzgeber die vorhandene Struktur der Gerichtsorganisation nicht geändert werden, sondern sollen nur bestimmte Rechtsgebiete an nur einigen Gerichten konzentriert werden, so bietet sich nach § 23 d GVG die Möglichkeit, einem Amtsgericht für die Bezirke mehrere Amtsgerichte die Familiensachen zuzuweisen, sofern die Zusammenfassung der sachlichen Förderung der Verfahren dient oder dies zur Sicherung einer einheitlichen Rechtsprechung geboten erscheint. Damit sollen bestimmte Rechtsgebiete auf eigens hierauf spezialisierte Richter konzentriert werden[735]. Eine solche Möglichkeit

731 Vgl. Art. 24 § 1 DC; vgl. Grocholewski, I tribunali, 412, 413; Arroba, La competenza di grazia in materia giudiziaria, 328; Daneels, Die Apostolische Signatur, 283; Daneels, La vigilanza sui tribunali, 328; Pulte, Trifft der Strukturwandel auch die kirchliche Gerichtsbarkeit, 230, 231.

732 ABl. Erzbistum Köln 2009, 121 f.; ABl. Bistum Essen 2009, 113, 114.

733 Vgl. Pulte, Trifft der Strukturwandel auch die kirchliche Gerichtsbarkeit, 231, 232.

734 KABl. Bistum Limburg 2010, 411.

735 Vgl. Thomas – Putzo – Hüßtege, ZPO/GVG, § 23 d, Rn. 1; Kissel – Mayer, Gerichtsverfassungsgesetz, § 23 d, Rn. 3; Zöller – Lückemann, ZPO/GVG, § 23 d, Rn. 1.

lediglich der Aufgabenverlagerung durch den Landesgesetzgeber ist im kirchlichen Gerichtsbereich denkbar mit der Errichtung von interdiözesanen Gerichten, denen nur die Aufgabe zukommt, Ehenichtigkeitsverfahren zu behandeln. Hierdurch wird ebenfalls eine Konzentration bei hierauf besonders spezialisierten Richtern erreicht. Hierfür bedarf es aber ebenfalls wieder der Zustimmung der Apostolischen Signatur nach Art. 117 LpSig/2008[736].

dd) Ergebnis

Es lässt sich feststellen, dass in Deutschland sowohl im kirchlichen als auch im staatlichen Rechtsbereich eine bestimmte gerichtliche Organisationsstruktur geschaffen wurde. Während diese gerichtliche Struktur im staatlichen Bereich durch den jeweiligen Landesgesetzgeber festgelegt wird, der sich an den vorhandenen anderweitigen Strukturen in Gestalt der staatlichen Gemeinden und Landkreise orientiert, ist diese Struktur im kirchlichen Bereich hingegen durch die vorhandenen einzelnen Teilkirchen in einem Land bereits vorgegeben. Sofern man nicht die vorhandene Struktur durch Zusammenlegung von Gerichten unmittelbar verändern will, können sowohl im staatlichen als auch im kirchlichen Bereich zumindest bestimmte Aufgaben bei einem oder mehreren Gerichten konzentriert werden. Durch die Zusammenlegung bei einem Gericht können dort spezialisierte Richter eingesetzt werden, was zu einer Beschleunigung der Verfahren führen kann[737]. Im kirchlichen Rechtsbereich bedarf es für alle Änderungen an der vorhandenen Gerichtsstruktur der Zustimmung oder zumindestens der Billigung der Apostolischen Signatur.

b) Zweite Instanz

aa) Staatliche Verfahren

Zweitinstanzliches Gericht und damit Berufungsinstanz gegen erstinstanzliche Entscheidungen ist nach § 119 Abs. 1 Nr. 1 a GVG allein das Oberlandesgericht[738], innerhalb dessen Gerichtsbezirk sich das Amtsgericht befindet, das zuvor entschieden hat[739]. Innerhalb des Oberlandesgerichtes ist funktionell nach §§ 119 Abs. 2 iVm. 23 b Abs. 1, 2 GVG der Familiensenat funktionell zuständig. Entscheidend ist

---

736 Vgl. Daneels, La vigilanza sui tribunali, 208.

737 Vgl. Thomas – Putzo – Hüßtege, ZPO/GVG, § 23 d, Rn. 1; Zöller-Lückemann, ZPO/GVG, § 23 d, Rn. 1.

738 Vgl. Thomas – Putzo – Hüßtege, ZPO/GVG, § 119, Rn. 4, 5; Zöller-Lückemann, ZPO/GVG, § 119, Rn. 4–6.

739 Nach Art. 2 GerOrgG werden die Bezirke der Oberlandesgerichte durch bestimmte Landgerichtsbezirke gebildet. Die Bezirke der Landgerichte werden durch aufgeführte Amtsgerichtsbezirke gebildet (nach Art. 4 GerOrgG). Damit lässt sich für ein bestimmtes Amtsgericht der entsprechende Landgerichtsbezirk und damit auch der dazugehörige Bezirk des Oberlandesgerichtes bestimmen.

hierfür, dass zuvor ein Amtsgericht als Familiengericht entschieden hat[740], ansonsten wäre ein normaler Zivilsenat zuständig. Die Oberlandesgerichte in einem Bundesland werden wie die Amtsgerichte durch den Landesgesetzgeber errichtet[741].

bb) Kirchliche Verfahren

In kirchlichen Ehenichtigkeitsverfahren besteht für das Gericht zweiter Instanz eine wahlweise Zuständigkeit zwischen der Römischen Rota als Berufungsgericht (Art. 128, 1° PB, c. 1444 § 1, 1° CIC/1983, Art. 27 § 1 DC) und dem zuständigen lokalen Berufungsgericht (cc. 1438, 1439 CIC/1983, Art. 25 DC)[742]. Zuständiges Berufungsgericht ist damit für das Gericht eines Suffraganbischofs das Gericht des Metropoliten (c. 1438, 1° CIC/1983, Art. 25, 1° DC) sowie für den Metropoliten ein mit Zustimmung der Apostolischen Signatur (Art. 117 LpSig/2008, c. 1438, 2° CIC/1983, Art. 25, 2° DC) auf Dauer festgelegtes Gericht[743]. Auch kann ein interdiözesanes Gericht zweiter Instanz mit Zustimmung der Apostolischen Signatur bestimmt worden sein (Art. 117 LpSig/2008, c. 1438, 3° CIC/1983, Art. 25, 3° DC)[744].

cc) Vergleich

Zwar gibt es sowohl in staatlichen als auch in kirchlichen Gerichtsverfahren eine Berufungsinstanz. Während im Staat der Instanzenweg zu einem bestimmten Oberlandesgericht als Berufungsgericht klar festgelegt ist, besteht in der Kirche ein Wahlrecht zwischen einem lokalen Diözesangericht und der Rota als Gericht des Papstes.

c) Dritte und zugleich oberste Instanz

aa) Staatliche Verfahren

Die für staatliche Verfahren in Ehesachen mögliche dritte und zugleich oberste Instanz ist nach § 133 GVG der Bundesgerichtshof[745]. Durch Geschäftsverteilungsplan werden diese Streitigkeiten innerhalb des Bundesgerichtshofes einem bestimmten Senat zugewiesen[746], der auch Familiensenat genannt wird.

---

740 Vgl. Rauscher – Wax – Wenzel – Zimmermann, ZPO/GVG, § 119, Rn. 3, 4; Thomas – Putzo –Hüßtege, ZPO/GVG, § 119, Rn. 13.

741 Vgl. Art. 1, 2 GerOrgG.

742 Vgl. Arroba, Diritto processuale canonico, 158, 159; Lüdicke, „Dignitas connubii", Art. 27, Rn. 2.

743 Vgl. Daneels, La vigilanza sui tribunali, 208; Assenmacher, Die Eheverfahren, 1188; Wirth, Gerichtsverfassung und Gerichtsordnung, 1169.

744 Vgl. Arroba, Diritto processuale canonico, 157, 158.

745 Vgl. Zöller – Lückemann, ZPO/GVG, § 133, Rn. 1.

746 Nach dem Geschäftsverteilungsplan des Bundesgerichtshofs für das Jahr 2010 sind dem XII. Zivilsenat die Rechtsstreitigkeiten und die Rechtsbeschwerden gegen Entscheidungen über Familienrecht und Lebenspartnerschaftssachen zugewiesen (abgedruckt, in: Bundesanzeiger 2010, Nr. 29 a).

bb) Kirchliche Verfahren

Auch in kirchlichen Verfahren gibt es eine oberste Gerichtsinstanz. Einziges oberstes Gericht in der lateinischen Kirche für Ehenichtigkeitsverfahren[747] ist die Römische Rota in dritter oder höherer Instanz über Sachen, die von der Rota oder einem anderen (lokalen) Gericht bereits entschieden wurden, aber mangels zweier übereinstimmender Urteile noch nicht rechtskräftig sind[748].

Auf Antrag einer Partei an die Apostolische Signatur kann durch Dekret nach Art. 124, 2° Alt. 2 PB, Art. 9 1, 2°, § 3 DC, Art. 35, 2°, Art. 115 § 1 LpSig/2008 eine päpstliche Kommission (delegiertes Gericht) gewährt werden. Damit erfolgt die Überweisung der Entscheidung eines Ehenichtigkeitsverfahren in dritter oder höherer Instanz an ein Lokalgericht, welches an sich im Hinblick auf die Instanzenordnung absolut unzuständig wäre (c. 1440 CIC/1983)[749]. Der Antrag auf eine päpstliche Kommission wird von der Partei bei demjenigen Gericht eingereicht, das die letzte Entscheidung erlassen hat; zudem bedarf der Antrag der Empfehlung des Ordinarius des Antragstellers[750]. Beizufügen sind die Texte der erst- und zweitinstanzlich ergangenen Urteile[751]. Weiterhin ist der Grund für den Antrag anzugeben[752]. Vor Einreichung durch den Ortsordinarius bei der Apostolischen Signatur soll zudem die nichtklagende Partei gehört und deren Stellungnahme beigefügt werden[753]. Hauptkriterium bei der Gewährung der päpstlichen Kommission ist die Bewertung der Gründe für die Verschiedenheit der erst- und zweitinstanzlichen Urteile[754]. Liegt der Grund in Meinungsverschiedenheiten über die Auslegung des materiellen oder formellen Rechts, kann die päpstliche Kommission nicht gewährt werden; in diesem Fall ist es Aufgabe der Rota als oberster Instanz nach Art. 126 PB, die Einheit der Rechtsprechung sicherzustellen[755]. Liegt der Grund hingegen

747 Vgl. Art. 128, 2° PB, c. 1444 § 1, 2° CIC/1983, Art. 27 § 2 DC.

748 Vgl. Arroba, Diritto processuale canonico, 159, 160; Assenmacher, Die Eheverfahren, 1188; De Paolis, Amministrazione, 361.

749 Vgl. Daneels, La vigilanza sui tribunali, 202; Arroba, La competenza di grazia in materia giudiziaria, 325, 326; Arroba, Diritto processuale canonico, 160; Sanchez, Notas fundamentales, 252; Pompedda, L'amministrazione, 685; Grocholewski, Il ministero, 208; Montini, La prassi delle dispense da leggi processuali, 54; Grocholewski, I tribunali, 412; Grocholewski, Linee generali, 250; beispielsweise Dekret zur Gewährung der Päpstlichen Kommission: Malecha, Commissioni pontificie e proroghe di competenza, 205 ff.

750 Vgl. Malecha, Commissioni pontificie e proroghe di competenza, 221; De Paolis, Amministrazione, 361; Montini, La nuova legge della Segnatura Apostolica, 484.

751 Vgl. Montini, La nuova legge della Segnatura Apostolica, 485; Malecha, Commissioni pontificie e proroghe di competenza, 222.

752 Vgl. De Paolis, Amministrazione, 361; Pompedda, L'amministrazione, 686.

753 Vgl. Malecha, Commissioni pontificie e proroghe di competenza, 221, 222; Pompedda, L'amministrazione, 686.

754 Vgl. Pompedda, L'amministrazione, 685; De Paolis, Amministrazione, 361.

755 Vgl. Montini, La nuova legge della Segnatura Apostolica, 485; Daneels, La vigilanza sui tribunali, 206; De Paolis, Amministrazione, 361; Malecha, Le dispense, 239.

in der unterschiedlichen Bewertung und Beurteilung des Sachverhalts, also der Tatsachen, besonders dann, wenn eine zusätzliche Untersuchung in einem höheren Grad erforderlich ist, wird die päpstliche Kommission gemeinhin regelmäßig gewährt[756]; als ausreichend für die Gewährung in diesem Fall werden die häufigsten Gründe erachtet, wie z. B. die Last der Übersetzung der Akten in eine von der Rota akzeptierte Sprache; die Unannehmlichkeiten für die eventuelle (weitere) ergänzende Untersuchung bei der Rota; die Schwierigkeiten des Kontakts mit einem qualifizierten Rotaanwalt bei der Rota; die Zeit, die eine Behandlung und Entscheidung einer Sache in der Rota benötigen würde[757].

cc) Vergleich

Für staatliche Eheverfahren besteht zwingend, ohne die Möglichkeit einer Ausnahme, die dritte Instanz beim Bundesgerichtshof, dem obersten Gericht für alle Zivilverfahren, so auch für die Ehesachen. In kirchlichen Ehenichtigkeitsverfahren kann zugunsten der Parteien eine Ausnahme von der grundsätzlichen Zuständigkeit der Römischen Rota gemacht werden. So kann in kirchlichen Ehenichtigkeitsverfahren also – sofern nicht über die Rechtsauslegung als solche – sondern nur über die Rechtsanwendung auf den konkreten Fall, also die Bewertung der Tatsachen gestritten wird, anstatt der ausschließlich in dritter Instanz zuständigen Römischen Rota ein durch die Apostolische Signatur nach Art. 106 § 1, Art. 115 § 1 LpSig/2008 delegiertes lokales Gericht in dritter Instanz entscheiden, womit es faktisch zu einer Entlastung des obersten Gerichts der Römischen Rota kommt.

Beim staatlichen obersten Gericht ist dies hingegen nicht möglich; andererseits entscheidet der Bundesgerichtshof als oberste Instanz ausschließlich über die Auslegung von Rechtsfragen und nicht über die Bewertung der Tatsachen in einem Rechtsfall. Daher ist es hier konsequent, eine auschließliche oberste Zuständigkeit beim Bundesgerichtshof zu haben, während in kirchlichen Gerichtsverfahren die Ausnahmemöglichkeit zugunsten lokaler Gerichte sinnvoll ist.

2. Verfahren zur Auflösung des Ehebandes

Beim staatlichen Verfahren zur Ehescheidung richtet sich die gerichtliche Zuständigkeit nach dem Aufenthalt eines der beiden Ehepartner (§ 122 FamFG)[758]; diese gerichtliche Zuständigkeit ist in der gleichen Weise geregelt wie das staatliche Verfahren zur Eheaufhebung und zur Feststellung der Nichtigkeit einer Ehe. Das gerichtsähnliche kirchliche Verwaltungsverfahren zur Auflösung des Ehebandes hingegen sieht – anders als das kirchliche Ehenichtigkeitsverfahren – eine abweichende Zuständigkeitsregelung in zweierlei Hinsicht vor. Zum einen

756 Vgl. Montini, La nuova legge della Segnatura Apostolica, 485; De Paolis, Amministrazione, 360.

757 Vgl. Montini, La nuova legge della Segnatura Apostolica, 485; De Paolis, Amministrazione, 360.

758 Vgl. Thomas – Putzo – Hüßtege, ZPO/FamFG, § 122, Rn. 3–10.

ist die Zuständigkeit zur Einreichung der Bitte um Auflösung des Ehebandes in favorem fidei und wegen Nichtvollzugs abweichend von der Zuständigkeit bei kirchlichen Ehenichtigkeitsverfahren geregelt[759]. Sie liegt vorrangig bei dem für den Wohnsitz des Antragstellers zuständigen Diözesanbischof[760], während in kirchlichen Ehenichtigkeitsverfahren vorrangig weitere Zuständigkeiten am Ort der Eheschließung, der meisten Beweise oder der nichtklagenden Partei bestehen[761]. Weiterhin schließt sich an ein durchgeführtes Verwaltungsverfahren kein weiterer Instanzenzug an, da aufgrund des Gnadencharakters keine Rechtsmittel möglich sind. Zum anderen sind die Zuständigkeiten im Verlauf des Verfahrens auf drei verschiedene Ebenen aufgeteilt.

a) Zuständigkeit zur Einreichung

Während in staatlichen Verfahren zur Ehescheidung die Antragsschrift beim sachlich und örtlich zuständigen Amtsgericht eingereicht werden muss[762], ist die Bitte um Auflösung des Ehebandes in favorem fidei oder wegen Nichtvollzugs beim Diözesanbischof am Wohnsitz des Bittstellers einzureichen[763]; in vielen Diözesen wird der Diözesanbischof für diese Auflösungsverfahren allerdings einen Richter seines Diözesangerichts beauftragen. Im Ergebnis gelangt die Auflösungssache wiederum an das Diözesangericht.

b) Untersuchungs- und Entscheidungszuständigkeit

Die Zuständigkeit zur Untersuchung und Entscheidung der Verfahren zur Auflösung des Ehebandes verteilt sich – anders als die Ehescheidung im Staat mit einer einzigen Ebene bei Gericht – auf drei Ebenen. Zunächst werden durch den Untersuchungsrichter die erforderlichen Tatsachen für die Gewährung der Auflösung des Ehebandes erhoben[764]; diese erhobenen Beweise bilden die Grundlage für die Stellungnahme des Diözesanbischofs bei der Einreichung des Gesuchs beim Hl. Stuhl[765].

Die erhobenen Beweise werden zusammen mit der Stellungnahme des Diözesanbischofs und des Ehebandverteidigers durch die entsprechenden Dikasterien der Römischen Kurie (Kongregation für die Glaubenslehre, Amt für Nichtvollzugs- und Weihenichtigkeitsverfahren beim Gericht der Römischen Rota) erneut geprüft

759 Vgl. c. 1673 CIC/1983, Art. 10 DC; c. 1699 § 1 CIC/1983; Art. 3 Normae in favorem fidei.
760 Vgl. Sabbarese, Lo scioglimento in favorem fidei, 182; Cormack, Commentary, 278; Sebott, Eherecht, 221.
761 Vgl. Assenmacher, Die Eheverfahren, 1187, 1188.
762 Vgl. § 122 FamFG, § 23 a GVG.
763 Vgl. c. 1699 § 1 CIC/1983, Art. 3 Normae in favorem fidei.
764 Vgl. c. 1702 CIC/1983, Art. 12 § 1 Normae in favorem fidei.
765 Vgl. c. 1704 § 1 CIC/1983, Art. 24 Normae in favorem fidei.

im Hinblick auf das Vorliegen der für die Auflösung des Ehebandes geforderten Voraussetzungen. Sie schließen mit einer Empfehlung an den Papst ab[766].

Die letzte Ebene der Zuständigkeit ist die Gewährung / Ablehnung der Gewährung der Auflösung des Ehebandes durch den Papst[767].

3. Einfache Verwaltungsverfahren

Bei der alleinigen kirchlichen Möglichkeit eines einfachen Verwaltungsverfahrens[768] ist der Antrag auf Durchführung des Privilegium Paulinum oder auf Feststellung der Nichtigkeit einer Ehe wegen Formmangels regelmäßig beim Ordinarius des Ortes einzureichen, an dem einer der Ehepartner eine neue Ehe eingehen will[769]. Die kirchliche Möglichkeit der Feststellung der Nichtigkeit einer Ehe und der Eheauflösung kommt idR. erst in Frage, wenn eine mögliche neue kanonische Ehe im Raum steht, die angestrebt wird. Die Zuständigkeit zur Einreichung kann, muss aber nicht identisch sein mit dem Wohnsitz des Antragstellers.

Nur ausnahmsweise entfällt die Einreichung des Antrags auf Durchführung des Privilegium Paulinum, sofern eine private Befragung durch den gläubig gewordenen Partner vorgenommen wird[770]. Da in diesem Fall die erste Ehe nach c. 1143 § 1 CIC/1983 durch Eingehung der neuen Ehe aufgelöst wird, bedarf es jedoch nach C. h. des Ehevorbereitungsprotokolls des Nihil obstat, d. h. die Prüfung und Genehmigung durch den Ordinarius, um die ordnungsgemäße Anwendung des Privilegium Paulinum sicherzustellen[771]. In diesem Fall besteht keine zwingende Zuständigkeit zugunsten eines bestimmten Ortsordinarius. Diese Prüfung und Genehmigung kann sowohl beim Diözesanbischof am Wohnsitz eines der beiden Ehegatten als auch am Trauungsort vorgenommen werden.

Bei den Entscheidungen über die Feststellung der Nichtigkeit einer Ehe wegen Formmangels auf dem Verwaltungsweg und bei der Feststellung der Anwendbarkeit des Privilegium Paulinum handelt es sich um Rechtsakte, auf die der Antragssteller bei Vorliegen der Voraussetzungen einen Anspruch hat. Bei Ablehnung des Antrags kann hiergegen nach c. 1734 § 1 CIC/1983 ein Widerspruch beim Ortsordinarius

---

766 Vgl. Art. 53 PB, Art. 126 § 2 PB.

767 Vgl. Art. 1 Normae in favorem fidei, c. 1698 § 2 CIC/1983.

768 Als einfaches Verwaltungsverfahren werden diejenigen kirchlichen Verwaltungsverfahren verstanden, die in Abgrenzung zu den gerichtlichen und den gerichtsähnlichen Verwaltungsverfahren ohne formalisierte Elemente auskommen.

769 Nach den kirchlichen Bestimmungen wird der Antrag auf Feststellung der Nichtigkeit einer Ehe im Rahmen der Ehevorbereitung eingereicht. Der Antrag auf Durchführung des Privilegium Paulinum wird nach c. 1145 § 1 CIC/1983 durch den Ordinarius des gläubig gewordenen Partners bearbeitet; dies wird regelmäßig am Ort einer möglichen neuen Eheschließung sein.

770 Vgl. c. 1145 § 2 CIC/1983.

771 Vgl. Reinhardt, Die kirchliche Trauung, 101, 107, 108, Rn. 246, 274.

als Urheber eingelegt werden[772]. Verbleibt der Ortsordinarius bei seiner ablehnenden Entscheidung, kann der Beschwerdeführer eine Beschwerde beim hierarchischen Oberen nach c. 1737 § 1 S. 1 CIC/1983 einreichen. Hierarchischer Oberer des Ortsordinarius ist die für den Papst tätig werdende Kongregation der Römischen Kurie[773], die Kongregation für die Bischöfe (Art. 79 PB)[774]. Gegen die ablehnende Entscheidung des hierarchischen Oberen kann Beschwerde bei der Apostolischen Signatur (Art. 34, 74 LpSig/2008) eingereicht werden,[775] die über die Rechtmäßigkeit des angegriffenen Verwaltungsaktes entscheidet (Art. 123 § 2 PB)[776].

4. Gesamtergebnis

Sowohl kirchliche als auch staatliche Eheangelegenheit können durch die Gerichtsbarkeit in einem dreistufigen Instanzenzug behandelt werden. Entgegengenommen werden die Eheangelegenheit jeweils von einem zuständigen Gericht erster Instanz. Fortgeführt wird das Gerichtsverfahren in bis zu zwei weiteren Instanzen.

Für die kirchlichen gerichtsähnlichen Verwaltungsverfahren zur Auflösung des Ehebandes besteht die Zuständigkeit hingegen zunächst direkt beim Ortsordinarius[777], der regelmäßig einen Richter seines Diözesangerichts mit der Erhebung der erforderlichen Beweise beauftragen wird[778]. Diese Verfahren werden durch zwei beteiligte Verwaltungsorgane (Diözesanbischof[779] sowie Römische Kurie[780]) bearbeitet. Die abschließende Entscheidung über die Gewährung der Gunst der Auflösung kommt dem Papst zu. Es gibt aber dennoch nur eine Instanz, wenn auch die Bearbeitung auf unterschiedliche Ebenen verteilt ist. Eine zweite Instanz ist nicht vorhanden, da es sich bei dieser Art um Verfahren der freiwilligen Verwaltung handelt[781]; es besteht kein Anspruch auf Auflösung des Ehebandes.

Für die einfachen kirchlichen Verwaltungsverfahren zur Feststellung der Nichtigkeit einer Ehe wegen Formmangels und zur Auflösung des Ehebandes besteht genauso wie bei den gerichtsähnlichen Verwaltungsverfahren eine Zuständigkeit direkt beim Ortsordinarius, der regelmäßig jedoch einen Verwaltungskanonisten mit der Bearbeitung und Entscheidung beauftragen wird. Das diesen Verfahren

772 Vgl. Lüdicke, Münsterischer Kommentar, c. 1734, Rn. 2, 3.
773 Vgl. Lüdicke, Münsterischer Kommentar, c. 1737, Rn. 6.
774 Vgl. Arrieta, Cost. Ap. Pastor Bonus, Art. 79, 261; Schmitz, Die Römische Kurie, 373.
775 Vgl. Art. 123 § 1 PB, Art. 34, 73–94 LpSig/2008; vgl. Baura, Le sanzioni disciplinari, i ricorsi gerarchici, 359–364.
776 Vgl. Berlingo, La competenza, 127; Arrieta, Cost. Ap. Pastor Bonus, Art. 123, 291.
777 Vgl. Cormack, Commentary, 278; Bolchi, Lo scioglimento, 311; Sabbarese, Lo scioglimento in favorem fidei, 182.
778 Vgl. c. 1700 § 1 CIC/1983; Art. 11 § 1 Normae in favorem fidei.
779 Vgl. Art. 24 Normae; c. 1705 § 1 CIC/1983.
780 Vgl. Art. 53, 126 § 2 PB.
781 Vgl. Aymans, KanR 1, 245; Mörsdorf, KanR I, 133, 134.

zugrundeliegende Recht auf Feststellung der Nichtigkeit einer Ehe und Auflösung des Ehebandes ist Teil der zwangsmäßigen Verwaltung;[782] bei Erfüllung der Voraussetzungen für die Feststellung der Nichtigkeit einer Ehe wegen Formmangels im Verwaltungswege ist dies entsprechend auszusprechen. Hingegen tritt bei Erfüllung der Voraussetzungen für das Privilegium Paulinum die Wirkung der Auflösung des Ehebandes kraft Gesetzes ein. Bei Verweigerung besteht im Rahmen der Verwaltung die Möglichkeit einer Beschwerde an den hierarchischen Oberen[783]; daran kann sich die Beschwerde an das Oberste Gericht der Apostolischen Signatur als oberstem Verwaltungsgericht (als unabhängiger gerichtlicher Instanz über die Verwaltung) anschließen. Die Phase bei der Apostolischen Signatur befindet sich wiederum im Bereich der Gerichtsbarkeit und nicht mehr im Bereich der Verwaltung[784].

Damit gelangt man zur Erkenntnis, dass Anträge in Eheangelegenheiten sowohl im staatlichen als auch im kirchlichen Bereich bei einem bestimmten Organ (Gericht oder Diözesanbischof) eingereicht werden müssen. Hieran schließt sich eine mehrstufig mögliche Beurteilung der streitgegenständlichen Eheangelegenheit an. Diese Mehrstufigkeit wird innerhalb der Gerichtsbarkeit durch mehrere Instanzen erreicht. Bei kirchlichen Verfahren ist es aber auch möglich, innerhalb der Verwaltung eine mehrstufige Bearbeitung für „aufwendigere Eheauflösungsverfahren“ zu erhalten, da zwei überprüfende Instanzen (vom Diözesanbischof beauftragter Untersuchungsrichter sowie ein Dikasterium der Römischen Kurie) tätig werden. Abgeschlossen wird das Verfahren schließlich durch den Papst. Bei einfachen kirchlichen Verwaltungsverfahren kann ebenfalls eine gewisse Mehrstufigkeit bestehen. Zunächst erfolgt eine Bearbeitung und Entscheidung durch einen Verwaltungskanonisten, der vom Diözesanbischof beauftragt wurde. Bei Ablehnung des gestellten Antrags kann hiergegen Beschwerde an den hierarchischen Oberen eingelegt sowie zusätzlich Klage an die unabhängige Gerichtsbarkeit (durch die Apostolische Signatur) eingereicht werden.

Entscheidend bei der Zuständigkeit ist es, demjenigen, der ein Verfahren einleiten will, klare Regeln zu geben, welches Organ (Gericht / Diözesanbischof) hierfür zuständig ist; dies schafft Transparenz und vermeidet die Gefahr der unlauteren Behandlung. Für die sich daran anschließende Bearbeitung durch weitere Instanzen oder weitere Organe ist es aber wichtig, für die gründliche Bearbeitung und sorgfältige Entscheidung zu sorgen. Dies ist unabhängig davon, dass mehrere Instanzen innerhalb der Gerichtsbarkeit mit der Bearbeitung befasst sind, die Bearbeitung auf mehrere untersuchende Organe innerhalb der Verwaltung verteilt ist oder sowohl durch die Verwaltung als auch durch die Gerichtsbarkeit vorgenommen wird.

782 Vgl. Aymans, KanR 1, 227.
783 Vgl. Aymans, KanR 2, 263.
784 Vgl. Mörsdorf, KanR III, 33.

V. Einleitung eines Verfahrens

1. Gerichtsverfahren zur Beendigung einer fehlerhaften Ehe

a) Einleitung durch Einreichung einer Klage

Sowohl in staatlichen als auch in kirchlichen Eheverfahren zur Beendigung einer fehlerhaften, d. h. nichtigen bzw. aufhebbaren Ehe erfolgt die Einleitung immer durch Einreichung einer Klage[785] beim zuständigen Gericht in Ehesachen. Es bedarf daher in Eheangelegenheit immer einer entsprechenden Initiative von Seiten der Ehepartner oder des Vertreters des öffentlichen Interesses. Das Gericht kann ein Eheverfahren damit nicht von Amts wegen durchführen.

b) Klageberechtigt

aa) Ehepartner

Der Antrag auf Einleitung eines kirchlichen oder staatlichen Verfahrens über eine fehlerhaft eingegangene Ehe kann immer durch die Ehegatten der betroffenen Ehe gestellt werden[786]. Während in staatlichen Verfahren der Antrag nur von einem Ehegatten gestellt werden kann, besteht in kirchlichen Ehenichtigkeitsverfahren nach Art. 102 DC die Möglichkeit, dass die Ehegatten einen gemeinsamen Antrag stellen. Diese Festlegung einer solchen Antragstellung durch die Ehegatten ist rechtslogisch konsequent, da in erster Linie diese durch die fehlerhaft eingegangene Ehe betroffen sind und unter etwaigen Fehlern leiden.

bb) Vertreter des öffentlichen Interesses

Darüber hinaus kann aber ein Verfahren wegen einer fehlerhaft eingegangenen Ehe auch durch einen Vertreter des öffentlichen Interesses[787] eingeleitet werden; soweit sind das kirchliche und staatliche Gerichtsverfahren gleich. Verschieden hingegen sind der Umfang der zur Antragstellung berechtigenden Gründe und eine mögliche Pflicht zur Einleitung eines Gerichtsverfahren.

---

785 Die Klage wird in Form eines Schriftsatzes eingereicht; dieser wird im kirchlichen Ehenichtigkeitsverfahren als Klageschrift (cc. 1501–1503 CIC/1983, Art. 114, 115, 295 DC), im staatlichen Verfahren hingegen als Antragsschrift (§ 124 S. 1 FamFG) bezeichnet.

786 Vgl. § 1316 Abs. 1 Nr. 1, 2 BGB, § 1314 Abs. 2 Nr. 2–4 BGB; c. 1674, 1° CIC/1983, Art. 92, 1° DC; vgl. Bamberger – Roth – Hahn, BGB, § 1316, Rn. 7.

787 Vgl. § 1316 Abs. 1 Nr. 1, Abs. 3 BGB, c. 1674, 2° CIC/1983, Art. 92, 2° DC; die Aufgabe des Vertreters des öffentlichen Interesses obliegt in kirchlichen Ehenichtigkeitsverfahren dem Kirchenanwalt, in staatlichen Verfahren wegen fehlerhaft eingegangener Ehe der zuständigen Verwaltungsbehörde. Durch landesrechtliche Regelung wird die Behörde bestimmt, welche diese Aufgaben des Vertreters des öffentlichen Interesses wahrnimmt.

(1) Staatlicher Vertreter des öffentlichen Interesses

Die zur Antragstellung als zuständig bestimmte staatliche Verwaltungsbehörde[788] als Vertreterin des öffentlichen Interesses ist im Umfang auf die zur Verfahrenseinleitung berechtigenden Gründe beschränkt[789]. Ferner soll sie nach § 1316 Abs. 3 BGB bei bestimmten Verstößen[790] den Antrag auf Aufhebung der Ehe stellen, wenn nicht die Aufhebung der Ehe für einen Ehegatten oder für die aus der Ehe hervorgegangenen Kinder eine so schwere Härte darstellen würde, dass die Aufrechterhaltung der Ehe ausnahmsweise geboten erscheint. Bei § 1316 Abs. 3 BGB handelt es sich um eine Sollvorschrift, d. h. die Behörde ist im Regellfall grundsätzlich verpflichtet, den Antrag auf Aufhebung der Ehe zu stellen. Von der Antragstellung kann die Behörde nur in atypischen Fällen absehen, „in denen konkrete, nicht von der Behörde selbst zu vertretende, überwiegende Gründe für das Abgehen von der Norm sprechen“[791]. Bei allen anderen Gründen[792], die die Aufhebung einer Ehe ermöglichen, ist die Behörde hingegen frei, d. h. es steht in ihrem Ermessen, ob sie einen Antrag stellt[793].

(2) Kirchlicher Vertreter des öffentlichen Interesses

Nach c. 1674, 2° CIC/1983, Art. 92, 2° DC kann der Kirchenanwalt als kirchlicher Vertreter des öffentlichen Interesses eine Klage gegen die Gültigkeit einer Ehe einreichen, wenn die Nichtigkeit einer Ehe bereits bekannt ist, deren Gültigmachung aber nicht möglich oder nicht zweckmäßig ist[794]. Erste Voraussetzung für das

---

788 Durch landesrechtliche Regelung wird eine Behörde bestimmt. In Bayern wurde durch die Verordnung über die Bestimmung der zuständigen Behörde in Vaterschaftsanfechtungsverfahren und im Eheaufhebungsverfahren die Regierung von Mittelfranken bestimmt (GVBl. 2008, 236); vgl. Bamberger – Roth – Hahn, BGB, § 1316, Rn. 7.

789 Nach § 1316 Abs. 1 Nr. 1 BGB ist die zuständige Verwaltungsbehörde antragsberechtigt bei Verstoß gegen § 1303 BGB (Ehemündigkeit), § 1304 BGB (Geschäftsunfähigkeit), § 1306 BGB (Bestehende Ehe oder Lebenspartnerschaft), § 1307 BGB (Verwandtschaft), § 1311 BGB (Persönliche Erklärung) sowie in den Fällen des § 1314 Abs. 2 Nr. 1, 5 BGB (Bewusstlosigkeit oder vorübergehende Störung der Geistestätigkeit; Scheinehe), nicht hingegen in den Fällen des § 1314 Abs. 2 Nr. 2–4 BGB (Unkenntnis über Eheschließung; arglistige Täuschung; widerrechtliche Drohung).

790 Verstöße gegen § 1304 BGB (Geschäftsunfähigkeit), § 1306 BGB (Bestehende Ehe oder Lebenspartnerschaft), § 1307 BGB (Verwandtschaft), § 1314 Abs. 2 Nr. 1, 5 BGB (Bewusstlosigkeit oder vorübergehende Störung der Geistestätigkeit; Scheinehe) geben der zuständigen Verwaltungsbehörde regelmäßig das Ermessen, ob ein Antrag gestellt werden soll (§ 1316 Abs. 3 BGB).

791 Kopp – Ramsauer, VwVfG, § 40, Rn. 44; vgl. Rebmann – Säcker – Rixecker – Müller-Gindullis, BGB, § 1316, Rn. 9.

792 So bei Verstößen gegen § 1303 BGB, § 1311 BGB.

793 Vgl. Rebmann – Säcker – Rixecker – Müller-Gindullis, BGB, § 1316, Rn. 8.

794 Vgl. Arroba, Diritto processuale canonico, 328; Daneels, Il diritto di impugnare il matrimonio, 397; Nullitas bedeutet wörtlich die Nichtigkeit.

Tätigwerden des Kirchenanwalts ist die allgemein verbreitete Kenntnis der Nichtigkeit; dies erfordert ein öffentliches Bekanntwerden der Nichtigkeit in der kirchlichen Gemeinschaft. Nicht ausreichend ist nur die Kenntnis der erforderlichen Tatsachen, um hieraus rechtlich die Ungültigkeit der Ehe abzuleiten. Vielmehr ist zweite Voraussetzung die gegebene Unmöglichkeit oder Unzweckmäßigkeit, eine Ehe zu konvalidieren; sofern eine Ehe gültig gemacht werden kann oder eine Gültigmachung zweckmäßig ist (cc. 1446, 1674, 2° CIC/1983), darf der Kirchenanwalt diese Ehe nicht anfechten. Unmöglichkeit liegt bei einem nicht dispensierbaren Hindernis vor, beispielsweise bei Blutsverwandtschaft in gerader Linie[795]. Unzweckmäßigkeit liegt z. B. vor, wenn die Ehegatten das eheliche Leben nicht fortsetzen wollen und sich bereits getrennt haben, oder in Fällen der zivilrechtlichen Scheidung einer der Ehepartner eine neue Beziehung aufgebaut hat und an zivile Wiederheirat denkt[796]. In diesen Fällen besteht zwar die Möglichkeit zur Gültigmachung, welche aber nicht zu einer Wiederherstellung der Lebensgemeinschaft führen würde[797]. Nach c. 1430 CIC/1983 ist der Kirchenanwalt von Amts wegen zur Wahrung des öffentlichen Wohls verpflichet. Bei Vorliegen der Voraussetzungen des c. 1674, 2° CIC/1983, Art. 92, 2° DC ist gerade dieses öffentliche Interesse betroffen, welches er durch die Einreichung einer Klage gegen die Gültigkeit der Ehe sicherzustellen hat[798]. Zur Begründung der Klageschrift kann der Kirchenanwalt alle im kanonischen Eherecht möglichen Ungültigkeitsgründe heranziehen[799].

(3) Vergleich

Während der kirchliche Vertreter des öffentlichen Interesses bei Vorliegen der entsprechenden Voraussetzungen[800] zur Antragstellung unter Berücksichtigung aller Ungültigkeitsgründe verpflichtet ist, ist der staatliche Vertreter des öffentlichen Interesses hingegen nur für die überwiegende Zahl an Aufhebungsgründen – von atypischen Ausnahmefällen abgesehen – zur Antragstellung verpflichtet (intendiertes Ermessen zugunsten der Antragstellung), sofern diese keine besondere Härte bedeuten, was selten der Fall sein dürfte. Der Kirchenanwalt hat bei der Beurteilung seines Anfechtungsrechtes einen Spielraum; dieser besteht insbesondere für die Unmöglichkeit oder Unzweckmäßigkeit, eine Ehe zu konvalidieren. Die staatliche Verwaltungsbehörde hingegen ist regelmäßig zur Antragstellung verpflichtet (Regelermessen), sofern nicht ausnahmsweise die Härteklausel einschlägig ist.

795 Vgl. c. 1078 § 3 CIC/1983.

796 Vgl. Bustos, De partibus in causis, 160; Garcia Failde, La Instruccion „Dignitas connubii“, Art. 92, 97; Gullo – Gullo, Prassi Processuale, 26; Villeggiante, Il diritto, 23, Anmerkung 28; Lüdicke, „Dignitas connubii“, Art. 92, Rn. 7; Lüdicke, Münsterischer Kommentar, c. 1674, Rn. 9; Arroba, Diritto processuale, 225.

797 Vgl. Garcia Failde, La Instruccion „Dignitas connubii“, Art. 92, 97; Lüdicke, „Dignitas connubii“, Art. 92, Rn. 7.

798 Vgl. Bustos, De partibus in causis, 161; Assenmacher, Die Eheverfahren, 1191, 1192.

799 Vgl. Bustos, De partibus in causis, 160.

800 Vgl. c. 1674, 2° CIC/1983, Art. 92, 2° DC.

Während in kirchlichen Verfahren alle Ungültigkeitsgründe eingebracht werden können, können in staatlichen Eheaufhebungsverfahren – abgesehen von drei Gründen – alle Eheaufhebungsgründe vorgebracht werden. Diese drei den staatlichen Vertreter des öffentlichen Interesses nicht zur Einreichung einer Klageschrift berechtigenden Gründe sind die Unkenntnis der Eheschließung, die arglistige Täuschung und die Drohung (§ 1314 Abs. 2 Nr. 2–4 BGB); sie sieht der Staat nicht im überwiegenden öffentlichen, sondern im privaten Interesse an, anders als in der Kirche.

cc) Dritter

Neben den bereits angeführten Klage- und Antragsrechten besteht in staatlichen Verfahren zur Eheaufhebung bei eingegangener Doppelehe (§ 1306 BGB) zusätzlich noch ein weiteres Antragsrecht (§ 1316 Abs. 1 Nr. 1 BGB) zugunsten des Partners der noch fortbestehenden ersten Ehe[801]. In kirchlichen Ehenichtigkeitsverfahren besteht – mangels vergleichbarer Berechtigung zur Antragstellung – für den Partner der ersten Ehe nur die Möglichkeit, dem Kirchenanwalt eine entsprechende Anregung zu geben, ein kirchliches Ehenichtigkeitsverfahren einzuleiten, d. h. dem Kirchenanwalt einen Sachverhalt anzuzeigen, aus dem er nach seiner Einschätzung die Ungültigkeit einer Ehe folgern kann[802]. Bei Vorliegen aller Voraussetzungen des c. 1674, 2° CIC/1983, Art. 92, 2° DC ist der Kirchenanwalt dann verpflichtet, das Ehenichtigkeitsverfahren durch Antragstellung einzuleiten. Denkbar wäre es gewesen, dem Dritten auch in der Kirche ein unmittelbares Klagerecht zu geben; zur Wahrung des Rechtsfriedens ist es aber besser, nur den an der Ehe beteiligten Partnern sowie dem Kirchenanwalt ein Antragsrecht zu geben.

dd) Zwischenergebnis

Sowohl die kirchliche als auch die staatliche Rechtsordnung kennen ein Anfechtungsrecht der jeweiligen Gemeinschaft aus öffentlichem Interesse. Aufgrund der Natur der Kirche kann sich das öffentliche Interesse vorwiegend im geistlichen Bereich bewegen, während das staatliche Interesse im Rahmen des öffentlichen Interesses alle Bereiche berücksichtigen kann und muss. Die kirchliche Regelung achtet in erster Linie darauf, dass die materielle Rechtslage mit der Wirklichkeit übereinstimmt, d. h. es soll keine bekannten ungültigen Ehen geben[803]. Der Staat legt ebenfalls Wert auf die Übereinstimmung der materiellen Rechtslage mit der Wirklichkeit; die staatlichen Regelungen berücksichtigen aber auch vor allem und hauptsächlich die an die Eheschließung anknüpfenden Folgen, wie z. B. Aufenthaltsrecht für ausländische Ehegatten[804], Renten- oder Pensionszahlungen[805].

---

801 Vgl. Palandt – Brudermüller, BGB, § 1316, Rn. 4.
802 Vgl. Mörsdorf, KanR III, 236, 237.
803 Vgl. Lüdicke, „Dignitas connubii“, Art. 92, Rn. 6.
804 Vgl. §§ 30, 31 AufenthG.
805 Vgl. § 46 SGB VI, § 19 BeamtVG, Art. 35 BayBeamtVG.

c) Frist zur Einleitung eines Verfahrens

Während in staatlichen Eheaufhebungsverfahren der zur Verfahrenseinleitung erforderliche Antrag nach § 1317 Abs. 1 BGB teilweise ohne Einhaltung einer Frist und teilweise nur befristet[806] gestellt werden kann, ist in kirchlichen Ehenichtigkeitsverfahren die Klage ohne Beachtung einer bestimmten Frist möglich. Zweck der staatlichen Regelung ist es, dass trotz rechtsfehlerhaft eingegangener Ehe nach Ablauf einer bestimmten Zeit Rechtssicherheit und Rechtsfriede besteht bzw. einkehrt[807]. Beim kirchlichen Ehenichtigkeitsverfahren steht jedoch die unbefristete Möglichkeit im Vordergrund, die Nichtigkeit der Ehe – einem Sakrament – festzustellen. Hierfür muss die Rechtssicherheit und der Rechtsfriede zurücktreten.

d) Form der Einleitung

In staatlichen Eheverfahren ist ausdrücklich von der Einreichung einer Antragsschrift die Rede (§ 124 S. 1 FamFG), wodurch nur bei Gericht das Verfahren eingeleitet werden kann. In kirchlichen Verfahren ist grundsätzlich ebenfalls die schriftliche Form der Klage vorgesehen (c. 1502 CIC/1983, Art. 115 § 1 DC). Ist der Kläger nicht in der Lage, die Klage schriftlich einzureichen, kann ausnahmsweise aber eine mündlich vorgebrachte Klage vom Notar schriftlich aufgenommen, dem Kläger vorgelesen und durch diesen bestätigt werden, womit dieses Schriftstück alle Rechtswirkungen einer schriftlich abgefassten Klage besitzt (c. 1503 CIC/1983)[808]. Die staatliche Form der schriftlichen Einreichung einer Klageschrift ist dort zweckmäßig, da in staatlichen Eheverfahren nicht nur die Ehe als solche, sondern häufig auch noch Folgesachen[809] betroffen sind, deren Aufnahme zu Protokoll zu schwierig wäre. Für kirchliche Verfahren ist aber die auch mögliche Form der Antragsprotokollierung durch den Notar ausreichend und für den beeinträchtigten Antragssteller hilfreich.

e) Adressat der einzureichenden Klage

Sowohl in staatlichen als auch in kirchlichen Eheverfahren ist die Klage beim jeweiligen Gericht erster Instanz einzureichen, sei es dem Diözesangericht erster Instanz, sei es dem Amtsgericht – Abteilungen Familiensachen. Dieser Adressat versteht sich bei Gerichtsverfahren von selbst, da das Gericht erst von einer Eheangelegenheit Kenntnis erlangen muss, um das weitere Verfahren durchführen und eine Entscheidung treffen zu können.

---

806 § 1314 Abs. 2 Nr. 2–4 BGB (Unkenntnis über Eheschließung; arglistige Täuschung; widerrechtliche Drohung); die Antragsfrist beträgt grundsätzlich ein Jahr, in Ausnahmefällen sogar drei Jahre (§ 1317 Abs. 1 S. 1 BGB).

807 Vgl. Palandt – Brudermüller, BGB, § 1317, Rn. 1.

808 Vgl. Lüdicke, „Dignitas connubii", Art. 115, Rn. 4.

809 Vgl. § 137 Abs. 1–3 FamFG.

2. Verfahren zur Auflösung des Ehebandes

Sowohl in staatlichen Verfahren zur Ehescheidung als auch in kirchlichen gerichtsähnlichen Verwaltungsverfahren zur Auflösung des Ehebandes kann die Einleitung des entsprechenden Verfahrens immer nur durch die betroffenen Ehepartner ohne eine Frist zur Einleitung erfolgen. Während in staatlichen Verfahren die Antragsstellung nur durch einen Ehegatten erfolgen kann, besteht in der Kirche die Möglichkeit der gemeinsamen Antragsstellung. Da es sich beim kirchlichen Verfahren um ein Verwaltungsverfahren mit dem Ziel der Erlangung einer Gunst durch den Papst handelt, wird die einleitende Initiative anders – als bei der staatlichen Ehescheidung nicht Antragsschrift, sondern Bitte oder Gesuch genannt[810]. Der Vertreter des öffentlichen Interesses hat sowohl im Staat als auch in der Kirche kein Recht ein solches Verfahren zur Auflösung des Ehebandes einzuleiten[811]; dies zeigt klar, dass sowohl die kirchliche als auch die staatliche Öffentlichkeit – anders als bei der Ehebeendigung wegen einer fehlerhaft eingegangenen Ehe – kein öffentliches Interesse an einer Eheauflösung haben. Die Auflösung von Ehen soll einen Ausnahmefall darstellen. Während kirchliche Auflösungen von der Anzahl der vorkommenden Verfahren tatsächlich den Ausnahmefall darstellen, werden überwiegend staatliche Ehescheidungen vorgenommen anstatt der grundsätzlich auch möglichen Eheaufhebung.

Die kirchliche Bittschrift zur Auflösung des Ehebandes kann – genauso wie der Antrag auf Ehescheidung – nur in Schriftform eingereicht werden[812] – anders als die Klageschrift für ein kirchliches Ehenichtigkeitsverfahren. Der Grund für die Schriftform ist die Tatsache, dass die Stelle, bei der die Bitte eingereicht wird, nicht unmittelbar darüber entscheidet, sondern die Bitte nach entsprechender Beweiserhebung an den Hl. Stuhl weiterleitet[813].

Die Bitte um Auflösung des Ehebandes wird zwar an den Papst gerichtet, da dieser über die Gewährung der Auflösung des Ehebandes entscheidet; eingereicht wird die Bitte aber – anders als der Antrag auf Ehescheidung – nicht bei einem Gericht, sondern bei dem hierfür zuständigen Diözesanbischof[814], der einen Untersuchungsrichter, üblicherweise seines Gerichts mit der Erhebung der für die Gewährung der Gunst erforderlichen Tatsachen beauftragt[815]. Im weiteren Verfahren wird die Entscheidung über die Gewährung nach Beweiserhebung nicht durch den Diözesanbischof getroffen, sondern durch den Papst[816].

---

810 Vgl. petendi gratiam (Bittschrift um Dispens, c. 1699 § 1 CIC/1983), petitio ad gratiam (Bittschrift, Art. 2 Normae in favorem fidei), petit dissolutionem in favorem fidei (Schema Novissimum, cc. 1710 iVm. 1703).

811 Vgl. cc. 1697–1706 CIC/1983; Normae in favorem fidei.

812 Vgl. Art. 2 Normae in favorem fidei, c. 1699 § 1 CIC/1983.

813 Vgl. Art. 1, 2, 25 Normae in favorem; cc. 1698 § 2, 1705 § 1 CIC/1983.

814 Vgl. Art. 3 Normae in favorem fidei; c. 1699 § 1 CIC/1983.

815 Vgl. c. 1700 § 1 CIC/1983, Art. 11 § 1 Normae in favorem fidei.

816 Vgl. Art. 1 Normae in favorem fidei, c. 1698 § 2 CIC/1983.

Die Regelung über den Ort der Einreichung der Bitte beim Diözesanbischof ist zweckmäßig. Da der Papst – als Adressat der Bitte – bzw. die Römische Kurie nicht die Möglichkeiten hat, die entsprechend erforderlichen Beweise aus der Ferne zu erheben und im Zweifel sowieso den Diözesanbischof mit der Beweiserhebung beauftragen würde, so kann die Einreichung unmittelbar beim Diözesanbischof erfolgen. Auch nimmt der Diözesanbischof im Rahmen des die Beweiserhebung abschließenden Votums bereits eine Beurteilung des Falles vor[817].

3. Einfache Verwaltungsverfahren

Sowohl zur Feststellung der Nichtigkeit einer Ehe wegen Formmangels als auch zur Auflösung des Ehebandes hält die Kirche – anders als der Staat – ein einfaches, d. h. nicht gerichtsähnliches Verwaltungsverfahren bereit. Diese kirchlichen Verfahren können ebenfalls nur auf Initiative einer der beiden Partner der Ehe eingeleitet werden. Eine Durchführung von Amts wegen ist nicht möglich.

Zum einen kann ein schriftlicher Antrag auf Feststellung der Nichtigkeit einer Ehe wegen Formmangels von einem Ehepartner, der eine neue Ehe eingehen will, im Rahmen der Ehevorbereitung nach cc. 1066, 1067 CIC/1983 auf dem Verwaltungsweg gestellt werden. Gerichtet wird der Antrag an den Diözesanbischof, der damit eine Person, angesiedelt beim Generalvikar oder beim Gerichtsvikar, bereits vorab beauftragt hat oder im Einzelfall nach Antragseingang beauftragen wird. Eingereicht wird der Antrag auf Feststellung der Nichtigkeit bei dem für das Ehepaar nach dem Wohnsitz zuständigen Ordinarius[818] durch den mit der Ehevorbereitung betrauten Priester, da die Nichtigerklärung in diesem Rahmen erfolgt. Stattdessen wäre auch eine unmittelbare Antragstellung durch die Parteien theoretisch möglich.

Zum anderen kann ein Antrag – schriftlich oder mündlich – auf Durchführung des Verfahrens zur Anwendung des Privilegium Paulinum, also im Wesentlichen auf Befragung der bislang ungetauften Partei, ob sie selbst die Taufe empfangen will oder wenigstens mit dem getauften Partner wenigstens friedlich ohne Schmähung des Schöpfers zusammenleben will (c. 1144 § 1, 1°, 2° CIC/1983), in einem einfachen Verwaltungsverfahren eingereicht werden. Der Antrag ist an den Ordinarius mit der Bitte um Durchführung der Befragung zu richten. Nur bei privat durchgeführter Befragung ist ein entsprechender Antrag entbehrlich, da die Befragung auch privat von dem gläubig gewordenen Partner vorgenommen werden kann (c. 1145 § 2 CIC/1983).

---

817 Vgl. Art. 24 Normae in favorem fidei, c. 1705 § 1 CIC/1983.

818 In der alltäglichen Rechtspraxis ist es aber wiederum möglich, dass der Antrag zur Bearbeitung an das Diözesangericht des zuständigen Ordinarius weitergeleitet wird oder im Generalvikariat bearbeitet wird, je nach Organisationsstruktur der einzelnen Diözese.

4. Gesamtergebnis

Alle kirchlichen und staatlichen Verfahren in Eheangelegenheiten können nur auf Initiative einer oder beider Parteien der betroffenen Ehe eingeleitet werden, wenn auch die das jeweilige Eheverfahren einleitende Initiative unterschiedlich bezeichnet wird, als Klage- / Antragsschrift[819], als Bitte / Bittgesuch[820] oder einfach nur als Antrag[821]. Die Einleitung und Durchführung eines Eheverfahrens von Amts wegen ist nicht vorgesehen und kann deshalb nicht erfolgen. Sofern der Staat oder die Kirche ausnahmsweise ein öffentliches Interesse an der Aufhebung / Erklärung der Nichtigkeit einer Ehe haben, woran die Ehepartner dieser Ehe kein Interesse haben, kann ein solches Gerichtsverfahren durch einen Vertreter des öffentliches Interesses, dem Kirchenanwalt[822] bzw. staatlicherseits (in Bayern) der Regierung von Mittelfranken[823] eingeleitet werden.

VI. Zuweisung einer eingegangenen Initiative

Nach Eingang einer das jeweilige Eheverfahren einleitenden „Initiative" beim zuständigen Rechtsträger muss – sowohl im Staat als auch in der Kirche – die Ehesache an das je nach „Initiative" zuständige Organ weitergeleitet werden, sei es dem Kollegium aus drei Richtern, sei es dem zur Beweiserhebung beauftragten Untersuchungsrichter oder einem sonst zur Bearbeitung Beauftragten.

1. Gerichtsverfahren wegen fehlerhaft eingegangener Ehe

In staatlichen und kirchlichen Verfahren wegen einer fehlerhaft eingegangenen Ehe werden die Ehesachen an die innerhalb des angerufenen Gerichts im Einzelfall zuständigen Richter auf der Grundlage abstrakt – genereller Regelungen verteilt.

a) Abstrakt – generelle Regelung

Sowohl in staatlichen als in kirchlichen Eheverfahren werden abstrakt – generelle Regelungen über die Verteilung der eingehenden Ehesachen an den jeweiligen

---

819 So wird die einleitende Initiative bei staatlichen und kirchlichen Ehegerichtsverfahren genannt.

820 So wird die einleitende Initiative bei den stark formalisierten Verwaltungsverfahren der Auflösung wegen Nichtvollzugs und in favorem fidei als freiwilliger Verwaltung genannt.

821 So wird die einleitende Initiative bei der Feststellung der Nichtigkeit einer Ehe auf dem Verwaltungsweg oder bei der Durchführung des Privilegium Paulinum als zwangsmäßiger Verwaltung genannt.

822 Art. 92, 2° DC.

823 Verordnung über die Bestimmung der zuständigen Behörde im Vaterschaftsanfechtungsverfahren und im Eheaufhebungsverfahrens.

Richter getroffen, wenn auch diese Regelungen unterschiedlich benannt werden[824]. Entscheidend ist für diese Regelungen, dass hierdurch vorab, also für Eingang einer Ehesache, abstrakt – generell der jeweils „gesetzliche Richter" festgelegt wird, um etwaige Einflussnahmen auf die Rechtsprechung zu vermeiden und ohne Ansehen der klagenden oder nichtklagenden Partei eine neutrale Entscheidung zu treffen[825]. Unterschiedlich sind jedoch die Art und Weise der Erstellung sowie der Inhalt dieser abstrakt – generellen Regelungen in Staat und Kirche. Während in staatlichen Eheverfahren aufgrund gesetzlicher Regelung bereits eigene Spruchkörper für Familien- und Ehesachen vorgesehen sind[826], sind in kirchlichen Verfahren kraft Gesetzes keine besonderen Spruchkörper für Ehesachen gebildet. Dies erklärt sich daher, dass an kirchlichen Diözesangerichten gerade Eheangelegenheiten den Schwerpunkt der Tätigkeit bilden. In staatlichen Eheverfahren wird nach § 21 e Abs. 1 GVG die abstrakt – generelle Regelung[827] über die Verteilung der eingehenden Anträge (Klage- / Antragsschriften) durch das Präsidium des Gerichts[828] beschlossen, unter Berücksichtigung der Stellungnahmen der Nichtpräsidiumsmitglieder (§ 21 e Abs. 2 GVG). Diese Aufstellung der Geschäftsverteilung ist ein Akt der gerichtlichen Selbstverwaltung[829]. In kirchlichen Ehenichtigkeitsverfahren hingegen wird die Ordnung über den Turnus beim Kollegialgericht oder die vorher festgelegte Ordnung beim Einzelrichter durch den Gerichtsvikar einseitig im Rahmen der Gerichtsverwaltung festgelegt[830]. Auf diese Aufstellung durch den Gerichtsvikar haben die einzelnen Diözesanrichter keine Einflussmöglichkeit durch

824 In staatlichen Eheverfahren werden diese abstrakt – generellen Regelungen Geschäftsverteilungspläne iSd. § 21 e Abs. 1 GVG genannt (vgl. Thomas – Putzo – Reichold, ZPO/GVG, § 21 e, Rn. 25). In kirchlichen Ehenichtigkeitsverfahren werden diese abstrakt – generellen Regelungen bei Kollegialgerichten Ordnungen für die Turni (ex ordine per turnum) und bei Einzelrichtern vorher festgelegte Ordnungen (ordinem praestabilitum) genannt (c. 1425 § 3 CIC/1983, Art. 48 § 1 DC).

825 Vgl. Thomas – Putzo – Hüßtege, ZPO/GVG, § 21 e, Rn. 12; Lüdicke, „Dignitas connubii", Art. 48, Rn. 2.

826 Nach § 23 b Abs. 1 GVG werden innerhalb der Amtsgerichte Abteilungen für Familiensachen (Familiengerichte) gebildet. Ihnen wird die Antragsschrift bezüglich einer Ehesache nach Eingang beim zuständigen Gericht kraft Gesetzes zugewiesen.

827 Der Geschäftsverteilungsplan ist eine besondere Art einer autonomen Satzung und als Rechtsnorm mit Außenwirkung zu sehen, soweit darin die Zuweisung der einzelnen Richter an die einzelnen Spruchkörper erfolgt (vgl. Kopp – Schenke, VwGO, § 4, Rn. 9).

828 Nach § 21 a Abs. 2 GVG besteht das Präsidium aus dem Präsidenten als Vorsitzenden (also dem Leiter des Gerichts) und je nach Größe des Gerichts aus 4–10 gewählten Richtern als Mitglieder.

829 Vgl. Thomas – Putzo – Hüßtege, ZPO/GVG, § 21 e, Rn. 12.

830 Vgl. Lüdicke, „Dignitas connubii", Art. 48, Rn. 2.

unmittelbare Beteiligung bei der Aufstellung oder mittelbar durch die Gelegenheit zu einer Stellungnahme. Vorteil einer kollegialen Aufstellung durch mehrere Richter – so im Staat – ist die bessere Berücksichtigung der Arbeitsverteilung auf den einzelnen Richter; dies kann im Rahmen der einseitigen Aufstellung im kirchlichen Bereich nicht gewährleistet werden, da keinerlei Einflussmöglichkeiten oder Anhörungsrechte der Diözesanrichter vorhanden sind. Andererseits ist jedoch zu beachten, dass im Rahmen der kollegialen Aufstellung im staatlichen Bereich nicht nur über die Zuweisung von Eheangelegenheiten entschieden wird, sondern auch über alle anderen der Zivilgerichtsbarkeit zugewiesenen Streitsachen (§ 13 GVG). Im kirchlichen Rechtsbereich hingegen handelt es sich schwerpunktmäßig und überwiegend um die Eheangelegenheiten (d. h. Ehenichtigkeits- und Eheauflösungsverfahren[831]).

Hier ist die aufkommende Arbeitsbelastung leichter durch nur eine Person abschätzbar als bei vielen unterschiedlichen zivilrechtlichen Streitigkeiten[832]. Dennoch wäre es im kirchlichen Ehenichtigkeitsverfahren wünschenswert, dass alle Diözesanrichter zumindestens ein förmliches Stellungnahme- und Anhörungsrecht bei der Aufstellung durch den Gerichtsvikar erhalten, wenn auch der Gerichtsvikar ohne ein solches gesetzlich geregeltes Recht zumindestens informell die Diözesanrichter regelmäßig anhören wird, um sich ein Meinungsbild zu schaffen. Auch hat bei der Aufstellung der Gerichtsturni zusätzlich Berücksichtigung zu finden, dass viele kirchliche Richter nur im Nebenamt tätig sind.

b) Konkrete Umsetzung im Einzelfall

Die abstrakt – generell getroffenen Regelungen über die Verteilung eingehender Ehesachen bedürfen – sowohl im Staat als auch in der Kirche – in einem zweiten Schritt der praktischen Umsetzung für jeden konkreten eingehenden Einzelfall. Dieser Vollzug erfolgt im staatlichen und im kirchlichen Rechtsbereich unterschiedlich. In kirchlichen Ehenichtigkeitsverfahren setzt der Gerichtsvikar im Rahmen der Gerichtsverwaltung durch Dekret die im konkreten Einzelfall zuständigen Richter (Art. 48 § 1, Art. 118 § 1 DC) auf der Grundlage der zuvor

---

831 Die Eheauflösungsverfahren fallen nicht in den Turnus; jedoch ist die hierfür aufzuwendende Arbeitszeit eines üblicherweise beauftragten Diözesanrichters im Rahmen der Aufstellung zu berücksichtigen, da es ansonsten zu Arbeitsüberlastung und zeitlichen Verzögerungen eines Gerichtsverfahrens kommt, wenn ein Diözesanrichter mit 100 % seiner Arbeitszeit in die Gerichtsturni eingeplant ist, daneben aber zusätzlich auch noch Beweise für gerichtsähnliche Eheauflösungsverfahren zu erheben hat.

832 Es kann sich um allgemeines Zivilrecht, Mietrecht, Familiensachen, Angelegenheiten der freiwilligen Gerichtsbarkeit, Handelssachen handeln; damit liegt ein sehr breites Spektrum vor, das im Geschäftsverteilungsplan bestimmten Richtern zugewiesen werden muss.

aufgestellten Listen förmlich ein[833]. Im staatlichen Rechtsbereich werden die eingehenden Ehesachen hingegen durch die Einlaufstelle des jeweiligen Gerichts entsprechend dem zuvor aufgestellten Geschäftsverteilungsplan an den hiernach bestimmten Richter weitergeleitet, wobei diese Zuleitung aber keinen verbindlichen Charakter besitzt[834]. Erst nach positiver Prüfung der Zuständigkeit nach dem Geschäftsverteilungsplan wird der Richter die eingegangene Ehesachen dann auch tatsächlich übernehmen und mit der Bearbeitung beginnen. Ein förmlicher die für den konkreten Einzelfall berufenen Richter einsetzender Akt im kirchlichen Bereich sorgt – anders als das Vorgehen im staatlichen Rechtsbereich – für größere Klarheit und Transparenz, wem dann eine Ehesache zur Bearbeitung tatsächlich zugewiesen ist. Auch können keine Streitigkeiten über den zuständigen Richter – anders als im staatlichen Rechtsbereich – aufkommen. Im staatlichen Verfahren kann hingegen nach unverbindlicher Zuleitung an einen an sich nach dem Geschäftsverteilungsplan zuständigen Richter ein Streit darüber auftreten, ob dieser Richter auch tatsächlich zuständig ist. Sofern dieser Streit nicht einvernehmlich beigelegt werden kann, erfolgt eine Entscheidung durch das Präsidium des Gerichts, das zuvor auch den Geschäftsverteilungsplan aufgestellt hat. Inhalt dieser Entscheidung ist dann die Auslegung des Geschäftsverteilungsplanes[835]. Anders als in der Kirche erfolgt damit im Staat nur bei Streitigkeiten über die Zuständigkeit nach dem Geschäftsverteilungsplan eine förmliche Entscheidung durch das Präsidium des Gerichts (§§ 21 a, 21 e GVG).

Da im Normalfall die Verteilung der Ehesachen im Staat eindeutig ist, bedarf es zur Umsetzung des Geschäftsverteilungsplanes aber keiner förmlichen Festlegung des zuständigen Richters (durch Gerichtsverwaltungsakt), wenn auch eine förmliche Festlegung zusätzliche und eindeutigere Klarheit schaffen würde. Jedoch bringen alle Formalismen zeitliche Verzögerungen mit sich. Für den kirchlichen Rechtsbereich wäre es wünschenswert, dass hier der Formalismus der förmlichen Festlegung, vor allem das Dekret über die Einsetzung des Gerichtshofs, abgebaut wird, da nach den zuvor festgelegten Kriterien der zuständige Richter oder das zuständige Richterkollegium feststeht und es eigentlich keiner förmlichen Festlegung bedarf.

2. Verfahren zur Auflösung des Ehebandes

Während in staatlichen Verfahren zur Ehescheidung – genauso wie in staatlichen Verfahren zur Eheaufhebung – die Zuteilung / Zuweisung an den zuständigen Richter aufgrund des Geschäftsverteilungsplanes erfolgt, wird in gerichtsähnlichen Verwaltungsverfahren zur Auflösung des Ehebandes in der Kirche keine

833 Vgl. Lüdicke, „Dignitas connubii“, Art. 48, Rn. 2; Mörsdorf, KanR III, 53; Silvestri, I ministri di giustizia in specie, 155.
834 Vgl. Thomas – Putzo – Hüßtege, ZPO/GVG, § 21 e, Rn. 38.
835 Vgl. Thomas – Putzo – Hüßtege, ZPO/GVG, § 21 e, Rn. 40.

solche Zuweisung des Verfahrens an ein Gericht / an einen Richter vorgenommen. Lediglich die Beweisaufnahme wird einem Richter zur Durchführung anvertraut[836]. Dies erklärt sich aus der Tatsache, dass nur die Beweiserhebung in der Diözese erfolgt; die Entscheidung über die Gewährung selbst wird aber beim Hl. Stuhl durch den Papst getroffen[837]. Hier zeigt sich im kirchlichen Rechtsbereich die Zweiteilung zwischen der Erhebung der erforderlichen Tatsachen und der am Ende zu treffenden Entscheidung.

3. Einfache Verwaltungsverfahren

Für Anträge im einfachen Verwaltungsverfahren (zur Feststellung der Nichtigkeit einer Ehe wegen Formmangels bzw. zur Durchführung des Privilegium Paulinum) gibt es keine gesetzliche Regelung über die Zuweisung der Anträge an bestimmte Bearbeiter. Da jedoch alle Bediensteten an der Diözesankurie unter der Leitung des Diözesanbischofs arbeiten sowie denjenigen, denen Weisungsrecht übertragen ist (c. 470 CIC/1983), kann die Zuweisung eingehender Anträge vorab generell oder in jedem konkreten Einzelfall an eine vom Diözesanbischof beauftragte Person erfolgen, z. B. an einen Verwaltungskanonisten, der organisatorisch in der Rechtspraxis beim Generalvikar oder beim Gerichtsvikar angesiedelt ist.

4. Fazit

Sowohl in staatlichen als auch in kirchen Eheverfahren gibt es Regelungen über die Zuweisung eingegangener Ehesachen an den jeweiligen Bearbeiter. Im Bereich der Gerichtsverfahren handelt es sich hierbei um abstrakt – generelle Regelungen, durch die vorab bereits festgelegt wird, wer bei einer konkreten eingehenden Sache dann tatsächlich als Richter bzw. als Richterkollegium tätig zu werden hat. Bei gerichtsähnlichen Verwaltungsverfahren in Ehesachen kann die Zuweisung an den jeweiligen Bearbeiter erst nach Eingang des Antrags erfolgen[838]; organisatorisch steht aber im Bistum fest, wer für die Bearbeitung dieser Verfahren in Frage kommt und dann auch regelmäßig damit betraut wird. Bei den einfachen Verwaltungsverfahren jedoch besteht – mangels gesetzlicher Regelungen – Freiheit, die Anträge vorab generell oder aber erst nach Eingang im konkreten Einzelfall einem Sachbearbeiter zuzuweisen. Wichtig ist es aber festzuhalten, dass für Gerichtsverfahren in Ehesachen sowohl im Staat als auch in der Kirche – anders als bei Verwaltungsverfahren in Eheangelegenheiten – zur Vermeidung von Einflussnahmen und zur Gewährung der Unabhängigkeit des Gerichts dieser Richter bzw. das Richterkollegium bereits im Vorfeld feststehen muss.

836 Vgl. Art. 11 § 1 Normae in favorem fidei; c. 1700 §§ 1, 2 CIC/1983.
837 Vgl. c. 1698 §§ 1, 2 CIC/1983; Art. 1, 2 Normae in favorem fidei.
838 Vgl. Art. 11 § 1 Normae in favorem fidei; c. 1700 § 1 CIC/1983.

VII. Annahme der „einleitenden Initiative“

1. Gerichtliches Verfahren wegen fehlerhaft eingegangener Ehe

a) Vorgehen bezüglich der Zulässigkeit einer Klageschrift

Während in staatlichen Verfahren zur Feststellung der Nichtigkeit einer Ehe oder Aufhebung einer Ehe keine Entscheidung über die Annahme der Antragsschrift getroffen wird, ergeht in kirchlichen Gerichtsverfahren vor Bekanntgabe an die nichtklagende Partei zunächst die gerichtliche Entscheidung über die Annahme der Klageschrift[839]. Dem kirchlichen Annahmedekret liegt eine Prüfung der Zulässigkeitsvoraussetzungen der eingereichten Klageschrift zugrunde. Nach c. 1505 §§ 1, 2 CIC/1983 wird die Klageschrift in formeller und teilweise inhaltlicher Hinsicht geprüft und bei negativem Ausgang der Prüfung abgelehnt. In formeller Hinsicht bezieht sich die Prüfung auf die Zuständigkeit des angerufenen Gerichts[840], die Prozessfähigkeit[841] und die Prozessführungsbefugnis[842]. In inhaltlicher Hinsicht erfolgt die Prüfung in Bezug auf die formalen[843] und inhaltlichen Anforderungen[844] an die Klageschrift[845]. Zwar wird im staatlichen Eheverfahren

---

839 Vgl. c. 1505 § 1 CIC/1983, Art. 119 § 1 DC.

840 Die Unzuständigkeit nach c. 1505 § 1 CIC/1983, Art. 9, 10, Art. 119 § 1, Art. 121 § 1, 1° DC führt bei einer absoluten Unzuständigkeit zur unheilbaren Nichtigkeit eines ergangenen Urteils nach c. 1620, 1° CIC/1983, Art. 270, 1° DC, bei einer relativen Unzuständigkeit hingegen nur zur Angreifbarkeit nach c. 1460 CIC/1983, Art. 78 DC bis zur Streitpunktfestlegung; vgl. Wirth, Die Gerichtsverfassung und die Gerichtsordnung, 1164, 1165; Assenmacher, Die Eheverfahren, 1187, 1188; Lüdicke, „Dignitas connubii“, Art. 121, Rn. 1.

841 Die Prozessfähigkeit nach c. 1505 § 1 CIC/1983, Art. 119 § 1 DC ist die Fähigkeit, „selbständig in einem Prozess aufzutreten und ihre Rechte und Interessen geltend zu machen“ (Meier, Der Curator, 10; vgl. Lüdicke, „Dignitas connubii“, Art. 119, Rn. 3). Ihr Fehlen führt zur unheilbaren Nichtigkeit eines ergangenen Urteils nach c. 1620, 5° CIC/1983, Art. 270, 5° DC.

842 Die Prozessführungsbefugnis ist das Recht bezüglich des Streitgegenstandes, einen Prozess zu führen. Sie zeigt sich im alleinigen Klagerecht der Ehegatten nach c. 1674, 1° CIC/1983 sowie im Ausnahmefall des Kirchenanwalts nach c. 1674, 2° CIC/1983.

843 Nach c. 1505 § 2, 3° CIC/1983, Art. 121 § 1, 3° DC muss die Klageschrift die formellen Anforderungen des c. 1504 § 1, 1°–3° CIC/1983, Art. 116, 1°–4° DC erfüllen, also die Bezeichnung des angerufenen Gerichts, die Bitte um Nichtigerklärung und die Angabe von Beweismitteln sowie die mit Ort und Datum geleistete Unterschrift (vgl. Arroba, Diritto processuale canonico, 332).

844 Nach c. 1505 § 2, 4° CIC/1983, Art. 121 § 1, 4° DC kann die Klageschrift abgewiesen werden, wenn sie offensichtlich aussichtslos oder willkürlich ist (vgl. Arroba, Diritto processuale canonico, 333); vgl. hierzu auch weiterführend, Castell, Bis zum bittern Ende, 107–117.

845 Vgl. Arroba, Diritto processuale canonico, 332, 333.

keine Annahmeentscheidung getroffen – wie in der Kirche –, aber dennoch prüft und entscheidet das Gericht über die Prozessvoraussetzungen für die eingereichte Klageschrift[846]. Prozessvoraussetzungen sind „diejenigen Umstände, von deren Vorhandensein oder Fehlen es abhängt, ob das Verfahren als solches und im ganzen zulässig ist“[847]. Diese Entscheidung über die Zulässigkeit wird grundsätzlich im Rahmen der Prüfung der Begründetheit der Klage mitgeprüft und entschieden. Nur bei aufkommenden Zweifeln oder Streitigkeiten wird ausnahmsweise nach §§ 280 Abs. 1, 281 ZPO auf Antrag über die Zulässigkeit einer Klage vorab gesondert verhandelt und dann entschieden[848].

Die Entscheidung über die Zulässigkeit erfolgt im kirchlichen Eheverfahren zunächst nur auf der Grundlage der eingereichten Klageschrift ohne Anhörung und Stellungnahme der nichtklagenden Partei. Im staatlichen Eheverfahren wird jedoch erst nach Kenntnisnahme von der Antragsschrift durch die gegnerische Partei, also nach Zustellung, über die Fragen der Zulässigkeit entschieden. Das in kirchlichen Eheverfahren angesprochene Annahmedekret ist hinsichtlich der verfahrensrechtlichen Fragen aber dennoch nicht die letzte Entscheidung, bei entsprechenden Einreden der nichtklagenden Partei[849] kann durchaus erneut über eventuelle weitere verfahrensrechtliche Fragen entschieden werden.

b) Form der Entscheidung

Sowohl die staatliche als auch die kirchliche Entscheidung über die Zulässigkeit einer Klage werden in der Form eines Beschlusses getroffen[850]. Die getroffene Entscheidung besitzt aber abhängig vom getroffenen Inhalt unterschiedliche Wirkungen.

aa) Unzulässigkeit

Die Entscheidung über die Zulässigkeit eines Antrags ist nach § 281 Abs. 2 ZPO im staatlichen Eheverfahren eine Endentscheidung, sofern die Unzulässigkeit ausgesprochen wird[851]. Im kirchlichen Ehenichtigkeitsverfahren hat das die

---

846 Vgl. Rosenberg – Schwab – Gottwald, Zivilprozessrecht, § 93 Prozessvoraussetzungen und Prozesshindernisse, 510, Rn. 1.

847 Thomas – Putzo – Reichold, ZPO, Vorbemerkung § 253, Rn. 10; Prozessvoraussetzungen sind solche bezüglich des Gerichts (Zuständigkeit), der Parteien (Partei- und Prozessfähigkeit), des Streitgegenstandes (vgl. Rosenberg – Schwab – Gottwald, Zivilprozessrecht, § 93 Prozessvoraussetzungen und Prozesshindernisse, 510, 511, Rn. 6–19).

848 Vgl. Thomas – Putzo – Reichold, ZPO, § 280, Rn. 1.

849 Die Einreden beziehen sich vor allem auf die Befangenheit (cc. 1447, 1448 CIC/1983, Art. 66–68 DC) sowie auf die absolute und relative Unzuständigkeit des angerufenen Gerichts (cc. 1459, 1460 CIC/1983, Art. 77–79 DC).

850 Vgl. Mörsdorf, KanR III, 175; Mörsdorf, Rechtssprache, 352; § 113 Abs. 1 S. 2 FamFG iVm. §§ 280, 281 ZPO, § 38 FamFG.

851 Vgl. Thomas – Putzo – Reichold, ZPO, § 280, Rn. 4.

Unzulässigkeit aussprechende Abweisungsdekret nach c. 1618 CIC/1983, Art. 262 DC nur die Wirkung einer Endentscheidung, da es das Verfahren durch Ablehnung beendet[852].

bb) Zulässigkeit

Die kirchliche Entscheidung über die Annahme und implizit zumindestens auch teilweise damit über die Zulässigkeit der Klageschrift ist nur eine prozessleitende Entscheidung des Gerichts[853], die dem Fortgang des Verfahrens, mit der Beweiserhebung, dient. Die staatliche Entscheidung über die Zulässigkeit wird hingegen – so der Normalfall – im Rahmen der Endentscheidung getroffen; sofern eine Antragsschrift in einem Eheverfahren unzulässig wäre, also die Prozessvoraussetzungen fehlen, würde keine Entscheidung über die Begründetheit getroffen werden, sondern die Klage als unzulässig abgewiesen werden[854]. Nur sofern über Fragen der Zulässigkeit vorab nach § 280 Abs. 1 ZPO gesondert verhandelt wurde – dies ist nicht der Regelfall –, wird hinsichtlich dieser Fragen eine abschließende Entscheidung iSe. Zwischenbeschlusses nach § 280 Abs. 2 S. 1 ZPO[855] iVm. § 113 Abs. 1 S. 2 FamFG getroffen.

cc) Sonderfall der Zuständigkeit

Sowohl im staatlichen als auch im kirchlichen Rechtsbereich muss das jeweilige angerufene Gericht die entsprechende Zuständigkeit für das Eheverfahren besitzen. Während jedoch in kirchlichen Eheprozessen bei Unzuständigkeit die Klageschrift nicht angenommen werden würde[856] oder im späteren Verfahrensablauf vom Verfahren Abstand genommen werden würde[857], kann in staatlichen Eheverfahren auf Antrag eines Beteiligten die Antragsschrift an das – sachlich, örtlich und funktionell – zuständige Gericht durch Beschluss verwiesen werden[858].

(1) Sachliche und örtliche Unzuständigkeit

Im staatlichen Verfahren beendet die Verweisung bei sachlicher und / oder örtlicher Unzuständigkeit zwar das Verfahren beim angerufenen Gericht, macht es aber bei einem anderen Gericht anhängig (§ 281 Abs. 2 S. 3 ZPO). Der staatliche

---

852 Vgl. c. 1505 § 1 CIC/1983, Art. 119 § 1 DC.

853 Vgl. Mörsdorf, Rechtssprache, 352; Mörsdorf, KanR III, 175.

854 Vgl. Rosenberg – Schwab – Gottwald, Zivilprozessrecht, § 93 Prozessvoraussetzungen und Prozesshindernisse, 510, Rn. 2, 4.

855 Vgl. Thomas – Putzo – Reichold, ZPO, § 280, Rn. 5. Nach § 280 Abs. 2 S. 1 ZPO wird das Zwischenurteil angeführt. Da aber bei den Eheverfahren das FamFG Anwendung findet, ist statt Urteil der Beschluss (§ 38 Abs. 1 S. 1 FamFG) die richtige Begrifflichkeit.

856 Vgl. c. 1505 § 2, 1° CIC/1983, Art. 121 § 1, 1° DC.

857 Vgl. cc. 1460, 1461 CIC/1983, Art. 77–79 DC.

858 Vgl. § 281 ZPO, § 17 a Abs. 6 GVG.

Verweisungsbeschluss ist bindend und unanfechtbar[859], besitzt aber nur prozessleitenden Charakter, da das Verfahren rechtshängig bleibt und nur bei einem anderen Gericht rechtshängig gemacht wird. Dagegen wird im kirchlichen Verfahren bei Unzuständigkeit das Verfahren gänzlich beendet. Gegen das entsprechende Dekret ist aber das Rechtsmittel der Beschwerde möglich.

(2) Funktionelle Unzuständigkeit

Die Verweisung bei funktioneller Unzuständigkeit im staatlichen Verfahren besitzt prozessleitenden Charakter, da nicht über das eingeleitete Verfahren als solches, sondern nur über den Fortgang bei einem bestimmten Gerichtsspruchkörper entschieden wird. Auch bleibt das Verfahren als solches rechtshängig und wird lediglich an den richtigen Spruchkörper – funktionelle Zuständigkeit – abgegeben. Da aber – anders als bei der Verweisung aufgrund sachlicher oder örtlicher Unzuständigkeit – nicht nur ein anderes Gericht aufgrund entsprechender Zuständigkeit tätig wird, sondern zusätzlich noch ein gänzlich anderer Spruchkörper im Gericht, welcher unter Umständen andere Qualifikationen und Kompetenzen besitzt – kann hiergegen aufgrund des gravierenderen Eingriffs nach § 17 Abs. 4 S. 3 ZPO durch die Parteien Rechtsmittel eingelegt werden[860].

(3) Zwischenergebnis

Sowohl im kirchlichen als auch im staatlichen Eheverfahren wird über die Zulässigkeit entschieden, wenn auch zu unterschiedlichen Zeitpunkten, die entweder – so im Staat – unmittelbar eine Endentscheidung ist oder – so in der Kirche – nur die Wirkungen einer Endentscheidung besitzt. Entscheidend ist aber, dass die getroffene Entscheidung über die Unzulässigkeit immer verfahrensbeendenden Charakter besitzt[861]. Der Vorteil des kirchlichen Vorgehens ist die Erledigung von Zulässigkeitsfragen – soweit schon vollständig abschließend möglich – vor dem nächsten Verfahrensschritt, der Prüfung der Begründetheit. Damit kann es nicht mehr zu Verfahrensverzögerungen kommen, welche im staatlichen Verfahren durchaus zu Tage treten können. Das kirchliche Verfahren kann sich damit vollkommen auf die streitgegenständliche Ehe konzentrieren.

Während in kirchlichen Eheverfahren bei Unzuständigkeit die eingeleiteten Eheprozesse beendet werden, besteht in staatlichen Eheverfahren zumindestens die Möglichkeit, die bei einem unzuständigen Gericht eingeleitete Rechtssache auf Antrag der Parteien bei einem anderen zuständigen Gericht anhängig zu machen und dort das Verfahren fort- und durchzuführen. Eine Ablehnung wegen Unzuständigkeit des konkreten Spruchkörpers gibt es im kirchlichen Rechtsbereich aber nicht. Für die kirchlichen Eheverfahren wäre es aber bezüglich des Vorgehens bei Unzuständigkeit durchaus vorstellbar, dass statt der Beendigung des Verfahrens

859 Vgl. Thomas – Putzo – Reichold, ZPO, § 281, Rn. 10.
860 Vgl. Thomas – Putzo – Reichold, ZPO/GVG, § 17 a, Rn. 18.
861 Vgl. Thomas – Putzo – Reichold, ZPO, § 280, Rn. 4; Mörsdorf, Rechtssprache, 358.

dieses auf Antrag der Parteien an das nach Wahl der Parteien vorrangig zuständige Gericht (Art. 10 § 1, 1°, 2° DC) verwiesen würde. Aufgrund der Universalität der Kirche sollte diese Verweisungsmöglichkeit aber nur innerhalb der Grenzen der jeweiligen nationalen Bischofskonferenzen vorgesehen werden.

c) Rechtsmittel gegen die Entscheidung über die Zulässigkeit einer Klage

Die im staatlichen und kirchlichen Eheverfahren die Zulässigkeit einer Klage ablehnende Entscheidung kann mit dem Rechtsmittel der Beschwerde[862] angegriffen werden. Während die Beschwerde in staatlichen Eheverfahren nach § 119 Abs. 1 Nr. 1 a GVG jedoch durch das Berufungsgericht entschieden werden muss[863], hängt dies in kirchlichen Eheverfahren davon ab, wer das Abweisungsdekret bezüglich einer Klage ausgesprochen hat. Sofern das Abweisungsdekret durch den Vorsitzenden des Kollegialgerichts ausgesprochen wurde[864], wird die Entscheidung nach Art. 45, 3°, 124 § 1 DC durch das Kollegialgericht getroffen[865]. Hat hingegen das Kollegialgericht die (Erst-)Entscheidung über die Ablehnung der Klageannahme getroffen[866], ist die Entscheidung über die Beschwerde gegen das Abweisungsdekret nach Art. 124 § 1 DC dem Berufungsgericht vorbehalten[867]. Insoweit ergeben sich unterschiedliche Zuständigkeiten zwischen staatlicher und kirchlicher Regelung.

Bei der kirchlichen Regelung kann die Entscheidung über eine Beschwerde gegen ein Ablehnungsdekret auf der Ebene der ersten Instanz verbleiben, nämlich dem Kollegium der drei Richter. Obwohl beim Staat in erster Instanz immer ein Einzelrichter entscheidet, wird eine eingelegte Beschwerde gegen die Verneinung der Zulässigkeit einer Klage nicht auf gleicher Ebene durch ein Richtergremium, sondern durch das übergeordnete Berufungsgericht entschieden. Vorteil der kirchlichen Regelung ist die Beibehaltung der gleichen Instanz, während bei der staatlichen Regelung die Sache zwingend aus der ersten Instanz in die Berufungsinstanz übergeht.

Eine die Zulässigkeit der Klage befürwortende Entscheidung kann hingegen nur im staatlichen Eheverfahren mit der Beschwerde angegriffen werden; das Verfahren ist mit dem bei der Beschwerde gegen eine ablehnende Entscheidung identisch. Im kirchlichen Eheprozess hingegen kann das Annahmedekret als lediglich prozessleitende Entscheidung nicht angegriffen werden. Sofern nach Ausspruch des Annahmedekrets bestimmte – bis dahin noch nicht entschiedene

---

862 Vgl. §§ 117 iVm. 58 FamFG; c. 1505 § 4 CIC/1983, Art. 124 § 1 DC.
863 Für die Entscheidung über Beschwerden ist das Oberlandesgericht als Berufungsgericht zuständig.
864 Nach Art. 46, 7° DC ist der Vorsitzende des Kollegialgerichts hierfür zuständig.
865 Vgl. Lüdicke, „Dignitas connubii", Art. 124, Rn. 1.
866 Nach Art. 45, 13° DC kann sich das Kollegialgericht eine diesbezügliche Entscheidung vorbehalten.
867 Vgl. Lüdicke, „Dignitas connubii", Art. 124, Rn. 1, 3.

oder erst später zu entscheidende – verfahrensrechtliche Fragen auftreten, kann hierüber aber nach entsprechender Einrede[868] einer Partei in einem Zwischenstreit (cc. 1587–1597 CIC/1983) durch richterliches Dekret entschieden werden. Diese kirchliche Möglichkeit der Einrede ist damit durchaus vergleichbar mit der staatlichen Möglichkeit der Vorabentscheidung über die Zulässigkeit bei eventuellen Streitigkeiten (nach § 280 Abs. 1 ZPO iVm. § 113 Abs. 1 S. 2 FamFG).

d) Kirchliche Möglichkeit der automatischen Annahme einer Klage

Eine kirchliche Ehenichtigkeitsklage wird nach c. 1506 CIC/1983, Art. 125 DC kraft Gesetzes angenommen, sofern seit der Einreichung ein Monat vergangen ist und auch nach erfolglosem Ablauf von weiteren zehn Tagen seit Ermahnung zu richterlicher Tätigkeit eine solche nicht erfolgt ist. In staatlichen Ehegerichtsverfahren besteht keine vergleichbare gleich wirksame gesetzliche Regelung, einen Richter zur Tätigkeit anzuhalten. Damit sind die Möglichkeiten in staatlichen Verfahren bei richterlicher Untätigkeit / Nachlässigkeit im Zusammenhang mit der Annahme und Zustellung der Klage an die gegnerische Partei begrenzt. Aufgrund der richterlichen Unabhängigkeit[869] untersteht ein staatlicher Richter nur der Dienstaufsicht, soweit nicht seine Unabhängigkeit beeinträchtigt wird, ansonsten ist er nur dem Gesetz verpflichtet[870]. Nach § 26 Abs. 2 DRiG umfasst die Dienstaufsicht die Befugnis, die ordnungswidrige Art der Ausführung eines Amtsgeschäftes vorzuhalten und zu ordnungsgemäßer, unverzögerter Erledigung der Amtsgeschäfte zu ermahnen. Vorhalt ist „die Kundgabe einer objektiven Feststellung zur Sache. Eine weitergehende Folgerung ist nicht zulässig. Eine sachbezogene (nicht personenbezogene) Wertung ist zulässig“[871]. Die Ermahnung ist ein „Appell an das Verantwortungsbewusstsein des Richters; sie ist auf das zukünftige Verhalten des Richters gerichtet“[872]. Eine Dienstaufsichtsbeschwerde in einem konkreten Verfahren kann Anlass für dienstaufsichtliches Einschreiten sein. Die Ermahnung ist aber darauf gerichtet, künftig sich anders zu verhalten. So darf ein Richter durch Ermahnung angehalten werden, zukünftig eine Sache in angemessener Zeit zu erledigen, sofern ein Teilbereich seiner richterlichen Aufgaben monatelang nicht bearbeitet wurde[873]. Die umgehende Bearbeitung eines bestimmten Verfahrens zu fordern, ist aber wegen der richterlichen Unabhängigkeit unzulässig[874]. Im Rahmen der Dienstaufsicht besteht damit die Möglichkeit des Vorhalts an den für die Bearbeitung des Falles zuständigen Richter, zukünftig bei gleichgelagerten Fällen die Zustellung der Klageschrift schneller zu veranlassen. Hierbei muss aber immer

868 Vgl. Wirth, Das Streitverfahren, 1175.
869 Vgl. Art. 97 Abs. 1 GG, § 25 DRiG.
870 Vgl. Schmidt-Räntsch, DRiG, § 25, Rn. 5.
871 Schmidt-Räntsch, DRiG, § 25, Rn. 38.
872 Schmidt-Räntsch, DRiG, § 26, Rn. 24.
873 Vgl. Schmidt-Räntsch, DRiG, § 26, Rn. 24.
874 Vgl. Schmidt-Räntsch, DRiG, § 26, Rn. 39.

berücksichtigt werden, dass die Unabhängigkeit des Richters nicht beeinträchtigt wird, d. h. dass ihm nur dienstliche Weisungen erteilt werden. Damit ist die Einflussmöglichkeit letztlich begrenzt. In kirchlichen Verfahren zur Feststellung der Nichtigkeit einer Ehe hingegen besteht zwar ebenfalls eine richterliche Unabhängigkeit. Jedoch ist durch eine gesetzliche Regelung Vorsorge getroffen, wonach eine Klageschrift bei Säumnis des Gerichts automatisch als angenommen gilt[875]. Letztlich sind Nachlässigkeiten des Gerichts bei Übermittlung des Ladungsdekrets an die nicht belangte Partei ebenfalls nur begrenzt angreifbar; denkbar ist allenfalls eine Strafbarkeit wegen Amtspflichtverletzung nach c. 1457 CIC/1983, welche nach c. 1389 § 2 CIC/1983 strafbar ist.

2. Verfahren zur Auflösung des Ehebandes

Während in staatlichen Eheverfahren zur Ehescheidung keine Entscheidung über die Annahme getroffen wird – genauso wie im staatlichen Verfahren zur Aufhebung der Ehe -, wird in den kirchlichen „stark formalisierten" gerichtsähnlichen Verwaltungsverfahren zur Auflösung des Ehebandes indirekt eine Annahmeentscheidung getroffen. Zwar ergeht kein Annahmedekret, also keine Annahmeentscheidung i. e. S.; es wird aber ein Untersuchungsrichter beauftragt[876], die für die Gewährung der Auflösung erforderlichen Tatsachen zu erheben. Durch diese Betrauung wird zum Ausdruck gebracht, dass der angegangene Diözesanbischof die Beweiserhebung und damit das Verfahren in seiner Diözese durchführen will, da er ansonsten des Gesuch zurückweisen und keinen Untersuchungsrichter beauftragen würde. Die Beauftragung eines Untersuchungsrichters wird den Parteien aber nicht mitgeteilt.

3. Einfache Verwaltungsverfahren

Für einfache Verwaltungsverfahren (Antrag auf Feststellung der Nichtigkeit einer Ehe wegen Formmangels und Durchführung des Privilegium Paulinum) wird ein gestellter Antrag nicht förmlich angenommen; auch erfolgt keine förmliche Zuweisung an einen Bearbeiter. In der Praxis wird aber der Antrag dem hierfür bestimmten Bearbeiter zugeleitet. Dieser wird den Antrag prüfen und die notwendigen Schritte veranlassen, also entweder die Feststellung der Nichtigkeit einer Ehe oder die Durchführung der Befragung für das Privilegium Paulinum. Erst dann ist nach außen erkennbar, dass der Antrag angenommen wurde. Hieraus ergibt sich aber auch die Schwierigkeit, dass mangels förmlichem Akt der Zuweisung an einen Bearbeiter für außenstehende, insbesondere für den Antragsteller, nicht erkennbar ist, ob der Antrag sich in Bearbeitung befindet, der Antrag nicht angekommen ist oder der Bearbeiter nur untätig ist.

875 C. 1506 CIC/1983, Art. 125 DC.

876 Vgl. c. 1700 § 1 CIC/1983, Art. 11 Normae in favorem fidei.

4. Gesamtergebnis

Sowohl in staatlichen als auch in kirchlichen Eheverfahren erfolgt nach Eingang der „einleitenden Initiative" ein die Annahme (ausdrücklich oder zumindestens konkludent) erklärender Akt. In Gerichtsverfahren ist dies die Zustellung der Ladung und regelmäßig der Klageschrift an die gegnerische Partei, wodurch die Rechtshängigkeit bewirkt wird; in den „stark formalisierten" gerichtsähnlichen Verwaltungsverfahren ist dies die Beauftragung und Benennung des Untersuchungsrichters zur Beweiserhebung; dies wird allerdings nicht an die Parteien mitgeteilt. Lediglich in einfachen kirchlichen Verwaltungsverfahren ist ein solcher Akt nicht vorhanden; hier ist nur mittelbar durch eine nach außen hin wirksame Tätigkeit des Bearbeiters konkludent erkennbar, dass der Antrag angenommen wurde. Aufgrund der Einfachheit ist diese Tätigkeit vielfach unmittelbar die Bearbeitung des entsprechenden Antrages oder die Ablehnung wegen Unzulässigkeit oder Unmöglichkeit sowie bei Unklarheiten im gestellten Antrag die Nachfrage beim Antragsteller.

VIII. Bekanntgabe der „Initiative"

1. Gerichtliches Verfahren wegen fehlerhaft eingegangener Ehe

a) Rechtshängigkeit

Sowohl in kirchlichen als auch in staatlichen Gerichtsverfahren wegen fehlerhaft eingegangener Ehen wird das Verfahren durch Zustellung eines Schriftstücks beim jeweiligen Gericht rechtshängig[877], mit der Folge, dass das entsprechende Verfahren an keinem anderen Gericht zusätzlich noch anhängig gemacht werden kann[878]; hinsichtlich der Tatsache der Rechtshängigkeit einer Eheangelegenheit vor Gericht sind beide Rechtsbereiche identisch. Die Rechtshängigkeit ist wichtig, damit eindeutig feststeht, dass eine Ehesache vor Gericht anhängig ist.

b) Inhalt des zugestellten Schriftstücks

Gänzlich verschieden ist der Inhalt des an die gegnerische Partei zugestellten Schriftstücks. Während im staatlichen Gerichtsverfahren Zustellungsobjekt nach §§ 253 Abs. 1, 271 Abs. 1 ZPO ausdrücklich die vom Antragssteller eingereichte Klageschrift ist, weicht das Bekanntgabeobjekt „Ladung" im kirchlichen Gerichtsverfahren hiervon ab. Nach cc. 1507 § 1, 1508 § 1, 1677 § 2 CIC/1983, Art. 127 § 1 DC

877 Vgl. §§ 253 Abs. 1, 261 Abs. 1, 271 Abs. 1 ZPO; cc. 1507 § 1, 1508 § 1, 1512 CIC/1983, Art. 126 § 1, Art. 127 § 1 DC.

878 Vgl. § 261 Abs. 3 Nr. 1 ZPO; c. 1512, 2° CIC/1983, Art. 129 DC; vgl. Thomas – Putzo – Reichold, ZPO, § 261, Rn. 15; Wirth, Das Streitverfahren, 1176; Arroba, Diritto processuale canonico, 346; Lüdicke, „Dignitas connubii", Art. 129, Rn. 3; Mörsdorf, KanR III, 124, 125.

wird mit der Ladung nur das ergangene Dekret über die angenommene Klage zugestellt[879]. Beigefügt werden soll nach c. 1508 § 2 CIC/1983, Art. 127 § 3 DC zwar die Klageschrift; hiervon kann aber ausnahmsweise durch richterliches Dekret bis zur gerichtlichen Vernehmung der nichtklagenden Partei abgesehen werden. In diesem Fall ist aber unter der Sanktion der Nichtigkeit der Prozessakten zumindestens der Streitgegenstand und die von der klagenden Partei angeführte Begründung bekanntzugeben[880]. Zwar mag es sich beim Ehenichtigkeitsverfahren um einen „Feststellungsanspruch an die Autorität[881] handeln" und nicht um streitiges Verfahren, so ist es doch im Hinblick auf rechtsstaatliche Prinzipien – aus staatlicher Sicht – unter dem Gesichtspunkt der Verteidigungsmöglichkeiten gegen eine eingebrachte Klageschrift problematisch, diese der nichtklagenden Partei nicht bekannt zu geben. Dies gilt auch, wenn Streitgegenstand und die Begründung mitgeteilt werden müssen.

Im staatlichen Gerichtsverfahren muss zwingend die Klageschrift an die gegnerische Partei bekanntgegeben werden. In Kenntnis des Inhalts und der Begründung der Klageschrift kann die gegnerische Partei ihre Sichtweise darstellen und verteidigen. Wird im kirchlichen Gerichtsverfahren davon abgesehen, dem Annahmedekret die Klageschrift beizufügen, kann dies im weiteren Verlauf des Verfahrens in der Rechtspraxis häufig für die klagende Partei nachteilig sein. Wenn eine klagende Partei, sei sie katholisch, evangelisch, oder einer anderen Konfession angehörig, ein Ehenichtigkeitsverfahren gegen eine nichtklagende Partei einleitet, um eine neue Ehe eingehen zu können, kann sie wegen der mangelnden Beteiligung der nichtklagenden Partei prozessuale Schwierigkeiten erleiden. Sofern die nichtklagende Partei sich nicht darauf einlassen will, ohne Bekanntgabe der Klageschrift zu einer gerichtlichen Vernehmung zu erscheinen und das Gericht weiterhin von der vorherigen Bekanntgabe der Klageschrift absieht, besteht die Gefahr, dass sie sich dem Ehenichtigkeitsverfahren gänzlich verweigert.

c) Zustellung

Regelungstechnisch gleich ist sowohl im Staat als auch in der Kirche die Tatsache, dass für die Bekanntgabe des entsprechenden Schriftstückes bestimmte Regelungen heranzuziehen sind, d. h. die Bekanntgabe „nicht einfach so" erfolgt, und die Bekanntgabe durch die Geschäftsstelle des jeweiligen Gerichts vorzunehmen ist[882]. Hinsichtlich der Art der zur Bekanntgabe heranzuziehenden Regelungen unterscheiden sich staatliche und kirchliche Verfahren jedoch.

---

879 Vgl. Lüdicke, „Dignitas connubii", Art. 126, Rn. 1.
880 Vgl. cc. 1508, 1511 CIC/1983, Art. 127 § 3 S. 2, 128 DC.
881 Lüdicke, „Dignitas connubii", Art. 127, Rn. 5.
882 Vgl. § 168 Abs. 1, 2 ZPO; Art. 61 § 2 DC.

aa) Art der Bekanntgabe

Während die universalkirchlichen Regelungen in der Kirche (c. 1509 CIC/1983, Art. 130 DC) sich damit begnügen, dass die Bekanntgabe durch die öffentliche Post[883] oder auf andere äußerst sichere Weise[884] zu erfolgen hat und die Einzelheiten dem Partikularrecht überlässt, sind im staatlichen Recht ausführliche Regelungen über die Art und Weise der Zustellung getroffen worden[885]. Nach § 168 Abs. 1 ZPO soll die Bekanntgabe des entsprechenden Schriftstücks primär durch Aushändigung an der Amtsstelle, Zustellung gegen Empfangsbekenntnis oder Einschreiben mit Rückschein vorgenommen werden (§§ 173–185 ZPO), erst bei diesbezüglichem mangelnden Erfolg durch den Gerichtsvollzieher (§ 154 GVG) oder eine andere staatliche Behörde (nach §§ 168 Abs. 2, 176–182 ZPO).

Noch im Recht des CIC/1917[886] war die Zustellung durch ein eigenes Organ als Regelfall vorgesehen, und zwar durch den Gerichtsboten,[887] da hierdurch gewährleistet wurde, dass die zuzustellenden Schriftstücke auch tatsächlich bekanntgegeben werden. Die Zustellung durch die Post konnte nach richterlicher Anordnung nur ausnahmsweise erfolgen[888]. Dieses Regel-Ausnahme-Verhältnis über die Zustellung zugunsten der Bekanntgabe durch die Post oder in einer vergleichbaren Weise wurde im CIC/1983 aufgegeben. Im staatlichen Verfahren hingegen ist die Bekanntgabe durch die Post (mittels Einschreiben mit Rückschein) nur eine gleichwertige Möglichkeit neben der ebenfalls möglichen Bekanntgabe durch Aushändigung an der Amtsstelle; die Bekanntgabe durch den Gerichtsvollzieher ist hingegen zu den beiden genannten Möglichkeiten nachrangig. Damit ist das Regel-Ausnahme-Verhältnis im Gegensatz zum CIC/1917 gerade spiegelverkehrt; seit der Geltung des CIC/1983 liegt aber sowohl im staatlichen als auch im kirchlichen Verfahrensrecht ein Schwerpunkt auf der Bekanntgabe durch die Post, wenn auch daneben andere Möglichkeiten angewendet werden können.

---

883 Anders als in der deutschen Übersetzung, wo nur von der Post gesprochen wird, ist der lateinische Wortlaut „per publicos tabellarios" (durch die öffentliche Post) genauer; damit wird darauf aufmerksam gemacht, dass es kein privates Postunternehmen sein soll. Hier zeigt sich, dass die Post früher eine staatliche Aufgabe war (Deutsche Bundespost).

884 „Eine andere äußerst sichere Weise" kann neben der Deutschen Post auch ein privater Anbieter sein, sofern er die Genauigkeit und Zuverlässigkeit der Deutschen Post besitzt und damit Gewähr dafür bietet, dass die zu befördernde Post auch beim Empfänger ankommt. Hier kann darauf vertraut werden, dass diejenigen Unternehmen geeignet sind, denen eine Lizenz zur Beförderung von Briefsendungen erteilt wurde (§§ 5, 6 PostG).

885 Vgl. §§ 166–195 ZPO.

886 Vgl. insbesondere cc. 1717, 1718, 1721 §§ 1, 2, 4, 1722 § 1 CIC/1917.

887 Vgl. Mörsdorf, KanR III, 123.

888 Vgl. cc. 1719, 1722 § 2 CIC/1917; vgl. Mörsdorf, KanR III, 123.

bb) Dokumentation der Bekanntgabe

Zum Nachweis der erfolgten Zustellung des entsprechenden Schriftstücks an die gegnerische Partei ist sowohl für das staatliche als auch das kirchliche Gerichtsverfahren eine schriftliche Dokumentation erforderlich. Während sich das kirchliche Verfahrensrecht damit begnügt, darauf hinzuweisen, dass die Tatsache der Bekanntmachung und ihre Art und Weise in den Akten nachgewiesen sein muss[889] und eine weitergehende Konkretisierung nicht erfolgt, sieht das staatliche Verfahrensrecht ausdrückliche Regelungen über die Dokumentation der Zustellung vor. Eine solche Dokumentation über die bewirkte Zustellung wird im staatlichen Verfahren durch den Vermerk über die Aushändigung an der Amtsstelle, den Rückschein eines Einschreibens (§§ 173 S. 2, 175 ZPO)[890], die aufgrund Zustellungsauftrag erstellte Zustellungsurkunde (§ 182)[891] des Gerichtsvollziehers[892] oder einer anderen beliehenen Person[893] erreicht.

cc) Sonderfall der Zustellung gegen Empfangsbekenntnis

Bei einer durch einen Anwalt vertretenen Partei sieht das staatliche Verfahrensrecht zusätzlich noch die Zustellungsmöglichkeit gegen Empfangsbekenntnis vor. Diese Zustellung kann nach § 174 Abs. 1 ZPO aufgrund der „erhöhten Zuverlässigkeit“ von Anwälten und der standesrechtlichen Absicherung der Mitwirkung an der Abgabe eines Empfangsbekenntnisses durch § 14 S. 1 BORA (Berufsordnung der Rechtsanwälte) erfolgen. Das Empfangsbekenntnis genügt nach § 174 Abs. 4 ZPO als Nachweis der Zustellung[894]. Anders als bei den oben ausgeführten Formen der Bekanntgabe besteht zwar eine gewisse Gefahr der Verzögerung durch die Anwälte; diese Gefahr ist als relativ gering anzusehen, da die Anwälte standesrechtlich zur Mitwirkung verpflichtet sind. Wie ausgeführt, sieht das kirchliche Verfahrensrecht die Bekanntgabe durch die Post oder auf andere äußerst zuverlässige Weise vor; somit kann – sofern in einem Ehenichtigkeitsverfahren – ein Anwalt und Prozessbevollmächtigter beteiligt ist, die Bekanntgabe durchaus ebenfalls gegen Empfangsbekenntnis als andere äußerst zuverlässige Weise erreicht werden. In der alltäglichen Rechtspraxis sollten sich die kirchlichen Gerichte hinsichtlich der Einzelheiten der Bekanntgabe an der staatlichen Gerichtspraxis orientieren, da

---

889 Vgl. c. 1509 § 2 CIC/1983, Art. 130 DC.

890 Vgl. Thomas – Putzo – Hüßtege, ZPO, § 173, Rn. 4, § 175, Rn. 6.

891 Vgl. Thomas – Putzo – Hüßtege, ZPO, § 182, Rn. 1, 2.

892 Nach § 154 GVG ist Gerichtsvollzieher der mit den Zustellungen, Ladungen und Vollstreckungen zu betrauende Beamte; vgl. hierzu auch die Geschäftsanweisung für Gerichtsvollzieher; damit ist er vergleichbar mit dem im CIC/1917 vorgesehenen Gerichtsboten. Es ist aber wichtig darauf hinzuweisen, dass der Gerichtsvollzieher weit umfassendere Aufgaben besitzt, als der kirchliche Gerichtsbote.

893 Beliehen ist hiermit die Deutsche Post als Lizenznehmer der Briefzustelldienstleistungen (vgl. § 33 Abs. 1 PostG).

894 Vgl. Thomas – Putzo – Hüßtege, ZPO, § 174, Rn. 6, 8.

diese den Bürgern vertraut ist[895]; damit könnte bei Beteiligung von Prozessbevollmächtigten gegen Empfangsbekenntnis zugestellt werden.

dd) Vorgehen bei unbekanntem Aufenthaltsort

Das Vorgehen bei der Zustellung eines Schriftstücks bei unbekanntem Aufenthaltsort einer Person unterscheiden sich im Staat und der Kirche wesentlich voneinander. Im staatlichen Verfahrensrecht kann bei unbekanntem Aufenthaltsort einer Person die Zustellung durch öffentliche Bekanntmachung bewirkt werden (§§ 185, 186 Abs. 1 ZPO), mit der Folge, dass ein Schriftstück als zugestellt gilt, wenn seit dem Aushang der Benachrichtigung ein Monat vergangen ist (§ 188 S. 1 ZPO). Das kirchliche Verfahrensrecht sieht hingegen nach Art. 132 § 1 DC nach gründlicher Nachforschung über den Aufenthaltsort der nichtklagenden Partei vor, dass das Verfahren ohne erfolgte Zustellung fortgesetzt werden kann. Nur bei entsprechender partikularrechtlicher Regelung kann eine öffentliche Ladung, sog. Ediktalladung[896], in Frage kommen, wie dies noch nach c. 1720 CIC/1917 universalgesetzlich vorgesehen war. Die Zustellung einer Antragsschrift in einem staatlichem Eheverfahren durch öffentliche Bekanntmachung ist als äußerst problematisch zu sehen, da nicht nur die Eheaufhebung bzw. Feststellung der Nichtigkeit einer Ehe begehrt wird, sondern damit zusammenhängend weitere Familiensachen anhängig gemacht werden, insbesondere über Unterhalt oder über das Sorgerecht für Kinder. Sofern die gegnerische Partei tatsächlich nie vom Verfahren Kenntnis erlangt, besteht die Gefahr, dass eine Ehe aufgehoben bzw. die Nichtigkeit einer Ehe festgestellt wird und zudem weitere Familiensachen ohne deren Kenntnis entschieden werden. Bereits bezüglich der Beendigung der Ehe ist es nur schwer nachvollziehbar, dass diese auch im Hinblick auf die Auswirkungen auf den Personenstand ohne Kenntnis erfolgen kann; bei den weiteren Familiensachen stellt sich ohne bekannten Aufenthaltsort das Problem, dass die Entscheidungen, vor allem in den Folgesachen zwar getroffen, häufig aber dann nicht vollzogen werden können. Hingegen ist die Regelung des kirchlichen Verfahrensrechts nach gründlicher Nachforschung über den Aufenthaltsort ohne Zustellung mit dem Verfahren fortzufahren, zwar ebenfalls problematisch, da über den Personenstand entschieden wird, sich diese Entscheidung jedoch zunächst nur im kirchlichen Bereich auswirkt, also auf keine nachfolgenden sonstigen Familiensachen. Hinsichtlich der Bekanntgabe durch öffentliche Ladung – wobei theoretisch die Möglichkeit der Kenntnisnahme durch den Adressaten besteht – ergeben sich die gleichen Probleme wie im staatlichen Bereich. Es muss in beiden Rechtsbereichen schwerwiegende Gründe geben, dass ein Verfahren ohne Bekanntgabe an die gegnerische Partei durchgeführt wird, da hier häufig die Gefahr einseitig durch die klagende Partei beeinflusster Entscheidungen besteht.

---

895 Vgl. Lüdicke, Münsterischer Kommentar, c. 1509, Rn. 2.
896 Vgl. Mörsdorf, KanR III, 123, 124.

ee) Zwischenergebnis

Sowohl im kirchlichen als auch im staatlichen Verfahrensrecht ist die Bekanntgabe der Klage an die gegnerische Partei entscheidend für das weitere Verfahren, wenn sich auch der Inhalt der Bekanntgabe in der Kirche auf die Bekanntgabe des Annahmedekrets einer Klage und damit die Tatsache des Eingangs der eingereichten Klage beschränkt, im Staat hingegen direkt die Antragsschrift bekanntgegeben wird. Zum einen wird durch die Zustellung die Rechtssache bei Gericht anhängig, kann also bei keinem anderen Gericht mehr anhängig gemacht werden, zum anderen gewährleistet es die Möglichkeit der gegnerischen Partei sich am Verfahren ebenfalls zu beteiligen und mitzuwirken. Unter diesem Gesichtspunkt ist die öffentliche Zustellung sowohl im Staat als auch in der Kirche äußerst kritisch zu sehen.

2. Verfahren zur Auflösung des Ehebandes

Im staatlichen Verfahren zur Ehescheidung – genauso wie in staatlichen Verfahren zur Beendigung der Ehe wegen Fehler – ist die Zustellung der Antragsschrift und die daraus folgende Rechtshängigkeit bei Gericht erforderlich. Dagegen wird dies für die kirchlichen gerichtsähnlichen Verwaltungsverfahren zur Auflösung des Ehebandes, also der Auflösung aufgrund Nichtvollzuges sowie in favorem fidei, nicht gefordert. Stattdessen erfolgt die Beteiligung der nichtbittstellenden Partei und damit deren Kenntnisnahme von einem solchen eingeleiteten Verfahren spätestens im Rahmen der Beweisaufnahme über die eingebrachte Bitte um Auflösung einer Ehe[897]. Diese späte Kenntnisnahme ist jedoch unter dem Gesichtspunkt der fehlenden Möglichkeit der frühzeitigen Einflussnahme und Stellungnahme durch die nichtbittstellende Partei im Hinblick auf den Verfahrensablauf problematisch. So kann die nichtbittstellende Partei sich überrumpelt fühlen, wenn sie erst im Rahmen der Beweisaufnahme bei einer Anhörung von einem eingeleiteten Verfahren erfährt und sich als Folge und Trotzreaktion der aktiven Mitwirkung am Verfahren gänzlich verweigert. Andererseits ist aber auch zu berücksichtigen, dass es sich – anders als im staatlichen Verfahren – gerade eben nicht um ein kirchliches Gerichtsverfahren handelt, sondern nur um ein gerichtsähnliches Verwaltungsverfahren. Hier wäre es wünschenswert, dass in der täglichen Rechtspraxis die nichtbittstellende Partei frühzeitig Kenntnis vom eingeleiteten Verfahren erlangt und ihr ausführlich Sinn und Zweck des Verfahrens erläutert werden; eine Erläuterung im Rahmen der Beweisaufnahme ist zwar nach den gesetzlichen Regelungen die wahrscheinlichere Möglichkeit, kann aber häufig zu ablehnenden und verweigernden Reaktionen der nichtbittstellenden Partei führen, die sich bei frühzeitiger Aufklärung vielleicht eher am Verfahren beteiligt hätte. Letztlich sind Auflösungsverfahren auch gegen den Willen des Nichtbittstellers möglich – genauso wie

897 Vgl. Art. 12 § 2 Normae in favorem fidei; c. 1702 HS. 1 CIC/1983, Nr. 11 der „Litterae Circulares".

in staatlichen Eheverfahren, wobei hier im Rahmen der Ehescheidung erst nach Ablauf von einem Jahr bzw. drei Jahren gegen den Willen des Antragsgegners entschieden werden kann (§ 1566 Abs. 1, 2 BGB).

3. Einfache Verwaltungsverfahren

Anders als das staatliche Verfahrensrecht sieht das kirchliche Recht neben den gerichtlichen und gerichtsähnlichen Verfahren bezüglich einer Ehe auch ein Verwaltungsverfahren vor, durch das die Nichtigkeit einer Ehe wegen Formmangels festgestellt oder aufgrund dessen das Eheband nach Anwendung des Privilegium Paulinum aufgelöst werden kann. Da es sich aber ebenfalls um ein Verwaltungsverfahren handelt, besteht gleichfalls wie bei einem gerichtsähnlichen Verwaltungsverfahren die Gefahr, dass die nichtantragstellende Partei zu spät oder – sofern nicht erforderlich / möglich – überhaupt nicht eingebunden wird. Bei der Feststellung der Nichtigkeit einer Ehe wegen Formmangels auf dem Verwaltungsweg kann es durchaus dazu kommen, dass die nichtantragstellende Partei überhaupt nicht beteiligt wird, da dem Antragsformular auf Feststellung der Nichtigkeit nur die erforderlichen Taufscheine beigefügt werden müssen, und darüber hinaus eine persönliche Anhörung der beiden Parteien nicht verlangt wird. Hingegen wird die nichtantragstellende Partei bei der Durchführung des Privilegium Paulinum grundsätzlich im Rahmen der Befragung angehört, sofern nicht ausnahmsweise nach c. 1144 § 2 CIC/1983 hiervon dispensiert wurde.

Die Entscheidung, eine Eheangelegenheit im Rechtsbereich des Staates allein durch die Gerichte treffen zu lassen und nicht durch die Verwaltung, beruht auf dem Gedanken der grundgesetzlich garantierten Unabhängigkeit der staatlichen Gerichte von äußeren Beeinflussungen[898]. Rechtlich wäre es aber durchaus vorstellbar, die Entscheidung über die Beendigung wegen Nichtigkeit und Auflösung von Ehen der Verwaltung anzuvertrauen.

4. Gesamtergebnis

Die ein Eheverfahren im Staat oder in der Kirche einleitende Initiative durch einen Ehepartner wird dem anderen Ehepartner auf unterschiedliche Weise bekannt gegeben. Bei Gerichtsverfahren erfolgt dies formalisiert im Rahmen der Zustellung der Ladung und der Klageschrift. Bei gerichtsähnlichen Verwaltungsverfahren und bei einfachen Verwaltungsverfahren hingegen ist eine Zustellung und Bekanntgabe der Verfahrenseinleitung gesetzlich nicht vorgesehen; es ist aber durchaus wünschenswert, dass ein eingeleitetes Verwaltungsverfahren in Ehesachen noch vor Erhebung der erforderlichen Beweise, d. h. sinnvollerweise vor Vernehmung des anderen Ehepartners, diesem bekanntgegeben wird, da es ansonsten dazu führen kann, dass sich die andere Partei der Vernehmung verweigern und sich nicht aktiv am Verfahren beteiligen wird.

898 Vgl. Art. 97 GG.

IX. Besetzung der Entscheidungsorgane

Eine bei einem kirchlichen oder staatlichen Entscheidungsträger eingegangene Eheangelegenheit wird jeweils dem zuständigen Entscheidungsorgan zugewiesen. Die personelle Besetzung dieser Entscheidungsorgane ist genauer zu untersuchen.

1. Gerichtliches Verfahren wegen fehlerhaft eingegangener Ehe

Sowohl in staatlichen als auch in kirchlichen Eheverfahren zur Beendigung einer fehlerhaft eingegangenen Ehe ist das Entscheidungsorgan in allen in Frage kommenden Gerichtsinstanzen mit Richtern besetzt. Unterschiedlich sind aber zum einen die Anzahl der Richter, zum anderen die erforderlichen fachlichen und persönlichen Voraussetzungen, um als Richter eingesetzt werden zu können.

a) Anzahl der Richter

aa) Staatliche Verfahren

In staatlichen Verfahren ist die Anzahl der die konkrete Eheangelegenheit entscheidenden Richter in der ersten und dann den zwei weiteren möglichen Instanzen unterschiedlich. So entscheidet in der ersten Instanz nach §§ 22 Abs. 1, 4, 23 b Abs. 3 GVG immer ein Einzelrichter des Amtsgerichts als Familienrichter[899]. In der zweiten Instanz beim Oberlandesgericht entscheidet grundsätzlich ein Familiensenat in der Besetzung mit drei Richtern einschließlich des Vorsitzenden (§ 122 Abs. 1 GVG)[900]. Ausnahmsweise kann nur ein Mitglied des Familiensenats des Oberlandesgerichts als Einzelrichter entscheiden, sofern ihm die Ehesache durch den Senat zur alleinigen Entscheidung übertragen wurde (§ 68 Abs. 4 S. 1 HS. 1 FamFG, § 526 ZPO)[901]. In der obersten Instanz beim Bundesgerichtshof entscheidet nach § 139 Abs. 1 ZPO immer der Familiensenat in der Besetzung mit fünf Mitgliedern einschließlich des Vorsitzenden; eine Entscheidung durch Einzelrichter ist nicht vorgesehen[902].

bb) Kirchliche Verfahren

In kirchlichen Eheverfahren ergeht die zu treffende Entscheidung immer durch ein Kollegium, bestehend aus drei Richtern. Diese grundsätzliche Besetzung des Richterkollegiums gilt für das erstinstanzliche Gericht, das Berufungsgericht

---

899 Vgl. Kissel – Mayer, Gerichtsverfassungsgesetz, § 22, Rn. 5; § 23 b, Rn. 14; Thomas – Putzo – Hüßtege, ZPO/GVG, § 22, Rn. 1; Zöller – Lückemann, ZPO/GVG, § 22, Rn. 2.

900 Vgl. Kissel – Mayer, Gerichtsverfassungsgesetz, § 122, Rn. 2.

901 Vgl. Kissel – Mayer, Gerichtsverfassungsgesetz, § 122, Rn. 4; Thomas – Putzo – Reichold, ZPO, § 526, Rn. 3, 4, ZPO/FamFG, § 68, Rn. 4; Zöller – Lückemann, ZPO/GVG, § 68, Rn. 11; Hartmann, ZPO/FamFG, § 68, Rn. 7.

902 Vgl. Kissel – Mayer, Gerichtsverfassungsgesetz, § 139, Rn. 1.

und das Gericht der Römischen Rota[903]. Diese Festlegung auf die Entscheidung einer Ehesache durch ein Kollegialgericht wird zugunsten von Ausnahmen eingeschränkt oder sogar erweitert.

(1) Erstinstanzliche Verfahren

Im erstinstanzlichen Ehenichtigkeitsverfahren kann vom Grundsatz des Kollegiums aus drei Richtern abgewichen werden. Zum einen kann nach c. 1425 § 2 CIC/1983, Art. 30 § 2 DC die Aburteilung schwieriger Eheangelegenheiten und Eheangelegenheiten von größerer Bedeutung durch fünf Richter erfolgen[904]. Andererseits wird in Ehenichtigkeitsverfahren allein aufgrund von Urkunden nach c. 1686 CIC/1983, Art. 295 DC nur durch einen einzigen Richter entschieden[905].

(2) Zweitinstanzliche Verfahren

In zweitinstanzlichen Ehenichtigkeitsverfahren muss nach c. 1441 CIC/1983, Art. 30 § 4 DC immer in kollegialer Verfahrensweise entschieden werden. Sofern in erster Instanz die Ehesache ausnahmsweise durch fünf Richter entschieden wurde, muss die Entscheidung in zweiter Instanz ebenfalls durch fünf Richter getroffen werden[906]. In Ehenichtigkeitsverfahren allein aufgrund von Urkunden kann nach c. 1688 CIC/1983, Art. 299 DC nur durch einen einzigen Richter – wie in erster Instanz – entschieden werden[907].

(3) Verfahren am Gericht der Römischen Rota

Bei Ehenichtigkeitsverfahren am Gericht der Römischen Rota wird der Grundsatz der Entscheidung durch ein Kollegium beibehalten. Jedoch kann die Zahl der Mitglieder dieses Kollegiums bei besonderen Umständen nach Art. 18 § 3 NRR/1994 erhöht werden. In diesen Fällen entscheiden dann fünf Auditoren oder sogar alle Auditoren (videntibus omnibus) über das Eheband[908].

---

903 Vgl. cc. 1425 § 1, 1441 CIC/1983; Art. 30 §§ 1, 4 DC; Art. 18 § 1, 86 NRR/1994; Vgl. Wirth, Gerichtsverfassung und Gerichtsordnung, 1166, 1170; Assenmacher, Die Eheverfahren, 1189; Lüdicke, „Dignitas connubii", Art. 30, Rn. 1; Haering, Die neue Ordnung der römischen Rota, 111; Ruiz, Persone e uffici maggiori nel Tribunale, 132; Arroba, Diritto processuale canonico, 209, 210; Aymans, KanR 4, 302.

904 Vgl. Lüdicke, „Dignitas connubii", Art. 30, Rn. 2; Wirth, Gerichtsverfassung und Gerichtsordnung, 1166; Arroba, Diritto processuale canonico, 210; Aymans, KanR 4, 302.

905 Vgl. Assenmacher, Die Eheverfahren, 1200; Lüdicke, „Dignitas connubii", Art. 30, Rn. 1; Arroba, Diritto processuale canonico, 209.

906 Vgl. Lüdicke, „Dignitas connubii", Art. 30, Rn. 6; Wirth, Gerichtsverfassung und Gerichtsordnung, 1169; Arroba, Diritto processuale canonico, 210, 211.

907 Vgl. Assenmacher, Die Eheverfahren, 1200; Lüdicke, „Dignitas connubii", Art. 30, Rn. 1; Arroba, Diritto processuale canonico, 209.

908 Vgl. Haering, Die neue Ordnung der Römischen Rota, 111; Ruiz, Persone e uffici maggiori nel Tribunale, 13; Caberletti, Il tribunale della Rota Romana, 479.

cc) Zwischenergebnis

Sowohl für das staatliche als auch für das kirchliche Eheverfahren wegen einer fehlerhaft eingegangenen Ehe gilt die Festlegung auf den Richter als Entscheidungsträger[909]. In beiden Rechtsbereichen gibt es sowohl die Entscheidungsform durch ein Kollegialgericht als auch durch einen Einzelrichter. Während jedoch im kirchlichen Eheverfahren der Grundsatz der Entscheidung durch ein Kollegialgericht besteht und nur ausnahmsweise ein Einzelrichter entscheiden darf, ist im staatlichen Eheverfahren eine solche rechtliche Festlegung nicht zu sehen. Vielmehr nimmt hier die Anzahl der Richter im Entscheidungskollegium von Instanz zu Instanz zu. Während in der ersten Instanz beim Amtsgericht nur ein Einzelrichter (§ 22 Abs. 1, 4 GVG) entscheidet[910], urteilt in der zweiten Instanz beim Oberlandesgericht ein Kollegium aus drei Richtern (§§ 115, 116 GVG)[911]. Beim jeweils obersten Gericht (Bundesgerichtshof bzw. Römische Rota) wird hingegen die Entscheidung immer durch ein Kollegialgericht getroffen (§§ 130, 139 Abs. 1 GVG, Art. 18 NRR/1994). Während im Staat sogar immer fünf Richter über die Ehesache entscheiden[912], wird in der Kirche der Grundsatz der Entscheidung durch ein Kollegium aus drei Richtern beibehalten.

Durch die Kollegialentscheidung wird dafür Gewähr geboten, dass eine Ehe nicht vorschnell für nichtig erklärt wird. Ohne staatlichen Gerichten, die durch Einzelrichter entscheiden, Absicht zu unterstellen, besteht bei staatlichen Verfahren vor nur einem Einzelrichter des Amtsgerichts als erster Instanz möglicherweise die Gefahr, dass durch abgesprochenes Zusammenwirken aller am Verfahren Beteiligten leichtfertig eine Ehe geschieden bzw. aufgehoben werden kann.

b) Voraussetzungen und Qualifikation für die Tätigkeit als Richter

Sowohl im staatlichen als auch im kirchlichen Eheverfahren müssen die jeweiligen Richter bestimmte Voraussetzungen erfüllen und Qualifikationen besitzen.

aa) Staatliche Gerichte

Nach § 9 Abs. 1 DRiG darf in das Richterverhältnis nur berufen und damit als Richter tätig werden, wer neben der fachlich relevanten Befähigung zum Richteramt (§§ 5–7 DRiG) die deutsche Staatsangehörigkeit im Sinne des Art. 116 GG besitzt sowie Verfassungstreue und soziale Kompetenz aufweist.

Die „Befähigung zum Richteramt“ iSd. § 5 Abs. 1 DRiG erwirbt die betreffende Person durch ein rechtswissenschaftliches Studium an einer Universität mit

---

909 Vgl. Art. 5 § 1 DC; § 121 FamFG, §§ 23 a, b GVG.

910 Vgl. Kissel – Mayer, Gerichtsverfassungsgesetz, § 22, Rn. 5, § 23, Rn. 4; Böttcher, Strafprozessordnung / GVG § 22, Rn. 4.

911 Vgl. Kissel – Mayer, Gerichtsverfassungsgesetz, § 115, Rn. 2, § 132, Rn. 1; Zöller – Lückemann, ZPO/GVG, § 22, Rn. 2.

912 Vgl. § 139 Abs. 1 GVG.

erfolgreich abgelegter erster Prüfung[913] und einem anschließenden Vorbereitungsdienst mit ebenfalls erfolgreich abgelegter zweiter Staatsprüfung[914]. Im Rahmen des rechtswissenschaftlichen Studiums werden die juristischen Kenntnisse iSd. § 5 a Abs. 2 DRiG erworben und mit einer abschließenden Ersten Juristischen Staatsprüfung festgestellt[915]. Gegenstand sind die Kernbereiche des Bürgerlichen Rechts, des Strafrechts, des Öffentlichen Rechts und des Verfahrensrechts einschließlich der europarechtlichen Bezüge[916]. Im Rahmen des Vorbereitungsdienstes werden schließlich die erforderlichen Kenntnisse zur praktischen Umsetzung des zunächst nur theoretischen juristischen Wissens erworben[917] und mit der Zweiten Juristischen Staatsprüfung überprüft[918]. Die praktische Ausbildung erfolgt bei „Ausbildern aus den klassischen 4 juristischen Laufbahnen"[919] (Richter, Staatsanwalt, Verwaltungsjurist und Rechtsanwalt) in den Kernbereichen Bürgerliches Recht, Strafrecht und Öffentliches Recht[920].

Da es sich beim staatlichen Richteramt um Ausübung von Hoheitsgewalt handelt, muss die betreffende Person auch die deutsche Staatsangehörigkeit iSd. Art. 116 GG besitzen[921]. Zudem muss die als Richter in Frage kommende Person jederzeit für die freiheitliche demokratische Grundordnung[922] im Sinne des Grundgesetzes[923] eintreten (§ 9 Nr. 2 DRiG). Die weiterhin geforderte Sozialkompetenz meint „das Einfinden in das Team der Kammer und die Fähigkeit, auf die Verfahrensbeteiligten einzugehen und auch ihre außerhalb oder hinter dem juristischen Streit liegenden Interessen angemessen zu würdigen"[924].

913 Erste Juristische Staatsprüfungen, die als Hochschulabschlussprüfung im Geltungsbereich des DRiG bestanden wurden, gelten als Erste Prüfung iSv. § 5 Abs. 1 DRiG (§ 72 Abs. 4 JAPO/2003).

914 Vgl. Schmidt-Räntsch, DRiG, § 9, Rn. 19.

915 Vgl. § 4 Abs. 1 S. 2 JAPO/1993, § 16 Abs. 1 S. 2 JAPO/2003; Vgl. Schmidt-Räntsch, DRiG, § 5, Rn. 9, 12; Rosenberg – Schwab – Gottwald, Zivilprozessrecht, 122, Rn. 14.

916 Vgl. § 5 a Abs. 2 S. 3 DRiG, § 5 Abs. 2 JAPO/1993, § 18 Abs. 2 JAPO/2003, vgl. Schmidt-Räntsch, DRiG, § 5 a, Rn. 8–18.

917 Vgl. Schmidt-Räntsch, DRiG, § 5, Rn. 19, § 5 b, Rn. 2.

918 Vgl. §§ 32, 43 Abs. 2 JAPO/1993, § 44, 57 Abs. 2 JAPO/2003; vgl. Schmidt-Räntsch, DRiG, § 5, Rn. 9; Rosenberg – Schwab – Gottwald, Zivilprozessrecht, 122, Rn. 14.

919 Schmidt-Räntsch, DRiG, § 5 b, Rn. 7.

920 Vgl. § 35 Abs. 2 JAPO/1993, § 48 Abs. 2 JAPO/2003; vgl. Schmidt-Räntsch, DRiG, § 5 b, Rn. 9–14.

921 Vgl. Schmidt-Räntsch, DRiG, § 9, Rn. 3.

922 Vgl. Schmidt-Räntsch, DRiG, § 9, Rn. 13: Freiheitlich demokratische Grundordnung ist eine Ordnung, „die unter Ausschluss jeglicher Gewalt- und Willkürherrschaft eine rechtsstaatliche Herrschaftsordnung auf der Grundlage der Selbstbestimmung des Volkes nach dem Willen der jeweiligen Mehrheit und Freiheit und Gleichheit darstellt".

923 Vgl. Schmidt-Räntsch, DRiG, § 9, Rn. 12.

924 Schmidt-Räntsch, DRiG, § 9, Rn. 23.

Um als Familienrichter tätig werden zu können, muss die betreffende Person zusätzlich hinreichend richterliche Erfahrung besitzen. Nach § 23 b Abs. 3 S. 1 GVG darf sie im ersten Jahr nach Ernennung zum Richter keine Amtsgeschäfte als Familienrichter führen[925].

bb) Kirchliche Gerichte

Für die Ernennung als Gerichtsvikar oder als Diözesanrichter ist erste Voraussetzung, dass er durch die Taufe Glied der Kirche geworden ist[926]. Auch muss die betreffende Person Kleriker sein, die fachliche Befähigung in Form des Doktor- oder wenigstens des Lizentiatsgrades kanonischen Rechtes aufweisen und einen guten Leumund besitzen (cc. 1420 § 4, 1421 § 1, 3 CIC/1983).

Da es sich bei der Ausübung der richterlichen Gewalt iSd. c. 135 CIC/1983 um Leitungsgewalt iSd. c. 274 CIC/1983 handelt[927], muss der Inhaber des Richteramtes nach cc. 1420 § 4, 1421 § 1 CIC/1983 grundsätzlich Kleriker sein. Nach c. 266 § 1 CIC/1983 ist Kleriker, wer die Diakonatsweihe empfangen hat[928]. Nur ausnahmsweise kann nach c. 1421 § 2 CIC/1983 in einem Kollegialgericht ein Laie als Diözesanrichter mitwirken[929], da die Deutsche Bischofskonferenz die Erlaubnis zur Bestellung von Laien als Diözesanrichter erteilt hat[930]. Der Gerichtsvikar muss jedoch im Gegensatz zum Diözesanrichter zusätzlich die Priesterweihe empfangen haben[931]. Auch müssen nach Art. 3 § 1 NRR/1994 die Auditoren an der Römischen Rota immer die Priesterweihe empfangen haben[932].

Die fachliche Befähigung, also der Grad eines Lizentiaten des kanonischen Rechts[933], wird durch ein erfolgreich abgeschlossenes Aufbaustudium des

---

925 Vgl. Thomas – Putzo – Hüßtege, ZPO/GVG, § 23 b, Rn. 4; Kissel – Mayer, Gerichtsverfassungsgesetz, § 23 b, Rn. 15.

926 Vgl. cc. 96, 204 § 1, 849 CIC/1983.

927 Vgl. Lüdicke – Reinhardt, Münsterischer Kommentar, c. 274/3, Rn. 6; Lüdicke – Socha, Münsterischer Kommentar, c. 135/4, Rn. 9.

928 Vgl. Lüdicke, „Dignitas connubii“, Art. 43, Rn. 2; Arroba, Diritto processuale canonico, 203.

929 Vgl. Wirth, Gerichtsverfassung und Gerichtsordnung, 1166 m. w. N. auch zur Frage, ob Laien Ämter ausüben können, zu deren Ausübung die potestas regiminis erforderlich ist; Lüdicke, „Dignitas connubii“, Art. 43, Rn. 3; Arroba, Diritto processuale canonico, 203.

930 Die Veröffentlichung erfolgte in den Amtsblättern der einzelnen Diözesen, z. B. ABl. München und Freising 2001, 411; im übrigen zur Fundstelle in den jeweiligen Amtsblättern vgl. Wenner, Beschlüsse DBK, Nr. 625 Ehenichtigverfahren.

931 Vgl. Lüdicke, „Dignitas connubii“, Art. 42, Rn. 1; Arroba, Diritto processuale canonico, 199.

932 Vgl. Haering, Die neue Ordnung der römischen Rota, 103, 104; Ruiz, Persone e uffici maggiori nel Tribunale, 121, 122.

933 Vgl. Wirth, Gerichtsverfassung und Gerichtsordnung, 1166; Arroba, Diritto processuale canonico, 202; Canonico, Note di commento, 17, 18.

kanonischen Rechts erworben[934]. Gegenstand des Studiums ist das Recht der katholischen Kirche. Die Ausbildung und Prüfung erfolgt sowohl in wissenschaftlicher und in theoretischer Hinsicht[935] als auch in praktischer Hinsicht[936]. Die Auditoren an der Römischen Rota müssen nach Art. 3 § 1 NRR/1994 sogar den Doktorgrad iuris utriusque besitzen[937], während dies für den Gerichtsvikar und die Diözesanrichter nicht zwingend ist[938].

Der Gerichtsvikar und der Diözesanrichter müssen einen guten Ruf besitzen[939]. Guter Ruf ist eine Anforderung, die von der Achtung anderer abhängt[940].

Keine Voraussetzung für die Bestellung als Gerichtsvikar oder als Diözesanrichter, aber eine Empfehlung des kirchlichen Gesetzgebers ist eine hinreichende praktische Erfahrung durch ein vorheriges anderweitiges Amt am Gericht (Art. 42 § 2, Art. 43 § 4 DC)[941]. Gleiches gilt für die Auditoren an der Römischen Rota[942].

Während für den Diözesanrichter mit Ausnahme der selbstverständlichen Volljährigkeit kein Mindestalter vorgeschrieben ist[943], muss der Gerichtsvikar mindestens dreißig Jahre alt sein (c. 1420 § 4 CIC/1983)[944]. Für die Auditoren an der Römischen Rota ist nach Art. 3 § 1 NRR/1994 lediglich reifes Alter festgelegt[945]. Faktisch haben die Mitglieder der Rota bereits eine längere Berufstätigkeit im Kirchenrecht ausgeübt.

cc) Zwischenergebnis

Sowohl im staatlichen als auch im kirchlichen Rechtsbereich erfordert die Bestellung als Richter bestimmte Voraussetzungen.

---

934 Vgl. § 1 Akademische Prüfungsordnung zur Erlangung des Grades eines Lizentiaten, §§ 3, 20 Abs. 1 der Prüfungsordnung für das Weiterbildungsstudium im Kanonischen Recht.

935 Nach § 4 Abs. 2 Nr. 5 Akademische Prüfungsordnung sind Leistungsnachweise über die Teilnahme an je einer rechtsgeschichtlichen, rechtssprachlichen Übung sowie an akademischen Seminarübungen (Hauptseminar) zu erbringen.

936 Nach § 4 Abs. 2 Nr. 5 Akademische Prüfungsordnung sind Leistungsnachweise über die Teilnahme an einer verwaltungsrechtlichen, eherechtlichen und – nach Wahl – prozess- oder strafrechtlichen Übung zu erbringen.

937 Vgl. Haering, Die neue Ordnung der römischen Rota, 103, 104.

938 Vgl. cc. 1420 § 4, 1421 § 3 CIC/1983.

939 Vgl. Arroba, Diritto processuale canonico, 202; Wirth, Gerichtsverfassung und Gerichtsordnung, 1166; Canonico, Note di commento, 17, 18.

940 Vgl. Arroba, Diritto processuale canonico, 199; Canonico, Note di commento, 17, 18.

941 Vgl. Lüdicke, „Dignitas connubii", Art. 42, Rn. 2, Art. 43, Rn. 6; Arroba, Diritto processuale canonico, 201, 202.

942 Vgl. Haering, Die neue Ordnung der römischen Rota, 103, 104.

943 Vgl. Arroba, Diritto processuale canonico, 203.

944 Vgl. Arroba, Diritto processuale canonico, 201; Mörsdorf, KanR III, 51; Canonico, Note di commento, 17, 18.

945 Vgl. Haering, Die neue Ordnung der römischen Rota, 103, 104.

Die entscheidende und in erster Linie hauptsächlich relevante Voraussetzung für die spätere Tätigkeit als Richter ist dabei die fachliche Ausbildung im jeweiligen Rechtskreis des Staates oder der Kirche und die hierdurch erworbene jeweilige Befähigung zum Richteramt. Während im staatlichen Bereich eine zweistufige Ausbildung in theoretischer und praktischer Hinsicht erforderlich ist[946], bedarf es im kirchlichen Bereich nur einer einstufigen Ausbildung durch ein Aufbaustudium, welches aber andererseits bereits ein vorausgegangenes Studium mit bestimmten Kenntnissen bedingt[947]. Daher bedarf es nicht mehr einer so vertieften praktischen Ausbildung im kanonischen Recht – wie dies im Rechtsreferendariat vorgesehen ist. Zudem können bzw. müssen zur praktischen Ausbildung im kanonischen Recht teilweise freiwillig, teilweise verpflichtend[948] Praktika in den für die zukünftige Tätigkeit relevanten Bereichen, vor allem im Prozess- und Eherecht, abgeleistet werden.

Da es sich beim richterlichen Amt um die Ausübung von Hoheitsgewalt handelt, muss die betreffende Person zum jeweiligen Rechtskreis gehören und zugleich Hoheitsgewalt innehaben dürfen. Hierfür wird für den staatlichen Rechtskreis auf die Staatsangehörigkeit iSd. Art. 116 GG abgestellt, da alle Staatsgewalt nach Art. 20 Abs. 2 S. 1 GG vom Volk und nach Art. 20 Abs. 2 S. 2 GG nur von diesem ausgeübt werden darf[949]. Die Kirche stellt für die Zugehörigkeit auf ein geistliches sakramentales Kriterium, die Taufe ab. Durch die Taufe wird eine Person in die Kirche eingegliedert und Glied der Kirche[950]. Zusätzlich muss in der Kirche – anders als im Staat – neben einem für alle geltenden Zugehörigkeitsmerkmal für das Innehaben von Gewalt, so auch die richterliche Gewalt, das weitere Erfordernis der empfangenen heiligen Weihe (für den Gerichtsvikar die Priesterweihe, für die Diözesanrichter mindestens die Diakonatsweihe) erfüllt sein (cc. 1008, 1009 CIC/1983)[951]. Grund hierfür ist die Festlegung, dass die Ausübung von Gewalt iSd. c. 135 CIC/1983 nach c. 274 CIC/1983 die Klerikereigenschaft verlangt. Die ausnahmsweise mögliche Mitwirkung eines Laien in einem Kollegialgericht mit drei Richtern (c. 1421 § 2 CIC/1983) hat – weniger in der Praxis, als vielmehr in der

946 Vgl. Schmidt-Räntsch, DRiG, § 5, Rn. 10.

947 Vgl. § 4 Abs. 1 Akademische Prüfungsordnung zur Erlangung des Grades eines Lizentiaten, § 2 der Prüfungsordnung für das Weiterbildungsstudium im Kanonischen Recht.

948 Vgl. § 10 Abs. 1 Nr. 3. 2 der Prüfungsordnung für das Weiterbildungsstudium im Kanonischen Recht.

949 Vgl. Jarass – Pieroth, Grundgesetz, Art. 20, Rn. 4, 5, 23.

950 Vgl. cc. 96, 204 § 1, 849 CIC/1983; vgl. Lüdicke – Reinhardt, Münsterischer Kommentar, c. 204/1, Rn. 2, 5; Lüdicke – Pree, Münsterischer Kommentar, c. 94/4, Rn. 2; Aymans, KanR 2, 56, 57.

951 Vgl. Lüdicke – Reinhardt, Münsterischer Kommentar, c. 274/3, Rn. 6; Aymans, KanR 2, 146, 147.

Lehre – gewisse Widersprüche und Streitigkeiten verursacht, die zumeist fortbestehen und nicht aufgelöst werden konnten[952].

Während der Staat für Richter das Eintreten für die freiheitlich-demokratische Grundordnung fordert, verlangt die Kirche den guten Ruf. Letztlich zielt beides auf ein gutes Verhältnis des jeweiligen Richters zum jeweiligen Rechtskreis, ohne welches ein erfolgreiches Wirkung nicht möglich wäre.

Der kirchlichen Empfehlung, vor der Bestellung als Richter praktische Erfahrungen am Gericht zu sammeln, sollte Folge geleistet werden. Dagegen ist staatlicherseits eine solche Voraussetzung vorgegeben. Jedoch wird in der staatlichen Richterlaufbahn der Bestellung als Richter regelmäßig eine Tätigkeit als Staatsanwalt vorausgehen, um praktische Erfahrungen vor Gericht sammeln zu können. Auch darf Aufgaben als Familienrichter nur wahrnehmen, wer zuvor bereits ein Jahr als Richter tätig war (§ 23 b Abs. 3 S. 2 GVG).

Sowohl im Staat als auch in der Kirche ist für die Berufung zum Richter kein Mindestalter vorgeschrieben. Lediglich die Volljährigkeit der betreffenden Person ist erforderlich[953]. Durch die erforderlichen Studien und die Ausbildung wird jedoch keine Person bereits unmittelbar mit Volljährigkeit zum Richter bestellt werden. Realistisch ist ein Alter von 27 bis 30 Jahren.

Aufgrund der besonderen Verantwortung des Gerichtsvikars als Leiter der Gerichtsverwaltung wird ein Mindestalter von 30 Jahren vorgeschrieben. Im staatlichen Bereich hingegen ist für den Leiter eines Gerichts kein Mindestalter vorgeschrieben. In der alltäglichen Gerichtspraxis wird es aber deutlich über den in der Kirche vorgeschriebenen 30 Jahren liegen, da zunächst hinreichende Erfahrungen als Richter gesammelt werden müssen, um anschließend auch Leitungspositionen übernehmen zu können.

2. Verfahren zur Auflösung des Ehebandes

Während in staatlichen Verfahren die Entscheidung über die Ehescheidung durch das Gericht getroffen wird, kann in gerichtsähnlichen kirchlichen Verwaltungsverfahren zur Auflösung des Ehebandes in favorem fidei und wegen Nichtvollzugs die Entscheidung nur unmittelbar durch den Papst getroffen werden[954]. Bei der Auflösung wegen Nichtvollzugs oder in favorem fidei handelt es sich um einen anderen Gnadenerweis iSv. c. 59 § 1 CIC/1983[955], dessen Gewährung nur dem Papst als

---

952 Vgl. Wirth, Gerichtsverfassung und Gerichtsordnung, 1166 m. w. N. auch zur Frage, ob Laien Ämter ausüben können, zu deren Ausübung die potestas regiminis erforderlich ist; Aymans, KanR 2, 146, 147; Lüdicke, „Dignitas connubii“, Art. 43, Rn. 3; Arroba, Diritto processuale canonico, 203.

953 Vgl. c. 97 § 1 CIC/1983, § 2 BGB; vgl. Heimerl – Pree, Kirchenrecht, 80; Palandt – Ellenberger, BGB, § 2, Rn. 1.

954 Vgl. c. 1698 § 2 CIC/1983, Art. 1 Normae in favorem fidei; vgl. Assenmacher, Die Eheverfahren, 1204, 1206; Prader – Reinhardt, Das kirchliche Eherecht, 195, 201.

955 Vgl. Amann, Der Verwaltungsakt für Einzelfälle, 162, 163.

Oberhaupt der katholischen Kirche zukommt (c. 331 CIC/1983)[956]. Die Gewährung dieser kirchlichen Gnaden ist ähnlich der im staatlichen Rechtskreis möglichen Gnade – wenn auch nicht im Eherecht, so doch im Straf- und Disziplinarrecht. Hier kommt dem Bundespräsidenten für die Bundesrepublik Deutschland und dem Ministerpräsidenten für das jeweilige Bundesland das Recht zur Gnadengewährung zu[957]. Anders als in der Kirche wird die Gnadenbefugnis teilweise auf andere Organe und Einrichtungen übertragen[958]. In der Kirche gab es zwar auch Bestrebungen, die Vollmacht zur Auflösung der Ehe an die Diözesanbischöfe zu delegieren, was bis heute jedoch nie gewährt wurde[959]. Vorstellbar wäre es, zukünftig die Befugnis zur Eheauflösung vom Papst auf die Diözesanbischöfe zu übertragen; dies würde zu einer Vereinfachung führen. Natürlich wäre es – wie im Staat – möglich, die Befugnis nicht vollständig zu delegieren, sondern nur teilweise und unter bestimmten Voraussetzungen. Auch könnte die Delegation auf einzelne ausgewählte Diözesanbischöfe in einem Land beschränkt werden, denen der Papst besonderes Vertrauen zur sorgfältigen Ausübung entgegenbringt.

3. Einfache Verwaltungsverfahren

Beim Antrag auf Feststellung der Nichtigkeit einer Ehe wegen Formmangels im Verwaltungswege ist Entscheidungsorgan der Ortsordinarius oder sein hierfür Beauftragter[960]. Hinsichtlich der erforderlichen beruflichen Qualifikationen gibt es keine ausdrücklichen Regelungen. Häufig wird die betreffende Person aber zumindest den Grad eines Lizentiaten des kanonischen Rechts innehaben, wenn auch dies nicht zwingend vorgeschrieben ist. Auch möglich ist es, dass eine Person durch langjährige Tätigkeit in diesem Bereich ausreichend Erfahrung gesammelt hat und deshalb ohne entsprechendes Studium mit der Aufgabe betraut werden kann. Sinnvoll wäre es jedoch wenigstens, dass die dort tätige Person zumindest

956 Vgl. Lüdicke – Stoffel, Münsterischer Kommentar, c. 331/3, Rn. 4, /6, Rn. 5; Aymans, KanR 2, 205–208; Schwendenwein, Der Papst, 332–335.

957 Vgl. Art. 60 Abs. 2, 3 GG, Gnadenordnung Bund; sowie beispielsweise für den Freistaat Bayern Art. 47 Abs. 4 BV, BayGnO.

958 Vgl. Art. 2, 3 Gnadenordnung Bund, BayGnO.

959 Vgl. Prader – Reinhardt, Das kirchliche Eherecht, 194, 195; nach den päpstlichen Gesetzen ist es wegen der außergewöhnlichen und übernatürlichen Natur dieser Gewalt nicht möglich, sie an die Diözesanbischöfe zu delegieren (vgl. Nr. V des MP De Episcoporum muneribus sowie Nr. IV des MP Episcopalis muneribus, jeweils von Papst Paul VI) (vgl. Llobell, La competenza e la procedura, 470, 471, Fn. 27).

960 Beauftragt wird idR ein Verwaltungskanonist, der je nach Diözese organisatorisch entweder in der Verwaltung der Diözese oder am bischöflichen Gericht angesiedelt ist. Dies obliegt dem Ortsordinarius oder dem Beauftragten nach Buchstabe C. 25 des Ehevorbereitungsprotokolls; vgl. Schöch, Ungültige Konvalidation, 299.

Gespür und Interesse für rechtliche Fragen besitzt, um wirkungsvoll diese Aufgabe ausüben zu können.

Für die Anwendung des Privilegium Paulinum gibt es kein menschliches Entscheidungsorgan. Hier wird kraft Gesetzes die Auflösung des Ehebandes gewährt[961]. Im Rahmen des vorgeschriebenen Verfahrens, insbesondere die Befragung des ungetauften Ehepartners, wird lediglich geprüft, ob die gesetzlichen Voraussetzungen für die Anwendung des Privilegium Paulinum vorliegen[962].

Im staatlichen Bereich ist ein dem kirchlichen Verwaltungsverfahren vergleichbares Prozedere nicht vorgesehen.

4. Gesamtergebnis

Sowohl im kirchlichen als auch im staatlichen Rechtsbereich ergeht die jeweilige Entscheidung durch entsprechende Organe kraft kirchlicher Leitungsgewalt (cc. 135, 136 CIC/1983) bzw. kraft staatlicher Hoheitsgewalt (Art. 20 GG). Im staatlichen Bereich sind alle Entscheidungen in Eheangelegenheiten den Richtern übertragen. Auch im kirchlichen Bereich ist in der alltäglichen Rechtspraxis in einer Vielzahl von Eheangelegenheit ein Gericht tätig. Nur in Einzelfällen in den erwähnten Verwaltungsverfahren – in der Praxis selten vorkommend – liegt die Entscheidung beim Papst oder beim Diözesanbischof (im Rahmen der Verwaltungsgewalt). Abweichend vom staatlichen Bereich kann sogar das Gesetz die Entscheidung über die Auflösung einer Ehe treffen.

Alle Mitglieder der Entscheidungsorgane, also in Gericht und Verwaltung, müssen die erforderlichen fachlichen Kenntnisse besitzen, um das jeweilige Verfahren durchführen zu können. Für die Richter sind die Voraussetzungen ausdrücklich festgelegt[963]. Für die Sachbearbeiter in der Verwaltung gibt es keine ausdrücklichen Festlegungen, jedoch werden diese regelmäßig die gleichen Kenntnisse wie die Richter besitzen, also ein Studium des jeweiligen Rechts.

Der kirchliche und der staatliche Rechtsbereich fordern die Zugehörigkeit des Entscheiders zum jeweiligen Rechtskreis in Form der Staatsangehörigkeit bzw. der Aufnahme durch die Taufe.

X. Urkundsbeamter / Notar des Entscheidungsorgans

Für das jeweilige staatliche und kirchliche Entscheidungsorgan gibt es eine Geschäftsstelle, die im jeweiligen Eheverfahren immer mitzuwirken hat, und immer mit entsprechendem Personal zur Erfüllung dieser Aufgaben besetzt sein muss.

---

961 Vgl. c. 1143 § 1 CIC/1983; vgl. Amann, Der Verwaltungsakt für Einzelfälle, 163.

962 Vgl. Amann, Der Verwaltungsakt für Einzelfälle, 163.

963 Vgl. §§ 5, 9 DRiG, § 23 Abs. 3 S. 1 GVG, cc. 1420, 1421 CIC/1983, §§ 5, 9 DRiG, § 23 Abs. 3 S. 1 GVG.

1. Staatliche Gerichtsverfahren

Bei jedem staatlichen Gericht besteht eine Geschäftsstelle[964], geleitet von einem Geschäftsleiter[965] und besetzt mit der erforderlichen Zahl von Urkundsbeamten[966]. Der Geschäftsstelle obliegt die Erledigung der „im Geschäftsbetrieb erforderlichen Registratur-, Protokollführungs-, Auskunfts-, Vollzugs- und Schreibtätigkeiten"[967].

Der Geschäftsleiter hat „für den reibungslosen Ablauf des Dienstbetriebes und die ordnungsgemäße Erledigung der Dienstgeschäfte in allen Dienstzweigen"[968] zu sorgen. In der Praxis wird der Leiter regelmäßig ein Rechtspfleger sein. Zur Erfüllung seiner Aufgaben erhält dieser eine praxisbezogene Fachausbildung auf wissenschaftlicher Grundlage hinsichtlich seines Aufgabengebietes (§ 3 Abs. 1 S. 1 ZAPO/RPfl a. F., § 2 Abs. 1 Sätze 1, 2 ZAPO/RPfl n. F.).

Die Aufgaben des Urkundsbeamten der Geschäftsstelle werden regelmäßig einem Beamten des mittleren Justizdienstes, einem Justizfachwirt, anvertraut[969]. Zur sachgerechten Erfüllung der Aufgaben eines Urkundsbeamten der Geschäftsstelle erlangen die Anwärter nach § 2 Abs. 1 S. 1 ZAPO/JFW die erforderlichen Kenntnisse und Fähigkeiten in Theorie und Praxis in ihrem zukünftigen Aufgabenbereich. Der Schwerpunkt der Ausbildung liegt dabei auf dem Verfahrensrecht einschließlich der Vollstreckung, bei der Protokollführung sowie beim Kostenrecht[970].

Die Haupttätigkeit des Urkundsbeamten liegt in der Aufnahme des Protokolls über eine Verhandlung und jede Beweisaufnahme, sofern er hierfür überhaupt beigezogen wurde[971], sowie in der „Entgegennahme von Erklärungen zu Protokoll der Geschäftsstelle [und in der] Ausführung der Ladungen und Zustellungen im Amtsbetrieb"[972] (§§ 168 Abs. 1 S. 1, 274 Abs. 1 ZPO), schließlich der Akten- und

---

964 Vgl. § 153 Abs. 1 GVG.

965 Vgl. § 2 Abs. 1 S. 1 GeschStV.

966 Vgl. § 153 Abs. 1 GVG.

967 § 1 Abs. 1 GeschStV; vgl. Prütting – Gehrlein – Neff, ZPO/GVG, § 153, Rn. 2, 3; Kissel – Mayer, Gerichtsverfassungsgesetz, § 153, Rn. 6, 7, 15–18.

968 § 2 Abs. 3 S. 1 GeschStV.

969 Vgl. § 153 Abs. 2 GVG, § 1 Abs. 1 S. 1, 2, § 5 Abs. 1 GeschStVO; vgl. Prütting – Gehrlein – Neff, ZPO/GVG, § 153, Rn. 5; Kissel – Mayer, Gerichtsverfassungsgesetz, § 153, Rn. 19.

970 Vgl. § 28 Abs. 2 Nr. 1–5 ZAPO/JFW.

971 Vgl. § 159 Abs. 1 S. 1 ZPO; vgl. Rosenberg – Schwab – Gottwald, Zivilprozessrecht, 134, Rn. 9.

972 Grunsky, Zivilprozessrecht, 12, Rn. 23; vgl. Rosenberg – Schwab – Gottwald, Zivilprozessrecht, 134, Rn. 9, 135, Rn. 10–13; Hartmann, ZPO/GVG, Übersicht vor § 153 GVG, Rn. 3; Zöller – Gummer, ZPO/GVG, § 153, Rn. 10.

Registerführung nach der Aktenordnung[973]. Zudem obliegt ihm die Erteilung von Abschriften aus den Gerichtsakten und die Ausfertigung von Dokumenten[974].

Die Befähigung für die Aufgaben des Urkundsbeamten besitzt daneben aber auch der Rechtspfleger[975]; somit können ihm nach § 27 Abs. 1 RPflG auch diese Aufgaben zusätzlich übertragen werden[976]. Als Grund für diese Übertragung von Aufgaben eines Urkundsbeamten sind in der Praxis meistens personelle Engpässe in der Justizverwaltung ursächlich[977]. Grundsätzlich aber sind die Aufgaben von Urkundsbeamten und Rechtspflegern klar getrennt. Die Wahrnehmung von Aufgaben des Urkundsbeamten durch den Rechtspfleger ist damit ein Ausnahmefall[978].

2. Kirchliche Eheverfahren

a) Gerichtsverfahren / gerichtsähnliche Verwaltungsverfahren

Bei allen kirchlichen Gerichten besteht eine Kanzlei / Geschäftsstelle des Gerichts, die neben dem Leiter auch die Notare umfasst[979]. Aufgabe der Kanzlei ist es, dafür zu sorgen, „daß die zu einem Prozeß gehörenden Abläufe funktionieren, daß Fristen eingehalten werden, der Aktenumlauf funktioniert“[980].

Nach Art. 61 § 2 DC obliegt dem Leiter insbesondere der Versand von Ladungen und sonstigen Schreiben, die Aufbewahrung der Akten und Urkunden eines jeden Verfahrens sowie die Beglaubigung von Abschriften von Akten oder Urkunden[981].

Der in einem Gerichtsverfahren und gerichtsähnlichen Verwaltungsverfahren aufgrund c. 1437 § 1, Art. 62 § 1 DC, Art. 11 § 1 S. 1 Normae in favorem fidei zur Mitwirkung verpflichtete Notar muss alle gerichtlichen Schriftstücke, so insbesondere Urteile (c. 1612 § 4 CIC/1983, Art. 253 § 4 DC)[982], aber auch richterliche Dekrete und

973 Vgl. Zöller – Gummer, ZPO/GVG, § 153, Rn. 10; Grunsky, Zivilprozessrecht, 12, Rn. 23; Hartmann, ZPO/GVG, Übersicht vor § 153 GVG, Rn. 3; Lüke, Zivilprozessrecht, 79, Rn. 74.

974 Vgl. Lüke, Zivilprozessrecht, 79, Rn. 74; Hartmann, ZPO, Übersicht vor § 153 GVG, Rn. 3; Zöller – Gummer, ZPO/GVG, § 153, Rn. 9.

975 Vgl. § 153 Abs. 3 Nr. 1 GVG; vgl. Kissel – Mayer, Gerichtsverfassungsgesetz, § 153, Rn. 20; Prütting – Gehrlein – Neff, ZPO/GVG, § 153, Rn. 5.

976 Vgl. Meyer-Stolte – Herrmann – Hansens – Rellermeyer – Herrmann, Rechtspflegergesetz, § 27, Rn. 1; Hartmann, ZPO/GVG, Übersicht § 153, Rn. 4; Prütting – Gehrlein – Neff, ZPO/GVG, § 153, Rn. 5; Kissel – Mayer, Gerichtsverfassungsgesetz, § 153, Rn. 20.

977 Vgl. Kissel – Mayer, Gerichtsverfassungsgesetz, § 153, Rn. 20.

978 Vgl. Meyer-Stolte – Herrmann – Hansens – Rellermeyer – Herrmann, Rechtspflegergesetz, § 26, Rn. 5; Dallmayer – Eickmann, Rechtspflegergesetz, § 27, Rn. 12.

979 Vgl. Art. 61 §§ 1–4 DC, Art. 62 §§ 1–4 DC.

980 Lüdicke, „Dignitas connubii“, Art. 61, Rn. 1.

981 Vgl. Güthoff, Der Leiter der Gerichtskanzlei, 761, 762.

982 Vgl. Güthoff, Der Leiter der Gerichtskanzlei, 766.

Verfügungen[983] zu ihrer Gültigkeit mitunterzeichnen[984]. Schwerpunktmäßig obliegt ihm aber die Aufnahme des mündlichen Klagevortrages[985] und der Antworten bei einer gerichtlichen Vernehmung[986].

Für den Leiter der Kanzlei und die übrigen Notare wird als Anforderungen einzig festgelegt, dass sie unbescholten/guten Rufes und über jeden Verdacht erhaben sind[987], es sich also „um integre und geachtete Personen“[988] handelt. Damit wird darauf abgezielt, dass „kein Zweifel an der Zuverlässigkeit, Gewissenshaftigkeit, Verschwiegenheit und Rechtstreue der Person bestehen darf“[989]. Weitere Qualifikations- oder Ausbildungsanforderungen werden für die Diözesangerichte nicht aufgestellt. Höhere Anforderungen hingegen werden an den Kanzleidirektor und die Notare der Römischen Rota gestellt; sie müssen sogar den Doktorgrad im kanonischen Recht und das Diplom eines Rotaadvokaten besitzen sowie Erfahrung im juristischen Umgang erlangt haben[990]. Der Kanzleidirektor soll zudem reiferen Alters sein und die Priesterweihe empfangen haben[991].

b) Einfache Verwaltungsverfahren

Lediglich für einfache Verwaltungsverfahren des Antrags auf Feststellung der Nichtigkeit einer Ehe wegen Formmangels im Verwaltungswege sowie der Durchführung des Privilegium Paulinum ist keine Geschäftsstelle eingerichtet. Entscheidungen der Verwaltung mit rechtlicher Wirkung in Form eines Dekretes müssen nach c. 474 CIC/1983 zur Gültigkeit die Unterschrift des Ordinarius[992] oder eines hierfür Beauftragten unter Hinzufügung von „i. V.“[993] tragen. Daneben hat der Notar der Kurie zu unterschreiben[994].

Relevant zur Gültigkeit ist aber nur die Unterschrift des im einfachen Verwaltungsverfahren entscheidenden Ordinarius oder eines von ihm beauftragten Bearbeiters, nicht aber auch die Unterschrift des Notars der Kurie.

3. Vergleich

Sowohl in staatlichen als auch in kirchlichen Eheverfahren wirken zur Unterstützung und Entlastung des Entscheidungsorgans Urkundsbeamte bzw. Notare mit.

983 Vgl. Lüdicke, „Dignitas connubii“, Art. 62, Rn. 2.
984 Vgl. Wirth, Gerichtsverfassung und Gerichtsordnung, 1167.
985 Vgl. c. 1503 CIC/1983, Art. 115 § 2 DC.
986 Vgl. cc. 1567–1569 CIC/1983, Art. 173–175 DC.
987 Vgl. c. 483 § 2 CIC/1983; Art. 63 DC.
988 Lüdicke – Bier, Münsterischer Kommentar, c. 483/4, Rn. 6.
989 Lüdicke, „Dignitas connubii“, Art. 63, Rn. 1.
990 Vgl. Art. 8, 9 NRR/1994; vgl. Aral, Le notariat en droit ecclesiastique, 179.
991 Vgl. Art. 8 NRR/1994.
992 Vgl. Lüdicke – Bier, Münsterischer Kommentar, c. 474/3, Rn. 5.
993 Lüdicke – Bier, Münsterischer Kommentar, c. 474/4, Rn. 8.
994 Vgl. Lüdicke – Bier, Münsterischer Kommentar, c. 474/4, Rn. 6.

In staatlichen und kirchlichen Gerichtsverfahren bzw. gerichtsähnlichen Verwaltungsverfahren sind die Urkundsbeamten / Notare in den Geschäftsstellen der jeweiligen Entscheidungsorgane zusammengefasst. Diese Geschäftsstellen werden von einem verantwortlichen Leiter geführt und sind regelmäßig mit weiteren Urkundsbeamten/Notaren besetzt.

Den Leitern der Geschäftsstellen staatlicher Gerichte kommt nur die Gesamtverantwortung für „für den reibungslosen Ablauf des Dienstbetriebes und die ordnungsgemäße Erledigung der Dienstgeschäfte in allen Dienstzweigen“[995] zu. Aufgrund dieser Verantwortlichkeit hat er den Einsatz und die Tätigkeit der Urkundsbeamten der Geschäftsstelle zu beaufsichtigen und zu leiten. Daneben kann er aber natürlich – wenn auch nur theoretisch – selbst alle anfallenden Aufgaben eines Urkundsbeamten der Geschäftsstelle ausüben. Die Leiter der Geschäftsstellen kirchlicher Gerichte hingegen haben zwar auch eine Gesamtverantwortung für alle Notare. Zusätzlich kommen dem Leiter – nicht den weiteren Notaren – nach Art. 61 § 2 DC – wenn auch nicht abschließend – zehn aufgeführte Aufgaben zu, die „für den geordneten Verlauf eines Verfahrens unverzichtbar“[996] sind. Die Tätigkeit im konkreten Verfahren, also die „Anfertigung von Akten und Urkunden [... und] die Protokollierung von Verhandlungen“[997] ist nicht dem Leiter, sondern einem der Notare zugewiesen. Jedoch kann dieser Notar wiederum der Leiter sein, der kraft Gesetzes Notar ist[998]. In der alltäglichen Gerichtspraxis von Staat und Kirche gibt es zwar eine Trennung zwischen Tätigkeit und Aufgaben eines Leiters und solchen der übrigen Urkundsbeamten/Notare. Diese Trennung wird in beiden Rechtsbereichen aber nicht strikt eingehalten; so kann im Staat der Leiter der Geschäftsstelle Aufgaben eines Urkundsbeamten übernehmen. In der Kirche kann hingegen einer der Notare Aufgaben des Leiters als dessen Vertreter ausführen[999].

Ein wesentlicher Schwerpunkt der Tätigkeit als Urkundsbeamter / Notar ist in beiden Rechtsbereichen die Protokollierung der Verhandlung vor Gericht[1000]. Inhalt des Protokolls sind im Rahmen der Beweisaufnahme die möglichst wörtlichen Aussagen der vernommenen Parteien, Zeugen und Sachverständigen[1001]. Das staatliche Verfahrensrecht sieht nach § 159 Abs. 1 Sätze 1, 2 ZPO ausdrücklich die Möglichkeit vor, von der Beiziehung eines Urkundsbeamten zur Protokollierung abzusehen, mit der Folge, dass der Richter das Protokoll selbst führt[1002] und sich hierbei der vorläufigen Protokollaufzeichnung nach § 160 a ZPO bedient. Im kirchlichen Verfahrensrecht hingegen ist die Nichtbeteiligung eines Notars zwar gesetzlich

995 § 2 Abs. 3 S. 1 GeschStV.
996 Güthoff, Der Leiter der Gerichtskanzlei, 762.
997 Lüdicke, „Dignitas connubii“, Art. 62, Rn. 2.
998 Vgl. c. 482 § 3 CIC/1983.
999 Vgl. Art. 61 § 4 DC; vgl. Lüdicke, „Dignitas connubii“, Art. 61, Rn. 7.
1000 Vgl. § 159 Abs. 1 S. 1, § 160 Abs. 2 ZPO, cc. 1567–1569 CIC/1983.
1001 Vgl. Thomas – Putzo – Reichold, ZPO, § 160, Rn. 6; Lüdicke, „Dignitas connubii“, Art. 173, Rn. 1.
1002 Vgl. Thomas – Putzo – Reichold, ZPO, § 159, Rn. 3.

nicht vorgesehen, wird aber in der Rechtspraxis vollzogen, da die vernehmende Person durch Gebrauch eines Tonbandgerätes die Protokollierung – wie im Staat – vorläufig erstellen kann. Die Beteiligung eines Urkundsbeamten / Notars zur Protokollierung von Vernehmungen im Rahmen der Beweisaufnahme ist jedoch immer wünschenswert, da sich das Entscheidungsorgan damit ausschließlich auf die Vernehmung konzentrieren kann und nicht durch die Protokollierung unterbrochen oder abgelenkt wird.

Lediglich in einfachen kirchlichen Verwaltungsverfahren kommt dem Notar nicht diese Bedeutung zu; hier verlagert sich die Bedeutung auf den die Entscheidung treffenden Sachbearbeiter.

Während vom Leiter und den Urkundsbeamten der staatlichen Geschäftsstelle eine Ausbildung[1003] mit abschließender staatlicher Prüfung als Justizfachwirt[1004] oder Rechtspfleger[1005] gefordert wird, gibt es solche vergleichbaren Anforderungen an den Leiter der kirchlichen Kanzlei / Geschäftsstelle und die Notare nicht. Es wird lediglich allgemein ein guter Ruf oder Erhabenheit über jeden Verdacht gefordert. Um aber die Aufgaben eines kirchlichen Notars bewältigen zu können, wäre es überlegenswert, sich an der Befähigung eines staatlichen Urkundsbeamten, sei es eines Justizfachwirtes, sei es eines Rechtspflegers, zu orientieren. Für die kirchlichen Gerichte ist es aber kaum möglich, Justizfachwirte oder Rechtspfleger (als Beamte des Staates) für kirchliche Gerichtsverfahren anzuwerben. Alternativ sind an kirchlichen Diözesangerichten aufgrund ihrer Ausbildung auch der Geprüfte Rechtsfachwirt oder der Rechtsanwaltsfachangestellte einsetzbar. Ein Rechtsanwaltsfachangestellter erlangt neben Büropraxis und -organisation[1006] auch Kenntnisse in den Aufgaben und dem Aufbau der Rechtspflege (§ 4 Nr. 2, 3 der ReNoPatAusbV). Noch höhere Befähigung besitzt der Geprüfte Rechtsfachwirt, der den Büroablauf, die Bearbeitung und Kontrolle der Fristen und Termine, das Post- und Dokumentenmanagement, und den Umgang mit Dritten vertieft kennengelernt hat.

Unabhängig von den Anforderungen, die an die Ausbildung und Qualifikation eines kirchlichen Notars gestellt werden, gibt es trotzdem im deutschen Sprachraum keine eigene Ausbildung und keine besonderen Qualifikationserfordernisse für kirchliche Notare. Andererseits können nicht die erhöhten Anforderungen des Doktorgrades des kanonischen Rechts und des Diploms eines Rotaadvokats[1007]

1003 Vgl. ZAPO/JFW bzw. ZAPO/RPfl.

1004 Vgl. § 153 Abs. 2 GVG, § 1 Abs. 1 S. 1, 2, § 5 Abs. 1 GeschStVO; vgl. Prütting – Gehrlein – Neff, ZPO/GVG, § 153, Rn. 5; Kissel – Mayer, Gerichtsverfassungsgesetz, § 153, Rn. 19.

1005 Vgl. § 153 Abs. 3 Nr. 1 GVG; vgl. Kissel – Mayer, Gerichtsverfassungsgesetz, § 153, Rn. 20; Prütting – Gehrlein – Neff, ZPO/GVG, § 153, Rn. 5.

1006 Vgl. Anlage zu § 9, Lfd. Nr. 2: u. a. Schriftstücke und Akten auffinden und ablegen, Termin- und Fristenkontrolle, Sortierung der eingehenden Post, Kontrolle der ausgehenden Post, Verfassen von Aktenvermerken und Schriftverkehr.

1007 Vgl. Art. 8, 9 NRR/1994; Aral, Le notariat en droit ecclesiastique, 179.

verlangt werden, wie dies bei den Rotanotaren der Fall ist. Es wird auch kaum Personen mit diesen Qualifikationen geben, die sich mit der Tätigkeit eines kirchlichen Notars an einem Diözesangericht begnügen würden. Idealerweise besitzt ein kirchlicher Notar wenigstens – wenn auch gesetzlich nicht gefordert – den Grad eines Lizentiaten des kanonischen Rechts. Aufgrund der geringen Zahl der ausgebildeten Kanonisten mit dem Grad eines Lizentiaten des kanonischen Recht und ihres zwingenden Bedürfnisses für die Aufgaben als kirchlicher Richter, Bandverteidiger oder Kirchenanwalt[1008], wird man sich damit begnügen, im Idealfall Rechtsanwaltsfachangestellte für die besonderen Aufgaben eines Diözesangerichts fortzubilden.

XI. Befangenheit / Unparteilichkeit des Entscheidungsorgans

Um eine sachgerechte und unvoreingenommene Entscheidung über die anhängige Ehesache zu ermöglichen, ist sowohl im staatlichen als auch im kirchlichen Rechtsbereich die Unparteilichkeit aller an der Entscheidung beteiligten Organe, also des erkennenden Gerichts, eines eventuell zusätzlich beauftragten Sachbearbeiters in der Verwaltung, von herausragender Bedeutung.

1. Staatliche Gerichtsverfahren

In staatlichen Eheverfahren kann ein Richter kraft Gesetzes von der Ausübung des Richteramtes ausgeschlossen sein[1009] oder mit einem Ablehnungsgesuch wegen der Besorgnis der Befangenheit abgelehnt werden, mit der Folge, dass „der abgelehnte Richter dem ausgeschlossenen“[1010] gleichsteht; er wird dann durch seinen nach Geschäftsverteilungsplan bestimmten Richter ersetzt (§§ 21 e, 21 g GVG)[1011]. Sofern in einem einzelnen Fall das zuständige Gericht an der Ausübung des Richteramtes rechtlich oder tatsächlich verhindert ist, bestimmt das im Rechtszug nächst höhere Gericht das zuständige Gericht[1012].

Gründe für die nach § 41 ZPO iVm. § 113 Abs. 1 S. 2 FamFG „kraft Gesetzes eintretende Unfähigkeit des Richters zur Ausübung des Richteramtes“[1013] basieren auf der besonderen Nähe zu Personen des Verfahrens[1014] (als Partei, Ehepartner oder

---

1008 Vgl. Art. 43 § 3, 54 DC.
1009 Vgl. Zöller – Vollkommer, ZPO, § 41, Rn. 15.
1010 Zöller – Vollkommer, ZPO, § 42, Rn. 7, § 46, Rn. 10.
1011 Vgl. Zöller – Vollkommer, ZPO, § 41, Rn. 15; vgl. Thomas – Putzo – Hüßtege, ZPO/GVG, § 21 e, Rn. 20, 21, § 21 g, Rn. 13.
1012 Vgl. § 36 Nr. 1 ZPO; Musielak – Heinrich, ZPO, § 41, Rn. 15, § 36, Rn. 14.
1013 Zöller – Vollkommer, ZPO, § 41, Rn. 1.
1014 Vgl. Rauscher – Wax – Wenzel – Gehrlein, ZPO, § 41, Rn. 13; Sänger – Bendtsen, ZPO, § 41, Rn. 7.

Angehöriger[1015]) oder zum Verfahren als solchem auf Grund bestimmter prozessualer Funktionen[1016] (als Parteibeistand, Zeuge, Sachverständiger oder bei früherer Mitwirkung[1017]). In diesen Fällen muss sich der betroffene Richter selbst des weiteren Verfahrens enthalten[1018].

Durch Ablehnungsgesuch gegen einen Richter kann die Besorgnis der Befangenheit geltend gemacht werden, „wenn ein Grund vorliegt, der geeignet ist, Misstrauen gegen die Unparteilichkeit eines Richters zu rechtfertigen"[1019]. Hierbei muss es sich um „objektive Gründe [handeln], die vom Standpunkt des Ablehnenden aus bei vernünftiger Betrachtung die Befürchtung erwecken, der Richter stehe der Sache nicht unvoreingenommen und damit nicht unparteiisch gegenüber"[1020]. Die entsprechenden Umstände ergeben sich in der Rechtspraxis aus der Beziehung zu einer Partei oder einem Parteibeistand[1021] sowie dem Verhalten des Richters „außerhalb oder innerhalb des Verfahrens"[1022].

Sofern sich ein kraft § 41 ZPO iVm. § 113 Abs. 1 S. 2 FamFG ausgeschlossener Richter nicht von selbst seines Amtes enthält, kann dieser unabhängig von einer eventuellen Befangenheit, wegen dieser Gründe ebenfalls in einem Verfahren abgelehnt werden[1023]. Der Ablehnungsgrund (sämtliche Ausschlussgründe iSd. § 41 ZPO iVm. § 113 Abs. 1 S. 2 FamFG sowie die Besorgnis der Befangenheit) ist mit Ablehnungsgesuch bei dem Gericht einzubringen, dem der Richter angehört (§ 44 Abs. 1 ZPO iVm. § 113 Abs. 1 S. 2 FamFG). Die Besorgnis der Befangenheit ist grundsätzlich bis zur Einlassung in die Verhandlung oder einer eventuellen Antragstellung (§ 43 ZPO iVm. § 113 Abs. 1 S. 2 FamFG) geltend zu machen[1024], sofern die Besorgnis der Befangenheit nicht zu einem späteren Zeitpunkt (§ 44 Abs. 4 ZPO iVm. § 113 Abs. 1 S. 2 FamFG) entstanden ist[1025]. Für die Ablehnung aufgrund der Ausschlussgründe des § 41 ZPO iVm. § 113 Abs. 1 S. 2 FamFG gilt diese Frist nicht[1026].

1015 Vgl. § 41 Nr. 1–3 ZPO; vgl. Zöller – Vollkommer, ZPO, § 41, Rn. 5; Sänger – Bendtsen, ZPO, § 41, Rn. 7.
1016 Vgl. Rauscher – Wax – Wenzel – Gehrlein, ZPO, § 41, Rn. 13.
1017 Vgl. § 41 Nr. 4–6 ZPO; vgl. Zöller – Vollkommer, ZPO, § 41, Rn. 5.
1018 Vgl. Zöller – Vollkommer, ZPO, § 41, Rn. 15; Musielak – Heinrich, ZPO, § 41, Rn. 15.
1019 § 42 Abs. 2 ZPO.
1020 Zöller – Vollkommer, ZPO, § 42, Rn. 9; vgl. Thomas – Putzo – Hüßtege, ZPO, § 42, Rn. 9; Rauscher – Wax – Wenzel – Gehrlein, ZPO, § 42, Rn. 4.
1021 Vgl. Thomas – Putzo – Hüßtege, ZPO, § 42, Rn. 10, 11; Rauscher – Wax – Wenzel – Gehrlein, ZPO, § 42, Rn. 7.
1022 Rauscher – Wax – Wenzel – Gehrlein, ZPO, § 42, Rn. 7; vgl. Thomas – Putzo – Hüßtege, ZPO, § 42, Rn. 12.
1023 Vgl. Musielak – Heinrich, ZPO, § 41, Rn. 15, § 42, Rn. 3.
1024 Vgl. Thomas – Putzo – Hüßtege, ZPO, § 43, Rn. 4, 5; Zöller – Vollkommer, ZPO, § 43, Rn. 4, 5.
1025 Vgl. Zöller – Vollkommer, ZPO, § 44, Rn. 5; Musielak – Heinrich, ZPO, § 43, Rn. 3, § 44, Rn. 10.
1026 Vgl. Zöller – Vollkommer, ZPO, § 42, Rn. 4.

„Über das Ablehnungsgesuch entscheidet [bei einem Kollegialgericht] das Gericht, dem der Abgelehnte angehört, ohne dessen Mitwirkung“[1027]. Bei einem Einzelrichter am Amtsgericht trifft diese Entscheidung ein anderer Richter des Amtsgerichts, der hierfür berufen ist[1028]. Die Entscheidung wird durch gerichtlichen Beschluss getroffen.

Die Mitwirkung eines kraft Gesetzes ausgeschlossenen oder erfolgreich wegen Besorgnis der Befangenheit abgelehnten Richters kann als absoluter Beschwerdegrund iSd. § 547 Nr. 2, 3 ZPO[1029] iVm. §§ 65 Abs. 1, 72 Abs. 1, 3, 117 Abs. 1 FamFG vor Rechtskraft der Entscheidung mit der Beschwerde / Rechtsbeschwerde oder nach eingetretener Rechtskraft mit der Nichtigkeitsklage auf der Grundlage von § 579 Abs. 1 Nr. 2, 3 ZPO[1030] iVm. § 118 FamFG vor Gericht geltend gemacht werden.

2. Kirchliche Eheverfahren

a) Gerichtsverfahren

In kirchlichen Ehenichtigkeitsverfahren kann ein Richter kraft Gesetzes von der Ausübung seines Richteramtes ausgeschlossen sein[1031] oder wegen Befangenheit abgelehnt werden[1032].

Die Gründe für den kraft Gesetzes eintretenden Ausschluss vom Richteramt in derselben Sache in der gleichen oder einer höheren Instanz beruhen auf der Beteiligung am Verfahren in irgendeiner Funktion[1033], sei es als Richter[1034], sei es als Bandverteidiger, Kirchenanwalt oder Parteibeistand[1035]. In diesen Fällen muss sich der betroffene Richter selbst der Fortführung des Gerichtsverfahrens enthalten[1036].

Die Ablehnung eines Richters wegen eines Interessenkonflikts kann mit der Einrede iSd. Art. 77 § 2 DC geltend gemacht werden, mit der Begründung, dass er „nicht die nötige Unabhängigkeit oder Unvoreingenommenheit besitzt“[1037]. Hierfür sehen die gesetzlichen Regelungen einen nicht abschließenden Katalog von

---

1027 § 45 Abs. 1 ZPO; vgl. Rauscher – Wax – Wenzel – Gehrlein, ZPO, § 45, Rn. 3; Musielak – Heinrich, ZPO, § 45, Rn. 2; Sänger – Bendtsen, ZPO, § 46, Rn. 1.

1028 Vgl. § 45 Abs. 2 S. 1 ZPO; vgl. Thomas – Putzo – Hüßtege, ZPO, § 45, Rn. 2–4; Rauscher – Wax – Wenzel – Gehrlein, ZPO, § 45, Rn. 6.

1029 Vgl. Thomas – Putzo – Reichold, ZPO, § 547, Rn. 5, 6; Musielak – Heinrich, ZPO, § 41, Rn. 15.

1030 Vgl. Thomas – Putzo – Reichold, ZPO, § 579, Rn. 2; Musielak – Heinrich, ZPO, § 41, Rn. 15.

1031 Vgl. c. 1447 CIC/1983; Art. 66 DC; vgl. Mörsdorf, KanR III, 73, 74.

1032 Vgl. c. 1449 CIC/1983; Art. 67 § 1 DC; vgl. Mörsdorf, KanR III, 74–76.

1033 Vgl. Schöch, Die Befangenheitseinrede, 80.

1034 Vgl. Art. 66 § 1 DC.

1035 Vgl. Art. 66 § 2 DC.

1036 Vgl. Schöch, Die Befangenheitseinrede, 97; Wirth, Das Streitverfahren, 1171.

1037 Schöch, Die Befangenheitseinrede, 99.

personenbezogenen Gründen[1038] vor, bei denen ein Interessenkonflikt und mangelnde Unparteilichkeit angenommen wird[1039]. Mit der Einbringung der Einrede bei Gericht „entsteht ein Zwischenstreit, der auf dem schnellstem Wege zu entscheiden ist“[1040], der durch richterliches Dekret zu lösen ist. Die Entscheidung über die Ablehnung eines Richter trifft der Diözesanbischof, sofern sie gegen den Gerichtsvikar gerichtet ist[1041]. Die Entscheidung über die Ablehnung eines Diözesanrichters trifft immer der Gerichtsvikar[1042], nicht die zwei anderen Diözesanrichter, wie dies auch vertreten wird[1043].

Bei erfolgreicher Ablehnung wegen Befangenheit muss die betroffene Person ausgewechselt werden[1044]. Der Austausch des abgelehnten Richters obliegt dann dem Gerichtsvikar als „Akt der Gerichtsverwaltung zur Ordnung des Verfahrenslaufs gemäß Art. 261 DC“[1045]. Bei Austausch des Gerichtsvikars kommt diese Aufgabe dem Diözesanbischof zu[1046]. Sofern ein Richter trotz eines gesetzlichen Ausschlussgrundes in einem bestimmten Verfahren tätig wird, können die Parteien ebenfalls die Ablehnung in Form der Einrede geltend machen[1047]. Die Geltendmachung der Befangenheitseinrede kann dazu führen, dass ein Diözesangericht nicht mehr handlungsfähig ist. In einem solchen Fall ist nach Art. 69 § 2 DC die Apostolische Signatur anzugehen, damit diese ein Gericht für das Eheverfahren bestimmt[1048]. Dies geschieht im Wege der Zuweisung an ein absolut unzuständiges Gericht[1049] oder bei relativer Unzuständigkeit Verlängerung der entsprechenden Zuständigkeit[1050].

Die Tätigkeit eines kraft Gesetzes ausgeschlossenen Richters stellt eine ungültige Amtsausübung dar, die nach c. 1620, 2° CIC/1983, Art. 270, 2° DC die unheilbare Nichtigkeit des Urteils zur Folge hat[1051] und nach Abschluss des Verfahrens mit der

1038 Beispielsweise Verwandtschaft oder Schwägerschaft und andere Gründe.
1039 Vgl. Lüdicke, „Dignitas connubii“, Art. 67, Rn. 5; Schöch, Die Befangenheitseinrede, 77–79; Jenkins, Safeguarding the administration, 408–417.
1040 Mörsdorf, KanR III, 75.
1041 Vgl. c. 1449 § 2 CIC/1983; Art. 68 § 2 DC; vgl. Weier, Die Einrede der Befangenheit, 50; Lüdicke, Münsterischer Kommentar, c. 1449/1, 2, Rn. 4.
1042 Vgl. c. 1449 § 2 CIC/1983, Art. 68 § 2 DC; vgl. Lüdicke, Münsterischer Kommentar, c. 1449/1, Rn. 4; Jenkins, Safeguarding the administration, 430.
1043 Vgl. Schöch, Die Befangenheitseinrede, 101, 102; Weier, Die Einrede der Befangenheit, 50 (Anm. 13); Mörsdorf, KanR III, 75.
1044 Vgl. Schöch, Die Befangenheitseinrede, 104.
1045 Schöch, Die Befangenheitseinrede, 100, 102; vgl. Lüdicke, „Dignitas connubii“, Art. 69, Rn. 2.
1046 Vgl. Schöch, Die Befangenheitseinrede, 102; Lüdicke, „Dignitas connubii“, Art. 69, Rn. 2.
1047 Vgl. Schöch, Die Befangenheitseinrede, 97.
1048 Vgl. hierzu weiterführend: Schöch, Die Befangenheitseinrede, 91–93.
1049 Vgl. Art. 124, 2° PB, Art. 9 § 3 DC.
1050 Vgl. Art. 124, 3° PB, Art. 10 § 4 DC.
1051 Vgl. Lüdicke, „Dignitas connubii“, Art. 270, Rn. 6, Schöch, Die Befangenheitseinrede, 103.

Nichtigkeitsbeschwerde geltend gemacht werden kann. Diese Folge kann zur Vermeidung der unheilbaren Nichtigkeit des Urteils nach c. 1459 § 1 CIC/1983, Art. 77 § 1 DC bereits während des gesamten Verfahren geltend gemacht werden[1052].

Das Verbot der Mitwirkung eines befangenen Richters wirkt sich nicht auf die Gültigkeit der Handlungen der Richter aus[1053]. Bis zur Einbringung der Befangenheitseinrede vorgenommene Prozesshandlungen sind immer gültig[1054]. Nach der Einbringung vorgenommene richterliche Akte sind auf Verlangen einer Partei aufzuheben[1055]. Die Einrede der Befangenheit als aufschiebender Einrede iSd. c. 1459 § 2 CIC/1983, Art. 77 § 2 DC ist grundsätzlich bis zur Festlegung des Klagegrundes geltend zu machen, sofern der Grund für die Besorgnis der Befangenheit nicht erst zu einem späteren Zeitpunkt entstanden ist[1056].

b) Gerichtsähnliche Verwaltungsverfahren

In den gerichtsähnlichen Verwaltungsverfahren mit dem Ziel der Auflösung des Ehebandes in favorem fidei oder wegen Nichtvollzugs kommt nur dem Papst die Entscheidung hierüber zu[1057]. Daher müsste sich eine an sich mögliche Befangenheitseinrede unmittelbar gegen den Papst richten, der jedoch nach c. 1404 CIC/1983 von niemandem vor Gericht gezogen werden kann. Eine Befangenheitseinrede wäre daher nach c. 1406 § 1 CIC/1983 nichtig[1058]. Einzige Möglichkeit für den Papst ist es, sich der Entscheidung zu enthalten, sofern er sich für voreingenommen hält[1059]. Stattdessen könnte er die Entscheidungsbefugnis – wenn auch gesetzlich nicht geregelt, so aber dennoch möglich – einer dritten Person übertragen. Ansonsten muss sich das Recht und der Bittsteller darauf verlassen, dass der Papst sachgerechte und richtige Entscheidungen trifft, ohne sich hierbei von sachfremden Motiven und Gründen leiten zu lassen.

c) Einfache Verwaltungsverfahren

In den einfachen Verwaltungsverfahren des Antrags auf Feststellung der Nichtigkeit einer Ehe wegen Formmangels oder auf Durchführung des Privilegium Paulinum

1052 Vgl. Schöch, Die Befangenheitseinrede, 99; Lüdicke, „Dignitas connubii“, Art. 70, Rn. 5.

1053 Vgl. Lüdicke, „Dignitas connubii“, Art. 67, Rn. 6; Schöch, Die Befangenheitseinrede, 104.

1054 Vgl. c. 1451 § 2 CIC/1983, Art. 70 § 2 HS. 1 DC; vgl. Schöch, Die Befangenheitseinrede, 104.

1055 Vgl. Art. 70 § 2 HS. 2 DC; vgl. Schöch, Die Befangenheitseinrede, 104.

1056 Vgl. Schöch, Die Befangenheitseinrede, 98; Lüdicke, „Dignitas connubii“, Art. 68, Rn. 2, Art. 70, Rn. 4.

1057 Vgl. c. 1698 § 2 CIC/1983; Art. 1 Normae in favorem fidei.

1058 Vgl. Schöch, Die Befangenheitseinrede, 96; Lüdicke, Münsterischer Kommentar, c. 1406/1, Rn. 2.

1059 Vgl. Schöch, Die Befangenheitseinrede, 96.

lässt sich zunächst feststellen, dass es keine ausdrücklichen Regelungen über den Ausschluss oder die Ablehnung des Entscheidungsträgers der Verwaltung wegen Befangenheit gibt[1060]. Diese vorhandene Regelungslücke ist durch Rückgriff auf den Rechtsgedanken des Prozessrechts zu schließen, wonach ein Richter zur Unparteilichkeit und Unvoreingenommenheit verpflichtet ist[1061]. Zur Förderung des Allgemeinwohls der Gläubigen ist es entscheidend, dass Entscheidungen allein aus Sachgründen getroffen werden und persönliche Motive keine Rolle spielen. Bezogen auf die einfachen Eheverfahren bedeutet dies, dass die zu treffende Entscheidung sich allein nach dem Vorliegen der erforderlichen Voraussetzungen richten darf und nicht nach anderen sachfremden Gründen, immer vor dem Hintergrund des Heils der Seelen.

3. Vergleich

a) Gerichtsverfahren

Sowohl in staatlichen Eheaufhebungs- und Ehescheidungsverfahren als auch in kirchlichen Ehenichtigkeitsverfahren ist die Unparteilichkeit des erkennenden Gerichts von herausgehobener Bedeutung. Zum Schutz der Unparteilichkeit kommt es aus bestimmten Gründen zum Ausschluss vom Richteramt teilweise kraft Gesetzes[1062], teilweise aus begründeter Veranlassung einer Partei wegen Besorgnis der Befangenheit[1063].

Während die Gründe für den Ausschluss kraft Gesetzes im staatlichen Rechtsbereich in einem umfangreichen abschließenden Katalog mit sieben Ziffern aufgeführt sind[1064], begnügt sich das kirchliche Verfahrensrecht mit einem Kanon aus zwei Paragraphen. Das kirchliche Prozessrecht konzentriert sich hierbei auf diejenigen, die zuvor bereits in irgendeiner prozessualen Funktion als Richter in der vorherigen oder einer anderen Instanz, als Bandverteidiger, Kirchenanwalt, Parteibeistand, Zeuge oder Sachverständiger mit der Angelegenheit befasst waren[1065]. Das staatliche Verfahrensrecht erstreckt den Ausschluss von Personen kraft Gesetzes – neben solchen, die bereits zuvor mitgewirkt haben[1066] – zusätzlich auch auf Personen, die in einer besonderen Nähe zum Verfahren stehen, also als Partei,

1060 Vgl. cc. 35–93 CIC/1983.
1061 Vgl. cc. 1447, 1448 CIC/1983.
1062 Vgl. § 113 Abs. 1 S. 2 FamFG iVm. § 41 Nr. 1–6 ZPO, c. 1447 CIC/1983, Art. 66 §§ 1, 2 DC.
1063 Vgl. § 113 Abs. 1 S. 2 FamFG iVm. § 42 Abs. 1, 2 ZPO, c. 1448 §§ 1, 2 CIC/1983, Art. 67 §§ 1, 2 DC.
1064 Vgl. § 41 Nr. 1–6 ZPO.
1065 Vgl. Art. 66 §§ 1, 2 DC.
1066 Vgl. § 41 Nr. 4, 5, 6 ZPO.

Ehegatte, Angehöriger oder Verwandter[1067]; dies sieht das kirchliche Verfahrensrecht hingegen nur als Grund für die Besorgnis der Befangenheit[1068].

Die Gründe für den Ausschluss einer Person kraft Gesetzes haben in beiden Rechtsbereichen die Folge, dass die hierauf beruhende Entscheidung nach eingelegtem Rechtsmittel, der Nichtigkeitsbeschwerde in Kirche[1069] bzw. Beschwerde / Rechtsbeschwerde / Nichtigkeitsklage im Staat[1070], wegen Rechtsverletzung durch das entscheidende Gericht aufgehoben werden muss.

Die Mitwirkung einer für befangen erklärten Person hat im Staat die Folge, dass die getroffene Entscheidung des Gerichts zwingend auf die Beschwerde / Rechtsbeschwerde / Nichtigkeitsklage hin[1071] wegen Rechtsverletzung aufgehoben werden muss, während im kirchlichen Rechtsbereich die getroffenen Entscheidung an sich gültig ist, aber bei erfolgreichem Befangenheitsgesuch auf Verlangen einer Partei innerhalb von zehn Tagen aufgehoben werden muss[1072]. Hier legt der Staat strengere Maßstäbe an die Unparteilichkeit des erkennenden Gerichts als die Kirche.

Sowohl das staatliche als auch das kirchliche Verfahrensrecht sieht einen bestimmten Zeitpunkt vor – Festlegung der Prozessfrage bzw. Beginn der Verhandlung[1073] -, bis zu dem die Besorgnis der Befangenheit bei Gericht geltend gemacht werden muss. Damit wird darauf geachtet, dass die Parteien mögliche Gründe für die Besorgnis einer Befangenheit zeitnah vorbringen, bevor schon bestimmte gerichtliche Akte gesetzt worden sind. Sofern die entsprechenden relevanten Gründe aber erst zu einem späteren Zeitpunkt auftreten oder bekannt werden, können sie natürlich auch dann noch geltend gemacht werden[1074]. Die kraft Gesetzes eintretenden Ausschlussgründe hingegen können sowohl im Staat als auch in der Kirche jederzeit geltend gemacht werden.

Die Entscheidung über die Besorgnis / den Verdacht der Befangenheit wird sowohl im Staat als auch in der Kirche immer ohne die betroffene Person getroffen. Während die Entscheidung über die Ablehnung bei staatlichen Gerichten dem Gericht selbst bzw. dem nach dem Geschäftsverteilungsplan zur Vertretung bestimmten Gericht zukommt, entscheidet bei kirchlichen Gerichten über das Ablehnungsgesuch regelmäßig der Gerichtsvikar.

Sollte das in Staat und in der Kirche nach den jeweiligen Zuständigkeitsnormen vorgesehene Gericht handlungsunfähig werden, wenn es nicht einen anderen Richter hat, der statt des ausgeschlossenen oder befangenen mitwirkt, dann stellt

---

1067 Vgl. § 41 Nr. 1, 2, 3 ZPO.

1068 Vgl. c. 1448 § 1 CIC/1983, Art. 67 § 1 DC.

1069 Vgl. c. 1620, 2° CIC/1983, Art. 270, 2° DC.

1070 Vgl. § 72 Abs. 3 FamFG iVm. § 547 Nr. 2 ZPO; § 118 FamFG iVm. § 579 Nr. 2 ZPO; § 117 FamFG.

1071 Vgl. § 72 Abs. 3 FamFG iVm. § 547 Nr. 3 ZPO; § 118 FamFG iVm. § 579 Nr. 3 ZPO; § 117 FamFG.

1072 Vgl. c. 1451 § 2 CIC/1983, Art. 70 § 2 DC.

1073 Vgl. § 43 ZPO, c. 1459 § 2 CIC/1983, Art. 77 § 2 DC.

1074 Vgl. § 44 Abs. 4 ZPO, c. 1459 § 2 CIC/1983, Art. 77 § 2 DC.

sich jeweils die Frage nach der Vorgehensweise. Während das staatliche Recht hier die Bestimmung durch das nächsthöhere Gericht vorsieht[1075], trifft diese Entscheidung in der Kirche die Apostolische Signatur[1076]. Der Vorteil der staatlichen Regelung ist, dass die Entscheidung innerhalb des Bereichs der Gerichtsbarkeit verbleibt. Nach der kirchlichen Regelung wird diese Entscheidung außerhalb der eigentlichen Ehegerichtsbarkeit durch die höchste Justizverwaltung, die Apostolische Signatur, getroffen.

b) Gerichtsähnliche Verwaltungsverfahren

Anders als in Gerichtsverfahren gibt es in den gerichtsähnlichen Verwaltungsverfahren zur Auflösung des Ehebandes in favorem fidei oder wegen Nichtvollzugs nicht die Möglichkeit, gegen das Entscheidungsorgan, d. h. den Papst, wegen Voreingenommenheit oder Parteilichkeit ein entsprechendes Gesuch / Antrag auf Amtsenthaltung / Ablehnung zu stellen.

c) Einfache Verwaltungsverfahren

In einfachen kirchlichen Verwaltungsverfahren existieren keine ausdrücklichen gesetzlichen Regelung zur Gewährleistung einer sachgerechten Entscheidung durch Unparteilichkeit des Entscheidungsorgans. Hier wäre es wünschenswert hinsichtlich ausgeschlossener und befangener Personen vergleichbare Regelungen – wie sie das staatliche Verwaltungsrecht in Art. 20, 21 BayVwVfG vorsieht – im kanonischen Verwaltungsrecht ebenfalls zu treffen.

XII. Beteiligte

1. Ehegatten

Sowohl in staatlichen als auch in kirchlichen Eheprozessen sind als die entscheidenden Beteiligten an erster Stelle die Ehegatten zu nennen, wenn auch sie im konkreten jeweiligen Verfahren unterschiedliche Bezeichnungen tragen. So werden sie in staatlichen Eheverfahren als Antragsteller und Antragsgegner[1077] genannt. In kirchlichen Eheverfahren werden sie als Kläger und nicht klagende Partei[1078] oder als antragstellende, als bittstellende Partei und als andere Partei bezeichnet. Letztlich können sich die Verfahren im Hinblick auf die Ehepartner als Beteiligte zwischen Staat und Kirche nicht unterscheiden. Die Ehepartner müssen beteiligt werden, da sie mit der streitgegenständlichen Ehe zu tun haben und von ihr betroffen sind.

1075 Vgl. § 113 Abs. 1 S. 2 FamFG iVm. § 36 Nr. 1 ZPO.
1076 Vgl. Art. 69 § 2 DC.
1077 § 113 Abs. 5 Nr. 3, 4 FamFG.
1078 Vgl. Art. 115, Art. 126 § 1 DC.

2. Rechts- / Verfahrensbeistand der Ehepartner

Die Ehepartner können bzw. müssen sich sogar teilweise für Verfahren in Eheangelegenheiten von einem Parteibeistand vertreten lassen.

a) Gerichtliche Verfahren wegen fehlerhaft eingegangener Ehe

Für gerichtliche Verfahren wegen einer fehlerhaft eingegangenen Ehe ist sowohl im staatlichen als auch im kirchlichen Rechtsbereich ein Parteibeistand vorgesehen.

aa) Staatliche Verfahren

In staatlichen Gerichtsverfahren müssen sich die Ehepartner nach § 114 Abs. 1, 2 FamFG in allen Gerichtsinstanzen[1079] zwingend durch einen Rechtsanwalt vertreten lassen[1080]. Dem Rechtsanwalt kommt die Aufgabe zu, die Ehepartner in der Eheangelegenheit zu beraten und sie dann auch vor Gericht zu vertreten[1081]. Zum Nachweis der Vertretungsbefugnis für den Ehepartner bedarf der Rechtsanwalt einer besonderen auf die Ehesache bezogenen Vollmacht (§ 114 Abs. 5 FamFG).

Als Rechtsanwalt kann nur tätig werden, wer die „Befähigung zum Richteramt"[1082] besitzt und auf Antrag zur Rechtsanwaltschaft zugelassen worden ist[1083]. Wirksam wird die Zulassung nach § 12 BRAO erst mit Aushändigung der Zulassungsurkunde[1084]. Folge der Zulassung ist die Mitgliedschaft in der zulassenden Rechtsanwaltskammer[1085]. Auf die Zulassung als Rechtsanwalt vor dem Amtsgericht, Landgericht und Oberlandesgericht besteht nach § 6 Abs. 1 BRAO bei Erfüllung aller Voraussetzungen ein Rechtsanspruch.

Um als Rechtsanwalt vor dem obersten Gericht in Ehesachen, dem Bundesgerichtshof auftreten zu können, bedarf es einer Zulassung nach § 170 Abs. 1 BRAO durch das Bundesministerium der Justiz[1086]. Hierfür muss neben dem Antrag auf Zulassung zusätzlich die Benennung durch den Wahlausschuss für

1079 Gerichtsinstanzen in Ehesachen sind das Amtsgericht, das Oberlandesgericht und der Bundesgerichtshof (§§ 23 a Abs. 1 Nr. 1, 119 Abs. 1 Nr. 1 a, 133 GVG).

1080 Vgl. Hartmann, ZPO/FamFG, § 114, Rn. 3, 4; Bork – Jacoby – Schwab – Löhnig, FamFG, § 114, Rn. 2–6; Eckebrecht – Schael, Verfahrenshandbuch, § 5 Ehesachen, Rn. 82; Unger, Anwaltshandbuch, 129; Borth – Grandel – Musielak, Familiengerichtliches Verfahren, § 114, Rn. 2.

1081 Vgl. § 3 BRAO, § 1 BORA; vgl. Kleine-Cosack, Bundesrechtsanwaltsordnung, § 1, Rn. 3, § 3, Rn. 2, § 12, Rn. 9, 10; Feuerich – Weyland – Vossebürger – Vossebürger, Bundesrechtsanwaltsordnung, § 3, Rn. 21; Henssler – Prütting – Koch, Bundesrechtsanwaltsordnung, § 3, Rn. 2, 8, 19.

1082 § 4 BRAO; vgl. Kleine-Cosack, Bundesrechtsanwaltsordnung, § 4, Rn. 1.

1083 Vgl. § 6 BRAO; vgl. Kleine-Cosack, Bundesrechtsanwaltsordnung, § 6, Rn. 1, 2.

1084 Vgl. Feuerich – Weyland – Vossebürger – Vossebürger, Bundesrechtsanwaltsordnung, § 12, Rn. 5.

1085 Vgl. Kleine-Cosack, Bundesrechtsanwaltsordnung, § 12, Rn. 9, 10.

1086 Vgl. Kleine-Cosack, Bundesrechtsanwaltsordnung, § 170, Rn. 7.

Rechtsanwälte beim Bundesgerichtshof[1087] aufgrund von zuvor eingereichten Vorschlagslisten erfolgt sein[1088]. In diese Vorschlagslisten kann nach § 166 Abs. 3 BRAO nur aufgenommen werden, wer „das fünfunddreißigste Lebensjahr vollendet hat und den Beruf des Rechtsanwalts seit mindestens fünf Jahren ohne Unterbrechung ausübt"[1089]. Trotz Benennung und Antrag auf Zulassung besteht jedoch kein Anspruch auf Zulassung als Rechtsanwalt beim Bundesgerichtshof[1090].

bb) Kirchliche Verfahren

In kirchlichen Ehenichtigkeitsverfahren können die Parteien nach c. 1481 § 1 CIC/1983 freiwillig einen Rechts- / Parteibeistand, also einen Anwalt und einen Prozessbevollmächtigten bestellen[1091]. Aufgabe des Prozessbevollmächtigten ist nach Art. 104 § 2 HS. 1 DC die Vertretung der Ehepartner im Gerichtsverfahren[1092]. Hierzu handelt der Prozessbevollmächtigte „an Stelle und mit Wirkung für und gegen die vertretene Partei"[1093]. Er ist Helfer der Ehepartner auf der verfahrensrechtlichen Ebene und erfüllt die Aufgaben, die der Fortführung des Verfahrens dienen[1094]. Aufgabe des Anwalts ist nach Art. 104 § 2 HS. 2 DC die Verteidigung[1095]. Verteidigung meint jede „Geltendmachung des eigenen Interesses vor Gericht"[1096]. Hierfür erbringt der Anwalt die rechtskundige Beratung der Partei[1097], insbesondere die Ausarbeitung von Schriftsätzen[1098]. Vor Übernahme

---

1087 Vgl. Kleine-Cosack, Bundesrechtsanwaltsordnung, § 164, Rn. 5; Henssler - Prütting - Hartung, Bundesrechtsanwaltsordnung, § 164, Rn. 2.

1088 Vgl. Kleine-Cosack, Bundesrechtsanwaltsordnung, § 166, Rn. 1; Feuerich - Weyland - Vossebürger - Feuerich, Bundesrechtsanwaltsordnung, § 166, Rn. 2.

1089 Vgl. Kleine-Cosack -, Bundesrechtsanwaltsordnung, § 166, Rn. 8; Feuerich - Weyland - Vossebürger - Vossebürger, Bundesrechtsanwaltsordnung, § 166, Rn. 1; Henssler - Prütting - Hartung, Bundesrechtsanwaltsordnung, § 164, Rn. 3, § 166, Rn. 2.

1090 Vgl. Kleine-Cosack, Bundesrechtsanwaltsordnung, § 164, Rn. 6; Henssler - Prütting - Hartung, Bundesrechtsanwaltsordnung, § 166, Rn. 5.

1091 Vgl. Pree, Die Rechtsstellung des advocatus und des procurator, 307; Wirth, Das Streitverfahren, 1175; Lüdicke, „Dignitas connubii", Art. 101, Rn. 2; Mörsdorf, KanR III, 96.

1092 Vgl. Wirth, Das Streitverfahren, 1174; Lüdicke, „Dignitas connubii", Art. 101, Rn. 3, Art. 104, Rn. 2; Arroba, Diritto processuale canonico, 270; Pree, Die Rechtsstellung des advocatus und des procurator, 306; Mörsdorf, KanR III, 96.

1093 Benz, Aufgaben, Stellung und Kosten eines kirchlichen Anwalts, 437; vgl. Wirth, Das Streitverfahren, 1174.

1094 Vgl. Lüdicke, „Dignitas connubii", Art. 101, Rn. 3.

1095 Vgl. Wirth, Das Streitverfahren, 1174; Lüdicke, „Dignitas connubii", Art. 101, Rn. 4; Arroba, Diritto processuale canonico, 272, 273.

1096 Lüdicke, „Dignitas connubii", Art. 104, Rn. 4.

1097 Vgl. Benz, Aufgaben, Stellung und Kosten eines kirchlichen Anwalts, 437; Wirth, Das Streitverfahren, 1174.

1098 Vgl. Mörsdorf, KanR III, 96.

des Dienstes als Prozessbevollmächtigter und / oder zugleich als Anwalt bedarf es nach c. 1484 § 1 CIC/1983 einer Vollmacht[1099]. Zudem muss der Parteibeistand gut beleumundet sein[1100]. Nur der Anwalt jedoch muss katholisch sein, vom Diözesanbischof approbiert werden und die erforderlichen Kenntnisse im kanonischen Recht besitzen, also im Regelfall zumindest das Lizentiat des kanonischen Rechts[1101].

Um in Ehenichtigkeitsverfahren beim Gericht der Römischen Rota das Amt eines Anwalts und / oder zugleich eines Prozessbevollmächtigten ausüben zu können, muss die betreffende Person in die Liste bei der Römischen Rota eingeschrieben sein (Art. 47 NRR/1994)[1102]. Nach Art. 48 § 1 NRR/1994 bedarf es für die Aufnahme in die Liste der Anwälte der Doktorwürde im kanonischen Recht und des abgeschlossenen Diploms als Rotaanwalt[1103]. Die Aufnahme in die Liste der Prozessbevollmächtigten bedarf hingegen nach Art. 48 § 2 NRR/1994 nur der Doktorwürde und einer zweijährigen erfolgreichen Teilnahme am Studium Rotale[1104].

Für Ehenichtigkeitsverfahren am Gericht der Römischen Rota muss die klagende Partei sich nach Art. 53 § 2 HS. 1 NRR/1994 eines „patronus", d. h. eines Anwalts und eines Prozessbevollmächtigten bedienen[1105]; sie kann selbst nicht das Verfahren führen, da Anwaltszwang besteht[1106].

cc) Zwischenergebnis

Sowohl in staatlichen Eheverfahren als auch in kirchlichen Ehenichtigkeitsverfahren existiert ein Partei- / Verfahrensbeistand, dem die Beratung und Vertretung der Ehepartner als Aufgabe obliegt[1107]. Im staatlichen Rechtsbereich kommt diese Aufgabe einem Organ der Rechtspflege zu, dem Rechtsanwalt (§ 1 BRAO). Hingegen

---

1099 Vgl. Arroba, Diritto processuale canonico, 276, 277; Wirth, Das Streitverfahren, 1175.

1100 Vgl. c. 1483 CIC / 1983, Art. 105 § 1 DC; vgl. Arroba, Diritto processuale canonico, 272, 274; Lüdicke, „Dignitas connubii", Art. 105, Rn. 1; Pree, Die Rechtsstellung des advocatus und des procurator, 304–307; Benz, Aufgaben, Stellung und Kosten eines kirchlichen Anwalts, 437.

1101 Vgl. Arroba, Diritto processuale canonico, 274, 275; Lüdicke, „Dignitas connubii", Art. 105, Rn. 2, 3; Pree, Die Rechtsstellung des advocatus und des procurator, 304–307; Benz, Aufgaben, Stellung und Kosten eines kirchlichen Anwalts, 437.

1102 Vgl. Haering, Die neue Ordnung der Römischen Rota, 110; Coppola, Gli avvocati, Art. 183, 255.

1103 Vgl. Haering, Die neue Ordnung der Römischen Rota, 110; Coppola, Gli avvocati, Art. 183, 255.

1104 Vgl. Haering, Die neue Ordnung der Römischen Rota, 110; Coppola, Gli avvocati, Art. 183, 255.

1105 Vgl. Haering, Die neue Ordnung der Römischen Rota, 110, Fn. 121 m. w. N.

1106 Vgl. Wegan, Kosten und Dauer, 80, 81; Stankiewicz, Rilievi procedurali nel nuovo „Ordo iudiciarius", 69; Caberletti, Il tribunale della Rota Romana, 480, 481.

1107 Vgl. § 3 Abs. 1 BRAO, Art. 104 DC.

sieht der kirchliche Rechtsbereich für die Aufgaben des Partei- / Verfahrensbeistandes zwei Organe in der kirchlichen Rechtspflege vor, zum einem den Anwalt, zum anderen den Prozessbevollmächtigten. In der alltäglichen Gerichts- und Rechtspraxis werden aber im Normalfall diese nach dem Gesetz getrennten Aufgaben des Anwalts und des Prozessbevollmächtigten durch eine Person wahrgenommen[1108]. Somit ist die Ausgestaltung und Ausübung vor kirchlichen Gerichten faktisch wie vor staatlichen Gerichten, da die beiden Aufgaben in Personalunion von nur einer Person erfüllt werden.

Während der Anwalt im staatlichen Rechtsbereich die „Befähigung zum Richteramt"[1109] besitzen muss, benötigt im kirchlichen Rechtsbereich nur der Anwalt, nicht aber der Prozessbevollmächtigte eines Nachweises über die erforderliche Sachkenntnis im kanonischen Recht[1110]. Diese vom Staat abweichende Ausgestaltung beruht auf der Tatsache, dass der Prozessbevollmächtigte nur als Vertreter einer Partei vor Gericht handelt, nicht aber als rechtlicher Berater[1111]. Wünschenswert ist es, dass der Prozessbevollmächtigte aber zumindestens über bestimmte Grundkenntnisse über die Aufgaben als Vertreter einer bestimmten Person und über den Umgang vor Gericht verfügt.

Sobald im staatlichen Rechtsbereich eine bestimmte Person durch die Anwaltskammer als Anwalt zugelassen ist, kann sie Parteien anwaltlich beraten und vor allen Amts-, Land- und Oberlandesgerichten anwaltlich auftreten und Verfahren führen. Es bedarf keiner gesonderten Zulassung an einem bestimmten staatlichen Gericht. Im kirchlichen Rechtsbereich hingegen benötigt der Parteienvertreter für das jeweils zuständige Diözesangericht eine eigene Zulassung durch den Diözesanbischof. Dies bringt einen gewissen Verwaltungsaufwand mit sich. Zugleich erinnert dies an die alte Regelung aus der BRAO, wonach ein Anwalt seine erste Zulassung bei einem bestimmten örtlichen Gericht der ordentlichen Gerichtsbarkeit erhält[1112]; zugunsten der Selbstverwaltung der Anwaltschaft erhält er nach geltendem Recht seine Zulassung von der Rechtsanwaltskammer – statt wie bisher durch die Landesjustizverwaltung. Im kirchlichen Gerichtswesen wäre es künftig durchaus vorstellbar, dass ein bei einem Diözesangericht zugelassener Anwalt zugleich bei allen anderen Diözesangerichten als zugelassen gilt. Dies würde zu einem Abbau von Verwaltungsaufgaben führen. Denkbar wäre es auch, diese Aufgabe der Zulassung von Anwälten statt wie bisher durch jedes einzelne Gericht anderen Stellen zu übertragen, etwa einer bei der Bischofskonferenz eingerichteten Stelle oder einem bestimmten Diözesangericht innerhalb eines Territoriums für alle anderen Gerichte (z. B. dasjenige Gericht, das durch den Vorsitzenden der Offizialenkonferenz geleitet wird).

1108 Vgl. Mörsdorf, KanR III, 97.
1109 Vgl. § 4 BRAO.
1110 Vgl. c. 1483 CIC/1983.
1111 Vgl. Mörsdorf, KanR III, 96.
1112 Vgl. § 18 Abs. 1 BRAO a. F.

Während in sämtlichen staatlichen Eheverfahren eine Vertretung durch einen Rechtsanwalt zwingend erforderlich ist[1113], also Anwaltszwang besteht, um das Verfahren überhaupt führen zu können, ist in kirchlichen Ehenichtigkeitsverfahren ein Parteibeistand an Diözesangerichten nicht zwingend[1114]. Nur am Gericht der römischen Rota besteht nach Art. 53 § 2 NRR/1994 Vertretungszwang für die klagende Partei[1115].

Der Vorteil einer gesonderten, eigenständigen Zulassung eines Parteibeistandes für die oberste Instanz beruht auf der – wenn auch zumindest theoretisch – besseren Kenntnis des obersten Gerichts und dessen Vorgehensweise. Mittelbar wird auch durch die Ausgestaltung der Zulassung Einfluss auf die Qualifikation der Anwälte genommen. Während im staatlichen Bereich versucht wird, dies durch ein Mindestalter von 35 Lebensjahren und eine fünfjährige anwaltliche Tätigkeit zu erreichen[1116], wird hierfür im kirchlichen Bereich ein eigenes Studium (Studio rotale) beim Gericht der Römischen Rota verlangt[1117]. Den Abschluss dieses dreijährigen Studiums bildet ein Examen vor dem Collegium Rotale, um den Titel eines Rotaanwaltes zu erlangen[1118]. Mit dem Diplom als Rotaanwalt und dem bereits für die Aufnahme des Studiums grundsätzlich erforderlichen Doktorgrad im kanonischen Recht[1119] kann die betreffende Person nach Art. 48 § 1 NRR/1994 Anwälte eingeschrieben werden[1120]. Um aber in die Liste der Prozessbevollmächtigten eingetragen zu werden, müssen die Bewerber neben dem Besitz eines Doktorgrades zusätzlich Übungen über zwei Jahre am Studio Rotale absolviert haben (Art. 48 § 2 NRR/1994)[1121], also eine Art Gerichtspraktikum[1122], um ausreichend prozessuale Erfahrung zu sammeln.

1113 Vgl. § 114 Abs. 1, 2 FamFG.

1114 Vgl. c. 1481 CIC/1983.

1115 Vgl. Lüdicke, Münsterischer Kommentar, c. 1481, Rn. 5; Haering, Die neue Ordnung der Römischen Rota, 110.

1116 Vgl. §§ 166 Abs. 3, 170 Abs. 4 BRAO.

1117 Vgl. I des Decretum de Ordinando Studio Sacrae Romanae Rotae von 1945 und 1982.

1118 Vgl. XIV des Decretum de Ordinando Studio Sacrae Romanae Rotae von 1945 und XIII § 1 des Decretum de Ordinando Studio Sacrae Romanae Rotae von 1982.

1119 Nach VIII des Decretum de Ordinando Studio Sacrae Romanae Rotae von 1945 und 1982 kann zum Studium eingeschrieben werden, wer wenigstens das Lizentiat im kanonischen Recht besitzt; zum Examen muss der Doktorgrad im kanonischen Recht nachgewiesen werden; vgl. XIV des Decretum de Ordinando Studio Sacrae Romanae Rotae von 1945 und XIII § 2 des Decretum de Ordinando Studio Sacrae Romanae Rotae von 1982.

1120 Vgl. Coppola, Gli avvocati, Art. 183, 255; Stankiewicz, NRRR/1994, Art. 47–49, 516, 517.

1121 Vgl. Coppola, Gli avvocati, Art. 183, 255; Stankiewicz, NRRR/1994, Art. 47–49, 516, 517.

1122 Vgl. Coppola, Gli avvocati, Art. 183, 255.

Während im staatlichen Rechtsbereich lediglich langjährige Berufserfahrung hilft, um eine Zulassung als Anwalt am BGH zu erlangen, muss im kirchlichen Bereich ein umfangreiches Studium absolviert werden. Beide Wege haben Vor- und Nachteile. Zwar kann ein langjähriges Studium nicht die wirkliche Praxis ersetzen, umgekehrt kann die Gerichtspraxis nicht die theoretische Ausbildung entbehrlich machen. Beides ist notwendig. Vorteil des kirchlichen Weges ist eine schwerpunktmäßige theoretische Ausbildung im Prozess-, Ehe- und Strafrecht. Nachteilig ist unter Umständen die fehlende praktische Umsetzung der erworbenen Rechtskenntnisse, wenn auch bereits im Studium durch entsprechende Praktika Erfahrungen gesammelt werden können. Zudem kann grundsätzlich eine Person bei Erfüllung der entsprechenden Voraussetzungen eine Zulassung als Rotaanwalt erlangen, während am BGH hingegen kein Rechtsanspruch besteht.

b) *Verfahren zur Auflösung des Ehebandes*

Während in staatlichen Verfahren zur Ehescheidung – genauso wie in staatlichen Verfahren zur Beendigung der Ehe wegen Fehler – die Ehepartner sich einen Rechtsanwalt als Parteibeistand auswählen und bestellen können und sogar müssen, ist hingegen für die kirchlichen gerichtsähnlichen Verwaltungsverfahren zur Auflösung des Ehebandes aufgrund Nichtvollzuges oder in favorem fidei ein Parteibeistand nicht vorgesehen und auch nicht zugelassen[1123]. Dies beruht auf der Tatsache, dass es in Eheauflösungsverfahren für Parteibeistände keine relevanten Betätigungsfelder gibt; insbesondere die für einen Parteibeistand entscheidende Phase der Aktenoffenlegung findet nicht statt[1124]. Stattdessen kann sich die Partei für das Verfahren eines vom Diözesanbischof zugelassenen Rechtskundigen bedienen, der den Ehepartnern im Verfahren hilft[1125]. Dem Rechtskundigen kommt es dann zu, das Bittgesuch um Auflösung der Ehe abzufassen, bei der Beweisaufnahme zu helfen sowie bei negativem Bescheid bei der Ergänzung der Akten mitzuwirken[1126].

1123 Dies ist ausdrücklich für Nichtvollzugsverfahren in c. 1701 § 2 HS. 1 CIC/1983 und Nr. 6 des Litterae Circulares geregelt. Für die Auflösung in favorem fidei ist das Thema Parteibeistand nicht explizit geregelt; jedoch ergibt sich dies durch ergänzende Auslegung. Hierfür kann c. 1710 Schema Novissimum von 1982 herangezogen werden, der für die Auflösung in favorem fidei auf das Nichtvollzugsverfahren verweist; vgl. Pree, Die Rechtsstellung des advocatus und des procurator, 315; Stamm, Das Verfahren zur Erlangung der Dispens, 81; Assenmacher, Die Eheverfahren, 1203.

1124 Vgl. c. 1703 § 1 CIC/1983, Art. 23 S. 2 Normae in favorem fidei.

1125 Vgl. c. 1701 § 2 HS. 2 CIC/1983; vgl. Stamm, Das Verfahren zur Erlangung der Dispens, 81.

1126 Vgl. cc. 1701 § 2 HS. 2, 1705 § 3 CIC/1983; Nr. 6 und 27 der Litterae Circulares; vgl. Pree, Die Rechtsstellung des advocatus und des procurator, 316–318; Lüdicke, Münsterischer Kommentar, c. 1701/2, Rn. 6.

Über die Voraussetzungen und erforderlichen Kenntnisse des Rechtskundigen werden – anders als im staatlichen Verfahren zur Ehescheidung – keine Regelungen getroffen. Mittelbar ergibt sich lediglich aus der Zulassung eines „Rechtskundigen", dass er Erfahrung in rechtlichen und verfahrensrechtlichen Fragen besitzen muss. Diese Kenntnisse kann der betreffende Rechtskundige im Rahmen eines Lizentiatsstudiums des kanonischen Rechts erworben haben, muss dies aber nicht.

c) Einfache Verwaltungsverfahren

Für die kirchliche Möglichkeit einfacher Verwaltungsverfahren, d. h. den Antrag auf Feststellung der Nichtigkeit einer Ehe wegen Formmangels im Verwaltungswege und für die Anwendung des Privilegium Paulinum existieren keine ausdrücklichen gesetzlichen Regelungen über die Beiziehung eines Parteibeistandes wie in Gerichtsverfahren. Daher sind Parteibeistände für die reinen Verwaltungsverfahren im Bezug auf die Ehe nicht vorgesehen und deshalb auch nicht zugelassen. Lediglich aus dem Rechtsgedanken des c. 1738 CIC/1983 ergibt sich eine Regelung für die Möglichkeit der Mitwirkung von Anwälten und Bevollmächtigten. Hiernach sind diese erst im Beschwerdeverfahren zugelassen, nicht aber im vorherigen Verwaltungsverfahren[1127]. Bei einem Vergleich des kirchlichen Verwaltungsverfahrens mit einem Verwaltungsverfahren im staatlichen Rechtsbereich scheint es problematisch zu sein, dass in der Kirche – anders als im Staat – kein Parteibeistand hinzugezogen werden darf. In staatlichen Verwaltungsverfahren kann sich ein Beteiligter nach Art. 14 Abs. 1 S. 1, Abs. 4 S. 1 BayVwfG eines Bevollmächtigten oder zumindestens eines Beistandes bedienen. Der Bevollmächtigte ist umfassend bevollmächtigter Vertreter des Beteiligten[1128] im Verwaltungsverfahren. Der Beistand hingegen wird nur zur Unterstützung der Beteiligten tätig, ohne ihn zu vertreten[1129]. Andererseits besteht in beiden reinen kirchlichen Verwaltungsverfahren mit Bezug zur Ehe kein großes Betätigungsfeld für einen Parteibeistand. Der Antrag auf Feststellung der Nichtigkeit einer Ehe wegen Formmangels im Verwaltungswege wird im Regelfall im Rahmen der Ehevorbereitung gestellt und beschränkt sich in erster Linie auf die Einsicht in die in Frage kommenden Kirchenbücher. Für die Anwendung des Privilegium Paulinum kommt es in erster Linie auf die Befragung des ungetauften Ehepartners nach cc. 1144 § 1, 1146 CIC/1983 an. Damit kann die fehlende Möglichkeit der Beiziehung eines Parteibeistandes – mangels relevantem Betätigungsfeld – hingenommen werden.

1127 Vgl. Pree, Die Rechtsstellung des advocatus und des procurator, 314, 315; Pötter, Die Beschwerde, 115, 116; Lüdicke, Münsterischer Kommentar, c. 1738/1, Rn. 1–3.
1128 Vgl. Kopp – Ramsauer, VwVfG, § 14, Rn. 7.
1129 Vgl. Kopp – Ramsauer, VwVfG, § 14, Rn. 32.

d) Gesamtergebnis

Sowohl der staatliche als auch der kirchliche Rechtsbereich sehen die Möglichkeit vor, dass sich die jeweiligen Beteiligten am Eheverfahren eines rechtskundigen Parteibeistandes bedienen können[1130]. Während in allen gerichtlichen Eheverfahren sowohl im Staat als auch in der Kirche die Beteiligten sich vollumfänglich durch bevollmächtigte Parteibeistände vertreten lassen können – im staatlichen Bereich sogar unabdingbar –, ist dies in den gerichtsähnlichen kirchlichen Eheauflösungsverfahren nicht bzw. nur eingeschränkt vorgesehen. Dies ist unter rechtsstaatlichen Gesichtspunkt problematisch. Zwar mag es in kirchlichen Eheauflösungsverfahren auch nur eingeschränkte Handlungsmöglichkeiten[1131] für Parteibeistände gegeben, könnte aber ein solcher doch zum Ausgleich der Macht- und Fachkenntnisse gegenüber dem Entscheidungsorgan sinnvoll sein. Zumindest sehen aber die kirchlichen Verfahren zur Eheauflösung wegen Nichtvollzug und in favorem fidei die Zulassung eines rechtskundigen Beraters vor, der den Parteien im Verfahren hilft und auf die für die Parteien relevanten Aspekte hinweist.

Im einfachen kirchlichen Verwaltungsverfahren (Antrag auf Feststellung der Nichtigkeit einer Ehe wegen Formmangels im Verwaltungswege, Privilegium Paulinum) besteht im Ausgangsverfahren jedoch keinerlei relevante Betätigungsmöglichkeit für einen Parteibeistand. Daher wird dieser erst in einem sich eventuell anschließenden Rekursverfahren zugelassen[1132], welches in der Rechtspraxis eher selten stattfinden wird.

3. Vertreter des Ehebandes

In allen kirchlichen Ehenichtigkeitssachen und Verfahren zur Auflösung einer Ehe ist nach c. 1432 HS. 1 CIC/1983 von Amts wegen ein Bandverteidiger zu bestellen[1133]. Er ist Vertreter des öffentlichen Wohls unter der besonderen Sicht des Ehebandes[1134]. Ihm kommt es zu, „das Interesse des Ehebandes zu vertreten, d. h. nach Möglichkeit für [den] Bestand [der Ehe] einzutreten“[1135]. Hierfür hat er „all das vorzubringen und darzulegen, was vernünftigerweise gegen die Nichtigkeit

---

1130 Vgl. c. 1481 CIC/1983; § 3 Abs. 1 BRAO, § 114 Abs. 1, 2 FamFG.

1131 Vgl. cc. 1701 § 2 HS. 2, 1705 § 3 CIC/1983; Nr. 6 und 27 der Litterae Circulares; sowie c. 1710 Schema Novissimum.

1132 Vgl. c. 1738 CIC/1983.

1133 Vgl. Stockmann, Pro vinculo, salva semper veritate, 488: Der Bandverteidiger ist bei Ehenichtigkeitsverfahren (c. 1432 CIC/1983), Dokumentenverfahren (cc. 1686–1688 CIC/1983), Nichtvollzugsverfahren (cc. 1432, 1701 § 1, 1705 § 1 CIC/1983), Verfahren bei Auflösung in favorem fidei (c. 1432 CIC/1983, Art. 11 § 1 S. 2, 14 § 1, 23, 25 § 1 Normae in favorem fidei) zu beteiligen.

1134 Vgl. Wirth, Gerichtsverfassung und Gerichtsordnung, 1167, Mörsdorf, KanR III, 56; Lüdicke, Münsterischer Kommentar, c. 1432/1, Rn. 2, 3.

1135 Lüdicke, Münsterischer Kommentar, c. 1432, Rn. 2; vgl. Wirth, Gerichtsverfassung und Gerichtsordnung, 1167, 1168; Mörsdorf, KanR III, 56.

oder Auflösung ins Feld geführt werden kann“[1136]. Diese Aufgabe erfüllt er durch das Sammeln von Beweisen jeglicher Art und durch Einsprüche und Einreden, welche zum Schutz des Ehebandes beitragen (Art. 56 § 3 DC)[1137]. Seine Aufgabe ist als so wichtig zu erachten, dass ohne seine Beteiligung vorgenommene Akte grundsätzlich nach c. 1433 CIC/1983, Art. 60 DC nichtig sind[1138]. Damit kommt dem Bandverteidiger als „Interessenvertreter des Ehebandes“ und zugleich Vertreter des eigentlichen Klagegegners, dem beklagten Eheband[1139] eine äußerst wichtige Aufgabe zu.

Lediglich bei reinen Verwaltungsverfahren (Privilegium Paulinum, Antrag auf Feststellung der Nichtigkeit im Verwaltungsweg) ist die Beteiligung des Bandverteidigers aufgrund der Einfachheit des Verfahrens nicht erforderlich und auch nicht vorgesehen. Hier kommen diese Aufgaben dem sachbearbeitenden Entscheidungsorgan zu.

Im Rechtsbereich des Staates hingegen ist ein amtlicher Vertreter des Ehebandes nicht vorgesehen und auch nicht vorhanden. Stattdessen kommt dem Eheband anderweitig ein gewisser Schutz durch verfahrensrechtliche und materiell-rechtliche Regelungen zu. Zunächst hat das jeweilige Gericht nach § 127 Abs. 1 FamFG von Amts wegen die zur Feststellung der entscheidungserheblichen Tatsachen erforderlichen Ermittlungen durchzuführen[1140]. Hierbei dürfen nach § 127 Abs. 2 FamFG nur die ehefreundlichen Tatsachen berücksichtigt werden, also Tatsachen, die dazu führen, dass die Ehe nicht geschieden oder aufgehoben wird. Ehefeindliche Tatsachen werden hingegen nur berücksichtigt, sofern nicht der Verwendung widersprochen wird[1141]. Zudem darf das Gericht dem Antrag nur stattgeben, wenn alle erforderlichen Voraussetzungen für die Scheidung oder Aufhebung einer Ehe erfüllt sind. Hierdurch kommt im staatlichen Verfahrensrecht eine klare Präferenz zugunsten der Aufrechterhaltung der Ehe im Gerichtsverfahren zum Ausdruck, sofern nicht ehefeindliche Tatsachen durch eine der beiden Parteien vorgebracht werden.

1136 C. 1432 HS. 2 CIC/1983.

1137 Vgl. Wirth, Gerichtsverfassung und Gerichtsordnung, 1167, 1168; Lüdicke, „Dignitas connubii“, Art. 56 DC, Rn. 3; Stockmann, Pro vinculo, salva semper veritate, 489; Ramos, Il difensore del vincolo, 311; Arroba, Diritto processuale canonico, 228.

1138 Vgl. Wirth, Gerichtsverfassung und Gerichtsordnung, 1168; Ramos, Il difensore del vincolo, 317, 318; Lüdicke, „Dignitas connubii“, Art. 60, Rn. 2, 5.

1139 Vgl. Lüdicke, Münsterischer Kommentar, c. 1432/1, Rn. 3.

1140 Vgl. Hartmann, ZPO/FamFG, § 127, Rn. 3; Meysen – Rakete-Dombek, Das Familienverfahrensrecht, Rn. 3; Bassenge – Roth – Walter, Gesetz über das Verfahren, Rn. 1; Eckebrecht – Paul, Verfahrenshandbuch, 691, Rn. 40.

1141 Vgl. Hartmann, ZPO/FamFG, § 127, Rn. 4; Meysen – Rakete-Dombek, Das Familienverfahrensrecht, Rn. 5; Bassenge – Roth – Walter, Gesetz über das Verfahren, Rn. 1, 6; Eckebrecht – Paul, Verfahrenshandbuch, 692, Rn. 41.

Neben dem Verfahrensrecht sieht auch das materielle Recht Sicherungsmechanismen zugunsten der Aufrechterhaltung der Ehe vor. Bei Verfahren der Ehescheidung besteht die entscheidende Sicherung – vor zumindest einer vorschnellen Scheidung – in den Parteien selbst. Nach § 1566 Abs. 1 BGB bedarf die Scheidung des Scheiterns der Ehe. Voraussetzung hierfür ist zunächst, dass die Parteien getrennt leben müssen[1142]. Eine Scheidung ist dann möglich, wenn die Ehepartner ein Jahr getrennt leben und beide die Scheidung beantragen oder der Antragsgegner der Scheidung zustimmt. Ohne Zustimmung kann die Ehe geschieden werden, die Ehepartner seit drei Jahren getrennt leben[1143].

Damit besteht der Schutz zugunsten der Ehe gegen eine vorschnelle Scheidung in den Personen der Ehegatten durch aktives Tun (Antragstellung oder Zustimmung) oder durch passives Tun (Zeitablauf).

Bei Verfahren zur Aufhebung einer Ehe hingegen sind die Mechanismen zugunsten der Ehe nicht so vielschichtig. Es gilt ebenfalls der Amtsermittlungsgrundsatz und die Nichtberücksichtigung ehefeindlicher Tatsachen. Zudem erhält eine zunächst aufhebbare Ehe den vollen Rechtsschutz durch Ausschluss der Aufhebung[1144] nach § 1315 BGB[1145] sowie den Ablauf der Antragsfrist zur Eheaufhebung[1146] nach § 1317 BGB[1147]. Auf die beiden erwähnten Möglichkeiten haben die Ehegatten Einfluss. Nehmen sie diese nicht in Anspruch, sprechen sie sich mittelbar – wenn auch u.U. ohne sich dessen bewusst zu sein – für den Fortbestand der Ehe aus.

Wenn auch das Verfahrensrecht und die materiell-rechtlichen Regelungen des staatlichen Eherechts bestimmte Sicherungsmechanismen zugunsten der Ehe vorsehen, so sind diese nicht mit einem eigenen Amt – dem Bandverteidiger im kirchlichen Vefahren – allein zugunsten der Ehe vergleichbar. Nach Art. 6 Abs. 1 GG steht die Ehe unter dem besonderen Schutz der staatlichen Ordnung[1148]. Aus diesem Grund wäre es durchaus wünschenswert, der Ehe im staatlichen Rechtsbereich einen noch höheren Schutz zukommen zu lassen, als dies bislang bereits vorgesehen und geregelt ist. Die Möglichkeit beim Scheitern einer Ehe relativ einfach eine Scheidung zu erreichen, birgt auch die Gefahr, dass vielfach leichtfertig und/oder unüberlegt Ehen eingegangen werden. Dies widerspricht dem Grundgedanken der Ehe als einem auf Dauer angelegten gedeihlichen Zusammenlebens und dessen Schutz durch das Grundgesetz.

1142 Vgl. Palandt – Brudermüller, BGB, § 1567, Rn. 2–5.

1143 Vgl. § 1566 Abs. 1, 2 BGB; vgl. Palandt – Brudermüller, BGB, § 1566, Rn. 2, 3.

1144 Vgl. Palandt – Brudermüller, BGB, § 1315, Rn. 1, 2.

1145 Der Ausschluss der Aufhebbarkeit beruht auf der Bestätigung der Ehe durch die Ehegatten in Kenntnis der Aufhebbarkeit.

1146 Vgl. Palandt – Brudermüller, BGB, § 1317, Rn. 2.

1147 Die staatliche Rechtsordnung geht davon aus, dass eine aufhebbare Ehe nach Ablauf eines bestimmten Zeitraums bei Kenntnis der Aufhebbarkeit nicht mehr aufgehoben wird.

1148 Vgl. Seifert – Hömig, Grundgesetz, Art. 6, Rn. 5.

XIII. Streitgegenstand / Verfahrensgegenstand

Für die am Ende des Eheprozesses zu treffende Entscheidung ist der Verfahrensgegenstand zur Abgrenzung von anderen Verfahren von entscheidender Bedeutung.

1. Gerichtliche Verfahren wegen einer fehlerhaft eingegangener Ehe

a) *Staatliche Verfahren*

Der Verfahrensgegenstand bei einer fehlerhaft eingegangenen Ehe wird „durch den [... A]ntrag und den vom [Antragsteller] zur Begründung vorgetragenen konkreten Sachverhalt“[1149] bestimmt. Mit der Einreichung der Antragsschrift[1150] kommt es daher allein dem Kläger zu, den späteren Verfahrensgegenstand festzulegen[1151].

Der Antrag in der Ehesache „kennzeichnet [...] Begehren oder Rechtsbehauptung des [Antragstellers] und ist deshalb entscheidend für die Bestimmung des Streitgegenstandes“[1152]. Er zielt bei einer fehlerhaft eingegangene Ehe auf die Feststellung des Bestehens oder Nichtbestehens einer Ehe[1153] oder aber nach dem Verlangen um Eheaufhebung[1154].

Der zur Begründung vorgetragene Sachverhalt ist der „konkrete Sachverhalt, Lebensvorgang, aus dem der [Antragsteller] die begehrte Rechtsfolge ableitet“[1155]; erkennbar sein muss, dass eine Ehe fehlerhaft eingegangen wurde und daher die Aufhebung oder die Feststellung des Nichtbestehens begehrt wird. Nicht erforderlich ist es, dass alle diese begehrte Rechtsfolge begründenden Tatsachen vorgetragen werden; es muss lediglich der Lebensvorgang erkennbar sein[1156], aus dem die beantragte Rechtsfolge abgeleitet werden kann.

1149 Thomas – Putzo – Reichold, ZPO, Einleitung II, Rn. 5: das Wort „Klageantrag“ wurde aufgrund der Terminologie im Familienverfahrensrecht (§ 113 Abs. 5 Nr. 2 FamFG) ersetzt durch „Antrag“; vgl. Rosenberg – Schwab – Gottwald, Zivilprozessrecht, § 92, Streitgegenstand und prozessualer Anspruch, Rn. 10, 23; Zöller – Greger, ZPO, Einleitung, Rn. 83; Musielak, Grundkurs ZPO, 97, 98, Rn. 144; Bassenge – Roth – Walter, Gesetz über das Verfahren, § 124, Rn. 3.

1150 Vgl. § 124 S. 2 FamFG iVm. § 253 ZPO.

1151 Vgl. Thomas – Putzo – Reichold, ZPO, Einleitung II, Rn. 14; Pantle – Kreissl, Die Praxis des Zivilprozesses, 94, Rn. 225.

1152 Thomas – Putzo – Reichold, ZPO, Einleitung II, Rn. 16.

1153 Vgl. § 121 Nr. 2, 3 FamFG.

1154 Vgl. § 1313 BGB; vgl. Thomas – Putzo – Reichold, ZPO, Einleitung II, Rn. 23.

1155 Thomas – Putzo – Reichold, ZPO, § 253, Rn. 10; vgl. Zöller – Greger, ZPO, § 253, Rn. 12.

1156 Vgl. Thomas – Putzo – Reichold, ZPO, § 253, Rn. 10.

b) *Kirchliche Verfahren*

Der Streitgegenstand bei einer nichtigen Eheschließung wird bestimmt durch das „petitum (die Ehenichtigkeit) und causa petendi (den bzw. die Nichtigkeitsgründe), nicht jedoch den gesamten zugrunde liegenden Sachverhalt“[1157] (c. 1677 § 3 CIC/1983). Streitgegenstand eines kirchlichen Ehenichtigkeitsverfahren ist damit „der Entscheidungsantrag mit dem inhaltlich bestimmten Wortlaut der gewünschten Entscheidung (petitum) sowie die causa petendi [Klagegrund], welche ihrerseits durch den jeweils zugrunde liegenden rechtserheblichen Tatbestand (factum iuridicum), worauf sich die Klage stützt, mitbestimmt wird“[1158], wenn auch dieser Sachverhalt nicht in die Streitformel aufgenommen wird[1159]. Entscheidungsantrag ist die Feststellung der Nichtigkeit einer Ehe. Klagegrund sind „die tatsächlichen Verhältnisse ... aus denen [der Kläger] die in Anspruch genommene Rechtsfolge abgeleitet wissen will“[1160], also der Sachverhalt, aus dem die klagende Partei die Nichtigkeit der Ehe schlussfolgern will.

Der Streitgegenstand, also die Prozessfrage bestimmt sich dann aus dem Antrag des Klägers nach Art. 116 § 1, 2° DC[1161], nicht aber aus den Erwiderungen der nichtklagenden Partei, da die Ehepartner nicht über die Nichtigkeit der Ehe verfügen können[1162].

Endgültig festgelegt wird der Streitgegenstand „in einem Dekret mit genauer Angabe des Klagegrundes oder auch mehrerer Klagegründe“[1163], also in einem weiteren gerichtlichen Verfahrensschritt[1164].

c) *Zwischenergebnis*

Der Inhalt sowohl des staatlichen Eheaufhebungs- / Feststellungsverfahrens als auch des kirchlichen Ehenichtigkeitsverfahrens wird durch den Streitgegenstand bestimmt, welcher in beiden Rechtsbereichen gesetzlich nicht definiert wird[1165], sondern sich aus der Rechtsprechung und der Rechtspraxis gebildet hat.

Der Streitgegenstand setzt sich jeweils aus dem vom Antragsteller bzw. der klagenden Partei gestellten Antrag und dem Klagegrund, also dem rechtserheblichen

---

1157 Schöch, Festlegung von Klagegründen, 27; vgl. RR, Sententia, 2000/01/27, c. Erlebach, 519.
1158 Schöch, Festlegung von Klagegründen, 28.
1159 Vgl. Lüdicke, „Dignitas connubii“, Art. 135, Rn. 8.
1160 Schöch, Festlegung von Klagegründen, 22.
1161 Vgl. Lüdicke, „Dignitas connubii“, Art. 135, Rn. 4.
1162 Vgl. Lüdicke, Münsterischer Kommentar, c. 1513/2, Rn. 3.
1163 Assenmacher, Die Eheverfahren, 1193; vgl. Lüdicke, „Dignitas connubii“, Art. 135, Rn. 5.
1164 Vgl. Schöch, Festlegung von Klagegründen, 33.
1165 Vgl. Schöch, Festlegung von Klagegründen, 43.

Lebenssachverhalt zusammen[1166]. Antrag ist die Feststellung der Nichtigkeit / des Nichtbestehens einer Ehe bzw. die rechtsgestaltende Entscheidung der Aufhebung einer Ehe wegen fehlerhafter Eingehung. Damit wird in beiden Rechtsbereichen der Streitgegenstand nach der zweigliedrigen Streitgegenstandstheorie bestimmt[1167].

Anders als im staatlichen Verfahrensrecht ergibt sich der Streitgegenstand für das kanonische Prozessrecht zwar ebenfalls im Wesentlichen aus dem gestellten Antrag, jedoch ist zusätzlich noch die Festlegung des Streitgegenstandes durch richterliches Dekret[1168] erforderlich. Durch diesen zusätzlichen gerichtlichen Rechtsakt vor dem Beginn der Beweiserhebung wird allen Beteiligten, den Ehepartnern und dem Gericht, noch einmal klar vor Augen geführt, was im Gerichtsverfahren untersucht und entschieden werden soll.

Anders als der staatliche Streitgegenstand enthält der Streitgegenstand im kirchlichen Verfahren zusätzlich noch die Angabe des Nichtigkeitsgrundes[1169]. Hierdurch wird den Beteiligten wiederum klar gemacht, dass die Nichtigkeit nicht generell untersucht wird, sondern nur bezogen auf einen bestimmten festgelegten Grund.

Die das Verfahren abschließende Entscheidung muss eine Antwort auf den Streitgegenstand des Verfahrens geben, kurz, auf den gestellten Antrag auf Feststellung der Nichtigkeit / des Nichtbestehens bzw. die Aufhebung der Ehe[1170]. Sinn des Gerichtsverfahrens in beiden Rechtsbereichen ist es gerade, dass für die rechtsuchende Person Recht gesprochen wird, sei es durch Stattgabe oder Ablehnung des gestellten Antrags.

2. Gerichtsähnliche Verwaltungsverfahren

Während im staatlichen Scheidungsverfahren der Streitgegenstand in gleicher Weise wie im Verfahren wegen fehlerhaft eingegangener Ehe bestimmt wird, ist im gerichtsähnlichen kirchlichen Verwaltungsverfahren zur Auflösung des Ehebandes in favorem fidei oder wegen Nichtvollzugs auf den ersten Blick nicht klar, wie sich der Verfahrensgegenstand bestimmt. Er könnte nach dem Antrag bzw. Gesuch um Auflösung in favorem fidei oder wegen Nichtvollzugs[1171] festgelegt werden. Da jedoch mangels hinreichender Bestimmtheit doch wiederum die Begründung

1166 Vgl. Schöch, Festlegung von Klagegründen, 27, 28; Thomas – Putzo – Reichold, ZPO, Einleitung II, Rn. 5; Mörsdorf, KanR III, 126, 127.

1167 Vgl. Schöch, Festlegung von Klagegründen, 28.

1168 Vgl. Schöch, Festlegung von Klagegründen, 33; Lüdicke, Münsterischer Kommentar, Einführung vor 1513/3, Rn. 8.

1169 Vgl. Schöch, Festlegung von Klagegründen, 28; Lüdicke, „Dignitas connubii", Art. 135, Rn. 8.

1170 Vgl. Schöch, Festlegung von Klagegründen, 41, 44; Lüdicke, „Dignitas connubii", Art. 250, Rn. 2, Art. 270, Rn. 13; Rosenberg – Schwab – Gottwald, Zivilprozessrecht, § 88 Klage und Urteil im Allgemeinen, Rn. 8.

1171 Vgl. c. 1699 § 1 CIC/1983; Art. 1 Normae in favorem fidei.

heranzuziehen ist, um die Voraussetzungen überhaupt prüfen zu können, ist es einfacher, dem Gesuch und dem Sachverhalt die gleiche Bedeutung zuzumessen, als sich nur auf das Gesuch zurückzuziehen. Außerdem spricht der Inhalt des eingereichten Gesuchs für die zweigliedrige Bestimmung. So wird im Gesuch ein „Antrag" (richtigerweise: eine Bitte) um Auflösung des Ehebandes aufgrund eines bestimmten Lebenssachverhaltes gestellt. Aufgrund dieses Lebenssachverhaltes lassen sich dann wiederum die Voraussetzungen für die Auflösung in favorem fidei oder wegen Nichtvollzugs überprüfen. Diese inhaltliche Gestaltung des Gesuchs ist vergleichbar mit der Klage auf Feststellung der Nichtigkeit einer Ehe[1172].

3. Einfache Verwaltungsverfahren

In einfachen Verwaltungsverfahren des Antrags auf Feststellung der Nichtigkeit einer Ehe wegen Formmangels oder wegen Durchführung des Privilegium Paulinum ist in dem Antrag, also der das Verfahren „einleitenden Initiative" einer Partei, sowohl „der Wortlaut der gewünschten Entscheidung sowie die causa petendi"[1173] (Klagegrund) enthalten. Die gewünschte Entscheidung ist zum einen die Feststellung der Nichtigkeit der Ehe, zum anderen die Feststellung der Anwendbarkeit des Privilegium Paulinum mit seiner kraft Gesetzes die Ehe auflösenden Wirkung durch eine neue Ehe. „Klagegrund" ist einmal ein Sachverhalt, aus dem sich ableiten lässt, dass die Ehepartner die Ehe ohne Einhaltung der kanonischen Eheschließungsform geschlossen haben[1174] bzw. der ungetaufte Partner „mit dem getauften Partner [nicht] wenigstens friedlich ohne Schmähung des Schöpfers zusammenleben will"[1175]. Diese inhaltliche Gestaltung des Antrags ist vergleichbar mit der Klage auf Feststellung der Nichtigkeit einer Ehe[1176]. Daher ist der Verfahrensgegenstand aufgrund des zweigliedrigen Streitgegenstandsbegriffes zu bestimmen; dies schafft mehr Klarheit.

4. Gesamtergebnis

In allen staatlichen und kirchlichen Eheprozessen ist der Verfahrensgegenstand zweigliedrig zu bestimmen, also mit dem gestellten Antrag bzw. dem Gesuch und dem begründenden Sachverhalt. Aus dem jeweiligen Antrag bzw. Gesuch geht jeweils klar hervor, was das angestrebte Ziel des Verfahrens ist, sei es eine Entscheidung aufgrund einer fehlerhaft eingegangenen Ehe, sei es eine Entscheidung aufgrund eines später entstandenen Grundes zur Auflösung des Ehebandes.

Der das jeweilige „Ziel" begründende Sachverhalt muss zusätzlich immer vorgebracht und festgestellt werden, um die erforderlichen Voraussetzungen hierfür

1172 Vgl. Mörsdorf, KanR III, 126, 127.
1173 Schöch, Festlegung von Klagegründen, 28.
1174 Vgl. c. 1117 CIC/1983.
1175 C. 1144 § 1, 2° CIC/1983.
1176 Vgl. Mörsdorf, KanR III, 126, 127.

überprüfen zu können, und später den Umfang der Rechtskraft bzw. Bestandskraft bestimmen zu können. Dies schafft für alle Verfahrensbeteiligten in Staat und in der Kirche zusätzliche Transparenz und Klarheit.

XIV. Beweiserhebung

1. Grundsätzliches zur Beweiserhebung

a) Zuständigkeit zur Beweiserhebung

Die für die Entscheidung in einer Eheangelegenheit erforderlichen Beweise können durch die zuständigen Entscheidungsorgane oder ggf. durch die hierfür anderweitig zuständigen Organe erhoben werden.

aa) Staat

In staatlichen Eheverfahren hat die Beweisaufnahme nach § 355 Abs. 1 S. 1 ZPO unmittelbar vor dem erkennenden Prozessgericht zu erfolgen[1177]. Prozessgericht ist „der Spruchkörper, der zur Entscheidung des einzelnen Rechtsstreits berufen ist,“[1178] also der erkennende Einzelrichter am Amtsgericht oder das erkennende Kollegialgericht am Oberlandesgericht und am Bundesgerichtshof. Ausnahmsweise kann nach § 355 Abs. 1 S. 2 ZPO im Geltungsbereich des Grundgesetzes, also in der Bundesrepublik Deutschland, die Beweisaufnahme durch einen beauftragten Richter (§ 361 ZPO) oder einen ersuchten Richter (§ 362 ZPO) vorgenommen werden. Die Beweisaufnahme kann in den nach §§ 372 Abs. 2, 375, 434, 451 ZPO geregelten Fällen einem Mitglied des Prozessgerichts als beauftragtem Richter übertragen werden[1179]. Die Beweisaufnahme an einem anderen als dem erkennenden Prozessgericht führt der ersuchte Richter im Wege der Rechtshilfe durch (§ 156 GVG)[1180].

Außerhalb der Bundesrepublik Deutschland ergeben sich jedoch Schwierigkeiten, da die deutschen Gerichte aufgrund der Staatssouveränität ohne Zustimmung

---

1177 Vgl. Sänger – Eichele, ZPO, § 355, Rn. 1, 3; Prütting – Gehrlein – Lindner, ZPO, § 355, Rn. 4; Thomas – Putzo – Reichold, ZPO, § 355, Rn. 1; Jäckel, Beweisrecht der ZPO, 69, Rn. 340; Stein – Jonas – Berger, ZPO, § 355, Rn. 9, 10.

1178 Rauscher – Wax – Wenzel – Heinrich, ZPO, § 355, Rn. 5.

1179 Vgl. Thomas – Putzo – Reichold, ZPO, § 355, Rn. 2; Prütting – Gehrlein – Lindner, ZPO, § 355, Rn. 6; Jäckel, Beweisrecht der ZPO, 71, Rn. 350; Rauscher – Wax – Wenzel – Heinrich, ZPO, § 355, Rn. 15; Stein – Jonas – Berger, ZPO, § 355, Rn. 14–16.

1180 Vgl. Thomas – Putzo – Reichold, ZPO, § 355, Rn. 3; Jäckel, Beweisrecht der ZPO, 71, Rn. 354; Rauscher – Wax – Wenzel – Heinrich, ZPO, § 355, Rn. 15; Prütting – Gehrlein – Lindner, ZPO, § 355, Rn. 6; Stein – Jonas – Berger, ZPO, § 355, Rn. 14, 15, 17.

des betroffenen Staates nicht tätig werden dürfen[1181]. Nach Art. 15, 16 HBÜ sind deutsche Konsularbeamte völkerrechtlich in ihrem jeweiligen Empfangsstaat zur Durchführung von Beweisaufnahmen befugt, wobei sie aber keinen Zwang ausüben dürfen[1182]. Grundsätzlich ist nach § 363 Abs. 2 ZPO die Beweisaufnahme primär durch den deutschen Konsularbeamten vorzunehmen, sofern dieser nach § 15 KonsularG hierzu ermächtigt ist[1183]. Vorteilhaft ist dieses Vorgehen nach deutschem Verfahrensrecht (Art. 21d HBÜ, § 15 Abs. 3 S. 1 KonsularG), weil es eine bessere Verwertbarkeit im Gerichtsverfahren des ersuchenden Gerichts zur Folge hat[1184]. Nach Art. 17 HBÜ ist es auch denkbar, dass ein Beauftragter des ersuchenden Gerichts die Beweisaufnahme mit Genehmigung des ausländischen Staates selbst durchführt. Die genannten Möglichkeiten der Beweiserhebung sind zwar als Regelfall vorgesehen, werden jedoch im Rechtsalltag nur ausnahmsweise angewendet, „weil die meisten Staaten nur die Vernehmung [deutscher] Staatsangehöriger, allenfalls Angehöriger dritter Staaten gestatten, nicht jedoch die Vernehmung der eigenen“[1185]. In diesen Fällen kann nach § 363 Abs. 1 ZPO nur die zuständige ausländische Behörde um Rechtshilfe bei der Beweisaufnahme gebeten werden, wobei keine Pflicht zur Zusammenarbeit besteht[1186].

Nach Art. 21 Abs. 1 EuBewVO erfolgt in allen EU-Mitgliedstaaten mit Ausnahme von Dänemark die Beweiserhebung vorrangig durch die EUBeweisaufnahme-VO[1187]. Die Beweisaufnahme im Ausland kann im Wege der aktiven Rechtshilfe (Art. 1 Abs. 1 Buchst. a) EuBewVO) oder der passiven Rechtshilfe (Art. 1 Abs. 1 Buchst. b) EuBewVO) vorgenommen werden. Für die aktive Rechtshife wird ein ausländisches Gericht um Durchführung der Beweisaufnahme ersucht (Art. 10–16 EuBewVO). Bei der passiven Rechtshilfe hingegen genehmigt der ausländische Staat die unmittelbare Beweisaufnahme durch das ersuchende Gericht (Art. 17 EuBewVO)[1188].

1181 Vgl. Zöller – Geimer, ZPO, § 363, Rn. 1; Musielak – Stadler, ZPO, § 363, Rn. 1; Prütting – Gehrlein – Lindner, ZPO, § 363, Rn. 2; Stein – Jonas – Berger, ZPO, § 363, Rn. 6.

1182 Vgl. Zöller – Geimer, ZPO, § 363, Rn. 3.

1183 Vgl. Prütting – Gehrlein – Lindner, ZPO, § 363, Rn. 4; Thomas – Putzo – Reichold, ZPO, § 363, Rn. 1; Stein – Jonas – Berger, ZPO, § 363, Rn. 22, 23.

1184 Vgl. Zöller – Geimer, ZPO, § 363, Rn. 2, 3, 30; Thomas – Putzo – Reichold, ZPO, § 363, Rn. 1, 3; Rauscher – Wax – Wenzel – Heinrich, ZPO, § 363, Rn. 12; Musielak – Stadler, ZPO, § 363, Rn. 5; Stein – Jonas – Berger, ZPO, § 363, Rn. 50.

1185 Zöller – Geimer, ZPO, § 363, Rn. 29.

1186 Vgl. Zöller – Geimer, ZPO, § 363, Rn. 3, 34, 36; Thomas – Putzo – Reichold, ZPO, § 363, Rn. 2; Musielak – Stadler, ZPO, § 363, Rn. 6.

1187 Vgl. Zöller – Geimer, ZPO, § 363, Rn. 50; Rauscher – Von Hein, EuZPR/EuIPR/EuBewVO, Art. 1, Rn. 58; Musielak – Stadler, ZPO, § 363, Rn. 7; Thomas – Putzo – Reichold, ZPO, § 363, Rn. 4; Stein – Jonas – Berger, ZPO, § 363, Rn. 64.

1188 Vgl. Rauscher – Von Hein, EuZPR/EuIPR/EuBewVO, Art. 1, Rn. 11; Stein – Jonas – Berger, ZPO, § 363, Rn. 67, 68.

Das ausländische Gericht handelt bei der aktiven Rechtshilfe nach seinem eigenen Recht (Art. 9 Abs. 2 HBÜ, Art. 10 Abs. 2 EuBewVO), kann aber auf Antrag in einer besonderen Form vorgehen (Art. 9 Abs. 2 HBÜ, Art. 10 Abs. 3 EuBewVO), die das Recht des ersuchenden (deutschen) Gerichts vorsieht[1189].

bb) Kirche

In gerichtlichen Ehenichtigkeitsverfahren obliegt die Beweisaufnahme dem Vorsitzenden und dem Berichterstatter[1190] (Art. 46 § 2, 11°, Art. 47 § 2 DC). Jeder von ihnen kann nach c. 1428 § 1 CIC/1983, Art. 50 § 1 DC zur prozessualen Beweiserhebung einen Vernehmungsrichter bestimmen[1191]. Diesem kommt nach c. 1428 § 3 CIC/1983, Art. 50 § 3 DC die Aufgabe zu, entsprechend dem richterlichen Auftrag Beweise zu erheben und diese dem Richter zuzuleiten. Weiterhin kann nach c. 1561 CIC/1983, Art. 51 DC ein Vernehmungsrichter für den Einzelfall zur Vernehmung von Zeugen aus gerechtem Grund bestellt werden. Im Fall des Urkundenverfahrens steht die Beweisaufnahme unmittelbar dem Einzelrichter zu (Art. 295 DC).

In gerichtsähnlichen Verwaltungsverfahren zur Eheauflösung obliegt dem beauftragten Untersuchungsrichter[1192] die Aufgabe, die für eine Entscheidung über die Eheauflösung wegen Nichtvollzugs oder in favorem fidei erforderlichen Tatsachen zu erheben. In einem einfachen Verwaltungsverfahren eines Antrags auf Feststellung der Nichtigkeit einer Ehe wegen Formmangels oder Durchführung des Privilegium Paulinum werden die erforderlichen Beweise häufig bereits mit der Antragstellung eingereicht sowie ansonsten ergänzend durch den anschließend über den Antrag entscheidenden Sachbearbeiter eingeholt.

Die richterliche Gewalt, so auch die Beweisaufnahme, ist auf das Gebiet einer Diözese begrenzt, kann also grundsätzlich nur dort ausgeübt werden[1193]. Nach Anhörung der Parteien und mit Erlaubnis des anderen Ortsbischofs können nach c. 1469 § 2 CIC/1983 Beweise durch das zuständige Diözesangericht auch in anderen Diözesen erhoben werden[1194]. Alternativ kann im Wege der Amtshilfe nach c. 1418 CIC/1983 ein anderes Gericht mit der Durchführung der Beweiserhebung beauftragt werden[1195].

Die Verwaltungsgewalt bei einfachen Verfahren, Beweise zu erheben, erstreckt sich auf alle Personen, die in einer Diözese ihren Wohnsitz haben, unabhängig

---

1189 Vgl. Rauscher – Wax – Wenzel – Heinrich, ZPO, § 363, Rn. 13; Musielak – Stadler, ZPO, § 363, Rn. 7.

1190 Vgl. Canonico, Note di Commento, 48.

1191 Vgl. Canonico, Note di Commento, 48.

1192 Vgl. Art. 12 § 1 Normae in favorem fidei, c. 1700 CIC/1983.

1193 Vgl. Wirth, Gerichtsverfassung und Gerichtsordnung, 1172; Lüdicke, „Dignitas connubii", Art. 32, Rn. 2; Aymans, KanR 1, 437, 438.

1194 Vgl. Wirth, Gerichtsverfassung und Gerichtsordnung, 1173; Lüdicke, „Dignitas connubii", Art. 85, Rn. 3.

1195 Vgl. Wirth, Das Streitverfahren, 1179; Lüdicke, „Dignitas connubii", Art. 29, Rn. 2, 3.

davon, ob sie sich gerade dort aufhalten[1196]. Im Rahmen dieser Gewalt können Erhebungen von Beweismitteln erfolgen[1197].

cc) Vergleich

In staatlichen Eheverfahren steht nach § 355 Abs. 1 S. 1 ZPO die Beweiserhebung dem erkennenden Prozessgericht in Gestalt eines Einzelrichters oder eines Kollegiums aus mehreren Richtern zu[1198]. In kirchlichen Eheverfahren steht die Beweiserhebung sowohl bei Entscheidung durch Kollegien als auch durch Einzelpersonen immer nur einer bestimmten Person zu. Diese betreffende Person kann dem Entscheidungsorgan angehören, was regelmäßig bei Ehenichtigkeitsverfahren und Verfahren aufgrund von Urkunden sowie bei einfachen Verfahren der Fall ist; zwingend ist dies aber nicht, da es genauso möglich ist, dass eine nicht zum Entscheidungsorgan gehörende Person als Vernehmungsrichter die Beweiserhebung vornimmt (so in Ehenichtigkeitsverfahren alternativ möglich)[1199]. Zwingend vorgesehen ist diese Möglichkeit hingegen in gerichtsähnlichen Verwaltungsverfahren zur Auflösung des Ehebandes[1200].

Die Beweiserhebung durch nur einen Richter ist nach § 355 Abs. 1 S. 2 ZPO in staatlichen Eheverfahren ein Ausnahmefall von der grundsätzlich geltenden Unmittelbarkeit[1201]. Für die Erhebung eines Beweises durch einen beauftragten Richter (als solches Mitglied des erkennenden Prozessgerichtes) müssen für den jeweiligen Beweis die Voraussetzungen für eine Übertragung auf einen Richter gegeben sein[1202]. Für die Beweiserhebung durch Vernehmung von Beteiligten, Zeugen und Sachverständigen kommt eine solche Übertragung auf einen beauftragten Richter insbesondere nur dann in Betracht, wenn „von vornherein anzunehmen ist, dass das Prozessgericht das Beweisergebnis auch ohne unmittelbaren Eindruck vom Verlauf der Beweisaufnahme sachgemäß zu würdigen vermag“[1203]. Persönliche Eindrücke aus der Vernehmung dürfen anschließend nur Berücksichtigung finden, wenn sie im Protokoll niedergelegt wurden[1204]. Die Erhebung eines Urkundenbeweises durch Vorlage vor einem beauftragten Richter (§ 434 ZPO[1205]) ist hingegen unter leichter zu erfüllenden Voraussetzungen möglich.

1196 Vgl. Pree, Die Ausübung der Leitungsvollmacht, 167, 168; Lüdicke – Pree, Münsterischer Kommentar, c. 136/1, Rn. 1–3.
1197 Vgl. Aymans, KanR 1, 239, 249, 250; Lüdicke – Socha, Münsterischer Kommentar, c. 50/1, Rn. 2, c. 63/2, Rn. 3.
1198 Vgl. Thomas – Putzo – Reichold, ZPO, § 355, Rn. 1.
1199 Vgl. Lüdicke, „Dignitas connubii“, Art. 155, Rn. 2.
1200 Vgl. Art. 12 § 1 Normae in favorem fidei, c. 1700 CIC/1983.
1201 Vgl. Thomas – Putzo – Reichold, ZPO, Einleitung I, Rn. 8, § 355, Rn. 2.
1202 Vgl. Thomas – Putzo – Reichold, ZPO, § 355, Rn. 2.
1203 § 375 Abs. 1, 2 ZPO iVm. §§ 402, 451 ZPO; vgl. Thomas – Putzo – Reichold, ZPO, § 402, Rn. 1, § 451, Rn. 1.
1204 Vgl. Rauscher – Wax – Wenzel – Heinrich, ZPO, § 355, Rn. 16.
1205 Vgl. Thomas – Putzo – Reichold, ZPO, § 434, Rn. 1.

Sowohl in staatlichen als auch in kirchlichen Eheverfahren kann eine Beweiserhebung außerhalb des Zuständigkeitsbezirkes eines Entscheidungsorgans erforderlich werden. Diese Erhebung kann sowohl durch das für das Verfahren zuständige Entscheidungsorgan (Gericht, Verwaltung) selbst[1206] oder aber auch im Wege der Rechts- / Amtshilfe durch ein ersuchtes Entscheidungsorgan (Gericht, Verwaltung, Konsul)[1207] vorgenommen werden. In der Kirche stellt sich hierbei lediglich die Frage, ob die Beweise innerhalb des Gebietes des Entscheidungsorgans oder außerhalb erhoben werden sollen. Für eine Tätigkeit außerhalb des Zuständigkeitsbezirkes bedarf es einer Erlaubnis des dortigen Ortsbischofs. Im Staat hingegen kann die Tätigkeit außerhalb eines Gerichtsbezirkes, aber innerhalb eines Landes (hier der BRD) ohne Zustimmung des anderen Gerichtes erfolgen[1208]. Lediglich für die Beweiserhebung in einem anderen Staat bedarf es der Mitwirkung in Form der aktiven oder passiven Rechtshilfe. Aufgrund der Universalität der katholischen Kirche ergibt sich hier das Problem der Tätigkeit in einem bestimmten Land nicht; es wird aber auf das Gebiet einer Diözese abgestellt.

b) Untersuchungsgrundsatz

Für die Beweiserhebung gilt der Grundsatz der Amtsermittlung (im Gegensatz zur theoretisch auch möglichen Beibringung durch die Parteien).

aa) Staat

Nach § 127 Abs. 1 FamFG gilt für das Eheverfahren der Grundsatz der Amtsermittlung. Damit ist das Prozessgericht aufgrund des öffentlichen Interesses bei Personenstandsangelegenheiten verpflichtet, „ohne Rücksicht auf Parteivortrag und – verhalten oder Beweisangebote von Amts wegen Tatsachen zu erforschen, in die Verhandlung einzuführen und ihre Wahrheit festzustellen“[1209]. Eine Einschränkung erfährt dieser Grundsatz in Eheaufhebungs- und Ehescheidungsverfahren nach § 127 Abs. 2 FamFG. Hiernach dürfen von Amts wegen nur ehefreundliche, also für die Ehe günstige Tatsachen berücksichtigt werden. Ehefeindliche Tatsachen hingegen dürfen nur herangezogen werden, sofern hiergegen nicht ein Beteiligter widersprochen hat[1210].

1206 Vgl. § 166 GVG, Art. 1 Abs. 1 Buchst. b), Art. 17 EuBewVO, Art. 15, 16 HBÜ, c. 1469 § 2 CIC/1983; vgl. Kissel – Mayer, Gerichtsverfassungsgesetz, § 166, Rn. 2; Wirth, Gerichtsverfassung und Gerichtsordnung, 1173.

1207 Vgl. § 156 GVG, Art. 1 Abs. 1 Buchst. a), Art. 10–16 EuBewVO, c. 1414 CIC/1983; vgl. Wirth, Das Streitverfahren, 1179; Thomas – Putzo – Reichold, ZPO, § 355, Rn. 3.

1208 Vgl. Kissel – Mayer, Gerichtsverfassungsgesetz, § 166, Rn. 3.

1209 Thomas – Putzo – Reichold, ZPO, Einleitung I, Rn. 6; vgl. Thomas – Putzo – Hüßtege, ZPO/FamFG, § 127, Rn. 2–4; Musielak – Borth, ZPO/FamFG, § 127, Rn. 2.

1210 Vgl. Sänger – Kemper, ZPO/FamFG, § 127, Rn. 6, 7; Thomas – Putzo – Hüßtege, ZPO/FamFG, § 127, Rn. 6, 7.

bb) Kirche

Wegen der Auswirkungen von Entscheidungen in Ehesachen auf den Personenstand und damit auf das öffentliche Wohl[1211] gilt für kirchliche Ehenichtigkeitsverfahren und gerichtsähnliche Verwaltungsverfahren nach c. 1452 CIC/1983 die Offizialmaxime, also der Grundsatz der Amtsermittlung. Damit wird der Richter zur Erforschung der objektiven Wahrheit von Amts wegen tätig[1212] und ist nicht an Beweisanträge der Parteien gebunden. Vorrangig sollen aber die Parteien tätig werden und nur ergänzend das Gericht[1213]. Für einfache Verwaltungsverfahren gilt nach c. 50 CIC/1983 der Grundsatz der Wahrheitsermittlung, also der objektiven Wahrheit[1214].

cc) Vergleich

Sowohl im Staat als auch in der Kirche hat eine zu treffende Entscheidung in Ehesachen Auswirkungen auf den Personenstand. Um der objektiven Wahrheit möglichst nahe zu kommen, sind von Amts wegen die für die Entscheidung erforderlichen Tatsachen zu ermitteln[1215]. Während in staatlichen Verfahren die Amtsermittlung gegenüber der Beibringung durch die Parteien vorrangig ist[1216] und lediglich eine Einschränkung hinsichtlich ehefeindlicher Tatsachen erfährt, ist in kirchlichen Verfahren die Amtsermittlung nur subsidiär zur Initiative der Parteien[1217]. Damit legt der Staat die Verantwortung für die Erhebung der Beweise nicht den Beteiligten, sondern dem Gericht auf, während die Kirche zunächst die Parteien in die Verantwortung nimmt und nur ergänzend zur Vermeidung eines ungerechten Urteils selbst Ermittlungen durch das Gericht ermöglicht[1218].

c) Öffentlichkeit

aa) Staat

In allen Familiensachen, so auch den Ehesachen (§§ 111 Nr. 1, 121 FamFG), sind nach § 170 Abs. 1 S. 1 GVG die Verhandlungen, Erörterungen und Anhörungen

---

1211 Vgl. Wirth, Gerichtsverfassung und Gerichtsordnung, 1172; Lüdicke, Münsterischer Kommentar, c. 1452/2, Rn. 6.

1212 Vgl. Wirth, Gerichtsverfassung und Gerichtsordnung, 1172; Aymans, KanR 4, 345.

1213 Vgl. Lüdicke, „Dignitas connubii“, Art. 71, Rn. 3.

1214 Vgl. Aymans, Kirchenrecht I, 239, 240, 249, 250; Lüdicke – Socha, Münsterischer Kommentar, c. 50/1, Rn. 2, 3, c. 63/1, 2, Rn. 1–3.

1215 Vgl. Thomas – Putzo – Hüßtege, ZPO/FamFG, § 127, Rn. 1; Lüdicke, Münsterischer Kommentar, c. 1452/2, Rn. 5; Lüdicke, „Dignitas connubii“, Art. 71, Rn. 2; Wirth, Gerichtsverfassung und Gerichtsordnung, 1172.

1216 Vgl. Thomas – Putzo – Reichold, ZPO, Einleitung I, Rn. 6, 7.

1217 Vgl. Lüdicke, „Dignitas connubii“, Art. 71, Rn. 3.

1218 Vgl. Lüdicke, Münsterischer Kommentar, c. 1452/2, Rn. 5.

nicht öffentlich[1219]. Zweck der Nichtöffentlichkeit ist die Wahrung der Privatsphäre der Verfahrensbeteiligten[1220]. Nach § 173 Abs. 1 GVG muss aber die Entscheidungsformel (§ 311 Abs. 2 ZPO) in einem Verfahren immer öffentlich verkündet werden, während nach § 173 Abs. 2 GVG die Verkündung der Urteilsgründe (§ 311 Abs. 3 ZPO) zum Schutz der Beteiligten wieder regelmäßig nicht öffentlich erfolgen wird[1221]. Berechtigt zur Verfahrensteilnahme sind die Beteiligten des Verfahrens (also in erster Linie die Ehepartner) und ihre Parteibeistände[1222]. Zeugen und Sachverständigen dürfen nur zu ihrer Vernehmung im Gerichtssaal anwesend sein[1223].

Eine weitere Frage der Öffentlichkeit ist diejenige, inwieweit die Beteiligten zur Anwesenheit im Verfahren, insbesondere während der Beweisaufnahme berechtigt sind, sog. Parteiöffentlichkeit (§ 357 Abs. 1 ZPO). Die Beteiligten dürfen der Beweisaufnahme nach § 357 Abs. 1 ZPO beiwohnen[1224].

bb) Kirche

Wegen des Grundsatzes der Schriftlichkeit[1225] in kirchlichen Eheverfahren besteht bereits faktisch die Nichtöffentlichkeit[1226]. Sofern ausnahmsweise Prozesshandlungen, vor allem die Beweisaufnahme vollzogen werden, haben hierzu nur die von Gesetzes wegen zwingend zu beteiligenden Personen, also bei einer Beweisaufnahme, der Vernehmungsrichter, die zu vernehmende Person sowie der Notar Zugang[1227]. Bei Vernehmungen von Personen (Parteien, Zeugen, Sachverständigen) dürfen nach c. 1678 § 1, 1°, § 2 CIC/1983 zusätzlich noch der Bandverteidiger und die Anwälte der Parteien anwesend sein, nicht aber die Parteien selbst[1228].

1219 Vgl. Kissel – Mayer, Gerichtsverfassungsgesetz, § 170, Rn. 2; Thomas – Putzo – Hüßtege, ZPO/GVG, § 170, Rn. 1, 2.

1220 Vgl. Zöller – Lückemann, ZPO/GVG, § 170, Rn. 1.

1221 Vgl. Thomas – Putzo – Hüßtege, ZPO/GVG, § 170, Rn. 2, § 173, Rn. 1; Kissel – Mayer, Gerichtsverfassungsgesetz, § 173, Rn. 1–3, 5; Zöller – Lückemann, ZPO/GVG, § 173, Rn. 1; Prütting – Gehrlein – Neff, ZPO/GVG, § 173, Rn. 1.

1222 Vgl. Kissel – Mayer, Gerichtsverfassungsgesetz, § 170, Rn. 3; Thomas – Putzo – Hüßtege, ZPO/GVG, § 170, Rn. 2.

1223 Vgl. Thomas – Putzo – Hüßtege, ZPO/GVG, § 170, Rn. 3; Kissel – Mayer, Gerichtsverfassungsgesetz, § 170, Rn. 3.

1224 Vgl. Thomas – Putzo – Reichold, ZPO, § 357, Rn. 1; Zöller – Greger, ZPO, § 357, Rn. 1; Jäckel, Beweisrecht der ZPO, 63, Rn. 300; Kissel – Mayer, Gerichtsverfassungsgesetz, § 169, Rn. 3; Sänger – Eichele, ZPO, § 357, Rn. 1; Prütting – Gehrlein – Lindner, ZPO, § 357, Rn. 1.

1225 Vgl. Mörsdorf, KanR III, 89; Lüdicke, Münsterischer Kommentar, c. 1472/1, Rn. 2.

1226 Vgl. Mörsdorf, KanR III, 87; Lüdicke, Münsterischer Kommentar, c. 1470/1, Rn. 3.

1227 Vgl. Lüdicke, Münsterischer Kommentar, c. 1470/1, 2, Rn. 3, 4; Wirth, Gerichtsverfassung und Gerichtsordnung, 1173.

1228 Vgl. Assenmacher, Die Eheverfahren, 1194; Lüdicke, Münsterischer Kommentar, c. 1678/2, Rn. 4, 5.

cc) Vergleich

Sowohl das staatliche als auch das kirchliche Verfahren ist durch die Nichtöffentlichkeit geprägt. Während in staatlichen Verfahren die Nichtöffentlichkeit nur die Ausnahme zu der nach § 169 GVG grundsätzlich geltenden Öffentlichkeit darstellt[1229], ist in kirchlichen Verfahren die Nichtöffentlichkeit wegen der hauptsächlich schriftlichen Durchführung der Regelfall.

In staatlichen Verfahren gilt die Nichtöffentlichkeit jedoch nicht uneingeschränkt. Kraft Gesetzes sind nach § 170 Abs. 1 S. 1 GVG Verhandlungen, Erörterungen und Anhörungen in Familiensachen nichtöffentlich. Aufgrund Gerichtsbeschluss wird in Familiensachen nach § 173 Abs. 2 GVG die Verkündung der Urteilsgründe nichtöffentlich erfolgen. Immer öffentlich muss nach § 173 Abs. 1 GVG aber die Entscheidungsformel verkündet werden. In kirchlichen Verfahren gilt dagegen die Nichtöffentlichkeit uneingeschränkt. Somit wird im Staat – anders in der Kirche – die Privatsphäre in geringem Umfang eingeschränkt; dies erscheint jedoch hinnehmbar, da lediglich die Formel der Entscheidung (Aufhebung oder Scheidung der Ehe sowie Feststellung über Bestehen oder Nichtbestehen einer Ehe) öffentlich ausgesprochen, nicht aber der zugrunde liegende Sachverhalt mitgeteilt wird.

Während in staatlichen Eheverfahren die Beteiligten nach § 357 Abs. 1 S. 1 ZPO der Beweisaufnahme, also der Vernehmung von Personen und der Vorlage von Urkunden, beiwohnen können[1230], dürfen nach c. 1678, § 1, 1°, § 2 CIC/1983 in kirchlichen Ehenichtigkeitsverfahren und gerichtsähnlichen Verwaltungsverfahren zur Eheauflösung die Parteien bei Vernehmungen der jeweils anderen Partei, der Zeugen und Sachverständigen nicht anwesend sein[1231]. Jedoch erhalten die Anwälte der Parteien ein Anwesenheitsrecht. Mit dem Ausschluss der Parteien wird zwar das Verteidigungsrecht zugunsten einer angenehmeren Vernehmungssituation eingeschränkt. Andererseits kann aber eine Vernehmung von Personen (in erster Linie von Zeugen) nur in Anwesenheit des Vernehmungspersonals zu besseren Beweisergebnissen führen, weil ansonsten die Verfahrensbeteiligten bei Anwesenheit möglicherweise nachteilig Einfluss auf die Zeugen ausüben könnten. In einfachen kirchlichen Eheverfahren wird es hingegen eher selten zu einer Vernehmung von Personen kommen.

d) Anordnung der Beweiserhebung

Sofern für eine Entscheidung der Nachweis bestimmter Tatsachen als erforderlich angesehen wird, wird die Beweiserhebung durch das zuständige Organ angeordnet.

1229 Vgl. Thomas – Putzo – Hüßtege, ZPO/GVG, § 169, Rn. 1; Prütting – Gehrlein – Neff, ZPO/GVG, § 169, Rn. 2, § 170, Rn. 1.

1230 Vgl. Thomas – Putzo – Reichold, ZPO, § 357, Rn. 1.

1231 Vgl. Assenmacher, Die Eheverfahren, 1194; Lüdicke, Münsterischer Kommentar, c. 1678/2, Rn. 4, 5.

aa) Staat

Die gerichtliche Anordnung zur Beweiserhebung kann durch formlose, mitunter auch vorbereitende Verfügung (§ 273 Abs. 2 ZPO) oder aber durch formellen Beweisbeschluss (§ 358 ZPO) erfolgen. Zwingend muss ein formeller Beweisbeschluss nur in den gesetzlich vorgesehenen Fällen ergehen. So bedarf nach §§ 425, 450 Abs. 1 ZPO die Anordnung der Urkundenvorlage durch den Gegner sowie die Beteiligtenvernehmung zwingend eines Beweisbeschlusses[1232]. Ebenfalls ist nach § 358 a S. 1 ZPO ein solcher Beweisbeschluss erforderlich, sofern die Beweiserhebung bereits vor der mündlichen Verhandlung erfolgen soll[1233]. Zudem bedarf es nach § 358 ZPO eines Beweisbeschlusses, sofern ein gesonderter Beweistermin stattfinden soll[1234]. Sofern jedoch nicht ansonsten ein Beweisbeschluss gesetzlich vorgeschrieben ist, ist eine formlose Verfügung des Gerichts zur Beweiserhebung ausreichend[1235].

bb) Kirche

In kirchlichen Ehenichtigkeitsverfahren wird nach c. 1677 § 4 CIC/1983 durch Dekret die Beweiserhebung in der Sache verfügt[1236]. Inhalt des Dekrets ist die Entscheidung über die zu erhebenden Beweise. Mit Kenntnis des Dekrets haben die Parteien die Möglichkeit, auf weitere aus ihrer Sicht erforderliche Beweise hinzuweisen und die Beweiserhebung zu ergänzen[1237], also die Beweismittel anzugeben und die in der Klageschrift angebotenen Beweise zu konkretisieren.

In gerichtsähnlichen Verwaltungsverfahren zur Auflösung des Ehebandes und einfachen Verwaltungsverfahren ist ein solcher formeller Akt zur Ordnung der Beweisaufnahme nicht vorgesehen. Stattdessen werden die erforderlichen Beweise durch Vernehmung von Personen nach Ladung und durch Vorlage von Urkunden unmittelbar erhoben. Gleichwohl muss sich der Untersuchungsrichter überlegen, welche Beweismittel er für erforderlich hält, damit der Diözesanbischof das abschließende Gutachten für die diözesane Phase erstellen kann[1238].

1232 Vgl. Jäckel, Beweisrecht der ZPO, 47, Rn. 224; Thomas – Putzo – Reichold, ZPO, § 425, Rn. 2, § 450, Rn. 1; Sänger – Pukall, ZPO, § 450, Rn. 1; Prütting – Gehrlein – Müller-Christmann, ZPO, § 450, Rn. 1.

1233 Vgl. Jäckel, Beweisrecht der ZPO, 48, Rn. 225; Thomas – Putzo – Reichold, ZPO, § 358 a, Rn. 1.

1234 Vgl. Jäckel, Beweisrecht der ZPO, 48, Rn. 227; Thomas – Putzo – Reichold, ZPO, § 358, Rn. 1, 2.

1235 Vgl. Jäckel, Beweisrecht der ZPO, 47, Rn. 221–224; Thomas – Putzo – Reichold, ZPO, § 358, Rn. 3.

1236 Vgl. Arroba, Diritto processuale canonico, 611; Meier, Die Streitfestlegung, 266.

1237 Vgl. Gullo – Gullo, Prassi processuale, 127; Meier, Die Streitfestlegung, 266; Lüdicke, Münsterischer Kommentar, c. 1677, Rn. 7; Lüdicke, „Dignitas connubii“, Art. 137, Rn. 2.

1238 Vgl. Art. 23 Normae in favorem fidei, c. 1705 § 1 CIC/1983.

cc) Vergleich

Sowohl für staatliche als auch für kirchliche Gerichtsverfahren in Ehesachen ist für die Festlegung der erforderlichen Beweise eine gerichtliche Anordnung vorgesehen. Während die Kirche hierfür immer ein „formelles" Dekret[1239] verlangt, differenziert hier der Staat in formlose und förmliche Anordnung je nach Erforderlichkeit. Nur für gesetzlich geregelte Fälle ist die förmliche Anordnung durch Beweisbeschluss zwingend. Ansonsten ist eine formlose Verfügung ausreichend, die sich bei einem in der Verhandlung anwesenden Zeugen in der unmittelbaren Vernehmung äußert[1240]. Eine solche formlose Beweiserhebung erfolgt in der Kirche nur in den gerichtsähnlichen Verwaltungsverfahren und einfachen Verwaltungsverfahren durch unmittelbare Vornahme der erforderlichen Erhebungen. Eine formlosere Anordnung der Beweiserhebung führt zu einer erheblichen Vereinfachung in der alltäglichen Praxis.

Die Beweise können sowohl im Staat als auch in der Kirche erst erhoben werden, wenn der Gegenstand des Verfahrens feststeht; hieraus ergeben sich dann die erforderlichen Beweise. In staatlichen Verfahren steht der Verfahrensgegenstand bereits mit Verfahrenseinleitung fest, während lediglich in kirchlichen gerichtsähnlichen Verwaltungsverfahren und einfachen Verwaltungsverfahren der Gegenstand bereits feststeht. In diesen Fällen können die Beweise jederzeit nach Verfahrenseinleitung erhoben werden. Für die kirchlichen Ehenichtigkeitsverfahren hingegen bedarf es zur Festlegung des Verfahrensgegenstandes erst noch des förmlichen Aktes der Streitfestlegung (c. 1677 § 2 CIC/1983). Daher können nach c. 1529 CIC/1983 nur ausnahmsweise aus schwerwiegendem Grund die Beweise vor ergangenem Streitfestlegungsdekret erhoben werden. Im staatlichen Verfahren soll die Beweiserhebung zwar erst nach Eröffnung der mündlichen Verhandlung im Haupttermin vorgenommen werden[1241]; jedoch können zur beschleunigten Durchführung der mündlichen Verhandlung die erforderlichen Beweise nach § 358 a S. 2 ZPO bereits vorterminlich erhoben werden[1242].

e) Beweiserhebung durch Vernehmung und Vorlage

Die Beweiserhebung selbst erfolgt entweder durch Vernehmung einer Person (Beteiligte, Zeugen oder Sachverständige) oder durch Vorlage einer Urkunde.

aa) Staat

Auf der Grundlage der gerichtlichen Anordnung zur Beweiserhebung wird die zu vernehmende Person vor Gericht geladen[1243]. Folgt sie der Vorladung nicht, kann

1239 Vgl. c. 1677 § 4 CIC/1983, Art. 137 DC.

1240 Vgl. Jäckel, Beweisrecht der ZPO, 47.

1241 Vgl. Jäckel, Beweisrecht der ZPO, 62.

1242 Vgl. Thomas – Putzo – Reichold, ZPO, § 358 a, Rn. 1.

1243 Vgl. Thomas – Putzo – Reichold, ZPO, § 377, Rn. 1, § 402, Rn. 1, § 451, Rn. 1; Jäckel, Beweisrecht der ZPO, 94, Rn. 464, 120, Rn. 599; Sänger – Eichele, ZPO, § 377, Rn. 1, § 402, Rn. 1, § 451, Rn. 1.

zunächst ein Ordnungsgeld festgesetzt werden; für Beteiligte und Zeugen kann ggf. die zwangsweise Vorführung angeordnet werden[1244]. Zu Beginn der Vernehmung wird über die Pflicht zur wahrheitsgemäßen Aussage belehrt[1245]. Daran schließt sich die Erhebung der Personalien an[1246]. Den Schwerpunkt der gerichtlichen Befragung bildet schließlich die Vernehmung zur Sache. Zunächst soll die zu vernehmende Person über die Eheangelegenheit „mit eigenen Worten im Zusammenhang [...] berichten, was ihm über das Beweisthema bekannt ist"[1247]. Hieran können sich ergänzende Fragen zunächst durch das Gericht und dann auch unmittelbar durch die Parteibeistände sowie auch regelmäßig durch die Beteiligten anschließen[1248].

Die Vernehmung der Zeugen wird nach § 394 Abs. 1 ZPO in Abwesenheit weiterer Zeugen vorgenommen[1249], wohl aber in Gegenwart der Beteiligten (§ 357 Abs. 1 ZPO) und ihrer Beistände. Nach Abschluss der Vernehmung erfolgt – nur sofern erforderlich oder gesetzlich zwingend – die Beeidigung der Aussage[1250] und die Entlassung der vernommenen Person[1251].

Der Urkundenbeweis wird „durch Vorlage, Vortrag oder Bezugnahme und Einsichtnahme seitens des Gerichts"[1252] erhoben (§§ 420, 435 ZPO).

Der Sachverständigenbeweis wird durch Beauftragung eines Sachverständigen und dessen Gutachtenerstellung erbracht[1253].

bb) Kirche

Eingeleitet wird die Vernehmung einer Person durch die Ladung zur Anhörung. Zu Beginn wird zunächst über die Wahrheitspflicht bei der Aussage belehrt. Anschließend wird die Idenität der zu vernehmenden Person überprüft. Darauf folgt die Vernehmung zur Sache über die zur Entscheidung anhängige Eheangelegenheit. Hierzu werden Einzelfragen gestellt und dann beantwortet.

1244 Vgl. Thomas – Putzo – Reichold, ZPO, § 380, Rn. 6, 7, § 409, Rn. 4; Thomas – Putzo – Hüßtege, ZPO/FamFG, § 128, Rn. 6.

1245 Vgl. Zöller – Greger, ZPO, § 395, Rn. 1; Thomas – Putzo – Reichold, ZPO, § 395, Rn. 1, § 402, Rn. 1, § 451, Rn. 1; Jäckel, Beweisrecht der ZPO, 97, Rn. 482, 136, Rn. 680; Sänger – Eichele, ZPO, § 395, Rn. 1, § 402, Rn. 1, § 451, Rn. 1.

1246 Vgl. Thomas – Putzo – Reichold, ZPO, § 395, Rn. 2; § 402, Rn. 1, § 450, Rn. 1; Zöller – Greger, ZPO, § 395, Rn. 2; Jäckel, Beweisrecht der ZPO, 97, Rn. 483, 136, Rn. 680.

1247 Thomas – Putzo – Reichold, ZPO, § 396, Rn. 1; Jäckel, Beweisrecht der ZPO, 100, Rn. 493; Zöller – Greger, ZPO, § 396, Rn. 3; Sänger – Eichele, ZPO, § 396, Rn. 1; Bender – Nack – Treuer, Tatsachenfeststellung vor Gericht, 203–204, Rn. 808, 810.

1248 Vgl. Jäckel, Beweisrecht der ZPO, 100, Rn. 496, 499; Zöller – Greger, ZPO, § 396, Rn. 4, § 397, Rn. 1, 2; Thomas – Putzo – Reichold, ZPO, § 396, Rn. 1, § 397, Rn. 1; Sänger – Eichele, ZPO, § 396, Rn. 5, § 397, Rn. 1, 3.

1249 Vgl. Thomas – Putzo – Reichold, ZPO, § 394, Rn. 1.

1250 Vgl. Jäckel, Beweisrecht der ZPO, 102, Rn. 504, 136, Rn. 681, Zöller – Greger, ZPO, § 392, Rn. 1, § 410, Rn. 1; § 452, Rn. 1.

1251 Vgl. Jäckel, Beweisrecht der ZPO, 104, Rn. 514.

1252 Thomas – Putzo – Reichold, ZPO, Vorbemerkung § 415, Rn. 4.

1253 Vgl. Thomas – Putzo – Reichold, ZPO, § 404, Rn. 1, § 411, Rn. 1, 2.

Die Vernehmung erfolgt durch den Richter für jede Person einzeln, nur in Gegenwart des Vernehmungsrichters und eines eventuellen Notars. Anwesend sein dürfen zusätzlich nur noch die Parteibeistände. Auch ergänzende Fragen können auf Anregung eines (anwesenden) Beteiligten nur durch den Vernehmungs- / Untersuchungsrichter gestellt werden.

Die Aussage der vernommenen Person soll beeidet werden. Zumindestens ist ein Nacheid zu leisten, also die Erklärung, die Wahrheit gesagt zu haben[1254]; noch besser ist der Voreid, also die Erklärung, nur die volle Wahrheit aussagen zu werden[1255].

Die Erhebung eines Urkundenbeweises erfolgt durch Vorlage vor Gericht oder einer Verwaltungsbehörde und Einsichtnahme in die entsprechenden Dokumente (c. 1544 CIC/1983).

Ein Sachverständigenbeweis wird durch Beauftragung eines Sachverständigen[1256] und Erstellung seines Gutachtens erhoben[1257].

Bei einfachen Verwaltungsverfahren erfolgt regelmäßig häufig nur die Erhebung eines Urkundenbeweises.

cc) Vergleich

Sowohl in staatlichen Eheverfahren als auch in kirchlichen Ehenichtigkeitsverfahren und Verwaltungsverfahren zur Eheauflösung ist für die Vernehmung einer Person ein ähnliches Vorgehen vorgesehen. Zunächst wird der betreffenden Person mitgeteilt, dass sie vor Gericht zu einer Vernehmung erscheinen soll. Während jedoch der Staat Zwangsmittel (Ordnungsgeld und zwangsweise Vorführung) zum Erscheinen einsetzen kann[1258], hat die Kirche diese Möglichkeit nicht[1259].

Bei beiden Verfahren wird auf die Wichtigkeit der wahrheitsgemäßen Aussage hingewiesen und die Identität der zu vernehmenden Person festgestellt. Die Falschaussage ist sowohl im Staat als auch in der Kirche eine Straftat. Der Staat kann eine Falschaussage (nach §§ 153, 154 StGB) mit Freiheitsstrafen oder Geldstrafen ahnden. Die Kirche hingegen hat keine wirksame Möglichkeit, eine kirchliche Strafe wegen Falschaussage (c. 1368 CIC/1983) im staatlichen Rechtsbereich zu vollstrecken.

Den Schwerpunkt jeder Vernehmung bildet die Erhebung der erforderlichen Tatsachen für den anhängigen Streitgegenstand, die Ehe. Die Art der Vernehmung ist jedoch im Staat und in der Kirche unterschiedlich. Im Staat kann die vernommene Person im Zusammenhang über den Sachverhalt berichten. In der Kirche hingegen wird die vernommene Person durch die gestellten Einzelfragen hinsichtlich

1254 Vgl. Mörsdorf, KanR III, 143.
1255 Vgl. Mörsdorf, KanR III, 143.
1256 Vgl. c. 1571 CIC/1983.
1257 Vgl. cc. 1574, 1577 CIC/1983, Art. 209 § 3 DC.
1258 Vgl. §§ 380 Abs. 1, 2, 409 ZPO, § 128 Abs. 4 FamFG.
1259 Vgl. Lüdicke, Münsterischer Kommentar, c. 1557, Rn. 2.

des Sachverhalts geleitet. Durch die Möglichkeit im Zusammenhang zu berichten besteht die Gefahr der Abschweifung vom relevanten Beweisthema. Andererseits können durch die Art und Weise der Aussage weitere Informationen über die Glaubwürdigkeit der betreffenden Person gewonnen werden[1260].

Die Vernehmung selbst erfolgt immer durch einen Richter – abgesehen vom einfachen Verwaltungsverfahren. Fragen können in kirchlichen Verfahren nur über den Richter, in staatlichen Verfahren regelmäßig auch direkt unmittelbar durch die Verfahrensbeteiligten gestellt werden. Die Fragestellung durch den vernehmenden Richter hat den Vorteil, dass kein unmittelbarer Einfluss auf den Zeugen ausgeübt werden kann. Andererseits besteht diese Gefahr auch bei unmittelbarer Fragestellung – wie im Staat – nicht, da das Gericht jederzeit eingreifen und die unmittelbare Fragestellung unterbinden kann[1261].

Während in staatlichen Verfahren die Beeidung der Aussage eines Beteiligten oder eines Zeugen nur „mit Rücksicht auf die Bedeutung der Aussage oder zur Herbeiführung einer wahrheitsgemäßen Aussage“[1262] geboten ist[1263] und lediglich der Sachverständige immer zu vereidigen ist[1264], sind in kirchlichen Verfahren die vernommenen Personen immer zu vereidigen. Dies verdeutlicht die Bedeutung der Aussage für das Verfahren und für die am Ende zu treffende Entscheidung.

Die Urkundenbeweise werden sowohl im Staat als auch in der Kirche durch Vorlage bei Gericht erhoben[1265]. Sowohl im Staat als auch in der Kirche kann immer die Urschrift einer Urkunde vorgelegt werden[1266]. Während im Staat nur die öffentliche Urkunde, nicht aber eine Privaturkunde, auch in beglaubigter Abschrift eingereicht werden kann[1267], können in der Kirche alle Urkunden auch in beglaubigter Abschrift dem Gericht vorgelegt werden[1268]. Durch diesen Unterschied bei der Vorlageform wird die hervorgehobene Bedeutung der öffentlichen Urkunde gegenüber der Privaturkunde – im Staat – deutlich.

Das erforderliche Fachwissen – sofern bei den Richtern nicht vorhanden – wird sowohl im Staat als auch in der Kirche immer durch Beauftragung eines Sachverständigen[1269] und dessen Gutachtenerstellung beschafft.

1260 Vgl. Jäckel, Beweisrecht der ZPO, 106, Rn. 528.
1261 Vgl. § 397 Abs. 1, 2 ZPO.
1262 § 391 ZPO.
1263 Vgl. § 452 ZPO.
1264 Vgl. § 410 Abs. 1, 2 ZPO.
1265 Vgl. § 420 ZPO, Art. 190 DC.
1266 Vgl. § 420 ZPO, c. 1544 CIC/1983, Art. 180 DC; vgl. Thomas – Putzo – Reichold, ZPO, § 420, Rn. 2, § 435, Rn. 1, 2.
1267 Vgl. § 435 ZPO; vgl. Thomas – Putzo – Reichold, ZPO, § 420, Rn. 2, § 435, Rn. 1, 2.
1268 Vgl. Lüdicke, „Dignitas connubii“, Art. 190, Rn. 12.
1269 Vgl. § 404 Abs. 1 S. 1 ZPO, c. 1574 CIC/1983.

f) Protokoll

In staatlichen Eheverfahren und in kirchlichen Ehenichtigkeitsverfahren sowie in gerichtsähnlichen Verwaltungsverfahren zur Auflösung des Ehebandes ist über die Beweisaufnahme in Form einer mündlichen Vernehmung einer Person (Beteiligte, Zeugen und Sachverständige) ein Protokoll zu erstellen[1270].

aa) Staat

Nach § 159 Abs. 1 S. 1 GVG ist über jede Beweisaufnahme ein Protokoll aufzunehmen[1271]. Inhalt des Protokolls sind nach § 160 Abs. 3 Nr. 4 ZPO die Aussagen der Zeugen, der Sachverständigen und der vernommenen Parteien. Diese Aussagen sind wörtlich oder zumindestens in indirekter Rede wiederzugeben[1272]. Für reine Parteianhörungen (§ 141 ZPO, § 128 Abs. 1 Sätze 1, 2 FamFG) ist dies zwar nicht vorgeschrieben, aber nach § 160 Abs. 4 ZPO möglich[1273] und empfehlenswert, „wenn die Äußerung für die rechtliche Beurteilung des Falles oder die spätere Beweiswürdigung von Bedeutung ist"[1274]. Das aufgenommene Protokoll ist nach § 162 Abs. 1 Sätze 1, 2 ZPO vorzulesen oder den Parteien zur Durchsicht vorzulegen, um etwaige Einwendungen erheben zu können; ansonsten ist das Protokoll von den Beteiligten mündlich zu genehmigen[1275]. Die Verweigerung der Genehmigung ist für die weitere prozessuale Verwendbarkeit irrelevant.

Aufgenommen wird das Protokoll durch den Richter, sofern nicht nach § 159 Abs. 1 S. 2 ZPO ausnahmsweise ein Urkundsbeamter für die Protokollführung beigezogen wird[1276]. Das Protokoll kann nach § 160 a Abs. 1 ZPO während der Beweisaufnahme auch nur vorläufig aufgenommen werden durch Gebrauch von technischen Hilfsmitteln oder einer gebräuchlichen Kurzschrift[1277]. Das auf diese Weise erstellte Protokoll wird nach § 163 Abs. 1 ZPO durch den in der Beweisaufnahme tätigen

---

1270 Vgl. §§ 159, 160 ZPO; cc. 1567, 1569 CIC/ 1983, Art. 173, 175 DC; Art. 14 § 4 Normae in favorem fidei.

1271 Vgl. Thomas – Putzo – Reichold, ZPO, § 159, Rn. 2; Zöller – Greger, ZPO, § 159, Rn. 5; Sänger – Wöstmann, ZPO, § 159, Rn. 3, Stein – Jonas – Roth, ZPO, § 159, Rn. 9.

1272 Vgl. Thomas – Putzo – Reichold, ZPO, § 160, Rn. 6; Rauscher – Wax – Wenzel – Wagner, ZPO, § 160, Rn. 9; Jäckel, Beweisrecht der ZPO, 65, Rn. 316; Stein – Jonas – Roth, ZPO, § 160, Rn. 19.

1273 Vgl. Thomas – Putzo – Reichold, ZPO, § 160, Rn. 13.

1274 Jäckel, Beweisrecht der ZPO, 66, Rn. 320; vgl. Sänger – Wöstmann, ZPO, § 162, Rn. 1.

1275 Vgl. Jäckel, Beweisrecht der ZPO, 66, 67, Rn. 324; Zöller – Greger, ZPO, § 162, Rn. 2, 3; Stein – Jonas – Roth, ZPO, § 159, Rn. 10.

1276 Vgl. Thomas – Putzo – Reichold, ZPO, § 159, Rn. 3; Stein – Jonas – Roth, ZPO, § 159, Rn. 13–16.

1277 Vgl. Thomas – Putzo – Reichold, ZPO, § 160 a, Rn. 1.

Richter und einen eventuell beteiligten Urkundsbeamten der Geschäftsstelle unterschrieben[1278].

Das erstellte Protokoll über die Beweisaufnahme ist eine öffentliche Urkunde iSd. § 415 ZPO[1279]; der Inhalt der Aussagen hat damit vor Gericht volle Beweiskraft. Es „wird voller Beweis für die Abgabe der beurkundeten Erklärung“[1280] erbracht. Das erstellte Protokoll kann im weiteren Verfahren im Wege des Urkundenbeweises verwertet werden[1281].

bb) Kirche

Nach cc. 1567 §§ 1, 2, 1702 HS. 2 CIC/1983, Art. 14 § 4 Normae in favorem fidei sind die Antworten der vernommenen Person im Protokoll aufzunehmen. Insoweit der Verfahrensgegenstand direkt betroffen ist, soll die Aussage in wörtlicher Rede wiedergegeben werden[1282]. Die Erstellung des Protokolls erfolgt unter Leitung des Richters entweder unmittelbar in der Vernehmung oder unter Gebrauch von technischen Hilfsmitteln[1283].

Am Ende der Vernehmung ist nach c. 1569 § 1 CIC/1983 der zuvor angehörten Person die Gelegenheit zu geben, die aufgenommenen Aussagen erneut zu hören, um etwaige Einwendungen vorbringen zu können[1284]. Anschließend ist nach c. 1569 § 2 CIC/1983 das Protokoll durch den an der Beweisaufnahme beteiligten Richter und – soweit beteiligt – den Notar sowie durch die vernommene Person zu unterschreiben[1285]. Sofern sich die vernommene Person weigert die Unterschrift zu leisten, kann stattdessen der Vermerk aufgenommen, dass das Protokoll „wörtlich vorgelesen wurde“[1286].

Das über die Vernehmung erstellte Protokoll ist eine öffentliche kirchliche Urkunde iSd. c. 1541 § 1 CIC/1983[1287]. Es wird nach c. 1541 CIC/1983 voller Beweis für die getätigte Aussage erbracht[1288]. Sofern sich die vernommene Person weigert

---

1278 Vgl. Sänger – Wöstmann, ZPO, § 163, Rn. 1; Thomas – Putzo – Reichold, ZPO, § 163, Rn. 1.

1279 Vgl. Zöller – Stöber, ZPO, Vorbemerkungen zu §§ 159–165, Rn. 2; Zöller – Geimer, ZPO, Vorbemerkungen vor § 415, Rn. 2; Sänger – Wöstmann, ZPO, § 159, Rn. 1, Stein – Jonas – Roth, ZPO, § 165, Rn. 2.

1280 Zöller – Geimer, ZPO, § 415, Rn. 5; vgl. Thomas – Putzo – Reichold, ZPO, § 415, Rn. 4; Rauscher – Wax – Wenzel – Wagner, ZPO, § 165, Rn. 2.

1281 Vgl. Thomas – Putzo – Reichold, ZPO, § 286, Rn. 11; Zöller – Greger, ZPO, § 355, Rn. 4, § 373, Rn. 9, Vorbemerkung vor § 445, Rn. 10; Jäckel, Beweisrecht der ZPO, 133, Rn. 663.

1282 Vgl. Lüdicke, Münsterischer Kommentar, c. 1567, Rn. 1.

1283 Vgl. Lüdicke, Münsterischer Kommentar, c. 1567, Rn. 1.

1284 Vgl. Lüdicke, Münsterischer Kommentar, c. 1569, Rn. 1, 2.

1285 Vgl. Lüdicke, Münsterischer Kommentar, c. 1569, Rn. 4, 5.

1286 Lüdicke, Münsterischer Kommentar, c. 1473, Rn. 2.

1287 Vgl. Lüdicke, Münsterischer Kommentar, c. 1472, Rn. 3, c. 1569, Rn. 4.

1288 Vgl. Lüdicke, Münsterischer Kommentar, c. 1541, Rn. 3; Lüdicke, „Dignitas connubii“, Art. 88, Rn. 4.

die Unterschrift zu leisten, kommt dem Protokoll eine etwas geringere Beweiskraft zu[1289].

cc) Vergleich

Sowohl staatliche als auch kirchliche Eheverfahren – abgesehen von einfachen Verwaltungsverfahren – sehen die schriftliche Aufzeichnung des Ergebnisses einer Beweisaufnahme, insbesondere der Vernehmung von Personen, vor. Das Protokoll kann unmittelbar in der Vernehmung aufgezeichnet werden. Auch möglich ist eine zunächst nur vorläufige Aufzeichnung mittels technischer Hilfsmittel und die anschließende endgültige Erstellung des Protokolls.

Die Aufzeichnung erfolgt im Staat regelmäßig durch einen Richter, sofern nicht ein Urkundsbeamter beigezogen wird. In der Kirche ist die Protokollierung regelmäßig dem Notar übertragen, wovon jedoch abgesehen wird, wenn der vernehmende Richter das Protokoll selbst mittels Tonbandgerät erstellt. Der Vorteil einer Erstellung durch einen Urkundsbeamten / Notar besteht darin, dass sich die Vernehmungsperson ganz auf die vernommene Person und ihre Aussagen konzentrieren kann.

Die Aussage soll sowohl im Staat als auch in der Kirche möglichst wortgetreu aufgenommen werden, um für die spätere Verwendung im Rahmen einer Beweiswürdigung möglichst detaillierte, ungefilterte Informationen zu besitzen.

Sowohl im Staat als auch in der Kirche soll die vernommene Person die protokollierte Aussage genehmigen. Der Staat begnügt sich mit der mündlichen, während die Kirche hingegen eine Genehmigung durch Unterschrift bevorzugt. Zwingend für die weitere Verwendung der Aussage im Verlauf des Verfahrens ist die Genehmigung nicht[1290].

Abschließend ist das im staatlichen und kirchlichen Verfahren erstellte Vernehmungsprotokoll durch den Richter und den Urkundsbeamten / Notar – sofern überhaupt beteiligt – zu unterschreiben, um eine formal richtige öffentliche Urkunde zu erstellen[1291]. Die protokollierte Aussage besitzt dann die Beweiskraft einer öffentlichen Urkunde hinsichtlich des Inhalts der erfolgten Aussage[1292] und kann in einem späteren Verfahren im Rahmen des Urkundenbeweises verwertet werden.

2. Beweise im Einzelnen

Um auf den jeweiligen Verfahrensantrag hin zu einer Entscheidung in der Eheangelegenheit gelangen zu können, müssen die hierfür erforderlichen Tatsachen bewiesen werden. Zum entsprechenden Nachweis stehen sowohl im staatlichen

1289 Vgl. Lüdicke, Münsterischer Kommentar, c. 1569, Rn. 4, 5.

1290 Vgl. Jäckel, Beweisrecht der ZPO, 67, Rn. 325; Lüdicke, Münsterischer Kommentar, c. 1569, Rn. 4, 5.

1291 Vgl. § 415 ZPO, c. 1540 § 1 CIC/1983.

1292 Vgl. § 415 ZPO, c. 1541 CIC/1983.

als auch im kirchlichen Rechtskreis gesetzlich festgelegte Beweismittel zur Verfügung. Gegenstand der Beweiserhebung können die Parteien, Urkunden, Zeugen sowie Sachverständige sein[1293]. Die Würdigung der Beweisergebnisse durch das Entscheidungsorgan ist frei, sofern nicht ausnahmsweise die freie Beweiswürdigung durch Beweisregeln eingeschränkt ist[1294].

a) Ehepartner (als Parteien des Verfahrens)

Sowohl staatliche als auch kirchliche Verfahren in Ehesachen sehen eine „Befragung“ der Ehepartner vor, um die für die Entscheidung relevanten Informtionen zu erlangen.

aa) Staat

In staatlichen Eheverfahren kann die „Befragung“ der Ehepartner durch das Gericht sowohl informell als Beteiligtenanhörung in der mündlichen Verhandlung (§ 128 Abs. 1 Sätze 1, 2 FamFG, § 141 ZPO) als auch formell als Beteiligtenvernehmung in der Beweisaufnahme (§ 128 Abs. 1 S. 3 FamFG) vorgenommen werden.

Immer sind die Ehegatten zu Ehesachen anzuhören[1295], um Unklarheiten, Lücken sowie Widersprüche im Sachvortrag zu beseitigen[1296]. Die gewonnenen Erkenntnisse aus der Anhörung dürfen aufgrund des informatorischen Charakters nicht als Beweisergebnisse behandelt werden, dürfen aber im Rahmen der Beweiswürdigung (§ 286 Abs. 1 ZPO) Berücksichtigung finden[1297].

Die Beteiligtenvernehmung dient „der Überzeugungsbildung von der Wahrheit einer tatsächlichen Behauptung“[1298], also einer beweisbedürftigen Tatsache[1299]. Die Abgrenzung zur rein informatorischen Beteiligtenanhörung ist durch Erlass

---

1293 Vgl. Jäckel, Beweisrecht der ZPO, 89, Rn. 430; Thomas – Putzo – Reichold, ZPO, Vorbemerkung § 284, Rn. 12; Grunsky, Zivilprozessrecht, 172, Rn. 177; Zimmermann, Zivilprozessordnung, § 284, Rn. 5.

1294 Vgl. § 286 Abs. 1, 2 ZPO, c. 1608 § 3 CIC/1983; vgl. Zöller – Greger, ZPO, § 286, Rn. 1, 3; Wirth, Das Streitverfahren, 1181.

1295 Vgl. Thomas – Putzo – Hüßtege, ZPO/FamFG, § 128, Rn. 4; Thomas – Putzo – Reichold, ZPO, § 445, Vorbemerkung, Rn. 2; Jäckel, Beweisrecht der ZPO, 134, Rn. 665; Sänger – Kemper, ZPO/FamFG, § 128, Rn. 6; Borth – Grandel – Musielak, Familiengerichtliches Verfahren, § 128, Rn. 3.

1296 Vgl. Jäckel, Beweisrecht der ZPO, 134, Rn. 667; Thomas – Putzo – Reichold, ZPO, Vorbemerkung § 445, Rn. 2; Musielak – Huber, ZPO, § 445, Rn. 3; Prütting – Gehrlein – Müller-Christmann, ZPO, Bemerkungen vor §§ 445 ff. ZPO, Rn. 2; Thomas – Putzo – Reichold, ZPO, § 141, Rn. 1.

1297 Vgl. Jäckel, Beweisrecht der ZPO, 134, Rn. 668, 669; Musielak – Huber, ZPO, § 445, Rn. 3; Thomas – Putzo – Hüßtege, ZPO/FamFG, § 128, Rn. 4; Thomas – Putzo – Reichold, ZPO, § 453, Rn. 7.

1298 Musielak – Huber, ZPO, § 445, Rn. 3.

1299 Vgl. Thomas – Putzo – Hüßtege, ZPO/FamFG, § 128, Rn. 5.

eines Beweisbeschluss vorzunehmen[1300]. Das Ergebnis dieser Vernehmung unterliegt der freien Beweiswürdigung durch das Gericht[1301] und ist ein vollwertiges Beweismittel[1302].

Ein gerichtliches Geständnis einer Partei über eine behauptete Tatsache entbindet aufgrund des Untersuchungsgrundsatzes in Familiensachen – anders als bei Geltung des Verhandlungsgrundsatzes – das Gericht nicht von der weiteren Beweiserhebung[1303]. Das Geständnis kann dann selbst nach § 286 ZPO frei gewürdigt werden[1304].

Ein außergerichtliches Geständnis hingegen ist nur Hilfstatsache für einen Beweis und besitzt keine Beweiskraft[1305].

bb) Kirche

In gerichtlichen Ehenichtigkeitsverfahren und gerichtsähnlichen Verwaltungsverfahren zur Auflösung des Ehebandes sind die Ehepartner im Rahmen der Beweisaufnahme als Parteien zu vernehmen[1306].

Gerichtliche Geständnisse und andere gerichtliche Parteierklärungen erbringen keinen vollen Beweiswert, wenn nicht weitere Beweiselemente hinzukommen, die ganz und gar bekräftigen[1307]. Außergerichtliche Geständnisse hingegen unterliegen

---

1300 Vgl. Jäckel, Beweisrecht der ZPO, 136, Rn. 678; Prütting – Gehrlein – Müller-Christmann, ZPO, § 450, Rn. 1; Musielak – Huber, ZPO, § 450, Rn. 1; Sänger – Pukall, ZPO, § 450, Rn. 1; Thomas – Putzo – Reichold, ZPO, § 450, Rn. 1; Thomas – Putzo – Hüßtege, ZPO/FamFG, § 128, Rn. 5.

1301 Vgl. Musielak – Huber, ZPO, § 453, Rn. 1; Thomas – Putzo – Reichold, ZPO, § 453, Rn. 1; Rauscher – Wax – Wenzel – Schreiber, ZPO, § 453, Rn. 1; Prütting – Gehrlein – Müller-Christmann, ZPO, § 453, Rn. 1; Thomas – Putzo – Reichold, ZPO/FamFG, § 128, Rn. 4.

1302 Vgl. Zöller – Greger, ZPO, § 445, Rn. 1; Musielak – Huber, ZPO, § 445, Rn. 3.

1303 Vgl. Thomas – Putzo – Reichold, ZPO, § 288, Rn. 6; Thomas – Putzo – Hüßtege, ZPO/FamFG, § 128, Rn. 12; Borth – Grandel – Musielak, Familiengerichtliches Verfahren, § 113, Rn. 6; Musielak – Huber, ZPO, § 288, Rn. 10; Stein – Jonas – Leipold, ZPO, § 288, Rn. 27, 30.

1304 Vgl. Thomas – Putzo – Hüßtege, ZPO/FamFG, § 128, Rn. 12; Zöller – Greger, ZPO, § 288, Rn. 6.

1305 Vgl. Zöller – Greger, ZPO, § 288, Rn. 4; Prütting – Gehrlein – Laumen, ZPO, § 288, Rn. 2.

1306 Vgl. cc. 1530, 1702 HS. 1 CIC/1983, Art. 177 DC, Art. 12 § 2 Normae in favorem fidei.

1307 Vgl. cc. 1536 § 2, 1702 HS. 2 CIC/1983, Art. 180 § 1 DC, Art. 12 § 3 Normae in favorem fidei; vgl. Wirth, Die Würdigung der Partei- und Zeugenaussagen, 115; Wirth, Das Streitverfahren, 1178; Assenmacher, Die Eheverfahren, 1195; Walser, Die Parteierklärungen, 345–347; Platen, Die Bedeutung der Parteierklärungen, 342–352; Lüdicke, „Dignitas connubii", Art. 180, Rn. 4, 5.

allein der freien Würdigung durch das erkennende Entscheidungsorgan[1308]. Sofern dieses Geständnis jedoch zu einer Zeit seit Verfahrenseinleitung und damit zu verdächtiger Zeit abgegeben wurde, besitzt es keinerlei Beweiswert[1309].

Lediglich in reinen Eheverwaltungsverfahren spielt die Parteivernehmung eine nur untergeordnete Rolle.

cc) Vergleich

Die Anhörung der Ehepartner ist die erste relevante „Informationsquelle" für die Beurteilung und Rechtsfindung der im anhängigen Eheverfahren erforderlichen Tatsachen. Sowohl das staatliche Verfahren als auch das kirchliche Verfahren stellt die Anhörung der Ehepartner in der Rechtspraxis an den Beginn eines jeden Verfahrens.

Während in kirchlichen Verfahren die Parteien im Rahmen der Beweisaufnahme immer formell vernommen werden, sieht das staatliche Verfahren regelmäßig nur eine informelle Anhörung der Beteiligten außerhalb der Beweisaufnahme vor. Die formelle Beteiligtenvernehmung soll nach dem Grundgedanken des Beweisrechts ein subsidiäres Beweismittel sein[1310] und wird daher in den gesetzlichen Regelungen (§§ 445–455 ZPO) über die Beweisaufnahme als letztes Beweismittel[1311] aufgeführt, was zugleich die Bedeutung dieser Subsidiarität unterstreicht; diese Subsidiarität wird in Ehesachen jedoch dadurch aufgeweicht, dass das Gericht von Amts wegen nach § 128 Abs. 1 S. 3 FamFG einen Beteiligten formell vernehmen darf[1312]. Die Kirche stellt in den gesetzlichen Regelungen (cc. 1530–1538 CIC/1983, 1702 HS. 1 CIC/1983, Art. 12 § 2 Normae in favorem fidei) hingegen die formelle Vernehmung der Parteien an den Beginn einer jeden Beweiserhebung[1313]; damit verdeutlicht sie zugleich die entscheidende Bedeutung als erster Quelle für das Verfahren.

Die Ergebnisse aus der Anhörung der Ehepartner unterliegen sowohl in einem staatlichen als auch in einem kirchlichen Verfahren bei der abschließenden Entscheidung der richterlichen Würdigung. Beide Rechtsbereiche erkennen aber die Gefahr, dass die Parteien mit ihren Aussagen bestimmte Interessen verfolgen

---

1308 Vgl. cc. 1537, 1702 HS. 2 CIC/1983, Art. 181 DC; vgl. Walser, Die Parteierklärungen, 347–348; Platen, Die Bedeutung der Parteierklärungen, 361–368; Lüdicke, „Dignitas connubii", Art. 181, Rn. 7.

1309 Vgl. Lüdicke, „Dignitas connubii", Art. 181, Rn. 9, 10.

1310 Vgl. Thomas – Putzo – Reichold, ZPO, Vorbemerkungen § 415, Rn. 1.

1311 Vgl. Titel 5 der ZPO über „Allgemeine Vorschriften über die Beweisaufnahme" (§§ 355–455 ZPO).

1312 Vgl. Bork – Jacoby – Schwab – Löhnig, FamFG, § 128, Rn. 19; Borth – Grandel – Musielak, Familiengerichtliches Verfahren, § 128, Rn. 6; Sänger – Kemper, ZPO/FamFG, § 128, Rn. 1, 12.

1313 Vgl. Titel 4 „Beweise" der Sektion 1 „Ordentliches Streitverfahren" des Teils 2 „Streitverfahren" des Buches 7 über „Prozesse" (cc. 1530–1581 CIC/1983).

und damit regelmäßig nicht unbefangen aussagen[1314]. Daher werden gerichtliche Parteiaussagen, insbesondere Geständnisse im Hinblick auf ihre Beweiskraft zurückhaltend bewertet. So entbindet in staatlichen Verfahren das gerichtliche Geständnis nicht davon, über eine zugestandene Tatsache keinen Beweis mehr zu erheben[1315]. Auch kommt der regelmäßig nur erfolgenden Beteiligtenanhörung kein Beweiswert zu[1316]. Das kirchliche Verfahren wiederum berücksichtigt diese Gefahr dadurch, dass durch gerichtliche Parteierklärungen allein, insbesondere Geständnisse, kein voller Beweis erbracht werden kann[1317].

Außergerichtlichen Geständnissen der Parteien kommt im Staat und in der Kirche unterschiedliche Wirkung zu. Im Staat ist es nur eine Hilfstatsache für eine mögliche weitere Beweiserhebung[1318]. Der Staat lässt damit außergerichtliche Parteierklärungen bezüglich des Beweiswertes unberücksichtigt. In der Kirche kommt außergerichtlichen Erklärungen der Parteien hingegen Beweiswert im Rahmen der freien Beweiswürdigung zu, sofern nicht ausnahmsweise aufgrund bewusster Abgabe zur Schaffung eines Beweismittels kein Beweiswert besteht[1319].

b) Zeugen

Sowohl staatliche als auch kirchliche Verfahren in Ehesachen sehen die Vernehmung von Zeugen vor.

aa) Staat

In staatlichen Eheverfahren können die Zeugen über vergangene Tatsachen und Zustände in Bezug auf die streitgegenständliche Eheangelegenheit befragt werden[1320]. Nach § 286 Abs. 1 ZPO ist die Aussage durch das Gericht frei zu würdigen[1321]. Hierbei wird die Glaubwürdigkeit des Zeugen und die Glaubhaftigkeit seiner konkreten Aussage Berücksichtigung finden müssen[1322].

1314 Vgl. Jäckel, Beweisrecht der ZPO, 133, Rn. 661; Zöller – Greger, ZPO, Vorbemerkungen § 445, Rn. 5; Lüdicke, „Dignitas connubii“, Art. 180, Rn. 4.

1315 Vgl. Thomas – Putzo – Reichold, ZPO, § 288, Rn. 5, 6.

1316 Vgl. Jäckel, Beweisrecht der ZPO, 134, Rn. 668, 669; Musielak – Huber, ZPO, § 445, Rn. 3; Thomas – Putzo – Hüßtege, ZPO/FamFG, § 128, Rn. 4.

1317 Vgl. cc. 1536 § 2, 1702 HS. 2 CIC/1983, Art. 12 § 3 Normae in favorem fidei; vgl. Wirth, Die Würdigung der Partei- und Zeugenaussagen, 115; Lüdicke, „Dignitas connubii“, Art. 180, Rn. 4.

1318 Vgl. Thomas – Putzo – Reichold, ZPO, § 288, Rn. 8.

1319 Vgl. Lüdicke, „Dignitas connubii“, Art. 181, Rn. 9–11.

1320 Vgl. Jäckel, Beweisrecht der ZPO, 100, Rn. 493; Thomas – Putzo – Reichold, ZPO, Vorbemerkung § 373, Rn. 1, § 396, Rn. 1; Sänger – Eichele, ZPO, § 373, Rn. 1; Rauscher – Wax – Wenzel – Damrau, ZPO, § 373, Rn. 1, 2.

1321 Vgl. Stein – Jonas – Berger, ZPO, Vor § 373, Rn. 13; Thomas – Putzo – Reichold, ZPO, Vorbemerkung § 373, Rn. 5; Prütting – Gehrlein – Trautwein, ZPO, § 373, Rn. 16.

1322 Vgl. Jäckel, Beweisrecht der ZPO, 106 ff., Rn. 528 ff., 144, Rn. 723; Musielak – Huber, ZPO, § 373, Rn. 16.

bb) Kirche

In kirchlichen Ehenichtigkeitsverfahren und gerichtsähnlichen Verwaltungsverfahren zur Auflösung des Ehebandes kann Beweis erhoben werden durch die Vernehmung eines Zeugen[1323] über „festzustellende Tatsachen"[1324] oder Vorgänge.

Die Zeugen werden unterschieden in qualifizierte Zeugen, die über von ihnen amtlich erledigte Sachen aussagen, und sonstige Zeugen[1325]. Die aufgenommenen Zeugenaussagen können vom Entscheidungsorgan unter Zuhilfenahme der Kriterien (subjektiver oder objektiver Art) nach c. 1572 CIC / 1983 frei gewürdigt werden[1326]. Hierbei kann die Aussage nur eines einzigen Zeugen keinen vollen Beweiswert[1327] erbringen, außer es handelt sich um die Aussage eines qualifizierten Zeugen[1328] oder die sachlichen und persönlichen Umstände legen etwas anderes nahe (c. 1573 CIC/1983, Art. 202)[1329].

In einfachen Eheverwaltungsverfahren kommt den Zeugen nur eine untergeordnete Rolle zu.

cc) Vergleich

Die Vernehmung von Zeugen ist sowohl in staatlichen als auch in kirchlichen Eheverfahren – neben der „Anhörung" der Partei – die zweite relevante Quelle, um für das anhängige Verfahren Kenntnis über die erforderlichen Tatsachen zu gewinnen. Die Zeugenaussagen besitzen damit große praktische Relevanz. Während sie der Staat in den gesetzlichen Regelungen über die Beweisaufnahme (§§ 373–401 ZPO) – abgesehen vom nicht relevanten Augenschein – als erstes Beweismittel anführt[1330] und hierdurch die Bedeutung der Zeugenaussage unterstreicht, führt die Kirche die Zeugen in den gesetzlichen Regelungen (cc. 1547–1573 CIC/1983, 1702 HS. 2 CIC/1983, Art. 12 § 1 Alt. 2 Normae in favorem fidei) als subjektivem Beweismittel nur an dritter Stelle – nach den Urkunden – auf[1331].

1323 Vgl. cc. 1547, 1702 HS. 2 CIC/1983, Art. 193 DC, Art. 12 § 1, Art. 14 § 1 Normae in favorem fidei.

1324 Mörsdorf, KanR III, 138.

1325 Vgl. Arroba, Diritto processuale canonico, 452.

1326 Vgl. Arroba, Diritto processuale canonico, 463; Mörsdorf, KanR III, 147, 148.

1327 Vgl. Lüdicke, „Dignitas connubii", Art. 202, Rn. 1; Mörsdorf, KanR III, 148; Arroba, Diritto processuale canonico, 463.

1328 Vgl. Mörsdorf, KanR III, 148; Lüdicke, „Dignitas connubii", Art. 202, Rn. 2.

1329 Vgl. Arroba, Diritto processuale canonico, 463, 464; Wirth, Die Würdigung der Partei- und Zeugenaussagen, 116; Gullo – Gullo, Prassi processuale, 195.

1330 Vgl. Titel 5 der ZPO über „Allgemeine Vorschriften über die Beweisaufnahme" (§§ 355–455 ZPO).

1331 Vgl. Titel 4 „Beweise" der Sektion 1 „Ordentliches Streitverfahren" des Teils 2 „Streitverfahren" des Buches 7 über „Prozesse" (cc. 1530–1581 CIC/1983).

Sowohl das staatliche als auch das kirchliche Verfahrensrecht überlässt dem Entscheidungsorgan die freie Würdigung der Beweisergebnisse aus der Zeugenvernehmung[1332]. Während das kirchliche Verfahrensrecht gesetzliche Kriterien als Hilfestellung an die Hand gibt[1333], sieht das staatliche Verfahrensrecht hingegen keine gesetzlichen Regelungen zur freien Beweiswürdigung durch das Gericht vor. Stattdessen haben sich im Staat hierfür aus der Rechtspraxis heraus bestimmte Merkmale zur Bewertung einer Aussage gebildet[1334]. Damit sind letztlich sowohl im Staat als auch in der Kirche Kriterien zur Würdigung der Zeugenaussage vorhanden, wenn sie auch unterschiedlichen Ursprung besitzen.

Während in staatlichen Eheverfahren bereits nur durch eine einzige Aussage die streitgegenständlichen Behauptungen in einer Ehesache bewiesen werden können, kann im kirchlichen Verfahrensrecht die Aussage nur eines einzigen Zeugen nach c. 1573 CIC/1983 grundsätzlich keinen vollen Beweiswert besitzen[1335]. Damit begegnet das kirchliche Eheverfahren – anders als das staatliche Verfahrensrecht – der Gefahr, dass ein einziger Zeuge ein subjektives Beweismittel darstellt, der leicht beeinflussbar ist. Nur ausnahmsweise besteht die Möglichkeit des vollen Beweiswertes, sofern ein qualifizierter Zeuge über von Amts wegen vorgenommene Handlungen aussagt[1336] oder wenn besondere Umstände vorliegen[1337]. Anders als das kirchliche Verfahren sieht das staatliche Verfahrensrecht keine Differenzierung der Zeugen vor.

c) Urkunden

In allen staatlichen und kirchlichen Eheverfahren – auch den einfachen kirchlichen Eheverwaltungsverfahren – kann ein erforderlicher Beweis für Tatsachenbehauptungen immer durch Urkunden erbracht werden, da Urkunden (als objektives Beweismittel) sehr zuverlässig und sicher sind[1338].

aa) Staat

Das staatliche Verfahrensrecht unterscheidet zwischen öffentlichen Urkunden und Privaturkunden. Öffentliche Urkunden „sind von Behörden […] erstellte Zeugnisse

---

1332 Vgl. Arroba, Diritto processuale canonico, 463; Mörsdorf, KanR III, 147; Stein – Jonas – Berger, ZPO, Vor § 373, Rn. 13; § 373, Rn. 5; Prütting – Gehrlein – Trautwein, ZPO, § 373, Rn. 16.

1333 Vgl. c. 1572 CIC/1983, Art. 201 DC.

1334 Vgl. Musielak – Huber, ZPO, § 373, Rn. 16; Zöller – Greger, ZPO, § 373, Rn. 10; sowie detailliert zu entsprechenden Bewertungsmerkmalen: Arntzen, Psychologie der Zeugenaussage, 25 ff.

1335 Vgl. Lüdicke, „Dignitas connubii“, Art. 202, Rn. 1.

1336 Vgl. Lüdicke, „Dignitas connubii“, Art. 202, Rn. 2.

1337 Vgl. Lüdicke, „Dignitas connubii“, Art. 202, Rn. 3.

1338 Vgl. Jäckel, Beweisrecht der ZPO, 127, Rn. 628; Lüdicke, „Dignitas connubii“, Art. 183, Rn. 1.

über [...] Erklärungen Dritter (§ 415), über behördliche Erklärungen und Entscheidungen (§ 417) und über Wahrnehmungen (§ 418)“[1339]. Privaturkunden „sind von Privatpersonen erstellte und unterschriebene Erklärungen“[1340].

Nach § 286 Abs. 2 ZPO ist die freie Beweiswürdigung für Urkunden eingeschränkt[1341]. Vorrangig gelten die Beweisregeln der §§ 415–418 ZPO, sofern die Echtheit der entsprechenden Urkunde feststeht (§§ 437–440 ZPO)[1342]. Nur bei nicht feststehender Echtheit oder bei Mängeln der Urkunde ist das Gericht in der Würdigung der Urkunde[1343] nach § 286 Abs. 1 ZPO frei.

Die Beweiskraft einer öffentlichen Urkunde (§§ 415, 417, 418 ZPO) erstreckt sich auf die Inhalte der jeweiligen Urkunde (Erklärungen, amtliche Entscheidungen sowie Zeugnis von Wahrnehmungen) und auf die Begleitumstände für ihre Erstellung (Ort, Zeit usw.)[1344]. Eine Privaturkunde (§ 416 ZPO) erbringt hingegen nur den vollen Beweis für den abgegebenen Inhalt der jeweiligen Urkunde, nicht aber – anders als bei der öffentlichen Urkunde – auch für die Begleitumstände bei der Erstellung[1345]. Nicht von der Beweiskraft umfasst ist die inhaltliche Richtigkeit des Urkundeninhalts[1346].

bb) Kirche

Im kirchlichen Verfahrensrecht werden öffentliche (kirchliche und staatliche) Urkunden und Privaturkunden – je nach Aussteller – unterschieden. Öffentliche Urkunden sind sowohl solche, die eine öffentliche Person in Ausübung ihres

---

1339 Zöller – Geimer, ZPO, Vorbemerkungen § 415, Rn. 4; vgl. Thomas – Putzo – Reichold, ZPO, § 415, Rn. 1, § 417, Rn. 1, § 418, Rn. 1; Jäckel, Beweisrecht der ZPO, 130, 131, Rn. 650–655.

1340 Zöller – Geimer, ZPO, Vorbemerkungen § 415, Rn. 3.

1341 Vgl. Thomas – Putzo – Reichold, ZPO, § 286, Rn. 20; Zöller – Greger, ZPO, § 286, Rn. 3.

1342 Vgl. Zöller – Geimer, ZPO, Vorbemerkungen § 415, Rn. 2; Thomas – Putzo – Reichold, ZPO, Vorbemerkungen § 415, Rn. 5, 6; Jäckel, Beweisrecht der ZPO, 129, Rn. 646.

1343 Vgl. Zöller – Geimer, ZPO, § 415, Rn. 6, § 416, Rn. 9, § 417, Rn. 2, § 418, Rn. 3, § 419, Rn. 2; Thomas – Putzo – Reichold, ZPO, § 415, Rn. 4, § 416, Rn. 2, § 417, Rn. 1, § 418, Rn. 1, § 419, Rn. 3; Jäckel, Beweisrecht der ZPO, 131, Rn. 647, 648.

1344 Vgl. Thomas – Putzo – Reichold, ZPO, § 415, Rn. 5, § 417, Rn. 2, § 418, Rn. 4; Stein – Jonas – Leipold, ZPO, § 415, Rn. 23, § 417, Rn. 1, § 418, Rn. 5; Prütting – Gehrlein – Preuß, ZPO, § 415, Rn. 23, § 417, Rn. 5, § 418, Rn. 8; Sänger – Eichele, ZPO, § 415, Rn. 9, § 417, Rn. 4, § 418, Rn. 2; Musielak – Huber, ZPO, § 415, Rn. 10, § 417, Rn. 2, § 418, Rn. 3; Jäckel, Beweisrecht der ZPO, 130, 131, Rn. 651, 653, 655.

1345 Vgl. Jäckel, Beweisrecht der ZPO, 132, Rn. 657; Thomas – Putzo – Reichold, ZPO, § 416, Rn. 3; Stein – Jonas – Leipold, ZPO, § 416, Rn. 10, 12; Prütting – Gehrlein – Preuß, ZPO, § 416, Rn. 17; Sänger – Eichele, ZPO, § 416, Rn. 5; Musielak – Huber, ZPO, § 416, Rn. 3.

1346 Vgl. Thomas – Putzo – Reichold, ZPO, § 415, Rn. 5, § 416, Rn. 3, § 417, Rn. 2, § 418, Rn. 4.

Dienstes in der Kirche angefertigt hat, unter Beachtung der vom Recht vorgeschriebenen Formalitäten, als auch solche, die nach staatlichen Gesetzen als solche angesehen werden[1347]. Privaturkunden sind solche, die nicht öffentlich sind[1348].

Für Urkunden gelten – bei feststehender Echtheit und Mangelfreiheit – Beweisregeln.

Öffentliche (kirchliche und staatliche) Urkunden erbringen nach c. 1541 CIC/1983 den vollen Beweis für alles, was in ihnen direkt und hauptsächlich bekundet wird[1349]. Direkt bestätigt wird, „was der Aussteller der Urkunde mit seinen Sinnen wahrgenommen hat“[1350], also der Amtsträger „in Ausübung seines Amtes und im Rahmen seines Aufgabenbereiches autoritativ niederlegen durfte und wollte“[1351]. Hauptsächlich wird beurkundet, „was für den beurkundeten Vorgang irgendwie von wesentlicher Bedeutung ist“[1352]. Häufig wird dies – neben dem Inhalt der Beurkundung selbst – auch Ort und Tag der Beurkundung sein.

Eine vom Entscheidungsorgan als echt anerkannte Privaturkunde hat hingegen nur den Beweiswert, wie er einem außergerichtlichen Geständnis oder einer außergerichtlich abgegebenen Erklärung einer Partei zukommt[1353]. Eine Privaturkunde mit einer aufgezeichneten Erklärung von Dritten, so auch vom Prozessgegner, hat jedoch an sich keine Beweiskraft; damit kann das Entscheidungsorgan sie völlig frei würdigen[1354]. Sofern die Urkunde aus unverdächtiger Zeit stammt, wird das Entscheidungsorgan ihr regelmäßig vollen Beweiswert zuerkennen[1355].

cc) Vergleich

Mit Folgen für die sich daran anschließende Beweiskraft nimmt sowohl das staatliche als auch das kirchliche Verfahrensrecht beim Urkundenbeweis eine Differenzierung – nach ihrem Aussteller – in öffentliche und private Urkunden vor[1356]. Auch werden in beiden Rechtsbereichen unter Ausschluss der freien richterlichen Beweiswürdigung entsprechende Beweisregeln für die Beweiskraft einer Urkunde aufgestellt[1357].

1347 Vgl. c. 1540 §§ 1, 2 CIC/1983; vgl. Gullo – Gullo, Prassi processuale, 170; Lüdicke, Münsterischer Kommentar, c. 1540, Rn. 3; Vanzetto, La fase istruttoria, 292.

1348 Vgl. c. 1540 § 3 CIC/1983; vgl. Gullo – Gullo, Prassi processuale, 170; Lüdicke, Münsterischer Kommentar, c. 1540, Rn. 3; Vanzetto, La fase istruttoria, 292.

1349 Vgl. c. 1541 CIC/1983.

1350 Mörsdorf, KanR III, 155; vgl. Arroba, Diritto processuale canonico, 447.

1351 Wirth, Urkundenbeweis, 92, 93; vgl. Lüdicke, „Dignitas connubii“, Art. 185, Rn. 3.

1352 Wirth, Urkundenbeweis, 93; vgl. Mörsdorf, KanR III, 155; Arroba, Diritto processuale canonico, 447.

1353 Vgl. Arroba, Diritto processuale canonico, 447, 449; Mörsdorf, KanR III, 156; Wirth, Urkunden-beweis, 96.

1354 Vgl. Mörsdorf, KanR III, 156; Lüdicke, Münsterischer Kommentar, c. 1542, Rn. 5.

1355 Vgl. Mörsdorf, KanR III, 156.

1356 Vgl. §§ 415–418 ZPO, c. 1540 §§ 1–3 CIC/1983.

1357 Vgl. c. 1608 § 3 CIC/1983 iVm. cc. 1540–1543 CIC/1983, § 286 II ZPO iVm. §§ 415–418 ZPO; vgl. Thomas – Putzo – Reichold, ZPO, § 286, Rn. 20;

Während das staatliche Verfahrensrecht die öffentliche Urkunde weiter nach ihrem Inhalt (§§ 415, 417, 418 ZPO) unterscheidet, sieht das kirchliche Verfahrensrecht lediglich eine öffentliche Urkunde vor, wenn die Urkunde aus dem staatlichen oder aus dem kirchlichen Rechtsbereich stammen kann[1358]. Sowohl im staatlichen als auch im kirchlichen Bereich wird durch eine öffentliche Urkunde ihr Inhalt (bezeugte Erklärung oder Tatsachen) mit den Begleitumständen bewiesen; damit werden öffentliche Urkunden aufgrund ihrer Zuverlässigkeit bei der Erstellung besonders hervorgehoben. Kirchlichen Urkunden kommt zusätzlich noch die Vermutung der inhaltlichen Richtigkeit zu[1359]. Die Beweiskraft für eine öffentliche Urkunde kann jedoch sowohl im Staat als auch in der Kirche immer widerlegt werden durch den Nachweis der Unechtheit[1360]. Der Nachweis der inhaltlichen Unrichtigkeit hingegen kann in der Kirche immer geführt werden[1361].

Die zum Beweis von Tatsachenbehauptungen vorgelegten Privaturkunden besitzen im Staat und in der Kirche unterschiedliche Beweiskraft. So erkennt das staatliche Verfahrensrecht den Privaturkunden nur Beweiskraft für den Inhalt der abgegebenen Erklärung zu (§ 416 ZPO)[1362]. Das kirchliche Verfahrensrecht hingegen erkennt einer Privaturkunde nur die Qualität eines Geständnisses oder einer außergerichtlichen Erklärung zu (c. 1542 CIC/1983). Damit unterliegen Privaturkunden der freien richterlichen Beweiswürdigung[1363]. Durch dieses – wenn auch in Staat und Kirche – unterschiedliche Vorgehen soll der Gefahr der Fälschung einer privat erstellten Urkunde begegnet werden. Anders als im Staat – bedarf es in der Kirche für Privaturkunden keines Gegenbeweises gegen eine Beweisregel, weil dieser Urkunde ohnehin keine Beweiskraft zukommt.

d) Sachverständige

Das zur Beurteilung von streitgegenständlichen Tatsachen in einer Eheangelegenheit erforderliche Fachwissen kann durch die Beteiligung eines Sachverständigen vermittelt werden.

Rauscher – Wax – Wenzel – Prütting, ZPO, § 286, Rn. 20; Sänger – Eichele, ZPO, § 415, Rn. 9, § 416, Rn. 1, § 417, Rn. 1, § 418, Rn. 2; Wirth, Das Streitverfahren, 1181; Mörsdorf, KanR III, 178; Lüdicke, Münsterischer Kommentar, c. 1608, Rn. 9.

1358 Vgl. c. 1540 §§ 1, 2 CIC/1983.

1359 Vgl. Wirth, Urkundenbeweis, 93.

1360 Vgl. Wirth, Urkundenbeweis, 93; Lüdicke, Münsterischer Kommentar, c. 1541, Rn. 2; Thomas – Putzo – Reichold, ZPO, Vorbemerkung § 415, Rn. 6, § 415, Rn. 8, § 416, Rn. 5, § 417, Rn. 2, § 418, Rn. 4.

1361 Vgl. Wirth, Urkundenbeweis, 93; Lüdicke, Münsterischer Kommentar, c. 1541, Rn. 2; Thomas – Putzo – Reichold, ZPO, § 415, Rn. 6, § 416, Rn. 4, § 418, Rn. 4.

1362 Vgl. Thomas – Putzo – Reichold, ZPO, § 416, Rn. 3.

1363 Vgl. c. 1543 CIC/1983, § 419 ZPO.

aa) Staat

Das für eine Entscheidung in einem Eheverfahren notwendige Fachwissen kann sowohl durch einen gerichtlichen Sachverständigen als auch durch ein privat von einem Beteiligten beauftragten Gutachter gewonnen werden.

Ein gerichtlicher Sachverständiger kann dann erforderlich werden, „wenn aus feststehenden Tatsachen kraft besonderer Fachkunde Schlussfolgerungen gezogen werden müssen, um dem Gericht die Überzeugung von der streitigen Behauptung zu verschaffen“[1364]. Nur ausnahmsweise kann das erkennende Gericht bei Vorhandensein der erforderlichen eigenen Sachkunde ohne Beteiligung eines Gutachters entscheiden, wobei die Beteiligten hierüber zu informieren sind[1365]. Die Auswahl und Beauftragung des Sachverständigen mit der Gutachtenserstellung wird nach § 404 Abs. 1 S. 1 ZPO durch das Prozessgericht vorgenommen[1366]. Hierzu ist ein Beweisbeschluss zu erlassen, indem „das Beweisthema präzise formuliert wird. Einzelne Fragen, die das Gericht für wichtig hält, sollten ausformuliert werden“[1367]. Die Ergebnisse aus dem Gutachten kann das Gericht nach § 286 Abs. 1 ZPO frei würdigen[1368].

Das privat von einem Beteiligten in Auftrag gegebene Gutachten stellt nur einen „qualifizierten, urkundlich belegten Parteivortrag dar“[1369]. Das Gericht hat das Vorbringen zu würdigen und es „nicht als Behauptung ins Blaue hinein [zurückzuweisen]“[1370]. Sofern sich Widersprüche zu anderem Vorbringen auftun, kann das Gericht nicht selbst aus eigener Sachkunde entscheiden; es muss einen gerichtlichen Sachverständigen beauftragen[1371]. Ein zuvor beauftragter Privatgutachter kann zudem als sachverständiger Zeuge (§ 414 ZPO) vernommen

---

1364 Zöller – Greger, ZPO, § 402, Rn. 6b; vgl. Thomas – Putzo – Reichold, ZPO, Vorbemerkung § 373, Rn. 1.

1365 Vgl. Zöller – Greger, ZPO, § 402, Rn. 7; Thomas – Putzo – Reichold, ZPO, Vorbemerkung § 402, Rn. 3; Sänger – Eichele, ZPO, Vor § 402, Rn. 5; Stein – Jonas – Leipold, ZPO, Vor § 402, Rn. 33–37.

1366 Vgl. Thomas – Putzo – Reichold, ZPO, § 404, Rn. 1; Jäckel, Beweisrecht der ZPO, 113, Rn. 563; Zöller – Greger, ZPO, § 404, Rn. 1, § 411, Rn. 2.

1367 Jäckel, Beweisrecht der ZPO, 112, 113, Rn. 562.

1368 Vgl. Musielak – Huber, ZPO, § 402, Rn. 12; Jäckel, Beweisrecht der ZPO, 124, Rn. 615; Zöller –Greger, ZPO, § 402, Rn. 7a; Prütting – Gehrlein – Katzenmeier, ZPO, Bemerkungen vor §§ 402 ff., Rn. 4; Stein – Jonas – Leipold, ZPO, Vor § 402, Rn. 15.

1369 Jäckel, Beweisrecht der ZPO, 111, Rn. 556; vgl. Thomas – Putzo – Reichold, ZPO, Vorbemerkung § 402, Rn. 5; Musielak – Huber, ZPO, § 402, Rn. 5; Prütting – Gehrlein – Katzenmeier, ZPO, Vor § 402, Rn. 8; Sänger – Eichele, ZPO, Vor § 402, Rn. 2; Stein – Jonas – Leipold, ZPO, Vor § 402, Rn. 74; Zöller – Greger, ZPO, § 402, Rn. 2.

1370 Jäckel, Beweisrecht der der ZPO, 111, Rn. 556.

1371 Vgl. Jäckel, Beweisrecht der ZPO, 111, Rn. 557; Musielak – Huber, ZPO, § 402, Rn. 5; Zöller –Greger, ZPO, § 402, Rn. 6c; Prütting – Gehrlein – Katzenmeier, ZPO, Vor § 402, Rn. 9; Sänger –Eichele, ZPO, Vorbemerkung zu § 402, Rn. 2.

werden[1372]. Nur mit beiderseitigem Einverständnis kann das Privatgutachten auch als Sachverständigenbeweis gewertet werden[1373].

bb) Kirche

In kirchlichen Eheverfahren kann sowohl ein gerichtlicher Sachverständiger als auch ein privater Sachverständiger mitwirken.

Ein gerichtliches Sachverständigengutachten wird nach cc. 1574, 1680 CIC/1983 regelmäßig erforderlich, wenn es sich um medizinische Nichtigkeitsgründe, wie Impotenz, Geisteskrankheit[1374] oder Unfähigkeit gemäß c. 1095 CIC/1983[1375] oder Nichtvollzug handelt[1376], sofern eine Einholung nicht offenkundig zwecklos ist. Die Beauftragung erfolgt nach c. 1577 § 1 CIC/1983 durch den Untersuchungsrichter, der Teil des Entscheidungsorgans sein kann, aber nicht sein muss. Zur Beurteilung eines rechtserheblichen Tatbestandes im Zeitpunkt der Eheschließung[1377] bestimmt das Gericht durch Dekret die Punkte, auf welche im Sachverständigengutachten eingegangen werden soll[1378]. Der Sachverständige muss sein Gutachten im Eheverfahren schriftlich abfassen, kann aber dann auch vor Gericht geladen werden, um seine Schlussfolgerungen mündlich zu bestätigen und eventuelle Fragen aufzuklären (cc. 1578 § 3 CIC/1983, Art. 211 DC)[1379]. Neben diesen genannten Gründen soll das Gericht nach cc. 1680, 1574 CIC/1983, Art. 203 § 2 DC einen Sachverständigen beiziehen, sooft dies erforderlich ist, um eine Tatsache zu beweisen oder die wahre Natur eines Sachverhalts zu erkennen, oder wenn die Echtheit irgendeines Schriftstückes zu untersuchen ist[1380].

Das auf diese Weise im Auftrag des Gerichtes erstellte Sachverständigengutachten unterliegt der freien richterlichen Beweiswürdigung (c. 1579 § 1 CIC/1983)[1381].

1372 Vgl. Jäckel, Beweisrecht der ZPO, 111, Rn. 557; Musielak – Huber, ZPO, § 402, Rn. 5; Prütting – Gehrlein – Katzenmeier, ZPO, § 402, Rn. 8.

1373 Vgl. Jäckel, Beweisrecht der ZPO, 111, Rn. 556; Thomas – Putzo – Reichold, ZPO, § 284, Rn. 11, Vorbemerkung § 402, Rn. 5; Stein – Jonas – Leipold, ZPO, Vor § 402, Rn. 79.

1374 Vgl. Wegan, Ehescheidung möglich, 228.

1375 Durch Art. 203 § 1 DC wird gegenüber c. 1680 CIC/1983 eine Neuerung bezüglich Sachverständigen in Ehenichtigkeitsverfahren hinzugefügt, wonach zusätzlich wegen Unfähigkeiten nach c. 1095 CIC/1983 ein Sachverständiger bestellt werden soll, während hingegen nach c. 1680 CIC/1983 nur bei Impotenz und Geisteskrankheit ein Sachverständiger zu bestellen ist (vgl. Garcia Failde, La Instruccion „Dignitas connubii", Art. 203, 181; Gruber, Iudex est iudex peritorum, 365, 379).

1376 Vgl. Nr. 18, 19 Litterae Circulares.

1377 Vgl. Wirth, Der Sachverständige, 215.

1378 Vgl. Lüdicke, Münsterischer Kommentar, c. 1577, Rn. 1.

1379 Vgl. Wegan, Ehescheidung möglich, 228; Wirth, Der Sachverständige, 224.

1380 Vgl. Gruber, Iudex est iudex peritorum, 362.

1381 Vgl. Wirth, Der Sachverständige, 227; Uhrmann, Die Bewertung von Gutachten, 631–633.

Der private Sachverständige wird von einem der Ehepartner mit der Gutachtenerstellung beauftragt. Der ausgewählte Gutachter bedarf aber der Zulassung durch den Untersuchungsrichter[1382]. Private Sachverständige werden als „nichtjuristische Advokaten“[1383] für die Ehepartner tätig.

cc) Vergleich

Sowohl in staatlichen als auch in kirchlichen Eheverfahren – abgesehen vom einfachen Verwaltungsverfahren – können Sachverständige zur Vermittlung der für die Entscheidung erforderlichen Kenntnisse beteiligt werden. Diese Sachverständigen können sowohl vom Gericht als auch von einem privaten Verfahrenbeteiligten beauftragt werden.

Während das staatliche Recht vor der Entscheidung über die Beauftragung eines gerichtlichen Sachverständigen nach eigenem Ermessen zunächst die Möglichkeit bietet, aus eigener hinreichender Sachkunde die Beurteilung vorzunehmen[1384], ist in kirchlichen Verfahren die Notwendigkeit für die Beauftragung eines gerichtlichen Sachverständigen gesetzlich regelmäßig immer bei medizinischen Klagegründen[1385] festgelegt; bei allen anderen Klagegründen wird die Beteiligung eines Gutachters hingegen – wie im Staat – in das Ermessen des Gerichts gestellt[1386].

Für die Gutachtensbeauftragung bietet das kirchliche Verfahrensrecht bei den medizinischen Klagegründen relevante Aspekte zur Begutachtung[1387]. Damit werden Hilfestellungen gegeben, um dem Gericht die Formulierung des Begutachtungsauftrages zu erleichtern. Im staatlichen Verfahrensrecht spielen die medizinischen Gründe in aller Regel keine Rolle.

Die Ergebnisse aus den Gutachten unterliegen in beiden Rechtsbereichen der freien richterlichen Beweiswürdigung; dies beruht auf der Tatsache, dass der Sachverständige dem Gericht lediglich die erforderlichen Fachkenntnisse zur Beurteilung von Tatsachen vermitteln soll.

Während in staatlichen Eheverfahren ein privater Sachverständiger ohne besondere Zulassung für eine Partei sprechen darf, ist in kirchlichen Eheverfahren die Mitwirkung von der Zulassung durch das Entscheidungsorgan abhängig[1388].

1382 Vgl. Arroba, Diritto processuale canonico, 473; Lüdicke, Münsterischer Kommentar, c. 1581, Rn. 2.

1383 Lüdicke, Münsterischer Kommentar, c. 1581, Rn. 1.

1384 Vgl. Jäckel, Beweisrecht der ZPO, 111, Rn. 554.

1385 Vgl. cc. 1574, 1680 CIC/1983, Art. 203 § 1 DC, Nr. 18 Litterae Circulares.

1386 Vgl. cc. 1574, 1680 CIC/1983, Art. 203 § 2 DC.

1387 Vgl. Art. 208, 209 DC.

1388 Vgl. c. 1581 CIC/1983.

XV. Diskussion über Anträge / Klagen / Gesuche

Vor der Entscheidung in der Eheangelegenheit durch das Entscheidungsorgan ist bei den mitunter gegensätzlichen Standpunkten der beteiligten Ehepartner eine Diskussion, also der Austausch der Argumente von beiden Seiten vorgesehen.

1. Staatliche Gerichtsverfahren

Alle staatlichen Gerichtsverfahren in Ehesachen[1389] sind vom Grundsatz der mündlichen Verhandlung vor dem erkennenden Gericht geprägt[1390]. Aus dem Mündlichkeitsgrundsatz folgt, „dass Entscheidungsgrundlage nur der Prozessstoff sein darf, der Gegenstand der mündlichen Verhandlung war"[1391] und „das Gericht als Prozeßstoff nur das in der mündlichen Verhandlung Vorgetragene berücksichtigen darf"[1392]. „Mit der Antragstellung und der Verhandlung zum Sach- und Streitstand ist der gesamte Inhalt der Prozessakte zum Gegenstand der mündlichen Verhandlung gemacht"[1393].

Dieser Grundsatz erfährt mehrere Durchbrechungen, „um eine schriftliche Fixierung des Streitstoffs zu ermöglichen"[1394]. Hauptgrund hierfür ist „die Flüchtigkeit des gesprochenen Wortes und [die] Schwierigkeit [...], komplexe Sachverhalte und Rechtsfragen in mündlicher Rede verständlich zu machen"[1395]. Wesentliche Durchbrechungen der Mündlichkeit sind „die Vorbereitung der mündlichen Verhandlung durch Schriftsätze (§ 129 [ZPO]), die Bezugnahme auf Schriftstücke in der mündlichen Verhandlung (§ 137 Abs. 3 [ZPO]), der Protokollierungszwang (§§ 160, 510 a [ZPO]) [...] und die für einzelne Prozesshandlungen vorgesehene Schriftform"[1396]. Ebenso werden schriftlich gestellte Anträge durch Bezugnahme gemäß § 297 Abs. 2 ZPO zum Gegenstand der Verhandlung[1397].

1389 Vgl. § 121 Nr. 1–3 FamFG.

1390 Vgl. § 128 Abs. 1 ZPO; vgl. Thomas – Putzo – Reichold, ZPO, § 128, Rn. 1; Prütting – Gehrlein –Prütting, ZPO, § 128, Rn. 1; Stein – Jonas – Leipold, ZPO, § 128, Rn. 23.

1391 Rauscher – Wax – Wenzel – Wagner, ZPO, § 128, Rn. 9; vgl. Thomas – Putzo – Reichold, ZPO, § 128, Rn. 6.

1392 Stein – Jonas – Leipold, ZPO, § 128, Rn. 8; vgl. Thomas – Putzo – Reichold, ZPO, § 128, Rn. 9.

1393 Sänger – Wöstmann, ZPO, § 128, Rn. 1; vgl. Thomas – Putzo – Reichold, ZPO, § 128, Rn. 6.

1394 Prütting – Gehrlein – Prütting, ZPO, § 128, Rn. 5.

1395 Prütting – Gehrlein – Prütting, ZPO, § 128, Rn. 5.

1396 Prütting – Gehrlein – Prütting, ZPO, § 128, Rn. 5; vgl. Musielak – Stadler, ZPO, § 128, Rn. 2.

1397 Vgl. Prütting – Gehrlein – Prütting, ZPO, § 128, Rn. 11, wobei hier fälschlicherweise § 287 Abs. 2 ZPO angeführt ist; es wurde vom Autor auf den richtigen Paragraphen § 297 Abs. 2 ZPO berichtigt.

In der mündlichen Verhandlung sollen die Parteien „in unmittelbarer Rede und Gegenrede den Sach- und Streitstoff [...] erörtern“[1398]. Durch die Bezugnahme der Beteiligten auf ihre schriftsätzlich gestellten Anträge[1399] zeigen sich bereits zu Beginn der Verhandlung eventuelle widerstreitende Interessen und Zielrichtungen, die nachfolgend diskutiert und im Rahmen der Beweisaufnahme aufgeklärt werden[1400].

Da die Verhandlung über die Eheangelegenheit in Anwesenheit der Beteiligten und ihrer Beistände durchgeführt wird, bedarf es zur Diskussion nicht zwingend der Einsicht in die Prozessakten, wenn auch eine solche Einsichtnahme den Beteiligten jederzeit gewährt wird[1401].

Eine Verletzung des Grundsatzes der Mündlichkeit stellt einen wesentlichen Verfahrensmangel[1402] dar.

2. Kirchliche Verfahren

a) Gerichtsverfahren

Im kirchlichen Ehenichtigkeitsverfahren gilt das Prinzip der Schriftlichkeit, „d. h. Grundlage der richterlichen Entscheidungen kann nur das sein, was in den Prozeßakten schriftlich festgelegt ist“[1403]. Daraus folgt, dass das kirchliche Gericht im Urteil nur den in den Prozessakten niedergelegten Beweisstoff verwerten darf[1404]. Alle verfahrensrelevanten Vorgänge, also vor allem die mündlichen Aussagen vor Gericht, müssen zu Protokoll genommen werden. Prozessleitende Verfügungen müssen ebenfalls schriftlich niedergelegt werden[1405].

Da die Beweisergebnisse in den Prozessakten schriftlich festgehalten werden und während der Beweiserhebung eine Einsichtnahme in die Prozessakten nicht zulässig ist[1406], sind nach abgeschlossener Beweiserhebung die „in den Akten niedergelegten und bisher geheim gehaltenen Prozeßakten den Parteien bekannt zu geben“[1407]. Zweck ist die Kenntnisnahmemöglichkeit der Parteien „vom Stand der Ermittlungen [...], damit sie ihr Beweisangebot ergänzen können und wissen, wogegen sie sich in der anschließenden Sachdiskussion zu verteidigen haben“[1408].

1398 Prütting – Gehrlein – Prütting, ZPO, § 128, Rn. 2.
1399 Vgl. §§ 137, 297 Abs. 2 ZPO.
1400 Vgl. §§ 279 Abs. 2, 285 Abs. 1 ZPO.
1401 Vgl. § 299 ZPO.
1402 Vgl. Sänger – Wöstmann, ZPO, § 128, Rn. 1.
1403 Mörsdorf, KanR III, 89, 178; vgl. Wirth, Gerichtsverfassung und Gerichtsordnung, 1173; Lüdicke, „Dignitas connubii“, Art. 247, Rn. 8.
1404 Vgl. Wirth, Das Streitverfahren, 1181; Mörsdorf, KanR III, 178.
1405 Vgl. Mörsdorf, KanR III, 89.
1406 Vgl. Umkehrschluss aus c. 1678 § 1, 1° CIC/1983, Art. 159 § 1, 2° DC.
1407 Mörsdorf, KanR III, 171.
1408 Lüdicke, „Dignitas connubii“, Art. 229, Rn. 1.

Die gewonnenen Erkenntnisse aus der Einsichtnahme bilden die Grundlage für die Sachdiskussion der amtlichen und privaten Prozessparteien, also der klagenden Partei, der nicht klagenden Partei sowie des Bandverteidigers. Grundsätzlich wird die Diskussion durch Vorlage von Schriftsätzen durchgeführt[1409], in denen die Bewertungen des Beweisergebnisses enthalten sind. Anschließend kann jede Partei „einmal auf den Schriftsatz der Gegenpartei schriftlich [...] erwidern“[1410].

Nur ausnahmsweise erfolgt die Diskussion einer Sache in mündlicher Verhandlung vor dem erkennenden Gericht nach dessen Ermessen[1411]. In der gerichtlichen Praxis stellt eine solche mündliche Verhandlung aber eine absolute Ausnahme dar.

b) *Gerichtsähnliche Verwaltungsverfahren*

Das gerichtsähnliche Verwaltungsverfahren zur Auflösung des Ehebandes in favorem fidei oder wegen Nichtvollzugs ist – wie das kirchliche Ehenichtigkeitsverfahren – vom Schriftlichkeitsprinzip beherrscht. Anders als im kirchlichen Ehenichtigkeitsverfahren findet jedoch keine Offenlegung der Akten[1412] und anschließende Diskussion zwischen den beteiligten Parteien statt. Stattdessen wird durch den Untersuchungsrichter ein Bericht an den Bischof übergeben, der auf den ermittelten Sachverhalt für die begehrte Auflösung des Ehebandes und das Vorliegen / Nichtvorliegen der Voraussetzungen für die Gewährung der Auflösung eingeht[1413]. Zum Abschluss des Verfahrens übermittelt der Bischof zusammen mit seinem Votum, ob die Bedingungen für die Gewährung der Auflösung der Ehe vorliegen, sämtliche Akten der Untersuchung an den Apostolischen Stuhl[1414].

Lediglich nach Abschluss der Verfahrens beim Apostolischen Stuhl kann ein Rechtskundiger für den Bittsteller oder die belangte Partei Einsicht in die Prozessakten nehmen, um abzuwägen, ob noch etwas Gewichtiges für eine Neuvorlage des Bittgesuches angeführt werden kann[1415].

c) *Einfache Verwaltungsverfahren*

In einfachen Verwaltungsverfahren des Antrags auf Feststellung der Nichtigkeit einer Ehe wegen Formmangels oder Durchführung des Privilegium Paulinum ist für die Führung der Verfahrensakten keine gesetzliche Regelung vorgesehen.

1409 Vgl. Lüdicke, „Dignitas connubii“, Art. 240, Rn. 2, 3; Mörsdorf, KanR III, 172, 173.
1410 Mörsdorf, KanR III, 173.
1411 Vgl. Lüdicke, „Dignitas connubii“, Art. 244, Rn. 1; Mörsdorf, KanR III, 173, 174; Arroba, Diritto processuale canonico, 507, 508.
1412 Vgl. c. 1703 § 1 HS. 1 CIC/1983, Art. 23 S. 2 Normae in favorem fidei.
1413 Vgl. c. 1704 § 1 CIC/1983, Art. 23 Normae in favorem fidei.
1414 Vgl. c. 1705 § 1 CIC/1983, Art. 24, 25 Normae in favorem fidei.
1415 Vgl. c. 1705 § 3 CIC/1983; er gilt unmittelbar nur für das Nichtvollzugsverfahren, kann aber analog auch auf das Verfahren zur Auflösung einer Ehe in favorem fidei angewendet werden.

Lediglich die das Verfahren einleitende Initiative und die abschließende Entscheidung bei der Feststellung der Nichtigkeit bzw. der fehlenden Nichtigkeit im Verwaltungswege muss in Schriftform vorgenommen werden[1416]. Der Nachweis über die durchgeführte Befragung beim Privilegium Paulinum muss ebenfalls in schriftlicher Form vorliegen[1417].

3. Vergleich

a) Form

Alle staatlichen Verfahren in Ehesachen sind vom Grundsatz der Mündlichkeit geprägt[1418] – wenn auch mit bestimmten Durchbrechungen wegen der Flüchtigkeit des gesprochenen Wortes. Hingegen gilt in allen kirchlichen Eheprozessen die Schriftlichkeit als beherrschender Verfahrensgrundsatz[1419], wenn auch die Schriftlichkeit in Gerichtsverfahren, in gerichtsähnlichen Verwaltungsverfahren und in einfachen Verwaltungsverfahren in unterschiedlichem Umfang ausgeprägt ist.

b) Diskussion in Verfahren wegen fehlerhafter Ehe

Die Sachdiskussion in Gerichtsverfahren entspricht der für staatliche und kirchliche Verfahren unterschiedlichen Form, also im Rahmen einer mündlichen Verhandlung in staatlichen Eheverfahren; dagegen durch Austausch von Schriftsätzen in kirchlichen Ehenichtigkeitsverfahren.

Das Mündlichkeitsprinzip hat gegenüber dem Grundsatz der Schriftform bestimmte Vorzüge. Das Gericht im staatlichen Verfahren „gewinnt einen lebendigen und unmittelbaren Eindruck von dem Vortrag und den Interessen der Parteien und kann wesentliche Punkte mit den Parteien erörtern“[1420]. Auch können die Parteien durch ihren mündlichen – vielleicht auch teilweise emotionalen – Vortrag „unmittelbar auf die richterliche Überzeugungsbildung einwirken“[1421]. Bei einer rein mündlichen Diskussion – wie im staatlichen Verfahren – besteht aber leicht die Gefahr der „Flüchtigkeit des gesprochenen Wortes, [...] Wesentliches zu überhören oder zur Seite zu schieben, den Überblick zu verlieren“[1422].

Durch die schriftliche Diskussion in der Form des Austausches von Schriftsätzen kommt es zu einer viel sachlicheren Diskussion, da Emotionen schriftlich nicht leicht aufkommen, wenn auch ein Schriftsatz immer aus Sicht einer Partei

---

1416 Vgl. C. 23. i des Ehevorbereitungsprotokolls iVm. Antrag gemäß Anm. 8a auf Feststellung der Nichtigkeit einer Ehe wegen Formmangels, C. 25. des Ehevorbereitungsprotokolls; c. 51 CIC/1983.
1417 Vgl. c. 1145 § 3 CIC/1983.
1418 Vgl. § 128 Abs. 1 ZPO.
1419 Vgl. Wirth, Gerichtsverfassung und Gerichtsordnung, 1173.
1420 Prütting – Gehrlein – Prütting, ZPO, § 128, Rn. 3.
1421 Prütting – Gehrlein – Prütting, ZPO, § 128, Rn. 3.
1422 Rauscher – Wax – Wenzel – Wagner, ZPO, § 128, Rn. 2.

geschrieben ist. Nachteil des kirchlichen Schriftlichkeitsprinzips ist es, dass nur ein Richter, der nicht zwingend dem erkennenden Dreierkollegium angehören muss, die Parteien, Zeugen und Sachverständigen persönlich vernommen und wahrgenommen und seine Eindrücke anschließend für die Prozeßakten niedergelegt hat. Hier besteht die Gefahr, dass die gewonnenen Wahrnehmungen über eine Person einseitig schriftlich dargelegt werden. Während in staatlichen Verfahren die mündliche Verhandlung durch immer wieder mögliche Diskussionen zwischen den Parteien geprägt ist, findet in kirchlichen Ehenichtigkeitsverfahren die Sachdiskussion erst nach Abschluss der Beweiserhebungen statt. Durch die fortwährende Diskussion im Staat besteht der Vorteil, dass die Parteien jederzeit den Stand und Erfolg der Beweiserhebungen kennen, während im kirchlichen Rechtsbereich erst nach Abschluss aller Beweiserhebungen die Kenntnisnahmemöglichkeit für die Ehepartner besteht. Hier haben die Ehepartner dann aber die Möglichkeit von Beweisergänzungen. Vorteil der kirchlichen Regelung ist andererseits die ungestörte Durchführung der Beweisaufnahme.

c) Diskussion in gerichtsähnlichen Verwaltungsverfahren

Anders als im staatlichen Scheidungsverfahren ist in gerichtsähnlichen Verwaltungsverfahren zur Auflösung des Ehebandes wegen Nichtvollzugs oder in favorem fidei eine Aktenoffenlegung und Diskussion des Beweisergebnisses nicht vorgesehen. Lediglich im Rahmen der Vernehmungen der Ehepartner können diese aus ihrer Sicht die möglichen – wenn auch noch nicht erhobenen – Beweise würdigen und durch ihre Aussage in gewissem Umfang Einfluss auf das Beweisergebnis nehmen. Eine Bewertung des Beweisergebnisses wird jedoch – anders als in kirchlichen Ehenichtigkeitsverfahren und im staatlichen Ehescheidungsverfahren – nicht vorgenommen. Stattdessen wird die Bewertung des Beweisergebnisses im Votum des Diözesanbischofs niederlegt. Lediglich sofern „die vorgebrachten Beweise dem Begehren des Bittstellers [...] sehr hinderlich sind“[1423], kann der Untersuchungsrichter dies ohne Offenlegung der Akten der betreffenden Partei mitteilen[1424]. Hierdurch soll die Möglichkeit geboten werden, zusätzliche Beweismittel zur Verbesserung des Beweisergebnisses vorbringen zu können.

d) Diskussion in einfachen Verwaltungsverfahren

In einfachen Verwaltungsverfahren ist – wie in gerichtsähnlichen Verwaltungsverfahren zur Auflösung des Ehebandes – keine Offenlegung der Akten des Verwaltungsverfahrens und folglich auch keine Einsichtnahme möglich. Hier wäre es wünschenswert, dass das kirchliche Recht eine vergleichbare Regelung der Akteneinsicht durch die Beteiligten vorsieht, wie diese in Art. 29 BayVwVfG geregelt ist.

1423 C. 1703 § 1 HS. 2 CIC/1983.

1424 Vgl. Assenmacher, Die Eheverfahren, 1203; Lüdicke, Münsterischer Kommentar, c. 1703/2, Rn. 3.

Nach c. 50 CIC/1983 soll die zuständige Autorität vor Erlass des Dekrets die notwendigen Erkundigungen und Beweismittel einholen sowie diejenigen hören, deren Rechte verletzt werden könnten. Im Rahmen der Erkundigungen ist allen durch ein mögliches Dekret betroffenen Personen „die Möglichkeit zu geben, sich zu ihrer Situation und den sie betreffenden Informationen, über welche die Autorität verfügt, zu äußern sowie sich gegebenenfalls [...] zu verteidigen"[1425]. Daher sind in den einfachen Verwaltungsverfahren zwar die beteiligten Ehepartner bezüglich ihrer jeweiligen Standpunkte anzuhören; es findet aber keine Diskussion der beiden Ehepartner vor der zuständigen Autorität statt.

e) Gesamtergebnis

Sowohl die Mündlichkeit des staatlichen Verfahrensrechts als auch das grundsätzliche Schriftlichkeitsprinzip des kirchlichen Eheprozessrechts besitzt seine Vorzüge und Nachteile für die beteiligten Ehepartner.

Während in staatlichen Verfahren in Ehesachen und in kirchlichen Ehenichtigkeitsverfahren immer eine Diskussion – wenn auch zu unterschiedlichen Zeitpunkten – vor dem erkennenden Gericht stattfindet, ist in gerichtsähnlichen und einfachen Verwaltungsverfahren eine Diskussion nicht vorgesehen; sie findet daher auch nicht statt.

Die persönliche Wahrnehmung der beiden Ehepartner durch das Gericht kann – wenn auch in unterschiedlichem Umfang – sowohl im staatlichen als auch im kirchlichen Rechtsbereich nicht durch die Schriftlichkeit des Verfahrens ersetzt werden. Der dabei gegebene Nachteil einer nicht immer objektiven Beurteilung des persönlichen Vorbringens wird dadurch abgemildert, dass die persönlichen Eindrücke, insbesondere mündliche Aussagen, immer schriftlich niedergelegt werden.

XVI. Entscheidung in der Eheangelegenheit

In Eheangelegenheiten durchgeführte Verfahren werden nach der Erhebung der für die Entscheidung erforderlichen Beweise im staatlichen Rechtsbereich durch hoheitliche Entscheidung und im kirchlichen Rechtsbereich durch Leitungsgewalt[1426] abgeschlossen und damit regelmäßig auch entschieden.

1. Entscheidungsform

Die Form der jeweiligen Entscheidung hängt vom vorherigen Verfahren ab und trägt dementsprechend eine unterschiedliche Bezeichnung als Beschluss / Endurteil für das Gerichtsverfahren bzw. Reskript oder Dekret für das Verwaltungsverfahren.

1425 Lüdicke – Socha, Münsterischer Kommentar, c. 50/1, Rn. 4.
1426 Vgl. c. 135 § 1 CIC/1983.

a) *Gerichtsverfahren zur Beendigung einer fehlerhaften Ehe*

Sowohl in staatlichen als auch in kirchlichen Eheverfahren zur Beendigung einer fehlerhaften Ehe wird das Gerichtsverfahren durch Entscheidung des jeweiligen Gerichts beendet.

aa) Staat

Über eine fehlerhaft eingegangene Ehe wird nach §§ 38 Abs. 1 S. 1, 116 Abs. 1 FamFG die Endentscheidung durch richterlichen Beschluss getroffen[1427], der nach § 38 Abs. 3 S. 1 FamFG zu begründen ist[1428]. Mit der Begründung soll den Beteiligten die inhaltliche Überprüfung sowie die eventuelle Einlegung von Rechtsmitteln beim Obergericht ermöglicht werden[1429]. Die Entscheidung muss „vor Ablauf von drei Wochen vom Tage der Verkündung an gerechnet, vollständig abgefasst der Geschäftstelle"[1430] übermittelt werden, von der sie den Parteien bekannt gegeben wird. Zusätzlich muss der Beschluss nach § 39 FamFG eine Belehrung über das statthafte Rechtsmittel mit Form, Frist und Adressat enthalten[1431]. Die Verkündung der Endentscheidung geschieht „durch Verlesen der Urteilsformel, ausnahmsweise durch Bezugnahme auf die Urteilsformel (§ 311 Abs. 2 Sätze 1, 2 ZPO iVm. § 113 Abs. 1 S. 2 FamFG)"[1432]. Die Endentscheidung wird den Beteiligten von Amts wegen nach § 113 Abs. 1 S. 2 FamFG iVm. § 317 Abs. 1 S. 1 ZPO zugestellt[1433] und damit bekanntgegeben. Hierbei wird eine amtliche Abschrift der Entscheidung übergeben[1434].

bb) Kirche

Nach cc. 1607, 1686 CIC/1983, Art. 246, 295 DC wird über die Klageschrift in Ehenichtigkeitsverfahren – sowohl in ordentlichen Verfahren als auch in Verfahren

---

1427 Vgl. Prütting – Helms – Abramenko, FamFG, § 38, Rn. 1; Zöller – Feskorn, ZPO/FamFG, § 38, Rn. 2; Bassenge – Roth – Gottwald, Gesetz über das Verfahren, Vor § 38, Rn. 2; Bork – Jacoby – Schwab – Elzer, FamFG, § 38, Rn. 2; Thomas – Putzo – Reichold, ZPO/FamFG, § 38, Rn. 1; Thomas – Putzo – Hüßtege, ZPO/FamFG, § 116, Rn. 1; Kranz, Im Namen des Volkes, 85; Sänger – Kemper, ZPO/FamFG, § 116, Rn. 1–3; Bork – Jacoby – Schwab – Löhnig, FamFG, § 116, Rn. 1.

1428 Vgl. Thomas – Putzo – Reichold, ZPO/FamFG, § 38, Rn. 14; Borth – Grandel – Musielak, Familiengerichtliches Verfahren, § 38, Rn. 3; Bork – Jacoby – Schwab – Elzer, FamFG, § 38, Rn. 29; Sänger – Kemper, ZPO/FamFG, § 116, Rn. 5.

1429 Vgl. Thomas – Putzo – Reichold, ZPO/FamFG, § 38, Rn.14.

1430 § 315 Abs. 2 S. 1 ZPO iVm. § 113 Abs. 1 S. 2 FamFG.

1431 Vgl. Prütting – Helms – Abramenko, FamFG, § 39, Rn. 2, 3; Thomas – Putzo – Reichold, ZPO/FamFG, § 39, Rn. 1, 4; Borth – Grandel – Musielak, Familiengerichtliches Verfahren, § 39, Rn. 1.

1432 Steinert – Theede, Zivilprozess, 7. Kapitel. Beweisaufnahme, Rn. 102.

1433 Vgl. Eckebrecht – Gutjahr, Verfahrenshandbuch, § 5 Ehesachen, Rn. 148; Rauscher – Wax – Wenzel – Musielak, ZPO, § 317, Rn. 3.

1434 Vgl. Rauscher – Wax – Wenzel – Musielak, ZPO, § 317, Rn. 4; Thomas – Putzo – Reichold, ZPO, § 317, Rn. 2.

aufgrund von Urkunden – durch Endurteil entschieden[1435], das nach c. 1611, 2° CIC/1983, Art. 250, 2° DC zu begründen ist. Auch sind die Parteien über mögliche Rechtsmittel und hierfür einzuhaltende Fristen zu belehren (c. 1614 CIC/1983, Art. 257 § 2 DC)[1436]. Die Urteilsverkündung geschieht dann nach c. 1615 CIC/1983, Art. 258 DC durch Aushändigung einer Urteilsausfertigung an die Parteien oder die Prozessbevollmächtigten oder durch Zusendung einer Ausfertigung nach Art. 130 DC[1437]. Die Bekanntgabe ist „nicht später als nach einem Monat vom Tag der Urteilsfällung an“[1438] vorzunehmen.

cc) Zwischenergebnis

Sowohl im staatlichen als im kirchlichen Rechtsbereich trifft über eine fehlerhaft eingegangene Ehe immer ein hierzu berufenes Gericht eine endgültige, abschließende Entscheidung in Form eines Beschlusses im Staat[1439] bzw. eines Endurteils in der Kirche. Auch muss die getroffene abschließende gerichtliche Entscheidung immer eine inhaltliche Begründung und eine Rechtsbehelfsbelehrung enthalten, um eine rechtliche Nachprüfbarkeit durch die Obergerichte zu ermöglichen. Weiterhin wird die Entscheidung auch immer in förmlicher, d. h. in besser nachweisbarer Weise, an die Ehepartner des Verfahrens bekanntgegeben. Zudem muss diese Bekanntgabe an die Verfahrensbeteiligten innerhalb bestimmter gesetzlich festgelegter Fristen – wenn auch in Staat und Kirche unterschiedlich – vorgenommen werden. Hierdurch soll eine Beschleunigung des Verfahrens erzielt werden. Außerdem sollen die Beteiligten vor Einlegung etwaiger Rechtsmittel Kenntnis der in erster Instanz ergangenen Entscheidung einschließlich der Entscheidungsgründe haben, um ihre Erfolgsaussichten besser einschätzen zu können.

b) Verfahren zur Auflösung des Ehebandes

Während in staatlichen Verfahren eine Ehe ebenfalls – wie bei einer fehlerhaften Ehe – durch gerichtlichen Beschluss geschieden wird, besteht in der Kirche diese Möglichkeit der Auflösung des Ehebandes durch Endurteil nicht. Stattdessen werden die gerichtsähnlichen Verwaltungsverfahren zur Auflösung des Ehebandes

---

1435 Vgl. Wirth, Das Streitverfahren, 1181; Assenmacher, Die Eheverfahren, 1196, 1197; Fahrnberger, Das Verfahren aufgrund von Urkunden, 450; Lüdicke, Münsterischer Kommentar, c. 1607, Rn. 1, 2, c. 1686, Rn. 8.

1436 Vgl. Lüdicke, „Dignitas connubii“, Art. 253, Rn. 11; Schwendenwein, Das neue Kirchenrecht, 497.

1437 Art. 258 § 1 DC; vgl. Arroba, Diritto processuale canonico, 520.

1438 C. 1610 § 3 CIC/1983; Art. 249 § 5 DC.

1439 Bis zur Reform des Gerichtsverfahrens in Ehesachen wurde die Entscheidung auch im Staat ebenfalls durch gerichtliches Endurteil getroffen. Zur Vereinheitlichung der Entscheidungsformen im Bereich der freiwilligen Gerichtsbarkeit wurde diese Bezeichnung aber in Beschluss abgeändert; eine inhaltliche Änderung sollte dies aber nicht mit sich bringen.

wegen Nichtvollzuges oder in favorem fidei durch ein vom Papst gewährtes Reskript als Handlungsform der Verwaltung (cc. 35, 59 CIC/1983) – und nicht durch ein Endurteil – abgeschlossen[1440]. Das so ergangene Reskript ist den Ehepartnern mitzuteilen. Diese unterschiedlichen Formen verdeutlichen, dass aufgrund verschiedener Entscheidungsgewalt, zum einen der rechtsprechenden Gewalt beim Urteil, zum anderen aufgrund ausführender Gewalt beim Reskript gehandelt wird.

c) Einfache Verwaltungsverfahren

Bei den kirchlichen einfachen Verwaltungsverfahren des Antrags auf Feststellung der Nichtigkeit einer Ehe wegen Formmangels im Verwaltungswege sowie der Anwendung des Privilegium Paulinum wird kraft ausführender Gewalt durch Dekret als Handlungsform der Verwaltung (cc. 35, 48 CIC/1983) entschieden[1441]. Diese Dekrete sind dann den Ehepartnern auch mitzuteilen. Diese Handlungsform grenzt sich klar von einem richterlichen Urteil aufgrund rechtsprechender Gewalt ab.

d) Gesamtergebnis

Alle staatlichen und kirchlichen Eheverfahren werden immer durch eine hoheitliche Handlungsform bzw. eine Handlung der kirchlichen Leitungsgewalt abgeschlossen und entschieden, d. h. der Antrag / die Initiative wird entweder befürwortet oder abgelehnt. Staatliche Gerichte entscheiden die Ehesachen (§ 121 FamFG) immer durch richterlichen Beschluss, soweit es sich um eine Endentscheidung handelt, also der Verfahrensgegenstand ganz oder teilweise erledigt wird[1442]. Kirchliche Eheprozesse hingegen werden – abhängig vom jeweiligen Verfahren – entweder durch ein gerichtliches Endurteil aufgrund rechtsprechender Gewalt (c. 135 § 3 CIC/1983) oder durch einen Verwaltungsakt für Einzelfälle (c. 35 CIC/1983) aufgrund ausführender Gewalt (c. 135 § 4 CIC/1983) in Form eines Reskripts (c. 59 § 1 CIC/1983) oder eines Dekrets (c. 48 CIC/1983) abgeschlossen und entschieden.

Auch muss diese abschließende hoheitliche (staatliche und kirchliche) Entscheidung den Ehepartnern bekanntgeben werden. So werden die Endurteile / Beschlüsse aus Gerichtsverfahren sowie die Dekrete aus einfachen Verwaltungsverfahren den Ehepartner direkt übermittelt, d. h. bekanntgegeben[1443]. Lediglich die Reskripte zur Auflösung des Ehebandes werden durch die Römische Kurie an den zuvor im

---

1440 Vgl. Amann, Der Verwaltungsakt für Einzelfälle, 162, 163; Zapp, Kanonisches Eherecht, 220; Wegan, Ehescheidung möglich, 257; Garcia Failde, La nulidad matrimonial, 302; Vitali – Berlingo, Il matrimonio canonico, 207, 208.

1441 Vgl. Reinhardt, Die kirchliche Trauung, 123, Rn. 335; Amann, Der Verwaltungsakt für Einzelfälle, 163.

1442 § 38 Abs. 1 S. 1 FamFG.

1443 Vgl. § 317 Abs. 1 S. 1 ZPO iVm. § 113 Abs. 1 S. 2 FamFG; cc. 54–56, 1615 CIC/1983; Art. 130, 258 DC.

Untersuchungsverfahren tätigen Diözesanbischof übermittelt[1444], welcher dann erst für die unmittelbare Bekanntgabe und Mitteilung an die Ehepartner zu sorgen hat. Damit erhalten die Ehepartner nur indirekt – über Umwege – Kenntnis von der erfolgten Auflösung des Ehebandes, während bei der staatlichen Scheidung der Ehe hingegen die Entscheidung unmittelbar bekannt gegeben wird.

2. Entscheidungsinhalt

Die Entscheidungsform im staatlichen Bereich (Beschluss) enthält die Entscheidung über die Eheangelegenheit, also den Entscheidungsausspruch über die Aufhebung, über die Scheidung oder über das Bestehen / Nichtbestehen einer Ehe. Im kirchlichen Bereich enthält die Entscheidungsform (Endurteil / Verwaltungsakt für Einzelfälle) die Feststellung der Nichtigkeit einer Ehe oder die Auflösung des Ehebandes oder die Ablehnung entsprechender Anträge / Initiativen.

a) Gerichtsverfahren zur Beendigung einer fehlerhaften Ehe

Sowohl in staatlichen als auch in kirchlichen Eheverfahren zur Beendigung einer fehlerhaften Ehe trifft das Gericht die Entscheidung über die streitgegenständliche Ehe.

aa) Staat

In staatlichen Verfahren beinhaltet die Endentscheidung über die Begründetheit des Antrags zugleich auch die Bejahung der verfahrensrechtlichen Zulässigkeit. Sofern jedoch vor der Endentscheidung Zweifel an der Zulässigkeit des Antrags aufkommen, kann hierüber gesondert verhandelt und entschieden werden (§§ 280, 281 ZPO)[1445].

Der relevante Zeitpunkt für die Beurteilung der Fehlerhaftigkeit der eingegangene Ehe ist die Eingehung der Ehe, da gerade zu diesem Zeitpunkt die Mängel in der Ehe entstanden sind. Die hieran anknüpfende Entscheidungsformel wegen einer fehlerhaft eingegangenen Ehe enthält grundsätzlich den Aufhebungsausspruch, nur ausnahmsweise einen Feststellungsausspruch, oder aber die Ablehnung des beantragten Ausspruchs mangels erfüllter Voraussetzungen.

Der Ausspruch über die Aufhebung der Ehe[1446] als gestaltende richterliche Entscheidung wirkt unmittelbar auf die zuvor fehlerhaft geschlossene Ehe ein und beseitigt sie[1447]. Die Wirkung der Aufhebung tritt für die Zukunft (ex nunc) ein[1448].

1444 Vgl. Wegan, Ehescheidung möglich, 257, 266; Güttler, Die Ehe ist unauflöslich, 92.

1445 Vgl. Thomas – Putzo – Reichold, ZPO, § 280, Rn. 4–6, § 281, Rn. 10.

1446 Vgl. § 121 Nr. 2 FamFG.

1447 Vgl. Rauscher – Hilbig, ZPO/FamFG, § 121, Rn. 5, 7; Thomas – Putzo – Reichold, ZPO/FamFG, § 121, Rn. 3.

1448 Vgl. Musielak – Borth, ZPO/FamFG, § 121, Rn. 4; Rauscher – Hilbig, ZPO/FamFG, § 121, Rn. 9.

Der Ausspruch über die Feststellung des Bestehens / Nichtbestehens einer Ehe zwischen den Beteiligten[1449] besitzt hingegen nur feststellende Wirkung zwischen den Beteiligten[1450] zum Zeitpunkt der Eheschließung (ex tunc); ein Ausspruch kann aber nur getätigt werden, wenn über Zweifel entschieden wird, ob die Eheschließung stattgefunden hat (Nichtehe, § 1310 BGB) oder ob eine Ehe wirksam aufgelöst ist[1451], d. h. wenn es um den Bestand der Ehe als Institution geht[1452]. Eine Nichtehe liegt vor, wenn Verstöße gegen Regelungen des Eheschließungsrechts offensichtlich und für jedermann erkennbar sind. Dies ist vor allem der Fall, wenn eine fehlerhafte Eheschließungserklärung abgegeben wurde[1453] oder die entsprechenden Erklärungen nicht vor einem Standesbeamten abgegeben wurden; zudem kann eine Ehe nur zwischen zwei Personen verschiedenen Geschlechts zustande kommen[1454].

bb) Kirche

Für die Beurteilung der Fehlerhaftigkeit einer Ehe ist auf den Zeitpunkt der Eingehung abzustellen, da die Mängel (Ehehindernisse, Fehler im Ehekonsens oder in der Eheschließungsform) gerade zu diesem Zeitpunkt entstanden sind[1455]. Das Endurteil in kirchlichen Ehenichtigkeitsverfahren enthält den Ausspruch über die Feststellung der Nichtigkeit der streitgegenständlichen Ehe oder die Ablehnung der beantragten Nichtigkeitsfeststellung. Die Feststellungswirkung tritt mit Rückwirkung auf den Zeitpunkt der Eheschließung (ex tunc) ein.

Das Endurteil des Gerichts bezieht sich nur noch auf den gestellten Antrag, nicht mehr auf die Zulässigkeit des zuvor gestellten Antrags selbst. Etwaige zwischenzeitlich auftretende verfahrensrechtliche Fragen (Befangenheit, Zuständigkeit des angerufenen Gerichts, Beweisaufnahme) werden auf Einrede / Antrag der Parteien zuvor durch richterliches Dekret vorab entschieden[1456].

cc) Zwischenergebnis

Sowohl im Staat als auch in der Kirche ist eine fehlerhaft eingegangene Ehe zunächst solange gültig, bis das Gegenteil bewiesen ist und dies durch Entscheidung des jeweiligen (staatlichen oder kirchlichen) Gerichts auch so bestätigt worden

---

1449 Vgl. § 121 Nr. 3 FamFG.

1450 Vgl. Coester-Waltjen, Familienrecht, 98.

1451 Vgl. Rauscher – Hilbig, ZPO/FamFG, § 121, Rn. 12, 14.

1452 Vgl. Musielak – Borth, ZPO/FamFG, § 121, Rn. 6; Rauscher – Hilbig, ZPO/FamFG, § 121, Rn. 14; Borth – Grandel – Musielak, Familiengerichtliches Verfahren, § 121, Rn. 10.

1453 Vgl. Coester-Waltjen, Familienrecht, 97.

1454 Vgl. Coester-Waltjen, Familienrecht, 95, 96, Rn. 6; Weinreich – Klein – Klein, Familienrecht, 45, Rn. 6, 7.

1455 Vgl. Assenmacher, Nichtigerklärung, Auflösung und Trennung der Ehe, 994.

1456 Vgl. cc. 1447–1450, 1459–1461, 1527 CIC/1983.

ist[1457]. Während die Beschlüsse in staatlichen Verfahren wegen einer fehlerhaft eingegangene Ehe[1458] grundsätzlich immer Gestaltungswirkung ex nunc entfalten[1459], kommt kirchlichen Endurteilen in Ehenichtigkeitsverfahren immer Feststellungswirkung ex tunc zu. Nur ausnahmsweise kann es auch in staatlichen Verfahren bei Fehlerhaftigkeit einer Ehe zur Feststellungswirkung[1460] ex tunc kommen, sofern überhaupt ein besonderes Rechtsschutzbedürfnis an einer solchen Feststellung besteht[1461].

Zum 01. Juli 1998 wurde in Deutschland – anders als in Österreich[1462] und in der Schweiz[1463] – die bis dahin bestehende Unterscheidung zwischen aufhebbarer und nichtiger Ehe mit der entsprechenden Wirkung für die Zukunft (ex nunc) bzw. mit Rückwirkung (ex tunc) abgeschafft[1464], da die jeweiligen Folgen sich immer mehr einander angenähert haben und somit die Unterscheidung keine große praktische Relevanz mehr besass[1465]. Bei allen hierauf ergangenen Entscheidungen hat es sich – anders als heute – immer um Urteile mit gestaltendem Inhalt – sowohl bei Nichtigkeit als auch bei Aufhebbarkeit – gehandelt[1466].

b) Verfahren zur Auflösung des Ehebandes

Sowohl in staatlichen Verfahren der Ehescheidung als auch in kirchlichen gerichtsähnlichen Verwaltungsverfahren zur Auflösung des Ehebandes wird die Ehe / das Eheband durch rechtsgestaltende Entscheidung mit Wirkung für die Zukunft (ex nunc) aufgelöst[1467].

1457 Vgl. c. 1085 § 2 CIC/1983, § 1313 BGB; vgl. Garbe – Ullrich – Garbe, Verfahren in Familiensachen, Rn. 341; Palandt – Brudermüller, BGB, Einführung vor § 1313, Rn. 3, § 1313, Rn. 7; Assenmacher, Nichtigerklärung, Auflösung und Trennung der Ehe, 994.

1458 Vgl. § 121 Nr. 2 FamFG.

1459 Vgl. Bassenge – Roth – Walter, Gesetz über das Verfahren, § 121, Rn. 5; Coester-Waltjen, Familienrecht, 104; Rauscher – Hilbig, ZPO/FamFG, § 121, Rn. 9; Palandt – Brudermüller, BGB, § 1313, Rn. 5; Garbe – Ullrich – Garbe, Verfahren in Familiensachen, Rn. 341; Schwab, Familienrecht, 46, Rn. 88; Hoffmann – Stephan, Ehegesetz, Rn. 7, 298; Coester-Waltjen, Familienrecht, 104.

1460 Vgl. Borth – Grandel – Musielak, Familiengerichtliches Verfahren, § 121, Rn. 13.

1461 Vgl. Thomas – Putzo – Hüßtege, ZPO/FamFG, § 122, Rn. 4.

1462 §§ 20, 33 Ehegesetz für Österreich.

1463 Art. 105, 107 ZGB für Schweiz.

1464 Vgl. Palandt – Brudermüller, BGB, Einführung vor § 1313, Rn. 1; Büte, Materielle Ehescheidungsvoraussetzungen, 234.

1465 Vgl. Deutscher Bundestag, Gesetzentwurf der Bundesregierung, Entwurf eines Gesetzes zur Neuordnung des Eheschließungsrechts, Drucksache 13/4898 vom 13. Juni 1996, 17, 18.

1466 Vgl. Hoffmann – Stephan, Ehegesetz, § 23, Rn. 24; Einleitung vor § 28, Rn. 7.

1467 Vgl. Rauscher – Hilbig, ZPO/FamFG, § 121, Rn. 4; Bassenge – Roth – Walter, Gesetz über das Verfahren, § 121 FamFG, Rn. 5; Palandt – Brudermüller, BGB,

Der maßgebliche Zeitpunkt für die Beurteilung der relevanten Tatsachenlage ist der Zeitpunkt der Einreichung des Antrags auf Scheidung der Ehe bzw. der Bitte um Auflösung des Ehebandes, da sich der Grund für die Auflösung gerade erst während der Ehe und damit nach Eheeingehung entwickelt hat[1468].

Der Inhalt der Auflösungsentscheidung ist aber in Staat und Kirche unterschiedlich. Das kirchliche Reskript ist die Gewährung einer mündlichen Gnade (der Auflösung des Ehebandes in favorem fidei oder wegen Nichtvollzugs) ohne Rechtsanspruch, die in einer Audienz gegenüber einem Amtsträger der Römischen Kurie[1469] (dem Dekan der Römischen Rota für Nichtvollzugsverfahren bzw. dem Kardinalpräfekten der Kongregation für die Glaubenslehre oder deren Stellvertretern) durch den Papst mündlich ausgesprochen wurde[1470] und dann zu Beweiszwecken schriftlich durch denselben Amtsträger der Römischen Kurie festgehalten wurde, um nach c. 74 CIC/1983 den Gebrauch auch im äußeren Bereich (forum externum) zu ermöglichen[1471]. Beim Inhalt des staatlichen Beschlusses über die Scheidung der Ehe handelt es sich hingegen um einen Rechtsanspruch, womit bei Vorliegen der entsprechenden Voraussetzungen – anders als bei der kirchlichen Gnade der Auflösung – der Ausspruch der Scheidung der Ehe zu tätigen ist. Während es sich bei der staatlichen Scheidung immer um eine schriftliche Entscheidung handelt, ist die kirchliche Entscheidung zunächst nur eine mündliche Entscheidung, die lediglich dann zur Umsetzung und zu Beweiszwecken schriftlich aufgezeichnet wurde.

c) Einfache Verwaltungsverfahren

Der Inhalt des Dekrets beim Antrag im Verwaltungswege (Art. 5 § 3, 297 § 2 DC) enthält die feststellende Entscheidung[1472] über die Nichtigkeit einer Ehe wegen Formmangels (cc. 1108, 1117 CIC/1983). Das ergangene Dekret ist an die beteiligten Ehepartner mitzuteilen und entfaltet Feststellungswirkung (ex tunc).

---

§ 1564, Rn. 2; Zapp, Kanonisches Eherecht, 220; Wegan, Ehescheidung möglich, 257, 266; Flatten, Die Eheverfahren, 812, 814.

1468 Vgl. Aymans, KanR 3, 519, 520, 522; Assenmacher, Nichtigerklärung, Auflösung und Trennung der Ehe, 995, 996, 999.

1469 Vgl. beispielsweise die Reskripte zur Auflösung des Ehebandes, in: Marchetta, Scioglimento del matrimonio canonico, 196: „In Audientia autem diei ... SS.mus Dominus Noster Joannes Paulus Papa II, praehabita relatione, benigne dispensare dignatus est super matrimonio rato et non consummato inter X et Y [...] supra relata" oder Labelle, Les incidences pastorales de la dissolution, in: Studia canonica 33 (1999), 69, 70: „Ss.mus D. N. D. Ioannes Paulus Divina Providentia Pp. II die 22 maii 1991 de omnibus habita relatione benigne adnuere dignatus est pro gratia iuxta supra relatum Decretum."

1470 Vgl. Schmitz, Rescriptum, 382, 383.

1471 Vgl. Schmitz, Rescriptum, 385; Lüdicke – Socha, Münsterischer Kommentar, c. 74 / 2, 3, Rn. 7.

1472 Vgl. Amann, Der Verwaltungsakt für Einzelfälle, 48; Heimerl, Die Bindung der Verwaltung, 438.

Der Inhalt des Dekrets beim Privilegium Paulinum enthält hingegen lediglich die amtliche Feststellung[1473] über das Vorliegen der erforderlichen Voraussetzungen für die Anwendbarkeit des Privilegium Paulinum, also der Auflösung der alten Ehe durch eine neue Ehe kraft Gesetzes gemäß c. 1143 § 1 CIC/1983. Die Rechtswirkung auf die Ehe tritt – anders als bei allen anderen Entscheidungen in Kirche und Staat – erst zu einem späteren Zeitpunkt – bei Eingehung der neuen Ehe – kraft Gesetzes ein.

d) Gesamtergebnis

Fast alle hoheitlichen Entscheidungen in Eheangelegenheiten wirken – rechtsgestaltend oder zumindest wenigstens rechtsfeststellend – auf die Ehe ein.

Während jedoch die kirchliche Entscheidung bei ungültiger Ehe immer Rückwirkung auf den Zeitpunkt der Eheschließung entfaltet, hat eine staatliche Entscheidung regelmäßig nur Wirkung für die Zukunft. Lediglich wenn die staatlich geschlossene Ehe sehr gravierende Fehler besitzt, kann auch im Staat eine feststellende Entscheidung mit Rückwirkung auf den Zeitpunkt der Eheschließung getroffen werden. Bei Fehlerhaftigkeit einer Ehe besteht sowohl im Staat als auch in der Kirche ein Rechtsanspruch auf Ausspruch einer entsprechenden hoheitlichen Entscheidung durch Beschluss / Endurteil oder ausnahmsweise durch Dekret in der Kirche. Die staatliche Regelung berücksichtigt damit auch, dass seit Eingehen der Ehe eine geraume Zeit vergangen ist, in der sich die Familienverhältnisse geändert haben, z. B. gemeinsame Kinder, die Schwierigkeiten bei einer rückwirkenden Auflösung der Ehe bringen würden. Die Kirche dagegen stellt grundsätzlich auf die Gültigkeit oder Ungültigkeit einer Ehe ab; bei einer Nichtigkeit ist diese Ehe eben von Anfang an unwirksam.

Die Entscheidung über die Auflösung des Ehebandes hat sowohl im staatlichen als auch im kirchlichen Rechtsbereich immer nur Wirkung für die Zukunft. Jedoch besteht auf die kirchliche Auflösung in favorem fidei oder wegen Nichtvollzugs – anders als bei der staatlichen Scheidung der Ehe – kein Rechtsanspruch auf Herbeiführung einer entsprechenden Entscheidung, da es sich eben um einen päpstlichen Gnadenakt handelt.

Ein Sonderfall bei der Auflösung des Ehebandes ist die Anwendung und Durchführung des Privilegium Paulinum, bei dem bei Vorliegen aller erforderlichen Voraussetzungen „quasi" ein Rechtsanspruch besteht, dessen Auflösungswirkung dann kraft Gesetzes auch eintritt.

XVII. Vollziehbarkeit der Entscheidung und Rechtsmittel

Die in einem staatlichen oder einem kirchlichen Eheprozess ergangene Entscheidung muss im alltäglichen Leben der davon Betroffenen dann auch umgesetzt bzw.

1473 Vgl. Amann, Der Verwaltungsakt für Einzelfälle, 163.

vollzogen werden, um ihre Wirkung entfalten zu können. Die Vollziehbarkeit kann aber unter Umständen durch Rechtsmittel beeinträchtigt oder aufgehoben werden.

1. Vollziehbarkeit / Rechtskraft / Umsetzung

Zur Schaffung von Rechtsfrieden und Rechtssicherheit muss eine einmal getroffene Entscheidung ab einem bestimmten Zeitpunkt vollziehbar und damit im Alltag der Menschen umsetzbar sein.

a) Gerichtsverfahren zur Beendigung einer fehlerhaften Ehe

aa) Staat

Die Endentscheidungen über die Aufhebung der Ehe[1474] bzw. die Feststellung des Bestehens / Nichtbestehens einer Ehe zwischen den Beteiligten[1475] werden nach § 116 Abs. 2 FamFG erst mit Rechtskraft wirksam, entfalten also erst dann ihre Wirkung[1476]. Hierzu muss zunächst die formelle Rechtskraft eintreten, um auch die materielle Rechtskraft erlangen zu können[1477].

Formell rechtskräftig sind nach § 113 Abs. 1 S. 2 FamFG iVm. § 705 ZPO Endentscheidungen in Ehesachen, „die mit einem ordentlichen Rechtsmittel nicht mehr angefochten werden können“[1478], sofern also „ein Rechtsmittel gegen den Beschluss nicht statthaft ist, die Beteiligten wirksam auf Rechtsmittel [...] verzichten oder die Rechtsmittelfrist verstrichen ist, ohne dass ein Rechtsmittel eingelegt worden ist“[1479]. In Ehesachen tritt diese formelle Rechtskraft mit Ablauf der Beschwerdefrist ein, sofern eine Beschwerde statthaft ist, ansonsten mit der Verkündung[1480].

Mit Eintritt der formellen Rechtskraft entfaltet die Entscheidung auch materielle Rechtskraft nach § 113 Abs. 1 S. 2 FamFG iVm. § 322 Abs. 1 ZPO[1481], also die inhaltliche Bindung der getroffenen Gestaltungsentscheidung oder Feststellungsentscheidung für die Ehepartner. Somit ist jede abweichende Entscheidung oder eine neue Verhandlung und Entscheidung über die rechtskräftige Gestaltung oder Feststellung ausgeschlossen[1482]. Zweck ist die Sicherung des Rechtsfriedens und die Schaffung von Rechtssicherheit[1483].

1474 Vgl. § 121 Nr. 2 FamFG.
1475 Vgl. § 121 Nr. 3 FamFG.
1476 Vgl. Thomas – Putzo – Hüßtege, ZPO/FamFG, § 116, Rn. 7.
1477 Vgl. Thomas – Putzo – Hüßtege, ZPO, § 705, Rn. 3.
1478 § 19 EGZPO; vgl. Thomas – Putzo – Hüßtege, ZPO, § 705, Rn. 1 a, 2.
1479 Hoppenz – Walter, Familiensachen, § 116, Rn. 3.
1480 Vgl. Thomas – Putzo – Hüßtege, ZPO, § 705, Rn. 6, 8.
1481 Vgl. Thomas – Putzo – Hüßtege, ZPO, § 705, Rn. 3.
1482 Vgl. Thomas – Putzo – Reichold, ZPO, § 322, Rn. 7.
1483 Vgl. Thomas – Putzo – Reichold, ZPO, § 322, Rn. 1.

Daher tritt mit der Rechtskraft nach § 1313 S. 2 BGB die Auflösung der Ehe aufgrund der gestaltenden Eheaufhebung mit Wirkung ex nunc[1484] ein; die Feststellung über das Bestehen oder Nichtbestehen einer Ehe ist dann mit Wirkung ex tunc verbindlich.

Der Grund für die Wirksamkeit erst mit Rechtskraft liegt in der regelmäßig gestaltenden Wirkung einer Entscheidung auf die Ehe[1485] bzw. in der Wichtigkeit von Personenstandsangelegenheiten[1486].

Zum Nachweis über die Rechtskraft wird nach § 46 S. 3 FamFG den Beteiligten ein Zeugnis über die Rechtskraft erteilt. Es kann damit in Form einer öffentliche Urkunde der Beweis dafür erbracht werden, dass die „Entscheidung nicht innerhalb der Rechtsmittelfrist angefochten worden oder der statthafte Instanzenzug erschöpft ist“[1487].

bb) Kirche

Nach c. 1643 CIC/1983, Art. 289 § 1 DC erwachsen die Entscheidungen in Ehenichtigkeitsverfahren niemals in Rechtskraft[1488]. Deshalb „bleibt eine Ehe, die in Wirklichkeit gültig ist, aber durch zwei gleichlautende Urteile für nichtig erklärt wurde, nach wie vor gültig, auch wenn sie im äußeren Bereich nicht mehr den Schein einer gültigen Ehe besitzt“[1489]. Entscheidungen in Personenstandsverfahren gehen „nie in die materielle Rechtskraft [...] über. Sie sind zudem rein deklarativer, nicht konstitutiver Natur. Es tritt lediglich die formelle Rechtskraft ein, die nicht mehr mit ordentlichen“[1490] Rechtsmitteln, d. h. der Berufung, angreifbar ist.

Um aber die Vollziehbarkeit und gewisse Rechtssicherheit zu gewährleisten, werden Endurteile in Ehenichtigkeitsverfahren wenigstens „vorläufig rechtskräftig“[1491], womit die Parteien das Recht zur erneuten Eheschließung erhalten. Hierzu muss nach c. 1684 CIC/1983 die erstmalige Feststellung der Nichtigkeit einer Ehe in zweiter

---

1484 Vgl. Garbe – Ullrich – Garbe, Verfahren in Familiensachen, Rn. 341; Bamberger – Roth – Hahn, BGB, § 1313, Rn. 7; Bassenge – Roth – Walter, Gesetz über das Verfahren, § 121 FamFG, Rn. 5; Thomas – Putzo – Hüßtege, ZPO/FamFG, § 121, Rn. 2, 3; Palandt – Brudermüller, BGB, § 1313, Rn. 5; Hoppenz – Walter, Familiensachen, § 121, Rn. 6; Rauscher – Hilbig, ZPO/FamFG, § 121, Rn. 9.

1485 Vgl. Hoppenz – Walter, Familiensachen, § 116, Rn. 3; Bork – Jacoby – Schwab – Löhnig, FamFG, § 116, Rn. 2; Hartmann, ZPO/FamFG, § 116, Rn. 3; Meysen – Rakete-Dombek, Das Familienverfahrensrecht, § 116, Rn. 2; Engelhardt – Sternal – Weber, FamFG, § 116, Rn. 7; Bassenge – Roth – Walter, Gesetz über das Verfahren, § 116, Rn. 3; Bumiller – Harders, Freiwillige Gerichtsbarkeit, § 116, Rn. 2.

1486 Vgl. Thomas – Putzo – Hüßtege, ZPO/FamFG, § 116, Rn. 7.

1487 Bassenge – Roth – Gottwald, Gesetz über das Verfahren, § 46, Rn. 3.

1488 Vgl. Mörsdorf, KanR III, 248; Schöch, Die Wiederaufnahme, 64; Wirth, Das Streitverfahren, 1182; Assenmacher, Die Eheverfahren, 1199, 1201.

1489 Mörsdorf, KanR III, 248.

1490 Schöch, Die Wiederaufnahme, 64.

1491 Wirth, Das Streitverfahren, 1182.

oder weiterer Instanz durch ein Urteil oder durch ein Dekret bestätigt worden sein[1492] und die Bestätigung den Ehepartnern bekanntgegeben worden sein[1493]. Damit kann das Urteil umgesetzt werden, d. h. die Ehepartner sind wieder frei vom Eheband, die für nichtig erklärte Ehe stellt kein Hindernis mehr dar und die ehemaligen Ehepartner können eine neue Ehe eingehen.

cc) Zwischenergebnis

Sowohl staatliche als auch kirchliche Urteile über fehlerhaft eingegangene Ehen erwachsen in formeller Rechtskraft, d. h. sie können mit ordentlichen Rechtsmitteln nicht mehr angegriffen werden[1494]. Während staatliche Urteile zusätzlich auch in materieller Rechtskraft (§ 322 ZPO) erwachsen[1495], können kirchliche Urteile in Personenstandsverfahren nie (endgültige) materielle Rechtskraft erlangen[1496].

b) Verfahren zur Auflösung des Ehebandes

Während staatliche Beschlüsse über die Scheidung einer Ehe – ebenfalls wie bei Aufhebung einer Ehe aufgrund eines Mangels – ihre Wirkung nach § 116 Abs. 2 FamFG, § 1564 S. 2 BGB erst mit der Rechtskraft entfalten[1497], kommt dem Reskript über die Auflösung des Ehebandes in favorem fidei oder wegen Nichtvollzugs nach c. 62 Alt. 1 CIC/1983 bereits mit seiner Ausstellung[1498] Wirkung zu, da die Akte des Papstes nicht mehr angreifbar[1499] und damit sofort ausführbar sind[1500]. Somit erlangt ein Reskript bereits mit der Ausstellung formelle, aber nur eingeschränkte

---

1492 Vgl. Lüdicke, „Dignitas connubii", Art. 301, Rn. 1.

1493 C. 1684 § 1 CIC/1983, Art. 301 DC; vgl. Lüdicke, „Dignitas connubii", Art. 301, Rn. 2.

1494 Vgl. Thomas – Putzo – Hüßtege, ZPO, § 705, Rn. 1 a, 2; Schöch, Die Wiederaufnahme, 64; Mörsdorf, KanR I, 330–332, KanR III, 184, 185; Mörsdorf, Rechtsprechung und Verwaltung, 79.

1495 Vgl. Thomas – Putzo – Reichold, ZPO, § 322, Rn. 7.

1496 Vgl. Schöch, Die Wiederaufnahme, 64; Mörsdorf, KanR I, 330–332, KanR III, 185, 183; Mörsdorf, Rechtsprechung und Verwaltung, 80.

1497 Vgl. Palandt – Brudermüller, BGB, § 1564, Rn. 2; Thomas – Putzo – Reichold, ZPO/FamFG, § 116, Rn. 6, § 121, Rn. 2; Bassenge – Roth – Walter, Gesetz über das Verfahren, § 121, Rn. 5; Borth – Grandel – Musielak, Familiengerichtliches Verfahren, § 121, Rn. 13; Rauscher – Hilbig, ZPO/FamFG, § 121, Rn. 4; Hoppenz – Walter, Familiensachen, § 116, Rn. 3, § 121, Rn. 6; Bork – Jacoby – Schwab – Löhnig, FamFG, § 116, Rn. 2; Hartmann, ZPO/FamFG, § 116, Rn. 3; Meysen – Rakete-Dombek, Das Familienverfahrensrecht, § 116, Rn. 2; Engelhardt – Sternal – Weber, FamFG, § 116, Rn. 7.

1498 Vgl. Strigl, Verwaltungsakt und Verwaltungsverfahren, 73.

1499 Vgl. cc. 333 § 3, 1404, 1732 CIC/1983.

1500 Vgl. Mörsdorf, KanR I, 331.

materielle Bestandskraft[1501]. Die formelle Bestandskraft „macht eine Entscheidung unabänderlich und schließt damit ein bestimmtes Verfahren ab"[1502]. Die materielle Bestandskraft des Reskripts bindet nur die Ehepartner, nicht aber die Gerichte und Verwaltungsbehörden[1503]. Die Verwaltungsbehörde kann das Reskript „jederzeit [zurücknehmen] oder [abändern] [...], wenn sich herausstellt, dass der gegebene Entscheid dem kirchlichen Wohle abträglich ist"[1504].

c) *Einfache Verwaltungsverfahren*

Die Wirkung bei der Feststellung der Nichtigkeit einer Ehe wegen Formmangels im Verwaltungswege tritt nach c. 54 § 1 HS. 2 CIC/1983 mit der Mitteilung an die Ehepartner der zuvor behandelten Ehe ein.

Das Dekret über die Anwendbarkeit des Privilegium Paulinum hingegen entfaltet keine unmittelbaren Rechtswirkungen, da es lediglich verbindlich die Tatbestandsvoraussetzungen für die dann später kraft Gesetzes nach c. 1143 § 1 CIC/1983 eintretende Auflösungswirkung feststellt.

Die ergangenen Dekrete zur Feststellung der Nichtigkeit einer Ehe wegen Formmangels im Verwaltungswege und zum Privilegium Paulinum erlangen bereits mit ihrer Mitteilung an die hiervon betroffenen Ehepartner formelle Bestandskraft, da die hiergegen mögliche Beschwerde „keine aufschiebende Wirkung [besitzt], d. h. die getroffene Entscheidung [...] sofort ausgeführt werden [darf], ohne den Entscheid der höheren Instanz abzuwarten"[1505]. Die materielle Bestandskraft der erlassenen Dekrete schafft eine Verbindlichkeit für die beteiligten Ehepartner, nicht aber für die handelnde Verwaltungsgewalt[1506], da die Dekrete „jederzeit zurückgenommen oder abgeändert werden [können], wenn sich herausstellt, dass der gegebene Entscheid dem kirchlichen Wohl abträglich ist"[1507]. Damit erlangen die Dekrete nur eine eingeschränkte materielle Bestandskraft[1508].

1501 Vgl. Mörsdorf, KanR I, 331; Lüdicke – Socha, Münsterischer Kommentar, c. 58/1, Rn. 2; Der Begriff Rechtskraft wurde um die Unterscheidung zwischen Rechtsprechung und Verwaltung klar zu kennzeichnen durch den Begriff Bestandskraft ersetzt, der im staatlichen Verwaltungsrecht Verwendung findet (vgl. Kopp – Ramsauer, VwVfG, § 35, Rn. 29, 31).

1502 Mörsdorf, KanR I, 330.

1503 Vgl. Mörsdorf, KanR I, 331.

1504 Mörsdorf, KanR I, 331.

1505 Mörsdorf, KanR I, 331; vgl. Lüdicke, Münsterischer Kommentar, c. 1736/1, Rn. 2.

1506 Vgl. Mörsdorf, KanR I, 331.

1507 Mörsdorf, KanR I, 331; vgl. Lüdicke – Socha, Münsterischer Kommentar, c. 58/1, Rn. 2.

1508 Vgl. Mörsdorf, Rechtsprechung und Verwaltung, 88, 89.

d) *Gesamtergebnis*

Staatliche[1509] und kirchliche[1510] Gerichtsentscheidungen über die Fehlerhaftigkeit einer Ehe entfalten erst mit formeller Rechtskraft ihre endgültige Wirkung[1511]. Während staatliche Beschlüsse zusätzlich auch materielle Rechtskraft erlangen[1512], kann kirchlichen Endurteilen nie materielle Rechtskraft zukommen[1513]. Anders als im staatlichen Recht[1514] kann im kanonischen Recht ein menschliches Urteil nicht die Tatsachenlage umgestalten und verbindlich machen, auch wenn sie nicht der Wirklichkeit entspricht[1515]. In beiden Rechtsbereichen erhalten die Ehepartner aber dennoch das Recht zu einer neuen Eheschließung.

Während staatliche Beschlüsse über die Scheidung einer Ehe[1516] – wie bei der Fehlerhaftigkeit – erst mit Rechtskraft endgültige Wirkung entfalten, erlangen die päpstlichen Reskripte über die Auflösung des Ehebandes ihre endgültige Wirkung bereits mit ihrer Ausstellung; die endgültige Wirkung begründet sich darin, dass päpstliche Entscheidungen nicht mehr angreifbar sind[1517].

Die Nichtigkeitsfeststellung im Verwaltungswege entfaltet seine Wirkung mit der Mitteilung an die betroffenen Personen, da die noch mögliche hierarchische Beschwerde keine die Entscheidung aufschiebende Wirkung besitzt. Die Auflösungswirkung des Privilegium Paulinum hingegen tritt erst zu einem späteren Zeitpunkt, bei der neuen Eheschließung ein.

2. Rechtsmittel gegen eine unrichtige / falsche Endentscheidung

a) *Gerichtsverfahren zur Beendigung einer fehlerhaften Ehe*

Sowohl in staatlichen als auch in kirchlichen Eheverfahren aufgrund einer fehlerhaft eingegangenen Ehe kann eine verfahrensrechtlich fehlerhaft und / oder inhaltlich unrichtig in erster Instanz ergangene Endentscheidung durch Einlegung von Rechtsmitteln überprüft werden.

1509 Vgl. § 121 Nr. 2, 3 FamFG.
1510 Solche Entscheidungen betreffen das ordentliche Ehenichtigkeitsverfahren sowie das Verfahren aufgrund von Urkunden.
1511 Vgl. Schöch, Die Wiederaufnahme, 64; Thomas – Putzo – Hüßtege, ZPO, § 705, Rn. 1 a, 2.
1512 Vgl. Thomas – Putzo – Hüßtege, ZPO, § 705, Rn. 3.
1513 Vgl. Schöch, Die Wiederaufnahme, 64.
1514 Vgl. Thomas – Putzo – Hüßtege, ZPO, § 322, Rn. 8.
1515 Vgl. Mörsdorf, KanR III, 248.
1516 Vgl. § 121 Nr. 1 FamFG.
1517 Vgl. cc. 1404, 1732 CIC/1983; vgl. Pötter, Die Beschwerde, 98, 99.

aa) Staat

(1) Beschwerde

Ein erstinstanzlicher Beschluss des Amtsgerichts über die Aufhebung einer Ehe / die Ablehnung eines entsprechenden Antrags oder die Feststellung des Nichtbestehens / Bestehens einer Ehe kann nach §§ 58 Abs. 1, 117 FamFG aufgrund der innerhalb eines Monats beim Ausgangsgericht[1518] eingelegten Beschwerde (§ 64 FamFG) in vollem Umfang, also in tatsächlicher und rechtlicher Hinsicht, durch das Oberlandesgericht als Beschwerdegericht überprüft werden[1519]. Hierbei wird das Oberlandesgericht als volle zweite Tatsacheninstanz tätig und ist somit nicht an die erstinstanzlich festgestellten Tatsachen gebunden; es können daher auch neue bislang unberücksichtigte Beweise erhoben werden[1520]. Nach § 117 Abs. 1 S. 2 FamFG ist diese eingelegte Beschwerde innerhalb einer Frist von zwei Monaten beim Beschwerdegericht zu begründen[1521].

Das Beschwerdeverfahren wird wie ein erstinstanzliches Verfahren durchgeführt; jedoch bestehen Vereinfachungsmöglichkeiten. So kann nach § 68 Abs. 4 FamFG die Entscheidung nur einem Richter des Beschwerdegerichts als Einzelrichter zur Entscheidung übertragen werden[1522]. Auch kann das Beschwerdegericht aufgrund §§ 68 Abs. 3 S. 2, 117 Abs. 3 FamFG nach vorherigem Hinweis von einzelnen Verfahrenabschnitten absehen[1523]. Auch kann die Beschwerde zurückgewiesen werden, wenn keine Erfolgsaussichten bestehen, die Sache keine grundsätzliche Bedeutung hat und kein Erfordernis einer einheitlicher Rechtsprechung besteht[1524].

1518 Vgl. Thomas – Putzo – Reichold, ZPO/FamFG, § 64, Rn. 4; Prütting – Helms – Feskorn, FamFG, § 117, Rn. 16; Bassenge – Roth – Gottwald, Gesetz über das Verfahren, § 64, Rn. 1; Bumiller – Harders, Freiwillige Gerichtsbarkeit, § 64, Rn. 1; Sänger – Kemper, ZPO/FamFG, § 64, Rn. 2.

1519 Vgl. Thomas – Putzo – Reichold, ZPO/FamFG, § 58, Rn. 1; Vorbemerkung § 70, Rn. 1; Prütting – Helms – Abramenko, FamFG, § 58, Rn. 20.

1520 Vgl. Thomas – Putzo – Reichold, ZPO/FamFG, § 65, Rn. 5; Thomas – Putzo – Hüßtege, ZPO/FamFG, § 117, Rn. 23; Prütting – Helms – Abramenko, FamFG, § 65, Rn. 11; Bassenge – Roth – Gottwald, Gesetz über das Verfahren, § 65, Rn. 7; Bumiller – Harders, Freiwillige Gerichtsbarkeit, § 65, Rn. 2, 3.

1521 Vgl. Thomas – Putzo – Reichold, ZPO/FamFG, § 65, Rn. 3; Thomas – Putzo – Hüßtege ZPO/FamFG, § 117, Rn. 5–8; Prütting – Helms – Feskorn, FamFG, § 117, Rn. 20; Sänger – Kemper, ZPO/FamFG, § 117, Rn. 10.

1522 Vgl. Thomas – Putzo – Hüßtege, ZPO/FamFG, § 117, Rn. 16; Thomas – Putzo – Reichold, ZPO/FamFG, § 68, Rn. 25; Prütting – Helms – Feskorn, FamFG, § 117, Rn. 57.

1523 Vgl. Thomas – Putzo – Reichold, ZPO/FamFG, § 68, Rn. 22–24; Thomas – Putzo – Hüßtege, ZPO/FamFG, § 117, Rn. 21, 22; Prütting – Helms – Feskorn, FamFG, § 117, Rn. 46; Prütting – Helms – Abramenko, FamFG, § 65, Rn. 14.

1524 Vgl. Engelhardt – Sternal – Weber, FamFG, § 117, Rn. 10.

Inhalt der Beschwerdeentscheidung ist nach vorheriger Zulässigkeitsprüfung[1525] entweder die Entscheidung des Beschwerdegerichts in der Sache selbst[1526] oder auf Antrag eines Beteiligten hin[1527] die Aufhebung und Zurückverweisung an das erstinstanzliche Gericht, sofern das erstinstanzliche Verfahren „an einem wesentlichen Mangel leidet und auf Grund dieses Mangels eine umfangreiche oder aufwändige Beweisaufnahme notwendig ist"[1528].

Hierzu muss es in der ersten Instanz zur Verletzung von verfahrensrechtlichen Normen gekommen sein. Fehler bei der Auslegung des materiellen Rechts hingegen rechtfertigen eine Aufhebung und Zurückverweisung nicht[1529]. Die Verletzung von Verfahrensnormen stellt immer einen absoluten Beschwerdegrund iSd. § 547 ZPO iVm. § 72 Abs. 1, 3 FamFG dar, aber auch der Verstoß gegen solche Vorschriften, die „das rechtliche Gehör der Parteien und die umfassende und sachgerechte Aufklärung des streitigen Sachverhalts gewährleisten sollen"[1530], vor allem „die Vorschriften über die Beweisaufnahme"[1531]. Zusätzlich muss ein entsprechender Mangel überhaupt solche Auswirkungen besitzen, „dass das Verfahren keine ordnungsgemäße Grundlage für die Entscheidung darstellt"[1532].

(2) Rechtsbeschwerde

Die vom Beschwerdegericht ergangene Beschwerdeentscheidung kann nach § 70 Abs. 1 FamFG nur dann noch mit einer Rechtsbeschwerde vor dem Bundesgerichtshof als Rechtsbeschwerdegericht angefochten werden, sofern „sie vom Beschwerdegericht [...] im Beschluss ausdrücklich zugelassen worden ist"[1533]. Mit

---

1525 Vgl. Thomas – Putzo – Reichold, ZPO/FamFG, § 68, Rn. 12.

1526 Vgl. § 69 I 1 FamFG; vgl. Thomas – Putzo – Reichold, ZPO/FamFG, § 69, Rn. 4; Prütting – Helms – Feskorn, FamFG, § 117, Rn. 63; Prütting – Helms – Abramenko, FamFG, § 69, Rn. 2.

1527 Die Rechtsgrundlage für die Zurückverweisung auf Antrag stellt § 538 Abs. 2 ZPO dar, der nach § 117 Abs. 2 S. 1 FamFG statt § 69 Abs. 1 Sätze 2–4 FamFG Anwendung findet (vgl. Prütting – Helms – Feskorn, FamFG, § 117, Rn. 63; Thomas – Putzo – Hüßtege, ZPO/FamFG, § 117, Rn. 20; Haußleitner – Fest, FamFG, § 117, Rn. 34; Sänger – Kemper, ZPO/FamFG, § 117, Rn. 24; Bassenge – Roth – Gottwald, Gesetz über das Verfahren, § 117, Rn. 14; Bumiller – Harders, Freiwillige Gerichtsbarkeit, § 117, Rn. 10, 11).

1528 § 538 Abs. 2 Nr. 1 ZPO.

1529 Vgl. Prütting – Gehrlein – Oberheim, ZPO, § 538, Rn. 12; Thomas – Putzo – Reichold, ZPO, § 538, Rn. 7; Sänger – Wöstmann, ZPO, § 538, Rn. 8; Musielak – Ball, ZPO, § 538, Rn. 7.

1530 Prütting – Gehrlein – Oberheim, ZPO, § 538, Rn. 12; vgl. Musielak – Ball, ZPO, § 538, Rn. 11.

1531 Musielak – Ball, ZPO, § 538, Rn. 11.

1532 Sänger – Wöstmann, ZPO, § 538, Rn. 10; vgl. Prütting – Gehrlein – Oberheim, ZPO, § 538, Rn. 15.

1533 Thomas – Putzo – Reichold, ZPO/FamFG, § 70, Rn. 4; vgl. Thomas – Putzo – Hüßtege, ZPO/FamFG, § 117, Rn. 33.

der Rechtsbeschwerde kann nach § 72 Abs. 1 FamFG kann nur geltend gemacht werden, dass die angefochtene Entscheidung auf einer Verletzung des Rechts beruht, also eine Rechtsnorm nicht oder nicht richtig angewendet worden ist. Somit kann „nur eine rechtliche Nachprüfung“[1534], aber keine tatsächliche Überprüfung einer fraglichen Entscheidung vorgenommen werden[1535]. Hierzu muss nach § 71 Abs. 1, 2 FamFG die Rechtsbeschwerde innerhalb eines Monats nach Bekanntgabe der vorherigen Entscheidung beim BGH eingelegt und begründet werden[1536]. Nach einer erfolgreich durchgeführten Zulässigkeitsprüfung (§ 74 Abs. 1 FamFG) hat das Rechtsbeschwerdegericht bei Begründetheit den angefochtenen Beschluss aufzuheben (§ 74 Abs. 5 FamFG)[1537] und kann entweder bei Entscheidungsreife selbst entscheiden (§ 74 Abs. 6 S. 1 FamFG)[1538] oder ansonsten die Sache zur erneuten Entscheidung zurückverweisen (§ 74 Abs. 6 S. 2 FamFG)[1539]. Sofern die Voraussetzungen für die Zulassung der Rechtsbeschwerde nicht vorlagen und diese auch keine Erfolgsaussichten hat, kann die Rechtsbeschwerde nach § 74 a FamFG zurückgewiesen werden[1540].

Über die Rechtsbeschwerde entscheidet der Bundesgerichtshof immer in der Senatsbesetzung mit fünf Richtern, ohne die Möglichkeit einer Übertragung auf einen Einzelrichter[1541].

bb) Kirche

Ein Urteil mit dem Inhalt der Feststellung der Nichtigkeit einer Ehe / Ablehnung einer entsprechenden Klage kann wegen inhaltlicher Unrichtigkeit mit der Berufung, wegen verfahrensrechtlicher Fehler mit der Nichtigkeitsbeschwerde angegriffen werden[1542].

(1) Berufung

Inhaltliche Unrichtigkeiten können mit der Berufung vor dem Berufungsgericht geltend gemacht werden (c. 1628 CIC/1983, Art. 279 DC), wenn also „ein unzutreffender Sachverhalt zugrundegelegt oder [...] das Recht auf den richtig angenommenen Sachverhalt falsch angewandt worden ist“[1543]. Berufung „ist die Anrufung des Oberrichters zur sachlichen Überprüfung eines Endurteils [. Ziel ist] die Aufhebung

1534 Thomas – Putzo – Reichold, ZPO/FamFG, Vorbemerkung § 70, Rn. 1.
1535 Vgl. Thomas – Putzo – Hüßtege, ZPO, § 546, Rn. 3, § 559, Rn. 15, ZPO/FamFG, § 72, Rn. 3.
1536 Vgl. Thomas – Putzo – Hüßtege, ZPO/FamFG, § 71, Rn. 2–4.
1537 Vgl. Engelhardt – Sternal – Meyer-Holz, FamFG, § 74, Rn. 66.
1538 Vgl. Engelhardt – Sternal – Meyer-Holz, FamFG, § 74, Rn. 67.
1539 Vgl. Engelhardt – Sternal – Meyer-Holz, FamFG, § 74, Rn. 82.
1540 Vgl. Engelhardt – Sternal – Meyer-Holz, FamFG, § 74a, Rn. 2–5.
1541 Vgl. § 139 Abs. 1 GVG.
1542 Vgl. Mörsdorf, KanR III, 190, 191.
1543 Mörsdorf, KanR III, 190.

oder Abänderung, wobei eine Nachprüfung sowohl nach der rechtlichen wie nach der tatsächlichen Seite stattfindet"[1544]. Das Berufungsgericht entscheidet immer als Kollegialgericht[1545].

(2) Nichtigkeitsbeschwerde

Die Verletzung wesentlicher Verfahrensvorschriften[1546] kann mit der Nichtigkeitsbeschwerde vor dem Gericht derselben Instanz geltend werden[1547], das die betroffene Entscheidung erlassen hat (cc. 1619, 1624 CIC/1983, Art. 270, 272, 274 DC). Bei Verbindung der Nichtigkeitsbeschwerde mit der Berufung hat über die Nichtigkeitsbeschwerde stattdessen die Berufungsinstanz zu entscheiden[1548]. Nach Art. 278 DC hat das Berufungsgericht auf erfolgreiche Nichtigkeitsbeschwerde hin an das erstinstanzliche Gericht zurückzuverweisen, da lediglich die Gültigkeit des Urteils überprüft[1549], aber keine inhaltliche Entscheidung getroffen wird.

cc) Zwischenergebnis

Sowohl staatliche Beschlüsse wegen einer fehlerhaft eingegangenen Ehe als auch kirchliche Endurteile mit dem Inhalt der Feststellung der Nichtigkeit einer Ehe können mit Rechtsmitteln sowohl in verfahrensrechtlicher als auch in inhaltlicher Hinsicht angegriffen und überprüft werden. Während das staatliche Recht hierfür nur das Rechtsmittel der Beschwerde vorsieht, mit der eine Überprüfung unter tatsächlichen und rechtlichen Gesichtspunkten (formell und materiell) vorgenommen werden kann[1550], differenziert hier das kirchliche Prozessrecht je nach Anliegen in zwei verschiedene Rechtsmittel, zum einen die Berufung wegen inhaltlicher Fehler, zum anderen die Nichtigkeitsbeschwerde wegen verfahrensrechtlicher Fehler[1551].

Die Beschwerde muss genauso wie die Berufung beim Ausgangsgericht eingelegt und dann vor dem Obergericht begründet werden. Während im staatlichen Rechtsbereich das Beschwerdegericht eine volle neue Tatsacheninstanz bildet, also uneingeschränkt neue Beweise erheben kann[1552], ist das kirchliche Obergericht keine neue (zweite volle) Tatsacheninstanz; es „prüft nur die Richtigkeit der getroffenen Entscheidung, und zwar im Prinzip aufgrund derselben Erkenntnisgrundlagen wie das Gericht der vorigen Instanz. Neue Beweise sind daher [...] nur

---

1544 Mörsdorf, KanR III, 191.

1545 Vgl. c. 1441 CIC/1983; Art. 30 § 4 DC.

1546 Vgl. die Aufzählung aus cc. 1620, 1622 CIC/1983; Art. 270, 272 DC.

1547 Vgl. Mörsdorf, KanR III, 190, 196.

1548 Vgl. c. 1625 CIC/1983, Art. 274 DC; vgl. Lüdicke, „Dignitas connubii", Art. 274, Rn. 2.

1549 Vgl. Lüdicke, „Dignitas connubii", Art. 278, Rn. 1.

1550 Vgl. § 58 FamFG.

1551 Vgl. Mörsdorf, KanR III, 190, 191.

1552 Vgl. Thomas – Putzo – Reichold, ZPO/FamFG, § 65, Rn. 5.

in dem Umfang zuzulassen, als sie im Verfahren der Vorinstanz nach Aktenschluss hätten angeführt werden können“[1553].

Sowohl über die Beschwerde in staatlichen Verfahren als auch über die Berufung in kirchlichen Ehenichtigkeitsverfahren wird immer durch die nächsthöhere Instanz entschieden, womit ein Devolutiveffekt eintritt[1554]. Hierdurch wird eine unabhängige und unvoreingenommene Überprüfung der ergangenen Entscheidung ermöglicht und zugleich sichergestellt.

Sowohl in staatlichen als auch in kirchlichen Verfahren richtet sich die verfahrensrechtliche Vorgehensweise grundsätzlich nach derjenigen der vorherigen Instanz. Während in staatlichen Verfahren die Beschwerde durch Beschluss vom Kollegium aus drei Richtern auf einen Einzelrichter übertragen werden kann[1555], muss in kirchlichen Ehenichtigkeitsverfahren immer das Kollegium die Entscheidung treffen[1556], außer es handelt sich um die Berufung gegen das Urteil im Verfahren aufgrund von Urkunden. Hier zeigt sich in der Berufungsinstanz der Kirche ein klarer Vorteil gegenüber dem Staat, da in der alltäglichen Gerichtspraxis praktisch immer wegen Personalnot Entscheidungen auf den Einzelrichter verlagert werden. Sowohl im Staat als auch in der Kirche entscheidet das Obergericht aufgrund der Beschwerde bzw. Berufung inhaltlich über die anhängige Sache selbst[1557].

Während in staatlichen Verfahren mit der Beschwerde auch die Verletzung verfahrensrechtlicher Vorschriften gerügt werden kann, muss hierfür in kirchlichen Verfahren die separate Nichtigkeitsbeschwerde (cc. 1619 CIC/1983, Art. 270, 272 DC) gewählt werden. Anders als die Beschwerde im Staat kann die Nichtigkeitsbeschwerde in der Kirche jedoch vor dem Ausgangsgericht eingelegt und begründet werden. Auch die Entscheidung wird dann durch das Ausgangsgericht getroffen[1558], da es zuvor lediglich „nur unter falschen formalen Voraussetzungen [entschieden hat und die Entscheidung] nun erneut erarbeiten und verkünden“[1559] muss, ohne eine bisherige inhaltliche Überzeugung ändern zu müssen[1560]. Sofern ein Richter als befangen durch einen anderen Richter ersetzt wird, ändert sich der Rechtszug nicht; das Verfahren bleibt immer noch in der ersten Instanz (c. 1450 CIC/1983, Art. 69 § 1 DC).

Falls jedoch die Nichtigkeitsbeschwerde mit der Berufung verbunden wird (Art. 274 § 3 DC), obliegt es dem Berufungsgericht, hierüber zu entscheiden. In diesem Fall ist Inhalt der Entscheidung aber lediglich die Aufhebung und

---

1553 Lüdicke, „Dignitas connubii“, Art. 267, Rn. 3.
1554 Vgl. Thomas – Putzo – Hüßtege, ZPO/GVG, § 119, Rn. 2, 4, 5; Mörsdorf, KanR III, 190.
1555 Vgl. Thomas – Putzo – Reichold, ZPO/FamFG, § 68, Rn. 25.
1556 Vgl. Lüdicke, „Dignitas connubii“, Art. 30, Rn. 6, Art. 263, Rn. 2.
1557 Vgl. Art. 265–267 DC; c. 1628 CIC/1983, Art. 279 DC.
1558 Vgl. Lüdicke, „Dignitas connubii“, Art. 274, Rn. 3.
1559 Lüdicke, „Dignitas connubii“, Art. 274, Rn. 3.
1560 Vgl. Lüdicke, „Dignitas connubii“, Art. 274, Rn. 3.

Zurückverweisung an das Untergericht[1561]. Auch ein staatliches Gericht (hier das Beschwerdegericht) kann auf eine Beschwerde mit verfahrensrechtlichem Inhalt hin – wenn auch nur ausnahmsweise und auf entsprechenden Antrag eines Beteiligten – an das Gericht des ersten Rechtszuges zurückverweisen, soweit das Verfahren im ersten Rechtszug an einem wesentlichen Mangel leidet und auf Grund dieses Mangels eine umfangreiche oder aufwändige Beweisaufnahme notwendig ist[1562]. Dies stellt allerdings eine Ausnahme dar, da das Obergericht ohne entsprechenden Antrag auf Zurückverweisung und ohne Erfüllung der Voraussetzungen auch über verfahrensrechtliche Beschwerden immer selbst entscheiden darf und muss[1563].

Während gegen eine kirchliche Entscheidung beliebig häufig wieder Berufung eingereicht werden kann, solange nicht zwei gleichlautende Entscheidungen vorliegen[1564], ist in staatlichen Verfahren gegen einen erstinstanzlichen Beschluss nur einmal die Beschwerde mit voller Überprüfungsmöglichkeit vorhanden; danach ist nur noch die Rechtsbeschwerde mit dem Ziel der Überprüfung auf Rechtsfehler möglich. Nach Ausschöpfung dieser beiden staatlichen Rechtsmittel gibt es keine weiteren Überprüfungsmöglichkeiten mehr; hier gewährleistet das kirchliche Verfahrensrecht eine bessere Überprüfbarkeit auch über mehrere Instanzen, solange nicht zwei kirchliche Gerichte gleichlautend entschieden haben. Andererseits verhindert das staatliche Verfahrensrecht eine Verzögerung einer endgültigen Entscheidung durch immer wieder neu eingelegte Rechtsmittel.

b) Verfahren zur Auflösung des Ehebandes

Während staatliche Beschlüsse über die Scheidung einer Ehe – genauso wie bei Fehlerhaftigkeit – mit der Beschwerde in verfahrensrechtlicher und inhaltlicher Hinsicht überprüft werden können, bestehen bei kirchlichen Reskripten über die Auflösung des Ehebandes bzw. die Ablehnung eines entsprechenden Gesuchs keine Rechtsmittel, da es sich um eine päpstliche Entscheidung handelt, die nicht mehr angegriffen werden kann[1565]. Lediglich möglich ist eine Gegenvorstellung beim Papst, wobei hierdurch kein Anspruch auf erneute Prüfung begründet wird[1566], oder aber die erneute Vorlage eines Gesuchs um Auflösung des Ehebandes. Die Unterschiedlichkeit liegt darin begründet, dass im staatlichen Rechtskreis ein entsprechender rechtlicher Anspruch auf Scheidung besteht[1567], während es

1561 Vgl. Art. 278 DC.
1562 Vgl. § 538 Abs. 2 Nr. 1 ZPO iVm. § 117 Abs. 2 S. 1 FamFG.
1563 Vgl. § 69 Abs. 1 S. 1 FamFG; vgl. Thomas – Putzo – Reichold, ZPO/FamFG, § 69, Rn. 4.
1564 Vgl. c. 1644 CIC/1983, Art. 290 DC; vgl. Lüdicke, „Dignitas connubii", Art. 290, Rn. 2.
1565 Vgl. cc. 333 § 3, 1404, 1732 CIC/1983.
1566 Vgl. Pötter, Die Beschwerde, 99.
1567 Vgl. § 1564 BGB.

sich im kirchlichen Rechtskreis um einen Gnadenakt der freiwilligen Verwaltung handelt, auf den kein Rechtsanspruch besteht[1568].

c) Einfache Verwaltungsverfahren

In einfachen kirchlichen Verwaltungsverfahren[1569] ergangene Dekrete können mit der Verwaltungsbeschwerde überprüft werden. Hierzu muss zunächst der Widerspruch nach c. 1734 § 1 CIC/1983 beim handelnden Diözesanbischof innerhalb einer Frist von zehn Tagen eingereicht werden (c. 1734 § 2 CIC/1983)[1570]. Nach c. 1735 CIC/1983 ist innerhalb von dreißig Tagen hierüber zu entscheiden (durch Abänderung, Zurückweisung oder Untätigkeit).

Diese Entscheidung kann innerhalb von weiteren fünfzehn Tagen[1571] mit der Beschwerde beim hierarchischen Oberen angefochten werden (c. 1737 §§ 1, 2 CIC/1983)[1572]. Eingereicht werden kann sie nach Wahl des Beschwerdeführers direkt beim hierarchischen Oberen oder beim Ortsbischofs, der die Beschwerde dann an den hierarchischen Oberen weiterzuleiten hat[1573]. Der hierarchische und für die Entgegennahme zuständige Obere ist das sachlich hierfür zuständige Dikasterium der Römischen Kurie[1574]. Zuständiges Dikasterium ist nach Art. 75 PB die Kongregation für die Bischöfe, da ein Diözesanbischof kraft ausführender Gewalt (c. 135 § 4 CIC/1983)[1575] und damit in Ausübung seines bischöflichen Dienstes gehandelt hat, wie dies die Zuständigkeitsumschreibung dieser Kongregation fordert[1576]. Nach Art. 21 § 1 PB muss die hierarchische Beschwerde gegen Dekrete in einfachen kirchlichen Eheverfahren, da sie die Zuständigkeit der Kongregation für den Gottesdienst und die Sakramentenordnung bezüglich gültiger und erlaubter Feier nach Art. 63 PB berührt[1577], von beiden betroffenen Dikasterien gemeinsam geprüft werden[1578]. Federführend ist in diesem Fall jedoch die Kongregation für die Bischöfe, da die Voraussetzungen für die gültige und erlaubte Eingehung einer Ehe bereits festgelegt sind.

1568 Vgl. Lüdicke – Socha, Münsterischer Kommentar, c. 59, Rn. 5.
1569 Hierzu zählen der Antrag auf Feststellung der Nichtigkeit einer Ehe wegen Formmangels sowie die Anwendung des Privilegium Paulinum bzw. jeweils deren Ablehnung.
1570 Vgl. Lüdicke, Münsterischer Kommentar, c. 1734/2, Rn. 4; Aymans, KanR 4, 591.
1571 Vgl. Lüdicke, Münsterischer Kommentar, c. 1737/3, Rn. 9; Aymans, KanR 4, 593.
1572 Vgl. Lüdicke, Münsterischer Kommentar, c. 1737/3, Rn. 6; Aymans, KanR 4, 593.
1573 Vgl. Lüdicke, Münsterischer Kommentar, c. 1737/3, Rn. 7.
1574 Vgl. Art. 14 und Art. 19 I PB.
1575 Vgl. cc. 381 § 1, 391 CIC/1983.
1576 Vgl. Rossi, La Congregazione per i vescovi, Art. 79 PB, 112; Costalunga, La Congregazione per i vescovi, 289.
1577 Vgl. Arrieta, Cost. Ap. Pastor Bonus, Art. 63, 251.
1578 Vgl. Art. 105 §§ 1, 3 RGCR/1999.

Die Entscheidung innerhalb der Kongregation wird immer im Kollegium getroffen[1579] – je nach Bedeutung – durch die Sessio plenaria oder ordinaria[1580] oder aber bei weniger wichtigen Entscheidungen nur durch den Kongreß[1581]. Gegen diese kollegial getroffene Entscheidung kann nach Art. 134 §§ 2, 3 RGCR/1999 innerhalb von zehn Tagen der Antrag auf „revoca o modifica" (Widerruf / Abänderung) an die Sessio plenaria oder ordinaria des betreffenden Dikasteriums gestellt werden[1582].

Der Verwaltungsrekurs gegen die Entscheidung der maßgeblichen Kongregation für die Bischöfe vor dem Obersten Gericht der Apostolischen Signatur wird nach Art. 36 LpSig/2008 durch die Einreichung einer Klageschrift eingeleitet[1583]. Die Frist für die Einreichung beträgt nach Art. 34 § 1 LpSig/2008 60 Tage[1584] ab Bekanntgabe des Verwaltungsaktes durch die entsprechende Kongregation[1585].

Nach der Zulassung des Rekurses im Kongress durch den Präfekten[1586], der Anfertigung der Zusammenfassung und Abschluss der Untersuchung bzw. der Erhebung der erforderlichen Tatsachen[1587] sowie die Festlegung des Streitgegenstandes[1588], übergibt der Präfekt die Sache[1589] an das Richterkollegium[1590]. Im Richterkollegium entscheidet dann nach Art. 47 § 3 LpSig/2008 die Mehrheit der Richter über die Sache[1591], wobei „ausschließlich über Fragen der Rechtmäßigkeit der materiellen Entscheidung und des Verfahrens („legem aliquam in decernedo vel in procedendo violaverit"), nicht über die Zweckmäßigkeit (Verhältnismäßigkeit, Nützlichkeit, Angemessenheit)"[1592] geurteilt wird.

1579 Vgl. Aymans, KanR 2, 251, 252; Mörsdorf, KanR I, 365; Schmitz, Die Römische Kurie, 368.

1580 Vgl. Art. 113 und Art. 115 RGCR/1999; vgl. Pinto, RGCR/1999, Art. 113, 440, Art. 115, 440.

1581 Vgl. Art. 119 RGCR/1999; vgl. Palazzini, Le Congregazione Romane, 201–203, Pinto, RGCR/1999, Art. 119, 442.

1582 Vgl. Pinto, RGCR/1999, Art. 134–138, 451; Canosa, Regolamento generale della Curia romana, Art. 119, 446.

1583 Vgl. Sanchez, El recurso, 612, 613.

1584 Durch das päpstliche Motu proprio „Antiqua Ordinatione" wurde die in Art. 123 § 1 PB, Art. 135 § 1 RGCR/1999 festgelegte Frist von dreißig Tagen auf sechzig Tage erhöht. Durch die darin gebrauchte Formulierung „Haec itaque auctoritate Nostra comprobamus, decernimus et statuimus, contrariis rebus minime quibuslibet obsistentibus" wurde die Aufhebung entgegenstehender Regelungen festgelegt (vgl. Norm des c. 20 CIC/1983 sowie hierzu Aymans, KanR 1, 190).

1585 Vgl. Art. 74 § 1 LpSig/2008.

1586 Vgl. Art. 83 § 1 S. 1 Alt. 1 LpSig/2008; vgl. Daniel, The power of governance, 648.

1587 Vgl. Art. 86 LpSig/2008.

1588 Vgl. Art. 85 § 1 LpSig/2008.

1589 Vgl. Art. 89 LpSig/2008 iVm. Art. 46 LpSig/2008.

1590 Vgl. Sanchez, El recurso, 622.

1591 Vgl. Sanchez, El recurso, 624.

1592 Pötter, Die Beschwerde, 97.

Gegen die Entscheidung der Apostolischen Signatur als höchstem Gericht des Papstes kann nach c. 1629, 1° CIC/1983 keine Berufung mehr eingelegt werden[1593]. Nach Art. 91 § 1 LpSig/2008 kann gegen diese kollegial gefassten Entscheidungen nur noch die Nichtigkeitsbeschwerde oder die Wiedereinsetzung in den vorherigen Stand gewährt werden[1594].

Anders – als bei der Scheidung – ist bei einfachen kirchlichen Verwaltungsverfahren die Kontrolle und Überprüfung sowohl der ausführenden als auch der rechtsprechenden Gewalt anvertraut. Die zuerst erfolgende Überprüfung durch den hierarchischen Oberen dient der Selbstkontrolle des Verwaltungshandelns. Zum Schutz des hierarchischen Oberen aber entscheidet der hierarchische Obere immer im Kollegium, um Irrtümer und Fehler, wie sie einer einzelnen Person leichter unterlaufen können, bei der Entscheidung weitgehend zu vermeiden.

d) Gesamtergebnis

Alle Entscheidungen in Eheangelegenheiten – bis auf die Auflösung des Ehebandes in favorem fidei oder wegen Nichtvollzugs – können sowohl im Staat als auch in der Kirche auf Fehler hinsichtlich des Verfahrens und des Rechts überprüft werden. Bei den gerichtlichen Eheverfahren (Aufhebung, Feststellung, Scheidung, Nichtigkeitsfeststellung in der Kirche) vollzieht sich diese Überprüfung im Rahmen der rechtsprechenden Gewalt (durch unabhängige Richter). In einfachen kirchlichen Verwaltungsverfahren ist ebenfalls eine Überprüfung möglich. Jedoch vollzieht sich diese zunächst im Rahmen der (weisungsabhängigen[1595]) ausführenden Gewalt (beim hierarchischen Oberen, dem zuständigen Dikasterium der Römischen Kurie). Erst hiergegen ist eine Überprüfung durch unabhängige Richter beim Obersten Gericht der Apostolischen Signatur im Rahmen der rechtsprechenden Gewalt möglich.

Auf diese Weise wird bei allen Entscheidungen von Gerichten oder der Verwaltung eine Kontrolle und Überprüfung ermöglicht, wenn auch die Verbindlichkeit und die Auswirkungen auf den Verfahrensgegenstand sehr verschieden sind – von den förmlichen gerichtlichen Rechtsbehelfen über die Verwaltungsbeschwerde bis zur formlosen Bitte um erneute Überprüfung.

3. Rechtsmittel gegen die Vollziehbarkeit der Entscheidung

Eine an sich vollziehbare Entscheidung kann unter bestimmten Voraussetzungen wieder erneut vor ein Entscheidungsorgan gebracht und nach entsprechendem Verfahren aufgehoben oder abgeändert werden.

1593 Vgl. Sanchez, El recurso, 626.
1594 Vgl. Sanchez, El recurso, 627.
1595 Vgl. Art. 18 PB, c. 480 CIC/1983.

a) *Gerichtsverfahren zur Beendigung einer fehlerhaften Ehe*

Damit die endgültige Entscheidung aus einem abgeschlossenen Verfahren wegen einer fehlerhaften Ehe aufgehoben oder abgeändert werden kann, muss zunächst die Rechtskraft[1596] überwunden und beseitigt werden.

aa) Staat

Die rechtskräftige Entscheidung über eine fehlerhafte Ehe kann aufgrund der eingetretenen Rechtskraft[1597] grundsätzlich nicht mehr vor Gericht erneut verhandelt werden. Nach § 118 FamFG iVm. § 578 Abs. 1 ZPO kann aber die bindende Wirkung eines rechtskräftigen Beschlusses in einer Ehesache mit der Wiederaufnahmeklage[1598] wieder vor das Gericht gebracht werden, das das Eheverfahren zuvor in letzter Instanz rechtskräftig abgeschlossen hat[1599]. Die Wiederaufnahme zur Beseitigung der Rechtskraft kann sowohl durch die Nichtigkeitsklage iSv. § 579 ZPO iVm. § 118 FamFG als auch durch die Restitutionsklage iSv. § 580 ZPO iVm. § 118 FamFG erreicht werden, wobei die Nichtigkeitsklage aber vorrangig ist[1600].

Mit der Nichtigkeitsklage können schwerwiegende Mängel auf Seiten des Gerichts und der Parteien geltend gemacht werden (§ 579 Abs. 1 Nr. 1–4 ZPO iVm. § 118 FamFG)[1601].

Die Restitutionsklage hingegen kann Entscheidungen beseitigen, bei denen „die Urteilsgrundlagen in einer Weise erschüttert worden sind, dass es nicht gerechtfertigt werden kann, die betroffene Partei zu zwingen, an dem Urteil festzuhalten“[1602] (§ 580 ZPO iVm. § 113 Abs. 1 S. 2 FamFG). Inhaltlich handelt es sich um Gründe, die die bisherige Urteilsgrundlage beseitigen[1603] wegen zuvor begangener Straftaten

1596 Rechtskraft wird im Staat als Begriff so gebraucht; in kirchlichen Verfahren steht es für die vorläufige Rechtskraft iSd. Rechts zur Eingehung einer neuen Ehe (vgl. Wirth, Das Streitverfahren, 1182) nach zwei gleichlautenden Urteilen (c. 1684 §§ 1, 2 CIC/1983).

1597 Vgl. § 1313 S. 2 BGB, § 705 S. 1 ZPO, § 116 Abs. 2 FamFG.

1598 Vgl. Thomas – Putzo – Reichold, ZPO, § 578, Rn. 1; Prütting – Gehrlein, Meller-Hannich, ZPO, Bemerkungen vor §§ 578 ff., Rn. 1.

1599 Vgl. Thomas – Putzo – Reichold, ZPO, § 584, Rn. 1–5.

1600 Vgl. § 578 II ZPO; vgl. Thomas – Putzo – Reichold, ZPO, § 578, Rn. 2; Sänger – Kemper, ZPO, § 579, Rn. 1; Prütting – Gehrlein – Meller-Hannich, ZPO, Bemerkungen vor §§ 578 ff., Rn. 1.

1601 Vgl. Rauscher – Wax – Wenzel – Braun, ZPO, § 579, Rn. 1; Zöller – Greger, ZPO, Vorbemerkungen § 578, Rn. 1, § 578, Rn. 1; § 579, Rn. 1; Prütting – Gehrlein – Meller-Hannich, ZPO, § 579, Rn. 1.

1602 Musielak – Musielak, ZPO, § 580, Rn. 1.

1603 Vgl. Prütting – Gehrlein – Meller-Hannich, ZPO, Bemerkungen vor §§ 578 ff., Rn. 1, § 580, Rn. 1; Zöller – Greger, ZPO, Vorbemerkungen § 578, Rn. 1, § 578, Rn. 1.

(§ 580 Nr. 1–5 FamFG)[1604] oder wegen Tatsachen, die zur Beseitigung oder Vervollständigung der Urteilsgrundlage führen[1605].

Die Wiederaufnahme ist in Ehesachen, insbesondere auch bei Gestaltungsbeschlüssen, möglich, auch wenn einer der Ehepartner bereits wieder erneut geheiratet hat. Bei erfolgreicher Wiederaufnahmeklage (Stattgabe der Wiederaufnahme und anschließender Ablehnung des Aufhebungsantrags) wird die neue Ehe nach § 1306 BGB zu einer nichtigen Doppelehe[1606]. „Nach dem Tod eines Ehegatten ist die Wiederaufnahmeklage [...] unzulässig, [da] die Ehe ein so höchstpersönliches Gut ist, dass nur die Ehegatten selbst über ihren Bestand streiten können“[1607].

bb) Kirche

Zur Beseitigung des Rechts auf Eingehung einer neuen Ehe nach zwei gleichlautenden Entscheidungen, also der „vorläufigen Rechtskraft“ kann nach c. 1644 CIC/1983, Art. 290 § 1 DC der Antrag auf Wiederaufnahme des Verfahrens an das Berufungsgericht desjenigen Gerichtes gestellt werden, das zuletzt entschieden hat[1608]. Zuständig hierfür ist damit regelmäßig das Gericht der Römischen Rota nach c. 1444 § 1, 2° CIC/1983 oder ein delegiertes Gericht in dritter oder höherer Instanz[1609]. Zur Begründung sollen neue und schwerwiegende „Beweisgründe in tatsächlicher oder in rechtlicher Hinsicht“[1610] angeführt werden[1611]. So kann es sich „um neue Urkunden oder auch um andere Beweismittel (z. B. Zeugenbeweis) [handeln], wenn dadurch eine bisher unbekannte oder nicht bewiesene, für die Gültigkeit oder die Ungültigkeit der Ehe aber rechtserhebliche Tatsache bewiesen werden kann“[1612]. Hierdurch kann „die bisherige Entscheidungsgrundlage in Frage“[1613] gestellt werden.

Innerhalb eines Monats nach Vorlage der neuen Beweise und Begründungen hat das Berufungsgericht durch Dekret festzustellen, ob der Antrag auf Wiederaufnahme des Verfahres zugelassen wird[1614]. Es wird aber damit nicht bereits eine Entscheidung über die Ehe als solche getroffen[1615]. Inhalt der Entscheidung ist vielmehr nur die Frage, ob „die behaupteten neuen Tatsachen vorliegen bzw. ob die

---

1604 Vgl. Thomas – Putzo – Reichold, ZPO, § 580, Rn. 4; Zöller – Greger, ZPO, § 580, Rn. 1; Rauscher – Wax – Wenzel – Braun, ZPO, § 580, Rn. 15.
1605 Vgl. Thomas – Putzo – Reichold, ZPO, § 580, Rn. 4.
1606 Vgl. Stein – Jonas – Leipold, ZPO, § 578, Rn. 2, 4.
1607 Stein – Jonas – Leipold, ZPO, § 578, Rn. 5.
1608 Vgl. Mörsdorf, KanR III, 246–248.
1609 Vgl. Schöch, Die Wiederaufnahme, 73; Gullo – Gullo, Prassi processuale, 301; Lüdicke, „Dignitas connubii“, Art. 290, Rn. 5.
1610 Mörsdorf, Kirchenrecht III, 249; vgl. Lüdicke, „Dignitas connubii“, Art. 290, Rn. 4.
1611 Art. 290 § 1 DC „novis iisque gravibus *probationibus* vel *argumentis*“.
1612 Mörsdorf, KanR III, 249.
1613 Lüdicke, „Dignitas connubii“, Art. 292, Rn. 1.
1614 Vgl. Schöch, Die Wiederaufnahme, 73, 74.
1615 Vgl. Schöch, Die Wiederaufnahme, 67.

neuen Beweismittel konkret geeignet sind, zu einer Änderung der Tatsachenfeststellungen des Hauptprozesses zu führen"[1616].

Sollte die Wiederaufnahmeinstanz nach neuer Verhandlung zu der Auffassung gelangen, dass die von der Vorinstanz ursprünglich erklärte Nichtigkeit einer Ehe nicht erwiesen ist, so ist eine eventuell inzwischen neu eingegangene Ehe aufgrund fortbestehendem Ehebandes (c. 1085 § 1 CIC/1983) nichtig.

cc) Zwischenergebnis

Während in staatlichen Verfahren die Entscheidung über die Wiederaufnahme und Durchführung eines Verfahrens nach einer rechtskräftigen Entscheidung durch dasjenige Gericht getroffen wird, das die angefochtene Entscheidung erlassen hat[1617], entscheidet in kirchlichen Verfahren über die Wiederaufnahme dasjenige Gericht, das dem Gericht übergeordnet ist, welches die angefochtene Entscheidung erlassen hat, also das Berufungsgericht[1618]. Vorteil des kirchlichen Verfahrens ist die Tatsache, dass ein gänzlich unabhängiges, bislang nicht damit betrautes Gericht zunächst über die Wiederaufnahme und anschließend in der Sache selbst entscheidet, während in staatlichen Verfahren die Gefahr besteht, dass das erneut angegangene Gericht keinen Anlass sieht, seine einmal gefällte Entscheidung zu revidieren.

Sowohl im staatlichen als auch im kirchlichen Bereich ist ein zweistufiges Verfahren vorgesehen, in welchem in einem ersten Schritt über die grundsätzliche Zulassung der Wiederaufnahme entschieden[1619] und in einem zweiten Schritt die neue Verhandlung durchgeführt sowie die Entscheidung getroffen wird[1620]. Diese zunächst zu treffende Entscheidung über das „ob" der Wiederaufnahme ist in beiden Rechtsbereichen von großer Bedeutung, da in ein rechtskräftig abgeschlossenes Verfahren eingegriffen wird. Erst nach erfolgreicher Zulassung der Wiederaufnahme durch Gericht kann dann in die Verhandlung als solche eingetreten werden.

Während in staatlichen Verfahren zwei Rechtsbehelfe zur Wiederaufnahme – wenn auch mit dem Vorrang zugunsten der Nichtigkeitsklage – vorgesehen sind, besteht im kirchlichen Verfahren nur ein Rechtsbehelf. Nach dem staatlichen Verfahrensrecht werden für die Wiederaufnahme verfahrensrechtliche Fehler bzw. unrichtige oder unvollständige Grundlagen[1621] (§§ 579, 580 ZPO) als Grund verlangt, die sich auf den rechtskräftigen Beschluss auswirken. Hingegen sind im kirchlichen Recht lediglich neue und schwerwiegende Gründe Voraussetzung. Die Wiederaufnahme im kirchlichen Verfahren kann damit leichter erreicht werden als

1616 Schöch, Die Wiederaufnahme, 79.
1617 Vgl. § 584 ZPO.
1618 Vgl. Mörsdorf, KanR III, 249, 250; Schöch, Die Wiederaufnahme, 69.
1619 Vgl. Thomas – Putzo – Reichold, ZPO, § 578, Rn. 1; Lüdicke, „Dignitas connubii", Art. 293, Rn. 1.
1620 Vgl. Lüdicke, „Dignitas connubii", Art. 292, Rn. 1.
1621 Vgl. Zöller – Greger, ZPO, Vorbemerkungen § 578, Rn. 1.

die Wiederaufnahme im staatlichen Rechtsbereich, da in der Kirche die bisherige Entscheidung durch Vorlage neuer Beweise angeriffen wird, die eine gegenteilige Entscheidung zunächst zumindest als wahrscheinlich erscheinen lassen[1622]. Im Staat hingegen muss für eine Wiederaufnahme zwingend einer der gesetzlich abschließend geregelten Gründe (§§ 579, 580 ZPO) nachgewiesen werden.

Das staatliche Recht verlangt für die Wiederaufnahme – anders als das kirchliche Verfahrensrecht – zusätzlich, dass die betroffene Partei die fraglichen Fehler nicht anders hätte angreifen können (§§ 578 Abs. 2, 582 ZPO)[1623]. Hierdurch wird im Staat gegenüber der Kirche die Möglichkeit der Wiederaufnahme eingeschränkt.

Anders als bei der staatlichen Regelung – ist für die Kirche die objektive Wahrheit vorrangig gegenüber der Rechtssicherheit[1624], da die Tatsachenlage durch ein Endurteil im Ehenichtigkeitsverfahrens nicht gestaltet, sondern nur festgestellt wird[1625].

b) Verfahren zur Auflösung des Ehebandes

Während gegen den rechtskräftigen Beschluss über die Scheidung einer Ehe – genauso wie bei der fehlerhaft eingegangenen Ehe – die Wiederaufnahmeklage möglich ist[1626], kann die vom Papst (höchstpersönlich) gewährte Auflösung des Ehebandes durch Reskript grundsätzlich nicht mehr beseitigt werden, da die Akte des Papstes nicht mehr angreifbar und überprüfbar sind[1627].

Sofern die Auflösung durch den Papst jedoch abgelehnt wurde, ist aber eine Gegenvorstellung beim Papst – ohne Anspruch auf erneute Prüfung[1628] – oder die erneute Vorlage eines Gesuchs um Auflösung des Ehebandes denkbar[1629].

Falls die Auflösung durch den Papst aber zunächst erteilt wurde, obwohl die Voraussetzungen nicht vorlagen, kann nach einer beim Papst eingereichten Gegenvorstellung die gewährte Auflösung widerrufen werden[1630], obwohl hierauf jedoch ebenfalls kein Anspruch besteht.

Die Unterschiedlichkeit liegt darin begründet, dass im staatlichen Rechtskreis ein entsprechender rechtlicher Anspruch besteht[1631], während es sich im kirchlichen

---

1622 Vgl. Lüdicke, „Dignitas connubii“, Art. 292, Rn. 2.
1623 Vgl. Thomas – Putzo – Reichold, ZPO, § 579, Rn. 3, § 582, Rn. 3.
1624 Vgl. Schöch, Die Wiederaufnahme, 65; Mörsdorf, KanR III, 248.
1625 Vgl. Lüdicke, „Dignitas connubii“, Art. 289, Rn. 1.
1626 Vgl. Stein – Jonas – Leipold, ZPO, § 578, Rn. 2, 4, 5; Zöller – Greger, ZPO, Vorbemerkungen § 578, Rn. 10.
1627 Vgl. cc. 333 § 3, 1404, 1732 CIC/1983.
1628 Vgl. Pötter, Die Beschwerde, 99.
1629 Vgl. c. 1705 § 3 CIC/1983, c. 1710 Schema Novissimum.
1630 Vgl. Marchetta, Scioglimento del matrimonio canonico, 244, 245 (Anmerkung des Autors: so für Nichtvollzugsverfahren, aber in analoger Weise für die Verfahren in favorem fidei).
1631 Vgl. § 1564 BGB.

Rechtskreis um einen Gnadenakt der freiwilligen Verwaltung handelt, auf den kein Rechtsanspruch besteht[1632].

c) Einfache Verwaltungsverfahren

Die in einfachen kirchlichen Eheverfahren[1633] ergangenen Dekrete können mittels der hierarchischen Beschwerde zunächst vor den hierarchischen Oberen und dann vor das Oberste Gericht der Apostolischen Signatur gebracht werden. Ein vom Obersten Gericht der Apostolischen Signatur ergangenes Urteil kann nicht mehr mit dem ordentlichen Rechtsmittel der Berufung beseitigt werden[1634], da es sich um ein Urteil des obersten päpstlichen Gerichts handelt[1635].

Es kann lediglich nach Art. 91 § 1 LpSig/2008 die Nichtigkeitsbeschwerde oder die Wiedereinsetzung in den vorherigen Stand erbeten werden, womit aber nur vermeintliche Verfahrensfehler der Apostolischen Signatur oder offensichtliche Ungerechtigkeiten eines ergangenen Urteils angegriffen werden können[1636]. Eine erneute detaillierte inhaltliche Überprüfung – wie bei der nicht mehr möglichen Berufung – findet dennoch nicht statt.

d) Gesamtergebnis

Lediglich gegen Entscheidungen in staatlichen und kirchlichen Ehegerichtsverfahren wegen einer fehlerhaft eingegangenen Ehe kann trotz eingetretener Rechtskraft die Wiederaufnahme betrieben werden, sofern die jeweils hierfür erforderlichen Gründe, die im Staat abschließend geregelt[1637] und in der Kirche mit neuen und schwerwiegenden Beweisgründen allgemein festgelegt sind, nachgewiesen werden können. Während die Kirche hierbei immer großes Gewicht auf die objektive Tatsachenlage legt, überwiegt für den Staat dagegen immer zunächst die Rechtssicherheit für seine Bürger.

Bei allen kirchlichen Entscheidungen zur Auflösung des Ehebandes – anders als bei der staatlichen Scheidung – gibt es keinen Rechtsbehelf der Wiederaufnahme des Verfahrens; lediglich möglich ist eine formlose Gegenvorstellung beim Papst mit dem Inhalt der Fehlerhaftigkeit der getroffenen päpstlichen Entscheidung und des möglichen päpstlichen Widerrufs. Ebenfalls ist für die einfachen kirchlichen Verwaltungsverfahren nach Abschluss durch Urteil der Apostolischen Signatur der Rechtsbehelf der Wiederaufnahme nicht vorgesehen; stattdessen kann nur mit der Nichtigkeitsbeschwerde oder der restitutio in integrum vorgegangen werden.

1632 Vgl. Lüdicke – Socha, Münsterischer Kommentar, c. 59, Rn. 5.

1633 Hierzu zählen der Antrag auf Feststellung der Nichtigkeit einer Ehe wegen Formmangels sowie die Anwendung des Privilegium Paulinum bzw. jeweils deren Ablehnung.

1634 Vgl. Umkehrschluss aus Art. 91 LpSig/2008.

1635 Vgl. c. 1629, 1° CIC/1983; vgl. Sanchez, El recurso, 626.

1636 Vgl. Sanchez, El recurso, 627.

1637 Vgl. §§ 579, 580 ZPO.

XVIII. Kosten der Eheverfahren

Durch die Einleitung, Durchführung und Entscheidung von Eheverfahren entstehen sowohl im staatlichen als auch im kirchlichen Rechtsbereich Kosten für das gerichtliche Verfahren als solches sowie für eine etwaige anwaltliche Vertretung.

1. Gerichtsverfahren zur Beendigung einer fehlerhaften Ehe

Sowohl in staatlichen als auch in kirchlichen Eheverfahren zur Beendigung einer fehlerhaft eingegangenen Ehe fallen Kosten für die gerichtliche Tätigkeit und für eine etwaige anwaltliche Vertretung und Begleitung an. Der Rechtsschutz einer Partei vor Gericht darf jedoch nicht an den finanziellen Verhältnissen scheitern.

a) Staat

aa) Verfahrenskosten

In staatlichen Eheverfahren muss der (verfahrensabschließende) Beschluss neben der Entscheidung in der Hauptsache, also der Aufhebung / der Ablehnung der Aufhebung einer Ehe bzw. der Feststellung des Bestehens / Nichtbestehens einer Ehe, auch immer die Kostenentscheidung treffen, also „wer die Kosten zu tragen hat“[1638]. Diese Entscheidung ist immer abhängig von der Hauptsacheentscheidung.

Bei erfolgreichem Eheaufhebungsantrag werden die Kosten des Verfahrens gegeneinander aufgehoben (§ 132 Abs. 1 S. 1 FamFG). Damit haben die Ehepartner gemäß § 113 Abs. 1 S. 2 FamFG iVm. § 92 Abs. 1 S. 2 ZPO die Gerichtskosten je zur Hälfte sowie ihre außergerichtlichen Kosten, insbesondere ihre Anwaltskosten, vollständig zu tragen[1639]. Bei erfolglosem Eheaufhebungsantrag hingegen werden die Verfahrenskosten nach § 91 Abs. 1 S. 1 ZPO iVm. § 113 Abs. 1 S. 2 FamFG der unterliegenden (antragstellenden) Partei auferlegt[1640].

Die Kosten des Antrags auf Feststellung des Bestehens / Nichtbestehens einer Ehe werden – mangels anderslautender Regelungen im FamFG – nach § 113 Abs. 1 S. 2 FamFG iVm. §§ 91 ff. ZPO immer der unterliegenden Partei auferlegt[1641].

1638 Thomas – Putzo – Hüßtege, ZPO, Vorbemerkung § 91, Rn. 17; vgl. Thomas – Putzo – Reichold, ZPO, § 308, Rn. 7; Zöller – Vollkommer, ZPO, § 308, Rn. 9; Jungbauer, Rechtsanwaltsvergütung, 400, Rn. 540.

1639 Vgl. Schneider – Wolf – Volpert – Türck-Brocker, Familiengerichtskostengesetz, § 43, Rn. 21, 23, 31; Sänger – Kemper, ZPO/FamFG, § 132, Rn. 2; Schulte-Bunert – Weinreich – Keske, FamFG, § 132, Rn. 3; Borth – Grandel – Musielak, Familiengerichtliches Verfahren, § 132, Rn. 2; Engelhardt – Sternal – Weber, FamFG, § 132, Rn. 3.

1640 Vgl. Prütting – Helms – Helms, FamFG, § 132, Rn. 2; Schulte-Bunert – Weinreich – Keske, FamFG, § 132, Rn. 2, 5; Borth – Grandel – Musielak, Familiengerichtliches Verfahren, § 132, Rn. 2; Engelhardt – Sternal – Weber, FamFG, § 132, Rn. 9.

1641 Vgl. Eckebrecht – Gutjahr, Verfahrenshandbuch, § 5 Ehesachen, Rn. 142; Prütting – Helms – Helms, FamFG, § 132, Rn. 1; Borth – Grandel – Musielak, Familiengerichtliches Verfahren, § 132, Rn. 1.

Auf der Grundlage der Kostenentscheidung des (verfahrensabschließenden) Beschlusses werden die Prozesskosten[1642] festgesetzt[1643]. Prozesskosten bestehen zum einen aus Gerichtskosten (inkl. Auslagen)[1644] nach dem FamGKG, zum anderen aus den außergerichtlichen Kosten, insbesondere den Anwaltskosten nach dem RVG[1645]. Die Wertgebühren[1646] werden hierfür nach dem gerichtlich festgesetzten Verfahrenswert[1647] der Ehesache[1648] nach der jeweiligen Gebührentabelle für Gerichts- oder Anwaltskosten[1649] ermittelt[1650].

Nach § 28 Abs. 1 S. 3 FamGKG iVm. Anlage 2 belaufen sich die Gebühren je nach Verfahrenswert auf 35,00 € bis 3.121,00 €[1651]. Hierauf wird noch der Steigerungsfaktor von 2,0 für die erste Instanz[1652], von 3,0 für die zweite Instanz[1653] sowie von 4,0 für die dritte Instanz[1654] angewendet. Somit betragen die endgültigen Gerichtskosten je nach Verfahrenswert zwischen 70,00 € und 6.242,00 € für ein erstinstanzliches Verfahren, zwischen 105,00 € und 9.353,00 € für ein zweitinstanzliches Verfahren sowie zwischen 140,00 € und 12.484,00 € für ein drittinstanzliches Verfahren.

1642 Prozesskosten „sind die unmittelbaren Aufwendungen der Parteien für das Betreiben des Rechtsstreits" (Thomas – Putzo – Hüßtege, ZPO, Vorbemerkung § 91, Rn. 2).

1643 Kostenfestsetzung ist „das gerichtliche Verfahren, durch das der Betrag der Kosten festgesetzt wird, den die eine Partei der anderen zu erstatten hat" (Thomas – Putzo – Hüßtege, ZPO, Vorbemerkung, § 91, Rn. 20).

1644 Vgl. Thomas – Putzo – Hüßtege, ZPO, Vorbemerkung § 91, Rn. 3, 4.

1645 Vgl. Thomas – Putzo – Hüßtege, ZPO, Vorbemerkung § 91, Rn. 5.

1646 Vgl. Von König, Zivilprozess- und Kostenrecht, 36, Rn. 96, 61, Rn. 162.

1647 Vgl. § 55 Abs. 2 FamGKG.

1648 Nach § 43 Abs. 1, 2 GKG ist in Ehesachen der Verfahrenswert in erster Linie nach dem in drei Monaten erzielten Nettoeinkommen der Ehegatten zu bestimmen. Nach § 23 Abs. 1 S. 1 RVG gilt dieser Wert auch für die Vergütung der Rechtsanwälte.

1649 Vgl. Anlage 2 zum FamGKG iVm. § 28 Abs. 1 S. 3 FamGKG, Anlage zum RVG iVm. § 13 Abs. 1 S. 3 RVG.

1650 Vgl. Binz – Dörndorfer – Petzold – Zimmermann, Gesetz über Gerichtskosten in Familiensachen, § 28, Rn. 1; Bischof – Jungbauer, RVG, § 13, Rn. 1, 4, 7.

1651 Die genannten Beträge gelten nach Art. 5 des Zweiten Gesetzes zur Modernisierung des Kostenrechts vom 23. Juli 2013 (BGBl. I, 2586) ab 01.08.2013.

1652 Vgl. Anlage 1 (Kostenverzeichnis Nr. 1110) iVm. § 3 Abs. 2 FamGKG; vgl. Schneider – Wolf – Volpert – Volpert, FamGKG, Nr. 1110 KV, Rn. 8; Schulte-Bunert – Weinreich – Keske, FamFG/FamGKG, § 3, Rn. 9, KV 1110–1140, Rn. 3.

1653 Vgl. Anlage 1 (Kostenverzeichnis Nr. 1120) iVm. § 3 Abs. 2 FamGKG; vgl. Schneider – Wolf –Volpert – Volpert, FamGKG, Nr. 1120 KV, Rn. 4; Schulte-Bunert – Weinreich – Keske, FamFG/FamGKG, § 3, Rn. 9, KV 1110–1140, Rn. 9.

1654 Vgl. Anlage 1 (Kostenverzeichnis Nr. 1130) iVm. § 3 Abs. 2 FamGKG; vgl. Schneider – Wolf – Volpert – Volpert, FamGKG, Nr. 1130 KV, Rn. 3; Schulte-Bunert – Weinreich – Keske, FamFG/FamGKG, § 3, Rn. 9, KV 1110–1140, Rn. 13.

Nach § 13 Abs. 1 S. 3 RVG iVm. Anlage 2 ergeben sich je nach Gegenstandswert Gebühren zwischen 40,00 € und 3.208,00 €, wobei hierauf noch ein Steigerungsfaktor von 2,5 für ein erstinstanzliches Verfahren[1655], ein Steigerungsfaktor von 2,8 für ein zweitinstanzliches Verfahren[1656] sowie ein Steigerungsfaktor von 3,8 für ein drittinstanzliches Verfahren[1657] anzuwenden ist. Somit beträgt die endgültige Anwaltsvergütung je nach Gegenstandswert zwischen 100,00 € und 8.020,00 € für ein erstinstanzliches Verfahren und zwischen 112,00 € und 8.982,40 € für ein zweitinstanzliches Verfahren sowie zwischen 152,00 € und 12.190,40 € für ein drittinstanzliches Verfahren. Statt der gesetzlichen Vergütungsregelungen nach dem RVG wird aber in der anwaltlichen Praxis gewöhnlich eine Vergütungsvereinbarung nach Stundensätzen getroffen.

bb) Verfahrenskostenhilfe

Ein Eheverfahren zur Beendigung einer fehlerhaft eingegangenen Ehe darf nicht an den aufzubringenden Verfahrenskosten scheitern[1658]. Daher kann das Prozessgericht[1659] auf Antrag Verfahrenskostenhilfe[1660] bewilligen (§ 113 Abs. 1 S. 2 FamFG iVm. §§ 114 S. 1, 117 Abs. 1 S. 1, 119 Abs. 1 S. 1 ZPO), wenn ein Ehepartner „die Kosten der Prozessführung nicht, nur zum Teil oder nur in Raten aufbringen kann, [...] wenn die beabsichtigte Rechtsverfolgung oder Rechtsverteidigung hinreichende Aussicht auf Erfolg bietet oder nicht mutwillig erscheint"[1661]. Grundlage für die Beurteilung der Bedürftigkeit ist das von der Partei einzusetzende Einkommen nach § 115 Abs. 1 S. 1 ZPO, also „alle (Brutto-)Einkünfte abzüglich der in § 115 Abs. 1 S. 3 ZPO aufgezählten Belastungen"[1662]. Mit der Bewilligung von Verfahrenskostenhilfe

1655 Vgl. Anlage 1 (Vergütungsverzeichnis Nr. 3100, 3104) iVm. § 2 Abs. 2 RVG; vgl. Bischof – Jungbauer, RVG, Nr. 3100 VV, Rn. 2, 49, Nr. 3104 VV, Rn. 2; Riedel – Sußbauer – Keller, Rechtsanwaltsvergütungsgesetz, VV Teil 3 Abschnitt 1, Rn. 8, 44; Jungbauer, Abrechnung in Familiensachen, 197, Rn. 1013, 214, Rn. 1079.

1656 Vgl. Anlage 1 (Vergütungsverzeichnis Nr. 3200, 3202) iVm. § 2 Abs. 2 RVG; vgl. Riedel – Sußbauer – Keller, Rechtsanwaltsvergütungsgesetz, VV Teil 3 Abschnitt 2, Rn. 34, 38; Jungbauer, Abrechnung in Familiensachen, 254, Rn. 1293, 258, Rn. 1307.

1657 Vgl. Anlage 1 (Vergütungsverzeichnis Nr. 3206, 3208, 3210) iVm. § 2 Abs. 2 RVG; vgl. Jungbauer, Abrechnung in Familiensachen, 259, Rn. 1312, 1313; Riedel – Sußbauer – Keller, Rechtsanwaltsvergütungsgesetz, VV Teil 3 Abschnitt 2, Rn. 45, 48.

1658 Vgl. Steinert – Theede, Zivilprozess, 67, 68, Rn. 1, 2; von König, Zivilprozess- und Kostenrecht, 294, Rn. 739.

1659 Vgl. Zöller – Philippi, ZPO, § 117, Rn. 1; Musielak – Fischer, ZPO, § 127, Rn. 4; von König, Zivilprozess- und Kostenrecht, 300, Rn. 765.

1660 Vgl. Schneider, Gebühren in Familiensachen, § 8 Verfahrenskostenhilfe, 225, Rn. 1273, wonach in Familiensachen statt des Begriffs Prozesskostenhilfe künftig der Begriff der Verfahrenskostenhilfe verwendet wird.

1661 § 114 S. 1 ZPO.

1662 Steinert – Theede, Zivilprozess, 72, 68, Rn. 13.

muss die bedürftige Partei lediglich noch die gerichtlich festgesetzten Raten für die Gerichts- und Anwaltskosten abhängig von der Einkommenshöhe an die Staatskasse entrichten (§§ 115 Abs. 2, 120 Abs. 1 S. 1, 122 Nr. 1 ZPO)[1663]. Zur Rechtswahrung wird durch das Prozessgericht zudem ein Rechtsanwalt beigeordnet (§ 121 Abs. 1, 5 ZPO), dem keine Vergütungsansprüche gegen die bedürftige Partei nach § 122 Nr. 3 ZPO zustehen. Stattdessen hat dieser beigeordnete Rechtsanwalt einen Vergütungsanspruch gegen die Staatskasse (§ 45 Abs. 1 RVG)[1664], deren Höhe nach der Wertgebühr des § 49 RVG bemessen wird[1665].

b) Kirche

aa) Verfahrenskosten

In kirchlichen Ehenichtigkeitsverfahren muss das Endurteil neben der Feststellung / Ablehnung der Feststellung der Nichtigkeit einer Ehe, also der Entscheidung in der Hauptsache (Art. 250, 1° DC), auch eine Kostenentscheidung (Art. 250, 4°, Art. 304 DC) treffen[1666], also die „Höhe [festsetzen], falls sie nicht durch eine Kostenordnung nach c. 1649 CIC/1983 [feststeht], und anordnen, wer die Kosten zu tragen hat"[1667]. Auf der Grundlage von c. 1649 § 1, 1°, 2° CIC/1983 haben die Diözesanbischöfe im Gebiet der Deutschen Bischofskonferenz „aufgrund des Votums der Offizialenkonferenz vom 12. Oktober 1999"[1668] die Höhe der Gerichtskosten für kirchliche Ehenichtigkeitsverfahren übereinstimmend festgelegt. Hiernach betragen die Gerichtskosten für ein ordentliches Ehenichtigkeitsverfahren erster Instanz 200,00 € und für jede weitere Instanz 100,00 € sowie 50,00 € für ein Verfahren aufgrund von Urkunden[1669]. Die Gerichtskosten für das Gericht der Römischen Rota (vgl. Art. 110 NRR/1994) sind hingegen betragsmäßig amtlich nicht veröffentlicht worden.

Die Ordnung für die Honorare der Anwälte für die bei einem Eheverfahren typischerweise anfallenden Tätigkeiten mit pauschalen Höchstbeträgen hat nur

---

1663 Vgl. Von König, Zivilprozess- und Kostenrecht, 306, Rn. 782; Thomas – Putzo – Reichold, ZPO, § 122, Rn. 1.

1664 Vgl. Thomas – Putzo – Reichold, ZPO, § 122, Rn. 3; Von König, Zivilprozess- und Kostenrecht, 306, Rn. 783, 308, Rn. 788.

1665 Vgl. Mayer – Kroiß – Kroiß, Rechtsanwaltsvergütungsgesetz, § 49, Rn. 2–4.

1666 Vgl. Mörsdorf, KanR III, 207; Canonico, Note di commento, 83.

1667 Lüdicke, Münsterischer Kommentar, c. 1611/3, Rn. 7; vgl. Lüdicke, „Dignitas connubii", Art. 250, Rn. 4.

1668 Bistum Würzburg, Neuordnung der Gerichtskosten für kirchliche Eheverfahren; vgl. zur Diskussion über eine gemeinsame Gebührenordnung: Wirth, Gebührenordnung, 28–41.

1669 Die Veröffentlichung erfolgte in den Amtsblättern der einzelnen Diözesen, z. B. ABl. München und Freising 2001, 156; ABl. Rottenburg-Stuttgart 2001, 372; ABl. Speyer 2000, 280; im übrigen zur Fundstelle in den jeweiligen Amtsblättern vgl. Wenner, Beschlüsse DBK, Nr. 600 Ehenichtigkeitsverfahren.

empfehlenden Charakter[1670]; „bei der Beauftragung eines Anwalts [handelt es sich] um eine private Vereinbarung“[1671], weshalb die Kirche keine verbindliche Vorgaben machen kann. In der Praxis wird häufig eine Vergütung nach Stundensätzen vereinbart. Die Anwaltskosten am Gericht der Römischen Rota (vgl. Art. 111 NRR/1994) sind betragsmäßig amtlich nicht veröffentlicht worden.

bb) Armenrecht

Ein kirchliches Ehenichtigkeitsverfahren darf nicht an den entstehenden Verfahrenskosten scheitern. Auf der Grundlage von c. 1649, 3° CIC/1983[1672], Art. 303, 3°, 305 DC haben die Diözesanbischöfe im Gebiet der Deutschen Bischofskonferenz Regelungen „über die Gewährung des unentgeltlichen Rechtsschutzes oder die Verminderung der Kosten“[1673] in ihren Gebührenordnungen erlassen. Nach diesen Normen obliegt regelmäßig dem Gerichtsvikar[1674], in einzelnen Gebührenordnung sowohl dem Gerichtsvikar als auch dem Vorsitzenden des Gerichts[1675], die Entscheidung, bei entsprechendem Nachweis der Bedürftigkeit durch Dekret die Gerichtskosten zu ermäßigen oder ganz zu erlassen[1676]. Konkrete Anforderungen an die Bedürftigkeit hingegen werden nicht geregelt. Zusätzlich wird bei unentgeltlichem Rechtsschutz für die bedürftige Partei ein Anwalt durch den Gerichtsvikar eingesetzt, der die Partei als Anwalt berät[1677].

1670 Vgl. Wenner, Beschlüsse DBK, Nr. 603 Ordnung für Anwaltsgebühren in kirchlichen Ehenichtigkeitsverfahren, nur veröffentlicht im ABl. Speyer 2001, 281, während auf diese Ordnung nur hingewiesen wird im ABl. Freiburg 2001, 41, ABl. Limburg 2001, 205, ABl. Magdeburg 2001, 30, ABl. Mainz 2001, 33, ABl. Rottenburg-Stuttgart 2001, 372; weiterführend zu Anwaltskosten Benz, Aufgabe, Stellung und Kosten eines kirchlichen Anwalts, 446–456.

1671 Lüdicke, „Dignitas connubii“, Art. 303, Rn. 9.

1672 Vgl. Arrieta, Codice di diritto canonico, 1095; Gallen, El proceso documental, 341; Lagomarsino, Le spese giudiziarie ed il gratuito patrocinio (artt. 302–308), 792.

1673 Art. 303, 3° DC.

1674 Lediglich im Bistum Essen obliegt diese Entscheidung aussschließlich dem Vorsitzenden des Gerichts (vgl. KABl. Essen 2001, 44).

1675 Nach Art. 306, 3° DC kann sich sowohl der Gerichtsvikar als auch der Vorsitzende hiermit befassen, da in den Gerichtskostenordnungen keine ausdrückliche Zuweisung an den Gerichtsvikar vorgenommen wurde (vgl. beispielsweise KABl. Bamberg 2001, 176, KABl. Freiburg 2001, 41, KABl. Hamburg 2001, 58, KABl. Osnabrück 2001, 199, KABl. Regensburg 2009, 9).

1676 Vgl. beispielsweise KABl. Augsburg 2001, 101; vgl. Gallen, El proceso documental, 341, 342; Garcia Failde, La Instruccion „Dignitas connubii“, 276.

1677 Vgl. Art. 307 § 1 DC; vgl. Gallen, El proceso documental, 343; Canonico, Note di commento, 84; Garcia Failde, La Instruccion „Dignitas connubii“, 277; Lagomarsino, Le spese giudiziarie ed il gratuito patrocinio, 798.

c) *Vergleich*

aa) Verfahrenskosten

Die verfahrensabschließende Entscheidung über eine fehlerhaft eingegangene Ehe muss in beiden Rechtsbereichen neben der Hauptsacheentscheidung[1678] immer auch die Entscheidung über Kosten[1679] enthalten. Die Kosten lassen sich in Gerichts- und Anwaltskosten aufteilen.

Während im staatlichen Rechtsbereich die Kostenentscheidung immer von der Hauptsacheentscheidung abhängig ist, werden im kirchlichen Bereich die Gerichtskosten nach den regelungsgleichen diözesanen Gerichtskostenordnungen mit Einreichung der Klageschrift von der klagenden Partei erhoben[1680] und im abschließenden Endurteil regelmäßig der klagenden Partei auferlegt[1681]. Anders als in staatlichen Verfahren möglich, erkennt die kirchliche Rechtsordnung und die kirchliche Gerichtspraxis damit an, dass sie faktisch keine Möglichkeit hat, Gerichtskosten von der belangten Partei wirksam einzutreiben.

In staatlichen Verfahren zur Beendigung einer fehlerhaft eingegangene Ehe variiert die Gebührenerhebung nach dem Wert des Verfahrensgegenstandes[1682]; somit fallen in jedem einzelnen Verfahren Gerichtskosten in unterschiedlicher Höhe an. Dagegen ist in kirchlichen Verfahren ein (fester) Pauschalbetrag[1683] festgelegt. Anders als in kirchlichen Ehenichtigkeitsverfahren lassen sich somit die Kosten in staatlichen Verfahren zur Beendigung einer fehlerhaft eingegangenen Ehe nicht sofort beziffern; vielmehr hängen sie in jedem einzelnen anhängigen Verfahren vom Verfahrenswert ab, der sich nach dem „in drei Monaten erzielten Nettoeinkommen der Ehegatten bestimmt"[1684]. Unter Zugrundelegung des so ermittelten Verfahrenswertes wird an Hand der Gebührentabellen[1685] die gerichtliche und anwaltliche Gebühr ermittelt. Hierauf wird ein Steigerungsfaktor – abhängig vom jeweiligen Verfahren – angewendet, um die konkreten Gerichts- und Anwaltskosten zu

---

1678 Hauptsacheentscheidung ist im staatlichen Rechtsbereich die Eheaufhebung / Ablehnung der Eheaufhebung / die Feststellung des Bestehens / Nichtbestehens einer Ehe und im kirchlichen Rechtsbereich die Feststellung / Ablehnung der Feststellung der Nichtigkeit einer Ehe.

1679 Vgl. § 308 Abs. 2 ZPO iVm. § 113 Abs. 1 S. 2 FamFG; c. 1611, 4° CIC/1983, Art. 250, 4°, 304 § 1 DC.

1680 Vgl. beispielsweise Nr. 1 der Gerichtskostenordnung beim Bischöflichen Offizialat Rottenburg, in: KABl. 2012, 454.

1681 Vgl. c. 1611, 4° CIC/1983, Art. 304 § 1 DC.

1682 Vgl. § 3 Abs. 1 FamGKG; vgl. Schulte-Bunert – Weinreich – Keske, FamFG/FamGKG, § 3, Rn. 2.

1683 Die Veröffentlichung erfolgte in den Amtsblättern der einzelnen Diözesen, z. B. ABl. München und Freising 2001, 156; ABl. Rottenburg-Stuttgart 2001, 372; ABl. Speyer 2000, 280; im übrigen zur Fundstelle in den jeweiligen Amtsblättern, vgl. Wenner, Beschlüsse DBK, Nr. 600 Ehenichtigsverfahren.

1684 § 43 Abs. 2 FamGKG.

1685 Vgl. Anl. 2 zu § 28 Abs. 1 FamGKG, Anl. 2 zu § 13 Abs. 1 RVG.

erhalten. In kirchlichen Ehenichtigkeitsverfahren hingegen sind die Gerichts- und Anwaltskosten als Pauschalbeträge festgelegt. Dies hat den Vorteil, dass bereits vor Verfahrenseinleitung transparent feststeht, welche Kosten entstehen und zu entrichten sind. Während die Gebühren in staatlichen Verfahren sämtliche dabei entstehenden Personalkosten des Gerichts abdecken, ist die im kirchlichen Bereich mit 200,- € bzw. 100,- € relativ gering bemessene feste Pauschalgebühr nur ein kleiner Betrag zu den tatsächlich entstandenen und entstehenden Kosten des Gerichts. Andererseits will die Kirche durch die relativ niedrige Gebühr jedermann ermöglichen, eine möglicherweise ungültige Ehe vor einem Diözesangericht überprüfen zu lassen. Der Pauschalbetrag im kirchlichen Ehenichtigkeitsverfahren ist daher erheblich niedriger festgesetzt worden als die im staatlichen Eheverfahren maximal möglichen Gerichtskosten von bis zu 6.242,00 € für ein erstinstanzliches Verfahren. Durch die staatliche Wertgebühr wiederum wird man einem jeden Einzelfall, bemessen nach dem Nettoeinkommen der beiden Ehepartner in drei Monaten, gerechter, als wenn ein Pauschalbetrag für das gesamte Verfahren gefordert wird.

Während im staatlichen Rechtsbereich die Gerichts- und Anwaltskostenordnungen für alle Instanzen Geltung entfalten, gilt in kirchlichen Ehenichtigkeitsverfahren für das Gericht der Römischen Rota eine gesonderte Ordnung für Gerichts- und Anwaltskosten (vgl. Art. 110, 111 NRR/1994). Diese entsprechenden Ordnungen für die Römische Rota sind jedoch nicht amtlich veröffentlicht worden (z. B. in den AAS). Grund hierfür könnte sein, dass es für die Kirche wegen ihres Universalcharakters äußerst schwierig wäre, generell feste Gebühren vorzugeben. Was z. B. für deutsche Verhältnisse als angemessene Gebühr erachtet würde, wäre für andere (arme) Länder u. U. viel zu hoch.

Hinsichtlich der Gerichtskosten an der Römischen Rota gibt es lediglich in der Literatur die Privatäußerung einer Rotaanwältin, wonach die Gerichtskosten „rund 1.500 Euro“[1686] betragen. Für den rechtssuchenden Gläubigen wäre hier eine transparente Regelung wünschenswert. Andererseits können die entsprechenden Gebühren jederzeit erfragt werden.

Die für den staatlichen und kirchlichen Rechtsbereich festgelegten Anwaltskosten sind nur Empfehlungen, die die Anwälte und die antragstellenden Ehepartner freiwillig zugrunde legen können. Alternativ werden Anwälte stattdessen häufig eine Vergütung nach erbrachten Stunden vereinbaren. Zwar würden Pauschalen für die klagenden Ehepartner insofern Vorteile besitzen, als vor Beauftragung feststeht, welche Kosten auf sie zukommen. Andererseits kann ein Anwalt vor Beauftragung für ein Eheverfahren noch nicht feststellen, wie viel Arbeit mit einem Verfahren auf ihn zukommt. So kann eine Pauschale für ihn vorteilhafter sein, sofern mit einem Mandat relativ wenig Arbeit verbunden ist. Sollte jedoch ein Verfahren hohen Arbeitsaufwand verursachen, ist es für einen Anwalt wirtschaftlicher, nach Stunden abzurechnen. Für beide Rechtsbereiche ist somit eine Vergütungsvereinbarung nach Stunden der fairste Weg, wobei jeweils

1686 Wegan, Kosten und Dauer, 77.

die Besonderheiten des staatlichen und kirchlichen Verfahrens bei der Höhe der Stundensätze Berücksichtigung finden sollten.

bb) Verfahrenskostenhilfe / Armenrecht

Beide Rechtsbereiche gehen bei der Gewährung von Rechtsschutz durch Gerichte davon aus, dass es nicht daran scheitern darf, dass die jeweilige rechtssuchende Partei keine ausreichenden finanziellen Mittel hierfür besitzt. Daher sieht das staatliche Recht Verfahrenskostenhilfe[1687] bzw. das kirchliche Recht das Armenrecht[1688] vor. Hierdurch werden die jeweiligen Gerichtskosten vollständig oder teilweise erlassen, abhängig von den wirtschaftlichen Verhältnissen der Partei[1689]. Damit die Partei im jeweiligen Rechtsbereich in diese Gunst gelangt, muss sie einen Nachweis über ihre wirtschaftliche Situation, also ihre Bedürftigkeit, erbringen[1690]. Nach Vorlage entsprechender Unterlagen muss in beiden Rechtsbereichen über den Erlass oder zumindestens die Minderung der Gerichtskosten entschieden werden. Während im staatlichen Verfahren diese Entscheidung dem jeweiligen Prozessgericht[1691] obliegt, entscheidet in kirchlichen Ehenichtigkeitsverfahren – abhängig von der diözesanen Gerichtskostenordnung – entweder der Gerichtsvikar oder der Vorsitzende des für das konkrete Verfahren eingesetzten Kollegialgerichts; regelmäßig wird es aber nach der Mehrheit diözesaner Gerichtskostenordnungen immer der Gerichtsvikar[1692] und nicht der Vorsitzende sein. Die kirchliche Entscheidung über die Gewährung des Armenrechts regelmäßig durch den Gerichtsvikar an den Diözesangerichten – als nicht zwingend erkennendem Richter im Verfahren – ist vorzugswürdiger gegenüber der staatlichen Regelung, wonach der Vorsitzende des Prozessgerichts entscheidet. Grund hierfür ist, dass die Gewährung des Armenrechts einheitlicher gehandhabt wird, da nicht immer unterschiedliche Personen entscheiden. Durch die regelmäßige Übertragung der Entscheidung auf den Gerichtsvikar wird zudem klargestellt, dass es sich nicht um eine richterliche Aufgabe, sondern eine Aufgabe der Gerichtsverwaltung handelt, wie dies im staatlichen Rechtsbereich ebenfalls eine Aufgabe der Exekutive wäre, die lediglich durch das Prozessgericht ausgeübt wird[1693].

1687 Vgl. § 113 Abs. 1 S. 2 FamFG iVm. §§ 114–127 ZPO.

1688 Vgl. Art. 305–307 DC; vgl. Arrieta, Codice di diritto canonico, 1095.

1689 Vgl. § 113 Abs. 1 S. 2 FamFG iVm. § 114 S. 1 ZPO; vgl. Lüdicke, „Dignitas connubii“, Art. 305; Mörsdorf, KanR III, 207, 208.

1690 Vgl. Lüdicke, „Dignitas connubii“, Art. 306, Rn. 1; Mörsdorf, KanR III, 208; Thomas – Putzo – Reichold, ZPO, § 117, Rn. 6.

1691 Prozessgericht ist dasjenige Gericht, bei dem das Verfahren zur Beendigung einer fehlerhaften Ehe anhängig ist.

1692 Vgl. beispielsweise Gebührenordnung des Konsistoriums und Metropolitangerichtes München sowie weitere diözesane Gerichtskostenordnungen, in: Wenner, Beschlüsse der DBK, Nr. 600 Ehenichtigkeitsverfahren.

1693 Vgl. Hartung – Schons – Enders – Hartung, Rechtsanwaltsvergütungsgesetz, § 45, Rn. 11.

Zur Wahrung ihrer Rechte wird es der bedürftigen Partei ermöglicht, sich durch einen Anwalt vor dem jeweiligen Gericht vertreten zu lassen. Hierzu wird der Partei ein Anwalt beigeordnet[1694] bzw. bestellt[1695], der die Vertretung übernimmt. Dieser Parteibeistand erhält – anders als der unmittelbar durch eine Partei beauftragte Anwalt – seine Vergütung unmittelbar durch den Staat (Justizkasse) bzw. durch die jeweilige Diözese. In beiden Rechtsbereichen handelt es sich bei der Entlohnung des bestellten Anwalts um eine Pauschalvergütung[1696] und keine Stundenvergütung. Ein der Partei im Rahmen des unentgeltlichen Rechtsschutzes bestellter Parteibestand ist zudem in beiden Rechtsbereichen verpflichtet, die Vertretung der bedürftigen Partei vor Gericht zu übernehmen. In kirchlichen Ehenichtigkeitsverfahren ergibt sich diese Verpflichtung unmittelbar aus prozessrechtlichen Regelungen[1697], während in staatlichen Verfahren zur Beendigung einer fehlerhaft eingegangenen Ehe lediglich eine berufsrechtliche Pflicht zur Übernahme der Vertretung[1698] besteht. Durch die Beiordnung wird zwischen dem Parteibeistand und der Gerichtskasse ein öffentlich-rechtliches Schuldverhältnis begründet[1699], aus dem die anwaltliche Vergütung gefordert werden kann.

2. Verfahren zur Auflösung des Ehebandes

Sowohl in staatlichen Verfahren der Ehescheidung als auch in kirchlichen Verfahren zur Auflösung des Ehebandes muss neben der Entscheidung in der Hauptsache auch immer die Kostenentscheidung[1700] getroffen werden. Während bei erfolgreichem Scheidungsantrag die Kosten des Verfahrens – wie in staatlichen Verfahren

1694 Vgl. § 121 Abs. 1 ZPO iVm. § 113 Abs. 1 S. 2 FamFG.

1695 Vgl. Art. 307 § 1 DC.

1696 Nach §§ 45, 49 RVG handelt es sich im staatlichen Rechtsbereich um eine aus der Staatskasse bezahlte Wertgebühr, die vom jeweiligen Verfahrenswert abhängig ist. Im kirchlichen Ehenichtigkeitsverfahren werden regelmäßig die für Anwälte durch die Gerichte empfohlenen, aber nicht verbindlichen pauschalen Anwaltshonorare zugrunde gelegt.

1697 Vgl. Art. 307 § 2 DC.

1698 Vgl. § 48 Abs. 1 Nr. 1 BRAO; vgl. Kleine-Cosack, Bundesrechtsanwaltsordnung, § 48, Rn. 1; Feuerich – Weyland – Vossebürger – Böhnlein, Bundesrechtsanwaltsordnung, § 48, Rn. 5a; Mayer – Kroiß – Ebert, Rechtsanwaltsvergütungsgesetz, § 48, Rn. 13.

1699 Vgl. Hartung – Schons – Enders – Hartung, Rechtsanwaltsvergütungsgesetz, § 45, Rn. 12, 13.

1700 Vgl. § 308 Abs. 2 ZPO iVm. § 113 Abs. 1 S. 2 FamFG für das staatliche Scheidungsverfahren; vgl. für das kirchliche Verfahren zur Eheauflösung beispielsweise Labelle, Les incidences pastorales e la dissolution, 69.

wegen einer fehlerhaft eingegangenen Ehe – gegeneinander aufgehoben werden (§ 150 Abs. 1 FamFG)[1701] und nur bei erfolglosem Scheidungsverfahren die Kosten dem Antragsteller auferlegt werden (§ 150 Abs. 2 S. 1 FamFG)[1702], werden in kirchlichen Verfahren zur Auflösung des Ehebandes hingegen die Kosten immer von der bittstellenden Partei erhoben[1703]. Diese Kostenerhebung im kirchlichen Rechtsbereich ist auch konsequent, da die Kirche selbst – anders als der Staat – keine wirksame Möglichkeit hat, die Gebühren von der nicht bittstellenden Partei zu verlangen und hierzu in Verwaltungsverfahren auch keine Veranlassung besteht.

In beiden Rechtsbereichen werden für Verfahren zur Auflösung des Ehebandes Gebühren erhoben, sei es als Gerichtskosten in Form einer Gerichtsgebühr[1704], sei es als Verwaltungsgebühr[1705] der Römischen Kurie, da eine öffentliche Einrichtung durch den Bürger bzw. den Gläubigen in besonderer Weise in Anspruch genommen wird. Anders als für staatliche Verfahren in Gnadensachen[1706] werden für diese Verfahren zur Auflösung des Ehebandes als päpstlicher Gnade hingegen gerade Gebühren von den Bittstellern erhoben.

Während in staatlichen Verfahren der Ehescheidung – wie bei staatlichen Eheaufhebungs- und Ehebestandsfeststellungsverfahren – Wertgebühren[1707] nach dem jeweiligen Verfahrenswert der Ehesache[1708] erhoben werden, sind in den gerichtsähnlichen Verwaltungsverfahren zur Auflösung des Ehebandes in favorem fidei oder wegen Nichtvollzugs nur die Verwaltungsgebühren für die Römische Kurie[1709], nicht aber Gebühren für die vorherige Beweiserhebung am

---

1701 Vgl. Thomas – Putzo – Hüßtege, ZPO/FamFG, § 150, Rn. 6; Schulte-Bunert – Weinreich – Keske, FamFG, § 150, Rn. 6; Borth – Grandel – Musielak, Familiengerichtliches Verfahren, § 150, Rn. 3; Engelhardt – Sternal – Weber, FamFG, § 150, Rn. 4.

1702 Vgl. Thomas – Putzo – Hüßtege, ZPO/FamFG, §150, Rn. 11; Schulte-Bunert – Weinreich – Keske, FamFG, § 150, Rn. 7; Borth – Grandel – Musielak, Familiengerichtliches Verfahren, § 150, Rn. 4; Engelhardt – Sternal – Weber, FamFG, § 150, Rn. 5.

1703 Vgl. beispielsweise Nr. 1 der Gerichtskostenordnung beim Bischöflichen Offizialat Rottenburg, in: KABl. 2012, 454.

1704 Vgl. § 28 Abs. 1 FamGKG.

1705 Vgl. Assenmacher, Die Eheverfahren, 1204, 1206.

1706 Vgl. § 7 Nr. 2 VwKostG, Art. 3 Abs. 1 Nr. 7 BayKG.

1707 Vgl. Anl. 2 zu § 28 Abs. 1 FamGKG, Anl. 2 zu § 13 Abs. 1 FamGKG.

1708 Verfahrenswert der Ehesache ist nach § 43 Abs. 2 FamGKG das in drei Monaten erzielte Nettoeinkommen der Ehegatten.

1709 Die Veröffentlichung der Gerichtskostenordnungen erfolgte in den Amtsblättern der einzelnen Diözesen; in einigen dieser Ordnungen der Bistümer, aber nicht in allen Gerichtskostenordnungen wurde ein Verweis auf die Übernahme der römischen Gebühren für das Privilegium – Fidei – und das Nichtvollzugsverfahren als weitere Gebühr angeführt, z. B. Art. 5 Gerichtskostenordnung des Interdiözesanen Offizialates Erfurt; im übrigen zur Fundstelle in den jeweiligen Amtsblättern, vgl. Wenner, Beschlüsse DBK, Nr. 600 Ehenichtigkeitsverfahren.

Diözesangericht zu entrichten[1710], wobei nicht veröffentlicht ist, ob es sich um Wertgebühren oder um eine Festgebühr handelt.

Während in staatlichen Verfahren der Ehescheidung diese Gebühren – wie bei staatlichen Eheaufhebungs- und bestandsfeststellungsverfahren – bekannt gemacht sind, sind die von der Römischen Kurie erhobenen Verwaltungsgebühren nichts amtlich veröffentlicht worden. Gleiches gilt für mögliche Regelungen über Kostenermäßigungen oder – befreiungen. Es obliegt den zuständigen Behörden der Römischen Kurie über Ermäßigungen oder Befreiungen von Gebühren zu entscheiden. Durch Nichtveröffentlichung entsprechender Regelungen erscheint es für den Bittsteller vor einem Verfahren intransparent und undurchsichtig, wie, nach welchen Kriterien und in welcher Höhe die Verwaltungsgebühren am Ende festgelegt werden. Das Fehlen einer amtlichen Veröffentlichung in den AAS ist jedoch nicht so schwerwiegend, da die anfallenden Gebühren jederzeit erfragt werden können. Auch hat nur ein Kanonist die entsprechenden Kenntnise, die Vor- und Nachteile möglicher in Frage kommender Eheverfahren abzuwägen und nach finanziellen Erwägungen dann zu entscheiden.

Zur Vermeidung der Unsicherheit über die Gebührenhöhe hat das Interdiözesane Offizialat Erfurt – abweichend von den Gerichtskostenordnungen aller anderen Diözesangerichte – festgelegt, dass der „Antragsteller [...] am Beginn des Verfahrens und nach Erteilung der Dispens jeweils 50,00 Euro zu entrichten [hat]. Der Restbetrag wird vom jeweiligen Bistum getragen“[1711]. Durch diese Regelung besteht für den Bittsteller hinsichtlich der zu erwartenden Gebühren Rechtssicherheit.

Anders als in staatlichen Eheaufhebungs- und Ehescheidungsverfahren sowie in kirchlichen Ehenichtigkeitsverfahren gibt es für die gerichtsähnlichen Verwaltungsverfahren zur Auflösung des Ehebandes keine Gebührenordnungen für Parteibeistände. Grund hierfür ist die Tatsache, dass hier gerade keine Parteibeistände zugelassen sind.

3. Einfache Verwaltungsverfahren

Für einfache Verwaltungsverfahren des Antrags auf Feststellung der Nichtigkeit einer Ehe wegen Formmangels im Verwaltungswege und die Durchführung des Privilegium Paulinum sind grundsätzlich keine Gebührenregelungen getroffen. Lediglich im Bistum Regensburg wird für das Verfahren zur Auflösung des

---

1710 Die Veröffentlichung erfolgte in den Amtsblättern der einzelnen Diözesen, z. B. ABl. München und Freising 2001, 156; ABl. Rottenburg-Stuttgart 2001, 372; ABl. Speyer 2000, 280; im übrigen zur Fundstelle in den jeweiligen Amtsblättern, vgl. Wenner, Beschlüsse DBK, Nr. 600 Ehenichtigskeitsverfahren.

1711 Art. 5 Gerichtskostenordnung des Interdiözesanen Offizialates Erfurt, KABl. Erfurt 2001, 15.

Ehebandes nach dem „Privilegium Paulinum“ eine Gebühr von 100,- €[1712], im Bistum Rottenburg-Stuttgart eine Gebühr von 50,- €[1713] erhoben.

4. Ergebnis

Für Eheverfahren in beiden Rechtsbereichen werden durch die Inanspruchnahme des Gerichts bzw. der Verwaltung Verfahrenskosten verursacht, die in erster Linie die Personalkosten beinhalten. Während in allen staatlichen Verfahren eine pauschale Gebühr nach dem Wert des Verfahrensgegenstandes erhoben wird[1714], wird in den kirchlichen Ehenichtigkeitsverfahren ein fester Betrag als Gebühr erhoben; für kirchliche Verfahren zur Auflösung des Ehebandes hingegen wäre es wünschenswert, dass durch die amtliche Veröffentlichung der entsprechenden Gebührentabellen der Charakter der an der Römischen Kurie anfallenden Gebühr klargestellt wird, sei es als Wertgebühr, sei es als Betragsrahmengebühr, abhängig von der Diözese, aus der das Gesuch auf Auflösung des Ehebandes bei der Römischen Kurie eingereicht wird, sei es als feststehender Betrag.

Die Gebührenordnung des Interdiözesanen Offizialates Erfurt könnte für die Römischen Verfahren als Vorbild für alle anderen Diözesangerichte genommen werden, um den Ehepartnern die Unsicherheit über die Gebührenhöhe infolge der fehlenden Veröffentlichung der Römischen Kurie zu nehmen.

Konsequent ist es letztlich, dass in beiden Rechtsbereichen Ordnungen für die Gebühren der Parteibeistände vorhanden sind, es sich hierbei jedoch nur um Empfehlungen handelt; vorrangig werden aber zwischen Parteibeiständen und Mandanten individuelle Vergütungsvereinbarungen nach Stundensätzen getroffen.

XIX. Anderweitige verfahrensrelevante Umstände im Eheverfahren

Im Normalfall wird ein Eheverfahren in beiden Rechtsbereichen – wie oben dargestellt – mit einer abschließenden Entscheidung beendet. Jedoch können auch andere Umstände, insbesondere der Tod eines der Ehegatten, Rücknahme der das Verfahren einleitenden Initiative oder Untätigkeit der Ehepartner, unter Umständen ein solches Verfahren vorzeitig beenden.

1. Tod eines der Ehegatten

Da es sich bei der staatlichen und der kirchlichen Eheschließung um eine höchstpersönliche Angelegenheit handelt, kann sich der Tod eines oder beider Ehegatten auf das jeweilige Verfahren auswirken.

1712 Vgl. § 1 Gerichtskostenordnung, ABl. Bistum Regensburg 2009, 9.

1713 Vgl. Neuordnung der Gerichtskosten beim Bischöflichen Offizialat, ABl. 2011, 454.

1714 Vgl. § 43 Abs. 2 FamGKG.

a) Staat

Bei Tod eines Ehegatten ist im staatlichen Eheverfahren zu differenzieren nach dem Stand des gerichtlichen Verfahrens. Vor Zustellung des Verfahrensantrages, also vor Rechtshängigkeit, ist der Antrag wegen des nicht existenten Antragstellers oder Antragsgegners unzulässig und daher abzuweisen[1715]. Nach Rechtshängigkeit, aber vor formeller Rechtskraft der Endentscheidung gilt das Verfahren in der Ehesache nach § 131 ZPO kraft Gesetzes als erledigt[1716] oder eine bereits ergangene, noch nicht rechtskräftige Entscheidung wird wirkungslos[1717]. Nach Rechtskraft der Endentscheidung hat der Tod eines Ehepartner hingegen keine Auswirkungen mehr[1718].

b) Kirche

aa) Gerichtsverfahren

Bei Tod eines Ehegatten ist in einem kirchlichen Ehenichtigkeitsverfahren zu differenzieren nach dem Stand des Verfahrens. Nach der Einreichung der Klageschrift bis zum Dekret über die Ladung hat der Tod eines Ehepartners die unheilbare Nichtigkeit eines möglichen späteren Endurteils nach c. 1620, 5° CIC/1983, Art. 270, 5° DC zur Folge, weshalb das Verfahren wegen einer ausschließenden Einrede abgebrochen werden muss[1719]. Tritt der Tod eines Ehegatten erst nach der Ladung, aber vor dem Aktenschluss der Sache ein, ruht das Ehenichtigkeitsverfahren nach Art. 143, 1° DC und wird dann regelmäßig auch beendet, sofern nicht der andere Ehegatte die Fortsetzung beantragt[1720]. Nach vorgenommenem Aktenschluss hingegen und damit regelmäßig vorhandener Entscheidungsreife wird das Ehenichtigkeitsverfahren nach Art. 143, 2° DC unabhängig vom Tod eines Ehepartners bis zum abschließenden Endurteil fortgeführt[1721]. Nach der Bestandskraft des Endurteils hat der Tod keine Folgen für das Verfahren mehr. Zudem kann nach c. 1675 § 1 CIC/1983 die Gültigkeit des Endurteils nach dem Tod eines oder beider Ehegatten nicht mehr angefochten werden.

1715 Vgl. Bahrenfuss – Blank, FamFG, § 131, Rn. 2; Thomas – Putzo – Hüßtege, ZPO/FamFG, § 131, Rn. 3; Bassenge – Roth – Walter, Gesetz über das Verfahren, § 131, Rn. 2; Borth – Grandel – Musielak, Familiengerichtliches Verfahren, § 131, Rn. 2.

1716 Vgl. Bassenge – Roth – Walter, Gesetz über das Verfahren, § 131, Rn. 1; Bahrenfuss – Blank, FamFG, § 131, Rn. 2; Thomas – Putzo – Hüßtege, ZPO/FamFG, § 131, Rn. 4.

1717 Vgl. Thomas – Putzo – Hüßtege, ZPO/FamFG, § 131, Rn. 5.

1718 Vgl. Bahrenfuss – Blank, FamFG, § 131, Rn. 2; Borth – Grandel – Musielak, Familiengerichtliches Verfahren, § 131, Rn. 7; Holzer – Schwarz/Facius, FamFG, § 131, Rn. 6; Sänger – Kemper, FamFG, § 131, Rn. 6.

1719 Vgl. Lüdicke, „Dignitas connubii", Art. 77, Rn. 1, 4.

1720 Vgl. Lüdicke, „Dignitas connubii", Art. 143, Rn. 2, 3; Assenmacher, Die Eheverfahren, 1192.

1721 Vgl. Lüdicke, „Dignitas connubii", Art. 143, Rn. 4; Mörsdorf, KanR III, 130.

bb) Gerichtsähnliche Verwaltungsverfahren, Einfache Verwaltungsverfahren

Die Auswirkungen des Todes eines oder beider Ehegatten auf die gerichtsähnlichen Verwaltungsverfahren zur Auflösung des Ehebandes oder auf die einfachen Verwaltungsverfahren sind nicht sofort ersichtlich. Nach dem materiellen Eherecht wird eine gültige und vollzogene Ehe durch den Tod eines der Ehegatten aufgelöst[1722]. Regelmäßig besteht somit für den überlebenden Ehepartner kein Interesse an der Fortführung und an einer eventuellen abschließenden Entscheidung. Sein Ziel, die Eingehung einer neuen Ehe, hat er durch den eingetretenen Tod – wenn auch auf andere Weise – erreicht.

Für die gerichtsähnlichen Verwaltungsverfahren zur Auflösung des Ehebandes ist es denkbar – mangels gesonderter Regelungen – die Regelungen des kirchlichen Ehenichtigkeitsverfahrens in entsprechender Weise heranzuziehen. Da es sich bei der Auflösung in favorem fidei oder wegen Nichtvollzugs aber um einen päpstlichen Gnadenakt handelt, auf den kein Rechtsanspruch besteht[1723], sind hierauf die gerichtlichen Verfahrensregeln für den Tod eines Ehepartners[1724] nicht einschlägig. Der Regelfall bei Nichtexistenz einer Partei ist eine das weitere Verfahren ausschließende Einrede, mit der Folge, dass bei Tod vor Rechtshängigkeit das Verfahren abgebrochen wird[1725]. Die Regelung des Art. 143, 1°, 2° DC für den nach Rechtshängigkeit eingetretenen Tod stellt damit einen Ausnahmefall für das Gerichtsverfahren dar, der auf das gerichtsähnliche Verwaltungsverfahren nicht angewendet werden kann. Zudem bedarf es der Gewährung des Gnadenaktes nicht mehr, da das Ziel auf andere Weise – kraft Gesetzes[1726] – erreicht wurde.

Da auf die Entscheidungen im einfachen Verwaltungsverfahren, also auf die Nichtigkeit einer Ehe wegen Formmangels[1727] und die Durchführung des Privilegium[1728], ein Anspruch besteht, sind die Regelungen über die Fortführung des Verfahrens aus dem gerichtlichen Verfahrensrecht grundsätzlich anwendbar. Für die Durchführung des Privilegium Paulinum besteht jedoch kein Rechtsschutzbedürfnis mehr, da das Ziel der Auflösung der Ehe nicht durch die Entscheidung selbst[1729], sondern erst zu einem späteren Zeitpunkt kraft Gesetzes erreicht wird[1730]. Somit wird kein zusätzlicher Nutzen – anders als bei der Feststellung der Nichtigkeit im Verwaltungswege – erzielt.

1722 Vgl. c. 1141 CIC/1983.

1723 Vgl. Assenmacher, Nichtigerklärung, Auflösung und Trennung der Ehe, 996, 1000.

1724 Vgl. cc. 1518, 1675 CIC/1983; Art. 143, 1°, 2° DC.

1725 Vgl. Lüdicke, „Dignitas connubii", Art. 77, Rn. 1, 4.

1726 Vgl. c. 1141 CIC/1983.

1727 Vgl. Art. 5 § 3 DC iVm. cc. 1066–1071 CIC/1983.

1728 Vgl. c. 1143 CIC/1983.

1729 Vgl. Assenmacher, Nichtigerklärung, Auflösung und Trennung der Ehe, 998, 1000.

1730 Vgl. c. 1143 § 1 CIC/1983.

c) Vergleich

aa) Verfahren wegen einer fehlerhaft eingegangenen Ehe

In beiden Rechtskreisen können drei Verfahrensabschnitte für die Beurteilung eines während des Verfahrens eingetretenen Todes unterschieden werden.

Im ersten Verfahrensabschnitt, von der Einreichung der Klage- / Antragsschrift[1731] bis zur Rechtshängigkeit[1732], hat der Tod eines oder beider Ehegatten die Unzulässigkeit des weiteren Verfahrens zur Folge. Gegen eine verstorbene und damit nicht mehr rechtsfähige Person kann kein Verfahren mehr geführt werden[1733].

Im zweiten Verfahrensabschnitt, ab Rechtshängigkeit bis zur Bestandskraft der Endentscheidung[1734], hingegen unterscheiden sich das staatliche und das kirchliche Verfahrensrecht deutlich. Während eine bei einem staatlichen Familiengericht rechtshängige Eheangelegenheit bei Tod kraft Gesetzes nach § 131 FamFG als erledigt gilt[1735], wird im kirchlichen Ehenichtigkeitsverfahren weiter nach dem Abschluss der Beweisaufnahme[1736] durch Aktenschluss[1737] differenziert.

Bis zum Aktenschluss wird das Gerichtsverfahren – ebenfalls wie vor Rechtshängigkeit – unterbrochen und nur bei berechtigtem Interesse des nicht verstorbenen Ehepartners fortgesetzt[1738], ansonsten regelmäßig beendet. Damit ist dieser erste Abschnitt bis zum Aktenschluss hinsichtlich der Rechtsfolgen des Todes eines Ehegatten identisch mit den Regelungen des staatlichen Gerichtsverfahrens, welches nach § 131 FamFG die Erledigung vorsieht. Anders als das staatliche Recht – ermöglicht das kirchliche Recht aber bei berechtigtem Interesse eine Fortführung bis zu einer endgültigen Entscheidung[1739]. Dabei wird aber davon ausgegangen, dass der eingetretene Tod idR. das Verfahren erledigt.

Nach Aktenschluss, vergleichbar dem Abschluss der Beweisaufnahme im staatlichen Verfahrensrecht, hat das kirchliche Gericht das Ehenichtigkeitsverfahren bis zum Endurteil fortzuführen[1740]. Da alle für die Entscheidung erforderlichen

---

1731 Vgl. § 124 S. 1 FamFG; c. 1502 CIC/1983; Art. 115 § 1 DC.

1732 Vgl. § 124 S. 2 FamFG iVm. § 261 Abs. 1 ZPO; cc. 1507 § 1, 1512, 1677 § 1 CIC/1983; Art. 127, 129 DC.

1733 Vgl. Thomas – Putzo – Hüßtege, ZPO, § 50, Rn. 2; Prütting – Wegen – Weinreich – Prütting, BGB, § 1, Rn. 10; Bamberger – Roth – Bamberger, BGB, § 1, Rn. 30; Lüdicke, Münsterischer Kommentar, c. 1459/ 2, Rn. 3.

1734 Vgl. § 113 Abs. 1 S. 2 FamFG iVm. § 705 S. 1 ZPO; cc. 1643, 1684 CIC/1983, Art. 289 § 1, 301 §§ 1, 2 DC.

1735 Vgl. Sänger – Kemper, ZPO/FamFG, § 131, Rn. 3; Hoppenz – Walter, Familiensachen, § 131, Rn. 4.

1736 Vgl. Art. 143, 1°, 2° DC; vgl. Lüdicke, „Dignitas connubii“, Art. 143, Rn. 1, 4.

1737 Vgl. c. 1599 § 1 CIC/1983; Art. 237 DC.

1738 Vgl. Lüdicke, „Dignitas connubii“, Art. 143, Rn. 2, 3.

1739 Vgl. Art. 143, 1° DC.

1740 Vgl. Art. 143, 2° DC.

Beweise erhoben wurden und die Ehesache daher entscheidungs- / spruchreif ist[1741], ist es – gegenüber dem staatlichen Rechtsbereich – vorzugswürdig, das Verfahren durch eine abschließende gerichtliche Entscheidung zu beenden. Dies schafft für den überlebenden Ehepartner und die Rechtsnachfolger des verstorbenen Ehepartners rechtliche Klarheit.

Nach eingetretener Bestandskraft hingegen hat ein Tod keine Auswirkungen mehr auf das Verfahren. Sofern ein Verfahren bis zum Tod eines oder beider Ehegatten noch nicht anhängig gemacht worden ist, kann es nach dem Tod nicht mehr eingeleitet werden[1742], da eine geschlossene Ehe durch Tod aufgelöst wird.

Für das einfache Verwaltungsverfahren auf Feststellung der Nichtigkeit einer Ehe im Verwaltungswege besteht – in analoger Anwendung der Regelungen des kirchlichen Ehenichtigkeitsverfahren – regelmäßig ein Anspruch auf eine abschließende Entscheidung.

bb) Verfahren zur Auflösung des Ehebandes

Anders als im staatlichen Scheidungsverfahren – wie auch im staatlichen Eheaufhebungsverfahren – ist in den kirchlichen Verfahren zur Auflösung des Ehebandes keine gesetzliche Regelung für die Auswirkungen des Todes auf das Verfahren vorhanden. Da durch den Tod nach c. 1141 CIC/1983 aber die Ehe kraft Gesetzes aufgelöst wird, besteht bei allen kirchlichen Verfahren zur Auflösung des Ehebandes, also den gerichtsähnlichen Verwaltungsverfahren sowie dem einfachen Verwaltungsverfahren zur Anwendung des Privilegium Paulinum, kein Rechtsschutzbedürfnis für eine abschließende Entscheidung mehr.

cc) Ergebnis

Der Tod hat sowohl im staatlichen als auch im kirchlichen Gerichtsverfahren Auswirkungen aufgrund der Höchstpersönlichkeit einer Ehe[1743]. Zudem besteht häufig auch bei den Beteiligten überhaupt kein Interesse an der Fortführung des Eheverfahrens, da sie ihr Ziel zur Freiheit für eine neue Eheschließung – wenn auch auf anderem Wege – erlangt haben[1744]. Für Verfahren aufgrund fehlerhaft eingegangener Ehe besteht – je nach Verfahrenabschnitt – in der Kirche die Möglichkeit zur Fortführung, während sich im Staat das gerichtliche Verfahren erledigt. Für alle Verfahren zur Auflösung der Ehe aufgrund später eingetretener Umstände ist hingegen in beiden Rechtskreisen kein Raum für eine Entscheidung.

1741 Vgl. Mörsdorf, KanR III, 130; Lüdicke, „Dignitas connubii", Art. 143, Rn. 4.

1742 Vgl. c. 1675 § 1 CIC/1983.

1743 Vgl. Bassenge – Roth – Walter, Gesetz über das Verfahren, § 131, Rn. 1; Lüdicke, „Dignitas connubii", Art. 143, Rn. 2.

1744 Vgl. § 1353 BGB, wonach die Ehe auf Lebenszeit geschlossen wird; hieraus kann gefolgert werden, dass die Ehe mit dem Tod erlischt; c. 1141 CIC/1983.

2. Rücknahme der verfahrenseinleitenden Initiative

Die Rücknahme der verfahrenseinleitenden Initiative[1745] durch einen der beiden Ehegatten kann Auswirkungen auf die Fortführung des weiteren Eheverfahrens in beiden Rechtsbereichen haben.

a) Staat

In staatlichen Verfahren bewirkt die Rücknahme des verfahrenseinleitenden Antrags nach § 113 Abs. 1 S. 2 ZPO iVm. § 269 Abs. 3 S. 1 ZPO den Verlust der Rechtshängigkeit bei Gericht[1746]. Somit besteht kein Prozessrechtsverhältnis zwischen den Beteiligten und dem Gericht mehr, mit der Folge, dass das Familiengericht keine Hauptsacheentscheidung mehr treffen darf. Zur Antragsrücknahme bedarf es nach § 113 Abs. 1 S. 2 FamFG iVm. § 269 Abs. 1, 2 S. 1 ZPO nur nach Beginn der mündlichen Verhandlung der Einwilligung des Antragsgegners[1747]. Eine Zustimmung kann auch im Stillschweigen des Antragsgegners gesehen werden.

b) Kirche

aa) Gerichtsverfahren

In kirchlichen Ehenichtigkeitsverfahren bewirkt die Klagerücknahme nach Art. 150 § 1, HS. 1 DC das Erlöschen der Rechtshängigkeit; dies hat die Verfahrensbeendigung zur Folge[1748]. Somit erlischt das Prozessrechtsverhältis zwischen Gericht und den Beteiligten[1749]. Die Klagerücknahme erfordert nach Rechtshängigkeit der Einwilligung der nichtklagenden Partei[1750]. Zusätzlich muss dieser Verzicht auf die Rechtshängigkeit „vom Vorsitzenden oder Ponens zugelassen werden“[1751].

bb) Gerichtsähnliche Verwaltungsverfahren

Nach dem Charakter des ergehenden Reskripts als einer „Antwort auf eine tatsächlich geäußerte konkrete Bitte“[1752] ist die zu Beginn eingereichte Bittschrift um Auflösung des Ehebandes in favorem fidei oder wegen Nichtvollzugs[1753] unabdingbar. Mit ihrer Rücknahme fehlt die Voraussetzung für die Auflösung des Ehebandes.

1745 Die Initiative ist in Gerichtsverfahren eine Klage- / Antragsschrift, in gerichtsähnlichen Verwaltungsverfahren eine Bittschrift sowie in einfachen Verwaltungsverfahren ein „einfacher Antrag“.
1746 Vgl. Thomas – Putzo – Hüßtege, ZPO, § 269, Rn. 13.
1747 Vgl. Thomas – Putzo – Hüßtege, ZPO, § 269, Rn. 9–11.
1748 Vgl. Lüdicke, „Dignitas connubii“, Art. 150, Rn. 1, Art. 146, Rn. 1.
1749 Vgl. Mörsdorf, KanR III, 131, 132.
1750 Vgl. Lüdicke, „Dignitas connubii“, Art. 150, Rn. 2.
1751 Art. 150 § 2 DC; vgl. c. 1524 § 3 CIC/1983.
1752 Lüdicke – Socha, Münsterischer Kommentar, c. 59/4, Rn. 7.
1753 Vgl. c. 1699 § 1 CIC/1983, Art. 7 §§ 1, 2, Art. 10 Normae in favorem fidei.

Somit muss das gerichtsähnliche Verwaltungsverfahren ohne eine abschließende Entscheidung beendet werden.

cc) Einfache Verwaltungsverfahren

Die Feststellung der Nichtigkeit einer Ehe wegen Formmangels im Verwaltungswege und die Anwendbarkeit des Privilegium Paulinum ergehen durch Dekret, das „keinen Antrag voraussetzt, auch wenn es [von einem der Ehepartner] erwartet, erwünscht oder erbeten sein kann“[1754]. Damit kann eine Entscheidung unabhängig von einem Antrag auch nach Rücknahme ergehen.

c) Vergleich

Die Rücknahme der verfahrenseinleitenden Initiative hat Auswirkungen auf das bei einem Entscheidungsorgan anhängige Eheverfahren.

aa) Gerichtsverfahren wegen einer fehlerhaft eingegangene Ehe

Die Rücknahme des Klageantrags in einem staatlichen Eheaufhebungsverfahren bzw. der Verzicht auf die Rechtshängigkeit in einem kirchlichen Ehenichtigkeitsverfahren hat immer den Verlust der Rechtshängigkeit bei Gericht zur Folge[1755]. Die Ehepartner entziehen damit dem jeweiligen Gericht die Möglichkeit zu einer Entscheidung über die fehlerhaft eingegangene Ehe.

Die Rücknahme bedarf auch in beiden Rechtsbereichen immer der Einwilligung des anderen Ehepartners[1756]. Diese Einwilligung zur Klagerücknahme kann jeweils ausdrücklich erklärt werden[1757]; dies vollzieht sich in staatlichen und kirchlichen Verfahren regelmäßig durch Schriftsatz. Zusätzlich kann nur in staatlichen Verfahren auch eine mündliche Einwilligung hierzu erklärt werden. Zudem kann die Zustimmung in beiden Rechtsbereichen auch vermutet werden, wenn die gegnerische Partei, also die nichtklagende Partei in kirchlichen Verfahren, bzw. der Antragsgegner in staatlichen Verfahren, zur ausgesprochenen Klagerücknahme schweigt oder zumindestens nicht widerspricht[1758].

Hingegen unterscheidet sich der Zeitpunkt ab dem in staatlichen und kirchlichen Gerichtsverfahren die Einwilligung zur Klagerücknahme überhaupt erforderlich

---

1754 Lüdicke – Socha, Münsterischer Kommentar, c. 59/4, Rn. 7; vgl. Lüdicke – Socha, Münsterischer Kommentar, c. 48/1, Rn. 1, 2, 10.

1755 Vgl. § 269 Abs. 3 S. 1 ZPO iVm. § 113 Abs. 1 S. 2 FamFG, c. 1524 § 1 CIC/1983, Art. 147, 150 § 1 DC.

1756 Vgl. § 269 Abs. 2 S. 1 ZPO iVm. § 113 Abs. 1 S. 2 FamFG, c. 1524 § 3 CIC/1983, Art. 150 § 2 DC; vgl. Thomas – Putzo – Reichold, ZPO, § 269, Rn. 9, Lüdicke, „Dignitas connubii“, Art. 150, Rn. 2.

1757 Vgl. Thomas – Putzo – Reichold, ZPO, § 269, Rn. 10; Lüdicke, „Dignitas connubii“, Art. 150, Rn. 5.

1758 Vgl. Thomas – Putzo – Reichold, ZPO, § 269, Rn. 11; Mörsdorf, KanR III, 132; Lüdicke, „Dignitas connubii“, Art. 150, Rn. 5.

ist. Während in kirchlichen Verfahren auf die Rechtshängigkeit abgestellt wird[1759], verlagert das staatliche Recht diesen Punkt auf den Beginn der mündlichen Verhandlung[1760] und damit auf einen deutlich späteren Zeitpunkt.

Zusätzlich verlangt nur das kirchliche Verfahrensrecht auch noch die Zulassung durch das Gericht[1761]. Diese Regelung verbessert die Rechtsposition des anderen Ehepartners. Jedoch wäre die Zulassung durch das kirchliche Gericht zum Schutz der anderen Partei nicht erforderlich, da durch Widerspruch bzw. Nichteinwilligung „die Rechtshängigkeit kraft Gesetzes fortbesteht"[1762].

bb) Gerichtsähnliches Verwaltungsverfahren bzw. staatliches Gerichtsverfahren

Für die staatliche Ehescheidung und die kirchliche Auflösung des Ehebandes in favorem fidei oder wegen Nichtvollzugs ist immer die einleitende Initiative eines oder beider Ehegatten erforderlich. Mit der Rücknahme fehlt jeweils eine wesentliche Voraussetzung für eine abschließende Entscheidung[1763].

cc) Einfaches Verwaltungsverfahren

Ein einfaches kirchliches Verwaltungsverfahren wird – anders als ein gerichtliches Verfahren oder ein gerichtsähnliches Verwaltungsverfahren in der Kirche oder als ein staatliches Gerichtsverfahren – immer unabhängig von einem gestellten Antrag – von Amts wegen mit einer Entscheidung durch Dekret abgeschlossen[1764]. Auch gegen den Willen der Ehepartner kann eine hoheitliche Entscheidung getroffen werden.

3. Säumnis / Untätigkeit

Alle staatlichen und kirchlichen Eheverfahren hängen bei der Erzielung optimaler Ergebnisse in der Endentscheidung sehr stark von der aktiven Beteiligung beider Ehepartner ab; unzureichende Mitwirkung kann sich auf das weitere Verfahren auswirken.

a) Staat

Staatliche Gerichtsverfahren differenzieren zur Beurteilung der Auswirkungen mangelnder Mitwirkung nach Stellung der Beteiligten zwischen Antragsteller und Antragsgegner. Erscheint der Antragsteller zu einem angesetzten Termin nicht,

---

1759 Vgl. Lüdicke, „Dignitas connubii", Art. 150, Rn. 1.
1760 Vgl. § 113 Abs. 1 S. 2 FamFG iVm. § 269 Abs. 1 ZPO.
1761 Vgl. Mörsdorf, KanR III, 132.
1762 Lüdicke, „Dignitas connubii", Art. 150, Rn. 6.
1763 Vgl. § 269 Abs. 3 S. 1 ZPO iVm. § 113 Abs. 1 S. 2 FamFG; vgl. Lüdicke – Socha, Münsterischer Kommentar, c. 59/4, Rn. 7.
1764 Vgl. Lüdicke – Socha, Münsterischer Kommentar, c. 48/5, Rn. 10.

ergeht gegen ihn auf Antrag des Antragsgegners ein gerichtlicher Beschluss in Abwesenheit[1765], dass der einleitende Verfahrensantrag[1766] „als zurückgenommen gilt“[1767], mit der Folge, dass das Verfahren in der Ehesache nach § 269 Abs. 3 S. 1 ZPO iVm. § 113 Abs. 1 S. 2 FamFG nicht mehr bei Gericht rechtshängig ist. Beim Säumnis des Antragsgegners hingegen kann keine Versäumnisentscheidung ergehen[1768]. Stattdessen muss über den eingebrachten Verfahrensantrag des Antragsteller einseitig streitig verhandelt und dann durch streitigen Beschluss entschieden werden[1769], auch wenn die Gegenseite sich nicht beteiligt.

b) Kirche

aa) Gerichtsverfahren

Die Folgen der Säumnis bzw. der Untätigkeit eines Ehepartners in einem kirchlichen Ehenichtigkeitsverfahren sind nach der klagenden und der nicht belangten Partei unterschiedlich zu beurteilen. Der klagende Ehepartner muss zur Vermeidung der Säumnis lediglich bei der Streitfestlegung mitwirken[1770]; ansonsten wird die Ehesache des Klägers vom Gericht „als aufgegeben erklärt“[1771]. Eine spätere Säumnis hat jedoch keine verfahrensrechtlichen Konsequenzen mehr. Eine spätere Untätigkeit der klagenden Partei hingegen hat nach c. 1520 CIC/1983, Art. 146 DC das Erlöschen der Rechtshängigkeit zur Folge, wenn innerhalb von sechs Monaten eine erforderliche prozessuale Handlung durch die Parteien nicht gesetzt wurde[1772].

Die nicht belangte Partei wird – genauso wie die klagende Partei – zur Streitfestlegung geladen, sie kann sich also schriftlich zur Prozessfrage äußern oder vor Gericht erscheinen[1773]. Bei Säumnis kann sie nach erneuter Ladung für säumig[1774], also für abwesend erklärt werden[1775]. Spätere Säumnis der nichtklagenden Partei nach der Streitfestlegung hat hingegen keine verfahrensrechtlichen Konsequenzen[1776] mehr. Eine spätere Untätigkeit kann – anders als bei der klagenden Partei – nie das Erlöschen des Rechtszuges und damit das Erlöschen der Rechtshängigkeit zur

---

1765 Die ZPO bezeichnet ein in Abwesenheit ergangenes Urteil als Versäumnisurteil (§ 130 Abs. 1 FamFG).

1766 Vgl. § 124 S. 1 FamFG.

1767 § 130 Abs. 1 FamFG; vgl. Prütting – Helms – Helms, FamFG, § 130, Rn. 2; Sänger – Kemper, ZPO/ FamFG, § 130, Rn. 4.

1768 Vgl. § 130 Abs. 2 FamFG; vgl. Thomas – Putzo – Hüßtege, ZPO/FamFG, § 130, Rn. 3.

1769 Vgl. Borth – Grandel – Musielak, Familiengerichtliches Verfahren, § 130, Rn. 4; Engelhardt – Sternal – Weber, FamFG, § 130, Rn. 10.

1770 Vgl. Lüdicke, „Dignitas connubii“, Art. 140, Rn. 5.

1771 Art. 140, 2° DC.

1772 Vgl. Lüdicke, „Dignitas connubii“, Art. 146, Rn. 1, 2; Mörsdorf, KanR III, 131.

1773 Vgl. Lüdicke, „Dignitas connubii“, Art. 126, Rn. 2.

1774 Vgl. Mörsdorf, KanR III, 166.

1775 Vgl. Lüdicke, „Dignitas connubii“, Art. 138, Rn. 1, 3.

1776 Vgl. Lüdicke, „Dignitas connubii“, Art. 138, Rn. 2.

Folge haben[1777]. Nach c. 1592 § 1 CIC/1983, Art. 138 § 1 DC hat das Gericht das Ehenichtigkeitsverfahren – auch ohne die Mitwirkung der nicht belangten Partei – bis zu einem Endurteil fortzuführen.

bb) Gerichtsähnliche Verwaltungsverfahren, einfache Verwaltungsverfahren

Die Säumnis bzw. die Untätigkeit eines oder beider Ehegatten in gerichtsähnlichen Verwaltungsverfahren zur Auflösung des Ehebandes führt nicht zur Beendigung des eingeleiteten Verfahrens, da die Regelungen zum Erlöschen der Rechtshängigkeit in Ehenichtigkeitsverfahren spezifisch auf gerichtliche Verfahren und nicht auf Verwaltungsverfahren zugeschnitten sind. Auch gibt es im Verwaltungsverfahren keine gesonderten Regelungen, wonach bei Säumnis bzw. Untätigkeit dieselben Wirkungen wie im Gerichtsverfahren eintreten. Lediglich mittelbar kann sich die Säumnis bzw. Untätigkeit bei der Beweiserhebung auswirken. Können einer oder beide Ehegatten nicht vernommen werden, können sich Beweisnachteile ergeben, mit der Folge, dass die Voraussetzungen für die Auflösung des Ehebandes nicht nachgewiesen werden können.

In einfachen Verwaltungsverfahren kann sich die Säumnis oder Untätigkeit hingegen nicht auf die Fortführung auswirken. Für den Antrag auf Feststellung der Nichtigkeit einer Ehe wegen Formmangels wird die erforderliche Mitwirkungshandlung des Antragstellers, die Angabe seiner persönlichen Daten, im Zeitpunkt der Antragstellung erbracht. Alle weiteren Voraussetzungen können ohne Mitwirkung der Ehepartner überprüft werden. Für den Antrag auf Durchführung des Privilegium Paulinum bedarf es sogar – mit Ausnahme der Antragstellung – keiner weiteren Mitwirkungshandlung eines der Ehegatten. Zwar soll der Antragsgegner, also der ungetaufte Ehepartner befragt werden, ob dieser „auch selbst die Taufe empfangen will“[1778] oder „mit dem getauften Partner wenigstens friedlich ohne Schmähung des Schöpfers zusammenleben will“[1779]. Er muss sich hierzu nicht äußern, jedoch ist ein Schweigen auf diese Fragen als negative Antwort aufzufassen[1780].

c) Vergleich

aa) Gerichtsverfahren wegen fehlerhaft eingegangener Ehe

Für Gerichtsverfahren in beiden Rechtsbereichen sind Regelungen über mangelnde Beteiligung der Ehepartner getroffen worden. Während das staatliche Recht lediglich die Säumnis[1781], also die Abwesenheit vom Verfahren, als mangelnde Beteiligung

---

1777 Vgl. Lüdicke, „Dignitas connubii“, Art. 146, Rn. 1.
1778 C. 1144 § 1, 1° CIC/1983.
1779 C. 1144 § 1, 2° CIC/1983.
1780 Vgl. c. 1145 § 1 HS. 2 a. E. CIC/1983.
1781 Vgl. § 130 Abs. 1, 2 FamFG.

vorsieht, differenziert hier das kirchliche Recht weiter nach dem Stand des Verfahrens. Bis zur Festlegung des Streitgegenstandes handelt es sich um Säumnis[1782]; danach hingegen liegt eine Untätigkeit vor[1783].

Mangelnde Beteiligung des Klägers bzw. der klagenden Partei hat in beiden Rechtsbereichen die Beendigung des eingeleiteten Verfahrens zur Folge. Lediglich die Art der Beendigung wird unterschiedlich ausgestaltet. Während in staatlichen Verfahren der Verfahrensantrag als zurückgenommen gilt[1784] und dies durch gerichtlichen Beschluss so ausgesprochen wird, sind die Folgen im kirchlichen Ehenichtigkeitsverfahren weiter zu differenzieren. Bei andauernder Säumnis im Zusammenhang mit der Streitfestlegung gilt die eingereichte Klage als aufgegeben[1785], spätere Untätigkeit hingegen hat das Erlöschen kraft Gesetzes zur Folge[1786].

Eine mangelnde Beteiligung des Antragsgegners bzw. der nicht klagenden Partei hat in beiden Rechtsbereichen keine Auswirkung auf die Fortführung des Verfahrens. Es ergeht eine gerichtliche Endentscheidung.

bb) Verfahren zur Auflösung des Ehebandes

Anders als in staatlichen Scheidungsverfahren – hat eine Säumnis bzw. Untätigkeit eines oder beider Ehepartner keine unmittelbaren verfahrensrechtlichen Konsequenzen; es können sich lediglich Beweisnachteile und folglich nachteilige abschließende Entscheidungen ergeben.

cc) Einfache Verwaltungsverfahren

In einfachen kirchlichen Verwaltungsverfahren kann eine mangelnde bzw. unzureichende Mitwirkung eines Ehepartners nach Einleitung des jeweiligen Verfahrens nach der Ausgestaltung überhaupt keine verfahrensrechtlichen Konsequenzen nach sich ziehen. Die zwingend erforderliche Mitwirkung wird bei der Antragstellung abgefordert.

XX. Geltungsbereich der Entscheidung

Eine in einem Eheverfahren getroffene Entscheidung wirkt zunächst nur im jeweiligen staatlichen oder kirchlichen Rechtskreis.

1. Staat

Der (rechtsgestaltende oder rechtsfeststellende) Beschluss[1787] eines deutschen Familiengerichts in einer Ehesache stellt die Ausübung von Staatsgewalt in der Form der

---

1782 Vgl. c. 1592 CIC/1983, Art. 138, 140 DC.
1783 Vgl. c. 1520 CIC/1983, Art. 146 DC.
1784 Vgl. § 130 Abs. 1 FamFG.
1785 Vgl. Art. 140, 2° DC.
1786 Vgl. c. 1520 CIC/1983, Art. 146 DC.
1787 Vgl. §§ 116 Abs. 1, 121 Nr. 1–3 FamFG.

Rechtsprechung dar[1788]. Grundsätzlich kann Staatsgewalt nur innerhalb eines Staatsgebietes Wirkung entfalten[1789]. Somit beschränkt sich die räumliche Geltung der Entscheidung zunächst nur auf das Staatsgebiet der Bundesrepublik Deutschland.

Die Wirkungen einer im Beschlusswege ergangenen Entscheidung[1790], also die Aufhebung oder Scheidung einer Ehe[1791] sowie die Feststellung des Bestehens / Nichtbestehens einer Ehe als einer Ungültigerklärung[1792], durch ein Familiengericht in der Bundesrepublik Deutschland werden kraft Gesetzes nach Art. 21 Abs. 1 EuEheVO[1793] in den anderen Mitgliedstaaten der Europäischen Union[1794] anerkannt[1795]. Somit kann einem zunächst nur in der Bundesrepublik Deutschland ergangenem Beschluss auch außerhalb Regelungsgehalt zukommen.

1788 Vgl. § 20 Abs. 1, 2 GG.

1789 Vgl. Seifert – Hömig, Grundgesetz, Art. 20, Rn. 7.

1790 Vgl. Art. 2 Nr. 4 EuEheVO.

1791 Vgl. Thomas – Putzo – Hüßtege, ZPO/EuEheVO, Art. 1, Rn. 2; Sänger – Dörner, ZPO/EuEheVO, Art. 1, Rn. 8; Zöller – Geimer, ZPO/EuEheVO, Art. 1, Rn. 1.

1792 Die Frage nach der Einbeziehung der Feststellungsentscheidung ist umstritten. Teilweise wird dies mit der Begründung abgelehnt, Art. 2 Nr. 4 EuEheVO umfasse nur gestaltende Entscheidungen (vgl. Rauscher – Gottwald, FamFG/EuEheVO, Art. 21, Rn. 5; Sänger – Dörner, ZPO/EuEheVO, Art. 1, Rn. 8). Richtigerweise sind aber unter die Entscheidung iSv. Art. 2 Nr. 4 EuEheVO alle den Ehestatus betreffenden Entscheidungen zu fassen (vgl. Thomas – Putzo – Hüßtege, ZPO/EuEheVO, Art. 1, Rn. 2). Dem Wortlaut des Art. 2 Nr. 4 EuEheVO ist keine Einschränkung auf lediglich gestaltende Entscheidungen zu entnehmen.

1793 Die EuEheVO ist eine europäische Verordnung iSv. Art. 288 Abs. 2 AEUV. Sie gilt „unmittelbar in jedem Mitgliedstaat" (Rauscher – Rauscher, EuZPR/EuIPR/EuEheVO, Art. 1, Rn. 24; Calliess – Ruffert – Blanke – Ruffert, AEUV, Art. 288, Rn. 20). Durch Zustimmungsgesetz zum EUV und AEUV als völkerrechtlichen Verträgen hat die Bundesrepublik Deutschland auf der Grundlage von Art. 23 Abs. 1, 59 Abs. 2 S. 1 GG in seinem Staatsgebiet die Einwirkungsmöglichkeit der EuEheVO als sekundärem Unionsrecht eröffnet (vgl. Maunz – Dürig – Scholz, Grundgesetz, Art. 23, Rn. 68). Diese Wirkungsweise ist in allen europäischen Mitgliedstaaten die selbe.

1794 Die EUV und die AEUV gilt für die 27 in Art. 52 Abs. 1 EUV aufgeführten Mitgliedstaaten. Auch Dänemark ist hier benannt. Das sekundäre Unionsrecht gilt ebenfalls grundsätzlich in allen 27 Mitgliedstaaten. Nach Erwägungsgrund Nr. 31, Art. 2 Nr. 3 EuEheVO (vgl. Thomas – Putzo – Hüßtege, ZPO/EuEheVO, Vorbemerkung vor Art. 1, Rn. 2) iVm. Art. 1 und 2 des Protokolls Nr. 22 über die Position Dänemarks beteiligt es sich nicht an bestimmten Maßnahmen (vgl. Zöller – Geimer, ZPO/EuEheVO, Art. 1, Rn. 13).

1795 Vgl. Rauscher – Rauscher, EuZPR/EuIPR/EuEheVO, Art. 21, Rn. 13; Thomas – Putzo – Hüßtege, ZPO/EuEheVO, Art. 21, Rn. 4; Sänger – Dörner, ZPO/EuEheVO, Art. 21, Rn. 3; Bassenge – Roth – Althammer, Gesetz über das Verfahren, § 107, Rn. 2; Hahne – Munzig, FamFG, § 107 Rn. 4.

Umgekehrt ist die Frage der Anerkennung einer ausländischen Entscheidung in einer Ehesache – mangels einschlägiger völkerrechtlicher Verträge – allein nach nationalem Recht zu beurteilen. Durch „förmlichen Bescheid (Justizverwaltungsakt)“[1796] wird für ausländische Entscheidungen in Ehesachen[1797] festgestellt, ob die Voraussetzungen für die Anerkennung vorliegen[1798].

Wegen der regelmäßig vorrangigen Anwendbarkeit der EuEheVO findet dieses Anerkennungsverfahren nur für „Nicht-EU-Staaten und Dänemark“[1799] statt. Sofern beide Ehepartner einem ausländischen Staat angehören, kann die Anerkennung einer ausländischen Entscheidung inzident „durch jede mit der Frage befasste Behörde bzw. jedes damit befasste Gericht“[1800] vorgenommen werden.

2. Kirche

Die in einem kirchlichen Eheverfahren ergangene Entscheidung über die Feststellung der Nichtigkeit einer Ehe oder über die Auflösung des Ehebandes entfaltet seine Wirkungen zunächst nur im kirchlichen Rechtskreis, also in der Lateinischen Kirche[1801] oder in den orientalischen katholischen Kirchen[1802], d. h. in den mit Rom unierten Kirchen.

Über den kirchlichen Rechtskreis hinaus erlangt eine solche Entscheidung in einer Ehesache auch staatliche Wirkung in allen Ländern mit einer fakultativen religiösen[1803] oder obligatorischen religiösen[1804] Eheschließung. Die Anerkennung kirchlicher Entscheidungen in Ländern mit fakultativer religiöser Eheschließung wurde auch im staatlichen Rechtsbereich durch Konkordat abgesichert[1805]; teilweise

1796 Schulte-Bunert – Weinreich – Baerge, FamFG, § 107, Rn. 12; vgl. Hoppenz – Hohloch, Familiensachen, § 107, Rn. 18.

1797 Ehesachen idS. sind Ehenichtigerklärungen, Eheaufhebungen, Scheidung dem Eheband nach oder unter Aufrechterhaltung des Ehebandes oder die Feststellung des Bestehens oder Nichtbestehens einer Ehe zwischen Beteiligten (vgl. § 107 Abs. 1 S. 1 FamFG).

1798 Vgl. Hoppenz – Hohloch, Familiensachen, FamFG, § 107, Rn. 18.

1799 Thomas – Putzo – Hüßtege, ZPO/FamFG, § 107, Rn. 17.

1800 Prütting – Helms – Hau, FamFG, § 107, Rn. 31; vgl. Sänger – Kemper, ZPO/FamFG, § 107, Rn. 12; Hoppenz – Hohloch, Familiensachen, § 107, Rn. 10.

1801 Vgl. c. 1 CIC/1983.

1802 Vgl. c. 1 CCEO.

1803 In den Ländern mit fakultativer religiöser Eheschließung wird den Eheschließenden die Möglichkeit eröffnet, ihre Ehe auch vor der Kirche zu schließen (vgl. Prader – Reinhardt, Das kirchliche Eherecht, 79).

1804 In Ländern des Nahen Osten mit einem Personalstatut zur Regelung des Eherechts der Religionsgemeinschaften handelt es sich sich um eine obligatorische religiöse Eheschließung (vgl. Prader – Reinhardt, Das kirchliche Eherecht, 74).

1805 Vgl. beispielsweise für Italien den Lateranvertrag vom 11. Februar 1929, geändert durch die Vereinbarung vom 18. Februar 1994, für Portugal die Vereinbarung vom 3. Januar 1979, für Spanien das Konkordat vom 7. Mai 1940 sowie für Malta die Vereinbarungen vom 6. Januar 1995.

erlangen die kirchlichen Entscheidungen unmittelbar im staatlichen Rechtsbereich[1806], teilweise erst nach vorheriger staatlicher Anerkennung, sog. Delibation[1807], Wirkung. Diese kirchlichen Entscheidungen sind aber nur Ungültigerklärungen und keine Auflösungen von Ehen. Nach Art. 63 EuEheVO werden diese kirchlichen Ungültigerklärungen in den anderen Mitgliedstaaten als Entscheidungen iSv. Art. 21 EuEheVO anerkannt[1808].

In orientalischen Ländern mit einem Personalstatut über das Eherecht wirkt die kirchliche Entscheidung in einer Ehesache auch in den staatlichen Rechtsbereich hinein[1809], da der Staat in diesen Fällen kein eigenes Eherecht besitzt; er bedient sich hier vielmehr der kirchlichen Regelungen.

3. Ergebnis

Sowohl staatliche als auch kirchliche Entscheidungen in Eheangelegenheiten wirken nur für die beiden Ehepartner. Während sich der Geltungsbereich einer staatlichen Entscheidung nach dem Territoritätsprinzip[1810] beurteilt, sich also regelmäßig auf ein bestimmtes Staatsgebiet bezieht, wirken kirchliche Entscheidung hingegen für einen bestimmten Personenkreis, die Gläubigen der lateinischen oder einer der orientalischen katholischen Kirche, unabhängig von einem bestimmten Staatsgebiet.

Für staatliche Entscheidungen bedarf es zur Erweiterung dieses auf ein Staatsgebiet begrenzten Geltungsbereichs gesonderter Regelungen. Mangels entsprechender völkerrechtlicher Verträge zur Erweiterung des Geltungsbereiches einer Entscheidung in einer Eheangelegenheit, ergibt sich somit das Problem, dass es grundsätzlich jedem Staat selbst überlassen bleibt, die ergangene Entscheidung eines Staates anzuerkennen oder die Anerkennung zu verweigern. Dem steuert die Europäische Union durch die EuEheVO entgegen, indem sie für die Mitgliedstaaten der Europäischen Union grundsätzlich die Anerkennung der Entscheidungen der Mitgliedstaaten[1811] ohne besonderes Verfahren vorsieht[1812]; dies führt zur Rechtsvereinfachung für die Bürger.

Während staatliche Entscheidungen somit nicht ohne Weiteres außerhalb des ergangenen Staatsgebietes Wirkung entfalten, können hingegen kirchliche Entscheidungen eines Bistums in einem Land auch in allen anderen Bistümern anderer Länder gelten. Hier kommt es gerade aufgrund der Personalität der kirchlichen Entscheidungen nicht auf ein bestimmtes Gebiet an.

1806 So ist dies in Portugal.
1807 So ist dies in Italien, Spanien und Malta.
1808 Vgl. Rauscher – Rauscher, EuZPR/EuIPR/EuEheVO, Art. 63, Rn. 7.
1809 Vgl. Prader – Reinhardt, Das kirchliche Eherecht, 74.
1810 Vgl. Calliess – Ruffert – Blanke – Schmalenbach, EUV, Art. 52, Rn. 3.
1811 Vgl. Thomas – Putzo – Hüßtege, ZPO/EuEheVO, Art. 21, Rn. 1; Rauscher – Rauscher, EuZPR/EuIPR/EuEheVO, Art. 21, Rn. 12.
1812 Vgl. Rauscher – Rauscher, EuZPR/EuIPR/EuEheVO, Art. 21, Rn. 15.

Darüber hinaus können kirchliche Entscheidungen in allen Ländern mit einer fakultativen oder obligatorischen religiösen Eheschließung auch in den staatlichen Rechtskreis hineinwirken bzw. den staatlichen Rechtskreis ersetzen.

XXI. Mitteilung und Eintragung

1. Mitteilung über Entscheidungen

a) Staatliches Verfahren

Rechtskräftige Endentscheidungen in Ehesachen werden nach §§ 5 Abs. 4 S. 2, 73 Nr. 8 PStG iVm. § 56 Abs. 1 Nr. 2 a, b PStV durch das Amtsgericht an das Standesamt übermittelt, das das Eheregister führt[1813]. Nach §§ 5 Abs. 2, 4, 16 Abs. 1 Nr. 2, 3 PStG ist dort eine Folgebeurkundung im Eheregister über die Aufhebung, Scheidung oder Feststellung des Nichtbestehens einer Ehe vorzunehmen. Das Standesamt, das eine solche Folgebeurkundung im Eheregister eingetragen hat, hat dies zudem nach § 58 Abs. 3 Nr. 1, 4 PStV dem Standesamt, das den Geburtseintrag für die Ehegatten führt, zur Eintragung eines Hinweises auf die Auflösung der Ehe gemäß § 27 Abs. 4 S. 2 Nr. 1 PStG mitzuteilen[1814]. Außerdem wird hierüber die staatliche Meldebehörde zur Erfüllung ihrer Aufgaben nach dem Melderecht (Art. 2 Abs. 1, 2, 3 Abs. 1 Nr. 13, Art. 10 Abs. 1 BayMeldeG) unterrichtet.

b) Kirchliches Verfahren

Entscheidungen in kirchlichen Eheprozessen, also die kirchlich erfolgte Feststellung der Nichtigkeit einer Ehe oder die Auflösung einer Ehe müssen nach c. 1123 CIC/1983 im Ehe- und Taufbuch des Klägers und der nicht klagenden Partei eingetragen werden[1815]. Hierzu werden die Entscheidungen durch den Gerichtsvikar oder die anderweitig mit der Bearbeitung befasste Person[1816] an den Ordinarius des Eheschließungsortes übermittelt[1817], dem es obliegt, die Eintragung im Ehe- und Taufbuch durch den Pfarrer des Eheschließungs- und Taufortes zu veranlassen. Die Auflösung einer Ehe aufgrund des Privilegium Paulinum hingegen wird erst nach erfolgter neuer Eheschließung durch den zuvor mit der Ehevorbereitung befassten Pfarrer eingetragen, da erst die erneute Eheschließung die vorherige Ehe auflöst (c. 1143 § 1 CIC/1983).

1813 Vgl. Gaaz – Bornhofen, Personenstandsgesetz, § 16, Rn. 15.
1814 Vgl. Gaaz – Bornhofen, Personenstandsgesetz, § 16, Rn. 20.
1815 Vgl. Aymans, KanR III, 513; Prader – Reinhardt, Das kirchliche Eherecht, 171.
1816 Insbesondere ist an den Antrag auf Feststellung der Nichtigkeit einer Ehe im Verwaltungsweg oder das Privilegium Paulinum zu denken.
1817 Vgl. Lüdicke, „Dignitas connubii", Art. 300, Rn. 2.

c) Vergleich

Sowohl bei staatlichen als auch bei kirchlichen Verfahren wird die ergangene Entscheidung an eine das Ehebuch in der Kirche bzw. das Eheregister im Staat führende Stelle mitgeteilt zur Beurkundung der Auflösung einer geschlossenen Ehe in den entsprechenden Registern. Während in staatlichen Verfahren die Übermittlung der ergangenen Endentscheidung durch das jeweilige Gericht selbst erfolgt, übermittelt kirchliche Entscheidungen in Eheprozessen immer der Gerichtsvikar. Dieser hat die Aufgabe als zusätzliche Person außerhalb des zuvor durchgeführten Eheprozesses zu erledigen. Je mehr Personen aber mit einem Vorgang befasst werden, desto mehr Zeit wird dafür in Anspruch genommen. Das kirchliche Verfahren bei der Mitteilung über ergangene Entscheidungen kann deshalb zu zeitlichen Verzögerungen führen. Dagegen gewährleistet die Übermittlung durch das Gericht selbst in staatlichen Verfahren eine zeitnahe Registrierung.

Während in kirchlichen Eheprozessen zwei getrennte Übermittlungen an die entsprechenden pfarrlichen Bücher (Eheschließung und Taufe) erfolgen, werden Entscheidungen in staatlichen Verfahren nur dem unmittelbar betroffenen Eheregister übermittelt, das entsprechende weitere Mitteilungen zu veranlassen hat. Bei kirchlichen Eheprozessen wird durch zwei getrennte Übermittlungen gewährleistet, dass eine Entscheidung auch tatsächlich eingetragen wird. Hingegen besteht bei staatlichen Eheverfahren die Gefahr, dass die einzige unmittelbar durch das Amtsgericht vorzunehmende Mitteilung fehl schlägt oder dass entsprechende Mitteilungen gänzlich unterbleiben. Damit kann es dazu kommen, dass eine eigentlich vorzunehmende Eintragung in den Personenstandsregistern nicht erfolgt und daher nachfolgend eventuell hieraus erteilte Urkunden unrichtig sind.

2. Registerbehörde

a) Staatliche Behörde

Die zur Führung der Register[1818] über den Personenstand[1819] zuständige Behörde ist im Staat eine gesonderte ausschließlich für das Personenstandswesen durch Landesrecht bestimmte Behörde[1820], das Standesamt (§ 1 Abs. 2 S. 1 Hs. 1 PStG).

1818 Es gibt ein Ehe-, Geburten- und Sterberegister (§ 3 Abs. 1 PStG).

1819 Personenstand umfasst Daten über Geburt, Eheschließung und Tod sowie damit in Verbindung stehende familien- und namensrechtliche Tatsachen (§ 1 Abs. 1 S. 2 PStG).

1820 Die einzelnen Bundesländer nehmen wegen der sich aus Art. 84 Abs. 1 GG ergebenden Organisationshoheit die Aufgabenzuweisung an die Gemeinden, so wie bisher, oder die Einrichtung zentraler Register selbst vor. Auch bilden die Bundesländer die Standesamtsbezirke selbst (vgl. Gaaz – Bornhofen, Personenstandsgesetz, § 16, Rn. 15). So hat beispielsweise Bayern durch Art. 1 Abs. 1 S. 1 AGPStG die Erfüllung der Aufgaben des Standesamtes den Gemeinden übertragen. Nach

Die zuständige Behörde bestellt für Zwecke des Personenstandswesen im Standesamt Urkundspersonen (§ 2 Abs. 1 S. 1 PStG), sogenannte Standesbeamte[1821]. Diese Standesbeamten müssen neben der Laufbahnbefähigung für den gehobenen nichttechnischen Verwaltungsdienst zusätzlich die fachliche Eignung für personenstandsrechtliche Beurkundungen besitzen. Hierzu müssen sie „auf der Grundlage wissenschaftlicher Erkenntnisse die zur Erfüllung der Aufgaben in der Laufbahn des gehobenen nichttechnischen Verwaltungsdienstes benötigte Fachkompetenz sowie die Schlüsselqualifikationen“[1822] mit der Laufbahnprüfung bewiesen haben. Zum Nachweis der fachlichen Eignung muss die betreffende Person weiterhin an einem Einführungslehrgang für Standesbeamte mit Erfolg teilgenommen haben und als Sachbearbeiter oder zur Einweisung bei einem Standesamt mindestens drei Monate tätig gewesen sein[1823]. Nur hierdurch kann eine hinreichende Qualifizierung für die Aufgaben eines Standesbeamten erreicht werden. Sie haben die „standesamtlichen Beurkundungen und Beglaubigungen einschließlich der Ausstellung von Personenstandsurkunden und sonstigen öffentlichen Urkunden“[1824] vorzunehmen. Abweichend von eigenen Standesbeamten können Gemeinden auch dem Bürgermeister standesamtliche Aufgaben hinsichtlich der Vornahme einer Eheschließung und der damit zusammenhängenden Beurkundung übertragen[1825].

b) Führung der kirchlichen Bücher

Die Führung der pfarrlichen Bücher[1826] obliegt nach c. 535 § 1 HS. 2 CIC/1983 dem Pfarrer der jeweiligen Pfarrei als „kirchlichem Urkundsbevollmächtigten“[1827] / „kirchlichem Urkundsbeamten“[1828]. Damit jemand gültig zum Pfarrer bestellt werden kann, muss er die Priesterweihe empfangen haben. Zusätzlich muss seine Eignung für das Pfarramt auf eine vom Diözesanbischof festgelegte Weise überprüft worden sein (c. 521 §§ 1, 3 CIC/1983)[1829]. Hierzu hat der betreffende Priester zum Nachweis der für die selbständige Führung des Pfarramtes notwendigen

---

Art. 1 Abs. 2 AGPStG können aber auch Standesbeamte bestellt werden, deren Zuständigkeit sich auf das Gebiet des Freistaates Bayern erstreckt zur zentralen elektronischen Erfassung der Personenstandsbücher (§ 67 PStG).

1821 So werden beispielsweise in Bayern nach § 1 Abs. 1 AVPStG die Standesbeamten von den für den Standesamtsbezirk zuständigen Gemeinden bestellt.

1822 § 2 S. 1 ZAPO/gvD; vgl. § 2 Abs. 2 FachV-nvD.

1823 § 2 Abs. 1 AVPStG.

1824 Gaaz – Bornhofen, Personenstandsgesetz, § 2, Rn. 5.

1825 § 2 Abs. 3 AVPStG.

1826 Nach c. 535 § 1 HS. 1 CIC/1983 gibt es ein Taufbuch, ein Ehebuch und ein Totenbuch; vgl. Schmitz, Die pfarrlichen Kirchenbücher, 10.

1827 Aymans, KanR 2, 433.

1828 Heinemann, Der Pfarrer, 504.

1829 Vgl. Aymans, KanR 2, 425.

Kenntnisse und Fähigkeiten die Zweite Dienstprüfung abzulegen[1830]. Im Rahmen der Prüfungsvorbereitung werden neben pastoral bedeutsamen Themen auch Fragen der Pfarramtsverwaltung behandelt[1831]. Aus diesem Grund erlangen die Priester bis zur Ablegung der Zweiten Dienstprüfung auch Kenntnisse in der Führung der pfarrlichen Bücher.

c) Vergleich

Bei der Organisation der Führung der Personenstandsregister bzw. pfarrlichen Bücher ist auffällig, dass im Rechtsbereich des Staates die Registerführung einer besonderen Behörde (Standesamt) obliegt, die wiederum hierfür entsprechendes Personal bestellt (Standesbeamte). Im kirchlichen Rechtsbereich hingegen wird die Führung der pfarrlichen Bücher keiner Behörde, sondern lediglich einem bestimmten Amtsträger, dem jeweiligen Pfarrer, anvertraut. Abhängig von der Größe einer Gemeinde wird der Standesbeamte nicht ausschließlich mit standesamtlichen Aufgaben betraut sein, sondern auch aufgrund seiner Laufbahnbefähigung andere kommunale Aufgaben wahrnehmen. Für einen Pfarrer als „kirchlichem Urkundsbevollmächtigten"[1832] gibt es neben der Führung der pfarrlichen Bücher – eine ohne Zweifel sehr wichtige Aufgabe – in der alltäglichen Berufspraxis weit wichtigere und umfangreichere, arbeitsaufwendige Aufgaben, insbesondere in der pfarrlichen Seelsorge. Daher wird die Führung der kirchlichen Bücher idR nur nebenbei erledigt und eine untergeordnete Rolle spielen. Für die ordnungsgemäße Führung der Bücher über den Personenstand spielt es aber letztlich weder im staatlichen noch im kirchlichen Bereich eine große Rolle, ob die Führung durch eine hauptsächlich damit befasste Person oder durch eine Person erfolgt, die schwerpunktmäßig auch noch mit anderen Aufgaben befasst ist. Entscheidend ist immer die Gründlichkeit und Sorgfältigkeit der Ausführung.

3. Personenstandsverzeichnisse

a) Staatliche Register

Das Personenstandsrecht sieht nach § 3 Abs. 1 S. 1 PStG für den Zuständigkeitsbereich eines jeden Standesamtes neben einem Geburten- und einem Sterberegister (§§ 21, 31 PStG) ein Eheregister (§ 15 PStG) vor. Damit erfolgt „die Beurkundung eines Personenstandsfalles am Orte des Ereignisses in den klassischen Registern

1830 Vgl. z. B. § 1 S. 2 der Ordnung der Zweiten Dienstprüfung für Priester in der Diözese Rottenburg-Stuttgart; vgl. § 13 des Kaplanstatuts der Erzdiözese Bamberg.

1831 Vgl. § 9 der Ordnung für die Zweite Dienstprüfung von Priestern und Pastoralassistenten / Pastoralassistentinnen in den bayerischen Diözesen, veröffentlicht, in ABl. Eichstätt, 1996.

1832 Aymans, KanR 2, 433; vgl. Heinemann, Der Pfarrer, 504.

für Eheschließung, Geburt und Tod"[1833]. Die Registereinträge bestehen aus einem urkundlichen Teil (Haupteintrag[1834] und Folgebeurkundungen[1835]) und einem Hinweisteil[1836] (§ 3 Abs. 1 S. 2 PStG). Über die jeweiligen Personenstandsfälle können entweder beglaubigte Registerausdrucke aus allen Personenstandsregistern (§ 55 Abs. 1 Nr. 1 PStG) oder entsprechende Urkunden aus dem Geburten-, Ehe- und Sterberegister (§ 55 Abs. 1 Nr. 2, 4, 5, §§ 56, 57, 59, 60 PStG) erstellt werden. Grundlage für die Personenstandsurkunden bilden dabei aber immer die jeweiligen Registereinträge[1837]. In den beglaubigten Registerausdrucken, „die gemäß § 48 Abs. 1 PStV nach den Mustern der Anlagen 2 bis 5 zu erteilen sind, wird [...] nur der urkundliche Teil des [jeweiligen] Registereintrags wiedergegeben"[1838]. In eine Geburts-, Ehe- oder Sterbeurkunde dürfen ebenfalls nur solche Angaben aufgenommen werden, die sich aus dem urkundlichen Teil des Registereintrags ergeben[1839]. Hier werden nach Folgebeurkundungen gemäß § 56 Abs. 2 PStG nur die geänderten Tatsachen aufgenommen[1840]. Die Geburts-, Ehe- oder Sterbeurkunde ist gemäß § 48 Abs. 1 PStV nach dem Muster der Anlage 6, 8, 9 im Format DIN A 4 zu erteilen[1841].

b) Kirchliche Bücher

Im kirchlichen Rechtsbereich sind nach c. 535 § 1 HS. 1 CIC/1983 in jeder Pfarrei ein Tauf-, Ehe- und Totenbuch durch den Pfarrer[1842] als „kirchlichen Urkundsbevollmächtigten"[1843] zu führen. Die Beurkundung erfolgt am Ort des Ereignisses, also am Ort der Taufe, der Eheschließung sowie des Begräbnisses (cc. 877 § 1, 1121 § 1, 1180, 1182 CIC/1983). Eine herausgehobene Stellung besitzt

---

1833 Gaaz – Bornhofen, Personenstandsgesetz, § 2, Rn. 3.

1834 „Unter Haupteintrag ist der Registereintrag zu verstehen, der am Tag der Beurkundung des Personenstandsfalles erstellt wird (§ 16 Abs. 1 PStV: Der Personenstandsfall wird mit dem Haupteintrag erstmals beurkundet)" (Gaaz – Bornhofen, Personenstandsgesetz, § 3, Rn. 15).

1835 „Durch Folgebeurkundungen wird der urkundliche Teil des Eintrags in den dafür vorgesehenen Registereinträgen aktualisiert" (Gaaz – Bornhofen, Personenstandsgesetz, § 3, Rn. 19).

1836 „Hinweise stellen nach § 5 Abs. 3 die Verbindung der Register untereinander her. Nach § 18 PStV ist daher in den Personenstandsregistern auf Registereinträge in anderen Personenstandsregistern hinzuweisen" (Gaaz – Bornhofen, Personenstandsgesetz, § 3, Rn. 20).

1837 Vgl. Gaaz – Bornhofen, Personenstandsgesetz, § 57, Rn. 5.

1838 Gaaz – Bornhofen, Personenstandsgesetz, § 55, Rn. 12.

1839 Vgl. Gaaz – Bornhofen, Personenstandsgesetz, § 57, Rn. 8; § 58, Rn. 5; § 60, Rn. 4.

1840 Vgl. Gaaz – Bornhofen, Personenstandsgesetz, § 56, Rn. 15.

1841 Vgl. Gaaz – Bornhofen, Personenstandsgesetz, § 56, Rn. 9; § 57, Rn. 7; § 58, Rn. 7; § 59, Rn. 6.

1842 Vgl. Schmitz, Die pfarrlichen Kirchenbücher, 12.

1843 Aymans, KanR 2, 433.

das Taufbuch als „das kanonische Personenstandsbuch gleichsam das pfarrliche Zentralregister“[1844]. Nach c. 535 § 2 HS. 1 CIC/1983 ist in das Taufbuch (c. 877 § 1 CIC/1983) „alles einzutragen und zu ergänzen, was den Personenstand bzw. die Rechtsstellung des Katholiken ergänzt und vervollständigt“[1845], also alles, was den kanonischen Lebensstand des Gläubigen betrifft[1846]. Zunächst ist die Tatsache der Taufspendung (c. 877 § 1 CIC/1983), aber dann auch die Tatsache der Eheschließung und der Eheauflösung einzutragen (c. 1123 CIC/1983). Auch aufgenommen werden Weihen und Kirchenstrafen. Urkunden über den kanonischen Personenstand aufgrund der pfarrlichen Bücher müssen vom Pfarrer selbst oder seinem Beauftragten unterschrieben und mit Pfarrsiegel versehen sein (c. 535 § 3 CIC/1983).

c) Vergleich

Sowohl im kirchlichen als auch im staatlichen Rechtsbereich werden drei Verzeichnisse, und zwar für den Beginn eines Menschen (Geburtenregister / Taufbuch), Veränderung des Personenstandes (Eheregister, Ehebuch) und das Ende eines Menschen (Sterberegister, Totenbuch) geführt. Die staatlichen Verzeichnisse werden als Register bezeichnet, die kirchlichen Verzeichnisse hingegen als pfarrliche Bücher. Aus beiden Verzeichnissen können entsprechende Urkunden über den Personenstand eines Menschen ausgestellt werden. Jedoch besitzt im kirchlichen Rechtsbereich das Taufbuch gegenüber dem Ehe- und Totenbuch eine herausgehobene Stellung als Personenstandsregister[1847], da alle Eintragungen im Taufbuch in einer Urkunde über den Taufempfang zu erwähnen sind (c. 535 § 2 HS. 2 CIC/1983)[1848]; es ist damit die ausschließliche Urkunde über den Personenstand eines Gläubigen. Das staatliche Geburtenregister besitzt hingegen gegenüber dem Ehe- und Sterberegister nicht diese besonders herausgehobene Stellung. In das Geburtenregister werden zunächst nur Angaben über das Kind (Familienname, Vorname, Geburtstag, Geburtsort) sowie damit zusammenhängende Angaben über die Eltern des Kindes (Mutter und Vater des Kindes) beurkundet (§ 21 Abs. 1 PStG)[1849]. Folglich können in einer auf dieser Grundlage erstellten Personenstandsurkunde (§ 55 Abs. 1 PStG) nur diese Daten wiedergegeben werden. Auch die anderen staatlichen Personenstandsregister besitzen keine dem kirchlichen Taufbuch vergleichbare Stellung. Zwar kann aus ihnen das jeweilige Ereignis (Eheschließung, Sterbefall) in einer entsprechenden Personenstandsurkunde wiedergegeben werden, jedoch eben nur dieses zuvor im Register beurkundete Ereignis. Allerdings besteht durch Hinweise in den Personenstandsregistern nach § 5 Abs. 3 PStG die Möglichkeit einer Verknüpfung zu anderen Personenstandsregistern derselben

1844 Aymans, KanR 2, 432.
1845 Lüdicke – Paarhammer, Münsterischer Kommentar, c. 535, Rn. 2.
1846 Vgl. Aymans, KanR 2, 433.
1847 Vgl. Aymans, KanR 3, 513.
1848 Vgl. Heinemann, Der Pfarrer, 504.
1849 Vgl. Gaaz – Bornhofen, Personenstandsgesetz, § 21, Rn. 8–42.

Person[1850]. Da aber nur der urkundliche Teil des Registereintrages die Grundlage für die Urkundenerstellung bildet, werden die im Register vorhandenen Hinweise nicht in eine Personenstandsurkunde übernommen. Damit kann keine staatliche Personenstandsurkunde im Gegensatz zur kirchlichen Taufurkunde der umfassenden Information über den Personenstand einer Person dienen, da sie immer nur einen bestimmten Ausschnitt wiedergibt. Die Aufgabe eines staatlichen Personenstandsregister – vergleichbar dem kirchlichen Taufbuch – obliegt einer davon getrennte Stelle, der Meldebehörde, die die Einwohner registriert, um deren Identität und Wohnungen festzustellen und nachweisen zu können (Art. 2 Abs. 1 S. 1 BayMeldeG). Um diese Aufgabe als Register über die Einwohner zu erfüllen, speichert die Meldebehörde Daten im Melderegister, einem Register über die Einwohner des Staates (Art. 3 BayMeldeG).

4. Personenstandsurkunden

a) Staatliche Urkunden

Die Beurkundungen in den Personenstandsregistern sowie in den Personenstandsurkunden (§ 55 Abs. 1 PStG) beweisen die Geburt, Eheschließung und Tod und die darüber gemachten näheren Angaben sowie die sonstigen Angaben über den Personenstand der Person, auf die sich der Eintrag bezieht[1851] (§ 54 Abs. 1 S. 1, Abs. 2 PStG) und die darüber gemachten näheren Angaben (Ort und Zeit des Ereignisses) sowie sonstige Angaben (Folgebeurkundungen)[1852]. Zweck der Personenstandsregister und der Personenstandsurkunden ist die Schaffung beweiskräftiger Unterlagen über den Personenstand einer Person[1853]. Die Beurkundungen in den Personenstandsregistern und damit auch die auf ihrer Grundlage ausgestellten Urkunden „wirken nicht rechtserzeugend (konstitutiv), sondern lediglich deklaratorisch. Der Nachweis der Unrichtigkeit der beurkundeten Tatsachen ist nach § 54 Abs. 3 S. 1 PStG zulässig. Die Beweisregel des [§ 54] Absatzes 1 S. 1 [PStG] begründet also nur eine widerlegbare Vermutung“[1854].

b) Kirchliche Urkunden

Die pfarrlichen Bücher und die authentischen Auszüge aus diesen pfarrlichen Büchern sind öffentliche Urkunden und erbringen den vollen Beweis nach cc. 1540 §§ 1, 2, 1541 CIC/1983[1855]. Damit beweisen sie alles, was in ihnen direkt und hauptsächlich bekundet wurde, sofern nicht gegenteilige und eindeutige Argumente

1850 Vgl. Gaaz – Bornhofen, Personenstandsgesetz, § 5, Rn. 12; § 55, Rn. 12.
1851 Vgl. § 54 Abs. 1 S. 1, Abs. 2 PStG.
1852 Vgl. Gaaz – Bornhofen, Personenstandsgesetz, § 54, Rn. 12, 14–16.
1853 Vgl. Gaaz – Bornhofen, Personenstandsgesetz, § 54, Rn. 9.
1854 Gaaz – Bornhofen, Personenstandsgesetz, § 54, Rn. 15.
1855 Vgl. Aymans, KanR 2, 433; Schmitz, Die pfarrlichen Kirchenbücher, 116.

etwas anderes dargetan haben. Die Eintragung selbst ist aber nicht entscheidend für die Nichtigerklärung und Auflösung einer Ehe (vgl. cc. 1121–1123 CIC/1983), da die Auslegung nach c. 18 CIC/1983 eng zu erfolgen hat und die Eintragung nicht ausdrücklich als Gültigkeitsvoraussetzung bezeichnet ist (c. 10 CIC/1983). Damit hat die Eintragung nur deklaratorischen Charakter. Der Nachweis des Ledigenstandes in urkundlicher Form kann nur durch das Taufbuch bzw. einen Auszug hieraus geführt werden[1856].

c) Vergleich

Sowohl staatliche als auch kirchliche Personenstandsurkunden erbringen einen Beweis über den entsprechenden Personenstandsfall. Die jeweiligen Register die Register und die auf dieser Grundlage erstellten Personenstandsurkunden haben aber nur deklaratorischen, nicht auch konstitutiven Charakter. Ein entsprechender Nachweis über den Personenstand (hier: Ehestand) könnte – obgleich schwierig – auch anders geführt werden, etwa durch eine Abschrift der ergangenen Entscheidung, sei es im kirchlichen oder im staatlichen Bereich.

Während jedoch aus den staatlichen Registern nur für die jeweiligen Anlässe der Geburt, der Eheschließung oder dem Sterbefall Urkunden ausgestellt werden können, ohne Hinweis auf die jeweiligen anderen Anlässe, enthält eine Urkunde aus dem kirchlichen Taufbuch alles, was den Personenstand betrifft (c. 535 § 2 CIC/1983). Durch eine kirchliche Taufurkunde, die bei jeder Eheschließung im Rahmen der Ehevorbereitung (cc. 1066, 1067 CIC/1983) vorgelegt werden muss, können somit ungültige Doppelehen vermieden werden.

Dagegen kann im staatlichen Bereich die Gefahr einer Doppelehe mit keiner Personenstandsurkunde im Rahmen der Anmeldung einer Eheschließung (§ 12 Abs. 1 PStG) ausgeschlossen werden. Zwar muss immer eine Geburtsurkunde beider Eheschließenden vorgelegt werden[1857]; da dies allein jedoch nicht genügt, um Klarheit über den Personenstand einer Person zu gewinnen, muss zusätzlich eine Aufenthaltsbescheinigung der Meldebehörde vorgelegt werden[1858], die neben Vor- und Familienname, Tag der Geburt, Staatsangehörigkeit, Anschrift auch den Familienstand beinhaltet. Nach Nr. 12.3. PStG-VwV wird ein Eheschließender als ledig angesehen, wenn er in der Bescheinigung der Meldebehörde als ledig bezeichnet wird. Bei etwaiger Vorehe ist zusätzlich der Nachweis der letzten Eheschließung und deren Auflösung zu erbringen[1859].

1856 Vgl. Sebott, Eherecht, 181.

1857 Vgl. Nr. 12.4.1.2. PStG-VwV; vgl. Gaaz – Bornhofen, Personenstandsgesetz, § 12, Rn. 26.

1858 Vgl. Nr. 12.4.1.1. PStG-VwV; vgl. Gaaz – Bornhofen, Personenstandsgesetz, § 12, Rn. 26.

1859 Vgl. Nr. 12.4.1.3. PStG-VwV.

Es ist für den Bürger nachteilig, dass er nicht nur mit einer Personenstandsurkunde allein seinen Personenstand nachweisen kann, sondern dazu eine weitere Bescheinigung aus dem Melderegister der Meldebehörde benötigt. Aus staatlicher Sicht ist es jedoch von Vorteil, dass eine Personenstandsurkunde allein nicht ausreichend ist, sondern eine Aufenthaltsbescheinigung der Meldebehörde benötigt wird, da hierdurch zwei voneinander unabhängige Stellen über den Familienstand eines Bürgers wachen. Auch erfolgt ein Austausch von Daten zwischen dem Standesamt und der Meldebehörde. Hierdurch wird gewährleistet, dass die über eine Person gespeicherten Daten in Personenstandsregister, aber auch in Melderegistern richtig sind. Damit wird die Gefahr einer Doppelehe nicht allein durch Personenstandsurkunden aus dem Standesamt, sondern auch durch entsprechende Bescheinigungen aus der Meldebehörde des Staates vermieden. Zwei getrennte Stellen bieten einen gewissen Schutz für die Richtigkeit und die Vermeidung von Doppelehen; umgekehrt besteht die Gefahr, dass sich beide Stellen gegenseitig auf die Richtigkeit verlassen und im Endergebnis bei beiden Stellen die Daten nicht richtig sind. Entscheidend ist – unabhängig davon, ob eine oder zwei Stellen mit den Daten eines Menschen befasst sind -, dass gründlich und sorgfältig gearbeitet wird.

XXII. Verhältnis zwischen Fehlerhaftigkeit und später entstandenem Grund

Da eine staatlich und kirchlich geschlossene Ehe sowohl aufgrund fehlerhafter Eingehung als auch aufgrund später entstandener Gründe aufgehoben oder aufgelöst werden kann, ist das Verhältnis zwischen Verfahren aufgrund fehlerhafter Eingehung und Verfahren aufgrund später entstandener Gründe, also der Auflösung des Ehebandes im kirchlichen Rechtskreis bzw. der staatlichen Ehescheidung zu klären.

1. Staat

In staatlichen Eheverfahren wird das Verhältnis zwischen der Aufhebung[1860] und der Scheidung[1861] einer Ehe klar durch die gesetzliche Regelung des § 126 Abs. 3 FamFG bestimmt. Hiernach ist bei einem sowohl begründeten Aufhebungsantrag als auch einem begründeten Scheidungsantrag nach § 126 Abs. 3 FamFG der Eheaufhebung der Vorzug gegenüber der Ehescheidung zu geben[1862]. Abweichend

1860 Die fehlerhaft geschlossene Ehe wird durch den gerichtlichen Aufhebungsausspruch beendet (§ 1313 BGB).

1861 Die gescheiterte Ehe wird durch den gerichtlichen Scheidungsausspruch aufgelöst (§ 1564 BGB).

1862 Vgl. Prütting – Helms – Helms, FamFG, § 126, Rn. 13; Bork – Jacoby – Schwab – Löhnig, FamFG, § 126, Rn. 5; Sänger – Kemper, ZPO/FamFG, § 126, Rn. 3.

von dieser gesetzlichen Regelung kann der Antragsteller bei entsprechender Antragstellung aber auch der Scheidung einer Ehe gegenüber der Eheaufhebung den Vorrang einräumen[1863].

2. Kirche

In kirchlichen Eheverfahren ist das Verhältnis zwischen der Feststellung der Nichtigkeit einer Ehe und der Auflösung des Ehebandes gesetzlich nicht ausdrücklich geregelt. Nach den materiell-rechtlichen Regelungen des kirchlichen Eherechts gibt es – neben der Ungültigkeit der Ehe – zwei Anknüpfungspunkte zur Auflösung des Ehebandes, zum einen die fehlende Sakramentalität der Ehe, zum anderen den Nichtvollzug der Ehe[1864]. Diese materiell-rechtlichen Anknüpfungspunkte als Grundlage zu einer Entscheidung über eine Ehe stehen gleichberechtigt nebeneinander. Solange eine kirchliche Ehe ungültig geschlossen wurde, und nicht durch Taufe beider Ehegatten sakramental geworden ist[1865] sowie nicht vollzogen wurde[1866], kann sowohl die Nichtigkeit einer Ehe angestrebt werden als auch die Auflösung des Ehebandes. Diese materiell-rechtliche Parallelität der möglichen Gründe setzt sich dann auch im Verfahrensrecht dadurch fort, dass die entsprechenden Verfahren zur Feststellung der Nichtigkeit einer Ehe und zur Auflösung des Ehebandes ebenfalls gleichberechtigt nebeneinander möglich sind[1867]. In der Praxis werden die Ehepartner die für ihren Einzelfall einfachere Verfahrensvariante wählen, das ist im Normalfall die Klageschrift auf Feststellung der Nichtigkeit der Ehe.

1863 Vgl. Schulte-Bunert – Weinreich – Schröder, FamFG, § 126, Rn. 3; Prütting – Helms – Helms, FamFG, § 126, Rn. 13; Bork – Jacoby – Schwab – Löhnig, FamFG, § 126, Rn. 5.

1864 Vgl. c. 1141 CIC/1983; vgl. Prader – Reinhardt, Das kirchliche Eherecht, 194, wonach nur die gültige, sakramentale und vollzogene Ehe unauflöslich ist.

1865 Vgl. c. 1055 § 2 CIC/1983; vgl. Prader – Reinhardt, Das kirchliche Eherecht, 16.

1866 Vgl. c. 1061 § 1 CIC/1983; vgl. Prader – Reinhardt, Das kirchliche Eherecht, 72.

1867 Vgl. Lüdicke, „Dignitas connubii", Art. 153, Rn. 1 für das Verhältnis zwischen Nichtigkeitsverfahren und Nichtvollzugsverfahren; dieses Verhältnis ist mangels anderweitiger Regelungen ebenfalls für das Verhältnis zwischen Nichtigkeitsverfahren und Verfahren in favorem fidei sowie für die Durchführung des Privilegium Paulinum zutreffend; vgl. Ferrante, Nullita matrimoniale e dispensa „super rato", 2079, 2080, wonach eine erhaltene Auflösung ein Nichtigkeitsurteil nicht ausschließt, und ein erlangtes Nichtigkeitsurteil nicht die Bitte um Auflösung ausschließt, solange die Ehe nicht vollzogen wurde; vgl. Sabbarese, Sciogliere il matrimonio, 1141, 1142, wonach ein positiver Zweifel über die Gültigkeit einer Ehe kein Grund zum Abbruch eines Verwaltungsverfahrens zur Erlangung der Gunst ist, und diese Zweifel in der Dispensbitte an den Papst lediglich anzugeben sind (Art. 10 Normae in favorem fidei).

3. Ergebnis

In beiden Rechtskreisen schließen sich Verfahren wegen einer fehlerhaft eingegangenen Ehe und aufgrund später entstandener Gründe nicht gegenseitig aus. Es werden jeweils unterschiedliche Zeitpunkte der Ehe beurteilt, einmal im Zeitpunkt der Eingehung, einmal erst nach Eingehung der Ehe.

In kirchlichen Eheangelegenheiten stehen alle Verfahrensmöglichkeiten gleichberechtigt nebeneinander, solange bis feststeht, dass eine geschlossene Ehe unauflöslich ist, d. h. die Gültigkeit einer Ehe bestandskräftig festgestellt wurde und auch keine Auflösung des Ehebandes gewährt wird. Hingegen gibt das staatliche Eheverfahrensrecht der Eheaufhebung (aufgrund fehlerhafter Eingehung) den Vorzug gegenüber der Ehescheidung.

XXIII. Verbund von Eheverfahren mit Familiensachen

Sowohl in staatlichen als auch in kirchlichen Eheverfahren kann es unter Umständen zur teilweisen Verbindung der Hauptsacheentscheidung in der Ehesache mit der Entscheidung über zur Ehe gehöriger Folgesachen kommen.

1. Staat

Nach § 137 Abs. 1 FamFG muss über die beantragte Scheidung – nicht aber bei Verfahren wegen einer fehlerhaften Ehe – zusammen mit den Folgesachen verhandelt und entschieden werden (Verbund)[1868]. Diese Folgesachen betreffen die in einer Ehe mit Kindern relevanten Hauptpunkte, zum einen finanzielle Aspekte[1869], zum anderen die Sorge für die Kinder[1870]. Diese Verbundverfahren dienen dem Schutz des wirtschaftlich schwächeren Ehegatten, sowie vor übereiltem Entschluss zur Ehescheidung[1871]. Den Ehegatten sollen alle Auswirkungen der Scheidung, also insbesondere die finanziellen Aspekte, klar vor Augen geführt werden[1872].

a) Ehepartner

Beteiligte des Scheidungsverbundes sind zunächst die Ehepartner der möglicherweise in Zukunft durch Scheidung aufzulösenden Ehe. Ebenfalls sind die Ehepartner

1868 Vgl. Thomas – Putzo – Hüßtege, ZPO/FamFG, § 137, Rn. 1; Hartmann, ZPO/FamFG, § 137, Rn. 7.

1869 Vgl. § 137 Abs. 2 FamFG, wonach Versorgungsausgleichs-, Unterhalts-, Ehewohnungs- und Haushaltssachen und Güterrechtssachen in den Verbund mit der Scheidung einbezogen werden können.

1870 Vgl. § 137 Abs. 3 FamFG, wonach die elterliche Sorge, das Umgangsrecht für Kinder oder die Herausgabe eines gemeinschaftlichen Kindes der Ehegatten Teil des Scheidungsverbundes werden können.

1871 Vgl. Garbe – Ullrich – Garbe, Verfahren im Familiensachen, § 2 Ehescheidung, Rn. 125.

1872 Vgl. Unger, Anwaltshandbuch, 144.

in Verfahren über die durch die Ehe begründeten gesetzlichen Unterhaltspflichten[1873], über Haushaltssachen[1874] sowie über Güterrechtssachen[1875] alleinige Beteiligte der Folgesachen[1876].

b) Gemeinsame Kinder der Ehepartner

Weitere Beteiligte des Scheidungsverbundes werden – neben den Ehepartnern – die gemeinschaftlichen Kinder der Ehepartner in Kindschaftssachen[1877], also in Verfahren über das Sorgerecht und Umgangsrecht der Eltern mit ihren minderjährigen Kindern sowie in Verfahren der Unterhaltspflicht gegenüber gemeinschaftlichen Kindern[1878].

In Kindschaftssachen werden die Interessen der minderjährigen Kinder nach § 158 Abs. 1 FamFG von einem Verfahrensbeistand wahrgenommen und im gerichtlichen Verfahren zur Geltung gebracht[1879]. Da der Verfahrensbeistand jedoch kein gesetzlicher Vertreter des minderjährigen Kindes ist[1880], wird das minderjährige Kind weiterhin gemeinschaftlich durch beide Elternteile vertreten, sofern das Vertretungsrecht nicht ausgeschlossen wurde[1881]. Zur fachkundigen Beratung aller Beteiligten und des Familiengerichts wirkt nach § 162 FamFG zusätzlich das Jugendamt mit[1882].

In Unterhaltssachen kann ein minderjähriges Kind nach § 1629 Abs. 2 S. 2 BGB bei gemeinsamem elterlichen Sorgerecht nur durch den Elternteil vertreten werden, in dessen Obhut sich das Kind befindet[1883]. Ansonsten wären beide Elternteile

---

1873 Vgl. §§ 137 Abs. 2 Nr. 2 Alt. 2, 231 Abs. 1 Nr. 2 FamFG.

1874 Vgl. §§ 137 Abs. 2 Nr. 3 Alt. 2, 200 Abs. 2 Nr. 1, 2 FamFG; Haushaltsgegenstände sind „alle Gegenstände, die nach den ehelichen Lebensverhältnissen üblicherweise für die Wohnung, den Haushalt und das eheliche Zusammenleben der Familie bestimmt sind und damit der gemeinsamen Lebensführung dienen" (Palandt – Brudermüller, BGB, § 1568 b, Rn. 4).

1875 Vgl. §§ 137 Abs. 2 Nr. 4, 261 Abs. 1, 2, 264 FamFG; Güterrechtssachen sind Ansprüche aus dem ehelichen Güterrecht, also v. a. der Zugewinnausgleich (vgl. Thomas – Putzo – Hüßtege, ZPO/FamFG, § 261, Rn. 2). Der Zugewinnausgleich resultiert aus dem Güterstand der Zugewinngemeinschaft zwischen den Ehegatten, wonach „jeder Ehegatte sein Vermögen in seinem Eigentum und in eigener Verwaltung behält und [...] auch selbst die Nutzungen" zieht (Palandt – Brudermüller, BGB, Vorbemerkung vor § 1363, Rn. 2).

1876 Vgl. Thomas – Putzo – Hüßtege, ZPO/FamFG, § 137, Rn. 2.

1877 Vgl. §§ 137 Abs. 3, 151 Nr. 1–3 FamFG.

1878 Vgl. §§ 137 Abs. 2 Nr. 1 Alt. 1, 231 Abs. 1 Nr. 1 FamFG.

1879 Vgl. Thomas – Putzo – Hüßtege, ZPO/FamFG, § 158, Rn. 4, 6.

1880 Vgl. § 158 Abs. 4 S. 6 FamFG.

1881 Vgl. § 1629 Abs. 1 Sätze 1, 2 BGB.

1882 Vgl. Thomas – Putzo – Hüßtege, ZPO/FamFG, § 162, Rn. 3.

1883 Vgl. Palandt – Diederichsen, BGB, § 1629, Rn. 30.

nach § 1629 Abs. 2 S. 1 iVm. § 1795 Nr. 1 BGB von der Vertretung ausgeschlossen[1884]. In diesem Fall müsste für das minderjährige Kind ein Ergänzungspfleger an Stelle der Eltern bestellt werden[1885].

c) Ehewohnung

Gegenstand des Scheidungsverbundes kann zudem die Ehewohnung sein, die „alle Räume [umfasst], die die Ehegatten zum gemeinsamen Wohnen benutzt haben oder die als gemeinsame Wohnung bestimmt waren"[1886]. Beteiligte sind damit regelmäßig die Ehepartner, sofern die Ehewohnung im Eigentum eines der beiden Ehegatten stand[1887]. Sofern es sich jedoch um eine Mietwohnung handelt, ist zudem der Grundstückseigentümer, regelmäßig der Vermieter, am Verfahren zu beteiligen[1888], falls es um die Zuweisung einer Mietwohnung an einen der beiden Ehepartner geht.

d) Versorgungsausgleich

In Versorgungsausgleichssachen[1889] sind zusätzlich die Versorgungsträger der Ehegatten nach § 219 Nr. 2, 3 FamFG am Verfahren im Scheidungsverbund zu beteiligen[1890].

2. Kirche

Sowohl im lateinischen Rechtskreis als auch im Rechtskreis der orientalischen katholischen Kirchen[1891] wird nur über den eingebrachten Verfahrensantrag auf Feststellung der Nichtigkeit einer Ehe oder um Auflösung des Ehebandes entschieden. Streitfragen über die rein bürgerlichen Wirkungen der Ehe können durch die Kirche nicht entschieden werden[1892]. Solche rein bürgerlichen Auswirkungen einer

---

1884 Vgl. Palandt – Diederichsen, BGB, § 1629, Rn. 21–23.
1885 Vgl. Palandt – Diederichsen, BGB, § 1909, Rn. 1, 3, § 1630, Rn. 2.
1886 Palandt – Brudermüller, BGB, § 1568 a, Rn. 4.
1887 Vgl. § 1568 Abs. 2 S. 1 BGB.
1888 Vgl. Thomas – Putzo – Hüßtege, ZPO/FamFG, § 204, Rn. 3.
1889 Im Rahmen des Versorgungsausgleichs werden Anwartschaften der Ehegatten auf Absicherung im Alter oder bei Invalidität, insbesondere wegen verminderter Erwerbsfähigkeit, Berufunfähigkeit oder Dienstunfähigkeit (vgl. § 2 Abs. 2 Nr. 2 VersAusglG), die während der Ehezeit entstanden sind, hälftig geteilt (vgl. § 1 Abs. 1 VersAusglG).
1890 Vgl. Borth – Grandel – Musielak, Familiengerichtliches Verfahren, § 219, Rn. 3; Thomas – Putzo – Hüßtege, ZPO/FamFG, § 219, Rn. 3.
1891 Vgl. Madey, Quellen und Grundzüge, 12–15.
1892 Vgl. c. 1672 CIC/1983, c. 1358 CCEO; vgl. May, Grundfragen kirchlicher Gerichtsbarkeit, 1155; Prader – Reinhardt, Das kirchliche Eherecht, 41.

Entscheidung in Eheverfahren sind insbesondere „das eheliche Güterrecht, Unterhalt der Ehegatten und Kinder [...], die elterliche Gewalt“[1893].

Ausnahmsweise kann es der Kirche dennoch obliegen, über die rein bürgerlichen Ehewirkungen zu entscheiden, sofern in Ländern der orientalischen katholischen Kirchen[1894] ein Personalstatut besteht[1895]. In Angelegenheiten von Personalstatuten verweist „die staatliche Rechtsordnung [...] auf die religiösen Rechtsordnungen derjenigen Religionsgemeinschaft, der die Beteiligten angehören oder deren Recht sie kraft besonderer staatlicher Kollisionsnormen unterstehen“[1896]. Personalstatut ist somit „jene Rechtsordnung, mit der die Mitglieder [...] [des Christentums] für das Ehe- und Familienrecht [...] miteinander verbunden sind“[1897]. Da der CIC/1983 und der CCEO nur Regelungen über die Ehe als solche vorsieht, bedarf es zur Ausfüllung des Personalstatuts zusätzlicher Regelungen für „die persönlichen und vermögensrechtlichen Wirkungen der Ehe, Unterhalt der Ehegatten, Unterhalt von Vorfahren und Nachkommen, Abstammung der Kinder, die elterliche Gewalt, die Vormundschaft und Pflegschaft, die Adoption“[1898]. Diese „von den Kirchen erstellten Personalstatusgesetze [sind] bis heute in keinem dieser Länder formell bestätigt worden [...]. Doch gleichwohl sind sie de facto als Gewohnheitsrecht anerkannt und als solches auch in den Entscheidungen der staatlichen Gerichte, sofern sie in Personalstatussachen der christlichen Gemeinschaften ausschließlich oder konkurrierend zuständig sind, angewandt“[1899].

3. Ergebnis

Sowohl das staatliche als auch das kirchliche Verfahrensrecht – letzteres kommt insoweit nur in besonderen Rechtskreisen zur Anwendung – sieht bei der Entscheidung über eine Ehe die Möglichkeit vor, dass weitere die Ehe betreffende Folgen, sog. Folgesachen, ebenfalls verhandelt und mit entschieden werden können oder müssen. Diese Folgesachen betreffen u. a. Fragen des Unterhalts der Ehegatten und der Kinder, Fragen des elterlichen Sorgerechts und des ehelichen Güterrechts. Im staatlichen Bereich werden darüber hinaus als Folgesachen insbesondere der Versorgungs- und Zugewinnausgleich mit der Hauptsache entschieden. Im kirchlichen Bereich – soweit Folgesachen mit verhandelt und mit entschieden werden – kommt z. B. wegen des nicht mit den mitteleuropäischen Verhältnissen vergleichbaren Kulturkreises zusätzlich noch die zu klärende des Unterhalts von Vorfahren hinzu.

1893 Prader – Reinhardt, Das kirchliche Eherecht, 41.
1894 Vgl. cc. 1, 1358 CCEO.
1895 Vgl. Prader – Reinhardt, Das kirchliche Eherecht, 41.
1896 Prader, Das Personalstatusrecht, 195.
1897 Prader, Das Personalstatusrecht, 195; vgl. Madey, Quellen und Grundzüge, 153.
1898 Prader, Das Personalstatusrecht, 196; vgl. zur Regelung durch Sondergesetze beispielsweise Israel, wo ein eigenes „Gesetz des Personalstatuts“ für die lateinische Diözese von Jerusalem promulgiert wurde (vgl. Jaeger, Der Personalstatus, 19).
1899 Prader, Das Personalstatusrecht, 196.

Die Möglichkeit zur Mitentscheidung über Folgesachen ist im kirchlichen Rechtskreis nur ausnahmsweise – bei Existenz eines Personalstatuts – in Ländern des Nahen Osten vorgesehen[1900].

In staatlichen Verfahren ist die Möglichkeit der Mitentscheidung von Folgesachen auf Scheidungsverfahren beschränkt[1901]. Es gibt jedoch für diese Einschränkung – die im kirchlichen Personalstatut nicht vorhanden ist – keinen vernünftigen Grund. Vielmehr sollte es auch in staatlichen Eheaufhebungsverfahren möglich sein, über relevante Folgen zusammen mit dem Eheaufhebungsantrag zu verhandeln und zu entscheiden. Allerdings erklärt sich die Einschränkung aus der Praxis, da staatliche Eheaufhebungsverfahren von der Fallanzahl her gesehen nur einen geringen Anteil an den Ehesachen insgesamt darstellen.

1900 Vgl. Art. 109 der Verfassung von Jordanien aus dem Jahr 1952, Art. 5 des Gesetzes Nr. 2/1938 über die Geistlichen Gerichtshöfe; Art. 51 des Gesetzes „Palestine Order and Council“, 1922–1947 für Israel; Art. 3–5 des Gesetzes vom 2.4.1961 über die Zuständigkeit der kirchlichen Gerichte für den Libanon; Art. 308 des Gesetzes Nr. 59/1953 idF. Ges. Nr. 34/1975 für Syrien (vgl. hierzu auch Prader, Das Personalstatusrecht, 195–223).

1901 Vgl. § 137 Abs. 1 FamFG.

F. Erkenntnisse

Aus der abschnittsweisen rechtsvergleichenden Betrachtung des staatlichen Eheverfahrens und der kirchlichen Eheprozesse ergeben sich Erkenntnisse für bestimmte Verfahrensgrundsätze in Bezug auf Beginn und Ende, Gegenstand des Verfahrens, Einführung der Tatsachengrundlagen des Prozesses, Form der Gewinnung der Entscheidungsgrundlagen, Beurteilung der Beweismittel, der Verfahrensdauer und dem Schutz der Parteirechte[1902]. Diese Verfahrensgrundsätze enthalten die wichtigen Schritte in den Entscheidungen für die Gestaltung des Verfahrens[1903].

I. Beginn und Ende, Gegenstand des Verfahrens

Die Dispositionsmaxime zeigt sich in der das jeweilige Eheverfahren einleitenden Initiative durch die Ehepartner oder bei öffentlichem Interesse durch den Vertreter des öffentlichen Interesses[1904], wenn auch diese Verfahrenseinleitung unterschiedlich bezeichnet wird, als Klage- / Antragsschrift[1905], als Bitte / Bittgesuch[1906] oder einfach nur als Antrag[1907]. Die Einleitung und Durchführung eines Eheverfahrens von Amts wegen ist nicht vorgesehen und kann deshalb nicht erfolgen (vgl. D. V. 4.). Somit greift die Offizialmaxime hier nicht ein. Dies passt gut zusammen, dass Vergehen oder Verstöße gegen Grundsätze zur Eingehung einer Ehe oder unzulässige Verhaltensweisen in einer Ehe staatlicherseits weder als Ordnungswidrigkeit noch als Straftat gewertet werden. Auch kirchlicherseits wird darin keine Straftat gesehen. Anders als relativ harmlose Vergehen im Zivilbereich, z. B. eine Beförderungserschleichung, wird ein Verstoß gegen die eheliche Treue, der für die Betroffenen gravierende Folgen haben kann, nicht von Amts wegen verfolgt, auch nicht auf Antrag der Parteien.

1902 Vgl. Grunsky, Zivilprozessrecht, Übersicht 3 Verfahrensgrundsätze, 52, 53.

1903 Vgl. Schilken, Zivilprozessrecht, 159, Rn. 338.

1904 Vgl. Thomas – Putzo – Reichold, ZPO, Einleitung I, Rn. 5; Schilken, Zivilprozessrecht, 160, 161, Rn. 340, 341, 162, Rn. 344; Grunsky, Zivilprozessrecht, 27, Rn. 39; Lüke, Zivilprozessrecht, 10, Rn. 10; Musielak, Grundkurs ZPO, 68, Rn. 102; Mörsdorf, KanR III, 70, 71; Lüdicke, „Dignitas connubii", Art. 71, Rn. 1.

1905 So wird die einleitende Initiative bei staatlichen und kirchlichen Ehegerichtsverfahren genannt.

1906 So wird die einleitende Initiative bei den stark formalisierten Verwaltungsverfahren der Auflösung wegen Nichtvollzugs und in favorem fidei als freiwilliger Verwaltung genannt.

1907 So wird die einleitende Initiative bei der Feststellung der Nichtigkeit einer Ehe auf dem Verwaltungsweg oder bei der Durchführung des Privilegium Paulinum als zwangsmäßiger Verwaltung genannt.

Durch die Möglichkeit der Einlegung von Rechtsbehelfen zur erneuten Überprüfung kommt ebenfalls die Dispositionsmaxime zum Ausdruck[1908]. Alle ergangenen Entscheidungen in Eheangelegenheit können aufgrund eines durch eine der Parteien eingelegten förmlichen[1909] (fristgerechten) oder formlosen Rechtsbehelfs erneut überprüft werden (vgl. D. XVII. 2. d). Hier besteht ein Unterschied zwischen staatlichen und kirchlichen Eheverfahren. Während es sich bei den im staatlichen Recht vorgesehenen Rechtsbehelfen insgesamt um förmliche Rechtsbehelfe handelt, bei denen „der Antragsteller einen Anspruch auf eine am materiellen Recht orientierte Sachentscheidung über den Rechtsbehelf“[1910] hat, handelt es sich bei den nach kirchlichem Recht geregelten Rechtsbehelfen nur teilweise um förmliche Rechtsbehelfe. Formloser Rechtsbehelf ist nur die Bitte um erneute Überprüfung bei der Auflösung des Ehebandes in favorem fidei oder wegen Nichtvollzugs nach ergangenem päpstlichen Gnadenakt in Form eines Reskriptes[1911] (vgl. D. XVII. 2. d).

Die Dispositionsmaxime kommt zudem durch die Möglichkeit der Parteien zur vorzeitigen Verfahrensbeendigung zum Ausdruck[1912]. In den staatlichen Eheverfahren und kirchlichen Ehenichtigkeitsverfahren sowie gerichtsähnlichen Verwaltungsverfahren wird nach Rücknahme der einleitenden Initative durch die Parteien ein laufendes Verfahren beendet[1913] (vgl. D. XIX. 2 a, b, aa, bb). In kirchlichen Ehenichtigkeitsverfahren ist diese Dispositionsmaxime dahingehend eingeschränkt, dass die klagende Partei zwar die Initiative zur Klagerücknahme ergreifen kann, aber hierfür der Zulassung durch das Gericht bedarf[1914] (vgl. D. XIX. 2 b, aa). Lediglich in einfachen kirchlichen Verwaltungsverfahren kommt die Dispositionsmaxime nicht zum

---

1908 Vgl. Thomas – Putzo – Reichold, ZPO, Einleitung I, Rn. 5; Schilken, Zivilprozessrecht, 160, 161, Rn. 341, 343; Lüke, Zivilprozessrecht, 9, Rn. 9; Musielak, Grundkurs ZPO, 68, Rn. 102; Lüdicke, „Dignitas connubii“, Art. 276, Rn. 2, Art. 279, Rn. 3.

1909 Förmliche Rechtsbehelfe sind in staatlichen Eheverfahren die Beschwerde (§§ 58, 117 Abs. 1 FamFG), und die Rechtsbeschwerde (§ 70 FamFG). In kirchlichen Eheprozessen sind förmliche Rechtsbehelfe die Berufung (Art. 279 DC), die Nichtigkeitsbeschwerde (Art. 271, 273 DC) und die verwaltungsinterne Verwaltungsbeschwerde an den hierarchischen Oberen (c. 1737 CIC/1983) mit der anschließenden unabhängigen gerichtlichen Überprüfung durch den Verwaltungsrekurs vor dem Obersten Gericht der Apostolischen Signatur.

1910 Kopp – Ramsauer, VwVfG, § 79, Rn. 13.

1911 Vgl. Amann, Der Verwaltungsakt für Einzelfälle, 162, 163; Zapp, Kanonisches Eherecht, 220; Wegan, Ehescheidung möglich, 257; Garcia Failde, La nulidad matrimonial, 302; Vitali – Berlingo, Il matrimonio canonico, 207, 208.

1912 Vgl. Thomas – Putzo – Reichold, ZPO, Einleitung I, Rn. 5; Grunsky, Zivilprozessrecht, 27, Rn. 39; Schilken, Zivilprozessrecht, 162, Rn. 344; Lüke, Zivilprozessrecht, 10, Rn. 10; Musielak, Grundkurs ZPO, 68, Rn. 102.

1913 Vgl. § 269 Abs. 3 S. 1 ZPO iVm. § 113 Abs. 1 S. 2 FamFG; vgl. Thomas – Putzo – Reichold, ZPO, § 269, Rn. 13, vgl. c. 1524 § 1 CIC/1983, Art. 147, 150 § 1 DC; vgl. Lüdicke, „Dignitas connubii“, Art. 150, Rn. 1; Lüdicke – Socha, Münsterischer Kommentar, c. 59/4, Rn. 7.

1914 Vgl. Lüdicke, „Dignitas connubii“, Art. 150, Rn. 6.

Tragen, da ein solches Verfahren auch nach Antragsrücknahme von Amts wegen gegen den Willen der Parteien mit einer Entscheidung durch Dekret abgeschlossen werden kann[1915] (vgl. D. XIX. 2 b, cc).

Der das Verfahren einleitende Ehepartner muss also bestimmte Anträge stellen und diese begründen. Im Laufe des Verfahrens können diese erweitert, näher präzisiert oder eingeschränkt werden.

Auch in der Bestimmung des Verfahrensgegenstandes durch die das Verfahren einleitende Partei ist die Dispositionsmaxime zu erkennen[1916]. Der Verfahrensgegenstand besteht aus dem gestellten Antrag / Gesuch und dem zur Begründung vorgetragenen Sachverhalt (vgl. D. XIII. 4).

II. Einführung der Tatsachengrundlagen des Prozesses

Da eine in einer Eheangelegenheit zu treffende staatliche und kirchliche Entscheidung erhebliche Auswirkungen auf den Personenstand der betroffenenen Ehepartner hat, sind alle staatlichen und kirchlichen Eheverfahren durch den Amtsermittlungsgrundsatz geprägt oder auch Untersuchungsgrundsatz genannt[1917], wonach die für die Entscheidung erforderlichen Tatsachengrundlagen, also die Beweise, von Amts wegen, ohne Zutun der Parteien erhoben werden[1918]. Diese Ermittlung dient dazu, der objektiven Wahrheit aufgrund des öffentlichen Interesses bei Personenstandssachen möglichst nahe zu kommen[1919] (vgl. D. XIV. 1 b, cc). Für alle kirchlichen Eheverfahren ist aber von wesentlich größerer Bedeutung, dass es bei der Entscheidung über eine Ehe um die Frage der Gültigkeit eines Sakraments geht, dem wertvollsten Gut der katholischen Kirche.

Die Untersuchungen umfassen auch die Beiziehung von Zeugen und Sachverständigen, die Zeugenvernehmung und die Urkundenerhebung.

1915 Vgl. Lüdicke – Socha, Münsterischer Kommentar, c. 48/5, Rn. 10.

1916 Vgl. Schilken, Zivilprozessrecht, 160, Rn. 340, 161, Rn. 342; Rosenberg – Schwab – Gottwald, Zivilprozessrecht, 395, Rn. 1; Lüke, Zivilprozessrecht, 9, Rn. 9; Lüdicke, „Dignitas connubii", Art. 135, Rn. 4.

1917 Vgl. Thomas – Putzo – Reichold, ZPO, Einleitung I, Rn. 6; Thomas – Putzo – Hüßtege, ZPO/FamFG, § 127, Rn. 2–4; Musielak – Borth, FamFG, § 127, Rn. 2; Wirth, Gerichtsverfassung und Gerichtsordnung, 1172; Lüdicke, Münsterischer Kommentar, c. 1452/2, Rn. 6; Aymans, KanR 1, 239, 240, 249, 250; Lüdicke – Socha, Münsterischer Kommentar, c. 50/1, Rn. 2, 3, c. 63/1, 2, Rn. 1–3.

1918 Vgl. Thomas – Putzo – Hüßtege, ZPO/FamFG, § 127, Rn. 2; Thomas – Putzo – Reichold, ZPO, Einleitung I, Rn. 6; Grunsky, Zivilprozessrecht, 28, Rn. 40; Schilken, Zivilprozessrecht, 168, Rn. 352; Rosenberg – Schwab – Gottwald, Zivilprozessrecht, 406, Rn. 42; Musielak, Grundkurs ZPO, 69, Rn. 104; Lüdicke, „Dignitas connubii", Art. 71, Rn. 3.

1919 Vgl. Thomas – Putzo – Hüßtege, ZPO / FamFG, § 127, Rn. 1; Musielak – Borth, FamFG, § 127, Rn. 2; Wirth, Gerichtsverfassung und Gerichtsordnung, 1172; Lüdicke, Münsterischer Kommentar, c. 1452/2, Rn. 5; Lüdicke, „Dignitas connubii", Art. 71, Rn. 2.

Dieser Untersuchungsgrundsatz erfährt in Staat und Kirche jedoch Einschränkungen. In staatlichen Eheverfahren dürfen ehefeindliche Tatsachen bei der Entscheidung nicht berücksichtigt werden, sofern diese Tatsachen nicht von den Parteien vorgetragen werden[1920]. In kirchlichen Eheverfahren gilt zwar der Amtsermittlungsgrundsatz, jedoch vorrangig ist die Initiative der Parteien; erst bei Nachlässigkeit der Parteien bei der Beibringung von Beweisen soll das Gericht selbst aktiv werden[1921] (vgl. D. XIV. 1 b, aa, bb, cc).

Damit legt der Staat die Verantwortung für die Erhebung der Beweise nicht den Beteiligten, sondern dem Gericht auf[1922], während die Kirche zunächst die Parteien in die Verantwortung nimmt und nur ergänzend zur Vermeidung eines ungerechten Urteils selbst Ermittlungen durch das Gericht ermöglicht[1923] (vgl. D. XIV. 1 b, cc).

III. Form der Gewinnung der Entscheidungsgrundlagen

In der Form der Gewinnung der Entscheidungsgrundlagen für das Verfahren zeigen sich die Verfahrensgrundsätze der Mündlichkeit / Schriftlichkeit, der Unmittelbarkeit sowie der Öffentlichkeit / Nichtöffentlichkeit.

Alle staatlichen Eheverfahren sind vom Grundsatz der Mündlichkeit des Verfahrens vor dem erkennenden Gericht geprägt[1924]. Damit darf „nur das mündlich Vorgebrachte [...] Entscheidungsgrundlage“[1925] sein. Der hierzu gegensätzliche Verfahrensgrundsatz der Schriftlichkeit des Verfahrens kommt in kirchlichen Eheprozessen zur Geltung[1926]. Somit darf nur schriftlich Niedergelegtes in der gerichtlichen Entscheidung[1927] Berücksichtigung finden darf (vgl. D. XV. 1).

In staatlichen Verfahren erfährt der Grundsatz der Mündlichkeit nur durch die schriftliche Niederlegung des Streitstoffes Durchbrechungen[1928]. Hauptgrund hierfür ist „die Flüchtigkeit des gesprochenen Wortes und [die] Schwierigkeit [...], komplexe Sachverhalte und Rechtsfragen in mündlicher Rede verständlich

1920 Vgl. Thomas – Putzo – Hüßtege, ZPO/FamFG, § 127, Rn. 7; Rosenberg – Schwab – Gottwald, Zivilprozessrecht, 406, Rn. 42; Sänger – Kemper, ZPO/FamFG, § 127, Rn. 6, 7.

1921 Vgl. Lüdicke, „Dignitas connubii“, Art. 71, Rn. 3.

1922 Vgl. Thomas – Putzo – Hüßtege, ZPO, Einleitung I, Rn. 6.

1923 Vgl. Lüdicke, Münsterischer Kommentar, c. 1452/2, Rn. 5.

1924 Vgl. § 128 Abs. 1 ZPO; Thomas – Putzo – Reichold, ZPO, § 128, Rn. 1; Prütting – Gehrlein – Prütting, ZPO, § 128, Rn. 1; Stein – Jonas – Leipold, ZPO, § 128, Rn. 23.

1925 Lüke, Zivilprozessrecht, 21, 22, Rn. 25; vgl. Rosenberg – Schwab – Gottwald, Zivilprozessrecht, 412, 413, Rn. 1, 2; Stein – Jonas – Leipold, ZPO, § 128, Rn. 8; Thomas – Putzo, ZPO, § 128, Rn. 9.

1926 Vgl. Wirth, Gerichtsverfassung und Gerichtsordnung, 1173; Mörsdorf, KanR III, 89, 178; Lüdicke, „Dignitas connubii“, Art. 247, Rn. 8.

1927 Vgl. Lüdicke, „Dignitas connubii“, Art. 247, Rn. 8; Wirth, Das Streitverfahren, 1181; Mörsdorf, KanR III, 178.

1928 Vgl. Prütting – Gehrlein – Prütting, ZPO, § 128, Rn. 5.

zu machen“[1929]. Wesentliche Durchbrechungen der Mündlichkeit sind „die Vorbereitung der mündlichen Verhandlung durch Schriftsätze (§ 129 [ZPO]), die Bezugnahme auf Schriftstücke in der mündlichen Verhandlung (§ 137 Abs. 3 [ZPO]), der Protokollierungszwang (§§ 160, 510 a [ZPO]) [...] und die für einzelne Prozesshandlungen vorgesehene Schriftform“[1930], beispielsweise die Klageerhebung und die Stellung von Beweisanträgen. Ebenso werden schriftlich gestellte Anträge durch Bezugnahme gemäß § 297 Abs. 2 ZPO zum Gegenstand der Verhandlung[1931] (vgl. D. XV. 1).

Zwar gibt es im kirchlichen Verfahren die theoretische Möglichkeit einer mündlichen Erörterung[1932], welche aber in der Rechtspraxis die absolute Ausnahme und deshalb äußerst selten anzutreffen ist (vgl. D. XV. 2 a, b, c, 3 a, b, c, d).

Die Unmittelbarkeit als ein weiterer Verfahrensgrundsatz kommt insbesondere bei der Erhebung der Entscheidungsgrundlagen zum Tragen. Unmittelbarkeit „bedeutet, dass Verhandlung und Beweisaufnahme unmittelbar vor dem erkennenden Gericht und ohne Dazwischentreten einer richterlichen Mittelsperson stattfinden. Das Gericht soll seine Entscheidung unter dem eigenen, unmittelbaren Eindruck von Verhandlung und Beweisaufnahme treffen, nicht auf dem Umweg über den Bericht einer Mittelsperson“[1933]. In staatlichen Eheverfahren findet die mündliche Verhandlung und Beweisaufnahme vor dem erkennenden Prozessgericht in Gestalt eines Einzelrichters oder eines Kollegiums aus mehreren Richtern statt[1934]. Einschränkungen erfährt der Unmittelbarkeitsgrundsatz bei der Beweiserhebung durch die Möglichkeit des beauftragten Richters (als solches Mitglied des erkennenden Prozessgerichtes) und des ersuchten Richters[1935] (vgl. D. XIV. 1 a, aa, cc). In kirchlichen Eheprozessen erfährt der Unmittelbarkeitsgrundsatz dahingehend die Einschränkung, dass die Beweiserhebung immer nur durch eine bestimmte Person, den Vernehmungsrichter, vorgenommen wird. Dieser kann dem Entscheidungsorgan angehören, was überwiegend bei Ehenichtigkeitsverfahren und Verfahren aufgrund von Urkunden sowie bei einfachen Verfahren der Fall ist; zwingend ist

---

1929 Prütting – Gehrlein – Prütting, ZPO, § 128, Rn. 5.

1930 Prütting – Gehrlein – Prütting, ZPO, § 128, Rn. 5; vgl. Musielak – Stadler, ZPO, § 128, Rn. 2.

1931 Vgl. Prütting – Gehrlein – Prütting, ZPO, § 128, Rn. 11, wobei hier fälschlicherweise § 287 Abs. 2 ZPO angeführt ist; es wurde vom Autor auf den richtigen Paragraphen § 297 Abs. 2 ZPO berichtigt.

1932 Vgl. Lüdicke, „Dignitas connubii“, Art. 244, Rn. 1; Mörsdorf, KanR III, 173, 174; Arroba, Diritto processuale canonico, 507, 508.

1933 Thomas – Putzo – Reichold, ZPO, Einleitung I, Rn. 8; vgl. Rosenberg – Schwab – Gottwald, Zivilprozessrecht, 424, Rn. 1; Grunsky, Zivilprozessrecht, 34, 40, Rn. 47.

1934 Vgl. Schellhammer, Zivilprozess, 212, Rn. 445; Schwab, Zivilprozessrecht, 89, Rn. 167 G.

1935 Vgl. Grunsky, Zivilprozessrecht, 41, Rn. 47; Thomas – Putzo – Reichold, ZPO, Einleitung I, Rn. 8; Thomas – Putzo – Reichold, ZPO, § 355, Rn. 2, 3.

dies aber nicht, da es genauso möglich ist, dass eine nicht zum Entscheidungsorgan gehörende Person als Vernehmungsrichter die Beweiserhebung vornimmt (so in Ehenichtigkeitsverfahren möglich)[1936] (vgl. D. XIV. 1 a, aa, bb, cc).

In gerichtsähnlichen Verwaltungsverfahren zur Auflösung des Ehebandes[1937] in favorem fidei oder wegen Nichtvollzugs ist der Vernehmungsrichter hingegen keinesfalls Mitglied des Entscheidungsorgans (vgl. D. XIV. 1 a, aa, bb, cc).

Alle staatlichen und kirchlichen Verfahren in Eheangelegenheit sind vom Grundsatz der Nichtöffentlichkeit beherrscht[1938] (vgl. D. XIV. 1 c, aa, cc). Somit kann die Allgemeinheit der verfahrensmäßigen Behandlung von Eheangelegenheit vor dem Entscheidungsorgan nicht beiwohnen[1939]. Während in staatlichen Eheverfahren die Nichtöffentlichkeit nur Ausnahme[1940] zur ansonsten grundsätzlich geltenden Öffentlichkeit für Verfahren der ordentlichen Gerichtsbarkeit ist, wonach „die Verhandlung vor dem erkennenden Gericht jedermann zugänglich sein muss“[1941] ebenso wie die Verkündung der Entscheidung[1942] (vgl. D. XIV. 1 c, aa), sind kirchliche Eheverfahren grundsätzlich bereits – ebenso wie andere kirchliche Prozesse – auf Nichtöffentlichkeit angelegt[1943] (vgl. D. XIV. 1 c, bb). Eine kleine Einschränkung erfährt die Nichtöffentlichkeit in staatlichen Verfahren für die Verkündigung des Entscheidungstenors[1944] (vgl. D. XIV. 1 c, aa).

In staatlichen Eheverfahren besteht Parteiöffentlichkeit und damit „das Recht der Parteien, von den Gerichtshandlungen und den Prozesshandlungen des Gegners offiziell in Kenntnis gesetzt zu werden und auch der Beweisaufnahme beizuwohnen (§ 357 Abs. 1 ZPO). Dieses Recht umfasst auch die Befugnis, die Prozessakten einzusehen und sich Abschriften anfertigen zu lassen“[1945] (§§ 299, 299 a ZPO). Dazu

---

1936 Vgl. Lüdicke, „Dignitas connubii“, Art. 155, Rn. 2.

1937 Vgl. Art. 12 § 1 Normae in favorem fidei, c. 1700 CIC/1983.

1938 Vgl. Thomas – Putzo – Hüßtege, ZPO/GVG, § 169, Rn. 1, § 170, Rn. 2; Lüdicke, Münsterischer Kommentar, c. 1470/1, 2, Rn. 3, 4; Wirth, Gerichtsverfassung und Gerichtsordnung, 1173.

1939 Vgl. Grunsky, Zivilprozessrecht, 34; Schilken, Zivilprozessrecht, 172, Rn. 361; Schellhammer, Zivilprozess, 207, Rn. 435; Lüdicke, „Dignitas connubii“, Art. 86, Rn. 1.

1940 Vgl. Thomas – Putzo – Hüßtege, ZPO/GVG, § 169, Rn. 1; Prütting – Gehrlein – Neff, ZPO/GVG, § 169, Rn. 2, § 170, Rn. 1.

1941 Grunsky, Zivilprozessrecht, 34; vgl. Schilken, Zivilprozessrecht, 172, Rn. 361; Schellhammer, Zivilprozess, 207, Rn. 435.

1942 Vgl. Lüke, Zivilprozessrecht, 29, Rn. 33; Schellhammer, Zivilprozess, 207, Rn. 435.

1943 Vgl. Lüdicke, „Dignitas connubii“, Art. 86, Rn. 1.

1944 Vgl. Thomas – Putzo – Hüßtege, ZPO/GVG, § 170, Rn. 2, § 173, Rn. 1; Kissel – Mayer, Gerichtsverfassungsgesetz, § 173, Rn. 1–3, 5; Zöller – Lückemann, ZPO/GVG, § 173, Rn. 1; Prütting – Gehrlein – Neff, ZPO/GVG, § 173, Rn. 1.

1945 Lüke, Zivilprozessrecht, 30, Rn. 34; vgl. Schilken, Zivilprozessrecht, 172, Rn. 361; Grunsky, Zivilprozessrecht, 41, Rn. 48.

berechtigt sind nur die Beteiligten des Verfahrens und ihre Parteibeistände[1946] (vgl. D. XIV. 1 c, aa).

Hingegen ist in kirchlichen Eheprozessen die Parteiöffentlichkeit stark eingeschränkt.

Sofern ausnahmsweise Prozesshandlungen, vor allem die Beweisaufnahme parteiöffentlich vollzogen werden, haben hierzu nur die von Gesetzes wegen zwingend zu beteiligenden Personen, also bei einer Beweisaufnahme, der Vernehmungsrichter, die zu vernehmende Person sowie der Notar Zugang[1947]. Bei Vernehmungen von Personen (Parteien, Zeugen, Sachverständigen) dürfen nach c. 1678 § 1, 1°, § 2 CIC/1983 zusätzlich noch der Bandverteidiger und die Anwälte der Parteien anwesend sein, nicht aber die Parteien selbst[1948]. Auch ein jederzeitiges Akteneinsichtsrecht steht den Parteien selbst nicht zu, sondern nur ihren Vertretern. Lediglich von Prozesshandlungen des Gegners werden die Parteien offiziell in Kenntnis gesetzt (vgl. D. XIV. 1 c, cc).

IV. Beurteilung der Beweismittel

Ein weiterer Verfahrensgrundsatz zeigt sich mit der grundsätzlich freien Beweiswürdigung der erhobenen Tatsachengrundlagen. Die staatlichen und die kirchlichen Entscheidungsorgane können die vorliegenden Beweismittel frei bewerten und ihrer Entscheidung zugrunde legen[1949]. Die Verfahrensbeteiligten haben mithin kein Anrecht, dass die ihrer Ansicht nach eindeutigen Beweismittel schwerpunktmäßig in die Entscheidungsfindung einfließen. Eine Einschränkung erfährt die freie Beweiswürdigung durch gesetzliche Beweisregeln zur Bewertung[1950].

Diese zur Entscheidung zu bewertenden Beweismittel sind in Staat und Kirche das Vorbringen der Ehepartner (als Parteien des Verfahrens), die möglicherweise vorhandenen Zeugen zu dem vorgebrachten Sachverhalt, eventuell das Vorbringen belegende Urkunden sowie Sachverständigengutachten (vgl. D. XIV. 2).

1946 Vgl. Kissel – Mayer, Gerichtsverfassungsgesetz, § 169, Rn. 3, § 170, Rn. 3; Thomas – Putzo – Hüßtege, ZPO/GVG, § 170, Rn. 2; Zöller – Greger, ZPO, § 357, Rn. 1; Jäckel, Beweisrecht der ZPO, 63, Rn. 300; Sänger – Eichele, ZPO, § 357, Rn. 1; Prütting – Gehrlein – Lindner, ZPO, § 357, Rn. 1.

1947 Vgl. Lüdicke, Münsterischer Kommentar, c. 1470/1, 2, Rn. 3, 4; Wirth, Gerichtsverfassung und Gerichtsordnung, 1173.

1948 Vgl. Assenmacher, Die Eheverfahren, 1194; Lüdicke, Münsterischer Kommentar, c. 1678/2, Rn. 4, 5.

1949 Vgl. Schilken, Zivilprozessrecht, 186, Rn. 392; Grunsky, Zivilprozessrecht, 42, Rn. 49; Lüdicke, „Dignitas connubii", Art. 247, Rn. 9; Mörsdorf, KanR III, 178.

1950 Vgl. Schilken, Zivilprozessrecht, 186, Rn. 392; Grunsky, Zivilprozessrecht, 42, Rn. 49; Thomas –Putzo – Reichold, ZPO, § 286, Rn. 20; Zöller – Greger, ZPO, § 286, Rn. 1, 3; Lüdicke, „Dignitas connubii", Art. 247, Rn. 10; Wirth, Das Streitverfahren, 1181.

V. Verfahrensdauer

Ein weiterer Verfahrensgrundsatz findet sich in staatlichen und kirchlichen Eheverfahren in unterschiedlicher Ausprägung. In allen staatlichen Eheverfahren gilt der Beschleunigungsgrundsatz, wonach „Rechtsschutz [...] innerhalb eines angemessenen Zeitrahmen zu erlangen sein“[1951] muss. Entscheidend ist jedoch die Gewährleistung effektiver Rechtsdurchsetzung[1952]. Das Beschleunigungsinteresse steht jedoch im Widerspruch zum „Gebot gründlicher Sachaufklärung und sorgfältiger Rechtsfindung, ohne die ebenfalls materielle Gerechtigkeit nicht gesichert werden kann“[1953]. In kirchlichen Eheprozessen gibt es hingegen nur für das kirchliche Ehenichtigkeitsverfahren einen gesetzlich geregelten Beschleunigungsgrundsatz, wonach Verfahren in der ersten Instanz nicht länger als ein Jahr, in der zweiten Instanz nicht mehr als sechs Monate dauern[1954] sollen. Hingegen findet sich in kirchlichen gerichtsähnlichen Verwaltungsverfahren und in einfachen Verwaltungsverfahren ein solcher Beschleunigungsgrundsatz nicht; jedoch sollte die Verwaltung ein Eigeninteresse haben, eingeleitete Verfahren zeitnah zu Ende zu bringen. In kirchlichen gerichtsähnlichen Verwaltungsverfahren, die durch päpstlichen Gnadenakt abgeschlossen werden, kann es aber keine Beschleunigung geben.

VI. Schutz der Parteirechte

Staatliche Eheverfahren und kirchliche Eheprozesse sind in unterschiedlichem Umfang vom Grundsatz des rechtlichen Gehörs der Parteien geprägt. Durch das rechtliche Gehör sollen die Parteien in die Lage versetzt werden, „zu den tatsächlichen und rechtlichen Grundlagen der Entscheidungsfindung rechtzeitig Stellung nehmen zu können“[1955]. Hierzu gehört zudem das Recht, „Anträge zu stellen, Tatsachen zu behaupten und dafür Beweise anzubieten“[1956]. In staatlichen Eheverfahren bestehen die Möglichkeiten zur Stellungnahme in Form der Antragserwiderung nach Zustellung der Antragsschrift, dem Angebot von Beweisen sowie der Diskussion über die erhobenen Beweise (vgl. D. XV. 1). In kirchlichen Eheprozessen ist der Grundsatz des rechtlichen Gehörs nicht in gleichem Umfang vorzufinden. So besteht in kirchlichen Ehenichtigkeitsverfahren hauptsächlich die Möglichkeit zur Stellungnahme (und damit rechtliches Gehör) nach Erhalt des Annahmedekrets sowie im Rahmen der Festlegung des Streitgegenstandes, dem Angebot von Beweisen

---

1951 Schwab, Zivilprozessrecht, 90, G 168; vgl. Rosenberg – Schwab – Gottwald, Zivilprozessrecht, 426, Rn. 1.

1952 Vgl. Schilken, Zivilprozessrecht, 181, Rn. 382.

1953 Schilken, Zivilprozessrecht, 181, Rn. 382.

1954 Vgl. Art. 72 DC, c. 1453 CIC/1983.

1955 Schilken, Zivilprozessrecht, 188, Rn. 396; vgl. Lüke, Zivilprozessrecht, 31.

1956 Musielak, Grundkurs ZPO, 65, Rn. 99; vgl. Schilken, Zivilprozessrecht, 188, Rn. 396; Rosenberg – Schwab – Gottwald, Zivilprozessrecht, 431, Rn. 9.

und der Diskussion nach Offenlegung der vorliegenden Akten. In kirchlichen gerichtsähnlichen Verwaltungsverfahren und einfachen Verwaltungsverfahren ist der Grundsatz des rechtlichen Gehörs eingeschränkt. Die nichtbittstellende Partei wird rechtlich zwingend erst im Rahmen der Beweisaufnahme über die eingebrachte Bitte um Auflösung einer Ehe unterrichtet und zugleich angehört[1957]. Zudem findet keine Offenlegung und keine Diskussion über die erhobenen Beweise statt, womit das rechtliche Gehör stark beschnitten wird (vgl. D. XV. 2).

VII. Folgen der Verletzung von Verfahrensgrundsätzen

Die Wirksamkeit der Entscheidung in Staat und Kirche wird auch nicht durch gravierende Verfahrensfehler beeinträchtigt. Staatlicherseits ist lediglich eine unter Missachtung des Dispositionsgrundsatzes erlassene Entscheidung unwirksam, wenn also keine Klage erhoben oder eine erhobene Klage zurückgenommen wurde[1958]. Alle anderen Verletzungen von Verfahrensgrundsätzen sind hingegen mit den entsprechenden Rechtsmitteln der Beschwerde und Rechtsbeschwerde oder im Wiederaufnahmeverfahren geltend zu machen[1959] (vgl. D. XVII 2 a, (1), (2), 3 a, aa). Kirchlicherseits ist eine ohne Klage / Antrag ergangene Entscheidung in einem Ehenichtigkeitsverfahren und in einem kirchlichen gerichtähnlichen Verwaltungsverfahren unwirksam, da dem Verfahren die Grundlage fehlt. Lediglich in kirchlichen einfachen Verwaltungsverfahren ist dies nicht der Fall. Alle anderen Verletzungen von Verfahrensgrundsätzen sind mit der Nichtigkeitsbeschwerde überprüfbar (vgl. D. XVII 2 a, bb (2)).

VIII. Anwendung allgemeiner Verfahrensgrundsätze

Die kirchlicherseits vorstehend beschriebenen verfahrensrechtlichen Grundsätze für Eheverfahren entsprechen auch denjenigen Grundsätzen für das Ordentliche Streitverfahren. So verweisen die Regelungen über kirchliche Eheverfahren (c. 1691 CIC/1983) auf die Regelungen des Ordentlichen Streitverfahrens, wobei die besonderen Normen für Personenstandssachen und Sachen des öffentlichen Wohls zu beachten sind. Dieser Verweis wird durch „Dignitas connubii" konkretisiert. Da es sich bei kirchlichen Eheverfahren um Personenstandssachen und damit um Sachen des öffentlichen Wohls handelt, dürfen – anders als in ordentlichen Streitverfahren – die Ehenichtigkeitsverfahren auch durch einen Vertreter des öffentlichen Interesses eingeleitet werden, wenn auch dies in der Praxis höchst selten vorkommt. Zudem wird die Beweiserhebung – anders als in ordentlichen Streitverfahren – von Amts wegen vorgenommen. Hier ergeben sich aus öffentlichem

1957 Vgl. Art. 12 § 2 Normae in favorem fidei; c. 1702 HS. 1 CIC/1983, Nr. 11 der „Litterae Circulares".
1958 Vgl. Musielak, Grundkurs ZPO, 76, Rn. 111.
1959 Vgl. Musielak, Grundkurs ZPO, 76, Rn. 111.

Interesse Einschränkungen bei der Parteiaussage, wonach ein Geständnis für sich nicht zum Beweis ausreichend ist.

Die Verfahrensgrundsätze in allgemeinen Zivilsachen vor der ordentlichen Gerichtsbarkeit gelten auch für Eheverfahren (§ 113 Abs. 1 S. 2 FamFG). Da es sich bei Eheverfahren aber um eine Angelegenheit des öffentlichen Interesses handelt, dürfen – anders als in allgemeinen Zivilsachen – die Eheverfahren auch durch einen Vertreter des öffentlichen Interesses eingeleitet werden, was in der Praxis kaum vorkommt. Auch werden die Beweise – anders als in allgemeinen Zivilsachen – von Amts wegen erhoben. Da es sich aber um Personenstandssachen handelt, kommt Parteiaussagen allein aber nicht der volle Beweiswert zu. Auch ist die Öffentlichkeit in Eheverfahren gegenüber Zivilprozessen aus gutem Grund eingeschränkt.

IX. Fazit

Insgesamt ist festzustellen, dass sowohl im staatlichen wie auch im kirchlichen Bereich für Eheprozesse keine eigene Gerichtsbarkeit dergestalt besteht, wie sie beispielsweise staatlicherseits neben der ordentlichen Gerichtsbarkeit mit der Verwaltungs-, Sozial- und Finanzgerichtsbarkeit eingerichtet ist. Auch die kirchlicherseits bestehenden Verfahren im Verwaltungswege stellen keine gesonderte Gerichtsbarkeit dar, weil es sich – wie schon die Bezeichnung ausdrückt – gerade nicht um Gerichtsverfahren handelt. Es ist also weder im Staat noch in der Kirche eine eigene gesonderte Ehegerichtsbarkeit vorhanden.

Stattdessen werden Eheangelegenheiten in Staat und Kirche von der allgemein bestehenden Gerichtsbarkeit behandelt (in der Kirche bestimmte Verfahren durch die Verwaltung). Staatlicherseits sind allerdings innerhalb der ordentlichen Gerichtsbarkeit Abteilungen für Familiensachen (Familiengerichte) bzw. Familiensenate eingerichtet. Im kirchlichen Bereich besteht hingegen anders als im Staat keine funktionelle Sonderzuständigkeit, weder innerhalb der Gerichtsbarkeit noch in der Verwaltung; die Möglichkeit im kirchlichen Bereich funktionelle Sonderzuständigkeiten einzurichten, bestünde allerdings.

Das Fehlen einer gesonderten Gerichtsbarkeit hat auch die Folge, dass in Ehesachen weitgehend die allgemeinen Verfahrensgrundsätze zur Anwendung kommen. Für die Durchführung bestehen allerdings neben den Grundvorschriften spezielle Regelungen. Staatlicherseits wird die ZPO durch das FamFG ergänzt, kirchlicherseits wird der CIC/1983 durch „Dignitas connubii" detaillierter erläutert.

G. Schlussbetrachtungen

In der vorstehenden Arbeit wurde das staatliche und kirchliche Eheprozessrecht verglichen. Danach sind in den essentiellen Bereichen der Normen, der Prozessinhalte, der Gerichtsstruktur und der Prozessabläufe gemeinsame Strukturen erkennbar. Der Vergleich zeigt aber für beide Rechtskreise Besonderheiten. Es wäre wünschenswert, wenn bei weiteren Rechtsentwicklungen in beiden Bereichen geprüft werden würde, ob vorteilhaftere Regelungen aus dem anderen Rechtskreis übernommen werden können. Für beide Rechtsbereiche besteht allerdings keine Notwendigkeit, sich bei möglichen Reformen oder Änderungen des Eheprozessrechts an den Normen des anderen Rechtsbereichs zu orientieren.

Bei dieser Ausgangslage könnten dennoch die sich aus dem Vergleich ergebenden Unterschiede bei möglichen Änderungen die nachfolgenden Vorgaben und Abläufe tangieren.

I. Rechtsgrundlagen

Die staatlichen und kirchlichen Eheverfahren werden für jeden nachvollziehbar und nachlesbar durch Normen des universalrechtlichen Gesetzgebers des Staates (der Bundesrepublik Deutschland) bzw. der Kirche (durch den Papst) geregelt, wobei die kirchlichen Verfahrensregelungen – derzeit nur im Internet zugänglich – verstärkt bekannt gemacht werden sollten. Hierdurch könnte einer bereiteren Öffentlichkeit die Möglichkeit der Nutzung eröffnet werden.

Anders als im Staat werden in der Kirche die verfahrensrechtlichen Regelungen durch Instruktionen – vergleichbar staatlichen Verwaltungsvorschriften – erklärt und Vorgehensweisen entfaltet und bestimmt, die bei der Ausführung zu beachten sind. Hier wäre es wünschenswert, auch den staatlichen Gerichten Hilfestellungen zu geben, allerdings ohne dabei die grundrechtlich geschützte richterliche Unabhängigkeit zu stark zu beeinträchtigen.

II. Materiell-rechtliche Gründe

Mögliche materiell-rechtliche Gründe, die für ein Eheverfahren Anlass sein können, lassen sich sowohl staatlicherseits als auch kirchlicherseits nach dem Zeitpunkt des Entstehens und Vorliegens unterscheiden, also ob sie im Zeitpunkt der Eheschließung gegeben waren oder ob sie erst danach entstanden sind.

Sowohl nach staatlichem als auch nach kirchlichem Recht kann eine Ehe aus Gründen „fehlerhaft“ sein, die im Zeitpunkt der Eheschließung vorlagen. Eine eingegangene Ehe kann jeweils wegen einer bestehenden Vorehe (Doppelehe), enger Verwandtschaft zwischen den Ehepartnern oder aufgrund Adoption „fehlerhaft“ sein. Zudem ist zur Gültigkeit einer Ehe grundsätzlich auch immer die persönliche Anwesenheit des Hoheitsträgers erforderlich. Außerdem darf die Ehe nicht aufgrund eines Willensmangels zustande gekommenn sein. Während die staatlichen

„Fehler" auf ein Mindestmaß reduziert sind, um die grundgesetzliche Eheschließungsfreiheit zu ermöglichen, sind für die kirchliche Eheschließung umfangreichere Regelungen getroffen worden, um dem im Idealfall einer Ehe zusätzlich zukommenden Sakramentcharakter gerecht zu werden. Während ein „Fehler" im kirchlichen Rechtsbereich immer zu einer Beseitigung der Ehe mit Wirkung ex tunc führt, wird im staatlichen Rechtsbereich eine „fehlerhafte" Ehe immer nur mit Wirkung ex nunc aufgehoben.

Eine staatliche und eine kirchliche Ehe können aber auch wegen später entstandener Gründe des „Scheiterns" einer Ehe mit Wirkung ex nunc aufgehoben bzw. aufgelöst werden. Es wird hierfür immer die Aufhebung der ehelichen Lebensgemeinschaft für die Zukunft gefordert. Das „Scheitern" beruht staatlicherseits auf der Zerstörung des inneren Verhältnisses der Ehegatten, kirchlicherseits setzen sich die Gründe für die Auflösung des Ehebandes aus zwei Voraussetzungen zusammen, der Trennung der Ehepartner und dem Scheitern der idealtypischen kanonischen sakramentalen und vollzogenen Ehe.

In beiden Rechtskreisen bestehen zur Sicherstellung einer ordnungsgemäßen Ehe entsprechende gesetzlich geregelte Voraussetzungen mit entsprechenden Folgen bei aufkommenden Fehlern. Auch gibt es gesetzliche Regelungen zur Behandlung einer Ehe aufgrund später entstandener Gründe. Für den kirchlichen Bereich gilt das gleiche wie für die verfahrensrechtlichen Regelungen der Kirche, nämlich, dass sie einer größeren Öffentlichkeit – selbst Gläubigen – unbekannt sind. Wegen der unterschiedlichen Inhalte und Bedeutungen einer Ehe in den beiden Rechtskreisen ist jedoch hier eine Reform nicht angebracht.

III. Rechtscharakter des Verfahrens

Eheverfahren in beiden Rechtskreisen besitzen immer hoheitlichen Charakter und sind keine Privatangelegenheiten der beiden Ehepartner. Während alle staatlichen Eheverfahren alle in Gestalt von Gerichtsverfahren durchgeführt und entschieden werden, finden kirchliche Verfahren grundsätzlich in Form von Gerichtsverfahren, aber auch in bestimmten Fällen als Verwaltungsverfahren statt. Abgesehen vom Antrag auf Feststellung der Nichtigkeit einer Ehe im Verwaltungswege werden dabei aber alle anderen Ehenichtigkeitsverfahren in Form von Gerichtsverfahren durchgeführt. Die Verfahren zur Auflösung des Ehebandes hingegen sind der Verwaltung zugewiesen.

Hier wäre es wünschenswert, Vergleichbares für den staatlichen Rechtskreis zu überlegen. So könnte der Standesbeamte im Rahmen der Eheanmeldung (für die Eingehung einer künftigen Ehe) eine wegen Formverstoßes unwirksame Ehe für nichtig erklären. Dem steht derzeit das Richterprivileg zur Entscheidung entgegen.

IV. Zuständigkeit des Entscheidungsorgans

Für fehlerhaft eingegangene Ehen besteht in beiden Rechtskreisen eine gerichtliche Zuständigkeit in mehreren Instanzen. Die sachliche Zuständigkeit obliegt immer einem erstinstanzlichen Ausgangsgericht. Die örtliche Zuständigkeit kann in kirchlichen Verfahren nach den besonderen Bezugspunkten, dem Eheschließungsort oder dem Wohnort eines der Ehepartner gewählt werden. In staatlichen Verfahren werden die Zuständigkeitsregelungen auf nur einen Bezugspunkt des Verfahrens, den Wohnort der Ehepartner eingeschränkt. Es ist zu hoffen, dass sowohl im staatlichen als auch im kirchlichen Rechtskreis im Interesse der Partner einer gescheiterten Ehe noch mehr von den Flexibilisierungsmöglichkeit hinsichtlich der Zuständigkeitsregelungen Gebrauch gemacht wird. Dies würde auch eine Spezialisierung und Konzentration innerhalb der Gerichte auf bestimmte rechtliche Teilbereiche zu ermöglichen.

Für Verfahren wegen einer gescheiterten Ehe besteht in der Kirche – anders als im Staat – auch eine Zuständigkeit der Verwaltung, aufgeteilt auf zwei unterschiedliche hierarchische Ebenen, einmal der Diözese, einmal der Römischen Kurie. Eine Verwaltungszuständigkeit besteht ebenfalls für die einfachen kirchlichen Verwaltungsverfahren des Antrags auf Feststellung der Nichtigkeit einer Ehe wegen Formmangels und Anwendung des Privilegium Paulinum. Diese Verwaltungszuständigkeit ist allerdings nicht auf zwei unterschiedliche hierarchische Ebenen aufgeteilt für die Erhebung der Beweise (Untersuchungszuständigkeit) und für die Entscheidung (Entscheidungszuständigkeit).

Die Durchführung und Entscheidung erfolgt nach klar vorgegebenen Zuständigkeiten des Gerichts und / oder der Verwaltung von Staat oder Kirche. Während fehlerhaft eingegangene Ehen immer dem jeweiligen Gericht anvertraut sind, abgesehen von bestimmten Fällen des Formmangels, die in kirchlichen Verwaltungsverfahren durchgeführt werden, sind Auflösungen des Ehebandes anders als im Staat nicht der Gerichtsbarkeit, sondern der kirchlichen Verwaltung übergeben. Während kirchlichen Gerichten sowohl die Durchführung als auch die Entscheidung obliegt, ist in kirchlichen Verwaltungsverfahren, abgesehen vom Privilegium Paulinum, die Durchführungs- und Entscheidungszuständigkeit zweigeteilt auf zwei unterschiedliche hierarchische Ebenen. Reformen sind aufgrund der unterschiedlichen Verfahrenscharakteristiken derzeit nicht zu erwarten.

Für die Zuständigkeitsregeln wäre es wichtig, für die Beteiligten an einem Verfahren Transparenz und Klarheit zu schaffen, welches Organ (Gericht / Diözesanbischof) zuständig ist, um dem Vorwurf der unlauteren Behandlung der eingebrachten Eheangelegenheiten zu entgegnen.

V. Einleitung des Verfahrens

Alle staatlichen und kirchlichen Verfahren in Eheangelegenheiten werden nur auf Antrag eines oder beider Ehepartner und nicht von Amts wegen eingeleitet. Zur Wahrung des öffentlichen Interesses bei ungültigen Ehen in der Kirche bzw. aufhebbaren Ehen im Staat kann den Antrag auf Einleitung neben dem Ehepartner zusätzlich auch der Vertreter des öffentlichen Interesses stellen. Bei der späteren Auflösung der Ehe unabhängig von einem Fehler hingegen kommt das

Initiativrecht nur den Ehegatten zu; hierdurch zeigt sich, dass die Scheidung einer Ehe bzw. die Auflösung des Ehebandes alleinige Angelegenheit der Ehepartner und damit nicht im unmittelbaren Interesse des Staates bzw. der Kirche ist. Eine Reform ist hier nicht angebracht.

VI. Zuweisung an den zuständigen Spruchkörper

Die eingegangene „Initiative" einer Partei wird ausdrücklich oder konkludent innerhalb des jeweiligen Rechtsträgers dem zuständigen Organ zur Bearbeitung und / oder Entscheidung zugewiesen. In gerichtlichen und gerichtsähnlichen Verfahren der Kirche erfolgt die Zuweisung durch Dekret der Gerichtsverwaltung, während in staatlichen Verfahren nur bei Streitigkeiten über die Verteilung entschieden wird. Hier wäre es zur Verfahrensvereinfachung wünschenswert, dass die immer angefertigten Dekrete über die Bestellung des Gerichtshofs bzw. die Beauftragung eines Untersuchungsrichters in der Kirche wegfallen würden und lediglich bei Unklarheiten oder Streitigkeiten durch Dekret entschieden wird. Dies gilt nicht für die Römische Rota, bei der die Zuständigkeit durch festgelegte Turni geregelt ist, so dass es hier keiner Bestellung des Gerichtshofs bedarf.

Während in staatlichen und kirchlichen Gerichtsverfahren die eingehenden Anträge nach zuvor aufgestellten Geschäftsverteilungsplänen verteilt werden und dies auch nachprüfbar ist, werden kirchliche Verwaltungsverfahren ohne besondere Zuordnungskriterien an den jeweiligen Spruchkörper des Entscheidungsorgans zugeordnet und durchgeführt.

Für alle Gerichtsverfahren in Ehesachen im staatlichen und im kirchlichen Bereich muss – anders als bei Verwaltungsverfahren in Eheangelegenheiten – zur Vermeidung von Einflussnahmen und zur Gewährung der Unabhängigkeit des Gerichts der zuständige Richter bzw. das zuständige Richterkollegium bereits im Vorfeld feststehen; für die Römische Rota ist dies durch die festgelegten Turni ohnehin gegeben.

VII. Annahme der einleitenden Initiative

Während es in kirchlichen Gerichtsverfahren der Annahme der Klage durch Dekret und damit inzident der teilweisen Entscheidung über die Zulässigkeit bedarf, wird in staatlichen Ehegerichtsverfahren nur auf Antrag über die Zulässigkeit einer Antragsschrift vorab entschieden. Hier wäre es wünschenswert, dass die Kirche zur Verfahrensvereinfachung diesen Formalismus des Annahmedekrets abbauen würde. Für den Fall der Unzuständigkeit eines kirchlichen Gerichts sollte die Verweisung an ein zuständiges Gericht – wie im staatlichen Rechtskreis möglich – vorgesehen werden. Die Möglichkeit ohne Annahmedekret vorzugehen sehen bereits die kirchlichen gerichtsähnlichen und einfachen Verwaltungsverfahren vor.

VIII. Bekanntgabe der einleitenden Initiative

Sowohl in staatlichen als auch in kirchlichen Ehegerichtsverfahren ist die nachweisbare Bekanntgabe der einleitenden Initiative an die Gegenseite und damit die Rechtshängigkeit erforderlich. Während im Staat zwingend immer die Antragsschrift dem Antragsgegner mitzuteilen ist, ist in der Kirche zwar grundsätzlich der Bekanntgabe des Annahmedekrets und des Streitgegenstands an die nichtklagende Partei auch die Klageschrift beizufügen, wobei jedoch durch Dekret des Vorsitzenden oder des Berichtserstatters davon abgesehen werden kann.

Hingegen erfährt die nichtantragstellende Partei in gerichtsähnlichen oder einfachen Verwaltungsverfahren überhaupt nicht oder erst zu einem wesentlich späteren Zeitpunkt hiervon. Unter dem Gesichtspunkt des rechtlichen Gehörs wäre es wünschenswert, hier in der Kirche Regelungen zu einer früheren zwingenden Beteiligung des anderen Ehepartners zu treffen. Sinnvollerweise sollte die Bekanntgabe noch vor der Vernehmung des anderen Ehepartners erfolgen, da es ansonsten dazu führen kann, dass sich die andere Partei der Vernehmung verweigert und sich nicht aktiv am Verfahren beteiligt; massive Nachteile für das Verfahren könnten damit vermieden werden.

IX. Besetzung des Entscheidungsorgans

In staatlichen und kirchlichen Ehegerichtsverfahren wird das Verfahren immer von unabhängigen Richtern durchgeführt und entschieden. Während in der Kirche hierfür Kollegialgerichte vorgesehen sind, trifft dies im Staat nur auf die Berufungs- und Rechtsmittelinstanz (OLG und BGH) zu, nicht aber auf das Amtsgericht. Zur Gewährleistung sachgerechter Entscheidungen wird immer die Befähigung zum Richteramt gefordert. Hier wäre zu überlegen, auch für erstinstanzliche Verfahren vor dem Amtsgericht Kollegialgerichte vorzusehen, um nicht vorschnell eine Ehe aufzuheben oder zu annullieren.

In kirchlichen gerichtsähnlichen und einfachen Verwaltungsverfahren wird für die Untersuchungsrichter bzw. die Sachbearbeiter keine Befähigung zum Richteramt benötigt; gesetzlich sind keinerlei Voraussetzungen geregelt. In der Alltagspraxis ist lediglich diejenige Sachkunde erforderlich, sachgerecht die entsprechenden Verwaltungsverfahren durchzuführen.

Richtig und daher auch nicht reformbedürftig ist die Tatsache, dass sowohl im kirchlichen als auch im staatlichen Rechtsbereich die jeweilige Entscheidung durch die entsprechenden Organe kraft kirchlicher Leitungsgewalt bzw. staatlicher Hoheitsgewalt ergehen.

X. Urkundsbeamter

Zur Unterstützung der gerichtlichen Tätigkeit in Staat und Kirche bestehen Geschäftsstellen, besetzt u. a. mit Urkundsbeamten bzw. kirchlichen Notaren. Diese erledigen die im Geschäftsbetrieb erforderlichen Tätigkeiten, insbesondere auf Anweisung der Richter die Protokollierung von Verhandlungen und Beweisaufnahmen, die Aktenführung sowie den Versand von gerichtlichen Schreiben. Kirchlicherseits haben auch für gerichtsähnliche Verwaltungsverfahren Notare mitzuwirken, wie dies für die gerichtlichen Verfahren vorgesehen ist. Lediglich bei einfachen kirchlichen Verwaltungsverfahren hat die entsprechenden Aufgaben stattdessen der Sachbearbeiter zusätzlich mit zu übernehmen.

Von der vorgesehenen Möglichkeit, von der Beiziehung eines Urkundsbeamten zur Protokollierung einer Verhandlung oder Vernehmung abzusehen und stattdessen das Protokoll auf Tonband zu diktieren, sollte nur zurückhaltend Gebrauch gemacht werden, weil der Richter durch die Protokollierung auf Tonband stärker abgelenkt wird als bei einer Protokollierung durch einen Urkundsbeamten. Hier dient der Urkundsbeamte der Entlastung des Richters, damit sich dieser besser auf die Vernehmung konzentrieren kann.

Da das Gesetz keine genauen Voraussetzungen für das Amt eines kirchlichen Notars vorsieht, wäre es überlegenswert, sich an der Befähigung eines staatlichen Urkundsbeamten, sei es eines Justizfachwirtes, sei es eines Rechtspflegers, zu orientieren. Für die kirchlichen Gerichte ist es aber kaum möglich, Justizfachwirte oder Rechtspfleger (als Beamte des Staates) für kirchliche Gerichtsverfahren anzuwerben. Alternativ sind an kirchlichen Diözesangerichten aufgrund ihrer Ausbildung auch der geprüfte Rechtsfachwirt oder der Rechtsanwaltsfachangestellte einsetzbar. Die genannten Fachkräfte verfügen allerdings über keine Kenntnisse der Eigenheiten des kirchlichen Eheprozessrechts, könnten aber in diese durch die praktische Tätigkeit eingearbeitet werden; zumindest kennt dieser Personenkreis die Methodik gerichtlicher Arbeitsweisen.

XI. Unparteilichkeit der Entscheidungsträger

Um eine sachgerechte und unvoreingenommene Entscheidung in Staat und Kirche zu ermöglichen, ist die Unparteilichkeit von entscheidender Bedeutung. In Gerichtsverfahren wird die Unparteilichkeit dadurch gewährleistet, dass Richter bei Vorliegen besonderer Gründe kraft Gesetzes ausgeschlossen sind. Bei einem Verstoß gegen diese gesetzlichen Vorgaben liegt staatlicherseits ein absoluter Revisions- / Wiederaufnahmegrund bzw. kirchlicherseits eine unheilbare Nichtigkeit vor. Die Besorgnis der Befangenheit führt im Staat zu einem Revisions- / Wiederaufnahmegrund, während es in der Kirche nur zu einer Aufhebbarkeit nach erfolgreichem Befangenheitsgesuch führt; zusätzlich kann ein Verstoß nach abgeschlossenem Verfahren in einer weiteren Instanz im Rahmen der Berufung überprüft werden.

Während für die gerichtsähnlichen Verwaltungsverfahren für die Untersuchungsrichter die Regelungen der Nichtigkeitsverfahren hinsichtlich der Unvoreingenommenheit gelten, gibt es – da ein Gnadenakt – gegen die an den Papst zur Entscheidung herangetragenen Verfahren keine Möglichkeit der Befangenheitseinrede. Für einfache kirchliche Verwaltungsverfahren vor dem Diözesanbischof wäre es wünschenswert, ausdrückliche Regelungen hinsichtlich der Unvoreingenommenheit zu treffen wie im staatlichen VwVfG, zumal man auch den Bischof als Richter ablehnen kann.

XII. Beteiligte und anwaltliche Vertretung

Beteiligte des Verfahrens sind immer beide Ehegatten, da es sich um ein Parteiverfahren handelt. Zur Gewährleistung einer sachgerechten Prozessführung wird in staatlichen Eheaufhebungsverfahren immer, in kirchlichen Ehenichtigkeitsverfahren nur vor der Römischen Rota, zwingend die Vertretung durch Rechtsbeistände vorgesehen. Grundsätzlich sind dies staatlicherseits die Rechtsanwälte sowie kirchlicherseits die kirchlichen Anwälte / Prozessbevollmächtigten.

Ein Rechtsanwalt kann nach erfolgter Zulassung durch eine Rechtsanwaltskammer bei jedem staatlichen Gericht auftreten (Ausnahme Bundesgerichtshof in Zivilsachen). Der kirchliche Anwalt wird dagegen bei jedem einzelnen Diözesangericht, u. U., sogar nur für den einzelnen Streitfall, zugelassen, abgesehen von der Ausnahme des Rota-Anwalts. Wünschenswert wäre es hier, dass ein bei einem Diözesangericht zugelassener Anwalt zugleich bei allen anderen Diözesangerichten als zugelassen gilt. Denkbar wäre es auch, diese Aufgabe der Zulassung von Anwälten statt wie bisher durch jedes einzelne Gericht anderen Stellen zu übertragen, etwa einer bei der Bischofskonferenz eingerichteten Stelle oder einem bestimmten Diözesangericht innerhalb eines Territoriums für alle anderen Gerichte (z. B. dasjenige Diözesangericht, dessen Gerichtsvikar neben seiner gerichtlichen Tätigkeit die Aufgaben des Vorsitzenden der Offizialenkonferenz erledigt). Alle diese Möglichkeiten würden zu einem Abbau von Verwaltungsaufwand führen.

Die an beiden obersten Gerichten praktizierte Praxis einer gesonderten, eigenständigen Zulassung zeigt deren große Bedeutung. Hier sollte sich aber der Staat an dem kirchlichen Studium Rotale orientieren, da es sachgerechter ist und theoretisch jeder nach erfolgreichem Studium die Möglichkeit hat, als Parteienvertreter an der Römischen Rota aufzutreten, während die Benennung eines Rechtsanwalts durch einen Wahlausschuss gegenüber dem Bundesjustizministerium zwingend Voraussetzung für eine Zulassung am Bundesgerichtshof ist.

Während in staatlichen Scheidungsverfahren ebenfalls Anwaltszwang herrscht, ist in kirchlichen gerichtsähnlichen Verwaltungsverfahren lediglich ein Rechtskundiger zur Unterstützung zugelassen. Anders als in staatlichen Verwaltungsverfahren ist in kirchlichen einfachen Verwaltungsverfahren ein Rechtsbeistand erst im Beschwerdeverfahren – sofern ein solches in Frage kommt – zugelassen. Hier wäre es wünschenswert, die staatliche Regelung entsprechend auch in der Kirche vorzusehen, wonach bereits im Verwaltungsverfahren vom Antragstelller ein Rechtsbeistand genommen werden kann.

XIII. Streit- bzw. Verfahrensgegenstand

Zur Bestimmung des Gegenstandes des Eheverfahrens wird in beiden Rechtskreisen ein zweigliedriger Verfahrensgegenstand zugrunde gelegt, bestehend aus einem Antrag bzw. Gesuch und dem zur Begründung vorgetragenen Sachverhalt. Dieser zweigliedrige Verfahrensgegenstand schafft für alle Verfahrensbeteiligten in Staat und Kirche zusätzliche Transparenz und Klarheit über die Reichweite der zu treffenden Entscheidung. Einer Reform bedarf es hier nicht.

XIV. Beweiserhebung

Der wichtigste verfahrensrechtliche Schritt auf dem Weg zu einer abschließenden Entscheidung ist in allen staatlichen und kirchlichen Eheverfahren die Erhebung der für die Entscheidung erforderlichen Informationen und Tatsachen.

Diese erforderlichen Beweiserhebungen finden regelmäßig sowohl im Staat als auch in der Kirche vor dem entscheidenden Organ statt, wobei diese sog. „Unmittelbarkeit" Einschränkungen durch die Bestellung von Vernehmungsrichtern in der Kirche bzw. beauftragten Richtern im Staat erfährt sowie durch die Amts- bzw. Rechtshilfe. Von diesen Möglichkeiten der Einschränkung der „Unmittelbarkeit" sollte aber nur zurückhaltend Gebrauch gemacht werden, da ein persönlicher Eindruck neben den erhobenen Beweisen aus einer Vernehmung nur sehr schwer durch ein aufgenommenes Protokoll ersetzt werden kann.

Diese Problematik der eingeschränkten „Unmittelbarkeit" ergibt sich auch für die sog. „Römischen Verfahren" wegen Nichtvollzugs oder in favorem fidei, in denen die Beweiserhebung immer in den zuvor angegangenen Diözesen vorgenommen wird und die innerhalb der Dikasterien der Römischen Kurie eingerichteten „Commissioni speciali" die erhobenen und vorgelegten Beweise zwangsläufig nur anhand der Aktenlage beurteilen können.

In beiden Rechtsbereichen gilt zudem auch der Untersuchungsgrundsatz, d. h. die Beschaffung der erforderlichen Beweismittel von Amts wegen. Um die objektive Wahrheit möglichst genau zu ermitteln, ist es zwingend an dem Untersuchungsgrundsatz im Verfahren festzuhalten, da es ansonsten zu vorschnellen Entscheidungen über die Aufhebung / Nichtigkeit bzw. Scheidung einer Ehe kommen kann.

Zur Gewährleistung der Privatsphäre, die insbesondere bei streitgegenständlichen Ehen betroffen ist, werden die entsprechenden Eheverfahren in Nichtöffentlichkeit durchgeführt; in staatlichen Verfahren wird diese Nichtöffentlichkeit durch Ausschluss der Öffentlichkeit erreicht, in kirchlichen Verfahren hingegen aufgrund der Schriftlichkeit des Verfahrens. Hieran etwas zu verändern, ist nicht zielführend, wenn auch die breite Öffentlichkeit an manchen dieser Verfahren ein reges Interesse zeigen würde, vor allem wenn es um Prominente geht.

In beiden Rechtskreisen sind dieselben Beweismittel, nämlich Parteien, Zeugen, Urkunden und Sachverständige vorgesehen. Die Parteien sind zwar Erkenntnisquelle bzw. Beweismittel im Verfahren, aber nur von eingeschränktem Wert, da ihre Aussagen von möglichen eigenen Interessen am Verfahrensausgang beeinflusst sein können. Die erhobenen Beweismittel unterliegen grundsätzlich der freien Beweiswürdigung durch das entscheidende Organ in Staat und Kirche, sofern nicht ausnahmsweise gesetzliche Beweisregeln diese Freiheit einschränken. Für diesen Bereich der Beweismittel sind Reformen nicht erforderlich.

XV. Diskussion

Während alle staatlichen Verfahren vom Grundsatz der Mündlichkeit geprägt sind, sind kirchliche Verfahren – abgesehen vom einfachen Verwaltungsverfahren – von der Schriftlichkeit geprägt. Dies zeigt sich insbesondere auch bei der Diskussion nach abgeschlossener Beweisaufnahme. Während in staatlichen Verfahren die Diskussion immer im Rahmen einer mündlichen Verhandlung erfolgt, geschieht dies in kirchlichen Verfahren regelmäßig nur auf dem Schriftwege. Beide Wege der Diskussion haben etwas für sich. Die kirchlichen Gerichte sollten mehr dazu übergehen, von der gesetzlich vorgesehenen Möglichkeit Gebrauch zu machen, im Rahmen einer mündlichen Diskussion klärungsbedürftige Punkte zu erörtern, während staatliche Gerichte hingegen noch mehr die Möglichkeit des schriftlichen Austausches von Argumenten nutzen sollten.

XVI. Entscheidung

Die Entscheidung in staatlichen und kirchlichen Eheverfahren wird durch hoheitliche Form (Beschluss, Endurteil, Verwaltungsakt) getroffen. Alle staatlichen Entscheidungen bezüglich Verfahren in Ehesachen sind – abgesehen von der Entscheidung nach § 121 Nr. 3 FamFG – Gestaltungsentscheidungen, die unmittelbar auf die Rechtslage einwirken, also die entsprechende Ehe auflösen. Die kirchlichen Ehenichtigkeitsfeststellungen hingegen haben immer nur feststellenden Charakter, während die kirchlichen Verfahren zur Auflösung des Ehebandes immer gestaltend das Eheband aufheben. Aufgrund der unterschiedlichen Konzeptionen sind hier Reformen nicht zu erwarten.

XVII. Rechtsmittel und Vollziehbarkeit

In beiden Rechtskreisen kann eine über eine fehlerhaft eingegangene Ehe getroffene Entscheidung immer durch übergeordnete Instanzen überprüft werden. Gegen erstinstanzlich ergangene Entscheidungen in Staat und Kirche kann immer ein Rechtsbehelf wegen verfahrensrechtlicher oder inhaltlicher Fehler eingelegt werden. Während im Staat zwingend die nächste Instanz anzugehen ist, kann in der Kirche der Papst zusätzlich wahlweise als der oberste Richter der Kirche angegangen werden. Hier wäre eine Reform dahingehend vorstellbar, dass die in der Kirche vorhandenen zwei möglichen Rechtsbehelfe wegen verfahrensrechtlicher oder inhaltlicher Fehler zur Verfahrensvereinfachung zu einem Rechtsbehelf zusammengefasst werden, mit dem beide Fehler geltend gemacht werden können.

Die zweite Instanz ist in beiden Rechtskreisen immer eine volle Tatsacheninstanz. Gegen eine zweitinstanzlich ergangene Entscheidung ist grundsätzlich in beiden Rechtskreisen die Überprüfung durch eine höhere Instanz möglich, das in der Kirche volle neue Tatsacheninstanz ist, im Staat hingegen nur Rechtsmittelinstanz. Hier wäre staatlicherseits Reformbedarf gegeben, diese Überprüfbarkeit durch das oberste Gericht auszubauen, da man ansonsten nur zum Bundesgerichtshof gelangen kann, wenn die Rechtsbeschwerde zuvor durch die Vorinstanz (vom Gericht erster Instanz oder vom Beschwerdegericht) zugelassen worden ist. Hier wäre es sinnvoll, die im allgemeinen Zivilprozessrecht vorgesehene Möglichkeit der Nichtzulassungsbeschwerde auch für Familiensachen einzuführen, da ansonsten keine weitere Möglichkeit der Überprüfung besteht, falls die Rechtsbeschwerde zu Unrecht verweigert wurde.

Während in staatlichen Scheidungsverfahren ebenfalls diese Überprüfbarkeit gegeben ist, kann gegen kirchliche Auflösungen des Ehebandes in gerichtsähnlichen Verwaltungsverfahren nicht mit Rechtsmitteln vorgegangen werden, da es sich um eine Gnadenentscheidung des Papstes handelt. Kein rechtlicher Anspruch auf erneute Überprüfung besteht somit bei Nichtvollzugsverfahren und Verfahren zugunsten des Glaubens; hier ist nur eine erneute formlose Wiedervorlage ohne Anspruch auf Prüfung möglich, die aber eventuell zur Klarstellung gesetzlich aufgenommen werden sollte.

Gegen Entscheidungen in (kirchlichen) einfachen Verwaltungsverfahren hingegen ist die Überprüfbarkeit durch Rekurs an den hierarchischen Oberen und anschließende Klage an die Signatur gegeben, da es sich um zwangsmäßige Verwaltung handelt.

Während staatlich getroffene Entscheidungen mit eingetretener Rechtskraft – unabhängig von ihrer Richtigkeit – endgültig Wirkung entfalten, erlangen kirchliche Entscheidungen nur formelle, aber keine materielle Rechts- bzw. Bestandskraft. Hier wäre es wünschenswert, dass staatlicherseits anstelle der grundsätzlich endgültigen Wirkung die Möglichkeit vorgesehen wird, eine erwiesene fehlerhafte Entscheidung erleichtert in einem weiteren Verfahren dann wieder beseitigen zu können als nur durch das aufwändige Verfahren einer Wiederaufnahmeklage.

XVIII. Kosten

Während in staatlichen Eheverfahren Gerichtskosten abhängig vom Gegenstandswert erhoben werden, werden sie in kirchlichen Ehenichtigkeitsverfahren – zumindestens in der Bundesrepublik Deutschland- als Festbetrag erhoben. In kirchlichen gerichtsähnlichen und einfachen Verwaltungsverfahren handelt es sich ebenfalls um Festbeträge, wobei die durch die Römische Kurie geforderten Beträge nicht offiziell veröffentlicht sind. Hier sollten aus Gründen der Transparenz durch die Römische Kurie geforderten Beträge offiziell bekannt gemacht werden. Auch wäre es wünschenswert, die für die Gewährung des Armenrechts erforderliche Bedürftigkeit zumindest im Partikularrecht detaillierter zu regeln und sich hierbei an den staatlichen Regelungen zur Verfahrenskostenhilfe zu orientieren.

XIX. Anderweitige verfahrensrelevante Umstände im Eheverfahren

Bei den anderweitigen Umständen, die ein Verfahren vorzeitig beenden können, so der Tod eines der Ehegatten, Rücknahme der das Verfahren einleitenden Initiative oder Untätigkeit der Ehepartner, besteht derzeit kein Reformbedarf.

XX. Geltungsbereich der Entscheidung

Sowohl die staatliche als auch die kirchliche Entscheidung in der Ehesache entfalten grundsätzlich nur im jeweiligen Rechtskreis Wirkung. Die Erweiterung des Wirkungskreises der kirchlichen Entscheidung in den staatlichen Rechtskreis ist durch Völkerrecht geregelt. Eine Reform ist hier aufgrund der unterschiedlichen und getrennten Rechtskreise von Staat und Kirche jedoch nicht angebracht.

XXI. Mitteilung und Eintragung

Die Mitteilung einer über eine Ehe getroffenen Entscheidung an die entsprechenden Register ist durchaus sinnvoll, um die Aufhebung / Nichtigkeitserklärung bzw. Scheidung unabhängig vom jeweiligen Verfahren gesondert festzuhalten. Hinsichtlich der Registerbehörde wäre es im kirchlichen Bereich sinnvoll – wie im staatlichen Rechtskreis – hierfür eine gesonderte zentrale Behörde für die jeweilige Diözese zu schaffen, statt dies dem jeweiligen Pfarrer vor Ort aufzutragen. Anfragen zum Personenstand könnten somit direkt an die richtige Stelle gerichtet werden. Dies würde nicht zu einer Abschaffung des Prinzips vom Taufschein als zentraler Personenstandsurkunde führen, aber den jeweiligen Pfarrer vor Ort durch Übertragung der Aufgaben auf ein zentrales Matrikelamt entlasten.

H. Schlussbemerkung

Auch wenn aktuell in beiden Rechtskreisen keine grundlegenden Änderungen heranstehen, bleibt es weiterhin spannend, in welche Richtungen weitere Rechtsentwicklungen führen werden. So bleibt die Arbeit des vom Papst eingesetzten Kardinalsrates für Reformen, der sich u. a. auch mit einer vertiefteren Ehepastoral befassen wird, abzuwarten. Für den kirchlichen Bereich kann eine Prognose, ob, ggfs. wann und welche Änderungen sich hieraus ergeben, nicht abgegeben werden. Auch für den staatlichen Bereich sind mögliche und denkbare Veränderungen derzeit nicht absehbar.

Adnotationes in Ius Canonicum

Herausgegeben von Elmar Güthoff und Karl-Heinz Selge

Band 1 Anton Morhard: Die gerichtliche Berufung im kanonischen Recht. Eine Analyse des klassischen remedium iuris. 1995.

Band 2 Elmar Güthoff (Hrsg.): Der Schutz des geistigen Eigentums in den Schriften von Winfried Schulz. Festgabe für Theodor Schmitz zur Vollendung des 80. Lebensjahres. 1997.

Band 3 Richard Puza/Andreas Weiß (Hrsg.): Iustitia in caritate. Festgabe für Ernst Rößler zum 25jährigen Dienstjubiläum als Offizial der Diözese Rottenburg-Stuttgart. 1997.

Band 4 Ernst Freiherr von Castell: Alkoholismus in der Rechtsprechung der Rota Romana. 1997.

Band 5 Burghard Pimmer-Jüsten: Facultas vel licentia imponendi tributa sacerdotibus. Partikularrechtliche Untersuchung zu den diözesanen "Pflichtabgaben" der Kleriker. 1997.

Band 6 Jürgen Olschewski: Das Recht auf Sakramentenempfang. Zur Entwicklung eines Fundamentalrechtes der Gläubigen vom Konzil von Trient bis zur Gegenwart. 1998.

Band 7 Martin Grichting: Die Umschreibung der Diözesen. Die Kriterien des II. Vatikanischen Konzils für die kirchliche Zirkumskriptionspraxis. 1998.

Band 8 Cesare Mirabelli/Giorgio Feliciani/Carl Gerold Fürst/Helmuth Pree (Hrsg.): Winfried Schulz in memoriam. Schriften aus Kanonistik und Staatskirchenrecht. 1999.

Band 9 Christoph Kühn: Die Rechtsbeziehungen des Heiligen Stuhls zum Europarat. 1999.

Band 10 Peter Stockmann: Außerordentliche Gemeindeleitung. Historischer Befund – Dogmatische Grundlegung – Kirchenrechtliche Analyse – Offene Positionen. 1999.

Band 11 Jürgen Cleve: Inkompatibilität und Kumulationsverbot. Eine Untersuchung zu c. 152 CIC/1983. 1999.

Band 12 Karl-Heinz Selge: Ehe als Lebensbund. Die Unauflöslichkeit der Ehe als Herausforderung für den Dialog zwischen katholischer und evangelisch-lutherischer Theologie. 1999.

Band 13 Elmar Güthoff / Karl-Heinz Selge (Hrsg.): Der Staat der Vatikanstadt, der Heilige Stuhl und die Römische Kurie in den Schriften von Winfried Schulz. Città del Vaticano, Santa Sede e Curia Romana negli Scritti di Winfried Schulz. Franz X. Walter zur Vollendung des 70. Lebensjahres. 1999.

Band 14 Hermann Kahler: Absentia consensus. Der fehlende Mindestwille zur Ehe als Ehenichtigkeitsgrund. 1999.

Band 15 Nikolaus Schöch: Die kirchenrechtliche Interpretation der Grundprinzipien der christlichen Anthropologie als Voraussetzung für die eheprozessrechtliche Beurteilung der psychischen Ehekonsensunfähigkeit. Eine kanonistische Studie unter besonderer Berücksichtigung der päpstlichen Allokutionen und der Judikatur der Römischen Rota. 1999.

Band 16 Michael Landau: Amtsenthebung und Versetzung von Pfarrern. Eine Untersuchung des geltenden Rechts unter besonderer Berücksichtigung der Rechtsprechung der Zweiten Sektion des Höchsten Gerichts der Apostolischen Signatur. 1999.

Band 17 Paul Weibel: Das Selbstbestimmungsrecht der römisch-katholischen Kirche. Eine staatskirchenrechtliche Studie am Beispiel des Kantons Schwyz. 2003.

Band 18 Stefan Korta: Der katholische Kirchenvertrag Sachsen. 2001.

Band 19 Jürgen Wätjer: Das katholische Domkapitel zu Hamburg von den Anfängen bis zur Reformation und seine Wiedererrichtung 1996. Eine kanonistische Untersuchung. 2001.

Band 20 Bernd Matecki: Der Traktat *In primis hominibus*. Eine theologie- und kirchenrechtsgeschichtliche Untersuchung zu einem Ehetext der Schule von Laon aus dem 12. Jahrhundert. Anhang: Edition des Traktates *In primis hominibus*. 2001.

Band 21 Stefan Gatzhammer: Der Souveränitätsanspruch des Apostolischen Stuhles in päpstlichen Lehraussagen und in der Kanonistik von 1846 bis 1978. 2001.

Band 22 Andreas Franitza: Das Domkapitel zu Hildesheim in der Zeit zwischen Preußenkonkordat (1929) und Niedersachsenkonkordat (1965) und seine Statuten von 1984. 2001.

Band 23 Péter Erdö: Die Quellen des Kirchenrechts. Eine geschichtliche Einführung. 2002.

Band 24 Rüdiger Althaus / Rosel Oehmen-Vieregge / Jürgen Olschewski (Hrsg.): Aktuelle Beiträge zum Kirchenrecht. Festgabe für Heinrich J. F. Reinhardt zum 60. Geburtstag. 2002.

Band 25 Hartmut Zapp / Andreas Weiß / Stefan Korta (Hrsg.): Ius Canonicum in Oriente et Occidente. Festschrift für Carl Gerold Fürst zum 70. Geburtstag. 2003.

Band 26 Johnson Michael Kallidukil: The Canonical Significance of the Synod of Bishops of 1994 on Consecrated Life. From the *Lineamenta* to the *Vita consecrata*. 2003.

Band 27 Hubert Schiepek: Der Sonntag und kirchlich gebotene Feiertage nach kirchlichem und weltlichem Recht. Eine rechtshistorische Untersuchung. 2003. 2.,durchgesehene Auflage 2009.

Band 28 Andreas Weiß / Stefan Ihli (Hrsg.): Flexibilitas Iuris Canonici. Festschrift für Richard Puza zum 60. Geburtstag. 2003.

Band 29 Benita von Beyme: Die Baulast für das Freiburger Münster. 2003.

Band 30 Nikolaus Schöch: Festlegung, Änderung und Konformität von Klagegründen im kanonischen Eheprozess. 2003.

Band 31 Andreas Weiß / Stefan Ihli (Hrsg.): Kulturgutschutz und Kirche, Bibel und Kirchenrecht. Symposion und Festakt anlässlich des 60. Geburtstags von Professor Dr. Richard Puza. 2004.

Band 32 Stefan Lunze: The Protection of Religious Personnel in Armed Conflict. 2004.

Band 33 Christian Kröber: Zur Bedeutung der urheberrechtlichen Vergütungspflicht von kultischer Kirchenmusik in Deutschland. 2004.

Band 34 Szabolcs Anzelm Szuromi: Anselm of Lucca as a Canonist. 2006.

Band 35 Robert Oswald: Streikrecht im kirchlichen Dienst und in anderen karitativen Einrichtungen. 2005.

Band 36 Heribert Schmitz: Die Liturgie-Instruktion *Redemptionis Sacramentum* von 2004. Kirchenrechtliche Anmerkungen zum Erlaß der Kongregation für den Gottesdienst und die Sakramentenordnung vom 25. März 2004. 2005.

Band 37 Krzysztof Górski: Das personenbezogene Eheverständnis und relatives Erfüllungsunvermögen. 2006.

Band 38 Salus animarum suprema lex. Festschrift für Offizial Max Hopfner zum 70. Geburtstag. Herausgegeben von Ulrich Kaiser, Ronny Raith und Peter Stockmann. 2006.

Band 39 Bernd Eicholt: Geltung und Durchbrechung des Grundsatzes „Nullum crimen nulla poena sine lege" im kanonischen Recht, insbesondere in c. 1399 CIC/1983. 2006.

Band 40 Georg May: Die Auseinandersetzungen zwischen den Mainzer Erzbischöfen und dem Heiligen Stuhl um die Dispensbefugnis im 18. Jahrhundert. 2007.

Band 41 Wolfgang F. Rothe: Die Statuten der Kollegiatkapitel im deutschen Sprachraum. Rechtslage und Rechtspraxis. 2007.

Band 42 Markus Müller: *Officium divinum*. Studien zur kodikarisch-rechtlichen Ordnung des kirchlichen Stundengebetes in der lateinischen Kirche. 2007.

Band 43 Dagmar Schaaf: Der kirchliche Strafanspruch. Die Begründung der kirchlichen Strafgewalt vom Ius Publicum Ecclesiasticum bis zum CIC/1983. 2007.

Band 44 Burkhard Josef Berkmann: Die Ehen von/mit Nichtkatholiken vor der lateinischen Kirche. Das neue Ehe-Kollisionsrecht in *Dignitas Connubii*. 2008.

Band 45 Klaus Kottmann: Die Freimaurer und die katholische Kirche. Vom geschichtlichen Überblick zur geltenden Rechtslage. 2009.

Band 46 Stefan Killermann: Die Rota Romana. Wesen und Wirken des päpstlichen Gerichtshofes im Wandel der Zeit. 2., überarbeitete Auflage. 2011.

Band 47 Ansgar Grochtmann: Justitiabilität der Gewissensfreiheit. Rechtsvergleichende Anaylse zur kirchlichen Strafverhängung und zum Schutz des *forum internum* im Völkerrecht. 2009.

Band 48 Sabine Heidl: Psychische Störungen und ihre Begutachtung im Ehenichtigkeitsprozess. 2009.

Band 49 Peter Fabritz: *Sanatio in radice*. Historie eines Rechtsinstituts und seine Beziehung zum sakramentalen Eheverständnis der katholischen Kirche. 2010.

Band 50 Elmar Güthoff / Stefan Korta / Andreas Weiß (Hrsg.): *Clarissimo Professori Doctori Carolo Giraldo Fürst*. In memoriam Carl Gerold Fürst. 2013.

Band 51 Franz Hasenhütl: Die Domkapitel in Österreich nach dem CIC/1983. Statutenreform und aktuelle Rechtsgestalt. 2013.

Band 52 Vitus Kapfelsperger: Eheverfahren und Eheprozesse in Staat und Kirche. Eine rechtsvergleichende Betrachtung. 2015.

www.peterlang.com

www.ingramcontent.com/pod-product-compliance
Ingram Content Group UK Ltd.
Pitfield, Milton Keynes, MK11 3LW, UK
UKHW021832290926
8980IPUK00004B/398

9 783631 659380